Reader's Digest Auswahlbücher

Reader's Digest Auswahlbücher

Verlag DAS BESTE
Stuttgart · Zürich · Wien

Die Kurzfassungen in diesem Buch erscheinen
mit Genehmigung der Autoren und Verleger
© 1985 by Verlag DAS BESTE GmbH, Stuttgart
Alle Rechte, insbesondere das der Übersetzung,
Verfilmung und Funkbearbeitung, im In- und
Ausland vorbehalten
585
PRINTED IN GERMANY
ISBN 3 87070 241 9

Inhalt

SÖHNE DES IKARUS

Eine Kurzfassung des Buches von C. C. BERGIUS

Illustrationen von Peter Klaucke

Mit dokumentarischen Fotos

Auf dem Flughafen von Casablanca kommt es zu einem unerwarteten

Wiedersehen dreier Piloten, die allesamt ihr Handwerk in den frühen

Jahren der Fliegerei erlernt haben – in einer Zeit, als noch jeder Flug ein

Wagnis bedeutete, das unversehens zu einem Drama auf Leben und Tod

werden konnte. Jeder der drei „alten Hasen" war persönlich an atembe-

raubenden Flugabenteuern beteiligt und verfügt zudem über einen

reichen Schatz an Geschichten aus den Anfängen der Fliegerei.

Kein Wunder also, daß sie ins Erzählen kommen. Ihre fesselnden

Berichte zeugen von Mut und Verwegenheit jener Männer, die als die

Söhne des Ikarus ein neues Element eroberten.

Wenn die halsbrecherische Rettungsaktion des Flugkapitäns Berghoff

geschildert wird, der Überlebenskampf des Polarforschers Amundsen nach

einer Notlandung im Packeis, die verrückte Andenüberquerung des

Monsieur Mermoz, ist man versucht zu glauben, es handle sich um reine

Heldensagen – und doch beruht jede einzelne Geschichte auf einer wahren

Begebenheit, die sich genau so zugetragen hat.

I

BLASSBLAU spannt sich der Himmel über Nordafrika. Der Horizont versinkt im Dunst. Brütende Hitze steht auf den Felsen des Atlasgebirges. Senkrecht fallen die Strahlen der Sonne auf den silbernen Leib der Super-Constellation, die über den Höhenrücken hinwegdonnert.

Ihr Cockpit ist von Sonnenblenden in ein gedämpftes, grünschimmerndes Licht getaucht. Die Motoren dröhnen.

Der Kapitän des Verkehrsflugzeuges, ein junger Franzose, rückt seine herabgerutschte dunkle Brille zurecht. Seine Krawatte hat er gelockert, den Kragen geöffnet. Er blickt auf das vor ihm liegende, nun steil abfallende Gelände. Nach einer Weile legt er die Maschine in eine Kurve und korrigiert den Kurs. Danach bedeutet er seinem Copiloten, das Steuer zu übernehmen.

„Phhh . . .!" stöhnt der Flugkapitän und wendet sich an einen hinter ihm sitzenden Deutschen, mit dem ihn ein spanischer Kamerad bei der Zwischenlandung in Oran bekannt gemacht hatte. Sie waren dort in ein angeregtes Gespräch gekommen, und er hatte den hünenhaften Deutschen, der ihm als Flugkapitän vorgestellt worden war, aufgefordert, auf dem Weiterflug nach Casablanca in das Cockpit zu kommen. „Verdammt heiß heute, was?"

„Kann man wohl sagen."

„José ist ein feiner Kerl. Kennen Sie ihn schon lange?"

Der Deutsche schmunzelt. „Seit über zwanzig Jahren. Ich zog ihn damals aus dem ‚Bach'."

„Sie waren das, Monsieur Berghoff? *Sacré Dieu!* Ich weiß nicht, ob ich mich in der gleichen Situation dazu hätte entschließen können, mit einem Landflugzeug auf das Meer hinunterzugehen. Wenn Sie nicht alles auf eine Karte gesetzt hätten, würde José Alvaroz heute nicht mehr leben. Ich kann Ihnen nur gratulieren."

„An meiner Stelle hätten Sie genauso gehandelt, Monsieur Medoc."

Der Franzose zuckt die Achseln. „Das kann ich nur hoffen."

Im Lautsprecher ertönt eine Stimme: *„This is Casablanca tower; reading you five; over!"*

Der Flugkapitän wirft einen Blick auf die Uhr. „Wir müssen uns langsam fertigmachen. In zehn Minuten haben wir's geschafft."

Sein Copilot wickelt den Funksprechverkehr ab.

Claus Berghoff schaut nach draußen. Die letzten Ausläufer des Gebirges werden überflogen. „Dieser Flug ist ein großes Erlebnis für mich", sagt er beeindruckt.

René Medoc sieht ihn verblüfft an. „Wieso? Kannten Sie die Super-C nicht?"

Die hellen Augen des Deutschen ruhen auf den ungezählten Instrumenten, Hebeln, Schaltern und Knöpfen des viermotorigen Verkehrsflugzeuges. Er beobachtet die Skalen und Zeiger und fühlt sich in eine Zeit zurückversetzt, da auch seine Hände täglich einen Steuerknüppel umspannten. „Ich kann nur staunen", erwidert er ausweichend.

Der Franzose spürt, was den Deutschen bewegt. „Sie fliegen nicht mehr?"

„Seit Kriegsende nicht."

Vor der Kanzel taucht das Flughafengelände auf. Verwundert gewahrt Claus Berghoff zwei breite, lange Rollbahnen, neben denen sich mehrere Hallen und ein modernes Verwaltungsgebäude wie Spielzeugbauten ausnehmen. „Ist das etwa Casablanca?" fragt er ungläubig.

Der Franzose blickt über die Schulter zurück. „Kaum wiederzuerkennen, was?"

„Weiß Gott nicht!"

„Ja, hier hat sich viel verändert." Er kurvt in die Landebahn ein, schwebt über der Rollbahn dahin. Dann berühren die Räder den Boden.

Als Claus Berghoff nach der Landung mit René Medoc zum Empfangsgebäude geht, fährt ihnen ein älterer Herr in einem Rollstuhl entgegen. Seine dunklen Augen blicken lebhaft, seine buschigen Brauen sind schwarz, das Haar ist dicht und schlohweiß.

„Hallo, Jacques!" ruft René Medoc freudig überrascht. „Was machst du hier?"

„Das könnte ich dich ebenso fragen."

„Du bist nicht mehr in Dakar stationiert?"

„Doch, doch!" Der Weißhaarige reicht ihm die Hand, betrachtet dabei aber den Deutschen, als überlege er: Ist er es nun, oder ist er es nicht?

Medoc beeilt sich vorzustellen: „Monsieur Berghoff, *un camarade de la* Deutsche Lufthansa – Jacques Monier, ein alter Capitain der Air France."

Die beiden lachen.

René Medoc stutzt. „Was gibt's da zu lachen?"

„Dussel!" antwortet Jacques Monier und schüttelt die Hand des

Deutschen. „Wir sind alte Bekannte und miteinander verabredet. Im ersten Augenblick wußten wir nur nicht . . ." Er unterbricht sich. „Als wir uns das letzte Mal sahen, waren wir um viele Jahre jünger. Und ich saß noch nicht im Rollstuhl!" Er schaut zu Berghoff hoch. „*Mon Dieu, wieviel Jahre sind seither vergangen?*"

„Zwanzig dürften es bald sein."

„Zu jener Zeit suchten wir gemeinsam nach Mermoz, der im Südatlantik verschollen war. Sie mit der ‚W 33', Ihre Kameraden mit dem ‚Dornier Wal' und ich mit unserer ‚Latécoère'."

Claus Berghoff stimmt ihm lebhaft zu, fragt sich aber betroffen: Wodurch mag Jacques Monier seine Beine verloren haben?

„Aufregende Tage waren das", fährt Monier fort. „Wie lange werden Sie in Casablanca bleiben, Monsieur Berghoff?"

„Nur zwei Tage."

„José kommt heute abend auch hierher", schaltet sich René Medoc ein.

„José Alvaroz? Was macht der Lump?"

„Er fliegt zur Zeit die Nachtstrecke der Iberia. Weißt du übrigens, daß Monsieur Berghoff ihn damals aus dem Bach gezogen hat?"

Jacques Monier schlägt sich vor die Stirn. „Ja, richtig. Das hatte ich vollkommen vergessen."

Claus Berghoff lacht. „Ich ebenfalls!"

Der Franzose greift in die Speichen seines Rollstuhls. „Machen wir, daß wir in den Schatten kommen."

Sie begeben sich zum Verwaltungsgebäude.

„Wann wird José erscheinen?"

„Er landet um 22 Uhr 10 und steigt im Hotel Mansour ab."

„Ich habe uns dort ebenfalls Zimmer reservieren lassen. Wir werden uns also nicht verfehlen."

Claus Berghoff sieht Jacques Monier fragend an. „Sie fahren jetzt nicht mit in die Stadt?"

Der Franzose schüttelt den Kopf. „Ich muß mich noch um mein Flugzeug kümmern. Bin eben erst gelandet."

Der Deutsche traut seinen Ohren nicht.

Jacques Monier bemerkt die Verwunderung und lächelt. „Ich verfüge über eine kleine, für mich umgerüstete Reisemaschine. Für den Linienverkehr sind meine Beine nicht mehr lang genug. Ich bin deshalb zum Flugsicherungsdienst übergewechselt und versuche mich dort nützlich zu machen." Er wendet sich an René Medoc. „Mußt du gleich zurück nach Paris?"

„Wie immer!" Der Pilot schaut auf seine Armbanduhr. „Ich habe mich tatsächlich schon wieder zu beeilen. Während ich hier in Afrika stehe, muß meine Frau in Paris schon das Abendessen vorbereiten."

Monier grinst. „Apropos Abendessen: Ich lade mich für übermorgen ein."

René Medoc klopft ihm auf die Schulter. „Du bist herzlich willkommen." Er verabschiedet sich von Claus Berghoff, als seien sie alte Freunde. „Ich verlasse mich darauf, daß auch Sie uns besuchen, sobald Sie nach Paris kommen!"

„Wenn Monsieur Monier mich mitnimmt, werde ich ihn begleiten."

„Prächtig!" begeistert sich Jacques Monier. „Dann kreuzen wir gemeinsam auf!"

Der junge Verkehrspilot legt die Hand an die Mütze. „*Messieurs, au revoir à Paris!*" Er eilt fort.

Kurz vor dreiundzwanzig Uhr betritt der spanische Verkehrspilot José Alvaroz, der Claus Berghoff in Oran mit René Medoc bekannt gemacht hatte, das Restaurant des Hotels Mansour. Er ist schlank, hat ein schmales Gesicht und geht mit lebhaften Bewegungen auf den Tisch zu, an dem Jacques Monier und der Deutsche seit dem Abendessen sitzen. „Welch glückliches Zusammentreffen!" ruft er, noch bevor er die beiden erreicht hat. „Claus sagte mir schon, daß ihr

verabredet seid und ich dich hier treffen würde." Er schüttelt dem Franzosen überschwenglich die Hand und umarmt Claus Berghoff nach spanischer Sitte. „Eigentlich müßte ich dir ja böse sein, Claus."

„Warum?"

„Fliegst nach Casablanca, ohne mich aufzusuchen!"

„Ich ahnte eben, daß wir uns in Oran treffen würden. Außerdem wäre ich auf dem Rückflug bei dir aufgekreuzt."

„Das möchte ich dir auch geraten haben."

„Meine Pläne haben sich nun jedoch geändert", berichtet Berghoff. „Monsieur Monier war so freundlich, mich für übermorgen zu einem Flug nach Paris einzuladen. Er verfügt über eine Reisemaschine, die er selbst steuert."

José Alvaroz nimmt Platz. „Dein Elan ist erstaunlich, Jacques. Auf alle Fälle gratuliere ich dir. Du bist der alte geblieben."

Jacques Monier zuckt die Achseln. „Ihr habt euch ja auch nicht verändert." Er deutet auf die Oberlippen der beiden. „Sogar eure ,Schnäuzer' habt ihr behalten."

„Nicht ohne Grund!" betont Berghoff.

Der Spanier nickt zustimmend.

„He, he!" ereifert sich Jacques Monier. „Habt ihr etwa ein Geheimnis?"

Berghoff schüttelt den Kopf. „Das wäre übertrieben. Aber die Schnäuzer stehen in engem Zusammenhang mit unserem gemeinsamen Erlebnis."

„Erzählt!"

„Ich glaube, wir sollten José erst einmal etwas essen lassen", gibt Berghoff zu bedenken.

Der Spanier winkt ab. „Das habe ich bereits in Oran getan. Was ich dringend brauche, ist ein Bier."

„Eine glänzende Idee!" begeistert sich der Franzose. „Ich schließe mich an."

„Ich ebenfalls", stimmt der Deutsche zu.

Sie bestellen das gewünschte Getränk, und dann dauert es nicht lange, bis Jacques Monier darauf besteht, die Geschichte der beiden Freunde zu hören.

Es war Anfang der dreißiger Jahre, als Flugkapitän Berghoff mit seinem Funkmaschinisten Anton Bruckner, der trotz seines Namens völlig unmusikalisch war, bei prächtigem Wetter auf dem Flughafen Mailand-Linate landete. Beide waren glänzender Laune. Sie hatten auch allen Grund, zufrieden zu sein, denn ihnen war die reizvolle Aufgabe zuteil geworden, mit einer W 33 von Sevilla aus Erprobungs-

und Meßflüge im Raum Casablanca und Dakar durchzuführen. Es war ihr erster Auftrag dieser Art; zuvor hatte sie jahrelang die eiserne Schule der Deutschen Lufthansa in den Klauen gehalten; angefangen vom „Pamir-Zubringerdienst", wie die kurze Nachtpoststrecke Berlin–Leipzig genannt wurde, bis zur „Fernost-Linie", die in Königsberg endete.

Es war eine harte Schule gewesen. Wer in sie aufgenommen wurde, glaubte ein glänzender Flugzeugführer zu sein. Wer sie absolviert hatte, hoffte, eines Tages ein guter Pilot zu werden.

Durch jahrelange gemeinsame Flüge waren Berghoff und Bruckner so aufeinander abgestimmt, daß in der Regel eine Handbewegung genügte, um dem anderen anzuzeigen, was getan werden sollte. So deutete der Flugkapitän nach der Landung in Mailand auf den in der Kabine eingebauten Zusatztank und sagte: „Zwei Stunden!" Da der Spritvorrat im Haupttank für viereinhalb Flugstunden ausreichte, schloß Bruckner aus der knappen Anweisung, daß die Maschine für eine Flugzeit von über sechs Stunden betankt werden sollte. „Beeilen Sie sich aber", fügte der Pilot im Fortgehen hinzu. „Wir wollen noch etwas essen und spätestens um zwölf Uhr starten."

Der immer zu Späßen aufgelegte Anton Bruckner nahm Haltung an. *„Aye, aye, Sir!"*

Claus Berghoff lachte und ging zur Flugleitung. Zwanzig Minuten später rollte der Funkmaschinist das Flugzeug vor das Verwaltungsgebäude und ging dann ins Flughafenrestaurant, wo Flugkapitän Berghoff ihn erwartete.

„Alles in Ordnung?" fragte der Pilot.

„Klar. Aber jetzt hab ich einen Mordshunger." Bruckner setzte sich und schlug die Serviette auseinander. „Wie sieht das Streckenwetter aus?"

„Erstklassig! Wir haben nur zwanzig Stundenkilometer Gegenwind. Sollten wir allerdings in den Bach fallen, dann erwartet uns eine vom Sturm der letzten Tage noch kräftige Dünung."

Der Funkmaschinist verzog das Gesicht. „Darf man sich nach der Wassertemperatur erkundigen?"

Flugkapitän Berghoff warf einen Blick auf die Wetterberatung, die er eingeholt hatte. „Um achtzehn Grad."

Anton Bruckner wandte sich spontan an den eben hinzutretenden Kellner. „Bringen Sie mir bitte eine Flasche Cognac!"

„Wollen Sie wirklich eine ganze Flasche Cognac?" fragte Berghoff, als der Ober gegangen war.

„Natürlich!"

„Und wozu?"

Die Junkers W 33, das deutsche Flugzeug, mit dem 1928 der Atlantik erstmals von Osten nach Westen überquert wurde.

Der Funkmaschinist gab sich erstaunt. „Wozu legen wir Schwimmwesten an? Bestimmt nicht, weil die Dinger eine so auffallend grelle Farbe haben. Achthundert Kilometer kaltes Wasser um achtzehn Grad können eine Landratte schon nervös machen, wenn nur ein Motor zur Verfügung steht. Sollte der ausfallen . . . Wer weiß, vielleicht drücken Sie mir in zwei Stunden die Flosse und sagen: Gut, daß Sie an alles gedacht haben."

Claus Berghoff ergriff unbeeindruckt das Besteck und wünschte gesegnete Mahlzeit.

Beide aßen mit gutem Appetit. Nachdem sie noch eine Tasse Kaffee getrunken und gezahlt hatten, verließen sie das Restaurant, um sich startbereit zu machen.

Es war kurz vor zwölf Uhr.

Flugkapitän Berghoff legte gerade seine Schwimmweste an, als der Leiter des Mailänder Flughafens hastig auf ihn zulief. Er schwenkte ein Papier und rief: „Eine Suchmeldung! Sie ist soeben eingetroffen."

„Für uns?" fragte der Pilot verwundert.

„Nein, ganz allgemein." Der Italiener blieb vor ihm stehen. „Ein Flugzeug ist überfällig. Da Sie Kurs Barcelona nehmen, könnte es sein, daß Sie es entdecken. Darf ich Ihnen die Meldung übersetzen?"

„Ja, bitte. "

„An alle: Spanisches Sportflugzeug ohne Funkgerät, Kennzeichen EC-ILU, Besatzung ein Mann, Eigengeschwindigkeit 160 Stundenkilometer, gestartet 6 Uhr 10 zu einem Flug von Barcelona nach Rom, um den Preis für die erste Mittelmeerüberquerung mit einem Kleinflugzeug zu erringen, ist überfällig. Treibstoff reicht bis 11 Uhr 30. Der Pilot wollte den Kontrollpunkt Ajaccio (Korsika) gegen 9 Uhr 10 überfliegen. Vorgesehene Landezeit in Rom: 10 Uhr 45. Bis 11 Uhr 30 wurde das Flugzeug weder am Kontrollpunkt gesichtet, noch ist es in Rom gelandet. Meldungen sind an die Flugsicherungsstelle Rom zu richten. "

„Das sieht faul aus", stellte Berghoff nüchtern fest. „Aber das kommt dabei heraus, wenn man große Wasserstrecken mit einem Kleinflugzeug bewältigen will. Nur um sich in den Schlagzeilen zu sehen, wird das Verrückteste riskiert. Doch was hilft's? Wir müssen versuchen, den Kerl zu finden. " Er bat den Funkmaschinisten, ihm die Streckenkarte aus dem Flugzeug zu holen.

Bruckner kletterte zur Führerkabine hoch und brachte die Karte. Claus Berghoff breitete sie auf der Tragfläche aus. „Mist", knurrte er nach einem kurzen Überblick verstimmt. „Wir werden unseren Kurs ändern und südlicher fliegen müssen. Das bedeutet Startverzögerung. Die Kurse müssen abgesetzt und die Flugzeiten errechnet werden. " Er wies auf die Karte. „Am besten werden wir ungefähr dieser Linie folgen, bis wir auf den Kurs Rom–Barcelona stoßen. Nach menschlichem Ermessen müßte sich der Vermißte auf der angedeuteten Route befinden. " Er wandte sich an den Flugleiter. „Verständigen Sie Rom, daß wir von dieser Position aus die Strecke absuchen werden. Man soll den Peiler Barcelona informieren. " Berghoff warf einen Blick auf seine Armbanduhr. „Start 12 Uhr 30. "

„Soll ich vorsorglich nachtanken?" fragte Bruckner.

„Nicht notwendig. Die Strecke dürfte höchstens hundert Kilometer länger sein. Aber lassen Sie den Motor kurz vor dem Start gut warmlaufen. "

Während Flugkapitän Berghoff Kurse absetzte und Flugzeiten errechnete, überprüfte der Funkmaschinist sein Sende- und Empfangsgerät. Danach ließ er den Motor warmlaufen und meldete die Maschine startklar.

Flugkapitän Berghoff schaltete die Zündung ein und legte die Hand auf den Gashebel. Der Motor sprang an. Der Pilot ließ die Maschine anrollen, nachdem ein italienischer Monteur die Bremsklötze entfernt hatte. Bruckner setzte den Kopfhörer auf und sandte Funkzeichen.

Berghoff rollte bis zum Platzrand und drehte das Flugzeug gegen den Wind. Die Borduhr zeigte 12 Uhr 29. Der Motor lief ruhig. Ein letztes Mal kontrollierte Berghoff die Instrumente und schnallte sich an. „Von mir aus kann's losgehen."

Der Funkmaschinist lauschte auf das „Dit–dah–dit–dah . . .", das aus seinem Kopfhörer drang. „Start frei!" rief er schließlich.

Berghoff schob den Gashebel vor. Die Nadel des Drehzahlmessers stieg. Der Motor dröhnte. Das Flugzeug rollte an: zunächst mit holperigen Stößen, dann tänzelnd und endlich weich und geschmeidig. Die Geschwindigkeit stieg: 80 – 90 – 100 Stundenkilometer. Das Flugzeug wurde schneller und leichter. 120 – 130 – 140. Die Räder hoben ab.

Hinter den Flughafengebäuden, im gelbgrauen Dunst der Großstadt Mailand, tauchten Hochspannungsmasten mit durchhängenden Kabeln auf. Es folgten Fabrikgebäude, rauchende Schlote, Schrebergärten, Straßen, Häuser, Bahnen . . . Berghoff nahm Kurs auf Genua. Er ließ das Flugzeug aus dem Dunst heraussteigen, der bald darauf wie ein glattes Nebelfeld unter ihnen lag. Blauschimmernd zeigten sich weit im Südosten die Höhen des Etruskischen Apennins. Im Nordwesten hoben sich die weißen Gipfel der Alpenriesen majestätisch gegen den Himmel ab.

In neunhundert Meter Höhe regulierte Berghoff den Motor, trimmte das Flugzeug aus und genoß den Anblick der dahinstreichenden Landschaft. Die Zeiger der Instrumente vibrierten. Der Motor sang sein gleichmäßiges Lied. Pavia und der Po wurden überflogen. Alessandria blieb rechts liegen, und schließlich kam die Bucht von Genua in Sicht. Rot leuchteten die Dächer der sich an die Berghänge anlehnenden Stadt. Das Meer funkelte wie ein Brillant.

Dann aber wurde die See monoton und farblos. Die über den Zenit gestiegene Sonne sandte erste schräge Strahlen in den immer stärker werdenden Dunst. Das Wasser glitzerte nicht mehr verheißungsvoll. Der Horizont war verwischt.

Der Blick des Flugkapitäns ruhte auf Wendezeiger und künstlichem Horizont, auf Kursgeber, Kompaß und Variometer. Immer wieder errechnete er den jeweiligen Standort und die Kurse, die gesteuert werden mußten, falls am Motor ein Defekt auftreten sollte.

Anton Bruckner kletterte in die Kabine, um das Eigenpeilgerät zu bedienen. „Wie wär's, Käpt'n, wenn Sie in der nächsten Minute mal sauber Kurs halten würden?" rief er frotzelnd über die Schulter zurück. „Ein bißchen Konzentration wird Ihnen nicht schaden. Ich möchte Nizza und Rom anpeilen."

Berghoff kannte Bruckners Redereien und hatte sich an sie gewöhnt. Angesichts der unbestreitbaren Tüchtigkeit des Flugkame-

raden nahm er sie gerne in Kauf. Er achtete darauf, daß der Kurszeiger
nicht zur Seite lief.

Der Funkmaschinist schaute in die Kanzel. „Sie können sich wieder
gehenlassen."

„Wie lauten die Peilungen?"

„Schon umgerechnet: Nizza 157, Rom 285 Grad."

Claus Berghoff trug die Standlinien in die Bordkarte ein. Die Zeit
strich dahin. Der Dunst nahm zusehends ab. Das Wasser verlor seinen
bleiartigen Charakter und hatte schließlich eine kräftige blaue Farbe,
auf der helle Gischtstreifen gleich weißen Bändern dahinzogen. Weit
im Südosten wurden die Umrisse von Korsika sichtbar.

„Wir nähern uns dem Wendepunkt!" rief Berghoff. „Um 14 Uhr 42
erwarte ich Nizza unter 180 und Rom unter 268 Grad. Sobald wir
entsprechende Peilungen haben, kommen Sie nach vorne. Dann
beginnt unsere Suchaktion."

„Wenn ich aufs Meer hinabblicke, kann ich mir nicht vorstellen, daß
wir den Vermißten finden."

„Ohne Glück wird das auch nicht möglich sein. Trotzdem haben
wir eine reelle Chance, falls er auf der Strecke Barcelona–Korsika in
den Bach gefallen sein sollte. Der Wind ist schwach. Mit großen
Kursabweichungen ist nicht zu rechnen."

Drei Minuten später als vorhergesagt ermittelte der Funkmaschinist
die gewünschte Position. Er kletterte auf seinen Sitz zurück und
meldete der Flugsicherungsstelle Rom den Standort und den Beginn
der Suche.

Berghoff drosselte den Motor. „Ich gehe auf hundert Meter
hinunter. Auf dieser Höhe sehen wir zuwenig."

Bruckner rückte an das Fenster heran und schaute in die Tiefe. Die
nächste Viertelstunde kam ihnen wie eine Ewigkeit vor. Ihnen war,
als hätten sie mindestens eine Stunde hinabgeschaut. Ihre Augen
brannten.

Die See rollte in langer Dünung. „Mir erscheint es unwahrscheinlich, daß ein Mensch es lange in solchen Wellen aushalten kann", sagte
Berghoff und schloß für einen Moment die Augen. Die Suche erschien
ihm plötzlich sinnlos. Er stellte sich vor, sie würden den Vermißten
entdecken. Gewonnen wäre damit nichts. Zu lange würde es dauern,
bis ein Schiff herbeidirigiert war.

Eine weitere halbe Stunde verging. Beiden schmerzten die Augen
vom angestrengten Ausschauhalten.

„Ich kann nicht mehr!" rief Bruckner. „Legen Sie ein paar Kurven
ein. Ich muß die Augen für eine Weile schließen!"

Auch Berghoff konnte das unablässige Starren in das Gewirr von

Wogen und Schaumstreifen nicht mehr ertragen. „Mir geht es wie Ihnen. Ich drehe drei Blindflugkurven mit Wendezeigerbreite. Dann erreichen wir Barcelona eben neun Minuten später."

Schon nach kurzer Zeit, der erste Dreiminutenkreis wurde gerade beendet, war Bruckner wieder der alte. Er ergriff das Doppelsteuer. „Ablösung vor. Mir geht's schon besser."

Nach der zweiten Kurve überließ er das Segment dem Flugkapitän und wandte sich seinem Gerät zu, um sich in Rom ab- und in Barcelona anzumelden.

Aber kaum hatte er auf die Funktaste gedrückt, da wurde er unruhig. Er betätigte verschiedene Schalter, preßte gegen die Verbindungsstecker, fingerte an den Kabeln und beklopfte schließlich die ganze Funkanlage. „Kruzitürken!" schimpfte er. „Was ist denn bloß los? Sender und Empfänger sind mausetot."

„Haben Sie vergessen umzuschalten?"

„Quatsch! Ich hab Rom nach der Peilerei doch schon an der Strippe gehabt." Er bat, eine weitere Kurve einzulegen, um ihm Zeit zu geben, den in der Kabine installierten Teil der Funkanlage zu überprüfen.

Berghoff drehte bereits den fünften Kreis, als der Funkmaschinist wieder erschien. „Na, haben Sie den Fehler gefunden?"

Bruckner schüttelte den Kopf. Er machte einen ratlosen Eindruck.

Das sieht nicht gut aus, dachte der Flugkapitän. Wenn Bruckner bei einer Panne nicht schimpft und krakeelt, ist er mit seinem Latein am Ende. „Ertragen Sie es mit Würde", empfahl er ihm. „Wir haben ja das Eigenpeilgerät."

„Dessen Generator arbeitet aber nur, solange wir fliegen."

„Das tun wir doch."

„Und was ist, wenn der Motor aussetzt und wir in den Bach fallen? Dann können wir nicht mal Hilfe herbeirufen. Dasselbe gilt, wenn wir den Verunglückten finden sollten. Wir können Funkfeuer anpeilen, aber nicht senden!"

Dies hatte Berghoff nicht bedacht. Irritiert schaute er auf die Borduhr, die 15 Uhr 47 anzeigte. „Es hilft nichts", sagte er nach kurzer Überlegung. „Wir müssen weiter. Sollten wir den Spanier wirklich entdecken, dann umkreisen wir ihn, und Sie können Ihr Gerät in Ruhe überprüfen."

Sie nahmen wieder Kurs auf. Ohne die Wasserwüste aus den Augen zu lassen, fingerte Bruckner an Knöpfen und Kabeln herum. „Wieviel Kilometer sind's noch bis Barcelona?" fragte er besorgt.

Nach einem Blick auf die Borduhr, die 15 Uhr 52 anzeigte, antwortete Berghoff: „Etwa zweihundertsechzig Kilometer. Die voraussichtliche Landezeit verschiebt sich um zirka achtzehn Minuten."

Die sich dem Horizont zuneigende Sonne erschwerte die Suche mehr und mehr. Auf dem Wasser zeigte sich nichts Außergewöhnliches. Kein Schiff kreuzte ihren Kurs. Eintönig verlief Minute um Minute, bis Anton Bruckner plötzlich wie eine Feder vorschnellte, sein Gesicht gegen die Scheibe preßte und schrie: „Ich glaube, ich hab was gesehen! Schnell, kurven Sie zurück! Direkt unter uns war etwas!"

Berghoff leitete augenblicklich eine Spirale ein.

„Da!" schrie Bruckner. „Ein auseinandergebrochenes Flugzeug! Auf dem Rumpf sitzt der Pilot! Er winkt! Er lebt! Mensch, Käpt'n, wir haben ihn gefunden!"

Berghoff blickte angespannt nach unten und sah, daß der Funkmaschinist sich nicht getäuscht hatte. Auf dem Rest eines aus den Wogen herausragenden Flugzeugrumpfes hockte ein Mann, der aus Leibeskräften winkte. Ein Teil der Tragfläche fehlte. Das Leitwerk war gebrochen und lag zur Hälfte unter Wasser.

Anton Bruckner lachte und stieß Berghoff in die Seite. „Wir haben ihn! Und ich hab ihn gefunden!"

Auch Berghoff geriet in eine ausgelassene Stimmung. „Hundert zu eins für Sie, Bruckner!" Er hielt auf den Havarierten zu. „Eine in einer

Wasserwüste verlorengegangene Streichholzschachtel haben Sie entdeckt!"

Die Maschine jagte in nur zehn Meter Höhe über das Wrack
hinweg. Deutlich war der Spanier zu erkennen. Mit einer Hand hielt er
sich fest, mit der anderen winkte er. Über seiner Fliegerkombination
trug er eine Schwimmweste.

Bruckner beugte sich über die Funkanlage. „Das wichtigste ist
jetzt, daß ich mein Gerät in Ordnung bringe."

„Und zwar so schnell wie möglich!" betonte der Pilot. „Lange
kann's nicht mehr dauern, dann sackt der Rumpf ab, und der arme
Kerl ist verloren!"

„Er hat doch eine Schwimmweste."

„Die kann ihn zwar über Wasser halten, nicht aber vor Auskühlung
schützen."

Was Berghoff befürchtete, trat bereits eine Viertelstunde später ein.
Der Rumpf richtete sich mit einem Male langsam auf und verschwand dann ganz plötzlich. Der Spanier ruderte heftig mit den
Armen. Er befand sich in Lebensgefahr. In seinem Nacken blähte sich
die Schwimmweste und drückte seinen Kopf nach unten.

Claus Berghoff war außer sich vor Entsetzen. „Auch das noch!" rief
er. „Wahrscheinlich hat er den unteren Gurt nicht genügend angezo-

gen. Die Schwimmweste steigt dadurch hinten hoch und drückt ihn nach vorne. Und das bei dem Seegang! Im Wasser kann er den nassen Gurt unmöglich nachziehen."

Der Funkmaschinist löste hastig die Schrauben am Deckel seines Gerätes. „Wie lange mag er schon auf dem Wasser treiben?"

Berghoff griff nach seinem Rechenschieber, machte sich einige Notizen und sagte schließlich: „Seit acht Stunden sechsundzwanzig Minuten! Laut Suchmeldung war seine Startzeit 6 Uhr 10. Da die Eigengeschwindigkeit des Flugzeuges 160 Stundenkilometer betrug und er mit 20 Stundenkilometer Rückenwind flog, hat er sich mit 180 Stundenkilometer über Grund bewegt. Unser Standort ist 250 Kilometer vor Barcelona. Ergo muß er ziemlich genau um 7 Uhr 32 ins Wasser gefallen sein."

Im Bestreben, dem Spanier Mut und Kraft zu geben, umkreiste Berghoff ihn unablässig. Er machte sich jedoch keine Illusionen. Jede Minute brachte den Verunglückten näher an den Zeitpunkt heran, da er mit seinen Kräften am Ende sein mußte. Selbst wenn Bruckner in Kürze einen Hilferuf in den Äther sandte, würde aller Voraussicht nach eine Nacht verstreichen, ehe ein Schiff zur Stelle sein konnte. Und würde man den Spanier überhaupt ein zweites Mal entdecken? Es gab kein auffallendes Wrack mehr, und der Standort ließ sich nicht markieren.

Je länger Claus Berghoff über Rettungsmöglichkeiten nachdachte, um so ratloser wurde er. Neben ihm hockte Anton Bruckner und zerlegte sein Funkgerät. Was sollte er tun? Spätestens um 17 Uhr 30 mußte Kurs auf Spanien genommen werden, wenn der Kraftstoff nicht vorzeitig zu Ende gehen sollte. Eine Stunde nur stand ihm noch zur Verfügung! Bis er Land erreichte, war es 18 Uhr 50! Kein Flugzeug hatte dann mehr die Möglichkeit, noch vor Einbruch der Dunkelheit die „Wachablösung" zu übernehmen.

Was könnte ich unternehmen, um dem Spanier zu helfen, fragte sich Berghoff immer wieder, bis ihm ein rettender Gedanke kam. „Mensch, Bruckner!" rief er wie elektrisiert. „Befindet sich im Seenotgepäck nicht ein Farbbeutel?"

Der Funkmaschinist blickte von seiner Arbeit auf. „Natürlich. Was wollen Sie damit?"

„Denken Sie nach! Wenn wir den in der Nähe des Verunglückten abwerfen, kann er für lange Zeit ohne Schwierigkeit wiedergefunden werden."

Im Nu kletterte Anton Bruckner in die Kabine und kramte in einer Kiste, aus der er bald darauf triumphierend einen Farbbeutel herauszog. „Ich werf ihn hinten aus dem Fenster!"

„Aber erst, wenn ich das Kommando gebe!"

„Klarer Fall!"

Berghoff leitete einen Anflug auf den Spanier ein. „Fertigmachen!" rief er in die Kabine zurück, als der Abstand nur noch etwa hundert Meter betrug.

Der Funkmaschinist öffnete das Kabinenfenster. „Jetzt!" schrie der Pilot. Der Farbbeutel flog nach draußen.

Berghoff zog die Maschine hoch und kurvte zurück, um die Wirkung festzustellen. Was er zu sehen bekam, begeisterte ihn. Innerhalb von wenigen Minuten nahm das Wasser in einem Umkreis von fast fünfzig Metern eine kräftige giftiggelbe Farbe an.

Jetzt kann ich beruhigt auf über tausend Meter klettern, sagte sich Berghoff. Wenn ich ein Schiff entdecke und es exakt nach der Stoppuhr anfliege, habe ich die Möglichkeit, es herbeizuholen, ohne befürchten zu müssen, den Verunglückten nicht wiederzufinden. Augenblicklich ließ er das Flugzeug steigen und informierte Bruckner, der in der Kabine den dort befindlichen Teil der Funkanlage überprüfte.

Die Uhr zeigte 17 Uhr 10. In spätestens zwanzig Minuten mußte er Kurs auf Barcelona nehmen. Angst befiel ihn. Er hatte gehofft, ein Schiff zu entdecken, dessen Besatzung er durch eine Abwurfmeldung verständigen und zur Unfallstelle dirigieren wollte. Nun wurde ihm klar, daß er diesen Vorsatz auch dann durchführen mußte, wenn ihm nicht mehr die Zeit verblieb, die er benötigte, um die Küste zu erreichen. Notfalls mußte er neben dem Schiff eine Wasserung riskieren. Mit etwas Geschick und Glück bestand die Chance, daß sich die Maschine bei der Berührung des Fahrwerkes mit dem Wasser nicht überschlug.

Der Zeiger der Uhr rückte unerbittlich weiter. Angestrengt suchte Claus Berghoff das Meer ab. In zweitausend Meter Höhe drosselte er den Motor. Noch fünf Minuten standen ihm zur Verfügung, wenn er Barcelona erreichen wollte. Weit und breit war kein Schiff zu sehen.

Bruckner zwängte sich auf seinen Platz in der Führerkanzel zurück. „Nichts in Sicht?"

Berghoff schüttelte den Kopf. Spontan wandte er sich an den Flugkameraden. „Laß dein Gerät mal einen Moment in Ruhe. Ich muß mit dir reden."

Nanu, dachte Bruckner verblüfft. Er duzt mich?

Berghoff wies auf die Borduhr. „Es ist kurz vor 17 Uhr 30. Wenn wir in wenigen Minuten nicht Kurs auf Barcelona nehmen, erreichen wir das Land nicht mehr. Was ist mit dem Funkgerät? Kannst du es im Lauf der nächsten Stunde in Ordnung bringen?"

Der Funkmaschinist zögerte. „Für mich steht inzwischen fest, daß es nicht am Gerät liegt. Ich muß die Leitungen überprüfen."

„Ja oder nein? Kriegst du den Kasten in Ordnung?"

„Nach menschlichem Ermessen müßte es gelingen."

„Der da unten geht drauf, wenn er vor Sonnenuntergang nicht herausgefischt wird! Nur wir haben noch die Möglichkeit, ihn zu retten."

Bruckner stutzte. „Was wollen Sie damit sagen?"

„Daß wir ihn aus dem Wasser herausholen müssen. In einer Stunde sind unsere Tanks leer. Die Dinger werden dann beachtlichen Auftrieb geben. Wie lange kann unsere Kiste unter solchen Umständen schwimmen? Natürlich vorausgesetzt, daß uns eine Wasserung ohne Überschlag gelingt!"

Der Funkmaschinist sah ihn ungläubig an. „Sind Sie verrückt geworden?"

„Nein, Anton! Falls unsere Maschine bis morgen früh schwimmen würde, hätten wir eine reelle Chance, den Spanier zu retten."

Bruckner schnappte nach Luft. „Lassen Sie mich nachdenken. Ich habe in einem Junkersheft einmal gelesen, daß sich die W 33 mit leeren Tanks bis zu zwanzig Stunden über Wasser hält."

„Bis dahin findet man uns bestimmt. Wir haben als voraussichtliche Landezeit 17 Uhr 02 angegeben, sind also bereits überfällig."

„Und wir haben uns seit Stunden nicht mehr gemeldet!"

„Eben! Außer der üblichen Suchmeldung wird garantiert sofort alles getan werden, um im Morgengrauen eine Rettungsaktion starten zu können."

Bruckner rieb sich den Schädel. „Für mich kommt das Ganze ein bißchen plötzlich."

„Entscheide dich! Machst du mit?"

„Ich kann doch einen alten Duzfreund nicht im Stich lassen!"

Der Flugkapitän drückte ihm die Hand. „Bist ein Pfundskerl, Anton!"

Bruckner quittierte das Kompliment mit einem zaghaften Lächeln. „Wie lange reicht der Sprit, wenn wir weiterhin kreisen?" wollte er dann wissen.

„Etwa anderthalb Stunden."

„In der Zeit bekomme ich das Gerät klar. Sorge bereitet mir nur die Wasserung. Wie willst du es bewerkstelligen, daß sich die Maschine nicht überschlägt? Wenn die Räder das Wasser zuerst berühren ..."

„... sieht die Sache schlecht aus", fiel Berghoff ein. „Ich werde versuchen, den Rumpf so auf einen Wellenkamm zu setzen, daß die Räder nicht gleich eintauchen." Er beobachtete den Lauf der Wellen und flog mit gedrosseltem Motor tief über sie hinweg, um sich an den Tiefflug mit geringer Geschwindigkeit zu gewöhnen. Immer wieder flog er den Verunglückten an. Besorgt registrierte er, daß der Spanier nur noch selten den Arm hob.

Die Sonne wanderte weiter nach Westen. Für Berghoff war dies unangenehm, da er gegen die Dünung, die aus 300 Grad anlief, landen mußte. Er nahm sich vor, das Schiebedach der Kanzel kurz vor der Landung vorsorglich zu öffnen.

Der Funkmaschinist schrie plötzlich: „Funkgerät klar!" Was in Unordnung geraten war, sagte er nicht.

„Funke, daß die Fetzen fliegen! Wir haben keine Zeit mehr zu verlieren!" sagte Berghoff erleichtert.

Bruckner sandte die ersten Morsezeichen in den Äther. „Die Brüder sind bereits an der Strippe!" rief er gleich darauf aufgekratzt. Er betätigte wie besessen die Taste und gab die Position und eine kurze Lagebeschreibung durch. „Die Meldung ist raus", sagte er dann mit heiserer Stimme. „Unser Schicksal liegt jetzt in deiner Hand!"

Berghoff war es, als schnüre sich ihm die Kehle zu. Er wußte, daß in diesem Moment viele Stationen verständigt wurden, damit man ihnen zu Hilfe eilen konnte. „Es muß und es wird klappen!" erklärte er verbissen. „Und du kannst mir dabei helfen."

„Wie?"

Er legte die Maschine in eine Kurve und steuerte die immer trüber werdende gelbe Wasserfläche an. Der Höhenmesser zeigte zweihundert Meter. „Paß auf! Zur Übung werden wir den Farbklecks da vorne zweimal anfliegen. Erst beim dritten Mal setze ich zur Landung an. Wichtig ist, daß ich in unmittelbarer Nähe des Spaniers einen mir besonders günstig erscheinenden Wellenberg finde. Erwisch ich den, dann reiß ich den Gashebel zurück. Für dich ist es das Signal, den Knopf des Zündschalters reinzuhauen und den Brandhahn zu schließen. Klar?"

„Wie Kloßbrühe!"

Claus Berghoff leitete einen langsamen Gleitflug ein. Der Höhenmesser sank auf fünfzig Meter.

„Siehst du den gelben Fleck auf dem Wasser?"

„Ja!"

„Bis dorthin dürften es noch tausend Meter sein. Von ungefähr hier rufst du mir laufend den geschätzten Abstand zu, damit ich mich voll auf die Maschine konzentrieren kann. Jetzt zum Beispiel: siebenhundert! – sechshundert! – fünfhundert! – vierhundert!" Er drosselte den Motor noch mehr und ging auf dreißig Meter hinab. „Kannst du den Farbklecks noch sehen?"

„Nur so eben. Zweihundert! – hundert! – fünfzig!"

Der Flugkapitän gab Gas. „Das wollte ich dir zeigen. Je tiefer wir kommen, um so schlechter sieht man die Farbe. Besonders wenn die trübe Fläche gerade in einem Wellental liegt."

Berghoff ließ das Flugzeug auf zweihundert Meter steigen, zog eine weite Schleife und steuerte erneut das Ziel an. „Zweiter Übungsanflug! Jetzt aber mit offenen Dachluken!"

Beide schoben die über ihren Köpfen befindlichen Fenster zurück. Der Fahrtwind knatterte ohrenbetäubend.

Bruckner starrte nach draußen. „Zweitausend Meter!"

Der Flugkapitän ging tiefer.

„Fünfzehnhundert! Wenn du eine günstige Welle erwischst, kannst du von mir aus gleich aufsetzen!" rief der Funkmaschinist. Er reckte den Kopf. „Jetzt tausend! – neunhundert! – achthundert!"

Der Höhenmesser sank auf fünfzig Meter.

„Fünfhundert!"

Berghoff drosselte weiter. Seine Hände waren naß.

„Dreihundert!"

Der Höhenmesser wanderte auf zwanzig Meter.

„Zweihundert!"

Ich sollte aufsetzen, ging es Berghoff durch den Kopf.

„Hundert!"

Der Höhenmesser zeigte zehn Meter!

Gleich einer Hügelkuppe hob sich das Wasser vor dem Flugzeug. Berghoff gab Vollgas, riß das Steuer an sich und zog den Gashebel schnell wieder zurück. Die Maschine bäumte sich auf.

Bruckner schlug auf den Zündschalter und schloß den Brandhahn. Es gab einen heftigen Stoß. Gischt sprühte. Der Druck nach vorne wurde unerträglich. Die Anschnallgurte drangen tief in die Schultern. Die Ohren schmerzten.

Pilot und Funkmaschinist waren keines Wortes mächtig. Schon wollten sie ihre Gurte aufreißen, als eine kippende Bewegung der Maschine sie zurückhielt.

Der Motor neigte sich vornüber. Sie blickten in ein Wellental, glaubten in einen Abgrund zu stürzen und starrten wie gelähmt auf die ihnen gegenüber in breiter Front hochsteigende Dünung. Wasser schlug in die Kabine.

„Geschafft haben wir's", keuchte Bruckner.

„Hast du den Spanier kurz vor dem Aufsetzen nochmals gesehen?"

Laufend Peilzeichen sendend, antwortete der Funkmaschinist: „Er kann höchstens hundert bis zweihundert Meter von uns entfernt sein."

Flugkapitän Berghoff öffnete seinen Anschnallgurt und richtete sich auf. Das Flugzeug hob und senkte sich. Die Tragflächen knarrten, als würden sie brechen. „Wo hast du den Spanier gesehen?"

Der Funkmaschinist wies seitlich voraus. Die Sonne färbte sich rot. Wie Blut lag ihr Schein auf dem Wasser.

Berghoff streifte seine Schwimmweste ab und warf ein Kleidungsstück nach dem anderen auf seinen Sitz. „Versuch ihn zu finden!"

„Du willst doch wohl nicht ohne Schwimmweste . . ."

„Natürlich nicht. Vorher muß ich aber meine Klamotten ablegen. Die würden mich nur hindern."

Es dauerte nicht lange, da rief Bruckner: „Dort drüben ist er! Entfernung etwa hundertfünfzig Meter."

Berghoff kletterte in die etwa fünfzehn Zentimeter unter Wasser stehende Kabine. Verwundert stellte er fest, daß der umsichtige Bruckner das Gepäck mit Seilen an der Decke befestigt hatte. Er stieß die Tür auf und sprang ins Wasser. Die Dünung hob ihn. Er glaubte vorwärts geschleudert zu werden.

„Mehr nach rechts!" hörte er Bruckner rufen.

Mit ruhigen Stößen schwamm Berghoff in die gewiesene Richtung. Eine Welle hob ihn, und noch bevor sie ihren Gipfel erreichte, erblickte er den Spanier. Keine fünfzig Meter trennten sie voneinander. Weit ausholend schwamm er auf ihn zu. Die letzten Meter legte er zurück, als gälte es, einen Spurt zu gewinnen. Keuchend hielt er neben dem Verunglückten, den nur noch die Schwimmweste über Wasser hielt. Sein Kinn lag auf der Brust, das Gesicht war fast blau.

Berghoff erschrak. War er zu spät gekommen? Er beklopfte die Wangen des jungen Mannes, schüttelte ihn und versuchte, die hinten hochgeblähte Schwimmweste zurechtzurücken. Ihr Sitz ließ sich nicht verändern. Kurz entschlossen legte er sich auf den Rücken, griff mit beiden Händen in die Schwimmweste und begann mit den Beinen zu arbeiten.

Ein Wellenkamm rollte über sie hinweg. Durchhalten, beschwor er sich. Das Schlimmste ist geschafft! Das Flugzeug hat sich bei der Wasserung nicht überschlagen, der Verunglückte ist erreicht. In zehn Minuten haben wir ihn an Bord.

Der Rückweg war schwerer, als Berghoff es sich vorgestellt hatte. Erst in der Dämmerung erreichte er das Flugzeug, dessen Lage verändert aussah. Doch er war zu beschäftigt, um sich darüber Gedanken zu machen.

Anton Bruckner stand gebückt in der Kabinentür und ergriff die Arme des Bewußtlosen. Es war nicht einfach, ihn bei der Dünung ins Flugzeug zu heben, aber auch das war schließlich geschafft.

Bruckner legte den Spanier auf eine Sitzbank in der Mitte der

Kabine und begann ihn auszuziehen. Er zerschnitt die Fliegerkombination und das Hemd des noch sehr jungen Piloten. Kaum hatte er den Oberkörper des Bewußtlosen frei gemacht, horchte er an dessen Brust. Berghoff, der schwer atmend im Türrahmen saß, blickte erwartungsvoll zu ihm hinüber.

„Er lebt!" rief der Funkmaschinist. „Sein Herz schlägt! Freilich verdammt schwach. Wir müssen sofort Wiederbelebungsversuche vornehmen. Komm, halte ihn mal. Die Hose, alles muß runter!"

Berghoff schwang sich in die Kabine und hielt den Oberkörper des Spaniers.

Bruckner drehte den nun völlig Entkleideten auf den Bauch und zog seinen Leib hoch: „Hebt – senkt! Hebt – senkt!" Er arbeitete mit solcher Verbissenheit, daß ihm der Schweiß schon nach kurzer Zeit auf der Stirn stand.

„Ablösung vor", erklärte Berghoff, als er sich abgetrocknet und seine Fliegerkombination wieder angezogen hatte.

Pausenlos bemühten sie sich um den Leblosen. Ein Erfolg aber wurde nicht erkennbar.

Es war Nacht geworden. Das Flugzeug schlingerte und stampfte. Während einer Ablösung kletterte der Flugkapitän auf den Führersitz. Bruckner hatte ihm erzählt, daß die Tragflächen zweimal furchtbar gekracht hatten, als er davongeschwommen war. Danach habe der Rumpf wesentlich tiefer im Wasser gelegen. Waren die Tragflächen gebrochen?

Seltsamerweise hatte sich die Lage des Flugzeuges verbessert. Was mit der Maschine geschehen war, konnte Berghoff in der Dunkelheit nicht feststellen. In der Hoffnung, die Tragflächen zu erkennen, rückte er näher an die Scheiben heran. Dabei stemmte er die Füße unwillkürlich gegen die Seitensteuerpedale und stellte verblüfft fest, daß ein einseitiger Druck auf sie einwirkte. Er nahm die Füße zurück. Das Steuer schlug zur Seite. Augenblicklich stemmte er sich erneut gegen das Ruder. Wieder spürte er den Druck. Er riß das Dachfenster auf und peilte die Sterne an. Sie liefen eindeutig eine Weile nach rechts und blieben dann stehen. Im selben Moment verlor sich auch der Steuerdruck.

„Anton!" rief er aufgeregt. „Das Flugzeug läßt sich manövrieren! Wir können es in den Wind drehen und die Dünung senkrecht anlaufen lassen!"

„Das interessiert mich jetzt nicht", gab der Funkmaschinist grob zurück. „Komm her! Ich glaube, er atmet stärker!"

Sofort kletterte Berghoff in die Kabine. Bruckner ergriff seine Hand und zog ihn zu sich herab. „Horch mal!"

Der Flugkapitän lauschte. „Wahrhaftig! Er atmet regelmäßig. Mensch, Anton, du hast gesiegt!"

„Quatsch nicht, sondern gib mir die Cognacflasche. Sie liegt neben meinem Sitz. Und gelegentlich darfst du meine Umsicht loben. Jetzt ist es ein Segen, daß wir die Buddel an Bord haben."

„Tausend Punkte für dich!" rief Berghoff und holte die Flasche.

Sie flößten dem Spanier Cognac ein. Tropfenweise zunächst, so gut sich das in der Dunkelheit und bei dem Seegang ermöglichen ließ. Dann gaben sie ihm mehr, und schon nach relativ kurzer Zeit waren erste, gutural anmutende Laute zu hören. Dem Flugkapitän war es, als falle eine Last von seinen Schultern. Ein Menschenleben war gerettet! Er hatte richtig gehandelt. Nun blieb nur noch die Sorge um das Flugzeug. Würde es bis zum Morgen schwimmfähig bleiben?

„Wir müssen dem Burschen etwas anziehen und ihn bequem legen", sagte Bruckner. „Halte ihn mal. Ich will ihm ein Bett bauen."

„Hier im Wasser?"

„Für wen hältst du mich? Wir haben eine Abdeckplane, die sich in eine herrliche Hängematte umwandeln läßt."

„Aber die Plane liegt im Wasser!"

„Ein feuchtes Bett ist besser als ein nasses Grab", stellte der Funkmaschinist lakonisch fest und begann in der Dunkelheit mit dem Bau einer Hängematte, in die er nach Fertigstellung Wäsche und Kleidungsstücke packte, die er wahllos den an die Decke gebundenen Koffern entnahm. „So", sagte er schließlich, „wenn wir ihn noch in die trockenen Klamotten stecken, die du vorhin freundlicherweise ausgezogen hast, wird er schnell warm werden und sich erholen. Und dann kippen wir ihm ordentlich Cognac in die Kehle."

Bald darauf lag der Spanier in der Hängematte. Immer mehr kam er zu sich, doch es war zu spüren, daß er nicht begriff, wo er sich befand. Erst nach langer Zeit konnten sie ihm in englischer Sprache verständlich machen, daß er sich in dem Flugzeug befand, das ihn umkreist hatte. Daß sie seinetwegen eine Wasserung riskiert hatten, ging ihm zunächst nicht in den Kopf. Später aber, als er sich weiter erholt hatte, ergriff er ihre Hände und dankte mit bewegten Worten.

Dann aber geschah etwas Komisches. Der Funkmaschinist sagte auf englisch in die Dunkelheit hinein: „Gestatten Sie, daß ich mich vorstelle: Bruckner, Anton Bruckner!"

Claus Berghoff war nahe daran, laut aufzulachen.

Da räusperte sich der Spanier und entgegnete im gleichen Tonfall: „Meine Herren, es ist mir eine Ehre: José Alvaroz!"

Nun stellte sich auch der Flugkapitän vor. „Sir!" sagte er. „Ich heiße Claus Berghoff!"

Jacques Monier lehnt sich lachend zurück. „Eine verrückte Szene!"

José Alvaroz schmunzelt. „Was wirst du erst sagen, wenn du erfährst, daß mein tapferer Lebensretter sich in jenem Augenblick erhob und formell verneigte!"

„Ist ja überhaupt nicht wahr", protestiert Claus Berghoff. „Es war Nacht! Wie willst du das gesehen haben?"

„Es war nicht mehr ganz dunkel", korrigiert ihn der Spanier. „Im Osten färbte sich bereits der Himmel!"

Jacques Monier klopft dem Deutschen auf die Schulter. „Tragen Sie es mit Würde, Monsieur. Wer den Schaden hat, spottet jeder Beschreibung. Aber ich möchte noch das Ende eurer Geschichte erfahren. Vor allen Dingen, was eure Schnäuzer damit zu tun haben."

„Das ist schnell erzählt", erklärt José Alvaroz. „Kurz nach der Vorstellungszeremonie, es war schon ziemlich hell geworden, gluckerte es plötzlich heftig, und aus dem Wasser stiegen große Luftblasen. Gleichzeitig legte sich die Maschine schräg, und jeder von uns dachte: Jetzt ist es aus! Nun sackt die Kiste ab! Ich sprang aus meiner Hängematte und kletterte mit Claus in die Führerkanzel und von dort auf den Rumpf, wohin Bruckner, der am Steuer gesessen hatte, um die Maschine im Wind zu halten, bereits geflüchtet war."

Berghoff nickt. „In jenem Moment gab ich keinen Pfennig mehr für unser Leben."

Der Spanier wird lebhaft. „,Madre Maria!' habe ich gefleht. ,Wenn du uns rettest . . .'"

Berghoff grinst. „Als wir feststellten, daß das Flugzeug sich wohl doch noch für eine Weile über Wasser halten würde, wurden wir übermütig und gelobten, falls wir gerettet werden sollten, ein Leben lang einen Schnäuzer zu tragen."

„Und wir wurden gerettet! Die Sonne stand schon am Himmel und spendete erste Wärme, als plötzlich ein Schnellboot unserer Marine mit hoher Bugwelle auf uns zulief."

„Die *Albatros*", sagt Berghoff versonnen.

José Alvaroz lacht. „Das Boot sehen und den Bartschwur bereuen war für Anton Bruckner eins. ,Muß das mit dem Schnäuzer wirklich sein?' fragte er. ,Es geht nicht um mich. Ich denke an meine Verlobte. Sie hat eine so weiche Haut.'"

Jacques Monier schüttelt amüsiert den Kopf. „Ihr scheint alle drei verrückt gewesen zu sein. Was ist aus Bruckner geworden?"

Claus Berghoff antwortet leise: „Er ist im Krieg gefallen."

Der Franzose hebt sein Glas. „Trinken wir den letzten Schluck auf ihn."

NACH einem ausgiebigen Frühstück verlassen Jacques Monier, José Alvaroz und Claus Berghoff am nächsten Vormittag das Hotel Mansour. Der Portier hat ihnen ein Fahrzeug besorgt, das den Rollstuhl des Franzosen bequem aufnehmen kann. Da Casablanca außer seiner alten Medina über keine nennenswerten Sehenswürdigkeiten verfügt, lassen sie sich zu einem modernen Bad an der Küstenstraße fahren. Dabei passieren sie den Rond-Point Mermoz und kommen zwangsläufig wieder auf weit zurückliegende fliegerische Ereignisse zu sprechen.

„Bestimmt hat Mermoz nicht geahnt, daß in Casablanca einmal ein Platz nach ihm benannt würde", sagt Monier und fügt gleich hinzu: „Aber er hat ja immer etwas Außerordentliches vollbringen wollen. Er wünschte der Welt zu zeigen, zu welchen Leistungen französische Piloten selbst unter schwierigsten Verhältnissen fähig sind. Ihn wurmte der rasante Vorstoß der Amerikaner auf den damaligen Postlinien."

Der Deutsche nickt zustimmend. „Nach allem, was ich über ihn gehört habe, muß er unglaublich ehrgeizig gewesen sein."

„Nicht nur das", fällt Monier lebhaft ein. „Was ihn kennzeichnete, waren unbeugsamer Wille, Schneid, Einsatzbereitschaft, Ausdauer und vor allen Dingen Kameradschaftlichkeit."

„Mermoz muß ein außergewöhnlicher Mensch gewesen sein", meint José Alvaroz.

„Das war er gewiß", bestätigt Jacques Monier. „Denken Sie nur an die tollen Eskapaden, die er sich in den Anden leistete! Millimeterarbeit hat er da vollbracht!"

„Erzählen Sie!" bittet Claus Berghoff.

MARCEL BOUILLOUX-LAFFONT, ein unternehmungsfreudiger Franzose, der in Südamerika Industrieanlagen, Eisenbahnen und Banken besaß, hatte mit der Flugzeugfabrik Latécoère die *Aéropostale* gegründet und sich von der argentinischen Regierung die Errichtung eines Flugpostnetzes genehmigen lassen. Gleichzeitig hatte er in Chile eine postalische Konzession erworben. Er beauftragte Jean Mermoz mit dem Aufbau der von ihm geplanten Luftpostlinie. Sein Ziel war eine direkte Flugverbindung von Frankreich via Dakar in Afrika und Natal in Südamerika nach Rio de Janeiro, Buenos Aires und Santiago de Chile. Solange der Südatlantik nicht regelmäßig überflogen werden

konnte, sollten Schnellboote die Post von Dakar nach Natal befördern. Mermoz' vordringliche Aufgabe war deshalb die Schaffung
eines geeigneten Flugnetzes in Südamerika und speziell die Erkundung einer wirtschaftlichen Route über den wie ein uneinnehmbares
Bollwerk vor Chile gelegenen Gebirgszug der Anden. Bezwungen
war dieses faltenreiche, hohe Hindernis bereits dreimal. 1920 hatte die
französische Fliegerin Adrienne Boland die Überquerung mit einer
Kriegsmaschine aus dem Jahr 1916 geschafft. Nach ihr meisterte ein
chilenischer Offizier die Strecke. Auch der Argentinier Almonacid
überflog die Anden und wurde damit zum Nationalhelden seines
Landes.

Alle drei aber hatten nicht den direkten Weg gewählt. Sie hatten
weite Bogen nach Norden beziehungsweise Süden geschlagen und
Strecken zurückgelegt, die wegen ihrer Länge unwirtschaftlich und
für den regelmäßigen Luftverkehr indiskutabel waren.

„Wir müssen den kürzesten Weg wählen, wenn wir auf unsere
Kosten kommen wollen", erklärte Mermoz. „Wie wir das bewerkstelligen sollen, kann ich allerdings nicht sagen. Über 4200 Meter
klettert selbst unsere eigens für diesen Zweck geschaffene Spezial-Laté
nicht."

Das war für ihn jedoch kein Grund zu resignieren. „Schauen wir uns
die Gebirgskette zunächst einmal von allen Seiten an", sagte er. „Also
auch von Chile aus. Über die Süd- und Nordroute können wir das
Land ja erreichen. Da erheben sich die höchsten Berge nur bis 3500
Meter. Das sind tausend Meter weniger als der niedrigste Paß auf
direktem Kurs."

Sein Mechaniker Alexander Collenot, ein zuverlässiger, treu
ergebener und wortkarger Flugkamerad, der ihn vom ersten bis zum
letzten Tag immer nur mit „Monsieur Mermoz" ansprach, zeigte
keinerlei Regung, als er erfuhr, daß sie mit dem Präsidenten der
Internationalen Gesellschaft für Aeronautik, dem Grafen de la Vaulx,
zum ersten Probeflug über die Anden starten sollten. Seine einzige
Reaktion war die nochmalige gewissenhafte Kontrolle der Maschine.

Der Flug führte anfangs über Gebiete mit wüstenartigem Charakter
nach Concepción, wo nachgetankt und ein kleiner Imbiß eingenommen wurde. Der schon über sechzig Jahre alte, jedoch noch
außerordentlich vitale und temperamentvolle Graf erzählte dabei aus
den Kindertagen der Fliegerei, die im Grunde genommen nichts
anderes als eine endlose Kette von Notlandungen gewesen sei.

Am frühen Nachmittag starteten sie dann zur eigentlichen Andenüberquerung. Mermoz ließ die Maschine kräftig steigen und überflog,
nachdem er 3800 Meter erreicht hatte, die ersten hohen Gipfel mit

Kurs auf Chile. Steil abfallenden Bergrücken wich er weitgehend aus, um nicht in gefährliche Fallwinde zu geraten.

Im Geiste sah Mermoz schon den Pazifik vor sich liegen, als der Motor unvermittelt stotterte, mehrfach laut knallte und dann völlig aussetzte. Unter ihm lag ein zerklüftetes Tal. Augenblicklich leitete er eine Kurve ein, um das Gelände nach allen Richtungen in Augenschein zu nehmen. An einer Notlandung kam er nicht vorbei. Wo aber gab es in diesem felsigen Gebirge einen Landeplatz?

Sein Blick fiel auf einen unmittelbar unter ihm liegenden schmalen Felsvorsprung von etwa dreihundert Meter Länge und rund zehn Meter Breite, und im selben Moment schoß ihm ein wahnwitziger Gedanke durch den Kopf. Warum tief im Tal einen Landeplatz suchen, der nach Behebung des Schadens einen erneuten Aufstieg notwendig machen würde? Kurz entschlossen steuerte er den Felsvorsprung an. Zehn Meter Breite, das genügte. Und die Länge reichte aus, wenn er genau am Anfang der flachen Felsplatte aufsetzte.

Das Manöver gelang. Die Räder berührten den Boden so weich, daß Graf de la Vaulx in der Kabine die Landung nicht einmal spürte.

Doch die schmale Felsplatte war leicht abschüssig, und das Flugzeug kam nicht zum Stillstand. Langsam, aber unaufhaltsam rollte es dem Abgrund entgegen. Mit einem Satz sprang Mermoz aus seinem Führersitz, lief einige Meter voraus und warf sich der Länge nach vor die Räder.

Graf de la Vaulx und Collenot trauten ihren Augen nicht, als sie aus dem Flugzeug stiegen. Die Felsplatte, auf der sie gelandet waren, hatte nur eine Breite von sechs Metern, und Mermoz, der eine kaum glaubliche Landung bewerkstelligt hatte, blockierte die Räder der Maschine mit dem eigenen Körper.

„Holen Sie ein paar Steine, und befreien Sie mich aus meiner Lage!" rief er dem Mechaniker zu.

„Sofort, Monsieur Mermoz!" erwiderte Collenot und lief davon.

Im Bestreben, den Druck zu verringern, stemmte sich der Graf gegen die Fahrwerksstreben.

„Sparen Sie Ihre Kräfte!" rief Mermoz. „Zum Start werden wir das Flugzeug nachher die ganze Strecke zurückschieben müssen."

Der Graf war verblüfft. „Sie glauben, von hier starten zu können?"

„Das dürfte sogar ziemlich einfach sein. Das leichte Gefälle wird den zusätzlichen Schwung bringen!"

Collenot eilte mit zwei großen Steinen herbei, die er vor die Räder schob. Mermoz erhob sich und rieb seine Ellbogen.

Der Graf reichte ihm die Hand. „Ich gratuliere Ihnen zu dieser Landung. Sie haben unser Leben gerettet."

Der Pilot wehrte ab. „Betrachten Sie es als eine sportliche Leistung." Er wandte sich an Collenot. „Jetzt werden wir mal schnell dem Vergaser zu Leibe rücken. Bestimmt sind die Düsen verstopft."

„Bei dem Benzin hier ist das kein Wunder, Monsieur Mermoz. Der Sprit ist doch unter aller Sau."

Anderthalb Stunden brauchte der Mechaniker, um den Vergaser zu säubern und wieder einzubauen. Dann schoben sie das Flugzeug bis zum Anfang des Felsvorsprungs zurück und blockierten es mit Steinen.

„Bekommen Sie keinen Schrecken, wenn die Maschine nach dem Start gefährlich absackt", sagte Mermoz zum Grafen, als dieser in der Kabine Platz nahm. „Die Startbahn ist nicht lang genug und die Luft in dieser Höhe verdammt dünn. Aber im Absacken werden wir Geschwindigkeit aufholen, und dann geht's in gewohnter Weise weiter."

„Gott segne Ihr optimistisches Naturell", erwiderte Graf de la Vaulx. „Und natürlich auch Ihr fliegerisches Können!"

Mermoz tippte dem Mechaniker auf die Brust. „Sie nehmen die Steine erst weg, wenn ich Ihnen das Zeichen gebe."

„Selbstverständlich, Monsieur Mermoz."

„Dann aber nichts wie rein in die Kiste!"

„Sie können sich auf mich verlassen, Monsieur Mermoz!"

Der Motor sprang gleich beim ersten Startversuch an. Mermoz ließ ihn eine Weile warmlaufen, drosselte ihn dann und gab das Zeichen, die vor den Rädern liegenden Steine fortzunehmen. Er machte einen absolut sicheren Eindruck, verbarg jedoch, daß ihm in Wahrheit das Herz bis zum Hals schlug.

Collenot sprang in das langsam anrollende Flugzeug. Mermoz gab Vollgas und drückte das Steuer an. Die Geschwindigkeit wuchs, doch die Strecke, die zur Verfügung stand, reichte nicht aus, um die Maschine von der Plattform abheben zu können. Er ließ sie in das Nichts hineinrasen und stellte sie, als sie absackte, rücksichtslos auf den Kopf, bis die dadurch zunehmende Fahrt zum Normalflug ausreichte. Seine Augen strahlten, als er das Steuer zurücknahm. Er hatte eine einzigartige Leistung vollbracht, ahnte aber nicht, daß die Anden schon wenige Tage später entschieden höhere Anforderungen an ihn stellen würden.

Zunächst landete er glatt in Santiago de Chile, wo er eine Woche verbringen wollte, und verabschiedete sich von Graf de la Vaulx, um nun allein mit Collenot die direkte Strecke zu erkunden. Als Ausgangspunkt wählte er Copiapó, eine kleine Stadt am Fuße der Anden.

Beängstigend war der Anblick der steil ansteigenden Gebirgskette, und Mermoz hielt zunächst gebührenden Abstand von ihr, als er sich am 9. März 1927 in Spiralen über Copiapó bis auf 4200 Meter hochschraubte. Die Gipfelhöhe des Flugzeuges war erreicht. Keinen weiteren Meter würde es mehr steigen.

Im Rücken den grünblau schimmernden Pazifik, unter sich die saftige chilenische Ebene und vor sich eine gigantische Bergwelt, die bis auf 7000 Meter Höhe reicht, suchte er nach einem Paß, der ihm Durchlaß gewähren sollte. Er war bereit, alles zu riskieren, aber die niedrigste Höhe, die er entdeckte, betrug 4500 Meter. Ihm fehlten einige hundert Meter. Mit der Latécoère 25 war es unmöglich, den kürzesten Weg über die Anden zu bewältigen.

Mermoz dachte aber nicht daran, den Kampf aufzugeben. „Wir müssen anders vorgehen", erklärte er seinem Mechaniker, als sie nach Copiapó zurückgekehrt waren. „Wofür gibt es aufsteigende Winde? Wenn wir einen Luftschlauch erwischen, der uns um nur dreihundert Meter höher trägt, haben wir gewonnen. Denn sind wir erst über die Barriere von 4500 hinweggekommen, dann können wir uns von Tal zu Tal schlängeln."

Gleich am nächsten Morgen startete Mermoz erneut mit Collenot. Zielstrebig steuerte er den Paß an, der eine Höhe von 4500 Metern aufwies. Er kreuzte so lange vor ihm hin und her, bis er spürte, daß er einen aufsteigenden Luftschlauch erwischt hatte. Kontinuierlich stieg der Höhenmesser auf 4600 Meter. Nun zögerte Mermoz nicht mehr, alles auf eine Karte zu setzen. Vor ihm lag ein 4500 Meter hoher Paß, der von zwei mächtigen Schneehängen flankiert wurde. Er steuerte ihn an, setzte über ihn hinweg und hätte schreien mögen vor Freude, als die unerreichbar anmutende Höhe bezwungen war und die chilenische Ebene seinen Blicken entschwand. Einen kaum glaublichen Sieg hatte er errungen. Vor ihm lag Argentinien. Die Berge fielen ab. Es gab keine gefährlichen Hindernisse mehr.

Doch dann stockte ihm plötzlich der Atem. Die Maschine sackte ab, als wäre sie in ein Luftloch geraten. Er stieß den Gashebel bis zum Anschlag vor. Vergebens. Trotz Vollgas stürzte das Flugzeug unaufhaltsam in die Tiefe.

„Was ist los?" schrie Collenot.

„Wir müssen in einen Fallwind geraten sein. Ich versuche –"

Mermoz brach erschrocken ab. Seitlich vor ihm lagen Felsen, die er fast streifte. Er riß die Maschine herum, sah vor sich im wilden Durcheinander von Abhängen und Schluchten eine winzige ebene Fläche, richtete das Flugzeug auf und riskierte aus dem Sturz heraus eine Landung. Es krachte. Das Fahrwerk brach. Die Maschine machte noch einen Satz nach vorne und blieb schließlich schwer beschädigt liegen.

Aus! In 4100 Meter Höhe endete der erste Versuch, die Anden auf direktem Weg zu überfliegen.

Die Temperatur betrug minus fünfzehn Grad. Weder Mermoz noch Collenot hatten Winterkombinationen angelegt. Sie hatten auch keinen Proviant mitgenommen. Und an eine Reparatur des Flugzeuges war nicht zu denken. Das Fahrwerk war demoliert, der Rumpf aufgerissen.

„Ist da noch was zu machen?" fragte Mermoz, wie um einer Pflicht zu genügen.

Collenot verzog das Gesicht. „Ich glaube kaum, Monsieur Mermoz."

Der Pilot straffte sich. „Dann nichts wie los! Beginnen wir den Abstieg. In dieser Kälte halten wir es nicht lange aus."

„Ich möchte Ihnen danken, Monsieur Mermoz", sagte der Mechaniker.

„Wofür?"

Collenot wies auf die Maschine. „Besser ein zu Bruch gegangenes Flugzeug als ein verlorenes Leben."

„Hoffentlich bleiben Sie bei dieser Auffassung. Der Abstieg dürfte kein Spaziergang werden."

Mermoz' Befürchtungen wurden schnell bittere Wahrheit. Keine dreihundert Meter konnten sie im Verlauf der nächsten Stunde zurücklegen.

„Es hat keinen Zweck", sagte Mermoz, als er erkannte, daß sie kaum vorwärts gekommen waren. „Wir müssen versuchen, die Maschine zu reparieren. Sie ist unsere einzige Chance, mit dem Leben davonzukommen. Meinen Sie nicht auch?"

„Gewiß, Monsieur Mermoz."

Es war bereits Nachmittag, als sie das Flugzeug wieder erreichten. Der Mechaniker nahm gleich noch einmal alle Schäden in Augenschein und kam schließlich zu dem Ergebnis, daß die Lage nicht hoffnungslos sei. „Es müßte mir eigentlich gelingen, die Maschine so weit zu reparieren, daß ein Flug riskiert werden kann", sagte er bedächtig. „Ich frage mich bloß, wo Sie hier starten wollen, Monsieur Mermoz."

Der blinzelte zu einigen Felsplatten hinunter, die sich wie die Stufen einer Treppe vor dem Gelände erstreckten, auf dem sie gelandet waren. „Lassen Sie das meine Sorge sein", antwortete er mit fester Stimme. „Wenn Sie die Maschine flugfähig machen, werde ich sie in die Luft bringen. Das verspreche ich Ihnen."

Gemeinsam machten sie sich an die Arbeit. Als erstes schichteten sie unter dem Rumpf Steine auf, um einen Bock zu schaffen, auf dem das Flugzeug ruhen konnte, wenn das reparaturbedürftige Fahrwerk abmontiert wurde. Dann flickten sie die gebrochenen Streben mit provisorischen Hilfsmitteln, die sie der Kabine entnahmen. Der Rahmen einer Sitzbank bot hervorragendes Versteifungsmaterial. Mit seinen Spiralfedern umwickelten und befestigten sie geknickte Querträger. Alles, was nicht der Tragfähigkeit des Flugzeuges diente, wurde ausgebaut und anderweitig verwendet. Mit einfachen Stoff- und Lederfetzen schlossen sie den aufgerissenen Rumpf. Und das bei fünfzehn Grad Kälte! Ihre Finger wurden steif und rissig. Hunger ließ ihre Mägen knurren. Um ihren Durst zu stillen, aßen sie Schnee. Die Höhenluft setzte ihnen mächtig zu. Die Nacht kam. Sie suchten Schutz in der Kabine, legten sich dicht nebeneinander, um sich gegenseitig zu wärmen. Mermoz' Ledermantel diente ihnen als Decke.

Am nächsten Morgen blutete Collenot aus Nase und Ohren. Dennoch arbeitete er den ganzen Tag über wie besessen, obwohl er immer wieder von Schwindel erfaßt wurde und ins Taumeln geriet. Mermoz half ihm nach besten Kräften. Der Tod stand hinter ihnen, spornte sie an. Trotzdem konnten die Reparaturarbeiten an diesem Tag nicht beendet werden. Aber schon erhob sich das Flugzeug wieder auf seinem Fahrwerk, gegen ein Wegrollen durch Steine gesichert.

Eine zweite Nacht verbrachten sie in der Kabine. Abgekämpft und elend vor Hunger, sanken sie in einen abgrundtiefen Schlaf, aus dem sie erst erwachten, als wärmende Sonnenstrahlen auf sie fielen.

Collenot machte sich sofort wieder an die Arbeit. Nur wenige Stunden noch, dann war das Flugzeug so weit repariert, daß es als flugfähig angesehen werden konnte. Wie aber sollte der Start bewerkstelligt werden?

Mermoz kroch dicht an den Rand des winzigen Hochplateaus und blickte zu den treppenartig vorgelagerten Felsplatten hinab. War es nicht Wahnsinn, wenn er annahm, mit dem Flugzeug von einer Plattform zur anderen hinunterspringen zu können und dabei so viel Fahrt zu gewinnen, daß die Maschine schließlich flog? Konnte das nur notdürftig instand gesetzte Fahrwerk die dabei auftretende Belastung aushalten, ohne erneut zusammenzubrechen?

Was er beabsichtigte, war vermessen, doch ihm blieb keine andere Wahl, als va banque zu spielen. Ein Abstieg zu Fuß war unmöglich. Sie würden nicht weit kommen und erfrieren. Die letzte Chance bot ihnen das Flugzeug. Wenn es schiefging – nun gut, dann hatten sie wenigstens alles versucht.

„Es ist soweit, Monsieur Mermoz!" rief Collenot. „Sie können den Motor anlassen!"

Klopfenden Herzens kletterte Mermoz auf den Pilotensitz und schaltete die Zündung ein. Der Motor sprang ohne jede Schwierigkeit an.

Collenot tat einen Juchzer, doch seine Freude war verfrüht. Es dauerte nicht lange, da fuchtelte er wild mit den Armen. „Abstellen! Abstellen! Der Kühler verliert Wasser!"

Mermoz sprang aus der Maschine. „Das hat uns gerade noch gefehlt!"

„Der Frost hat den Kühler zum Platzen gebracht."

„Was nun?"

Der Mechaniker war dem Heulen nahe. „Alles haben wir hingekriegt, und nun dies! Gegen Kälte sind wir machtlos."

„Können wir die lecken Stellen nicht abdichten?"

„Womit?"

„Zum Beispiel mit dem Leder meines Mantels. Wenn wir den in Streifen schneiden . . ."

„Das könnte gehen, Monsieur Mermoz", stimmte Collenot zu.

Sie brauchten Stunden, um all die Löcher zu verstopfen, die der Frost in den Kühler gerissen hatte. Und dann war es zu spät, um den Motor nochmals anzulassen.

Die Nacht wurde eisig. Vor drei Tagen hatten sie die letzte Mahlzeit eingenommen. Jede Bewegung fiel ihnen schwer. Wenn der nächste Tag keine Rettung brachte . . .

In dieser Nacht konnten beide nicht schlafen.

„Wir müssen morgen alles auf eine Karte setzen", sagte Mermoz. „Von mir aus kann der Motor gleich nach dem Start den Geist aufgeben. Hauptsache, wir hängen in der Luft und können ins Tal gleiten."

„Unter diesen Umständen wäre es besser, alles, was wir nicht unbedingt brauchen, hier oben zurückzulassen", sagte Collenot.

Mermoz sprang auf. „Packen wir gleich alles raus aus der Kiste."

Als der Morgen graute, lagen so viele Dinge um das Flugzeug verstreut, daß man hätte meinen können, Plünderer seien am Werk gewesen. Benzintanks, Ölkanister, Bordwerkzeug, Ersatzmaterial und aus der Kabine ausgebaute Sitze lagen im Schnee.

„Beim ersten Sonnenstrahl lassen wir den Motor an", sagte Mermoz und rieb seine steif gewordenen Hände.

Collenot nickte. „Wir müssen aber damit rechnen, daß wir ihn noch einmal abstellen und den Kühler nachdichten müssen, Monsieur Mermoz."

Wie recht er mit dieser Vermutung hatte, zeigte sich nur allzu bald. Kaum war der Motor warm geworden, da tropfte der Kühler an allen Ecken und Enden. Ohne ein Wort zu verlieren, entledigte sich Collenot seiner Lederjacke und schnitt sie in Streifen. Bebend vor Kälte dichtete er den Kühler ab.

Mermoz sah ihm wie gebannt zu. „Wenn der Motor wieder läuft, kontrollieren wir nicht mehr lange. So oder so müssen wir jetzt fort. Hier überleben wir keine weiteren vierundzwanzig Stunden."

„Sie können anlassen, Monsieur Mermoz!"

Der Motor sprang an und heulte auf. „Schaff die Steine fort!" Mit einem Satz war der Mechaniker bei den Rädern, schob die vorgelegten Felsbrocken zur Seite, kletterte in die Kabine und klinkte seine Gurte ein.

Starr auf die vor ihm liegende, allzu kurze Anlaufstrecke blickend, schob Mermoz den Gashebel vor. Der Motor dröhnte in der dünnen Luft wie eine Orgel. Das Flugzeug setzte sich holpernd in Bewegung.

Mermoz drückte das Steuer an. Der Rumpf hob sich. Die Maschine wurde schneller. Das Ende des Plateaus war zum Greifen nahe. Sekundenlang zog er das Steuer. Das Flugzeug sackte durch. Er drückte nach. Die Räder stießen auf die erste der wie Treppen angeordneten Plattformen. Irgend etwas krachte. Die Maschine machte einen Satz nach oben, sackte erneut durch, fiel auf die zweite Plattform, wurde wieder hochgeschleudert, gewann dabei etwas Fahrt, sauste auf die nächste Plattform, erhielt weiteren Schwung und stürzte schließlich in die Tiefe hinab. Mermoz stellte das Flugzeug auf den Kopf und ließ es Fahrt aufholen, bis er Druck auf dem Steuer verspürte.

„UNGLAUBLICH!" entfährt es José Alvaroz, als der Franzose schweigt.

Jacques Monier hebt warnend die Hand. „Wenn du meinst, Mermoz habe nun nur noch den Wunsch gehabt, möglichst schnell sicheren Boden zu gewinnen, dann täuschst du dich. Er flog nicht in das Tal hinein, sondern steuerte erneut den Paß an, den er drei Tage zuvor mit Hilfe von Aufwinden überflogen hatte. Er wollte ihn ein zweites Mal bewältigen und spekulierte darauf, daß seine um vieles leichter gewordene Maschine nun höher steigen würde. Diese einmalige Chance wollte er sich nicht entgehen lassen. Und er siegte! Mit von Kälte und Not gezeichneten Gesichtern landeten Mermoz und Collenot in flimmernder Mittagssonne wieder dort, wo sie ihr Unternehmen begonnen hatten: in der kleinen Stadt Copiapó am Fuße der Anden."

JACQUES MONIER, José Alvaroz und Claus Berghoff unterhalten sich immer noch über Mermoz, als sie auf der Terrasse des an der Küstenstraße gelegenen Schwimmbades Platz nehmen. Der Himmel wölbt sich wolkenlos über dem Atlantik, dessen geringe Kräuselung an diesem Tag das Wasser glitzern läßt, als wäre es von Brillanten übersät.

„Wir haben Glück mit dem Wetter", sagt der Franzose. „Nichts verrät, daß die Wellen hier bis zum Boulevard heraufschlagen können."

Der Deutsche zündet sich eine Zigarette an. „Bei solchen Wetterlagen war es zu unserer Zeit kein Vergnügen, den Südatlantik zu überfliegen. Wenn ich bedenke, wie primitiv die Atlantikfliegerei einmal war, dann kann ich mich nur darüber wundern, daß nicht mehr passiert ist."

„Da haben Sie recht", pflichtet ihm Jacques Monier lebhaft bei und lehnt sich im Sessel zurück.

„Richtig los ging es erst 1934, als die Deutsche Lufthansa mit dem Sechstonnenflugboot Dornier Wal den Postverkehr auf der Strecke Bathurst–Natal eröffnete."

„Bis dahin hatte die Compagnie Générale Aeropostale, die später in der neugegründeten Air France aufging, den Südatlantik mit sogenannten Avisos, sehr schnellen Booten, überbrückt", erklärt der Franzose. „Auf diese Weise konnte die Luftpost bereits 1928 von Buenos Aires über Rio de Janeiro, Pernambuco und die Kapverdischen Inseln nach Toulouse in zehn Tagen befördert werden."

Der Spanier lacht. „Man war eben noch nicht so anspruchsvoll wie heute."

„Man wurde es aber sehr bald, als die Lufthansa mit dem Dornier Wal auf den Plan trat. Das Flugboot konnte die dreitausend Kilometer weite Strecke natürlich auch noch nicht im Nonstopflug bewältigen. Es war jedoch seefest und bot die Möglichkeit, neben zwei von der Lufthansa im Südatlantik stationierten Schiffen zu wassern. Sie hießen *Schwabenland* und *Westfalen* und waren mit einem Schleppsegel zur Aufnahme des Flugbootes ausgerüstet, das an Deck gehievt, dort mit neuem Treibstoff versehen und dann zur Fortsetzung des Fluges von Bord katapultiert wurde."

„Zu dem genialen Einfall kann man euch Deutschen noch heute gratulieren", sagt Jacques Monier anerkennend. „Nun, wir haben unsere Avisos ja bald umgerüstet und zu Flugsicherungsschiffen gemacht."

„Die großartige Dienste geleistet haben! Der Aviso *Air France IV* kam damals meinem Kameraden Grosschopff zu Hilfe."

„Ja, richtig! War ein tolles Ding, was der da vollbracht hat."

„Claus", sagt Alvaroz, „jetzt bist du an der Reihe! Erzähle!"

EINER der Piloten, die den Südatlantik mit dem Dornier-Wal-Flugboot überquerten, war Flugkapitän Grosschopff. Er hatte die Figur eines Boxers und steuerte sein auf den Namen *Samum* getauftes Flugboot wie im Schlaf.

Außer ihm waren drei weitere im Atlantikdienst erprobte Männer an Bord: der drahtige zweite Flugzeugführer Esau, der Funker Schmischke und der Bordmechaniker Preuschoff.

Da Bathurst und Natal nicht weit vom Äquator entfernt liegen, stellten die Flüge klimatisch eine große Belastung dar. In Afrika wurde auf dem Gambia, in Südamerika auf dem Rio Grande do Norte gestartet.

Katapultiert wurde nach den Zwischenlandungen von der vor der Insel Fernando de Noronha liegenden *Schwabenland* und von der vor den Kapverdischen Inseln stationierten *Westfalen*.

Jeder Flug dauerte dreizehn bis vierzehn Stunden, und die Besatzungen waren danach so erschöpft, daß sie trotz der großen Hitze, die in ihren Unterkünften herrschte, zumeist sofort in einen tiefen Schlaf fielen.

An den folgenden flugfreien Tagen mußte das Flugboot wieder startklar gemacht werden. Unternehmen konnten sie nichts. Weder in Bathurst noch in Natal war für Abwechslung gesorgt. Die Besatzung des *Samum* geriet deshalb förmlich aus dem Häuschen, als der in Natal tätige Funker Juan Hermanos, der jede Gelegenheit nutzte, um die deutsche Sprache zu erlernen, am Vormittag des 1. Februar 1938 die Unterkunft der Lufthansa anrief und mit schriller Stimme verkündete:

„Meine H-err! Ganz h-öchster Besuch kommt mit Aeroplan. Italienischer Udet! Mario Stoppani! Brecher von die ... Ach, wie heißt noch ...?"

„Der Rekordflieger!"

„Ja, meine H-err! Brecher von die Rekord! Er kommt mit Flugzeug, wo hat das berühmte Kennzeichen I-LAMA! Landung ist etwa gegen 12 Uhr 40. Großes Empfang bei Ablaufbahn!"

„*Muito obrigado,* Juan. Das ist eine erfreuliche Nachricht."

Grosschopff hatte den Hörer noch nicht eingehängt, da wurde er von seinen Kameraden schon bestürmt.

„Was ist los?"

„Leben kommt in die Bude!" rief der Pilot. „Der Rekordflieger Stoppani landet hier kurz nach halb eins! Er soll groß empfangen werden."

„Kommt er mit der Cant Z 506?" rief der Funker Schmischke aufgeregt.

„Es sieht so aus", antwortete Grosschopff. „Juan sagte, er käme mit der berühmten I-LAMA."

„Mensch, die muß ich mir ansehen!" schwärmte Schmischke. „Drei luftgekühlte Alfa-RC-34-Motoren mit insgesamt 2400 PS!"

Als das italienische Rekordflugzeug auf dem träge dahinfließenden Rio Grande landete, sagte Flugkapitän Grosschopff zu seinem Copiloten Esau: „Die Cant ist wirklich ein phantastisches Flugzeug; kein Wunder, daß Stoppani mit diesem Ding einen Rekord nach dem anderen bricht!"

Das italienische Wasserflugzeug hatte wegen seiner glänzenden aerodynamischen Eigenschaften in aller Welt große Beachtung gefunden.

Nicht minder beeindruckte das bescheidene Auftreten Signor Stoppanis.

Grosschopff hatte sich einen kleinen, lebhaften Italiener vorgestellt, dem die dreizehn internationalen Rekorde, die er inzwischen errungen hatte, zu Kopf gestiegen waren.

Doch weit gefehlt. Stoppani war von mittlerer Größe, äußerst zurückhaltend und bescheiden. Man spürte, daß ihm die dauernden Empfänge eher lästig waren.

Das Fest, das in Natal zu Ehren des italienischen Rekordfliegers gegeben wurde, war noch nicht verklungen, als Stoppani und sein Copilot Comani im Morgengrauen in eine Barkasse der Air France stiegen, um zu ihrem bereits vor der Boje liegenden Flugzeug überzusetzen, mit dem sie nach Dakar starten wollten. Sie wurden von Capitano Viola begleitet, einem Angehörigen der italienischen Botschaft in Rio de Janeiro, der die günstige Gelegenheit nutzen wollte, der Heimat einen schnellen Besuch abzustatten.

Comani deutete auf Grosschopff und seine Männer, die an der Mole standen und es sich nicht nehmen ließen, den Italienern ein letztes Mal zuzuwinken. „Nett von den Deutschen, uns in dieser Herrgottsfrühe zu verabschieden."

Stoppani nickte und grüßte fast militärisch in Richtung Mole. Es lag ihm nicht, Gefühle zu zeigen. Er zog den Bericht aus der Tasche, den ihm der Leiter der französischen Wetterberatungsstelle übergeben hatte.

„Alles in Ordnung?" fragte Comani.

Der Dornier Super-Wal. Ein Flugboot, das Luftfahrtgeschichte machte.

Der Rekordflieger übergab ihm den Bericht, nachdem er ihn gelesen hatte.

Capitano Viola beobachtete die beiden. „Wie sieht das Wetter aus?" fragte er erwartungsvoll.

„Unterschiedlich", antwortete Stoppani. „Zunächst Südost-, dann Nordostpassat. Später ausgedehnte Regenfelder."

„Also nicht günstig?"

„Nicht besonders."

Coletta, ein vom Werk zur Betreuung der Cant Z 506 nach Rio de Janeiro entsandter Mechaniker, der zur Belohnung für seine guten Dienste am Rückflug teilnehmen durfte, war dem Rekordflieger beim Einsteigen behilflich. „Alles in Ordnung, Capitano!" meldete er.

Stoppani zwängte sich an den vier im Rumpf untergebrachten Zusatztanks vorbei.

Der Funker Iaria und der Bordmechaniker Pogliani traten ihm entgegen und meldeten das Flugzeug startklar.

Stoppani begrüßte sie mit Handschlag.

Comani trat in die Führerkanzel, in der Stoppani bereits Platz genommen hatte.

„Alles klar?"

„Von mir aus kann's losgehen."

„Dann ab durch die Mitte."

Comani gab der Barkassenbesatzung das Zeichen: Boje frei!

Draußen wurden die Taue gelöst, und gleich darauf trieb das Flugzeug langsam flußabwärts. Stoppani hob die Hand. Der Bordmechaniker ließ erst den Steuerbordmotor, dann den Backbord- und den Mittelmotor anlaufen.

Stoppani schaute den Fluß hinunter. Die Bahn war frei. Er schob die Gashebel vor, und die Motoren heulten auf. Langsam, sehr langsam setzte sich die Cant Z 506 in Bewegung, doch schon bald gewann sie zusehends an Fahrt. Vor den Schwimmern sprühte Gischt, und schließlich hob sich die Maschine elegant aus dem Rio Grande. Stoppani kurvte zurück, flog noch eine Ehrenrunde über Natal und nahm dann Kurs auf das vor Fernando de Noronha liegende deutsche Flugzeugmutterschiff.

„Wann werden wir die *Schwabenland* erreichen?" fragte Iaria, der schon nach kurzer Zeit die Verbindung mit dem deutschen Schiff hergestellt hatte.

„In eineinviertel Stunden etwa. Gegen 9 Uhr 30", antwortete Comani.

An Bord wurde es still. Langsam versank die brasilianische Küste. Außer den Tragflächen und den drei Motoren, die ihr gleichmäßiges, monotones Lied brummten, gab es nur den Himmel und das Meer zu sehen. Der Anblick der sich von Horizont zu Horizont ausdehnenden Wasserwüste wirkte beklemmend, führte er doch vor Augen, daß auf Tausenden von Kilometern nichts existierte, was Halt geben konnte, wenn etwas Unvorhergesehenes eintreten sollte.

Auch Stoppani war nicht in der Lage, sich von der anfänglichen Beklemmung frei zu machen, die zu Beginn einer Ozeanüberquerung jeden Piloten überfällt. Still und in sich gekehrt saß er auf seinem Führersitz, beobachtete die Instrumente und schaute gelegentlich unter sich, um aus dem Lauf der Wellen Rückschlüsse zu ziehen.

Die Zeit strich dahin. Um 9 Uhr 15 kam der „Peak of Fernando", ein steiler Felsen, der die Insel Fernando de Noronha weit überragt, in Sicht. Um 9 Uhr 35 wurde die *Schwabenland* passiert, und Stoppani gab Tiefensteuer, um die Schiffsbesatzung zu begrüßen. Sekunden nur dauerte der Vorbeiflug, dann lag der Südatlantik vor ihnen, der in einer Flugzeit von zehn Stunden überquert werden sollte.

Der Rekordflieger ließ die Maschine auf nur fünfhundert Meter steigen, weil der Gegenwind aufgefrischt hatte. Mit gemischten Gefühlen beobachtete er das stark bewegte Meer, auf dem sich erste kreuzlaufende Dünungen abzeichneten.

Stunden glitten dahin. Comani machte exakte Standortbestimmungen. Iaria meldete sich in Natal ab, da die Verständigung mit wachsendem Abstand immer schwieriger wurde und die Verbindung mit der *Schwabenland* genügte. Pogliani prüfte den Benzinstand der Tanks. Die Passagiere Viola und Coletta dösten derweil vor sich hin. Nur einmal durften sie sich von ihrem Notsitz erheben und in die Führerkanzel kommen: um 11 Uhr 36, als der Äquator überflogen wurde.

„Wieviel Stunden sind es noch bis Dakar?" fragte Capitano Viola, nachdem er eine Weile in die aufgewühlten Wassermassen gestarrt hatte.

„Rund acht!" antwortete Stoppani.

Als die beiden in die Kabine zurückgekehrt waren, sagte der Funker: „Ich könnte jetzt eigentlich schon die Wellenlänge wechseln und die *Westfalen* rufen."

„Keine Mätzchen", wies ihn der Rekordflieger zurecht. „Solange wir uns noch auf der ersten Hälfte der Strecke befinden, bleiben wir mit der *Schwabenland* in Verbindung."

Iaria trat an den Bordmechaniker heran. „Was hat der Alte heute? Man könnte meinen, er liegt auf der Lauer. Ist etwas nicht in Ordnung?"

„Was sollte nicht in Ordnung sein? Alles ist bestens. Drehzahl, Temperatur, Druck – nirgendwo eine Unregelmäßigkeit."

Das war richtig. Trotzdem sollte die Besatzung schon Minuten später erschreckt zusammenzucken. Der Backbordmotor heulte plötzlich auf. Die Tourenzahl fiel schlagartig ab, stieg gleich darauf wieder und ließ den Motor rütteln, daß es einem angst und bange werden konnte.

Verwirrt starrte der Bordmechaniker auf das Instrumentenbrett. Nicht der geringste Defekt war festzustellen. Öldruck und Temperatur der Motoren waren in Ordnung.

Stoppani griff zum Schalter der Verstell-Luftschraube. Sie ließ sich nicht mehr regulieren. „Da haben wir den Mist!" rief er außer sich. „Der Propeller ist hinüber! Backbordmotor ausschalten!"

Dem Bordmonteur verschlug es fast die Sprache. „Den gesunden Motor soll ich . . .?"

„Ausschalten!" schrie ihn der Rekordflieger an.

Pogliani gehorchte kleinlaut.

Stoppani griff nach einem zwischen seinen Beinen befindlichen

Hebel, um den nun einseitig werdenden Druck des Seitensteuers auszugleichen. „Ein gesunder Motor kann uns nichts nützen, wenn die Luftschraube im Eimer ist", schimpfte er und blickte in die Tiefe. Das Meer schäumte. Nur fünfhundert Meter waren sie hoch. Müssen Pannen denn immer ausgerechnet dann eintreten, wenn man durch Gegenwind zum Tiefflug gezwungen ist, fragte er sich ärgerlich. Die Borduhr zeigte 11 Uhr 59. Er leitete eine Kurve über den laufenden Steuerbordmotor ein.

„Was machen Sie?" rief Comani.

„Kehrt auf der Hinterhand! Wir müssen zurück nach Fernando de Noronha! Iaria soll die *Schwabenland* verständigen. Wir werden auf der Leeseite der Insel wassern."

„Sollten wir nicht Benzin ablassen?"

Stoppani blickte unschlüssig vor sich hin. Er sah den roten Hebel mit der Aufschrift SCHNELLABLASS. „Nein", antwortete er.

„Aber warum nicht?" begehrte der Copilot auf. „Wir können dann doch viel besser steigen!"

Erneut zögerte der Rekordflieger. Es war klar, daß vieles für ihn leichter werden würde, wenn er die Zuladung um drei- bis viertausend Kilogramm verringerte. Er hatte jedoch einmal gelesen, daß ein Flugzeug beim Ablassen von Benzin in Brand geraten war. „Solange es nicht unbedingt erforderlich ist, werden wir keinen Tropfen hergeben."

Comani zuckte die Achseln. „Wie Sie wollen. Ich betone aber, daß ich Ihren Entschluß nicht für richtig halte."

In der Unterkunft der deutschen Flugzeugbesatzung schrillte kurz nach zwölf Uhr das Telefon. Da Flugkapitän Grosschopff mit seinen Kameraden nach der durchfeierten Nacht erst nach dem Start der Italiener zu Bett gegangen war, wankte er verschlafen dem altmodischen Wandapparat entgegen und hob den Hörer ab. „Hier Deutsche Lufthansa!" sagte er mit belegter Stimme.

„Meine H-err!" schrie der brasilianische Funker. „Großes Unglück! Stoppani-*Máquina* kaputt!"

Dem Deutschen stockte der Atem. „Stoppanis Maschine ist zerstört?" Seine Kameraden fuhren erschrocken in ihren Betten hoch.

„Nein, meine H-err . . ." Der Brasilianer konnte vor Erregung kaum sprechen. „Nicht das Maschin . . . Die Motor sein . . . kaputt!"

„Ein Motor?"

„Ja, meine H-err!"

„Haben Sie Verbindung mit den Italienern?"

„Ich . . .? Nein. Mich h-at gerufen Flugzeugmutterschiff *Schwabenland*."

„Kennen Sie den Standort von Stoppani?"

„Oh, ich nicht weiß, meine H-err."

Während Grosschopff weitersprach, gab er Schmischke zu verstehen, sich schnell etwas überzuwerfen. „Hör zu, Juan! Mein Funker kommt zur Peilstation. Laß ihn an die Strippe, ja?"

„Gut. Ist mir Ehre!"

Der Flugkapitän hängte den Hörer ein und wandte sich an Schmischke. „Laufen Sie los! Stoppani hat Motorschaden. Lassen Sie sich von der *Schwabenland* über alles informieren. Wir machen unseren Wal inzwischen startklar."

Bereits eine halbe Stunde später stand das Flugboot am Ufer des Rio Grande. Preuschoff arbeitete mit einigen brasilianischen Mechanikern auf der Tragfläche an den Motoren. Schmischke jagte auf einem Fahrrad daher. Außer Atem rief er: „Die Sache ist halb so wild. Stoppani hat den Backbordmotor stillgelegt, weil die Verstell-Luftschraube nicht mehr funktioniert. Er ist im Anflug auf Fernando und wird gegen fünfzehn Uhr wassern."

„Wo trat die Panne ein?" fragte Grosschopff.

„03 Grad Nord, 29 West."

„Dann hatten sie den Äquator schon überflogen und werden zirka 1600 Kilometer zurückschippern müssen. Mit einem ausgefallenen Motor ist das keine Kleinigkeit."

„Wurde Benzin abgelassen?" fragte Flugzeugführer Esau.

„Bis jetzt noch nicht."

Der Flugkapitän strich über sein unrasiertes Kinn. „Dann sollte er aber nicht in Fernando, sondern hier landen. Drüben kriegt er keine Hilfe."

„Wir sollten ihn auffordern, hierher zu kommen", warf Flugzeugführer Esau ein. „Hier könnten wir helfen."

„Schlagen wir's ihm vor. Er soll selbst entscheiden."

„Was ist nun?" rief Preuschoff von der Tragfläche herunter. „Starten wir, oder starten wir nicht?"

„Vorerst nicht", antwortete Grosschopff. „Ich gehe jetzt zum Peiler und bleibe dort, bis die I-LAMA gelandet ist. Im Moment sieht zwar alles recht harmlos aus, aber in solchen Situationen kann sich binnen weniger Sekunden vieles ändern."

Als der Flugkapitän die Funkstation betrat, rollten die Augen des Brasilianers wie dunkle Kugeln. „Mir großer Ehre!" rief er begeistert und schob Grosschopff einen Stuhl zu. Er deutete auf seinen Kopfhörer. „Ich h-aben I-LAMA jetzt selbst. Kommen Natal so gegen sechzehn Uhr."

Der Pilot atmete auf. „Sie fliegen also durch?"

„Ja! Gefahr *passado!*"

„Wo befindet sich die Maschine?"

„Dreihundert Kilometer vor Fernando. Alles gut."

Dann überfliegen sie gerade das gefährlichste Gebiet, dachte Flugkapitän Grosschopff. Am liebsten wäre er sofort gestartet.

Schon über drei Stunden flog die Cant Z 506 in Richtung Fernando de Noronha zurück. Da eine Luftschraube stillstand und Stoppani die rechte Tragfläche aus Sicherheitsgründen etwas hängen lassen mußte, kam die Maschine nur langsam vorwärts. Die Flughöhe betrug sechshundert Meter. In der Führerkanzel wurde kaum gesprochen. Wenngleich sich zeigte, daß der Rückflug mit nur zwei Motoren keine Schwierigkeit bereitete, drängte sich doch jedem die Frage auf: Was geschieht, falls eine weitere Störung eintritt?

Um sich abzulenken, machte Comani eine Standortbestimmung nach der anderen. Er wollte das von allen Seiten aufgepeitschte Wasser nicht sehen. Die Haare sträubten sich ihm, wenn er sich vergegenwärtigte, um wieviel leichter das Flugzeug werden würde, wenn Stoppani sich dazu entschließen könnte, wenigstens tausend oder zweitausend Liter Benzin zu opfern.

Der Mechaniker Pogliani kam nicht darüber hinweg, daß die Luftschraube defekt geworden war. Unentwegt fragte er sich: Hab ich einen Fehler gemacht? Bin ich der Schuldige?

Der Funker hingegen war guter Dinge. Gewiß, ein Motor hatte stillgelegt werden müssen, doch er hatte die *Schwabenland* und die Funkstation in Natal informiert, und beide Stellen hatten versichert, daß man sofort in Aktion treten werde, wenn dies erforderlich werden sollte. Stoppani hatte auf den Funkspruch des deutschen Flugkapitäns geantwortet, daß er sein Angebot dankbar annehme und sich entschlossen habe, nach Natal zurückzukehren. Wenn Stoppani es auf sich nahm, zwei Stunden länger in der Luft zu bleiben, dann bestand keine Gefahr.

Ähnliche Überlegungen stellten auch Capitano Viola und der Werksmonteur Coletta an. Im ersten Moment hatte der Botschaftsangehörige die Nerven verloren und immer wieder gerufen: „Ich hab's geahnt! Ich hab's geahnt!" Als er dann aber sah, daß nichts Aufregendes geschah und das Flugzeug ruhig in der Luft lag, hatte er sich beruhigt.

Stoppani selbst ließ sich nicht anmerken, daß sich die Verantwortung wie eine Zentnerlast auf ihn gelegt hatte. Fast bewegungslos saß er hinter dem Steuer. Nichts deutete darauf hin, daß er sich der Gefahr bewußt war, in der sie schwebten. Ein geringer weiterer Schaden, und sie waren verloren.

Das dauernde Drängen Comanis, doch wenigstens einen Teil des Benzins zu opfern, hatte ihn in einen Gewissenskonflikt gebracht. Comanis Begründung war nicht von der Hand zu weisen. Dennoch konnte er sich nicht dazu entschließen, seinem Rat zu folgen. Er hatte heillose Angst, das Flugzeug könnte Feuer fangen. Trat dies ein, dann waren sie den Haien preisgegeben, während eine Notwasserung, selbst wenn sie mit einem Bruch verbunden war, bei weitem nicht das Ende bedeutete. Das treibende Flugzeug würde gewiß für einige Stunden Schutz bieten.

Die Borduhr zeigte 15 Uhr 40, als Pogliani, der zwischen den beiden Piloten saß, plötzlich aufsprang und erregt gegen den Öldruckmesser des Steuerbordmotors klopfte. „Er sinkt, der Öldruck fällt ab!"

Der Copilot riß den Bordwart zur Seite, um den Triebwerksteil des Instrumentenbrettes übersehen zu können. „Wahrhaftig!" rief er. „Der Motor geht zum Teufel!"

Stoppani zwang sich, ruhig zu bleiben. „Unser Standort?"

„Etwa dreißig Minuten vor Natal. Lassen Sie endlich Benzin ab, Stoppani!" drängte der Copilot.

Der Funker erschien.

„Hören Sie zu, Iaria! Mit dem Steuerbordmotor geht's zu Ende. Senden Sie SOS. Wir brauchen jetzt dringend Hilfe!"

Iaria hastete davon.

„Wir müssen Benzin abwerfen!" beschwor Comani den Rekordflieger.

„Lassen Sie mich doch endlich mit Ihrem verdammten Benzin in Ruhe!" brauste Stoppani auf. Er wandte sich an den Bordmechaniker. „Schlauchboot fertigmachen!"

Pogliani eilte in die Kabine.

Comani sah Stoppani flehend an. „Darf ich jetzt den Ablaßhahn betätigen?"

Der Rekordflieger griff sich an den Hals. Ihm war es, als müsse er ersticken. „Noch nicht, Comani!" sagte er. Er griff nach dem Zündschalter des Steuerbordmotors und drückte ihn nach unten. Dann schob er den Mittelmotor auf Vollgas, betätigte die Luftschraubenstellung und zerrte an dem zwischen seinen Beinen liegenden Hebel, um den veränderten Ruderdruck auszugleichen.

Die Spitze des Flugzeuges neigte sich. Der Höhenmesser sank rapide.

„In hundert Sekunden schlagen wir auf, Stoppani!" rief der Copilot, der Verzweiflung nahe. „Warum zögern Sie noch?"

„Weil ich einen Brand befürchte!"

„Aber die Maschine ist mit leeren Tanks ungewöhnlich schwimmfähig! Das ist unsere Chance, Stoppani! Kein Flugzeug hat so große Behälter wie wir!"

Er hat recht, dachte Stoppani, zögerte aber dennoch. Warum nur konnte er sich nicht entschließen?

Der Höhenmesser zeigte dreihundert Meter.

„Uns steht noch eine Minute zur Verfügung!" schrie Comani.

Stoppani sah den plombierten Griff und blickte auf die Treibstoffuhren, die viertausend Liter anzeigten. Das Meer kam in bedenkliche Nähe. Er glaubte, die Rückenflossen von Haien zu sehen. „Dann sollen die Biester in Gottes Namen Benzin saufen!" fluchte er und zog den Schnellablaß.

Comani fuhr sich wie erlöst durch das Haar. „Sollen wir die Luke schon öffnen?"

Noch bevor Stoppani antworten konnte, ertönte der Schrei: „Feuer! Wir brennen!"

Die Piloten fuhren herum. Im Rumpf stieg dunkler Qualm auf. Hinter den Tragflächen loderte eine riesige Flamme. Stoppani schloß den Schnellablaß.

Der Bordmonteur stürzte in die Kanzel, verriegelte die Brandhähne der Motoren und öffnete den Feuerlöscher.

„Das nützt nichts!" rief Stoppani und drückte die Maschine auf das Wasser hinab. „Luke öffnen!" Er nahm das Flugzeug flach und fegte über Wellenkämme hinweg. „Mittelmotor aus!"

Der Bordmonteur schlug auf den Zündschalter.

„Nicht hinausklettern, bevor die Maschine in Ruhelage gekommen ist!" rief der Rekordflieger. „Und keinesfalls die Tragflächen verlassen!"

Ein Wellenkamm raste auf sie zu. Stoppani versuchte darüber hinwegzuziehen. Vergebens. Es krachte ohrenbetäubend. Mit einem gewaltigen Stoß flogen alle nach vorn. Dann schwebten sie fast frei im Raum.

„Festhalten!" schrie Stoppani. „Gegenstemmen!"

Vor den Fenstern stand plötzlich Wasser. Es krachte und dröhnte. Pogliani, Viola und Coletta wirbelten durcheinander. Ein Sturzbach ergoß sich in die Kanzel. Streben brachen.

„Schnell raus!" rief Comani.

Stoppani öffnete seinen Anschnallgurt und stemmte den ratlosen Capitano Viola hoch. „Los, raus! Aber auf der Tragfläche bleiben! Nicht ins Wasser springen!"

Das Prasseln der Flammen wurde lauter.

„Nichts wie raus, Coletta!"

Pogliani stemmte sich durch die Luke.

„Wo ist Iaria?"

Der Funker wankte aus der Kabine. Sein Gesicht war verrußt. „Ich hab so lange wie möglich . . ."

„Schon gut. Mach, daß du rauskommst. Spring aber nicht ins Wasser. Dort sind Haie."

„Folgen Sie ihm!" forderte Comani den Rekordflieger auf.

„Ich gehe als letzter!" entgegnete Stoppani und war dem Copiloten beim Hinausklettern behilflich. Als er sich dann selbst ins Freie stemmte, glaubte er, das Herz müsse ihm stehenbleiben. Iaria, Viola, Coletta und Pogliani trieben im Wasser. „Zurück!" schrie er. „Bleibt beim Flugzeug!"

„Das fliegt doch in die Luft!" rief Comani und warf sich in die Wellen.

Stoppani schrie verzweifelt. Vergebens. Er kroch zum Backbordmotor und umklammerte die Verkleidung. Wogen spülten über ihn hinweg. Aus dem Rumpf schlugen haushohe Flammen. Schwarze Wolken wälzten sich zum Himmel empor.

Stoppani war wie gelähmt. Warum nur hatte er nachgegeben und Benzin abgelassen? Warum hatte er nicht auf seine innere Stimme gehört?

Ein entsetzlicher Schrei gellte über das Meer. Stoppani fuhr zusammen. Er hatte die Stimme Iarias erkannt und sah mit Entsetzen, daß der Funker mit einem Hai kämpfte. Schaudernd schwor er sich, das Flugzeug um keinen Preis zu verlassen. Und wenn er verbrennen sollte!

NACHDEM sich der Funker Juan Hermanos zwischen Funksprüchen und Peilungen eine Weile mit Flugkapitän Grosschopff unterhalten hatte, preßte er plötzlich seinen Kopfhörer an die Ohren und lauschte mit verzerrtem Gesicht.

„SOS!" schrie er. „I-LAMA gibt SOS!"

Grosschopff sprang auf. „Fordern Sie den Standort!"

Hermanos funkte mit schreckgeweiteten Augen.

Der Flugkapitän lief zum Telefon und verlangte die Unterkunft der Lufthansa. Flugzeugführer Esau meldete sich. „Laß die Maschine sofort zu Wasser bringen. Stoppani gibt SOS! Schmischke soll auf Empfang gehen und mithören! Ich komme zur Ablaufbahn."

„Verstanden!"

Grosschopff sah den Funker an. „Haben Sie den Standort?"

Der Brasilianer notierte Buchstaben. Der Pilot trat hinter ihn und las: „I-LAMA . . . SOS – SOS – SOS . . ."

Grosschopff stürmte davon. Was er gesehen hatte, genügte ihm.

Offensichtlich hatte ein plötzliches Ereignis die Italiener in höchste Gefahr gebracht. Er rannte zum Rand des Flughafens und kletterte dort über einen Zaun, um den Weg zum Fluß abzukürzen. Außer Atem erreichte er die *Samum*.

Flugzeugführer Esau stand auf dem Rumpf und rief: „Alle an Bord! Was ist passiert?"

„Keine Ahnung", antwortete der Flugkapitän und sprang auf den seitlich aus dem Rumpf herausragenden Flächenstummel. „Der Funkspruch ist völlig auseinandergerissen. Ist das Boot klar?"

„Wir können ablaufen."

„Dann los!"

„Monteure von Bord!" rief der Copilot.

Wenige Minuten später raste der Dornier Wal flußabwärts. Dem Flugkapitän gelang es, das schwere Flugboot schon nach kurzer Anlaufstrecke auf Stufe zu setzen. „Gleich haben wir's geschafft!" rief er. „Wieviel Sprit ist in den Tanks?"

„Für sechs Stunden!"

„Das genügt."

„Und weshalb der plötzliche Start?"

Schmischke, der hinter ihnen am Funkgerät saß, neigte sich vor. „Die *Schwabenland* nimmt an, daß die I-LAMA Feuer gefangen hat."

Das Flugboot wurde „leicht", konnte aus dem Wasser gehoben werden.

Der Bordmonteur drosselte die Motoren.

„Standort der Italiener dürfte zwischen hundert und hundertfünfzig Kilometer vor der Küste sein", meldete Schmischke.

Preuschoff verzog das Gesicht. „Wenn die brennen, kommen wir zu spät."

Vor ihnen lag das Meer. Obwohl es noch keinen Sinn haben konnte, suchte jeder den Horizont ab.

„Werden wir gegebenenfalls wassern?" fragte der Bordmonteur.

Grosschopff zögerte. „Das kommt darauf an. Wenn es erforderlich ist ... "

Inzwischen wurde eine Flughöhe von fünfhundert Metern erreicht.

„Das dürfte genügen", sagte der Flugkapitän.

Der Copilot nickte und griff nach dem Feldstecher. „Der Wellengang macht mir Sorge. Ich glaube kaum, daß wir landen können."

„Gib mal her", sagte Grosschopff und übernahm das Fernglas.

Noch bevor er es an die Augen setzen konnte, rief Schmischke: „Die *Schwabenland* gibt durch, daß die in Reparatur befindliche D-ASAT voraussichtlich in einer Stunde startklar sein wird. In Natal bereitet Monsieur Colarme das Auslaufen des Avisos *Air France IV* vor."

Der Flugkapitän wurde lebhaft. „Dann können wir ja einiges riskieren."

Esau deutete in die Tiefe. „Schau dir mal die Wellen an!"

Grosschopff blickte lange durch das Glas. „Es sieht tatsächlich böse aus." Er unterbrach sich und blickte angespannt nach draußen. „Ich glaube, es ist höchste Zeit, das Schlauchboot fertigzumachen. Vor uns wird eine Rauchfahne sichtbar." Er reichte das Glas zurück und schob die Gashebel vor. „Auf jede Sekunde kommt es jetzt an! Los, Franz, das Schlauchboot fertigmachen! Und die Rettungsringe mit Seilen versehen!"

„Soll ich Fernando informieren?" fragte der Funker.

„Ja! Gib durch: Standort sechsundzwanzig Minuten von der Küste entfernt. Rauchsäule voraus."

Esau schaute durch das Fernglas. „Wir kommen zu spät. Das Flugzeug muß lichterloh brennen."

„Die Besatzung verfügt über Schwimmwesten!"

„Die vor Haien nicht schützen!"

„Nicht überall jagen diese Biester herum."

Fünf Minuten später waren sie so nahe heran, daß Grosschopff die Motoren drosseln konnte. Im langen Gleitflug steuerte er die Rauchsäule an, unter der haushohe Flammen emporschlugen. „Ich umkreise den Brandherd so tief wie möglich!" rief er. „Achtet nicht auf das brennende Flugzeug! Das behalte ich im Auge. Sucht nur das Wasser ab!"

Immer näher kam die Unfallstelle. Die Rauchfahne stand schräg zur Flugrichtung. Der Flugkapitän drückte unter sie hinweg.

„Da ist einer!" schrie Preuschoff. „Er hängt an einer Strebe des Leitwerks! Über ihm schlagen die Flammen zusammen!"

„Dann klar zur Landung!" Der Flugkapitän drehte sich nach Schmischke um. „Gib durch, daß wir landen werden."

„Soll ich sagen, daß wir einen entdeckt haben?"

„Nein. Das melden wir erst, wenn wir ihn retten konnten", antwortete Grosschopff und wandte sich an Esau und Preuschoff. „Ich setze möglichst nahe am Wrack auf und versuche dann, uns heranzumanövrieren. Schnallt euch Leinen um! Schmischke bleibt zwischen den Streben stehen und paßt auf euch auf. Versucht, im geeigneten Moment einen Rettungsring überzuwerfen. Alles klar?"

Die Männer nickten.

Der Flugkapitän kurvte zurück und steuerte auf den Flammenherd zu. Das Flugzeug glitt langsam hinab und näherte sich den Schaumkämmen. Gischt sprühte nach allen Seiten.

Grosschopff nahm die Gashebel zurück und zog das Höhenruder

an. Er spürte, daß die schwierigste Landung seines Lebens vor ihm lag. Dreihundert Meter voraus befand sich das Wrack, schlugen Flammen hoch, wälzten sich Rauchwolken über das Meer. Unmittelbar unter ihm glitt das Wasser dahin. Ein harter Schlag ließ den Rumpf erzittern. Irgend etwas krachte. Das Flugboot legte sich schräg. Ein Wellenkamm erfaßte die Tragfläche.

„Wir kentern!" schrie Preuschoff.

Der Flugkapitän legte das Segment nach rechts und gab Vollgas. Die Motoren heulten auf. Wasser schlug über. Das Flugboot drehte sich. Eine Woge erfaßte den Rumpf, schob ihn weiter nach Steuerbord und schleuderte ihn auf die Flammen zu. Keine hundert Meter trennten die Flugzeuge mehr.

„Mehr nach Backbord!" rief der Copilot und trat in das Seitensteuer, da er bemerkte, daß Grosschopff die Sicht versperrt war. Fünfzig Meter neben ihnen schlugen die Flammen empor. Der Wind erfaßte das Leitwerk, drehte den Rumpf weiter auf den Brandherd zu.

„Loslassen!" schrie Grosschopff, der wieder Sicht bekommen hatte und erkannte, daß nur Verwegenheit die Lage noch retten konnte. Er gab Vollgas und unterstützte die Drehung. Das Flugboot wirbelte herum. Es sah aus, als würde es die Tragfläche des brennenden Flugzeuges streifen. Doch dann gewann es Abstand.

„Das wäre beinahe ins Auge gegangen!" stöhnte Esau.

Der Flugkapitän war kreidebleich, versuchte aber zu lachen. „Glück muß man haben! Los, raus! Ich rolle zurück, dreh dann gegen den Wind und versuche, von rechts heranzukommen."

„Wir nehmen Wasser über!" rief Schmischke.

„Darum kümmern wir uns später", erwiderte Grosschopff. „Seilen Sie die beiden andern an!"

Preuschoff stieß den Ausstieg auf. Alle drei banden sich Seile um den Leib.

„Du kannst beidrehen!" rief Esau.

Der Flugkapitän gab Vollgas und trat ins Seitensteuer. Nur langsam ließ sich die Maschine wenden. Die rechte Fläche berührte zeitweilig die Wellenkämme. Er schloß daraus, daß der Flossenstummel gebrochen war.

Als Grosschopff das brennende Wrack endlich wieder vor sich liegen hatte, schaltete er die Zündung des vorderen Motors aus und rief nach einem Blick durch das Dachfenster: „Propeller steht! Ihr könnt aussteigen!"

Augenblicklich kletterten Preuschoff und Esau auf den Rumpf. Schmischke folgte ihnen, nachdem er einen angeseilten Rettungsring hinausgereicht hatte.

Grosschopff steuerte die linke Seite der lodernden Fackel an. Die *Samum* glitt in ein Wellental. Durchhalten, beschwor sich der Flugkapitän. Nur noch hundert Meter, dann . . .

Schmischke sprang in die Kabine und rief: „Schnell, geben Sie mir Ihre Pistole!"

„Wozu?"

„Haie!"

Draußen erscholl ein Schuß. Ein zweiter und dritter folgten.

„Meine Pistole ist drüben in der Tasche."

Schmischke ergriff sie und kletterte wieder ins Freie.

Die Flammen kamen bedrohlich nah. Eine Welle schlug über den Rumpf. Esau und Preuschoff hielten sich am Propeller des stillgelegten Motors fest.

Der Copilot feuerte erneut. Eine riesige Schwanzflosse fuhr aus dem Wasser. Gleich darauf glitt ein Schatten in die Tiefe.

Der brennende Koloß lag unmittelbar vor ihnen. Das Flugboot drehte nach rechts und schob sich näher an das brennende Wrack heran.

„Da ist er!" schrie Preuschoff, warf sich auf den Rumpf und hämmerte auf das Dachfenster der Führerkanzel. „Drosseln!"

Die Drehzahl des Motors verringerte sich.

An einer Strebe, die einmal das Leitwerk der Cant Z 506 abgestützt haben mochte, hing ein Mann direkt über dem Wasser. Wellen überspülten ihn. Sein Gesicht war rußgeschwärzt, die Fliegerkombination zerrissen. „Das ist Stoppani!" schrie der Copilot und ergriff den Rettungsring. „Halt das Seil fest, Franz!" Er ließ für einen Augenblick die Luftschraube los, legte die Hände an den Mund und schrie: „Stoppani!"

Der Rekordflieger lag auf der Strebe und wies unter sich. Die Rückenflossen von drei Haien jagten vorbei.

„Schieß, Karl!" rief der Copilot.

„Werfen Sie erst den Rettungsring! Ich hab nur einen Streifen Munition."

Esau versuchte zu werfen. Das Flugboot schlingerte. Der an eine Leine gebundene Rettungsring platschte nur wenige Meter entfernt auf das Wasser.

„Mensch, wirf doch richtig!" brüllte der Bordmonteur und zog den Ring zurück.

Stoppani ließ sich für einen Moment ins Wasser gleiten und stemmte sich gleich wieder hoch. Unmittelbar über ihm züngelten Flammen.

„Nun mach schon!" rief Schmischke. „Der kann nicht mehr!"

Zum zweiten Mal schleuderte Esau den Rettungsring, der nun sein Ziel nicht verfehlte und direkt vor Stoppani aufschlug. Stoppani blickte nach rechts und links, ließ sich ins Wasser fallen und ergriff den Rettungsring.

Preuschoff zog aus Leibeskräften. Der Italiener glitt heran.

„Schnell!" rief Schmischke.

Vor dem Rumpf schnitten Rückenflossen durch das Wasser. Esau erkannte, daß der Funker nicht schießen konnte, weil Stoppani für ihn in der Schußlinie lag. Augenblicklich hob er die Waffe und schoß mehrere Male. Die Haie kamen mit unheimlicher Geschwindigkeit heran. „Mein Streifen ist leer!" schrie er verzweifelt.

Der Italiener erreichte das Flugboot. Schmischke sprang hinzu und zog ihn gemeinsam mit Preuschoff hoch. Stoppanis Beine hingen noch in der Luft, als zwei Haie krachend gegen den Rumpf schlugen. Der Funker gab einige Schüsse ab. Schwanzflossen wirbelten, Wasser sprühte.

Esau und der Bordmechaniker schoben den Rekordflieger weiter auf das Flugboot. Mit Mühe brachten sie den Geretteten an die Luke heran. Stoppani stöhnte vor Schmerzen.

Schmischke sprang in die Kabine, um den Italiener in Empfang zu nehmen, den seine Kameraden langsam hinabgleiten ließen. Als auch

dies geschafft war, legten sie ihn in das schon aufgeblasene Schlauch-boot. Nun aber fiel Stoppanis Kopf plötzlich zur Seite.

„Eine natürliche Reaktion", sagte der Copilot. „Jetzt, wo er sich in Sicherheit weiß, versagen seine Kräfte."

Schmischke holte den Sanitätskasten und deutete auf das Wasser, in dem sie standen. „Kümmert euch um unsere Kiste. Ich verarzte ihn inzwischen."

Esau eilte in die Führerkanzel. Flugkapitän Grosschopff sah abgekämpft aus. „Wer ist es?" fragte er.

„Stoppani! Hast du ihn nicht gesehen?"

„Ich konnte ihn von hier aus nicht erkennen."

„Er ist ohnmächtig, hat furchtbare Verbrennungen."

„Lebensgefährlich?"

Der Copilot hob die Schultern.

„Sag Schmischke, er soll sofort die *Schwabenland* verständigen."

„Er versorgt Stoppani."

„Das kannst du übernehmen. Schmischke muß jetzt funken und Hilfe herbeirufen."

„Wir haben schwer Wasser übergenommen."

„Ich weiß. Franz soll die Schotten dicht machen. Ich werde Kreise um das Wrack ziehen. Irgendwo müssen die anderen ja noch sein."

Esau zuckte die Schultern. „Suchen müssen wir, das ist klar. Ich glaube aber kaum, daß wir noch jemanden finden. Ich hätte nie für möglich gehalten, daß Haie in der Nähe von Flammen so angreifen!"

Der Flugkapitän wischte sich über die Stirn. „Komm zurück, sobald Schmischke den Funkspruch abgesetzt hat und Stoppani wieder übernehmen kann."

Esau verließ die Führerkanzel und löste Schmischke ab, der sofort die *Schwabenland* verständigte.

Inzwischen versuchte Grosschopff, das Wrack zu umkreisen. Dies war schwieriger, als er angenommen hatte. Das Flugboot lief immer schwerfälliger. Er wunderte sich daher nicht, als Preuschoff ihm meldete: „Trotz geschlossener Schotten nehmen wir immer noch Wasser über. Der Rumpf muß an mehreren Stellen undicht sein. Außerdem ist der rechte Flossenstummel hinüber."

„Was schlagen Sie vor?"

Der Bordmechaniker hob die Schultern. „Wann können wir mit Hilfe rechnen?"

Grosschopff blickte auf die Uhr. „In den Tropen bricht die Nacht schnell herein. Unter Umständen findet man uns erst morgen früh."

„Dann müssen wir alles, was wir nicht unbedingt brauchen, über Bord werfen."

Der Funker stapfte hastig durch das Wasser. „Die *Schwabenland* katapultiert die D-ASAT mit Flugkapitän Blum am Steuer in spätestens zehn Minuten!" rief er. „Er hat allerdings Landeverbot, soll nur die Verbindung herstellen."

Dem Piloten fiel ein Stein vom Herzen. „Dann sieht die Sache schon nicht mehr so schlimm aus. Im Notfall wird er eingreifen. Geben Sie durch, daß er in unserer Umgebung das Meer absuchen soll. Wir sind praktisch manövrierunfähig."

„Geht in Ordnung", antwortete Schmischke. „Ich bin aber noch nicht am Ende. Die Air France schickt das viermotorige Landflugzeug F-AOXE als Kontakthalter hierher. Die Maschine soll die D-ASAT ablösen. Blum hat Weisung, noch vor Einbruch der Dunkelheit wieder zur *Schwabenland* zurückzukehren."

„Sag den Franzosen, daß auch sie nach Überlebenden Ausschau halten sollen."

„Und nun kommt die beste Nachricht! Der Aviso *Air France IV* ist unterwegs, um Stoppani zu übernehmen. Man hofft, uns noch vor Einbruch der Nacht zu erreichen. Gegebenenfalls sollen wir Positionslampen setzen und den Scheinwerfer anmachen."

„Dann brauchen wir ja doch nichts auszubauen", frohlockte Preuschoff.

Der Flugkapitän schüttelte den Kopf. „Was meinen Sie, was die Direktion in Berlin sagt, wenn wir keine Vorsichtsmaßnahmen ergreifen und alles dem lieben Gott überlassen. Nein, mein Lieber, was nicht benötigt wird, geht augenblicklich über Bord! Und ich such jetzt weiter. Vielleicht finden wir noch einen."

Esau eilte herbei. „Stoppani ist wieder zu sich gekommen. Er krümmt sich vor Schmerzen. Glaubst du, daß ich ihm noch eine Morphiumspritze geben kann? Ich habe Tetanus gespritzt."

Grosschopff zögerte. „Ich weiß nicht ... Tetanus ist gegen Wundstarrkrampf, Morphium gegen Schmerzen. Ich möchte annehmen, daß man beides geben darf."

„Ich bin auch der Meinung."

„Dann tu's!"

Esau lief in die Kabine zurück.

Wenig später konnte Schmischke die Betreuung des Italieners übernehmen und zwischendurch den Funkverkehr abwickeln. Preuschoff baute verschiedene Teile aus, und der Copilot suchte, auf dem Rumpf stehend, das Meer ab.

Dem Flugkapitän fiel der Kampf gegen die Wellen immer schwerer. Immer häufiger wurde die rechte Tragfläche von Wellen erfaßt. Er mußte Schwerstarbeit leisten. Der Schweiß lief ihm über den Körper.

Esau klopfte plötzlich heftig gegen das Dachfenster der Führerkanzel und wies nach oben.

Grosschopff entdeckte das viermotorige Flugzeug der Air France. Erleichtert drehte er den Rumpf gegen den Wind und drosselte den laufenden Motor. Nun konnten die anderen suchen.

Der Funker watete durch das Wasser und brachte den neuesten Wetterbericht. Er gab sich möglichst sorglos. „Gut, daß Stoppani im Schlauchboot liegt."

„Wie geht's ihm?"

„Mal ist er bei Besinnung, dann ist er wieder hinüber. Die F-AOXE kreist über uns. Ich steh mit ihr in Verbindung. Der *Air France IV* hab ich schon zweimal Peilzeichen gesandt. Spätestens in einer Stunde wird sie aufkreuzen."

Dem Flugkapitän entfuhr ein Seufzer. Er erkannte, daß das französische Flugzeug immer engere Kreise zog und sich bis auf fünfzig Meter dem Wasser näherte. Der Funker beugte sich in die Führerkanzel. „Die Franzosen haben einen entdeckt! Wir sollen das Zentrum des Kreises ansteuern, den sie um ihn beschreiben."

Der Flugkapitän gab Gas. Das Flugboot stampfte und schlingerte. Nur langsam gelang es Grosschopff, sich an die Stelle heranzuarbeiten, über der das Flugzeug kreiste.

Esau klopfte ans Fenster und wies nach rechts. Grosschopff versuchte auszugleichen. Dann gab Esau das Zeichen zu stoppen, und der Flugkapitän drosselte den Motor und bemühte sich, das Flugboot auf der Stelle zu halten. Er schaute nach rechts. Für einen Augenblick sah er eine gelbe Schwimmweste. Gespannt wartete er.

Es dauerte eine ganze Weile, bis Esau den Rumpf verließ und in die Führerkanzel zurückkehrte. Er ließ sich kraftlos in seinen Sitz fallen und stöhnte: „Es war furchtbar. Hast du eine Zigarette?"

Grosschopff reichte ihm sein Etui. „Haie . . .?"

Der Copilot nickte.

José Alvaroz zieht fröstelnd die Schultern zusammen. „Diese Biester!"

Jacques Monier nippt an seinem Aperitif. „Wenn ich mich recht erinnere, wurde außer Stoppani niemand gerettet."

Claus Berghoff nickt. „Und seine Rettung grenzt an ein Wunder. Über eine Stunde hat er an der Strebe gehangen und sich immer wieder ins Wasser getaucht, um die Hitze ertragen zu können. Es ist unglaublich, was er geleistet hat. Er muß eine ungeheure Energie besitzen."

„Und wie wurden er und die Besatzung der *Samum* gerettet?" fragt Alvaroz.

Der Deutsche zündet sich eine Zigarette an. „Der Aviso traf glücklicherweise noch vor Anbruch der Dunkelheit ein und konnte alle übernehmen."

„Und was wurde aus dem Flugboot?"

„Der Dornier Wal wurde vor Treibanker gelegt, aber die See war zu bewegt. Um Mitternacht war er plötzlich verschwunden. Die *Schwabenland* fand ihn jedoch am nächsten Morgen wieder. Er trieb mit starker Schlagseite acht Meilen vom Aviso entfernt. Der Wal wurde an Bord gehievt, und nach fieberhaften Reparaturarbeiten konnte er schon eine Woche später wieder mit Grosschopff, Esau, Preuschoff und Schmischke zu einem neuen Flug hinauskatapultiert werden."

IV

„Der Dornier Wal war eine tolle Konstruktion", sagt Jacques Monier beeindruckt. „Wenn ich bedenke, was mit diesem Flugboot alles angestellt wurde . . .! Einfach unglaublich!"

José Alvaroz nickt. „Ich erinnere nur an die N 25, die als

‚Amundsen-Wal' in die Geschichte der Luftfahrt eingegangen ist. Mich hat die Sache damals so begeistert, daß ich einen ganzen Stapel von Unterlagen zusammengetragen habe."

„Großartig!" ruft Jacques Monier. „Dann bist du jetzt an der Reihe, uns zu unterhalten."

DER ehrgeizige Norweger Roald Amundsen hatte es sich in den Kopf gesetzt, auf Biegen und Brechen als erster den Nordpol zu überfliegen. Er hatte schon vielfach von sich reden gemacht. So hatte er die von McClure 1850 entdeckte Nordwestpassage mit dem Heringsschiff *Gjøa* als erster durchfahren und war von der Baffinbai über den Lancastersund entlang der Nordküste von Amerika bis zum Stillen Ozean vorgedrungen. Sein Erfolg bewog ihn, den Polarforscher Fridtjof Nansen zu bitten, ihm seine *Fram* zur Verfügung zu stellen, mit der er sich vom Packeis einschließen lassen wollte, um dann den Versuch zu machen, den Nordpol auf Hundeschlitten zu erreichen. Nansen entsprach seinem Wunsch, und Amundsen steuerte Anfang 1909 dem ewigen Eis entgegen.

Aber im letzten Hafen, den er anlief, erhielt er die Nachricht, der Amerikaner Cook habe den Nordpol bereits bezwungen. Allerdings bestünden Zweifel an Cooks Standortberechnungen, und außerdem behaupte sein Landsmann Peary, er sei als erster in die unmittelbare Nähe des Nordpols gelangt.

Der ehrgeizige Norweger war wie gelähmt. Er hatte der erste sein wollen, nicht der zweite oder dritte. Also kehrte er nach Norwegen zurück, wo er in aller Eile und Heimlichkeit eine Expedition zum Südpol vorbereitete, zu dessen Eroberung der Engländer Robert Falcon Scott gerade aufbrechen wollte. Es gelang ihm, unbemerkt nach Süden auszulaufen. Nach einem dramatischen Wettlauf erreichte Amundsen den Südpol vier Wochen vor seinem Konkurrenten, und er begnügte sich nicht damit, die norwegische Flagge zu hissen. Er legte in das Zelt, das er zurückließ, ein an den norwegischen König Haakon gerichtetes Schreiben mit dem Vermerk: „Der zweite Eroberer des Südpols soll diesen Brief befördern, um Zeuge zu sein für die Tat des ersten."

Scott überlebte die Enttäuschung und Demütigung nicht. Sein Lebenswille war gebrochen. Er starb auf dem Rückmarsch.

Die Welt war entsetzt, als bekannt wurde, was sich am Südpol abgespielt hatte. Amundsen aber machte sich nichts daraus. Er war zum zweiten Mal in seinem Leben der erste gewesen, und er schickte sich an, in Frankreich als erster Norweger seinen Flugschein zu machen. Wenn er den Nordpol schon nicht als erster betreten hatte, so wollte er ihn wenigstens als erster überfliegen. Doch der Weltkrieg setzte seinen Plänen ein jähes Ende.

Nun baute Amundsen darauf, daß der Streit der Völker die technische Entwicklung vorantreiben und ihm die Möglichkeit bieten werde, ein für seine Zwecke geeignetes Flugzeug zu erwerben. Doch erst 1922 entdeckte er in New York ein Ganzmetallflugzeug, dessen ungewöhnliche Bauweise ihn vom ersten Augenblick an faszinierte. Es handelte sich um eine Junkers F 13, die mit einem 225-PS-Motor ausgerüstet war. Ihre Reisegeschwindigkeit betrug 170 Stundenkilometer. Anstelle der vier Passagiersitze ließen sich Zusatztanks einbauen, die der Maschine eine Flugdauer von siebenundzwanzig Stunden ermöglichten.

Amundsen erwarb die F 13, engagierte den norwegischen Piloten Oscar Omdal, ließ das Flugzeug mit Schneekufen ausrüsten und startete nach Point Barrow in Alaska, um von dort zum Nordpol zu fliegen. Er wußte, daß der Betriebsstoff für den Rückflug nicht voll ausreichen würde. Aber um der Erfüllung dieses Zieles willen war er bereit, sein Flugzeug zu opfern und die Strapazen eines Rückmarsches über Grönland auf sich zu nehmen.

Seine Rechnung ging nicht auf. Beim Start brachen die Streben der restlos überladenen F 13, und Amundsen und Omdal blieb nichts anderes übrig, als in Alaska zu überwintern.

Als Amundsen erfuhr, daß mit amerikanischem Geld eine Polarexpedition ausgerüstet wurde, an der die Piloten Byrd, Reben und Shur mit drei Amphibienflugzeugen teilnehmen sollten, reiste er in die Vereinigten Staaten, um den Sohn des vielfachen Millionärs Ellsworth aufzusuchen, der sich einmal an einer Südpolarexpedition beteiligt hatte. Er versicherte dem Amerikaner, daß er den Nordpol ohne jede Schwierigkeit überfliegen könne, wenn ihm zwei Dornier Wal zur Verfügung stünden. Da auch Ellsworth von den sagenhaften Eigenschaften des deutschen Flugzeuges gehört hatte, entschloß er sich, Amundsen zu unterstützen. Er bestellte bei den Dornier-Werken zwei Flugboote, die in Norwegen registriert wurden und die Zulassungsnummern N 24 und N 25 erhielten.

Amundsen bereitete nun den Flug vor, dessen Ausgangspunkt Spitzbergen sein sollte. Von der Kingsbai aus betrug die Entfernung zum Pol etwa 1200 Kilometer, die bei einer Eigengeschwindigkeit von 125 Stundenkilometern in knapp zehn Stunden bewältigt werden konnten. Hin und zurück ergab das eine Flugdauer von zwanzig Stunden. Da Amundsen sich aber ausrechnete, daß ein Flug von Spitzbergen über den Pol hinweg nach Alaska ebenfalls zirka zwanzig Stunden dauern würde, spielte er mit dem Gedanken, nicht zur

Kingsbai zurückzukehren, sondern gleich Kurs auf Alaska zu nehmen. Gelang dieses Vorhaben, dann war er nicht nur der erste, der den Nordpol überflogen hatte, sondern auch der erste, der es fertiggebracht hatte, das ganze Polarmeer zu überqueren.

Am 13. April 1925 traf er mit Ellsworth, den Fliegeroffizieren der norwegischen Marine Hjalmar Riiser-Larsen und Leif Dietrichson sowie dem vom Dornier-Werk zur Verfügung gestellten deutschen Monteur Feucht und seinem langjährigen Begleiter Omdal in der Kingsbai ein. Omdal sollte diesmal nicht am Steuer sitzen, sondern die Navigation übernehmen, die, bedingt durch die Tatsache, daß der geographische und magnetische Pol nicht miteinander identisch sind, auf einem Flug im hohen Norden mit besonderen Schwierigkeiten verbunden war.

Die Wetterlage war nicht ungünstig, aber der Start mußte verschoben werden, weil der ewig unruhige und vom Ehrgeiz getriebene Amundsen sein Vorhaben bereits wieder erweitert hatte. Er wollte den Pol nicht nur überfliegen, sondern auch als erster auf ihm landen.

Das aber erforderte eine ganz spezielle, vor allen Dingen absolut nebelfreie Wetterlage.

Diese glaubten die Meteorologen am 21. Mai konstatieren zu können. Sofort gab Amundsen den Befehl zum Start. Er selbst nahm mit dem Mechaniker Feucht in der von Riiser-Larsen gesteuerten N 25 Platz. Omdal und Ellsworth begleiteten den Piloten Dietrichson.

Der Start mit den schwerbeladenen Flugbooten verlief nach Wunsch. Und die Luft war so ruhig, daß es ein Vergnügen war, in den Tag hineinzufliegen.

„Schon eine tolle Sache, sich im gepolsterten Sessel dem Nordpol zu nähern", sagte Amundsen gut gelaunt, als sie über eine Stunde unterwegs waren. „Wenn ich an Nansens monatelange Märsche im ewigen Eis denke . . .!"

Er erwähnte Nansen, dachte in Wirklichkeit aber an seinen eigenen beschwerlichen Weg zum Südpol. Die Welt hatte ihn für den Tod von Scott verantwortlich gemacht. Das war das wahre Ergebnis seines Sieges: Er war der erste geworden, sein Name aber war befleckt. Mit dem Überfliegen des Nordpols hoffte er, die Vergangenheit vergessen zu machen.

Über ihnen wölbte sich ein blaßblauer Himmel. Die endlosen Eisschollen glichen schwimmenden Festungen. Vom Westen her überschüttete die tiefstehende Sonne die weißen Flächen mit goldenem Licht.

Doch plötzlich tauchte eine bedrohlich aussehende, bis zu einer

Höhe von weit über tausend Meter reichende Nebelbank vor dem Flugzeug auf.

„Was nun?" fragte Riiser-Larsen.

„Drüberziehen!" antwortete der Norweger.

„Das ist unmöglich. Dafür sind wir noch zu schwer."

Amundsen kniff die Lider zusammen. Sollte er aufgeben? Nein! „Dann hinein!"

Der Pilot sah ihn entgeistert an. „Die kleinste Vereisung, und wir sinken ins Bodenlose."

„Haben Sie Angst?"

Riiser-Larsen wurde ungehalten. „Vielleicht fragen Sie mich auch noch, ob ich in die Hosen mache?" Er wandte sich an den deutschen Mechaniker. „Schalten Sie die Düsenheizung ein, und beobachten Sie die Tragflächen. Beim geringsten Eisansatz geben Sie mir Bescheid."

Amundsen blickte grimmig vor sich hin. Unausgesprochen stand eine beiderseitige Abneigung zwischen ihm und dem Piloten. Jeder fühlte sich als Kommandant des Flugzeuges. Der eine als Flugzeugführer, der andere als Leiter der Expedition.

Es gab keinen Eisansatz. Die Zeit strich dahin; monoton und grau wie der Nebel, der die Maschinen nun umgab. Nach zwei Stunden lag das Schlechtwettergebiet hinter ihnen.

Amundsen triumphierte. „Was hab ich gesagt?"

Riiser-Larsen zuckte die Achseln. „Dennoch war es ein Vabanque-spiel!"

„Na und? So ist nun mal das Leben."

Daß auch er nervös werden konnte, zeigte sich, als der Mechaniker nach acht Flugstunden besorgt meldete: „Die Hälfte unseres Treibstoffes ist verbraucht."

„Das ist unmöglich!" fuhr Amundsen ihn an. „Erst in zwei Stunden . . ."

„. . . dürfte die Hälfte verbraucht sein", fiel Feucht respektlos ein. „Das ist aber leider nicht der Fall. Die Motoren saufen wesentlich mehr, als wir angenommen haben. Weiß der Teufel, woran das liegt."

„Was sollen wir tun?" fragte Riiser-Larsen.

Amundsen biß sich auf die Lippen. „Umkehren!" antwortete er schließlich. „Das heißt allerdings nicht, daß wir zurückfliegen." Er wies in die Tiefe. „Sehen Sie die Wasserrinne dort drüben?"

Riiser-Larsen nickte.

„Dort werden wir landen."

„Das ist Wahnsinn!" erregte sich der Pilot. „Der Wasserstreifen ist viel zu schmal. Außerdem weiß ich nicht, wozu das gut sein soll."

„Dann will ich es Ihnen sagen. Wir befinden uns nördlich des

87. Breitengrades. Noch nie ist ein Flugzeug so weit vorgedrungen. Wenn ich schon darauf verzichten muß, den Pol zu erreichen, dann will ich zumindest der erste sein, der in diesem Gebiet gelandet ist."

Der Flugzeugführer schüttelte verständnislos den Kopf. „Und was ist, wenn das Flugboot bei der Wasserung beschädigt wird?"

Amundsens Stimme wurde eisig. „Wer ist der Leiter dieser Expedition?"

„Natürlich Sie."

„Dann tun Sie, was ich Ihnen gesagt habe!"

Der hintere Motor der N 25 rüttelte plötzlich, knallte einige Male und setzte dann aus. Der Pilot blickte verwirrt auf die Instrumente. Der Öldruck war abgesunken.

„Ölrohrbruch!" rief Feucht.

„Na, bitte", sagte Amundsen. „Landen wir und reparieren den Schaden."

„Ihre Gedanken können allem Anschein nach sogar Motoren zum Stehen bringen", schnaubte Riiser-Larsen und kurvte auf die Wasserrinne zu.

An Bord der hinter dem Amundsen-Wal herfliegenden N 24 war Omdal der erste, der sah, daß Amundsens Flugzeug an Höhe verlor und eine schmale Wasserrinne ansteuerte. „Was machen die denn?" rief er verwundert. „Die wollen doch wohl nicht landen?"

Dietrichson schaute hinter dem bereits tiefer fliegenden Flugboot her. „Sie wollen nicht, sie müssen! Der hintere Quirl steht!"

„Ach, du lieber Gott. Die Rinne ist viel zu schmal."

Dietrichson gab Tiefensteuer und folgte der N 25. „Wenn die Tragflächen angekratzt werden, ist es aus. Dann ist mit dem Schlitten nichts mehr anzufangen."

Riiser-Larsen steuerte die Wasserrinne an. Er schaute angestrengt über die wild zerklüfteten Schollen hinweg zu dem dunklen Wasserstreifen hinüber, in dem er nun wohl oder übel landen mußte. Etwa ein Kilometer stand ihm noch zur Verfügung. Der Höhenmesser zeigte hundert Meter.

Millimeterweise schob er den Gashebel vor. Der Druck auf dem Steuer vergrößerte sich. „Schwanzlastiger trimmen!"

Der Mechaniker drehte ein Rad nach hinten.

Die Wasserrinne lag unmittelbar vor der Flugzeugkanzel. Riiser-Larsen nahm den Gashebel voll zurück. „Brandhähne schließen!"

Feucht betätigte zwei Hebel. Der Pilot zog das Höhenruder an. Das Flugboot sackte durch und klatschte auf das Wasser. Vor dem Rumpf tauchte die Spitze eines Eisblockes auf.

Riiser-Larsen riß die Maschine herum. Die Tragfläche neigte sich und berührte den Harsch des Schollenrandes. Schnee wirbelte hoch. Erneut trat er ins Seitensteuer; diesmal zur anderen Seite. Die N 25 kam frei und jagte wieder geradeaus. Gleich darauf aber war die Rinne auch schon zu Ende. Der Wal raste auf einen Haufen Alteis zu. „Festhalten!" schrie der Pilot, der einen verheerenden Aufprall erwartete. Doch plötzlich, im letzten Augenblick, war es ihm, als würde das Flugboot von Gummiseilen gehalten. Er fühlte sich nach vorne gezerrt, und Sekunden später war alles ganz still. Ohne daß es gekracht oder geknirscht hatte, lag die N 25 regungslos im Wasser. Wie betäubt blickte er auf den Wall von Eis, der sich nur wenige Meter vor dem Rumpf auftürmte.

Amundsen klopfte ihm schmunzelnd auf die Schulter und schnallte sich los.

Der Pilot holte tief Luft. „Wenn Sie jetzt sagen, daß Sie mit Ihren Gedanken ein Flugzeug auch zum Stehen bringen können, dann glaube ich Ihnen aufs Wort."

Der Norweger lachte und streifte sich die Lederhaube vom Kopf. „Schauen Sie unter sich, da finden Sie des Rätsels Lösung. Wir sind auf Schneebrei geraten. Der ist zäh wie Leim und hat als Bremse gewirkt." Er hob sich aus seinem Sitz und kletterte ins Freie. „Reichen Sie mir meinen Sextanten heraus", sagte er zum Mechaniker, „ich muß wissen, wo wir uns befinden."

Pilot und Mechaniker kletterten auf den Rumpf und sahen, daß der Wal im letzten Zipfel der Wasserrinne lag. Amundsen nahm den Sextanten entgegen.

„Das nenne ich Maßarbeit", sagte Feucht. „Wir liegen wie auf einer Helling. Von allen Seiten können wir an das ‚Schiff' heran."

Riiser-Larsen schnitt eine Grimasse. „Wie sieht's mit dem Motor aus? Ist der zu reparieren?"

„Wenn Sie mir ein bißchen helfen."

Amundsen drehte sich nach den beiden um. „Wißt ihr, wo wir uns befinden? Genau auf Kurs! Unsere Position ist 87 Grad 44 Minuten Nord, 10 Grad 10 Minuten West. In exakt zwei Stunden wären wir am Nordpol gewesen!"

Riiser-Larsen suchte den Himmel ab. „Alles gut und schön. Ich frage mich nur, wo die N 24 geblieben ist. Gleich zu Anfang ist Dietrichson uns gefolgt. Warum umkreist er uns nicht?"

Der Polarforscher stutzte. „Sie haben recht. Ich vermute aber, daß Dietrichson und Omdal erkannt haben, was bei uns los ist. Sie werden eine in der Nähe befindliche breitere Rinne angesteuert haben und gelandet sein."

Der Norweger täuschte sich. Auch ein Motor der N 24 war

plötzlich ausgefallen. Dietrichson war nichts anderes übriggeblieben, als in der nächsten Wasserrinne zu landen. Dabei hatte er weniger Glück als Riiser-Larsen. Der Rumpf der N 24 wurde von treibenden Eisblöcken aufgerissen, und es zeigte sich bald, daß das Flugzeug nur gerettet werden konnte, wenn die Besatzung auf der Stelle damit begann, das eindringende Wasser herauszupumpen.

Zwei Tage und Nächte lösten sich Ellsworth, Omdal und Dietrichson ab, dann sahen sie sich gezwungen, das Flugboot aufzugeben. Sie brachten ihre Lebensmittel in Sicherheit und machten sich auf den Weg zu ihren Kameraden, die etwa sieben Kilometer von ihnen entfernt waren. Wenn sie auf eine Eisbarriere stiegen, konnten sie die N 25 sehen. Ihre anfänglichen Versuche, sich durch Schüsse bemerkbar zu machen, hatten sie eingestellt. Im pausenlosen Knallen der berstenden Eisschollen ging die Detonation eines Gewehrschusses unter.

Vierundzwanzig Stunden brauchten Dietrichson, Omdal und Ellsworth, um die sieben Kilometer zurückzulegen. Immer wieder versperrten ihnen Risse und Spalten den Weg. Sie waren völlig erschöpft, als sie das Lager der Kameraden erreichten, die sie schnellstens im Rumpf des Flugbootes unterbrachten und mit Alkohol und heißen Getränken versorgten.

Und nun erwies sich, daß sich hinter Amundsens fast krankhaftem Ehrgeiz auch bewundernswerte Eigenschaften verbargen: unbändige Tatkraft und ein eiserner Wille. Der Norweger war sich darüber im klaren, daß er sich in einer Lage befand, in der sich noch kein Polarforscher befunden hatte. Ihm standen weder Skier noch Schlitten und Hunde zur Verfügung. Hunderte von Kilometern trennten ihn und seine Begleiter vom Festland. Der Proviant mochte für einen Monat reichen, niemals aber für die Monate, die sie brauchen würden, wenn sie versuchen wollten, zu Fuß zum Franz-Joseph-Land zu gelangen. Was also sollte er tun?

Amundsen wußte keinen Ausweg. Er schwor sich aber, seine fünf Begleiter zu retten. Scott und seine Leute waren auch fünf gewesen. Er wollte seine Schuld tilgen. Er fragte Feucht: „Wie lange brauchen Sie, um den Motor zu reparieren?"

„Schätzungsweise zwei Tage."

„Dann werden Sie es mit unserer Hilfe in einem Tag schaffen. Die Maschine muß so schnell wie möglich startklar sein."

„Und warum?" fragte Dietrichson.

„Weil wir den Rumpf mit Hilfe der Motoren auf die Scholle setzen müssen. Wenn das Flugboot bis morgen abend nicht aus dem Wasser heraus ist, dürfte es übermorgen zerdrückt sein."

Riiser-Larsen kam hinzu. „Es dürfte unmöglich sein, den tonnenschweren Wal nur mit Propellerkraft aus dem Wasser zu bringen. "

„Wenn jeder sich einen Pickel schnappt, werden wir es schaffen, in Verlängerung der Wasserrinne eine schiefe Ebene aus dem Eis herauszuschlagen, über die sich unser hübsches ‚Rettungsboot' dann mit voll laufenden Motoren heraufziehen kann. "

„Das klappt nie und nimmer", erklärte der Pilot. Seine Kameraden pflichteten ihm bei.

Amundsen setzte seinen Plan in die Tat um. Pünktlich vor Einbruch der Kälte der nächsten Nacht stand die N 25 auf der Scholle. Neben ihr dampften sechs Männer wie Pferde nach einem Rennen.

„Ich kann nur staunen", sagte der deutsche Mechaniker. „Niemals hätte ich es für möglich gehalten, daß wir das schaffen. "

Amundsens wasserblaue Augen leuchteten. „Merken Sie es sich fürs nächste Mal. Alles läßt sich erreichen, wenn hinter dem Willen Überzeugung und Ausdauer stehen. "

Dietrichson feixte. „Dann sagen Sie nur gleich, was Sie jetzt durchsetzen wollen. "

Der Norweger blickte die Wasserrinne entlang. „Die Maschine um hundertachtzig Grad drehen und morgen mittag starten. "

Riiser-Larsen lachte. „Das ist doch nicht Ihr Ernst. "

„Haben Sie einen besseren Vorschlag?"

Die Frage irritierte den Flugzeugführer. Er wandte sich an die beiden anderen Piloten. „Meint ihr, daß wir auf der schiefen Ebene genügend Fahrt bekommen, um uns anschließend vom Wasser abheben zu können?"

Omdal und Dietrichson zuckten die Achseln.

„Dann werden wir es wenigstens versuchen", konstatierte Amundsen.

Dagegen war nichts einzuwenden. Am nächsten Vormittag, nachdem die Motoren warmgelaufen waren, nahmen Riiser-Larsen und Dietrichson in der Führerkanzel Platz. Um den Rumpf weitgehend zu entlasten, hockten Amundsen, Ellsworth, Feucht und Omdal dicht hinter ihnen.

Dietrichson schob die Gashebel vor. Die Motoren dröhnten, der Rumpf bebte. Nur zentimeterweise setzte sich die N 25 in Bewegung. Mühsam erreichte sie die schiefe Ebene, schoß aber nicht hinunter, sondern drückte das Eis ein und schlug auf das Wasser, ohne die geringste Fahrt gewonnen zu haben.

Dietrichson riß die Gashebel zurück. „Da wären wir wieder. "

Riiser-Larsen hieb enttäuscht auf das Steuer. „So ein Mist!"

„Nicht verzagen", sagte Amundsen. „Wir werden uns was Neues

einfallen lassen." Er blickte auf die Wasserrinne, die durch den mißglückten Versuch von herausgebrochenen Eisbrocken übersät war. „Heute nacht werden wir schuften müssen. An den umherschwimmenden Schollen wird sich Jungeis bilden. Wenn wir es nicht laufend aufhacken, dürfte der Rumpf binnen weniger Stunden in allen Fugen krachen. Und dann . . ."

„. . . ist es aus für immer", fiel Riiser-Larsen ein. „Wir werden also heute nacht schuften, um das Flugboot frei zu halten. Morgen aber – und das mache ich zur Bedingung! – wird gemeinsam überlegt, wie es weitergehen soll."

Amundsen ignorierte den vorwurfsvollen Unterton. „In Ordnung", sagte er und reichte Feucht einen Pickel. „Sie übernehmen mit Dietrichson den Bug. Omdal und Riiser-Larsen verteidigen die Seiten des Rumpfes. Ellsworth und ich schaffen die Lebensmittel auf die Alteisscholle. Klar?"

Niemand widersprach. Alle aber waren am nächsten Morgen zum Umfallen müde. Trotzdem bestand Amundsen darauf, unverzüglich die von Riiser-Larsen geforderte Besprechung abzuhalten. Er wies auf die N 25. „Hier haben wir ein Flugzeug mit neunhundert PS, das uns in acht Stunden nach Hause bringt, wenn es uns gelingt, aus der Wasserrinne herauszukommen." Er deutete auf den in Sicherheit gebrachten Proviant. „Dort liegen Lebensmittel für knapp einen Monat. Zur Debatte stehen somit zwei Fragen: Wollen wir um das Flugzeug kämpfen und versuchen, es auf irgendeine Weise frei zu bekommen? Oder wollen wir das neunhundert PS starke ‚Rettungsboot' im Stich lassen und versuchen, uns zu Fuß durchzuschlagen?"

Niemand gab eine Antwort.

Amundsen wandte sich an Ellsworth. „Was meinen Sie, Lincoln?"

Der Amerikaner zögerte. „Wäre es nicht besser, die Entscheidung erst in zehn oder vierzehn Tagen zu treffen? Ein Fußmarsch erscheint mir hoffnungslos. Auch möchte ich auf den Wal nicht ohne weiteres verzichten. Ich halte es deshalb für richtig, zunächst die Eisverhältnisse zu beobachten. Natürlich nicht länger als höchstens zwei Wochen. Wir laufen sonst Gefahr, daß der Proviant zur Neige geht."

Amundsen sah Riiser-Larsen an. „Ihre Stellungnahme?"

„Ich schlage vor aufzubrechen. Die N 25 ist verloren. Wir kommen hier nicht heraus."

„Dietrichson?"

„Ich möchte beim Flugzeug bleiben. Es ist unsere letzte Chance. Zu Fuß kommen wir niemals durch."

„Der Meinung bin ich auch", sagte Feucht. „Außerdem werde ich meinen Wal um keinen Preis im Stich lassen."

„Und was ist deine Meinung, Oscar?"

Omdal war sich nicht schlüssig. „Ich füge mich der Mehrheit", sagte er ausweichend.

Amundsen straffte sich. „Ich fasse wie folgt zusammen: Dietrichson und Feucht wollen beim Flugzeug bleiben. Ellsworth möchte zumindest zehn bis vierzehn Tage ausharren. Omdal fügt sich der Mehrheit." Er wandte sich an Riiser-Larsen. „Ich bleibe ebenfalls hier, fordere allerdings das unumschränkte Kommando."

„Das macht Ihnen doch niemand streitig", lenkte der Pilot ein. „Ich wollte lediglich, daß gemeinsam überlegt wird, was wir tun können. Im übrigen schließe ich mich dem Vorschlag von Ellsworth an."

Der Polarforscher lachte. „Dann sind wir uns für die nächsten vierzehn Tage ja einig. Aber jetzt schlafen wir erst mal."

Amundsen dachte nicht daran, sich auf Diskussionen einzulassen. Er hatte einen unbeugsamen Willen und kannte nur Arbeit. Ruhe gönnte er sich kaum. Nachdem er zwei Stunden geschlafen hatte, stand er heimlich auf und machte einen ausgedehnten Erkundungsgang. Und als seine fünf Begleiter aufwachten, hatte er einen Entschluß gefaßt. „Drüben", sagte er und wies nach Süden, „gibt es verschiedene Wasserrinnen, durch die wir den Wal hindurchbugsieren und zu einer Stelle bringen können, die etwa auf vierhundert Meter Länge eisfrei ist. Wenn das nicht ausreichen sollte, bauen wir uns auf der davorliegenden Alteisscholle eine regelrechte Ablaufbahn. Von mir aus fünfzig oder hundert Meter lang. Dann wird es uns schon gelingen, das Flugboot in die Luft zu heben."

Niemand widersprach. Jedem war klar, daß diese Chance ergriffen werden mußte. Nach drei Tagen war die Wasserrinne erreicht. Weitere fünf Tage wurden benötigt, um die erforderliche Ablaufbahn zu schaffen. Doch sie brach zusammen, als das Flugboot mit Motorkraft auf sie hinaufgeschafft werden sollte.

„Es hat keinen Sinn", sagte Riiser-Larsen entmutigt. „So kommen wir nicht weiter."

„Dann müssen wir eben alles auspacken und versuchen, mit vierhundert Metern auszukommen", erklärte Amundsen unbeirrt.

„Das geht nicht", widersprach der Pilot. „Eher hebe ich den Wal von einer Schneefläche ab als aus diesem Tümpel heraus."

Amundsen war wie elektrisiert. „Was haben Sie da gesagt? Sie meinen, das Flugboot von einer Schneedecke abheben zu können?"

Riiser-Larsen nickte. „Eine glatte Fläche bietet bei weitem nicht soviel Widerstand wie Wasser."

Der Norweger schlug sich vor die Stirn. „Natürlich! Daß ich nicht selbst auf den Gedanken gekommen bin!"

„Auf welchen Gedanken?"

„Von der Eisfläche zu starten!"

Die Flugzeugführer sahen ihn entgeistert an.

„Das war doch nur theoretisch gemeint", sagte Riiser-Larsen. Er wies auf die Scholle, auf der sie standen. „Ist das etwa eine ebene und glatte Fläche?"

Amundsen blickte nachdenklich vor sich hin. „Wie lang müßte die Startbahn sein, sofern sie glatt und eben ist?"

„Etwa siebenhundert Meter."

„Und wie lang müßte sie sein, wenn wir alles ausbauen, was nicht unbedingt benötigt wird?"

Riiser-Larsen überlegte. „Ich schätze, daß wir dann mit fünfhundert Metern auskommen würden."

Amundsen tat einen Freudensprung. „Dann gibt es nur noch ein Kommando: Ausschwärmen! Wir müssen eine Scholle finden, die fünfhundert Meter lang ist. Dafür, daß sie eben wird, sorge ich schon. Wie breit müßte eine Startbahn sein?"

Seine Begleiter sahen ihn ungläubig an.

„Ihr Plan grenzt an Wahnsinn", sagte Riiser-Larsen. „Aber, weiß Gott, das könnte die Lösung sein. Wir müssen es versuchen. Eine Breite von zehn bis zwölf Metern würde genügen."

Amundsen klopfte ihm auf die Schulter. „So gefallen Sie mir schon besser."

Den sechs im ewigen Eis eingeschlossenen Männern wurde nichts geschenkt. In der nächsten Woche mußten sie wie Kulis schuften. Schon wenige Tage nachdem sie eine geeignete Scholle gefunden hatten, waren ihre Hände voller Blasen, ihre Lippen geplatzt und ihre Schuhe von den scharfen Kanten des Eises zerfetzt. Und die eigentliche Arbeit hatte noch nicht einmal begonnen. Fast eine Woche brauchten sie, um die sechs Tonnen schwere N 25 von einer Scholle zur anderen zu schaffen. Eiswälle mußten zerschlagen und Risse überbrückt werden. Immer wieder war das Flugboot aus dem Wasser herauszuziehen. Dabei mußten die Motoren, die in solchen Augenblicken eine nur ungenügende Kühlung erhielten, weitgehend geschont werden. Und sie selbst waren entkräftet. Amundsen hatte die Tagesrationen rücksichtslos gekürzt.

Fünf Tage rackerten sie sich damit ab, den Wal auf die Eisscholle zu bringen, die als Abfluggelände dienen sollte. Dann steckten Riiser-Larsen und Omdal eine zwölf Meter breite und fünfhundert Meter lange Startbahn ab, und es begann eine Arbeit, die kein Ende zu nehmen schien. Unebenheiten mußten ausgeglichen, Erhöhungen herausgeschlagen und fortgeschafft werden. Etwa fünfhundert Tonnen Eis wurden zur Seite getragen. Dann mußte die ganze Strecke festgetrampelt werden.

„Welches Datum haben wir?" fragte Ellsworth, als er sich eines Abends ermattet neben dem Flugboot niederließ.

„Den elften Juni", antwortete Amundsen. „Eigentlich wollten Sie ja spätestens nach vierzehn Tagen abhauen. Das wäre am vierten Juni gewesen."

Der Amerikaner nickte. „Ich weiß."

„Wir haben es nun ja bald geschafft", tröstete ihn der Norweger. „In drei Tagen dürften wir fertig sein." Er wandte sich an den Mechaniker. „Ab übermorgen sind Sie vom Schneestampfen befreit. Damit Sie die Motoren nochmals gründlich durchsehen können!"

Feucht rieb sich die Hände. „An mir wird's nicht liegen, wenn wir nicht hochkommen."

„An mir ebenfalls nicht", versicherte Riiser-Larsen.

Amundsen schmunzelte. Sie waren eine verschworene Gemeinschaft geworden. Jeder wußte, daß es aus war, wenn der Start nicht gelingen sollte. Die Lebensmittel reichten nur noch für knapp eine Woche. Beinahe verbissen stampften sie in den darauffolgenden Tagen weiter, bis die fünfhundert Meter lange und zwölf Meter breite Startbahn am Abend des 14. Juni festgetreten war.

Riiser-Larsen nahm Amundsen zur Seite. „Sollen wir nicht gleich einen Startversuch machen?"

„Warum möchten Sie das?"

„Ich werde nervös. Dauernd frage ich mich: Wird es klappen oder nicht?"

„Und Sie fühlen sich trotz der heutigen Arbeit frisch genug?"

„Allein der Gedanke zu starten verjagt jede Müdigkeit."

„Dann los!" kommandierte Amundsen.

Eine halbe Stunde später nahm Dietrichson neben Riiser-Larsen Platz. Feucht hatte die Motoren bereits warmlaufen lassen. Das Herz klopfte allen bis zum Hals. Amundsen hatte sich mit den drei andern wieder hinter die Piloten gekauert, um den Rumpf weitgehend zu entlasten.

Riiser-Larsen gab das Zeichen für Vollgas.

Dietrichson schob zwei gelbe Hebel vor. Die Maschine ruckte, setzte sich langsam in Bewegung, kam aber nicht in Fahrt. Der Schnee klebte und ließ den Rumpf nicht gleiten.

„Schluß!" rief Riiser-Larsen. „Gas weg!"

Dietrichson riß die beiden Hebel zurück. Das Flugzeug blieb stehen.

Beide Piloten ließen den Kopf sinken. Waren all ihre Bemühungen vergebens gewesen?

Amundsen erhob sich, als wäre er nicht im geringsten enttäuscht. „Mir ist klar, warum die Maschine nicht rutscht. Der Schnee ist zu naß. Ich garantiere euch aber, daß es morgen früh klappen wird. Dann hat die nächtliche Kälte den Schnee hart werden lassen. Wie auf Schlittschuhen wird der Rumpf dahingleiten."

Das Schwanken zwischen Hoffen und Bangen ließ in der folgenden Nacht keinen zur Ruhe kommen. Unruhig wälzten sie sich hin und her, und jeder war heilfroh, als es endlich Zeit war, sich zu erheben.

Beim Austeilen der Morgenration sagte Amundsen: „Ich schlage vor, daß wir alles auf eine Karte setzen. Wir sollten alles ausladen: die Fotoapparate, die Gewehre, die Zelte, die Faltboote, unsere gesamte Fellbekleidung und sogar die letzten Lebensmittel!"

„Einverstanden", rief der Mechaniker, „sofern ich gleich eine Dose Corned beef bekomme."

Jeder war bereit, das Letzte zu riskieren, und bis auf Riiser-Larsen verspürten plötzlich auch alle einen riesigen Hunger.

„Schlagt euch die Bäuche nur voll, und laßt euch durch mich nicht irritieren", sagte der Pilot. „Ich möchte die Startbahn nochmals abgehen."

Als er zurückkehrte, holte er sich ebenfalls eine Dose. „Jetzt bin ich überzeugt, daß es gelingen wird. Die Bahn ist hart wie Beton und glatt wie Eis."

Es war der 15. Juni 1925.

Dietrichson nahm neben Riiser-Larsen Platz und gab Vollgas. Die Motoren brüllten auf, der Rumpf bebte. Riiser-Larsen drückte das Segment nach vorne.

Der Wal setzte sich in Bewegung, wurde schneller und schneller. Wie ein Messer schnitt sein Kiel in den gefrorenen Schnee. Eisstücke spritzten zur Seite. Dietrichson starrte auf das Ende der Eisbahn. Zweihundert Meter standen noch zur Verfügung. Der Fahrtmesser zeigte 70 Stundenkilometer. „Etwas entlasten!" rief er. „Wir schaffen es!"

Riiser-Larsen zog das Höhenruder um wenige Millimeter an. Die Geschwindigkeit steigerte sich auf 80 km/h. Hundert Meter lagen noch vor ihnen. Das Ende der Startbahn rückte heran. Die N 25 hob ab. Das bis ins Mark dringende Schaben des Kiels verstummte.

Die Männer hinter den Piloten hielten den Atem an. War es geschafft, oder hatte Riiser-Larsen die Maschine nur für einen Moment hochreißen können?

Dietrichson drosselte die Motoren. Der metallische Klang ging in ein dumpfes, sattes Brummen über.

„Sie drosseln!" schrie Feucht. „Wir fliegen!"

Für einen Moment brach lauter Jubel aus, doch dann wurde es wieder ganz still. Jeder horchte auf den Lauf der Motoren. Jeder verfolgte den Zeiger der Uhr. Eine Minute, das waren zwei Kilometer dem rettenden Festland entgegen.

Die erste, die zweite, die dritte Stunde strich dahin. Das „weiße Grab" unter ihnen nahm kein Ende.

Dann stieß Dietrichson Riiser-Larsen an. „Die ersten vierhundert Kilometer liegen hinter uns. Damit sind wir schon weiter, als wir gekommen wären, wenn wir vor vierundzwanzig Tagen losmarschiert wären."

Der Pilot nickte. „Ohne Amundsen wären wir verloren gewesen. Keiner von uns wäre auf den Gedanken gekommen, mit einem Sechstonnenflugboot vom Eis zu starten."

Nach weiteren zwei Stunden ergab die Betriebsstoffmessung, daß Spitzbergen nicht erreicht werden konnte. Amundsen entschied, das Nordkap des Nordostlandes ansteuern zu lassen.

Omdal war entsetzt. „Sollen wir von dort etwa zu Fuß . . ."

„Uns bleibt nichts anderes übrig!"

„Ohne Verpflegung?"

„Kommt Zeit, kommt Rat."

Sie hatten Glück. „Mehr als Verstand", wie der Mechaniker Feucht sich ausdrückte. Denn das Nordostland tauchte am Horizont auf, als das Benzin zur Neige ging. Riiser-Larsen landete in unmittelbarer Nähe der Küste, und der Wal lag noch keine halbe Stunde im Wasser, als der norwegische Robbenfänger *Sjølio,* der das Flugboot von weitem hatte tiefergehen sehen, zu Hilfe herbeieilte. Man holte die Besatzung an Bord, nahm den Wal in Schlepp und brachte die Geretteten nach Ny-Ålesund, wo sie neunundzwanzig Tage nach ihrem Start in der Kingsbai zum ersten Mal wieder festes Land betraten.

Nur einen Gedanken hatten sie noch: nach Hause!

Jacques Monier schüttelt den Kopf. „Ich glaube, das stimmt nicht ganz. Denn von dem Augenblick an, da Amundsen wußte, daß seine Begleiter gerettet waren, wanderten seine Gedanken schon wieder dem Pol entgegen, den er unbedingt als erster überfliegen wollte. Bereits auf der Rückreise nach Norwegen fragte er Lincoln Ellsworth, ob er ihm finanziell nochmals helfen würde."

„Richtig", pflichtet Claus Berghoff ihm bei. „Nun aber wollte Amundsen es mit einem Luftschiff versuchen."

„Er war eben voller Ideen und setzte sich immer wieder durch."

„Was ihm nicht in jedem Fall zum Vorteil gereichte", wirft José

Alvaroz ein. „Wenn ich an das Theater mit Nobile denke . . .! Da kommen zwei Männer überein, den Nordpol mit einem Luftschiff zu bezwingen, dessen Finanzierung Ellsworth auf Betreiben Amundsens übernommen hatte. Sie fahren auch tatsächlich los, können sich unterwegs aber nicht darüber einigen, wer der Kommandant ist: Nobile, der Konstrukteur des Luftschiffes, oder Amundsen, der als Auftraggeber der *Norge* fungierte. Sie zerstritten sich so sehr, daß es bei Annäherung an den Nordpol zu Szenen kam, die niemand für möglich gehalten hätte. ‚Sie können mich mal kreuzweise!‘ schrie Amundsen den Italiener an, als dieser darauf beharrte, daß zunächst die italienische Flagge abgeworfen werden müsse. Kaum war die Position des Nordpols ermittelt, da warf Amundsen als erster die norwegische Flagge ab. Und Ellsworth, der auf der Lauer gelegen hatte, feuerte mit Vergnügen das amerikanische Sternenbanner hinterher. Daraufhin befahl Nobile seinen Landsleuten wutentbrannt, ganze Bündel italienischer Trikoloren hinauszuwerfen."

„Die beiden waren einfach nicht in der Lage, ihre menschlichen Schwächen zu verdecken", sagt Jacques Monier. „Ehrgeiz und Stolz machten sie unerträglich."

„Dennoch waren beide hervorragende Experten", gibt Claus Berghoff zu bedenken. „Ihre Fahrt von Spitzbergen über den Nordpol hinweg nach Alaska war einfach sensationell. Zum ersten Mal wurde die Arktis überquert. 3200 Kilometer Flug ohne Zwischenlandung – eine in jenen Tagen kaum faßbare Leistung."

Der Franzose grinst. „Trotzdem bin ich froh, daß der Amerikaner Byrd ihnen zwei Tage zuvor die Schau gestohlen hat. Er flog als erster über den Nordpol."

„Und nicht nur das!" ergänzt Berghoff. „Er hatte die Regeln der Fairneß gewahrt und Amundsen schon ein Jahr zuvor erklärt, daß er mit ihm um die Eroberung des Pols konkurrieren werde. In diesem Fall hat Amundsen aber Format gezeigt. Als Byrd, der ebenfalls in der Kingsbai gestartet war, nach fünfzehn Stunden zurückkehrte, lief der Norweger auf ihn zu und fragte, ohne sich danach zu erkundigen, ob der Pol bezwungen worden sei: ‚Und was kommt nun an die Reihe?‘ – Byrd lachte. ‚Der Südpol!‘ Daraufhin griff Amundsen in seine Hosentasche und zog eine alte, zerknitterte Streichholzschachtel heraus. ‚Nehmen Sie die‘, sagte er. ‚Ich habe sie damals am Südpol bei mir gehabt und mich seitdem nicht mehr von ihr getrennt. Sie wird Ihnen Glück bringen.‘"

„Das hat sie ja auch getan. Byrd überflog den Südpol ebenfalls als erster."

„Und Amundsen krönte sein Leben mit dem Tod, den er fand, als er den Versuch machte, seinen einstigen Widersacher Nobile zu retten, der mit dem Luftschiff *Italia* zu einer erneuten Polarfahrt aufgestiegen und im ewigen Eis verunglückt war."

V

„NEHMT es mir nicht übel", sagt Jacques Monier, „aber mir wird's hier zu heiß. Der Seewind setzt frühestens in zwei Stunden ein. Fahren wir also bald ins Hotel zurück. Es ist ohnehin Zeit zu essen." Er wendet sich an den Deutschen. „Eine Frage habe ich noch: Was ist aus dem Amundsen-Wal geworden?"

„Der hat noch mehrere Stationen durchlaufen", antwortet Berghoff. „Zunächst kaufte ihn das Deutsche Reichsverkehrsministerium für die Deutsche Verkehrsfliegerschule. Die N 25 startete im August 1930 unter Führung der Piloten Wolfgang von Gronau und Eduard Zimmer von Sylt aus zu einer Atlantiküberquerung via Färöer, Island, Grönland, Labrador, Neufundland nach New York, das nach vier Flugtagen ohne Zwischenfall erreicht wurde. Dann stellte der Gründer des Deutschen Museums, Oskar von Miller, den Antrag, den Amundsen-Wal seinem Museum zu übergeben. Das Reichsverkehrsministerium entsprach dieser Bitte und ließ das Flugboot nach München überführen. Im Krieg wurde es dann leider bei einem Bombenangriff auf München zerstört."

„Schade", sagt José Alvaroz. „Ich hätte mir den Schlitten gerne mal angesehen."

Auf der Fahrt zurück ins Hotel Mansour blickt Jacques Monier versonnen vor sich hin. „Ich kann mich noch gut an von Gronau erinnern. Wir lernten uns 1932 auf dem Ozeanfliegertreffen in Rom kennen. Der Star des Tages war natürlich Sir Arthur Whitten-Brown."

„Seltsam", sagt der Deutsche. „Sein und John Alcocks Name sind ebensowenig bekannt wie ihre Leistung. Dabei haben sie den Atlantik schon 1919 zum ersten Mal bezwungen! Man spricht von Lindbergh, der 1927 den ersten Nonstopflug von New York nach Paris durchführte. Man spricht von Köhl und Freiherr von Hünefeld, die mit dem Iren Fitzmaurice im Jahre 1928 als erste den Atlantik in Ost-West-Richtung überquerten. Von Alcock und Whitten-Brown aber ist fast nie die Rede. Und gerade sie waren es, die Ungeheuerliches leisteten."

„Erzähl!"

JOHN ALCOCK hatte sich in der Fliegerei schon vor dem Ersten Weltkrieg durch mancherlei Husarenstücke hervorgetan. 1912 hatte er mit zwanzig Jahren beim Royal Aero Club den Flugschein erworben. Kurz darauf war er bereits als Fluglehrer tätig, und 1914 avancierte er zum Leiter einer Kunstflugschule. Noch im gleichen Jahr zog er freudigen Herzens in den Krieg, der ihm geeignet zu sein schien, seinen Tatendrang zu befriedigen.

Im Gegensatz zu ihm war Arthur Whitten-Brown ein ausgesprochen besonnener und ruhiger Mann. Er verkörperte den Typ des ein wenig steifen, aber zähen Engländers. Zu Anfang des Krieges erhielt er eine Ausbildung als „Beobachter" und wurde zur Orientfront abkommandiert, wo er den jungen und ungestümen Piloten Alcock kennenlernte.

Die beiden wurden bald Freunde. Sie ergänzten sich und trafen sich in ihren Auffassungen in einem entscheidenden Punkt: Sie erachteten ihre Erkundungsflüge über die Türkei, die sie mit zweimotorigen „Bombern" durchzuführen hatten, als im höchsten Maße unbefriedigend. Allerdings aus recht unterschiedlichen Gründen. Der in sich gekehrte Lieutenant Whitten-Brown wurde mit dem Kriegsgeschehen nicht fertig. Im Gegensatz zu ihm störte es den temperamentvollen Captain Alcock, daß er seinen Tatendrang am Steuer der großen und schwerfälligen Bomber zügeln mußte. In seiner Verzweiflung hierüber stellte er sich selbst die schwierigsten Navigationsaufgaben, und als er erkannte, daß er sie mit wachsender Meisterschaft löste, nahm er sich vor, nach dem Krieg einen internationalen Luftverkehr aufzuziehen. Er wollte über Länder und Meere fliegen, von Kontinent zu Kontinent. Kriegsflüge ödeten ihn an, und so atmete er bei Kriegsende erleichtert auf. „Jetzt ist unsere Zeit gekommen!" erklärte er seinen Kameraden und versuchte sie davon zu überzeugen, daß sich das Flugzeug in absehbarer Zeit zu einem die Völker und Kontinente verbindenden Verkehrsmittel entwickeln werde.

Die meisten machten sich lustig über ihn. Das brachte ihn eines Abends so in Rage, daß er aufbrausend schrie: „Ich werde euch beweisen, daß ich kein Narr bin! Und zwar mit einer Überquerung des Atlantiks!"

Man hielt ihn für übergeschnappt und befürchtete, er habe einen Dachschaden mit nach Hause gebracht.

Alcock aber wußte, was er sagte. Schon seit Wochen bereiteten er und Whitten-Brown einen Ozeanflug vor, der mit einem vom Kriegsministerium erworbenen Bomber durchgeführt werden sollte. Anfang Mai 1919 konnte das ehemalige Militärflugzeug nach St. Johns auf Neufundland transportiert werden. Dort angekommen, verbrachten Alcock und Whitten-Brown Tage und Nächte mit einigen Monteuren, Schlossern und Schreinern in einer zugigen Halle, um die Maschine nach ihren Plänen umzurüsten. Die größte Sorge bereitete ihnen das Fahrgestell, da Benzin für zweiundzwanzig Flugstunden aufgenommen werden mußte. Wie sollten die Räder eine derartige Last federnd tragen? Und noch etwas war da, das ihnen schlaflose Nächte bereitete. In der gleichen Halle, in der sie ihre zweimotorige Vickers-Vimy vorbereiteten, befand sich ein Martinsyde-Doppeldekker, mit dem ihre Landsleute Raynham und Morgan den großen Sprung über den Ozean riskieren wollten. Und dahinter stand eine Sopwith mit einem 350-PS-Rolls-Royce-Motor, dem die Australier Hawker und Grieve das größte Vertrauen entgegenbrachten.

Whitten-Brown und Alcock waren plötzlich nicht mehr die einzigen, die einen Ozeanflug planten. Die Zeitung *Daily Mail* hatte für die erste Überquerung des Atlantiks ohne Zwischenlandung einen Preis in Höhe von zehntausend Pfund Sterling ausgesetzt und damit Besatzungen mobilisiert, die von sich aus nie auf den Gedanken gekommen wären, in ein Unternehmen einzusteigen, das an Vermessenheit grenzte.

Alcock wurde sichtlich nervös. Er und sein Freund hatten Schulden gemacht, die sie nur tilgen konnten, wenn sie den von der *Daily Mail* ausgesetzten Preis errangen.

Whitten-Brown ermahnte den Piloten, ruhig zu bleiben. „Erzwingen kann man nichts", sagte er. „Wenn wir uns jetzt hetzen lassen, machen wir Fehler, die wir nie wieder korrigieren können. Wir richten uns nach unseren Plänen und nach nichts anderem. Selbst wenn wir Pleite machen sollten!"

Dem besonnenen Kameraden war es zu verdanken, daß Alcock sich nicht beirren ließ und systematisch weiterarbeitete. Am 18. Mai 1919 aber stockte beiden der Atem: Raynham und Morgan machten sich startbereit. Wollten sie wirklich ohne Probeflug ins Ungewisse aufbrechen?

„Das ist Wahnsinn!" erregte sich Alcock. „Man kann eine Maschine doch nicht einfach volltanken und dann wie zu einem Sonntagnachmittagsflug starten!"

Er hatte recht. Was Raynham und Morgan unternahmen, war verantwortungslos. Wie eine lahme Ente holperte ihr Doppeldecker über die Startstrecke. Keinen Zentimeter kamen sie hoch. Und dann machte Raynham auch noch den größten Fehler, den ein Pilot machen kann: statt aufzugeben, riß er die überladene Maschine plötzlich vom Boden. Sie sackte natürlich durch und war im nächsten Moment ein in eine Staubwolke gehüllter Trümmerhaufen.

Und nun geschah etwas völlig Unbegreifliches. Kaum hatten sich alle von ihrem Schreck erholt, da schoben Hawker und Grieve, die im Krieg große Erfahrungen im Langstreckenflug erworben hatten, ihren Sopwith-Doppeldecker ins Freie, ließen ihn volltanken und – starteten! Besorgt beobachteten Alcock und Whitten-Brown den Start. Die Maschine hob sich vom Boden und stieg Meter um Meter, bis sie plötzlich durchsackte. Hawker drückte augenblicklich auf ein Feld hinab, das er gerade überquerte. Er gewann Fahrt und konnte die Maschine wieder steigen lassen.

Alcock stöhnte erleichtert auf. „Ich hab's schon krachen hören."

Whitten-Brown nickte. „Aus der Höhe wär's ihnen schlimmer ergangen als Raynham und Morgan. Sie wären nicht mit dem Leben davongekommen."

„Ganz bestimmt nicht."

„Für uns ist jetzt natürlich alles in Frage gestellt."

Die berühmte Vickers Vimy. Mit diesem englischen Flugzeugtyp wurden 1919 mehrere spektakuläre Langstreckenrekorde aufgestellt.

„Möglich. Auf alle Fälle sind die Würfel gefallen. Nun können wir wenigstens in Ruhe weiterarbeiten."

„Und was ist, wenn die anderen den Preis gewinnen?"

„Dann machen wir ein dummes Gesicht und starten dennoch!"

Zwei Tage später wußten sie, daß Hawker und Grieve Europa nicht erreicht hatten. Ihr Schicksal war ungewiß.

Diese Nachricht bedrückte Alcock und Whitten-Brown. Wesentlich stiller als sonst arbeiteten sie an ihrem riesigen Doppeldecker weiter, dessen Tragflächen von Streben und Spanndrähten gehalten wurden, zwischen denen zwei 350-PS-Rolls-Royce-Motoren hingen.

Blindfluginstrumente gab es noch nicht. Auch kein für ein Flugzeug geschaffenes Navigationsgerät. Sie besaßen lediglich zwei Schiffskompasse, die sie zu beiden Seiten des Führersitzes eingebaut hatten. Außerdem stand ihnen ein Sextant zur Verfügung, mit dem sie hofften, während des Fluges die Sonne oder Sterne anpeilen zu können. Um dies zu ermöglichen, schnitten sie ein Loch in den Rumpf, das von einer Klappe abgedeckt wurde, die Whitten-Brown, der die Navigation übernehmen sollte, zu gegebener Zeit öffnen und

schließen konnte. Mit dem Meteorologen der Seewetterwarte von St. Johns hatten sie vereinbart, er möge ihnen Bescheid sagen, sobald eine günstige Brise aus westlicher Richtung wehe.

Am 26. Mai erhielten sie eine Nachricht, die sie aufatmen ließ. Die Funkstation Butt auf den Hebriden meldete: „Ostwärts fahrender Dampfer *Mary* gibt bekannt: ‚Zwei Ozeanflieger siebzig Kilometer vor der Irischen Insel aufgefischt. Die Piloten steuerten das zufällig gesichtete Schiff an, weil ihr Motor unregelmäßig lief. Das Flugzeug sank acht Minuten nach der Wasserung!‘ "

„Bis auf siebzig Kilometer sind sie an Irland herangekommen!" rief Alcock begeistert. „Ich sage dir, wir schaffen es! Dem guten Hawker sind womöglich nur die Nerven durchgegangen. Mit unseren zwei Motoren sind wir wesentlich besser dran."

Auch Whitten-Brown war dieser Meinung. Dennoch beharrte er darauf, daß das Flugzeug, mit dem sie eine Reihe Probeflüge durchführten, startbereit in der Halle stehenblieb, bis der Meteorologe am 15. Juni meldete: „Westwind, 39 Stundenkilometer!" – „Jetzt können wir es packen", sagte er nüchtern.

Um 16 Uhr 28 mitteleuropäischer Zeit war es dann soweit. Alcock drehte das Flugzeug am äußersten Ende des Rollfeldes gegen den Wind. Über den ganzen Platz hatte er zuvor in Abständen von hundert Metern Schilder ausgesteckt, die ihm die jeweils zurückgelegte Strecke anzeigten.

Erwartungsvoll blickte er zu seinem Kameraden hoch. „Fertig?"

Whitten-Brown nickte.

Er schob den Gashebel vor. *„God save the king!"* Ein Hoch dem König!

Die Motoren dröhnten. Das Flugzeug setzte sich beängstigend langsam in Bewegung; das Gewicht der bis an den Rand gefüllten Tanks machte sich bemerkbar.

Als die Maschine endlich einigermaßen Fahrt aufgeholt hatte, rief Alcock: „Fünfhundert Meter! Und die Geschwindigkeit beträgt noch keine achtzig Kilometer!"

„Ruhig Blut!" ermahnte ihn der stets beherrschte Whitten-Brown.

Alcocks Gesicht rötete sich. „Sechshundertneunzig Meter! Bei siebenhundert müssen wir ein Tempo von hundertfünfzehn Kilometern haben!"

„Durchhalten, John! Wir kommen frei, wenn du nicht zu früh ziehst. Denk an Raynham!"

Der Fahrtmesser stieg auf hundert. Die Markierung siebenhundert flog vorbei. Alcock wußte, daß es kein Zurück gab. Entweder würde die Maschine gleich abheben, dann war es geschafft, oder mehrere tausend Liter Benzin ergossen sich über sie. Er schwor sich, das Höhensteuer keine Sekunde zu früh anzuziehen.

Hundertzehn Stundenkilometer! Die letzte Markierung jagte dahin. Der Platzrand war zum Greifen nahe. Nur noch lächerliche hundert Meter trennten sie von den Büschen, die das Rollfeld begrenzten.

Noch fünfzig Meter! Dreißig – hundertfünfzehn Stundenkilometer! Der Pilot zog das Höhenruder. Die Maschine hob ab, strich über die Büsche hinweg, stieg Meter um Meter.

Alcock ließ die Maschine auf dreißig Meter steigen, drückte dann nach. Der Fahrtmesser rückte aufwärts: hundertvierzig Stundenkilometer!

Sie flogen eine weite Kurve, überquerten den Flugplatz und grüßten zu den Hilfsmannschaften hinunter, die begeistert ihre Tücher schwenkten. Dann nahmen sie Kurs auf England, Kurs über den mehr als dreitausend Kilometer breiten Atlantischen Ozean.

Sie waren gut dreihundert Meter hoch, als die Küste überflogen wurde. Die Motoren liefen gleichmäßig, das Meer hingegen wirkte bedrohlich. Aufgewühlt lag es unter ihnen. Sorgenvoll betrachteten sie die Wolken, die sich grau und unheimlich dahinwälzten.

Alcock mußte unablässig das Querruder betätigen, um Böen auszugleichen. Gleichzeitig war die Lage des Flugzeuges mit dem Seitensteuer zu korrigieren. Er blickte auf die beiden Kompasse, die stark pendelten und drehten. Nach einer Weile wies er voraus. „Die Wolken sinken weiter ab. Wir werden noch eine tolle Schaukelei erleben."

Whitten-Brown nickte. „Ganz ideal trifft man's nie."

Über eine halbe Stunde flogen sie unter der Wolkendecke dahin. Alcock bemühte sich nach besten Kräften, die zusehends heftiger werdenden Stöße zu parieren. „Arthur!" rief er, „so geht's nicht! Meine Arme werden lahm. Ich ziehe rauf. Wir müssen über die Wolken kommen. Dort ist es bestimmt ruhig."

„Einverstanden."

„Gib mir meinen Schal und die Handschuhe. Oben wird es kalt sein."

Alcock hatte neben seinem Sitz eine Anzahl verschiedener Kleidungsstücke eingeklemmt. Whitten-Brown zog einen Schal heraus und legte ihn um den Hals des Piloten. Dann streifte er ihm Fäustlinge über.

Über eine Stunde schaukelten sie in dichtem Nebel. Die Borduhr, die gleich nach dem Start auf mitteleuropäische Zeit vorgestellt worden war, zeigte 19 Uhr 05, als eine „Zwischenschicht" erreicht

wurde. Whitten-Brown schaute enttäuscht zu der über ihnen liegenden nächsten Wolkendecke hoch. Er hatte gehofft, ein „Besteck"
nehmen und den Standort errechnen zu können. Nun war es wieder
nichts.

In der Annahme, daß die über ihnen liegende Wolkendecke nicht
allzu mächtig sein würde, ließ Alcock die Maschine nochmals steigen.
Seine Hoffnung aber, den Himmel zu erspähen, erfüllte sich nicht. Er
erreichte eine sechshundert Meter höher liegende Zwischenschicht,
die zu seinem Kummer bald mit einer weiteren Wolkenbank
zusammenwuchs. Also zog er das Flugzeug noch höher. Jetzt, da es
bald dunkel wurde, war es besonders wichtig, die Wolken so weit wie
möglich unter sich zu lassen.

Nur mit Taschenlampen versehen, konnte er unmöglich längere
Zeit hindurch nach Fahrtmesser und Kompaß steuern. Unabhängig
davon war es dringend notwendig, eine Standortbestimmung zu
erhalten. Alle bisher vorgenommenen Berechnungen basierten auf
geschätzten Windwerten.

Um 20 Uhr 30 zeigte der Höhenmesser gut 3600 Meter. Die
Temperatur war merklich gesunken. Alcock suchte mißmutig die
nächsthöhere Wolkendecke ab. Keine Lücke war zu entdecken. Im
Osten rückte die Nacht wie eine schwarze Wand heran.

Whitten-Brown befestigte Taschenlampen über den Instrumenten
und Kompaßrosen. Dabei fragte er den Piloten, ob er etwas
Schokolade haben wolle.

„Nein, danke", antwortete Alcock.

„Du solltest aber etwas zu dir nehmen!"

„Ich hab keinen Hunger. Es macht mich einfach nervös, daß wir
unseren Standort nicht kennen. Außerdem sind wir erst vier Stunden
unterwegs."

„Und wie lange werden wir noch fliegen müssen?"

„Fünfzehn, sechzehn Stunden. Wenn alles glattgeht."

Die Nacht brach herein. Keine Wolke, kein Wasser und kein
Himmel waren mehr zu sehen. Die spärlich erhellten Instrumente
wirkten gespenstisch.

Nur der Motorenlärm erinnerte daran, daß die Maschine flog und
nicht am Boden stand.

Es wurde empfindlich kalt. Mitternacht war gerade vorüber, als
beide Männer zusammenfuhren. Ein Motor stockte, setzte wieder ein
und stockte gleich darauf erneut.

Whitten-Brown rannte nach vorn. „Was ist los, John?"

Alcock starrte auf die Drehzahlmesser. „Der Backbordmotor muß
einen Defekt haben." Er nahm den Gashebel zurück und schob ihn

langsam wieder vor. Sekundenlang lief der Motor ruhig, dann knatterte und knallte er und fiel stark zurück.

„Ventil?" fragte Whitten-Brown.

Alcock schüttelte den Kopf.

„Was könnte die Ursache sein?"

„Ich bin mir nicht sicher. Fest scheint nur zu stehen, daß unser Flug ins Wasser fällt. Leider damit auch wir."

Der Motor heulte auf und setzte erneut aus.

„Komisch", sagte Whitten-Brown. „Wenn er auf Touren kommt, klingt er gesund."

„Das ist es ja!" rief Alcock erregt. „Der Motor ist in Ordnung. Wahrscheinlich liegt's nur an einer lächerlichen Eisschicht, die sich am Ansaugstutzen gebildet hat. Dadurch kriegt er keinen Sauerstoff. Nur noch Benzin. Wenn wir landen könnten, wäre der Schaden spielend zu beheben."

„Und was ist, wenn wir tiefer fliegen?"

Alcock sah vor sich hin. „Uns wird wohl nichts anderes übrigbleiben. Ob ich den Kasten aber stundenlang in den Böen halten kann, ist eine andere Frage."

Ich muß einen Ausweg finden, dachte Whitten-Brown. Jetzt kann ich mich nützlich machen. Ein verwegener Gedanke kam ihm. „John!" rief er wie elektrisiert. „Ich klettere raus und schlage das Eis vom Vergaser."

„Du kannst unmöglich . . ."

„Doch, ich kann! Und ich weiß, daß ich es tun muß!"

„Vom Rumpf aus kommst du überhaupt nicht an den Motor heran!"

„Das steht noch nicht fest."

Lautes Knallen unterbrach das Gespräch. Aus dem Auspuff schlugen Flammen. Whitten-Brown ergriff die im Durchgang hängende Taschenlampe, öffnete die Schnalle seiner Armbanduhr, schob ihren Riemen durch den Aufhänger der Lampe und band die Uhr wieder um das Handgelenk.

„Du darfst auf keinen Fall auf die Tragfläche hinausklettern!" protestierte Alcock.

„Ich werd schon nicht hinunterfallen."

„Was du vorhast, ist Wahnsinn!"

Whitten-Brown reichte dem Freund die Hand. „Das Flugzeug wird zur Seite drehen, wenn ich draußen bin. Halte also dagegen. Bis gleich, John!" Whitten-Brown schnallte seine Kopfhaube fest und öffnete die in den Rumpf eingelassene Ausstiegsluke. Scharfer Fahrtwind schlug ihm entgegen. Es heulte und pfiff in den Spanndrähten.

Er richtete den Lichtkegel der Taschenlampe nach draußen, betrachtete die Tragfläche, den ölverschmierten Motor und den Propeller, der wie eine silberne Scheibe glänzte. Dann griff er nach einem an der Decke befindlichen Bügel, umklammerte ihn, streckte ein Bein durch die Öffnung und schob das andere nach.

Eisiger Wind peitschte die Füße zur Seite. Er zwängte den Unterleib durch die Luke und begann sich zu drehen. Aber nur mit den Fußspitzen erreichte er die Tragfläche. Er gab den Bügel frei und drehte sich, bis er auf dem Bauch in der Öffnung hing. Vorsichtig setzte er die Füße auf die an dieser Stelle mit Sperrholz beplankte Fläche und schob sich langsam nach draußen.

Immer stärker erfaßte ihn der Fahrtwind. Er stellte die Füße in Flugrichtung und hielt sich am Rand der Luke fest. Das Atmen fiel ihm schwer; seine Augen tränten. Nur zögernd nahm er eine Hand von der Öffnung, um seine über die Haube geschobene Brille herunterzustreifen. Warum hatte er das nicht schon vorher getan?

Er rang nach Luft und drehte den Kopf zur Seite. Helle Punkte tanzten vor seinen Augen. Der Lichtkegel der Taschenlampe fiel auf die Spanndrähte und Streben.

In diesem Moment erkannte er, daß die Punkte vor seinen Augen Sterne waren. War die Maschine aus den Wolken herausgestiegen, oder befanden sie sich in einem Wolkenloch? Ausgerechnet in einem Augenblick, da sich eine Standortbestimmung vornehmen ließ, mußte er sich draußen auf der Tragfläche befinden.

Er hob den Arm, tastete nach einem Spanndraht. Nach mehreren Versuchen erreichte er ihn und umklammerte ihn mit eisernem Griff. Vorsichtig tat er einen Schritt vorwärts. Sein Fuß drückte das Sperrholz der Tragfläche ein. Er schob das Bein vor die Verspannung und dachte: Wenn die reißt, ist es aus. Ein Sturz aus mehr als dreitausend Meter Höhe ist auch ein Weg zum Friedhof.

Der Spanndraht hielt. Whitten-Brown faßte neuen Mut und richtete den Lichtkegel der Taschenlampe auf die nächste Strebe. Gleich darauf stand er zwischen den Verspannungen.

Noch zweimal mußte er zwischen Spanndrähten und Streben wechseln, dann lag der stotternde Motor vor ihm. Aus den Auspuffstutzen schlugen gelbrote Flammen.

Er leuchtete den Koloß ab. Das Licht fiel auf den Vergaser. Ein dicker Eismantel lag vor der Ansaugöffnung. Wie sollte er an ihn herankommen? Anderthalb Meter waren es bis zum Vergaser. Dazwischen lag nichts, woran er sich hätte halten können.

Er umklammerte eine Strebe und bemühte sich, das Eis vom Ansaugstutzen fortzutreten, doch der Luftstrom schleuderte den Fuß

zur Seite. Resigniert richtete er die Taschenlampe auf die Tragfläche. Deutlich zeichnete sich der unter einer dünnen Sperrholzdecke liegende Holm ab. Kurz entschlossen trat er mit dem Absatz in die Verkleidung, schob sich dann so weit wie möglich vor und trat ein zweites Mal in die Tragfläche. Die beiden Löcher mußten ihm weiterhelfen. Sich an der Verstrebung haltend, ging er in die Knie, griff in das Sperrholz, legte sich auf den Bauch und zog sich langsam vor, bis er das zweite Loch erreichte. Dann rutschte er weiter an den Motor heran. Nur seine Beine fanden noch Halt an der Strebe. Der Oberkörper lag ungeschützt im Luftstrom. Noch einmal leuchtete er den Motor ab, dann streckte er die Hand vor und tastete nach dem Ansaugstutzen. Er hatte Glück. Schon nach kurzem Suchen fühlte er den Vergaser. Und kaum hatte er die Eiskruste berührt, da zerbrach sie und stob davon. Der Motor heulte auf, der Luftstrom wuchs, aus den Auspuffen züngelten wieder magisch blaue Flammen.

Behutsam schob Whitten-Brown sich zurück. Nur jetzt keinen Fehler machen! Er hätte aufschreien mögen vor Freude. Der Rückweg kam ihm wie eine Spielerei vor. Dennoch versagten ihm fast die Beine, als er den Rumpf erreichte. Erschöpft stieg er in die Luke.

„Arthur!" hörte er Alcock rufen. „Bist du zurück?"

Whitten-Brown konnte nicht antworten.

„Arthur! Fehlt dir was?"

„Nein, nein. Es ist alles in Ordnung." Er ließ sich zu Boden sinken. „Mir schlottern die Knie. Zu blöd, so was!"

„Hast du die Sterne gesehen, Arthur? Wir kommen immer wieder durch Wolkenlücken."

Whitten-Brown raffte sich auf. Die günstige Gelegenheit durfte nicht ungenutzt bleiben. Am liebsten wäre er gleich zum Sextanten gelaufen, doch der Wunsch, den Händedruck des Freundes zu spüren, war stärker.

Alcock zog ihn zu sich herab. „Es ist unglaublich, was du geleistet hast! Du hast uns das Leben gerettet. Auf die Dauer hätte das sauerstoffarme Benzingemisch bestimmt zu einem Kolbenfresser geführt."

Whitten-Brown tat es gut, dies zu hören. Er fühlte sich plötzlich leicht wie eine Feder. Später allerdings, als er hinten im Rumpf stand und die Sterne anpeilte, verspürte er ziemliche Schmerzen. Seine Hände waren zerschunden, seine Lippen bluteten. Einer seiner Finger war blau angelaufen; wie und wo er ihn gequetscht hatte, wußte er nicht.

Der Sextant lag schwer in seinen Händen.

Gewissenhaft notierte er alle Werte, obwohl er den Stift kaum halten konnte. Je weiter er damit vorankam, um so zufriedener wurde der Ausdruck seines Gesichtes.

Alcock hörte ihn kommen. „Nun?" fragte er erwartungsvoll.

„Wir liegen auf Kurs, John! Und wir jagen mit hundertneunzig Stundenkilometern auf das gute alte England zu!"

Alcock schlug übermütig auf das Steuer. „Und wann erreichen wir die irische Küste?"

„Gegen neun Uhr."

Es war 1 Uhr 15.

„Dann liegt die Hälfte der Strecke ja bereits hinter uns", jubelte der Pilot. „Nur noch gut acht Stunden, und der Chef der *Daily Mail* muß zahlen!" Er ließ das Steuer los und rieb sich die Hände. „Was machen wir mit dem Überschuß?"

„Wir könnten uns ein Haus bauen."

„Bei dir piept's wohl. Wir stecken das Geld in den Luftverkehr. In fünfzig Jahren wird man Flugzeuge benutzen wie heute die Eisenbahn."

Ihre ausgelassene Stimmung nahm eine halbe Stunde später ein jähes Ende. Erneut setzte der Backbordmotor aus.

Alcock war verzweifelt. „Ich gehe tiefer, Arthur. Du kannst nicht nochmals ..."

„Hör auf!" unterbrach ihn Whitten-Brown. Es war das einzige, was er sagte. Dabei war ihm hundeelend zumute. Wesentlich schwerer als beim ersten Mal fiel es ihm nun, die Taschenlampe festzubinden und den Ausstieg zu öffnen.

Erneut verbrachte er über zehn Minuten auf der Tragfläche. Es war fast zwei Uhr, als er zurückkehrte. Diesmal konnte er sich nicht freuen, es geschafft zu haben. Nur hinlegen konnte er sich. Würde ein dritter Ausstieg notwendig werden? Er fürchtete sich davor.

Alcock hätte sich die Haare raufen mögen. Warum war er nicht auf den Gedanken gekommen, Arthur zu sagen, er solle Fett mitnehmen! Dann wäre der Ansaugstutzen wahrscheinlich nicht wieder vereist. Nun war der Freund zum zweiten Mal draußen gewesen – wieder ohne Fett! Durfte er zulassen, daß ein drittes Mal . . .? Wenn es doch hell würde! Dann könnte er tiefer gehen, ohne fürchten zu müssen, in den starken Böen dort unten die Orientierung zu verlieren.

Nach einer weiteren halben Stunde trat ein, was beide befürchteten: Die Drehzahl fiel erneut ab. Wieder bockte der Motor, und wieder zuckten helle Flammen durch die Nacht. Zum dritten Mal, nun aber mit einer Dose Fett versehen, verließ Whitten-Brown den Rumpf, um seinen einsamen Kampf durchzustehen. Dreitausend Meter über dem Atlantischen Ozean! Und er kehrte zum dritten Mal wohlbehalten zurück, verzichtete diesmal jedoch darauf, die Luke hinter sich zu schließen. Wozu? Müde lehnte er sich an die Bordwand und wunderte sich darüber, daß er nicht so erschöpft war wie beim zweiten Mal.

„Bist du zurück?" rief Alcock.

„Ja."

„Iß etwas Schokolade!"

Der Freund schüttelte den Kopf. „Willst du welche?"

„Nein, danke. Aber komm mal zu mir."

Whitten-Brown schleppte sich müde nach vorn.

Alcock legte den Arm um ihn. „Ich werde nie vergessen . . ."

„Schon gut!"

„Hast du die Luke offengelassen?"

„Ich bin dann schneller wieder draußen."

„So siehst du aus." Der Pilot wies auf die Borduhr. „Es ist bald drei. Es kann nicht mehr lange dauern, dann wird es im Osten grau. Schließe also den Ausstieg. Ich lasse dich nicht nochmals hinaus. Bei Tageslicht werde ich mit der Böigkeit fertig."

Whitten-Brown kämpfte mit sich. „Schön wär's, John. Aber wir müssen den günstigen Höhenwind ausnutzen!"

„Ich hab gesagt, daß ich dich nicht nochmals hinauslasse! Wenn du die Luke nicht augenblicklich schließt, gebe ich Tiefensteuer!"

Whitten-Brown tat einen Seufzer und drückte dem Kameraden die Hand.

Wenig später brach der Tag an. Voraus wuchsen die Wolken bis weit über die Flughöhe hinaus. Alcock setzte zum gestreckten Gleitflug an.

Der Freund versuchte ihn davon abzuhalten. „Wir haben dann keine Wolkenlücken mehr. Aus ist es dann mit der Navigation!"

„Aber auch Schluß mit der Vereisungsgefahr."

„Herrgott, sei doch nicht so stur!"

„Das gleiche gilt für dich! Nimm lieber schnell noch ein Besteck."

Whitten-Brown entfernte sich. Als er wiederkam, hatten seine Augen wieder ihren alten Glanz. „Wenn ich mich nicht täusche, stehen wir neunhundert Kilometer vor Irland. Die Küste wird gegen neun Uhr in Sicht kommen."

Alcock fiel ein Stein vom Herzen. Nun wußte er wenigstens, daß sie nicht vom Kurs abgekommen waren. Er blickte zu den Wolken hinüber, die sich bedrohlich zusammenballten. „Anschnallen!" sagte er. „Gleich wird's losgehen."

Das Flugzeug erhielt erste Stöße und wurde dann plötzlich wie ein Blatt umhergewirbelt. Alcock stemmte die Füße gegen die Seiten- steuerpedale. Die Tragflächen ächzten. Spanndrähte pfiffen. Gleich darauf umgab sie eine unheimlich anmutende Stille, dann erhielt die Maschine erneut mächtige Stöße. Der Höhenmesser sank, stieg, sank. Es wurde dunkel, als breche die Nacht herein.

Alcock stand der Schweiß auf der Stirn. Er leistete Schwerstarbeit und glich aus, so gut er konnte. Trotzdem bäumte und schüttelte sich das Flugzeug, legte sich mal nach rechts, mal nach links.

Dann sahen sie plötzlich den Ozean unter sich. Die Wolken waren durchstoßen. Der Höhenmesser zeigte sechshundert Meter. Wild rollte die See.

„Nimm mir den Schal und die Handschuhe ab!" rief Alcock. Whitten-Brown befreite den Piloten von den Kleidungsstücken. Stärker denn je mußte Alcock mit Querruder und Seitensteuer ausgleichen. Seine Hände wurden naß, das Hemd klebte ihm auf der Haut. „Öffne meine Jacke!" rief er. Es war ihm nicht möglich, eine Hand vom Steuer zu nehmen.

Besorgt fragte sich Whitten-Brown, wie lange Alcock den Kampf mit den Böen würde aushalten können, ohne die Nerven zu verlieren. Über vierzehn Stunden schon saß er am Steuer. Eine Stunde kämpfte er bereits gegen Wind und Wetter an, und mindestens drei weitere Stunden lagen noch vor ihnen. Er betrachtete den Freund, der mit fest zusammengepreßten Lippen geradeaus starrte.

„Möchtest du Schokolade?"

Alcock schüttelte den Kopf.

„Du hast seit dem Start überhaupt nichts gegessen!"

„Du etwa?"

Sie schwiegen und hofften von Minute zu Minute, daß die Böigkeit abnehmen würde. Oder daß sich ein Schiff zeigte, das ihnen neuen Mut geben könnte.

Sekunden wurden zu Minuten, Minuten zu Stunden. Unsagbar träge bewegte sich der Zeiger der Borduhr. Doch endlich zeigte er an, daß es acht Uhr war.

In einer Stunde haben wir es geschafft, dachte Whitten-Brown. Doch im selben Moment fiel plötzlich der Steuerbordmotor ab. Entsetzt starrten sie einander an. Würde er ganz ausfallen?

„Was könnte die Ursache sein, John?"

„Ein Zylinder setzt aus."

Unwillkürlich dachten sie an Hawker und Grieve, deren Flug vor einem Monat an etwa der gleichen Stelle sein Ende gefunden hatte.

Alcock nahm das Gas zurück und schob den Hebel mehrmals ruckartig vor. Wenn ein Ventil hängen sollte, konnte es auf diese Weise vielleicht ... Die Drehzahl schnellte hoch. Der Motor lief wieder normal.

„Ventilfederbruch war's nicht", sagte Alcock erleichtert. „Wenn ich nur wüßte, was das Biest veranlaßt hat, plötzlich zu streiken."

Sie sprachen nicht weiter darüber, aber die Frage hing wie ein Damoklesschwert über ihnen. Ihre Augen suchten den Horizont ab. Kein Schiff kreuzte ihren Weg.

Ein zweites Mal drückte der Steuerbordmotor ihre Stimmung auf den Gefrierpunkt. Erneut setzte ein Zylinder aus. Es war kein Trost für sie, daß er bald darauf wieder ruhig lief. Sie wußten nun, daß sich ein Schaden anbahnte. Würden sie die Küste noch erreichen? Sollte die Arbeit von Monaten umsonst gewesen sein?

Whitten-Brown sah, daß Alcock drauf und dran war, die Nerven zu verlieren. Sechzehn Stunden saß er bereits hinter dem Steuer. Nicht eine Minute der Entspannung hatte es für ihn gegeben. Er sah bleich aus. Seine Augen waren dunkel umrandet.

Der Höhenmesser zeigte fünfhundert Meter, die Borduhr 8 Uhr 58, als der Motor völlig aussetzte, dann mit einemmal wieder ruckartig lief und unregelmäßig stotterte. Das Flugzeug drehte augenblicklich stark nach rechts. Alcock trat in das Seitensteuer und betätigte das Querruder, um die Maschine in die Normalfluglage zurückzuholen. Nur mühsam gelang ihm dies.

„Es geht nicht mehr!" stöhnte er. „Arthur, ich kann nicht mehr!"

Whitten-Brown faßte den Piloten an der Schulter. „Du mußt, John! Reiß dich zusammen! Wir müssen unmittelbar vor der Küste sein!"

„Dann zeig sie mir! Wenn du sie mir zeigen kannst . . ."

„John!" schrie der Freund mit vor Erregung fast erstickter Stimme. „Da!" Er wies nach draußen. „Ein Fischerboot! Dann kann die Küste auch nicht mehr fern sein. Verlier jetzt nicht die Nerven!"

Alcock erinnerte sich an die Bemerkung, die er über Hawker gemacht hatte, als sie die Nachricht erhielten, daß der Australier neben dem Dampfer *Mary* gelandet war. „Dem sind womöglich die Nerven durchgegangen", hatte er gesagt. Und seine Stimme hatte überheblich geklungen. Das Recht zu seiner damaligen Überheblichkeit konnte er sich nun erkaufen, indem er die Nerven behielt.

Unter ihnen glitt der Kutter dahin. Ein Fischer winkte wie besessen. „Hast recht, Arthur!" sagte Alcock. „Die Küste muß unmittelbar vor uns liegen." Die Uhr zeigte 9 Uhr 02. Whitten-Brown atmete auf.

Aber dann setzte der Motor erneut aus, und das Flugzeug drohte abzukippen. Alcock biß die Zähne zusammen und brachte den schwerfälligen Doppeldecker in die Normallage zurück.

Der Motor schnellte hoch, fiel wieder aus, riß das Flugzeug mal nach Steuerbord, dann wieder nach Backbord hinüber. Unter Aufbietung aller Kräfte kämpfte Alcock gegen die unterschiedlichen Drehmomente an.

Das kann nicht lange gutgehen, dachte Whitten-Brown. Er suchte verzweifelt den Horizont ab. Sollten sie wirklich jetzt noch scheitern, da ihnen nur noch ein paar lächerliche Minuten zu ihrem Triumph fehlten? Es sah ganz danach aus. Denn jedesmal, wenn der Motor bockte, verloren sie Höhe, die sie nicht wieder wettmachen konnten. Unschwer ließ sich ausrechnen, daß sie in spätestens einer halben Stunde aufschlagen würden.

Das Herz klopfte beiden im Halse, als sie um 9 Uhr 25 die Tausendfußmarke unterschritten. Nur dreihundert Meter waren sie noch hoch. Und nach wie vor kein Land in Sicht. Alcocks Nerven waren zum Zerreißen gespannt. „Immer noch nichts?" fragte er.

Der Freund zögerte. „Ich weiß nicht . . . Ich bilde mir ein, am Horizont einen dünnen blauen Streifen zu sehen."

Alcock reckte den Hals. „Wo?"

„Direkt in Flugrichtung!"

„Mensch, Arthur, du hast recht! Da ist Land! Irland liegt vor uns!"

Im selben Moment bockte der Motor. Die Maschine drehte. Sie verloren Höhe. Nur noch zweihundert Meter trennten sie vom Meer, als das Hämmern der Ventile wieder gleichmäßig wurde.

„Siehst du das Land noch?" rief Alcock.

Whitten-Brown blickte angestrengt in die Ferne. „Dreh etwas nach Norden, dort ist jetzt ganz deutlich die Küste zu sehen. Ich glaube, wir haben ausgerechnet eine Bucht erwischt."

Alcock kurvte um einige Grade nach links.

„Genug!" rief der Freund. Er war vor Aufregung heiser. „Ich erkenne jetzt einen Kirchturm! Wir schaffen es, John!"

Immer näher rückte die Küste heran. Sie wagten kaum zu sprechen. Wenn der Motor noch fünf oder sechs Minuten lief, konnte ihnen nicht mehr allzuviel passieren.

Aber er setzte noch einmal aus. Und wieder verloren sie Höhe, sanken auf hundert Meter herab.

„Such einen Notlandeplatz!" rief Alcock, als die Küste in greifbarer Nähe vor ihnen lag.

Doch Whitten-Brown war viel zu aufgeregt dazu. Er sah nur die Küste, der sie sich Meter um Meter näherten und die sie schließlich aufatmend überflogen. „Wir haben es geschafft!" schrie er mit sich überschlagender Stimme. „Es ist 9 Uhr 37! Europa ist erreicht!"

Alcock suchte fieberhaft nach einem Landeplatz. Zu allem Übel bockte jetzt auch der Motor wieder. Eine Wiese tauchte auf. Alcock hielt auf sie zu und rief: „Halt dich fest! Ich lande!"

Was folgte, ging so schnell vor sich, daß es kaum zu erfassen war. Die Räder stießen hart auf, die Maschine machte einen Satz nach oben. Bäume kamen auf sie zu. Es schepperte und krachte. Das Flugzeug wirbelte im Kreise. Streben brachen. Die Tragflächen knickten. Der Rumpf platzte auseinander. Whitten-Brown wurde zur Seite geschleudert.

Alcock riß seinen Anschnallgurt auf und zwängte sich an einem gebrochenen Holm vorbei auf den Freund zu. „Hat's dich erwischt?"

„*Sorry*, John, den Gefallen kann ich dir nicht tun. Die zehntausend Pfund werden geteilt!"

„Dann nichts wie raus! Der Vogel könnte Feuer fangen."

Sie sprangen nach draußen. Alcock warf sich auf den Boden und krallte die Hände in den Sand.

„Riech mal!" rief er. „Europäische Erde!"

Whitten-Brown umarmte ihn. „Mensch, John! Hättest du für möglich gehalten, daß wir das noch schaffen?"

„Für möglich schon. Ich hab nur nicht mehr daran geglaubt."

Sie alberten, boxten und schlugen sich . . .

JACQUES MONIER lacht. „Was tut man nicht alles, wenn man dem Tod in letzter Minute von der Schippe gesprungen ist."

Claus Berghoff nickt. „Da macht einem ein Bruch nicht das

geringste aus. Mir wird es immer ein Rätsel bleiben, wie man mit einer Maschine aus dem Ersten Weltkrieg, die einem wahren Drahtverhau glich, den Atlantik überqueren konnte. Und das bei Nacht und Nebel, ohne Blindfluggeräte!"

„Haben die beiden den Preis auch erhalten?" fragt José Alvaroz.

„Na klar!" antwortet Claus Berghoff. „Und kein Geringerer als Winston Churchill überreichte ihnen den Scheck. Krönung aber war die Erhebung in den Adelsstand, die König Georg V. verfügte. Sir John und Sir Arthur!"

„Leider hat Alcock nicht viel davon gehabt", bemerkt Jacques Monier. „Ein halbes Jahr später geriet er auf einem Verkehrsstrecken-Erkundungsflug von London nach Paris in eine Nebelbank, aus der er nicht mehr herausfand. Er streifte die Krone eines Baumes und verunglückte tödlich."

VI

NACH einem leichten Mittagessen nehmen Jacques Monier, José Alvaroz und Claus Berghoff in der klimatisierten Halle des Hotels Mansour Platz. Monier winkt den Kellner herbei und bestellt für Berghoff und sich zwei Whisky pur. „Und was nimmst du?" fragt er den Spanier, der ja fliegen muß.

„Eine Zitronenlimonade."

Als der Kellner gegangen ist, greift Jacques Monier nach einem Stück Papier und formt es zu einer Kugel, die er mit Daumen und Zeigefinger knetet. „Seltsam, welche Wege das Schicksal manchmal geht. Ich sage mir oft, daß das Pech von heute das Glück von morgen sein kann. Betrachtet nur mich. Ich hatte das Pech, meine Beine zu verlieren. Dadurch konnte ich nicht Soldat werden und behielt mein Leben."

Berghoff sieht ihn erstaunt an. „Ich nahm an, Sie hätten Ihre Beine im Krieg . . ."

Jacques Monier schüttelt den Kopf. „Ich verlor sie bei der zivilen Fliegerei." Er blickt auf seine Armbanduhr. „Damit Sie aber nicht denken, ich hätte einen Bedienungsfehler gemacht, will ich Ihnen meine Geschichte erzählen. Wir haben ja noch genügend Zeit, bis José aufbrechen muß."

ES WAR 1937. Jacques Monier hatte in jener Zeit die Nachtstrecke Kairo–Rom–Mailand–München–Paris zu fliegen. Nach diesem Flug standen ihm achtundvierzig freie Stunden zur Verfügung, dann ging es zurück nach Kairo, wo er ebenfalls wieder zwei Tage pausieren konnte. Dennoch war die Route nicht beliebt. In den Wintermonaten stellte sie nämlich Anforderungen, die manchen Piloten mit Grauen an den nächsten Flug denken ließen. Die Gipfelhöhe der Flugzeuge betrug durchweg nur etwa fünftausend Meter, und gegen die gefürchtete Vereisung war man machtlos.

Im November dieses Jahres startete Jacques Monier mit der für die damalige Zeit außerordentlich schnellen zweimotorigen Potez 621 um 6 Uhr 10 in Mailand-Linate nach Norden. Da die Wetterwarte gemeldet hatte, daß die Wolken wahrscheinlich bis über Gipfelhöhe reichen würden, rechnete er vorsorglich mit dem Schlimmsten und ließ die Maschine schon über der Poebene kräftig steigen. Auch mied er ein Überfliegen der Berge so lange wie möglich. Erst als er wußte, daß der Gardasee unter ihm lag und er über eine beruhigende Höhe verfügte, setzte er zur Alpenüberquerung an.

Sein Funker Henri Batu, ein lebhafter Bretone, meldete um 6 Uhr 40: „QTH Gardasee 4100 Meter. Fliegen in den Wolken. Geringe Vereisung. Nehmen Kurs auf Bozen. Bleiben im Steigflug." Nachdem der Funkspruch abgesetzt war, fragte er den Piloten: „Warum klettern wir heute eigentlich so hoch? Auf unserer Strecke reicht doch keine Bergspitze über 3600 Meter!"

„Ich habe heute ein ungutes Gefühl", antwortete Monier. „Laut Wetterbericht bekommen wir ab Bozen stärkeren Eisansatz. Je größer unsere Höhe, um so größer unsere Sicherheit. Wie ist die Außentemperatur?"

Henri Batu drückte auf einen Knopf. „Minus zwölf Grad."

„Minus zwanzig wäre mir lieber."

„Warum?"

„Weil noch niemand erlebt hat, daß Vereisung bei Kälte von mehr als minus sechzehn Grad eingetreten ist." Monier legte seine Stirn an die Seitenscheibe. „Wie steht's mit der Vereisung?"

Lucien Sevères, der Bordmechaniker, ließ zwei außen am Rumpf angebrachte Lampen aufleuchten. Ihre Lichtkegel waren auf die Flügelnasen gerichtet.

Jacques Monier betrachtete die Vorderkante der auf seiner Seite liegenden Tragfläche. „Nicht schlimm", sagte er. „Und was das Wichtigste ist, die Vereisung ist glatt und nicht rauh." Er wandte sich an den Funker. „Können Sie Bozen schon rufen?"

„Bin gerade dabei", antwortete Batu und legte eine Hand an den Kopfhörer. „Wir haben starke atmosphärische Störungen."

„Bei der Wetterlage kein Wunder."

„Ich hab Bozen an der Strippe!" meldete Batu wenig später.

„Fordern Sie gleich eine Peilung an. Ich möchte sichergehen und einen exakten An- und Abflug machen. Bozen kann uns notfalls als Ausweichhafen dienen."

„Der Platz ist doch nicht blindlandeklar."

„Weiß ich. In der Not frißt der Teufel aber Fliegen."

„Wie ist unser geschätzter Standort?"

„Etwa Riva in 4600 Meter Höhe. Wir steigen noch mit einem Meter in der Sekunde. Geschwindigkeit über Grund: 210 Stundenkilometer."

Sevères erhob sich. „Dann wird's Zeit, daß ich den Gästen die Sauerstoffflaschen in die Hand drücke."

Flugkapitän Monier nickte. „Haben wir genügend an Bord?"

„Es sind bloß elf Passagiere."

Der Flugkapitän betrachtete die auf seinen Knien liegende Streckenkarte und überlegte: In fünfzehn Minuten müßten wir über Bozen sein, und um 7 Uhr 30 werden wir Innsbruck erreicht haben.

„Bozen meldet ‚Waschküche'!" rief der Funker. „Feuersicht zweihundert Meter! Start- und Landeverbot! Der Flughafen kommt für den Notfall nicht in Frage."

„*Merde!*" entfuhr es Monier. „Dann müssen wir gegebenenfalls nach Linate zurückkehren. Fordern Sie das neue Wetter von Mailand an. Dazu das von Innsbruck und München! Und geben Sie mir noch die Temperatur."

Henri Batu nahm die Messung vor. „Minus zehn Grad!"

Verdammt, dachte der Pilot. Das sieht faul aus. Wir sind gestiegen, und es wurde nicht kälter, sondern wärmer. Er warf einen Blick auf den Höhenmesser, der 4700 Meter anzeigte.

„Bozen meldet, daß Mailand um 6 Uhr 58 Landeverbot verhängt hat!" rief Batu aufgeregt. „Die Sicht sei plötzlich auf hundert Meter und die Wolkengrenze auf dreißig Meter zurückgegangen."

„Dann kommt ein Rückflug nicht mehr in Frage", stellte Monier fest und schaute auf die Borduhr. „Wir müßten vor Bozen stehen."

„Das Wetter sieht mies aus!" rief der Funker. „Innsbruck hat ebenfalls Landeverbot verhängt! Aufliegende Bewölkung!"

„Heute scheint alles gegen uns zu sein", knurrte Monier verbissen.

Sevères, der aus der Passagierkabine zurückgekehrt war, sah ihn verwundert an. „Wir wollen doch nach München und nicht nach Innsbruck."

„Natürlich, Sie Schlauberger! Ein Notlandeplatz in der Nähe ist aber etwas Beruhigendes. Bis München sind es noch 180 Kilometer beziehungsweise 43 Minuten. Henri, Sie können schon Verbindung mit München aufnehmen."

Der Funker preßte seinen Kopfhörer an das Ohr. „Die Wettermaschine setzt gerade den Klartext ab." Er schrieb eine ganze Weile. Dann reichte er Monier den Funkspruch: „Untergrenze 150 Meter. Sicht zwei Kilometer. Geschlossene nasse Bewölkung bis über Gipfel. Erreichte Gipfelhöhe 5900 Meter. Vereisung von 1900 bis 5300. In Schichten zwischen 2500 und 4000 ungewöhnlich starker Eisansatz."

Jacques Monier nestelte an seinem Kragen. „Dann müssen wir uns beim Abstieg auf allerhand gefaßt machen. Die Maschine ist jetzt unterkühlt und . . ."

Der Funker meldete: „Verbindung mit München ist hergestellt."

Der Flugkapitän nickte erleichtert und warf einen Blick auf die Streckenkarte. Sie lagen genau auf Kurs und kamen notfalls mit dreitausend Meter Flughöhe aus. Die Ötztaler und Stubaier Alpen blieben links, die Tuxer und Zillertaler Alpen rechts liegen. Die Uhr zeigte 7 Uhr 19. Im Augenblick befanden sie sich über den Sarntaler Alpen, etwa in Höhe von Klausen.

Plötzlich gegen den Rumpf prasselnde Eisstücke rissen Monier aus seinen Überlegungen. Gebannt starrten er und seine Flugkameraden nach draußen auf die angeleuchtete Vorderkante der Tragfläche, die einen in Sekundenschnelle gewachsenen Eisansatz zeigte. „Es geht los!" rief Monier. „Ruckartig Gas geben, Lucien! Wir müssen das Zeug von den Luftschrauben wegbringen!"

Der Mechaniker ergriff die Gashebel und schob sie vor und zurück.

Das Knallen der Eisstücke gegen den Rumpf wurde stärker. Monier schaute nach draußen. Im Lichtkegel der Außenlampe sah er das Wachsen des Eises, das nun nicht mehr glatt und farblos war, sondern ein milchiges Aussehen annahm und eine rauhe Oberfläche aufwies. „Noch ruckartiger Gas geben!" forderte er den Mechaniker auf. „Die Propeller müssen sich durchbiegen!"

Sevères tat, was er konnte.

Der Funker fluchte vor sich hin.

„Was ist los?"

Batu deutete auf seinen Kopfhörer. „Atmosphärische Störungen!"

„Das kann ich mir denken." Moniers Blick wanderte über das Instrumentenbrett. 7 Uhr 20. Flughöhe 4800 Meter. Variometer 1,5 m/sec Fallen. Erschrocken fuhr er zusammen. Die Maschine verlor Höhe? Wie groß war die Geschwindigkeit? Nur 200 Stundenkilometer? Augenblicklich rechnete er: Die Entfernung bis zu den letzten großen Erhebungen vor München beträgt 70 Kilometer. Bei 200 Kilometer pro Stunde legen wir diese Strecke in 21 Minuten zurück. Wenn wir mit 1,5 m/sec fallen, sinken wir in der Minute um 90 Meter. Das ergibt 1800 Meter in 20 Minuten. Die größte Höhe des Karwendelgebirges liegt nahe 3000 Meter. Also unterschreiten wir die Sicherheitshöhe in 20 Minuten. Die letzte Bergkette aber erreichen wir erst in 21 Minuten! Uns fehlt eine Minute! Wir kommen, wenn die Vereisung anhält, nicht ungefährdet über den Alpennordrand hinweg!

Ihm wurde siedendheiß. Was sollte er tun? Die Bodenstelle informieren? Er zögerte, befürchtete, einen unangebrachten Wirbel zu verursachen. Aber dann sagte er sich: Es hilft alles nichts, du mußt die Bodenstelle verständigen. Batu klagt schon über atmosphärische Störungen. Auf jede Peilung kommt es jetzt an. „Henri!" rief er kurz entschlossen. „Setzen Sie einen Notruf ab!"

Funker wie Mechaniker starrten ihn entgeistert an.

„Wir sinken mit 1,5 m/sec bei 200 Stundenkilometern! Uns fehlt bereits eine Minute, um glatt über die Berge hinwegzukommen. Wir benötigen unbedingt zuverlässige Peilungen!"

Das Prasseln der Eisstücke wuchs zu einem explosionsartigen Knallen.

Sevères schob die Gashebel vor und zurück. Die Motoren rüttelten immer stärker. Der Höhenmesser sank.

Moniers Gedanken überschlugen sich. Kein Zweifel konnte darüber bestehen, daß die Maschine bald noch stärker sinken würde. Nur Rückkehr könnte Rettung bringen. Diese Möglichkeit aber war genommen, denn das Wetter auf den Plätzen im Süden gestattete keine Landung. Aber bestand nicht die Chance, sich notfalls über das Inntal aus den Bergen herausdirigieren zu lassen?

Die Uhr zeigte 7 Uhr 26, der Höhenmesser 4080 Meter. In sechs Minuten waren sie nicht 540, sondern 720 Meter gefallen. Also mit 2 m/sec! Die Sicherheitshöhe wurde somit schon in neun Minuten, um 7 Uhr 35, unterschritten! Er ließ seine Stoppuhr neu anlaufen. Das Karwendelgebirge wurde erst 7 Uhr 41 erreicht. Es fehlten bereits sechs Minuten.

„Henri!" rief Monier gegen das Prasseln der Eisstücke an. „Geben Sie SOS! Wir sinken stärker, als ich angenommen habe."

Batu funkte den Notruf in den Äther hinaus.

Monier wandte sich an Sevères. „Neun Minuten stehen uns noch zur Verfügung. Wieviel Benzin ist in den Reservetanks?"

„Je dreihundert Liter!"

„Laß sie ab!"

Der Monteur warf zwei Hebel herum.

„Wieviel Gepäck und Fracht sind an Bord?"

Sevères zog das Flugbuch hervor und schaute nach. „Neunhundert Kilo ohne Kleingepäck, das die Gäste mit in die Kabine genommen haben."

„Schmeiß die ganze Zuladung raus. Aber so, daß die Passagiere nichts merken."

Der Mechaniker stieß die Tür zum Passagierraum auf und verschwand.

Batu meldete: „Es herrscht bereits Funkstille! Alle Stationen stellen sich auf uns ein. Zürich wird hinzugerufen!"

„Peilen Sie nur noch auf Festantenne! Wir müssen jeden Fehler vermeiden!"

„Geht in Ordnung!" Batu drückte auf die Funktaste. „Ich bekomme sofort Peilungen!"

Das Variometer sank auf 2,5 m/sec Fallen. Die Uhr zeigte 7 Uhr 30. Zürich, München und Bozen gaben Peilungen durch.

Der Flugkapitän schaute auf seine Streckenkarte. Wenn die Peilung richtig war, hatten sie fünfzig Kilometer in fünfzehn Minuten zurückgelegt.

Vor der Tragfläche wuchs das Eis rapide. Die Kruste nahm bizarre Formen an.

Der Mechaniker kehrte schwer atmend zurück. „Ich hab alles über Bord geworfen."

„Wir erhalten von nun an Steuerkurse!" rief der Funker. „Man will uns über den Brennerpaß und später über das Inntal hinwegdirigieren, damit wir einen weiteren Höhenverlust verkraften können."

Endlich etwas Positives, dachte Monier erleichtert.

Der Bordmechaniker beugte sich zum Flugkapitän hinüber. „Die Passagiere haben was gemerkt und sind unruhig geworden. Soll ich ihnen sagen, was los ist?"

Jacques Monier blickte auf seine Blindfluginstrumente. Sollte er die Gäste informieren? Lieber nicht. Sie würden in Panik geraten und die ohnehin schon schwierige Lage nur noch verschlimmern. „Nein, sag den Passagieren nichts. Wozu sie beunruhigen?"

„21 Grad steuern!" rief Henri Batu.

Der Flugkapitän reagierte augenblicklich. „Den Standort, Henri! Ich brauch ihn, um eine Vorstellung vom Gelände zu haben! In einer Minute unterschreiten wir die Sicherheitshöhe!"

Batu funkte wie besessen. „77 Grad steuern!" schrie er. „QAK Haidenkogel! Kollisionsgefahr!"

Crash, schoß es Jacques Monier durch den Kopf. Er riß das Flugzeug herum. „Wo liegt der Haidenkogel?"

Sevères hielt ihm die Karte hin. „Da! Etwa fünfundzwanzig Kilometer von Innsbruck entfernt."

„Dann sind wir stark versetzt worden. Wie hoch ist der Berg?"

„2974 Meter."

„Der Wind muß gedreht haben!"

Der Höhenmesser sank auf 3000 Meter. „86 Grad steuern!" Der Höhenmesser zeigte 2850 Meter.

„Wir müssen das Flugzeug noch mehr entlasten!" rief Monier. „Die Haupttanks weitmöglichst entleeren!"

Der Bordmonteur legte zwei Hebel herum und verfolgte die Zeiger der Kraftstoffuhren.

„Wenn man uns über den Inn dirigiert, schaffen wir es. Innsbruck muß direkt vor uns liegen. Laufend Peilungen, Henri!"

Batu funkte und horchte, schüttelte den Kopf.

„Was ist los?"

„Das Minimum schwankt im Augenblick so sehr, daß man uns nicht peilen kann."

Monier warf einen Blick auf die Karte. „Welches ist die größte Höhe nördlich von Innsbruck?"

„Hafelekar!" antwortete Sevères und deutete auf einen Punkt. „2334 Meter!"

Der Zeiger des Höhenmessers war auf 2500 Meter gesunken.

„Und wie sieht's südlich aus?"

„Da ist der Patscherkofel mit 2246 Metern."

In der Annahme, der Wind habe auf Südost gedreht, kurvte Monier auf 95 Grad ein. „Noch immer keine Peilung?"

Batu schüttelte den Kopf. „Vermutlicher Standort Innsbruck", sagte er. „Peilungen wandern aber stark."

Vermutlich, vermutlich, dachte Jaques Monier voller Auflehnung. Wahrscheinlich nützte es unter den gegebenen Umständen nichts, daß er von sich aus schon versuchte, dem Lauf des Inn zu folgen. Er besaß ja keinen eindeutig feststehenden Ausgangspunkt.

„180 Grad steuern!" schrie Batu. „QAK Hafelekar! Wir sind an Innsbruck vorbeigeflogen und rasen auf die Bergkette zu!"

Der Flugkapitän riß das Flugzeug herum. Dabei glitt die Maschine zur Seite. Auf den Rudern lag kaum noch Druck. „Klappen ausfahren!" rief er. „Die Strömung reißt ab!"

Sevères betätigte ein Handrad. Monier bemühte sich, das Flugzeug gerade zu legen. Die Zeiger der Blindfluginstrumente pendelten nach allen Seiten.

„250 Grad steuern!"

„Das kann nicht stimmen!" rief der Pilot.

Batu drückte einige Male auf die Taste und lauschte. „Im Moment sind wir kaum zu peilen."

Der Höhenmesser zeigte 2000 Meter. Monier versuchte zurückzukurven. Die Maschine rutschte ihm weg. Nur mit Mühe gelang es ihm, den Wendezeiger und die Libelle wieder in Mittelstellung zu bringen. „Der Eisansatz ist zu groß", stöhnte er. „Beim geringsten Kurswechsel kommen wir wieder ins Schieben."

„140 Grad steuern!"

„Das kann eher stimmen." Er leitete eine Korrektur ein. Das Flugzeug rutschte weg. Der Höhenmesser sank auf 1700 – 1500 – 1400 Meter.

Jacques Monier blieb nichts anderes übrig, als anzudrücken, um Fahrt zu gewinnen. Seitlich huschte ein Licht vorbei. Etwas Dunkles jagte auf ihn zu. Er riß das Höhensteuer an sich. Aber da krachte es auch schon ohrenbetäubend. Der Vorbau kam auf ihn zu, das Instrumentenbrett schnitt in seine Beine. Ihm schwanden die Sinne. Alle anderen fanden den Tod.

„Es ist ein Segen, daß wir uns heute um die Vereisung nicht mehr zu sorgen brauchen", seufzt José Alvaroz. „Seit die Nasen der Tragflächen beheizt werden, ist das Fliegen viel sicherer geworden. Aber damals konnte es doch verdammt aufregend sein."

Jacques Monier wirft die Papierkugel, die er unablässig geknetet hatte, in den Aschenbecher. „Sonst klagt man darüber, daß die guten Zeiten dahin sind. Wir hingegen können sagen: ‚Gut, daß die schlechten Zeiten hinter uns liegen.'"

„Damit bin ich nicht ganz einverstanden", widerspricht Claus Berghoff. „Ich finde, daß unsere damalige Zeit, wenn vielleicht auch nicht als gute, so doch als die bessere zu bezeichnen ist. Sie ist unvergleichlich interessanter gewesen. Wir waren auf uns selbst gestellt und hingen nicht an der Strippe irgendeines Kontrollturms, der vorschreibt, was man zu tun und zu lassen hat. Heute gibt's doch keinen Nervenkitzel mehr, keine Spur von Abenteuertum."

„Da haben Sie recht", stimmt ihm der Franzose zu. „Wenn diese Attribute aber die Beine kosten, kann ich darauf verzichten."

Dem Deutschen steigt das Blut in den Kopf. „Um Gottes willen, wie konnte ich nur . . ."

Monier läßt ihn den Satz nicht beenden. „Ich bin nicht anderer Meinung als Sie", fällt er hastig ein. „Nur mache ich aus naheliegenden Gründen gewisse Einschränkungen. Aber es ist schon richtig: Unsere frühere Fliegerei läßt sich mit der heutigen nicht vergleichen. Wir waren weitgehend unabhängig. Heute ist der Beruf des Piloten zu einem von Bestimmungen und Vorschriften eingeengten Luftkutschertum herabgesunken."

„Ich glaube, ihr seht die Vergangenheit durch eine rosarote Brille!" protestiert José Alvaroz energisch. „Obgleich ich nicht so lange dabei bin wie ihr, so habe ich doch beide Zeiten erlebt, und ich muß sagen: auch heute gibt es noch hochinteressante und aufregende Erlebnisse. Ihr habt euch noch mit 200 Stundenkilometern über Grund bewegt. Wir fliegen heute mit 800 bis 900 Sachen! Ich bin in den Vereinigten Staaten gerade in einem viermonatigen Kursus auf die Boeing 707 umgeschult worden."

„Du hast die Düsenmaschine geflogen?" ruft der Franzose begeistert.

„Mit 90000 Liter Sprit im Bauch! Abfluggewicht 140000 Kilogramm! 198 Sitzplätze! Reichweite 8200 Kilometer! In zwei Monaten bekommt die Iberia die erste 707, und dann, mein Lieber, geht's mit zwanzig und dreißig Metersekunden zum Himmel hinauf. Könntet ihr einmal eine solche Maschine steuern, würdet ihr eure Meinung, die heutige Fliegerei sei langweilig geworden, sehr schnell revidieren."

„Du hast sicher recht", erklärt Monier. „Die Entwicklung der Fliegerei wird wohl bis in alle Ewigkeit abenteuerlich und aufregend bleiben."

„Eben weil es immer wieder Gebiete gibt, die erkämpft sein wollen und um jeden Preis erobert werden müssen", bekräftigt der Spanier. „Einst waren es Ozeane, Berge, Polargebiete und dergleichen. Heute sind es Höhen und Geschwindigkeiten, an die gestern noch niemand zu denken wagte. Aber die Verkehrsfliegerei ist sicher geworden. Wenn man will, auch beschaulich."

„Und das mit 900 Sachen!" frotzelt Jacques Monier.

José Alvaroz erhebt sich. „Es wird höchste Zeit, daß ich aufbreche." Er reicht dem Franzosen die Hand. „War schön, daß wir uns mal wieder getroffen haben. Und bring meinen Lebensretter wohlbehalten nach Paris."

„Werd ich machen."

José Alvaroz grinst. „Ich frage mich nur, was ihr in Paris machen werdet."

„Du weißt doch, daß wir mit René Medoc verabredet sind!"

Der Spanier schlägt sich vor die Stirn. „Ja, dann kann euch nichts passieren. Das Thema Fliegerei ist somit gesichert."

Monier schmunzelt. „Was einmal mehr beweist, daß Piloten nicht nur Abenteurer, sondern auch Kindsköpfe sind."

Lachend umarmen sie sich.

C. C. Bergius

„Es war ein purer Zufall, der mich meine Leidenschaft für die Fliegerei entdecken ließ", erinnert sich der 1910 geborene Pilot und Erfolgsautor C. C. Bergius in einem Rückblick auf seine Jugendzeit. „Als Fünfzehnjähriger träumte ich nämlich noch davon, ein großer Maler zu werden. Aber dann erhielt mein Freund ein Modell des Jagdeinsitzers Fokker D VII. Ich war fasziniert von dem Flugzeug, und es gelang mir, meinem Freund das begehrte Stück abzuhandeln. Sogleich eilte ich zum Flugplatz meiner Heimatstadt Münster und fragte einen Piloten, ob das Modell die getreue Nachbildung des berühmten Flugzeuges sei. ‚Bis ins kleinste Detail', versicherte er nach einer gewissenhaften Prüfung und führte mich in eine Halle, in der das Original stand. Ich durfte auf den Führersitz klettern. Von diesem Tag an bekam ich in der Schule nur noch schlechte Noten. Ich war wie behext, trieb mich ständig auf dem Flugplatz herum und erwarb mit siebzehn Jahren meinen ersten Pilotenschein."

Nach kurzer Tätigkeit als Exportkaufmann erhielt Bergius dann eine Anstellung als Fluglehrer und machte sich in den folgenden Jahren mit allen Geheimnissen der Fliegerei vertraut. So unternahm er als Wetterflieger unter anderem abenteuerliche Erkundungsflüge über den Atlantik, ehe er nach Kriegsausbruch in einer Aufklärungsstaffel und als Streckenpilot eingesetzt wurde.

Das Ende des Zweiten Weltkriegs bedeutete für Bergius, wie für viele andere auch, den Schlußpunkt seiner fliegerischen Laufbahn. Angesichts des Elends nach dem Zusammenbruch beschäftigte den damals Sechsunddreißigjährigen mehr und mehr die Frage, wie Hitlers Gewaltherrschaft überhaupt möglich gewesen war. Bei seiner Suche nach geschichtlichen Parallelen kam ihm immer wieder der Mongolenherrscher Dschingis-Khan in den Sinn. Bergius vertiefte sich in Nachforschungen über den legendären Tyrannen und brachte seine Erkenntnisse zu Papier. So entstand schließlich ein umfangreiches Buch mit dem Titel *Blut und Blüten für Dschingis-Khan*, womit der Grundstein für eine überaus erfolgreiche Schriftstellerkarriere gelegt war.

Inzwischen sind die Bücher des ehemaligen Flugkapitäns in fünfzehn Sprachen übersetzt und haben eine Gesamtauflage von sage und schreibe acht Millionen Exemplaren erreicht. Und noch immer weiß C. C. Bergius, der zur Zeit an einem neuen Buch mit Flugabenteuern arbeitet, seine Leserschaft mit fesselnden und ausgesprochen präzise recherchierten Romanen zu begeistern.

Liebe auf den zweiten Blick

Eine Kurzfassung des Buches von
REMO FORLANI

Ins Deutsche übertragen von
Nils-Henning von Hugo

Illustrationen von
Albrecht Rissler

Wer schon einmal heimlich davon geträumt hat, ein richtiges Schloß sein eigen zu nennen, wird die Begeisterung Jeannes verstehen: Ihr Mann Julien hat ein Schloß an der Loire geerbt! Und – wie üblich – entscheidet Jeanne sofort: Sie werden so bald wie möglich Paris verlassen und ihre hochherrschaftliche Residenz beziehen!

Julien ist allerdings ein eingefleischter Großstadtmensch, der sich tödlich langweilt, wenn er auch nur ein Wochenende auf dem Land verbringen muß. Außerdem erinnert er sich mit Schrecken daran, daß zu dem heruntergekommenen Inventar des halbverfallenen Schlosses auch drei schmutzstarrende, bösartige Köter gehören.

Doch Julien fügt sich in sein Schicksal als frischgebackener Schloßherr und wundert sich auch nicht, als die drei Bologneser ihn feindselig empfangen. Für ihn ist es ebenfalls nicht Liebe auf den ersten Blick ...

JE ÖFTER ich darüber nachdenke, desto mehr gestehe ich mir ein, daß ich mich meiner Kusine Aurore gegenüber nicht sehr nett verhalten habe. Drei Besuche in zwanzig Jahren, das ist wirklich wenig. Sehr wenig.

Aber da war eben ihr scheußlicher sogenannter Gesundheitswein, den man unter allen Umständen trinken und dann auch noch köstlich finden mußte. Und da war diese häßliche und groteske Ruine, die sie hartnäckig als Schloß bezeichnete. Und nicht zuletzt waren da diese Hunde.

Also wirklich, die Hunde der Kusine Aurore ... Drei Bologneser, die offensichtlich ebenso alt waren wie meine Kusine. Drei Köter, die üble Gerüche verbreiteten und immer und ewig schnauften, keuchten, knurrten und die Zähne fletschten. Diese drei Ekel hörten auf die Namen der ehemaligen Königsfamilien Anjou, Valois und Orléans.

Wenn ich mich sehr zusammengerissen hätte, wäre es mir vielleicht möglich gewesen, den Gesundheitswein ein viertes Mal zu schlucken und auch den Schmutz zu übersehen. Aber Anjou, Valois und Orléans gegenüberzutreten, das ging über meine Kräfte. Es war daher die Schuld dieser giftigen kleinen Ungeheuer, daß ich seit sieben Jahren die Schwelle des Schlosses von Fougère-Avizoir nicht mehr überschritten hatte, als ich eines Tages die Nachricht vom Tod meiner Kusine erhielt. In demselben Brief, in dem der Notar mich von ihrem Hinscheiden benachrichtigte, teilte er mir mit, daß ich der Alleinerbe ebendieses Schlosses sei.

Ich hatte richtig gelesen! Da die alte Dame ihre übrigen Verwandten wohl für noch weniger liebenswert hielt als mich, erbte ich das Schloß mit seinen siebenunddreißig Zimmern, seinen Möbeln, seinen Ländereien, seinem Teich, seinem kleinen Buchenwald und seiner Kapelle. Ich erbte auch Anjou, Valois und Orléans.

Da lag der Hund begraben. Mein erster Impuls war, das Ganze zurückzuweisen und dem Staat sowohl das Schloß als auch die drei Bologneser zu überlassen, die man todsicher in ein Tierasyl stecken würde.

Jeanne, meine liebevolle Gattin, gab zu bedenken, daß es doch viel

edler sei, das Erbe anzutreten und die drei Waisen einem guten
Tierarzt anzuvertrauen, der ihrem sicherlich grenzenlosen Kummer
ohne unnütze Leiden ein Ende setzen würde. Alles in ihr sträubte sich
gegen den Gedanken, eine Erbschaft auszuschlagen, und sei sie noch
so vertrackt.

So verließen wir unverzüglich Paris und begaben uns mit dem
Wagen in die Kanzlei von Maître Letousseur, dem Notar in Noisilles,
einem Dorf von zweihundertunddreizehn Seelen, das ebenso wie das
Schloß von Kusine Aurore zwischen Amboise und Tours am nördlichen Ufer der Loire liegt.

Natürlich würde man ganze Berge lästiger Formulare ausfüllen und
eine außerordentlich hohe Erbschaftssteuer entrichten müssen. Aber
Besitzer eines Loireschlosses zu sein, das kann einen zu Träumereien
verleiten, nicht wahr . . .? Das traf vor allem auf Jeanne zu, die schon so
lange den Wunsch nach einem kleinen Landhaus geäußert hatte, in
dem sie von Zeit zu Zeit ein schönes Wochenende verbringen könnte.

Sie fiel vor lauter Entzücken beinahe in Ohnmacht, als sie sah, wie
Maître Letousseur ein Dutzend Schlüssel aus seinem Tresor nahm,
wobei der kleinste – der so lang wie mein Unterarm war – gut und
gern ein Kilo wiegen mußte. Es war der Schlüssel zur Kapelle.

„Die Kapelle muß gründlich renoviert werden", meinte Maître
Letousseur. „Sie stammt aus dem vierzehnten Jahrhundert. Auch im
Schloß sind einige Renovierungsarbeiten erforderlich. Ihre Kusine
legte keinen übertriebenen Wert auf die Erhaltung des Anwesens."

Der Notar sagte genau wie Kusine Aurore: das Schloß. Das Wort
Ruine wäre angemessener gewesen. All diese Fenster (im ganzen gab
es zweihundert davon) ohne Scheiben, all diese Dielenbretter, die von
Generationen und aber Generationen kleiner Tierchen zernagt worden
waren, all diese rissigen oder gar eingefallenen Mauern, all diese
verstopften Kamine, all diese Treppen ohne Geländer! Die Kusine
hinterließ uns außerdem einige Betten mit durchgelegenen Matratzen,
einen recht hübschen Louis-XV-Sessel mit einem von Motten zer-
fressenen Brokatüberzug, eine Batterie verbeulter Kochtöpfe, ungefähr dreitausend Ausgaben der Bistumsmitteilungen der Diözese
Tours, mindestens fünfzig Flaschen Gesundheitswein, mehrere Koffer voll unterschiedlichster Knöpfe und einen Haufen mottenzerfres-
sener Wollsachen und vergilbter Spitzendeckchen. Nicht zu vergessen
aber die lieben kleinen Hündchen, die damit beschäftigt waren, den
Lehnstuhl zu zerfetzen, in den sich meine Kusine bei meinen allzu
seltenen Besuchen zu setzen pflegte. Mit verfilztem Fell, dreckig,
stinkend und äußerst wütend darüber, bei einer so schönen und so
nützlichen Beschäftigung gestört zu werden, erhoben sie sich bei

unserem Eintritt und fletschten die Zähne, als ob sie uns jeden Augenblick ins Gesicht springen wollten.

Jeanne hatte recht. Man mußte so schnell wie möglich einen zuverlässigen Tierarzt finden, der die Kleinen auf schmerzlose Weise in die himmlischen Hundegefilde beförderte.

Bei unserer ersten Besichtigung des sogenannten Schlosses vertrauten wir uns der Führung des Notars an, der das schmutzstarrende Gemäuer selbst kaum kannte. Da er jedoch großen Wert darauf legte, uns alles zu zeigen, eröffnete er den Rundgang, indem er sich einen Weg durch Vorhänge von Spinnweben bahnte und dabei ganze Mäusefamilien, ja sogar einige Ratten aufschreckte, die sehr erstaunt über das plötzliche Auftauchen menschlicher Wesen waren. Diese Besichtigung versetzte mein angetrautes Eheweib in höchste Erregung.

„Nein, wie groß es ist und wie alt! Und wie schön! Schon allein der Dachboden mit all den Balken ... Und dann die Kellergewölbe, Julien, die Kellergewölbe! Hast du gehört, was Maître Letousseur gesagt hat? Man müßte beim Aufräumen eigentlich den Eingang zu dem unterirdischen Stollen entdecken, der während der Schreckensherrschaft 1793/94 ...“

Kurz und gut, Jeanne wollte dieses Schloß haben. Und zwar unbedingt! Sie nahm die Angelegenheit in beide Hände. Was für eine tatkräftige Frau!

Sie beschloß (praktisch ohne mich davon in Kenntnis zu setzen), der Augenblick sei gekommen, da ich meine Stellung als Filmkritiker beim Rundfunk aufzugeben und mich sozusagen auf meine Ländereien zurückzuziehen habe, um dort in aller Ruhe meine gesammelten Werke zu verfassen. Sie beschloß weiter, daß unsere hübsche Pariser Wohnung in Zukunft unser nicht mehr würdig sei und wir uns ihrer so schnell wie möglich entledigen müßten. Sie beschloß einfach alles! Und alles ging sehr schnell.

Jeannes Begeisterung bewirkte, daß Maître Letousseur in kürzester Zeit einen hervorragenden Experten ausfindig machte, der in einem Gutachten bezeugte, daß das Schloß der Kusine alles andere als ein Schloß sei. Er stufte es als altes Wohngebäude ein, das unter Umständen gerade noch als Vorratsschuppen für Getreide und Viehfutter zu verwenden sei. Die Felder erklärte er für nicht bestellbar und ging sogar so weit, in einem Gutachten festzustellen, daß keiner der auf dem Besitz wachsenden Obstbäume irgendwelche Früchte, und seien sie auch noch so mickrig, mehr tragen könne. Demzufolge konnte Maître Letousseur den damit befaßten Behörden einen lächerlich niedrigen Gesamtwert angeben. Und demzufolge wurde die Erbschaftssteuer auf eine gerade noch erträgliche Summe festgesetzt.

Nachdem dies geschafft war, brachte Maître Letousseur (eine Seele von Notar!) Jeanne mit Handwerkern aus der Gegend, einem Tschechen und seinen drei Söhnen – den Nevedziewjz –, zusammen. Das waren kräftige Männer, die nur ans Arbeiten dachten und von Mehrwertsteuer nichts hören wollten.

Ermutigt von einem bescheidenen Vorschuß, der eher einem Almosen glich, gingen diese liebenswürdigen Tschechen sogleich an die Arbeit. Und zwar mit einem derartigen Eifer, daß knapp drei Monate später das Erdgeschoß meines Schlosses bewohnbar war.

In diesen drei Monaten kümmerte ich mich darum, unsere Wohnung, den Parkplatz in der Tiefgarage und eine Menge anderer Dinge zu Geld zu machen. Den Parkplatz wurde ich los wie durch Zauberei, kaum daß ich das Verkaufsangebot in das Schaufenster unseres Bäckers gehängt hatte. Danach wußte Jeanne nicht mehr, wo sie ihren Wagen parken sollte, und wir handelten uns einen ordentlichen Packen Strafmandate ein. Was die Wohnung betraf, so war die Sache schon ein bißchen verzwickter. Ich führte an die fünfzig interessierte Ehepaare durch unsere Räume. Endlich verkauften wir an Leute aus der Provinz, die mir unverblümt ins Gesicht sagten, die Wohnung sei ja ziemlich mies, aber sie hätten es nun einmal zu eilig, um sich nach etwas Besserem umzusehen.

Ein bärtiger, hämisch grinsender Geselle (übrigens ein ausgemachter Gauner), der einen Stand auf dem Flohmarkt hatte, erklärte sich großzügig bereit, mich von meinen wenigen teuren Designmöbeln zu „befreien", die ich über alles liebte. Jeanne war der unumstößlichen Ansicht gewesen, daß diese „nun wirklich nicht in ein Gebäude passen, in dem alles und jedes Vergangenheit atmet".

Während dieser drei Monate sahen Jeanne und ich uns sozusagen überhaupt nicht. Oder höchstens sehr spät abends, wenn sie hundemüde nach Hause kam. Sie war gerädert vom Abkratzen unzähliger Terrakottafliesen, dem Reinigen von Abflußrohren, dem Streichen wurmstichiger Balken mit Holzschutzmittel, dem Kitten von Rissen, dem Entrosten von Türgriffen und der Konversation mit den unermüdlichen Nevedziewjz.

Wenn wir uns dann nachts gegenübersaßen, sprachen wir von nichts anderem als vom Schloß. Von diesem verflixten Schloß, für das ich am nächsten Morgen in einem der größten Kaufhäuser von Paris unbedingt fünf Kilo Nägel ohne Köpfe, vierzehn Gardinenstangen, eine möglichst große Saugpumpe, töpfeweise hellgraue Farbe und jede Menge Allzweckkitt kaufen mußte.

Ich ging also ins Kaufhaus. Auf meinem Fußmarsch nach Hause zurück – Jeanne war mit dem Wagen in Noisilles, und kein Bus wollte mich mit meinen unendlich langen Gardinenstangen, meinen Kitt- und Farbtöpfen mitnehmen –, auf diesem Fußmarsch versuchte ich, mir ein Leben in einem Schloß auszumalen, und stellte mir einige Fragen, nein eine einzige Frage: Was macht eigentlich ein Schloßherr?

Natürlich hatte ich Hunderte und aber Hunderte von Schloßherren in ebenso vielen Filmen gesehen. Aber das waren Schloßherren in schottischen Spukschlössern gewesen. Oder Schloßherren aus lange vergangenen Jahrhunderten, die immer gerade ihr Schloß verließen, um an einem Kreuzzug teilzunehmen. Oder Schloßherren à la Agatha Christie, die dauernd damit beschäftigt waren, die Leichen von Pfarrern in ihrer Bibliothek zu entdecken. Schließlich waren die Könige von Belgien oder England auch Schloßherren, aber die waren es seit eh und je, und zudem waren sie reich. Kurz und gut, mir fehlten jedwede Informationen über Schloßherren, die der Zufall zu Herren eines Schlosses gemacht hatte und die außerdem arm wie Kirchenmäuse waren.

„Arm! Das ist wohl reichlich übertrieben", widersprach Jeanne, die ich an meinen Überlegungen teilhaben ließ, während wir mit Vollgas in Richtung Schloß fuhren.

„Weißt du, wieviel uns von dem Verkauf der Wohnung, des Parkplatzes und der Möbel übrigbleiben wird, wenn erst einmal alle Schloßrechnungen bezahlt sind?"

„Nicht viel, Julien, das ist sicher richtig. Aber schon sehr bald werden wir unser eigenes Gemüse und Eier von eigenen Hühnern haben. Zoltan hat mir bestätigt, daß . . . "

„Zoltan?"

„Der älteste Sohn Nevedziewjz. Er meint, unser Land sei gar nicht so schlecht. Und außerdem hat er mir erklärt, wie man die Kapelle in einen Hühnerstall umbauen kann. "

„Na hör mal, Jeanne, während wir auf die frisch gelegten Eier und das Frühjahrsgemüse warten, müssen wir uns ja vielleicht doch von Zeit zu Zeit eine kleine Mahlzeit zubereiten, oder?"

„Notfalls können wir auch mal ein bißchen fasten. Das soll sehr gesund sein. Aber die Hunde, die müßten . . . "

Die Hunde! Die hatte ich doch tatsächlich vergessen! Dabei existierten sie immer noch. Vollgestopft mit Salamipellen und den Gulaschresten aus dem Eßgeschirr der Nevedziewjz (die zu allen anderen Tugenden auch noch ein gutes Herz hatten), strotzten die Bologneser vor Gesundheit. Und vor Heuchelei. Als Jeanne und ich mit unserer Wagenladung voll Material ankamen, begrüßten uns diese

Schmierenkomödianten wie verrückt vor Freude. Drei gerissene kleine Burschen, die glaubten, es sei angebracht, sich bis zur Freitreppe zu bequemen und uns dort einen heißen Empfang zu bereiten. Der verdreckteste von allen dreien (ich wußte natürlich nicht, wer von ihnen Orléans oder Valois oder Anjou war) trieb die Gerissenheit sogar so weit, mir die Schuhe zu lecken.

Da ich in den Augen der Nevedziewjz, die sich ebenfalls eingefunden hatten, nicht als Rohling dastehen wollte, hielt ich mich zurück und versetzte diesem niederträchtigen Biest nicht den energischen Fußtritt, mit dem ich es gern aufs andere Ufer der Loire befördert hätte. Aber als ich dann ins Schloß vordrang und feststellen mußte, daß sich dieser verfluchte Köter geschworen zu haben schien, mir wie mein Schatten zu folgen, brachte ich Jeanne gegenüber nun doch meine Verwunderung zum Ausdruck. „Ich dachte, du wolltest diese Hunde einem Tierarzt anvertrauen, damit er sie ins Hundeparadies befördert."

„Wenn du glaubst, ich hätte die Zeit gehabt, mich auch noch darum zu kümmern. Und im übrigen ..."

Wenn Jeanne „im übrigen" sagte, galt es immer, sehr vorsichtig zu sein. Leider merkte ich das meist viel zu spät.

„Und im übrigen was, Jeanne?"

„Im übrigen habe ich es nicht fertiggebracht. Wenn du das Herz dazu hast, Hunde zum Schlächter zu bringen, dann kannst du es ja tun. Aber meine Kräfte übersteigt das."

„Diese Idee stammt aber von dir, Jeanne. Du hattest den Einfall, man könnte einen Tierarzt –"

„Ich habe das nur gesagt, um dir eine Freude zu machen, Julien. Weil ich weiß, daß du Hunde verabscheust."

„Ganz so allgemein stimmt das nicht. Dazu habe ich zuwenig Erfahrung mit Hunden. Aber ... diese drei Säcke voller Flöhe ..."

„Also, ich bitte dich! Man kann wirklich nicht behaupten, du hättest den Takt gepachtet. Glaubst du, es freut deine Kusine dort, wo sie sich befindet, wenn sie hören muß, daß du ihre Hunde als Säcke voller Flöhe bezeichnest und daran denkst, sie umzubringen?"

„Nun mach aber 'nen Punkt, Jeanne. Schließlich hast du gesagt, daß –"

„Da haben wir es. Schrei nur, spiel dich vor den Leuten ruhig ein bißchen auf."

Mich aufspielen? Jeanne hatte recht: Drei Hunde und vier Tschechen sahen mich vorwurfsvoll an. Ich verschob das Problem der Bologneser auf später und ging erst einmal daran, den inzwischen bewohnbaren Teil des Schlosses zu besichtigen.

Es war nicht zu leugnen: Jeanne und die Tschechen hatten wahre Wunder vollbracht. Die Haupteingangstür glänzte vor lauter frischem Lack und hatte eine Klinke, die einem nicht in der Hand blieb, wenn man sie hinunterdrückte. Die Eingangshalle war hell, freundlich und sauber. Der heruntergekommene Raum, in dem mich meine Kusine Aurore dreimal in zwanzig Jahren empfangen hatte, war zu einem hübschen Wohnzimmer mit taubengrauen Wänden und einem makellosen Fußboden geworden. Auch die Decke wirkte viel vertrauenswürdiger, so daß man nicht mehr befürchten mußte, daß einem jeden Augenblick der Kronleuchter auf den Kopf fallen könnte. Außerdem gab es noch einen Raum mit einem Fenster, das man auch wirklich öffnen konnte, eine riesige Küche mit einem Schornstein, der auch wirklich zog, und sogar einen kleinen Raum, der vorerst ein passables Arbeitszimmer für mich abgeben konnte.

Um dem tschechischen Vater und seinen Söhnen zu beweisen, daß ich nicht bloß ein Schreihals war, der sich hier aufspielen wollte, lud ich sie zu einem Glas Gesundheitswein ein. Der Geschmack erwies sich noch übler, als ich ihn im Gedächtnis hatte. Aber die Tschechen fanden das Gesöff ausgezeichnet und sträubten sich nicht gegen ein zweites Gläschen.

„Eine lange und glückliche Lebben für die neue Schloßhärrre!" sagte Vater Nevedziewjz und hob sein Glas.

Der vierte Hund im Schloß ließ nicht lange auf sich warten. Jeanne hatte mir während unseres ersten Diners als Schloßherren (Makrelen aus der Dose mit Zwieback) gebeichtet, sie verabscheue Mäuse, dabei wimmle es nur so von ihnen. Sie seien überall, außer in den Räumen, in denen Anjou, Valois und Orléans herumstrolchten.

„Willst du mir etwa weismachen, daß diese vollgefressenen Biester Mäuse jagen können?"

„Sie jagen sie nicht. Aber ihr Geruch vertreibt die Mäuse."

„Das leuchtet mir schon eher ein. Diese Bologneser verpesten wirklich die Luft."

„Morgen werde ich die drei richtig baden. Einverstanden, Julien?"

„Haben wir denn schon beschlossen, daß wir sie uns nicht vom Halse schaffen?"

„Mach doch mal einen Rundgang durch die Räume, in die sie niemals einen Fuß setzen. Dort wirst du die Mäuse und Ratten ja sehen. Sie kommen aus allen Löchern. Es ist wirklich schrecklich. Glaub mir, Julien, wir müssen diese Hunde behalten. Um das Andenken an deine Kusine zu ehren. Und weil sie unseren einzigen Schutz gegen die Mäuse und die Ratten darstellen. Im übrigen . . ."

„Was im übrigen . . .?"

„Im übrigen . . ., ach, nichts."

„Halt, Jeanne. Wenn du ‚im übrigen' sagst –"

„Na ja . . . Wenzel –"

„Wenzel?"

„Der jüngste Bruder von Zoltan. Er wird uns seinen Hund gerne für ein paar Tage leihen. Es ist ein Hund, der Ratten fängt."

„Das darf nicht wahr sein, Jeanne! Ich hab wohl nicht richtig gehört. Du willst hoffentlich nicht im Ernst unseren drei Hunden, die wir jetzt schon ertragen müssen, einen vierten hinzugesellen?"

„Möchtest du dir lieber eine Steinschleuder basteln und dich persönlich als Rattenfänger betätigen?"

„Ich dachte immer, für so was könne man einen Spezialisten kommen lassen."

„Und was würde das bei einem Schloß mit siebenunddreißig Zimmern wohl kosten? Ein Vermögen! Du weißt so gut wie ich, wie es mit unseren Finanzen steht."

„Geschenkt. Jedenfalls kann dein Wenzel seinen Rattenfänger behalten. Was Hunde anbetrifft, sind wir voll belegt!"

Es MOCHTE drei Uhr in der Frühe sein, als ich folgenden merkwürdigen Traum hatte: Ich machte eine Angeltour auf hoher See vor der Küste von Florida. Da biß einer wie verrückt an. Sicher ein Prachtexemplar von Fisch. Ich klammerte mich mit aller Kraft an die Angelrute, damit sie mir der Fisch – es war mindestens ein Hai – nicht aus den Händen riß. Er zog und zog. Ich zog und zog . . . Gleich würde die Schnur reißen. In einer verzweifelten Anstrengung und ohne Rücksicht auf meine blutenden Hände versuchte ich, diesen verfluchten Fisch aus dem Wasser zu ziehen. Noch eine letzte Anstrengung . . . und ich hatte ihn!

Nur war es kein Fisch, sondern eine Ratte, und zwar in unserem Bett, und sie zerrte an der Gürtelschnur meines Schlafanzugs!

Ich schrie . . . Dieser Horror! Das nackte Entsetzen! Es war schlimmer als in den schlimmsten Gruselfilmen, die ich in zehn Jahren als Filmkritiker gesehen hatte (und ich hatte sie alle gesehen!).

Die Ratte quietschte, strampelte wie wild und wollte die Kordel nicht loslassen. Jeanne ergriff irgendeinen Gegenstand, der ihr unter die Hand kam – einen Hammer, den die Tschechen vergessen hatten –, und versuchte, das schreckliche Biest totzuschlagen. Sie verabreichte mir wuchtige Hammerschläge auf die Oberschenkel, die Knie, den Bauch . . .

Halbtot zog die Ratte endlich ab.

An diesem Morgen machte sich Wenzels Rattenfänger an die Arbeit. Er besaß alle Qualitäten der Nevedziewjz: arbeitswütig, schnell, tüchtig. In drei Tagen brachte er insgesamt sieben Dutzend Ratten zur Strecke. Riesige Ratten, die er auf der Freitreppe aufhäufte, nachdem er sie außer Gefecht gesetzt hatte. Um die Mäuse kümmerte er sich nicht. Er war auf Ratten spezialisiert, und dabei blieb er. Aber das wußten die Mäuse nicht, die zu Tausenden ins Freie flüchteten.

Brno hieß dieser sagenhafte Hund. Brno, so wie die Geburtsstadt des Tschechenvaters. Er war der erste Hund, der mir etwas einflößte, das einem Gefühl ähnelte und eine Mischung aus Dankbarkeit, Bewunderung und – ja, tatsächlich – Zuneigung war.

Die drei Bologneser verabscheuten ihn vom ersten Augenblick an. Um ein Haar hätten sie sich mit den Ratten verbündet und in den Gewölben des Schlosses eine Widerstandsgruppe gegen Brno aufgebaut. Als sie aber sahen, wie ich seinen Hinterkopf tätschelte und ihn „braver Hund" titulierte, besannen sie sich sehr schnell eines anderen, um nicht selbst – waren erst einmal alle Ratten erledigt – der zerstörerischen Wut des tschechischen Hundes ausgeliefert zu sein. Also entschlossen sie sich dazu, mich mit allen möglichen „Liebkosungen" zu überhäufen. Alle drei folgten mir fortan immer und überallhin. Sie trugen mir die Pantoffeln, die ich irgendwo stehengelassen hatte, nach oder auch die Zeitung, die ich auf einem Stuhl vergessen hatte. Und noch eine ganze Reihe anderer Dinge: verfaulte Äpfel vom Rasen, leere Konservendosen aus dem Mülleimer und einige bei Brnos Anblick einem Herzschlag erlegene Mäuse.

Sie waren dumm, diese Bologneser. So dumm, daß es schon wieder rührend war. Ich konnte sie so oft verjagen, wie ich wollte, ihnen heimtückische Fußtritte verpassen, sie wie lästige Biester behandeln, wie übelriechendes Viehzeug, wie Abfall auf vier Pfoten, sie hörten nicht auf, mir Respekt und Liebe zu bezeugen.

„Siehst du", sagte Jeanne zu mir, „du hast den richtigen Ton getroffen. Und wenn man Hunden gegenüber den richtigen Ton anschlägt –"

„Ich hab überhaupt nichts angeschlagen. Keinen Ton hab ich zu diesen dreckigen kleinen Herumtreibern gesagt."

„Du hast es genau richtig gemacht. Du bist festgeblieben. Hunde brauchen Festigkeit. Ich bin sicher, daß sie deine Kusine, die sie bestimmt viel zu sehr verwöhnt hat, verachtet haben. In dir haben sie ihren idealen Herrn gefunden. Sieh doch, wie sie dich anschauen."

Jeanne hatte recht. Anjou, Orléans und Valois wurden nicht müde, mich zu beobachten: bewundernd und unterwürfig. Und ich wurde sie nicht los.

Und dann traf das Unvermeidliche ein. Als der Rattenfänger Brno nach getaner Arbeit zu den Tschechen zurückgekehrt war, überraschte ich mich dabei, wie ich den Kopf eines dieser niederträchtigen kleinen Scheusale von Bologneser kraulte. Und das betreffende niederträchtige kleine Scheusal von einem Bologneser leckte mir die Hand. Das war gar nicht so unangenehm, ja es war sogar ziemlich rührend. Ich beschloß, daß dieser Kerl, der das dichteste Fell von allen hatte, in Zukunft Anjou heißen würde. Blieben noch Orléans und Valois. Ich schrie: „Sitz, Valois!" Und der, der gerne Valois sein wollte, setzte sich.

Wer weiß, vielleicht schlummerten in mir schon lange die Eigenschaften eines Herrchens, ohne daß ich es ahnte. Die große Badeaktion, von der Jeanne gesprochen hatte, ließ ich ihnen nun angedeihen. Und zwar in einem Riesenbottich. Sie mochten das gar nicht, da bin ich mir ganz sicher. Aber sie ließen es sich gefallen, um mich als Herrchen zu gewinnen.

Falls meine Kusine Aurore von der Höhe ihres Paradieses aus gesehen hat, wie ich ihre herzallerliebsten kleinen Lämmchen herausputzte, dann muß sie wohl äußerst entzückt gewesen sein. Und darüber hinaus äußerst überrascht. Allerdings auch nicht überraschter als ich selbst, denn wenn man mir gesagt hätte, daß ich mich eines Tages für Hunde interessieren würde ...

TATSÄCHLICH interessierte ich mich von Tag zu Tag mehr für sie. Gewaschen und gestriegelt sahen die Bologneser wie neu aus; zwar immer noch ziemlich häßlich, aber keineswegs mehr abstoßend.

Jeanne stellte entzückt fest, wie ich mich zum Hundesitter entwickelte. „Das Schloßleben scheint wirklich deine Tatkraft zu beflügeln!"

Das Schloßleben gab mir allerdings nur einen einzigen Gedanken ein: Ich wollte mich auf keinen Fall so wie Jeanne damit abrackern, ganze Quadratkilometer von Fußböden mit einer Glasscherbe abzuschaben oder viel zu hohe Decken mit einem tropfenden Farbroller zu streichen. Jeanne hatte eine ausgesprochene Begabung für handwerkliche Arbeiten. Ich nicht. Jeanne war bis über beide Ohren in dieses Schloß verliebt. Ich nicht. Jeanne war glücklich, von Paris weggezogen zu sein. Ich nicht.

Die freie Natur hatte mich schon seit jeher fürchterlich gelangweilt. In Paris geboren und aufgewachsen, hatte ich Gräser und Bäume, Wiesen und Wälder, das Meer und die Berge schon immer verabscheut. Meine schlimmsten Erinnerungen waren Ferienerinnerungen. Nichts konnte mich so sehr bedrücken wie der Anblick eines

Getreidefeldes; höchstens noch der eines Kleefeldes. Man mag
vielleicht einwenden: Da war doch aber das Schloß. Das ist richtig. Da
war das Schloß. Und außerdem das kleine behagliche Arbeitszimmer,
in dem ich – wie Jeanne sagte – mich endlich daranmachen konnte,
meine gesammelten Werke zu schreiben.

Das war ihre fixe Idee. Schon bei unserer ersten Begegnung – auf
einer Party in Paris – hatte sie beschlossen, daß ich das Zeug zu einem
großen Schriftsteller hatte. Sie war felsenfest davon überzeugt, daß ich
„mit einem schönen und bedeutenden Werk" schwanger ging. Sie
glaubte so sehr daran, daß sie mich dazu brachte, sie zu heiraten und
meine Arbeit in der Sportartikelfabrik meines Vaters aufzugeben, um
mich ganz auf die Literatur zu stürzen. Sehr weit kam ich damit nicht.
Nachdem ich unter fürchterlichen Mühen einen faden Roman
geschrieben hatte, den zu veröffentlichen kein Verleger die Taktlosig-
keit aufbrachte, kam ich mit drei unvollendeten Theaterstücken
nieder, außerdem mit zwei vollendeten, die von siebzehn Theater-
direktoren abgelehnt wurden. Ich machte mich an ein historisches
Werk, als mein Vater und mein Schwiegervater, die die Nase voll
davon hatten, für unseren Unterhalt aufzukommen, beschlossen,
mich um jeden Preis irgendwo unterzubringen.

So landete ich beim Rundfunk. Meine Einstellung verdankte ich
letztlich dem Umstand, daß ein Programmdirektor die gleiche Sauna
wie Jeannes Vater besuchte. Da der besagte Direktor fand, ich hätte
eine passable Stimme, stellte er mich als Filmkritiker ein. Die Arbeit
war nicht anstrengend, wurde ganz ordentlich bezahlt und nahm
genügend Zeit in Anspruch, um mich daran zu hindern, mit meinen
literarischen Versuchen weiterzumachen. Ich hatte eigentlich meine
Lebensstellung gefunden. Und jetzt sah ich mich plötzlich als
Schloßherr, eingepfercht in dieses kleine behagliche Arbeitszimmer,
mit einem nagelneuen Füllhalter, einem äußerst einschüchternden
Stapel leerer weißer Blätter vor mir und ohne die geringste Lust,
irgend etwas zu schreiben.

Also rief ich die Hunde: „Anjou! . . . Orléans! . . . Valois!" Und diese
drei kleinen Idioten kamen angesaust und hechelten glückselig
darüber, daß ihr Herrchen sie brauchte. Und statt zu schreiben,
kämmte ich ihnen ihr Fell mit meinem Taschenkamm, striegelte sie,
suchte sie nach Läusen ab, und dann machten wir alle vier einen
kleinen Rundgang – nicht zu weit, um möglichst wenig Natur zu
sehen. Ich warf ein Steinchen, und die drei Idioten rannten sich die
Hacken ab, um das Steinchen als erster ihrem Herrchen zurückzu-
bringen.

So ein Hund ist sehr verspielt. Und sehr drollig.

Weil sie viel mit mir spielten, verloren sie fast all ihr häßliches Fett, das sie in den faulen Jahren bei meiner lieben Kusine Aurore angesetzt hatten. Sie machten eine regelrechte Verjüngungskur durch. Und ich glaube, sie begannen, mich wirklich zu lieben.

So ein Hund ist sehr anhänglich. Und sehr liebenswert.

Das dauerte fast den ganzen Herbst und fast einen ganzen Winter. Jeanne schaffte es, drei weitere Räume instand zu setzen, die Kapelle in einen Geflügelstall umzuwandeln und sie mit einem Haufen Federvieh zu bevölkern, das, sobald es sich häuslich eingerichtet hatte, sehr viel Geschrei machte und sehr wenig Eier fabrizierte. Ich schaffte es, keine einzige Zeile zu Papier zu bringen und allmählich zum besten Freund von Orléans, Anjou und Valois zu werden.

Mit ihnen ging ich täglich ins Dorf hinunter, egal, ob es stürmte, regnete oder schneite, um Brot, Fleisch und so weiter einzukaufen.

Und es war im Lebensmittelgeschäft von Madame Maillebourg, wo sich alles entschied. Ich überlegte gerade, ob ich ein Puddingpulver für Schokoladenpudding oder für Pistazienpudding nehmen sollte (die Bologneser und ich waren große Freunde von Pudding), als Madame Maillebourg mir anvertraute, was ihr erst am Abend zuvor eingefallen war.

„Ja, Monsieur, erst gestern abend habe ich mir gesagt: Diesen Herrn, der ein solcher Hundefreund ist, sollte man wirklich einmal Madame Fourchy empfehlen."

„Empfehlen? Warum empfehlen?"

„Sie ist Witwe, müssen Sie wissen. Sie hat nur noch ihre Tochter, die in England verheiratet ist, und jetzt kann sie nicht einmal für vierzehn Tage zu ihr rüberfahren wegen des Hundes."

Der Zusammenhang leuchtete mir nicht ein. Aber Madame Maillebourg klärte mich auf.

„Es scheint so, als ob die Behörden in England sich furchtbar anstellen, wenn man einen Hund mitnehmen will, und einem noch mehr Schwierigkeiten machen, als wenn man Rauschgift oder eine Bombe im Gepäck hat."

„Ach so!"

„Also, wenn Madame Fourchy jemanden finden könnte, der Hunde mag und ihren so lange nimmt, während sie rüberfährt, um ihre Enkelin zu besuchen, die schon bald drei wird und die sie noch nicht ein einziges Mal gesehen hat, dann würde das die Sache enorm erleichtern. Sie haben ja so viel Platz im Schloß, da würde doch ein Hund mehr oder weniger nichts ausmachen."

„Was ist das denn für ein Hund?"

„Ein Schnauzer. Er ist vielleicht ein klein wenig größer als Ihre Hunde. Aber sehr zutraulich."

Ich nahm zwei Päckchen Puddingpulver: Pistazien *und* Schokolade. Und da ich am darauffolgenden Vormittag keine größere Lust zum Schreiben hatte als sonst, beschloß ich, einmal zu erkunden, wie so ein Schnauzer eigentlich aussieht.

Der von Madame Fourchy hatte einen Schnauzbart, wie es sich gehört, und war sehr freundlich. Das war seine Herrin ebenfalls. Eine Dame, die gemeinsam mit meiner Kusine Aurore zur ersten Kommunion gegangen war.

„Das war zu der Zeit von Pfarrer Moutard. Ein Heiliger, der hundertundzwei Jahre alt war, als er völlig unerwartet an einer kleinen Erkältung starb. Ihre Kusine ist ebenfalls sehr schnell dahingegangen. Und Sie kommen also, um sich Trompette anzusehen? Er ist ein reinrassiger Schnauzer mit Stammbaum. Sein Ururgroßvater war zusammen mit dem Oberst, meinem Gatten, in den Schützengräben von Verdun. Er hieß auch Trompette. Bei uns vererbt sich der Name Trompette immer vom Vater auf den Sohn. Meinen Sie, daß Sie ihn einige Tage in Obhut nehmen können?"

„Nun ja, ich . . ."

„Ich möchte Sie nur darum bitten, daß Sie ihm keine Aperitifs zu trinken geben. Der Oberst vertrat zwar die Meinung, von Zeit zu Zeit könne ein kleiner Rausch einem Hund nichts schaden. Aber ich bin dagegen. Äußerstenfalls ein paar Tropfen Wein, mit Wasser verdünnt. Aber nur Rotwein. Wann könnten Sie ihn denn abholen?"

„Ich muß erst mit meiner Frau sprechen. Im übrigen . . . haben wir schon Hunde im Schloß."

Unter dem Vorwand einer eiligen Besorgung versuchte ich mich zu verabschieden, als der Schnauzer Trompette (der fünfte seines Namens) seine Schnauze äußerst zärtlich an meinem Bein rieb. Da kapitulierte ich. Ich sagte der Witwe Fourchy, Trompette sei als Gast im Schloß willkommen, sobald sie die Vorbereitungen für ihre Reise nach England abgeschlossen habe.

„Ein was?" fragte Jeanne und hob kaum den Blick vom *Handbuch für den perfekten Tapezierer,* das sie seit etwa zehn Tagen abends im Bett regelrecht verschlang.

„Ein Hund, Jeanne. Ein Schnauzer. Sehr niedlich, sehr zutraulich."

„Wenn ich daran denke, daß du nicht wolltest, daß Wenzels Hund auch nur die Schwelle des Schlosses überschreitet! Ein Hund, der uns immerhin mindestens tausend Ratten vom Hals geschafft hat!"

„Die Witwe von Oberst Fourchy bezahlt uns dreißig Franc täglich für Trompettes Futter. Ich hätte mich gar nicht getraut, diese Frage anzuschneiden. Gott sei Dank hat sie als erste davon gesprochen. "

„Und deine drei kleinen Lieblinge sind damit einverstanden?"

Die drei kleinen Lieblinge benahmen sich, wie sich Hunde, die diesen Namen verdienen, gegenüber einem unverhofften Eindringling eben benehmen. Erster Akt: Sie bereiteten Trompette einen eisigen Empfang, in dem die drohenden Untertöne nicht zu überhören waren. Am Fuß der Freitreppe aufgereiht, gaben sie Trompette mit gesträubtem Fell und gefährlich gefletschten Zähnen zu verstehen, er sei ein toter Hund, falls er es wagen sollte, die Stufen der Treppe emporzuklettern.

In aller Ruhe suchte sich Trompette ein Plätzchen aus, wo das Gras einigermaßen hoch war, setzte sich dort auf seinen Hintern und wartete. Jetzt schritten meine drei tapferen Helden zum zweiten Akt: Ein schier unerträgliches Gebelle begann. Trompette wartete, unbewegt auf dem Rasen sitzend, bis sich der Sturm legen würde. Nach fast einer Stunde Radau überließen Valois, Orléans und Anjou ihrem Feind erschöpft und beleidigt die Freitreppe, um sich in der Küche ein wenig zu stärken. Trompette nutzte diese Gefechtspause und kletterte ohne jede Hast die Treppe empor. Dann besichtigte er in größter Ruhe die bewohnbaren Räume des Schlosses, wobei er jedes Möbel und jeden Winkel sorgfältig erkundete – so ähnlich wie die Ehepaare, die unsere zum Verkauf stehende Wohnung in Paris besichtigt hatten. Lange beobachtete er Jeanne, die – den Mund voller Tapeziernägel – den Versuch unternahm, einen Veloursstoff über das Gestell des einzigen und sehr hübschen Sessels des Schlosses zu spannen. Er inspizierte auch die Küche, wobei er im Vorbeistreichen die leeren Näpfe der Bologneser beschnupperte. Die Bologneser, die zusammengepfercht unter dem Spülbecken lagen, taten so, als bemerkten sie ihn nicht. Denn sie waren beim dritten Akt angelangt: Trompette schien ganz einfach nicht für sie zu existieren. Als er sich dem Spülbecken näherte und sie beschnüffelte, rührten sie sich nicht vom Fleck. Trompette war durchaus zufrieden und trollte sich, um ein kleines Nickerchen zu machen. Auf der Freitreppe. In der Sonne.

Innerhalb von drei Tagen wurde Trompette aus mir unerfindlich gebliebenen Gründen der beste Freund von Orléans und verbrachte Stunden um Stunden damit, mit ihm durch Tümpel zu waten und irgendwelche Knochen auszugraben und sie ihm zum Geschenk zu machen. Und Orléans vergnügte sich so sehr mit diesem Kameraden, der doppelt so groß und robust war wie er selbst, daß er uns, mir und seinen Brüdern, während des gesamten Aufenthaltes von Trompette im Schloß die kalte Schulter zeigte.

Dieser Aufenthalt sollte sich in die Länge ziehen. Und das aus gewichtigem Grund. Aus England erreichte uns ein Brief, in dem uns mitgeteilt wurde, daß sich die Witwe von Oberst Fourchy den Schenkelhals gebrochen hatte, als sie auf dem allzu gut gebohnerten Parkett des Victoria and Albert Museums ausgeglitten war, und daß sie nicht zu dem ursprünglich vorgesehenen Termin heimkehren könne.

„Julien, wie steht es mit deinem Beruf als Schriftsteller?" fragte mich Jeanne eines Tages.

„Wie es damit steht?"

„Ja. Wieviel Seiten hast du geschrieben, seit du dein behagliches kleines Arbeitszimmer bezogen hast?"

„Das kann man nicht so einfach sagen ... Ich streiche vieles wieder, weißt du ... Manches zerreiße ich auch ... Anderes schreibe ich neu ... Ich ..."

„Hör auf mit dem Unsinn, Julien. Du schreibst gar keinen Roman. Keine einzige Zeile hast du geschrieben. Ich weiß es."

„Wenn du's weißt, warum stellst du mir dann diese Fangfragen?"

„Warum?"

In diesem Augenblick explodierte Jeanne. Das passierte ihr vielleicht einmal alle zwei, drei Jahre. Nicht öfter. Jeanne war ein Engel an Sanftmut und Nachgiebigkeit. Aber ... einmal alle zwei, drei Jahre ...

„Dieser Mistkerl besitzt die Frechheit, mich zu fragen, warum!" schrie sie. Anjou und Valois, die unter meinem Stuhl saßen, um in Gulaschsoße getunkte Brotstückchen zu erbetteln, machten sich aus dem Staube, ohne auf dem Rest ihrer Portion zu bestehen. Ruhig in meinen Stuhl zurückgelehnt, wartete ich ab. Jeanne war puterrot geworden.

„Mistkerl! Mistkerl! Mistkerl!" schrie sie immer wieder.

Sie war aufgestanden. Sie stürzte auf das Büfett zu und kam mit einem mit Schreibmaschine geschriebenen Brief zurück, den sie drohend in der Hand schwenkte.

„Weißt du, was das hier ist? Ein Brief von der Bank. Weißt du, wieviel wir auf unserem Konto haben? Achtzehn Franc fünfundzwanzig!"

„Das ist unmöglich ... Da hat sich der Computer mal wieder einen Scherz erlaubt ... Achtzehn Franc fünfundzwanzig! Du machst Witze ... Das ganze Geld für die Wohnung, den Parkplatz ..."

„Und die Erbschaftssteuer? Und die Tschechen? Und Maître Letousseur? Und die Einbauten für den Geflügelstall? Und die

Hühner, die Enten, die Gänse? Glaubst du, daß der liebe Gott persönlich die Rechnungen begleicht?"

Sie war außer sich. Und nahe daran, mir den Gulaschtopf über den Kopf zu stülpen. Was sollte ich tun? Sollte ich mich verdrücken wie die Bologneser? Oder sollte ich ihr die Stirn bieten? Ich entschloß mich, ihr die Stirn zu bieten. Das heißt, ebenso laut und sogar noch lauter als Jeanne zu brüllen. „Ich habe es ja vorausgesehen!" schrie ich. „Ich habe dieses Schloß nie gewollt! Wir hätten die Erbschaft ausschlagen sollen! Wir hätten . . ."

Jetzt war ich in Fahrt. Ich war ebenfalls puterrot geworden und fuchtelte wild mit den Armen durch die Luft.

„Wir hätten dieses Schloß ausschlagen sollen. Ich verabscheue es. Es ist häßlich. Ich langweile mich zu Tode in diesem Mistschloß."

„Ich finde es herrlich hier. Nicht für eine Million, hörst du, Julien, nicht einmal für zehn Millionen würde ich nach Paris in diesen Karnickelstall von Stadt zurückkehren!"

„Es stehen hier keine Millionen zur Debatte, Jeanne. Es ist die Rede von . . ."

„Von achtzehn Franc fünfundzwanzig. Die dreißig Franc, die uns der Hund der Witwe von Oberst Fourchy täglich einbringt, natürlich nicht gerechnet."

„Für diese dreißig Franc frißt er allerdings auch."

„Nein, Julien. Das tut er eben nicht. Sieh mal", sagte sie plötzlich mit sanfter Stimme, „ich habe eine Rechnung aufgemacht."

Sie drehte den Bankauszug, mit dem sie ununterbrochen herumgewedelt hatte, um und zeigte mir Kolonnen von hingekritzelten Zahlen und Berechnungen. „Sieh mal . . . Hier habe ich ausgerechnet, daß uns Trompette zwölf Franc täglich einbringt. Reingewinn."

„Und was bringt das, solch eine Rechnung aufzumachen?"

Jeanne setzte sich, goß uns zwei Gläser Wein ein und reichte mir eines. Sie war jetzt wieder die Liebenswürdigkeit in Person.

„Julien, antworte mir ganz offen. Glaubst du, daß du dich eines Tages ernsthaft der Schriftstellerei widmen wirst?"

„Ich habe keine Einfälle, Jeanne. Keine rechte Lust zum Schreiben. Und wenn ich mich dazu zwinge, kommt nichts Vernünftiges dabei raus. Was ich schreibe, ist erbärmlich. Es ist uninteressant."

„Dann ist die Angelegenheit also geregelt."

„Welche Angelegenheit?"

„Die Frage unseres Überlebens, mein Schatz. Wir bleiben in diesem herrlichen Schloß, du verzichtest für immer auf die Schriftstellerei. Im übrigen . . ."

„Im übrigen?"

Im übrigen tankte Jeanne voll (auf Kredit) und fuhr nach Paris, wo sie „nicht für eine Million" leben wollte. Aber sie kehrte auch nicht nach Paris zurück, um dort zu leben. Vielmehr hängte sie in die Schaufenster der Geschäfte, in denen wir Stammkunden gewesen waren – beim Fleischer, beim Bäcker, im Feinkostladen, in der Buchhandlung, im Blumenladen, in der Reinigung –, kleine Werbeplakate aus mit der Aufschrift: *Hundepension: Prächtiges altes Schloß in herrlicher Umgebung. Knapp kalkulierte Preise. Gesundes und fröhliches Leben für Ihre vierbeinigen Freunde.*

Jeanne hatte mir nichts von dieser unglaublichen Werbeaktion gesagt. Man kann sich vielleicht mein Gesicht vorstellen, als ich einen Cadillac vor meiner Freitreppe halten sah und ein livrierter Chauffeur mit zwei Yorkshire Terriern im Arm auf mich zutrat.

„Ist dies hier die Hundepension?"

Ausnahmsweise waren wieder einmal alle drei Bologneser zugegen und Zeugen dieser Szene. Fröhlich vereint standen sie auf der Treppe und begafften genau wie ich die beiden Yorkshire Terrier, langhaarige Winzlinge mit rosa Halsbändern, die die Haarfransen etwas zurückhielten, so daß sie ein wenig sehen konnten. Außerdem trugen sie kurze Mäntelchen aus Schottenstoff.

Ich wollte den Witzbold gerade zum Teufel schicken. Doch da trat Jeanne auf den Plan. Lächelnd und von ausgesuchter Höflichkeit, in einer weißen Bluse, die ich noch nie zuvor an ihr gesehen hatte, und ganz Dame und vornehme Leiterin einer Hundepension, sagte sie: „Gewiß, Monsieur.

Orléans war so angewidert von diesem Zirkus, daß er brüsk kehrtmachte und zu einem kleinen Spaziergang mit dem Schnauzer Trompette aufbrach. Anjou und Valois hatten, man kann es wohl nicht

anders nennen, einen Lachanfall bekommen. Sie rissen ihre Schnauzen ganz weit auf und fingen an zu glucksen. Kein Zweifel: Sie lachten. Und das wirkte ansteckend. Die Winzlinge von Yorkshire Terriern begannen ebenfalls zu lachen. Sie kugelten sich vor Lachen in ihrem Körbchen, fuchtelten mit ihren winzigen Flohbeinen herum und amüsierten sich so köstlich, daß es eine Freude war, ihnen zuzusehen. So köstlich, daß Jeanne zu dem Chauffeur sagte: „Es ist wirklich ein Paradies für Hunde. Sehen Sie nur, wie sehr sich die beiden bereits zusammen mit ihren kleinen Kameraden amüsieren."

Und der Chauffeur konnte nicht umhin zuzugeben, daß das Betriebsklima ausgezeichnet war. Er händigte Jeanne Mäntelchen und Halsbänder zum Wechseln aus, einige kostbare Spielsachen, an denen Tic und Tac – so ihre Namen – sehr hingen, Geld (die Geschäftsbedingungen der „Pension" sahen eine Vorausbezahlung für fünf Wochen vor) und die Telefonnummer von Madame Mariposa, dem Frauchen von Tic und Tac. Sie wollte von uns auf dem laufenden gehalten werden; natürlich per R-Gespräch, da es sich um eine Telefonnummer in Kalifornien handelte.

Der Cadillac fuhr davon und ließ uns Tic und Tac zurück, die weiterlachten, als hätten sie nicht alle Tassen im Schrank.

Eigentlich hätte ich Jeanne beschimpfen müssen, sie windelweich schlagen, sie wegen der Frechheit, diese unglaubliche Verschwörung hinter meinem Rücken angezettelt zu haben, verstoßen müssen. Das hätte ich tun sollen. Aber ich wurde ebenfalls von einem irrsinnigen Lachanfall geschüttelt wie die beiden Bologneser und die beiden Yorkshire Terrier. Es war stärker als ich. Außerdem tut es wirklich gut, herzhaft mit Freunden zu lachen.

Als der grüne Fiat auftauchte, lachte ich immer noch. Es war der Wagen der liebevollen Besitzerin eines Pommernspitzes, der sinnigerweise auf den Namen Spitz hörte und sich mit seinem Frauchen nicht im Flugzeug in Ferien begeben wollte.

Es folgten innerhalb eines Monats: zwei Kurzhaardackel (Brutus und Coincoin), ein weiblicher Zwergspaniel (Pamela), sechs Pudel verschiedener Herkunft (Bouf, Napoleon II., Ronchon, Sidonie, Nana und Mouquette), die Dogge Médor, drei Griffons (Tapioca, Roger und Follette) sowie ein Cockerspaniel (Merveille).

Finanziell gesehen waren wir gerettet. Denn sechzig oder hundert Franc pro Tag (für Hunde, die viel fraßen) multipliziert mit siebzehn, das ergab schließlich ein anständiges Monatseinkommen.

In der Praxis verursachten mehr als zwanzig Hunde allerdings – selbst in einem Schloß – eine ganze Menge Probleme. Und viel Krach. Und ein ständiges Tohuwabohu.

Ein Beispiel. Trompette fraß aus dem gleichen Napf wie unsere Bologneser. Genau wie sie fraß er ganze Teller voll Reis mit Ragoutsoße, Brotsuppe mit Milch, ausgezeichneten Schokoladenpudding. Kurz gesagt, fraß er dasselbe wie die Bologneser, weil die Bologneser dasselbe bekamen, was Jeanne und ich aßen. Am ersten Abend jedoch fielen Tic und Tac, die beiden Yorkshire Terrier, über die Näpfe mit der Kohlsuppe her, drängelten ohne Hemmungen die Bologneser und Trompette beiseite und trieben es so weit, daß Tic (oder vielleicht war es auch Tac) beinahe in der Suppe ertrunken wäre. Es grenzte an ein Wunder, daß es mir gelang, ihn lebend aus dem Napf zu ziehen.

Es war klar, daß Tic und Tac ihren eigenen Napf haben mußten. Jeanne machte also einen Sprung nach Tours hinüber, um dort einige Näpfe zu kaufen. Und Körbe. Denn jeder Hund mußte seinen eigenen Korb haben. Und es durften nicht alle im gleichen Zimmer schlafen. Wir sandten einen Hilferuf an die Tschechen, die mit unermüdlichem Eifer drei Räume herrichteten, die für menschliche Wesen nicht bewohnbar, für Dackel, Griffons oder Doggen jedoch sehr annehmbar waren.

Ich sage Doggen. Gott sei Dank gab es nur eine. Diese eine war

Médor. Eine italienische Dogge, ein prächtiges Tier mit einer imposanten Körperfülle, glänzender bleigrauer Haut, dreieckig zulaufenden Ohren und einer apfelsinengroßen, immer feuchten Nase. Sein Herrchen, ein Ladeninhaber aus Tours, konnte ihn nicht länger behalten – seinetwegen ging es mit dem Umsatz bergab.

Im ersten Augenblick habe ich mich gefragt, inwiefern dieser ganz offensichtlich gutmütige Hund seinem Herrchen zum Problem werden konnte. Ich habe es sehr bald verstanden. Als echte Dogge fühlte sich Médor als Wachhund und betrachtete es als seine Pflicht, allzeit Wache zu halten. Und das tat er – immer und überall. Kaum war er aus dem Wagen seines Herrchens gestiegen, pflanzte er sich vor dem Eingang des Schlosses auf.

„Na, bitte", äußerte der Besitzer aus Tours mir gegenüber, „jetzt haben Sie nichts mehr zu befürchten. Allerdings wird sich überhaupt niemand mehr zu Ihnen reintrauen. Nicht einmal der Briefträger. Médor würde ihn wohl in Stücke reißen. Ich habe ihn zu Weihnachten gekauft, und seit Weihnachten hat kein einziger Kunde mehr einen Fuß in mein Geschäft setzen können. Aber sonst ist er sehr zutraulich. Nicht wahr, Médor?"

Médor bellte zustimmend. Ohne seinen Posten zu verlassen.

„Was frißt denn das Hundchen?" fragte ich mit einem Blick auf die Körperfülle der riesigen Dogge.

„Ach, das Übliche. Nur sollten eben zwei Kilo rohes Fleisch dabeisein."

„Sie meinen *zwei* Kilo täglich?"

„Pro Mahlzeit. Mehr braucht er gar nicht. Dazu etwa ebensoviel Nudeln oder Kartoffeln. Und dann natürlich von Zeit zu Zeit ein paar süße Sachen. Etwas Milchreis mit Rosinen. Ein Stück Kuchen. Etwas Hefekranz. Ein bißchen was zum Naschen halt."

Mit Médor schrieben wir, selbst wenn wir den höchsten Tarif nahmen, rote Zahlen. Aber er war sehr zutraulich. Im übrigen beruhigt es ungemein, sich so gut bewacht zu wissen. Er war wirklich ein erstklassiger Wachhund, dieser Médor.

Über Sidonie, eine zweijährige Pudeldame, kann ich nicht soviel Positives berichten. Sie ließ mich eher an die zehn ägyptischen Plagen denken. Sie war ein absolut verrücktes Biest, aber hübsch wie ein Herzblatt und von atemberaubender Anmut.

„Sidonie verträgt kein ungepflegtes Äußeres", sagte uns die Dame, die erschienen war, um sie uns für vier Wochen anzuvertrauen, und die selbst schön und von anmutiger Eleganz war. „Sie ist äußerst sensibel. Doch davon abgesehen, ist sie sehr zutraulich, wie Sie sehen werden."

Das sagten alle Herrchen und Frauchen unserer Pensionäre. Ich glaube, selbst wenn sie uns einen reißenden Wolf anvertraut hätten, würden sie uns beim Abschied versichert haben: „Dieses Tier ist sehr zutraulich."

Was Sidonie anbetraf, so entsprach es der Wahrheit. Sie war eine Königin, eine Kaiserin im Schmusen. Wie oft hat sie mein Herz zum Schmelzen gebracht, wenn sie sich auf meinem Schoß zusammenrollte und vor Glück schnurrte, daß sie jemanden gefunden hatte, den sie liebhaben konnte.

Man mag es mir glauben oder nicht, diese Hündin schnurrte! Genau wie eine Katze. Aber Sidonie besaß noch eine Menge anderer Talente. Sie konnte sich auch ein Kissen, eine Decke oder einen meiner Pullover schnappen und innerhalb von zehn Sekunden in Fetzen reißen. Beim Anblick eines Regenwurms oder einer im Winde hin und her schwankenden Klatschmohnblüte wurde sie oft verrückt vor Angst, fiel wie tot um und wartete darauf, daß man sie mit nicht enden wollenden Liebkosungen, mit beinahe schon thailändisch anmutenden Massagen oder vielleicht sogar mit einer Mund-zu-Schnauze-Beatmung wieder zum Leben erweckte. Die Pudeldame konnte stundenlang jaulen, weil der Himmel grau war. Oder auch ohne jeden Grund. Und sie brachte es fertig, Gott allein weiß wie, auf das Dach des Schlosses zu klettern und, jedem guten Zuspruch zum Trotz, dort oben zu verharren.

In jener Nacht, in der sie in dem Wald von reich verzierten, aber äußerst wackeligen Schornsteinen, die den Ruhm des Schlosses ausmachten, herumstrolchte, mußten wir wieder einmal die Nevedziewjz zu Hilfe holen. Sie hatten eine große Leiter und waren im Gegensatz zu mir schwindelfrei. In der pechschwarzen Finsternis kletterte der eine hinauf, der andere hielt die Leiter, der dritte leuchtete in die Dunkelheit mit dem Strahl einer mächtigen Taschenlampe, und der vierte, der Vater, kommandierte das ganze Unternehmen. So schafften sie es vereint, auf das Dach zu gelangen. Das heißt, Zoltan schaffte es. Mühsam vorwärts kriechend und sich an allem festklammernd, was nur irgend in Reichweite war, um nicht ins Bodenlose zu stürzen, gelang es dem unerschrockenen Zoltan, sich dem Schornstein zu nähern, auf dessen First Sidonie die große Akrobatin spielte. Er bat sie höflich, sich doch bitteschön in seine hilfreichen Arme gleiten zu lassen. Diese inständige Bitte beantwortete Sidonie, indem sie ihm ihre winzigen und bezaubernden – aber nichtsdestoweniger einigermaßen respekteinflößenden – Beißerchen zeigte. Zoltan richtete sich auf und kletterte an dem Schornstein hinauf, so wie man einen Baum hinaufklettert, wobei er dem entzückenden Pudelfräulein, das ihn finsteren Blickes musterte, beruhigend zusprach. Doch sobald Zoltans rechte Hand in ihrer Reichweite war, schnappte sie zu.

Unten hörten wir einen Schmerzensschrei und dann, wie ein Körper das Ziegeldach herunterrutschte. Wie es Zoltan gelang, sich im letzten Augenblick an die Dachrinne zu klammern? Und wie die Dachrinne – verrottet und klapprig, wie sie war – gute fünf Minuten lang die fünfundneunzig Kilo des muskulösen Zoltan aushalten konnte? Es grenzt an ein Wunder. Doch dann ließ sich ein unheilverkündendes Krachen vernehmen, und Zoltan stürzte zwischen seinem Vater und mir auf die taubengrauen Steine der Freitreppe.

Er hatte sich nichts am Kopf getan, nichts an den Armen, nichts am Oberkörper, nichts an der Hüfte, nichts am rechten Bein. Aber das linke Bein war gebrochen. Er stieß einen tschechischen Fluch aus, der mir ganz den Umständen zu entsprechen schien. Seine Brüder bildeten mit ihren Armen eine Trage und schleppten ihn zum Lieferwagen der Familie, um ihn unverzüglich ins Krankenhaus nach Tours zu fahren. Statt groß zu lamentieren, wie es ein nichttschechischer Handwerker getan hätte, bemühte sich der Vater, Jeanne und mich zu trösten.

„Aber, bittä schön, is nich schlim. Arbeitsunfall. Nur Faulpelz passiert das nich."

Kaum hatte er dies gesagt, begann er trotz unserer Proteste selbst auf das Dach zu klettern. Ich hielt die Leiter und Jeanne die Taschenlampe. Geradezu heldenmutig erreichte er den Schornstein und versuchte, Sidonie gut zuzureden. Ohne einen Mucks zu machen, hörte sie ihm lange zu. Und dann, nachdem sie genug hatte von diesem Monolog in osteuropäischem Dialekt, machte sie Pipi auf Vater Nevedziewjz. Auf der Stelle stieg er wieder herunter. Dafür hatte er nun kein Verständnis mehr.

„Daß sie Zoltan beißt und ihm Bein brecht, gutt. Das ist Unfall. Das ist Läbben. Aber Pipi machen auf mein Kopf, nein! Das ist Belaidigung. Der Tscheche, mein Härr, ist stolze Mensch. Dieses Hund ist kleine Mistvieh. Ein Schuß mit Gewärr, das ist, was färdient!"

Und er zog von dannen mit der riesigen Leiter auf seiner Schulter. Wer hätte es ihm verübeln können?

„Was gedenkst du jetzt zu tun?" fragte mich Jeanne. „Willst du die Feuerwehr rufen? Oder vielleicht die Bereitschaftspolizei mit ihren Hubschraubern?"

Was ich zu tun gedachte? Das Dach von innen her zu erreichen. Das heißt über den Dachstuhl. Ein Unternehmen, das man sich gar nicht gefährlich genug vorstellen kann, weil sich das zweite Stockwerk des

Schlosses und seine Dachböden immer noch in dem gleichen beklagenswerten Zustand befanden, in dem Kusine Aurore sie hinterlassen hatte. Selbst meine stets so unternehmungslustige Gattin hatte die Erkundung der oberen Räumlichkeiten des Schlosses immer wieder verschoben. Glücklicherweise war die Taschenlampe der bewundernswerten Tschechen auf der Freitreppe zurückgeblieben. Ich bemächtigte mich ihrer, ging in die Küche, holte ein Dutzend altertümlicher Schlüssel und wagte mich ohne besondere Begeisterung auf die Überbleibsel der Treppe, die zum zweiten Stock emporführte, wo sich seit Ewigkeiten kein Lebewesen, von Fledermäusen einmal abgesehen, mehr aufgehalten hatte.

Der achte Schlüssel öffnete die erste Tür. Da die zweite Tür keinem Schlüssel gehorchen wollte, öffnete ich sie mit einem kräftigen Schulterstoß. Eigentlich öffnete ich sie gar nicht, sondern zerlegte sie krachend in ihre Bestandteile. Hinter ihr erschien ein Flur, auf dessen Boden sich zu alten Papieren mächtige Wollmäuse gesellt hatten. Am anderen Ende des Flures führte eine Treppe zum Dachstuhl.

Ich kann unmöglich angeben, wie viele Fledermäuse es auf diesem Dachboden gab. Sagen wir einfach, es handelte sich um ganze Schwärme, die noch dazu äußerst kräftig und unternehmungslustig waren. Sie umkreisten mich, streiften mich ... Vor meinem inneren Auge zogen blitzartig jede Menge Bilder, die ich im Kino gesehen hatte, vorbei. Ich erkannte Dracula und Draculas Braut ... Auch ich würde eines schrecklichen Todes sterben ... Ich zitterte so stark, daß ich einige Geldstücke in meiner Tasche klimpern hörte ... Ich schwang die Taschenlampe in weitem Bogen um mich herum und ging schnurstracks auf ein Dachfenster zu. Immer noch zitternd, erreichte ich es und stieß es auf.

Ein Klimmzug, und ich befand mich auf dem Dach. Jetzt mußte ich noch Sidonies Schornstein finden. Mit der Taschenlampe leuchtete ich in alle Richtungen ... Jede Menge Schornsteine – aber keine Sidonie. Ich würde stundenlang herumkriechen müssen, um dieses verdammte kleine Biest aufzuspüren! Wo ich doch so fürchterlich schwindelig war! Ich befahl meine Seele dem Herrn und begann langsam vorwärts zu kriechen. Dabei zerriß ich Hemd und Hose, schürfte mir die Unterarme auf, mußte an Zoltan denken und schickte erneut ein Stoßgebet gen Himmel ...

Heiliger Schreck! Genau über meiner Socke, wo mein Hosenbein hochgerutscht war, spürte ich ein warmes, glitschig-feuchtes Tier, das über meine Wade huschte. Eine Fledermaus, die mir gefolgt war? Ein Reptil von einer bisher unbekannten Gattung, die auf Dächern im Schatten von Schornsteinen lebte? Ich biß die Zähne so fest zusammen, daß ich hörte, wie meine Kinnbacken knirschten. Und ich bemühte mich, den Atem anzuhalten. Dieses Tier mußte unbedingt damit aufhören, meine Wade rauf- und runterzuspazieren. Es war unerträglich. Und sicher endete es damit, daß das Ungeheuer seinen Giftzahn in mein Fleisch stieß und sein Gift in mich hineinpumpte. Ich würde also nicht, auf der Freitreppe zerschmettert, den Heldentod sterben. Mein Ende wäre absurder: Ich würde, bäuchlings auf dem Dach liegend, das Leben aushauchen. Jeanne würde sich wundern, mich niemals wieder herunterkommen zu sehen, und die Sonne würde meinen Kadaver ausdörren.

Das Tier bewegte sich immer noch auf meiner Wade.

Es war Sidonies Zunge! Natürlich! Sie war ja so zutraulich.

Für den Rest der Nacht band ich sie an das Fußende unseres Bettes. Dort schlief sie einen ruhigen Schlaf, dieses zarte und rührende Tierchen.

FRÜH am nächsten Morgen fuhr ich zum Krankenhaus, um Zoltan Apfelsinen, Nußschokolade und einen Arm voll Comics zu bringen. Sein Oberschenkelknochen war nur angebrochen. Wenn man den Ärzten Glauben schenken durfte, könnte er in weniger als einem Monat wieder arbeiten und auch seinen Platz als gefürchteter rechter Flügelstürmer des Fußballklubs von Noisilles wieder einnehmen.

Die Erzählung von Sidonies Abenteuern hatte im Krankenhaus bereits die Runde gemacht. Eine Ordensschwester sagte mir, ich müsse das alles unbedingt dem „verrückten alten Majeunot" erzählen. Der „verrückte Alte", den sie meinte, war Tierarzt. Er hatte ein Landhaus in Vouvray. Mitten in den Weinbergen. Denn das, was der Doktor Majeunot außer den Tieren am meisten auf der Welt liebte, war der funkelnde Weiße. Eigentlich hätte er sich des Verdienstes wegen in einer Gegend mit Kuh- oder Schafzucht niederlassen sollen. Oder aber in einer großen Stadt voll von Katzenfrauchen und Hundeherrchen, Kanarienvögeln und Hamsterscharen. Aber weder in dem einen noch in dem anderen Fall hätte er auch Weinberge vorgefunden. In Vouvray dagegen ...

Wirklich ein beachtlicher Zecher, dieser Doktor Majeunot. Niemand konnte behaupten, ihn jemals nüchtern gesehen zu haben. Andererseits konnte sich aber auch niemand über seine Weinseligkeit beklagen. Wie man mir erzählte, war seine Weinlaune stets heiter. Und er war ein ausgezeichneter Arzt. Als ich Schlag zehn Uhr morgens seinen Türklopfer betätigte, war er gerade damit beschäftigt, Kekse in Weißwein zu tunken.

„Dieser Saumur ist zu herb, als daß man ihn so trinken könnte. Aber in seiner unendlichen Weisheit hat Gott sich nicht damit begnügt, Weinberge zu erschaffen. Er hat auch die Kekse erfunden. Darf ich Ihnen ein Glas anbieten?"

„Nein, Doktor, offen gesagt . . . um diese Zeit ist mir der Wein . . ."

„Ich würde Ihnen ja gerne einen Kaffee anbieten. Aber ich habe den Rest aus meiner Kaffeekanne gerade dem Hund des Bürgermeisters eingeflößt."

„Kaffee für einen Hund?"

„Und ob! Jeden Morgen, im Frühling und im Sommer. Eine ganze Schale voll. Ohne Zucker und ordentlich stark. Und im Winter Lebertran. Ich kenne nichts Besseres, wenn man einen Welpen vor Krankheit schützen will. Wissen Sie, ich bin noch von der alten Schule, die nicht viel von Medikamenten hält. Heutzutage gibt es Laboratorien, die jeden Tag eine neue Pille hervorzaubern, die hundertmal so stark ist wie die, die sie noch am Vortag verkauft haben. Da sind dann manche Rindviecher schon stärker gedopt als Berufsradfahrer. Ich jedenfalls verschreibe all diese Pillen, Tabletten, Spritzen nur, wenn es absolut unerläßlich ist. Und dann sträubt sich immer noch alles in mir. Aber ich rede und rede . . . Sagen Sie mir lieber, warum Sie zu mir kommen. Eine Katze? Ein Hund?"

„Zweiundzwanzig Hunde."

„Was sind Sie denn? Zirkusdirektor?"

Ich erklärte Doktor Majeunot in gesetzten Worten, wie ich unversehens zu einer solch gewaltigen Meute gekommen war. Er wurde ganz aufgeregt.

„Wenn ich sage, daß mich das in Aufregung versetzt, dann schließen Sie daraus bitte vor allem nicht, daß ich so ein Halsabschneider bin, der sich sagt: Da fallen mir also plötzlich mir nichts, dir nichts zweiundzwanzig neue Patienten in den Schoß. Hoffentlich wird mich keiner Ihrer Pensionäre jemals nötig haben. Ich hasse es, ein Tier leiden zu sehen. Tiere sollten niemals leiden. Es reicht schon, daß die armen Viecher nichts vom Wein wissen . . ."

Nein, was Majeunot in Aufregung versetzte (er mochte es nicht, wenn man „Herr Doktor" zu ihm sagte), war der Gedanke daran, mit unseren Yorkshire Terriern und Pudeln einen kleinen Schwatz halten zu können. Denn in seiner Landpraxis hier hatte er kaum etwas anderes als Jagdhunde oder Schäferhunde. Brave Tiere, Majeunot wollte gewiß nicht das Gegenteil behaupten, aber Tiere ohne psychische Probleme. Während die Luxushunde, die Salonhunde . . .

„Diese Luxustierchen sind allesamt Neurotiker, aber angenehme Gesellschafter. Selbst wenn sie geruhen, Verstopfung oder Ekzeme zu haben, kommt das bei ihnen vom Kopf."

„Wir haben gerade einen Pudel . . . Stellen Sie sich vor, was er heute nacht . . . "

Majeunot hörte mir zu, während er eine Flasche Chinon aufmachte (um den zu herben Geschmack des Saumur wegzuspülen).

„Erstaunlich! Ich liebe solche Fälle. Ihre Sidonie liegt mir. In Chançay wurde ich einmal wegen eines Pferdes gerufen, das plötzlich mitten während der Weinlese wie gelähmt stehenblieb. Es gab keine Möglichkeit, das Tier zum Weitergehen zu bewegen. Es schlug nicht einmal mehr mit dem Schwanz, um die Fliegen zu verjagen. Ich hörte es sorgfältig ab. Ohne Ergebnis. Es hatte nichts, und es rührte sich nicht mehr. Ich ließ einen Kollegen aus Amboise kommen. Dann einen anderen aus Tours. Jedesmal die gleiche Diagnose: Es hatte nichts. Aber es blieb weiter mit starrem Blick mitten auf der Straße stehen. Man ließ es eine Nacht da draußen. Was sollte man anderes tun? Man hätte einen Kran benötigt, um es in den Stall zu bringen. Am nächsten Morgen hatte es sich keinen Daumenbreit von der Stelle gerührt. Ich hatte eine richtige Wut im Bauch. Um so mehr, als der Bauer schon überlegte, den Schlächter zu holen, da es die Straße blockierte. Und das während der Weinlese. Kurz und gut, ein Gör kam dahinter, was los war. Schuld an allem war eine Vogelscheuche, die man kurz vorher in dem Weinberg aufgestellt hatte. Diese Vogelscheuche war von der Bäuerin aus dem Sonntagsstaat ihres armen Vaters fabriziert worden, der einen Schlaganfall erlitten hatte und der beste Freund des Pferdes gewesen war. Es genügte, die Vogelscheuche anders zu drapieren, damit der Gaul wieder in Gang kam, so als sei nichts geschehen. Ich habe auch einmal mit einem Elefanten zu tun gehabt, bei dem der Klang der Trommeln Furunkel verursachte . . . Aber das war in Afrika."

Denn Doktor Majeunot hatte in den Kolonien gelebt. Er hatte Krokodile und Nilpferde von nahem gesehen und Vögel, die die Zähne der Krokodile reinigen, und solche, die ihr Nest im Ohr eines Rhinozerosses bauen. Afrika war sein Traum. Es hatte nur einen Nachteil: den Palmwein.

„Das ist ein ungenießbares Gesöff. Es ist viel zu süß, und man bekommt einen Brummschädel, ohne daß es einen je betrunken machen würde."

Da nun inzwischen schon eine Stunde vergangen war, akzeptierte ich einen Schluck Chinon. Ein ausgezeichneter Tropfen. Ich fragte diesen „verrückten Alten", ob er nicht der medizinische Berater unserer Hundepension werden wolle. „Denn, um ehrlich zu sein, weder meine Frau noch ich verstehen etwas von Hunden."

„Aber davon versteht doch niemand etwas, mein Guter. Niemand!

Mit den Tieren ist das wie mit den Frauen und den Kindern: Es ist nicht wichtig, sie zu verstehen, man muß sie lieben! Versuchen Sie bloß nicht, Ihre Hunde zu verstehen. Lieben Sie sie – mit ganzem Herzen."

„Nun, trotzdem, wenn Sie einverstanden wären, mir wenigstens einige Tips zu geben. Und wenn es nur wegen der Hygiene, der Ernährung und der Dressur wäre."

„Wegen der Dressur? Wollen Sie Zirkushunde aus ihnen machen? Nein? Dann reicht ein kleiner Klaps von Zeit zu Zeit, um ihnen klarzumachen, daß sie sich eine Eselei haben zuschulden kommen lassen. Und wenn ein Hund brav war, wird er ein bißchen gestreichelt. Damit ist die Dressurfrage schon erledigt. Tips für die Hygiene? Ein Hund hat genau wie ein Mensch Zähne, Ohren, Füße, Arme – man sagt Pfoten dazu, aber das ist das gleiche – und einen Popo. Das alles sollte stets blitzblank sein. Wenn das der Fall ist, dann werden Sie im Fell eines Hundes auch nicht mehr Flöhe finden als im Bart eines Gelehrten. Und was das Fressen anbetrifft . . . Na ja, also da kannte ich einmal den Buchhalter einer großen Im- und Exportfirma in Dahomey. Der hatte eine Ziege, die sich ausschließlich von Schreibmaschinenpapier ernährte. Ob es beschrieben war oder nicht, das war ihr schnuppe, aber von Blaupapier wollte sie nichts wissen. Es ging ihr sehr gut dabei. Ich gebe zu, das ist ein extremer Fall. Sicher ist es besser, an Karnickel Gras zu verfüttern und an Fleischfresser Fleisch. Was brauchen also Hunde? Milch, solange sie klein sind, Fleisch, weil es fleischfressende Tiere sind, Teigwaren, damit sie sich den Wanst mal ordentlich vollschlagen können, und Wasser, wenn sie Durst haben. Aber niemals kleine Knochen. Die Zahl der Wauwaus, die mit durchlöcherten Gedärmen unter meiner Nase verendet sind, weil diese Trottel von Herrchen oder Frauchen ihnen die Knochen eines Hühnchens zum Abnagen gegeben hatten, reicht mir! Ich bin auch gegen Bonbons. Genügt Ihnen das als Gebrauchsanweisung? Nein? Dann werde ich Ihnen noch einige Bücher leihen."

Kaum war ich wieder im Schloß, machte ich mich über die Bücher des „verrückten Alten" her und überließ es Jeanne, zweiundzwanzig Portionen Nudeln und unser eigenes Mittagessen zuzubereiten. Es waren Bücher, die von Tierärzten vor dem Ersten Weltkrieg verfaßt worden waren. Trotz der allzu vielen lateinischen Ausdrücke erfuhr ich nach und nach, daß die Hündin sechsundfünfzig bis zweiundsechzig Tage trächtig ist, daß sie sechs bis zehn Junge pro Wurf hat, daß die Welpen blind geboren werden und daß sie entwöhnt werden, wenn sie ab der dritten oder vierten Woche ihre Milchzähne bekommen, daß die normale Temperatur zwischen achtunddreißig Komma zwei und achtunddreißig Komma sechs beträgt und daß ein junger Hund, der kein Futter anrührt, vor sich hindöst und Schüttelfrost hat, vielleicht gerade eine der Hundekrankheiten ausbrütet, die allein in Frankreich jedes Jahr fünfhunderttausend Welpen töten. Man stelle sich nur dieses Massensterben vor!

Nichts ist so beunruhigend wie die Beschreibung von Krankheitssymptomen in medizinischen Lexika. Nachdem man drei Seiten gelesen hat, fängt man an, überall um sich herum böse Anzeichen zu entdecken. Erschüttert ließ ich die Bücher liegen und ging die Hunde anschauen. Ich geriet in Panik. Es sah schlimm aus. Schnell lud ich sechs Hunde, die wirklich einen sehr elenden Eindruck machten, in den Wagen und raste mit Höchstgeschwindigkeit zum Haus des Tierarztes Majeunot in Vouvray.

„Sie schon wieder?" fragte er und hielt mir das Glas trockenen Weißwein entgegen, das er sich gerade eingegossen hatte.

„Jetzt nicht, Doktor. Wir werden später auf die Gesundheit der Überlebenden anstoßen. Falls es welche gibt. Sie sind im Wagen. Sie müssen sofort etwas unternehmen, ich flehe Sie an."

„Ich muß nur eben meinen Kittel überstreifen, dann geht's los. Was haben denn Ihre kleinen Lieblinge?"

„Es ist schrecklich, Herr Doktor, ganz schrecklich. Die beiden jungen Dackel leiden an der typischen Welpenkrankheit. Es gibt überhaupt keinen Zweifel. Dieser Pudel hat sich die Stuttgarter Hundeseuche eingefangen. Der Pekinese hat die Grabmilbenräude, das gleiche gilt für den Griffon. Aber der dringendste Fall ist der andere Pudel: Er hat die Tollwut, Herr Doktor."

„Wenn dieses Riesenbaby da die Tollwut hat, dann habe ich die Pest! ... Die Tollwut!!! Hören Sie ihn bellen? Ist das etwa das Bellen eines tollwütigen Hundes?"

„Er beißt die ganze Zeit."

„Na und? Soll er vielleicht Gedichte vortragen? Oder Briefmarken sammeln? Ein Hund ist nun einmal ein Hund, verstehen Sie. Diese Hunde haben nichts außer ein paar roten Flecken. Das ist im Sommer völlig normal."

„Sind Sie sicher?"

„Schließlich bin ich Tierarzt, oder? Und der andere kleine Bandit, der gerade meinen schönen Perserteppich anknabbert, was soll der Ihrer Meinung nach haben?"

„Die typische Welpenkrankheit. In diesem Fall bin ich sicher."

„Ah! Das war ja wirklich eine grandiose Idee von mir, Ihnen meine Bücher mitzugeben. Die Tollwut! Die Räude! Und was noch, bitte schön? Merken Sie sich, daß Ihr Pudel ..."

„Aber Sie sehen doch, daß er irgend etwas hat! Was ist es denn? Ich will es wissen, auch wenn es etwas Schlimmes ist. Was hat er?"

„Er muß ganz einfach mal ein bißchen geschoren werden. Bei der Hitze muß man sein Fell ziemlich kurz scheren. Damit er Luft kriegt."

„Ihn scheren?"

„Natürlich, scheren, können Sie das etwa nicht?"

„Nein."

„Nun, dann müssen Sie es eben lernen, mein Guter. Dann müssen Sie es schleunigst lernen."

Ich lernte scheren. Mit einer Schermaschine, für die ich in einem Haushaltwarengeschäft in Tours siebenundfünfzig Franc bezahlte, und nachdem ich einen Hundescherer lange Zeit durch die Schaufensterscheibe seines Salons beobachtet hatte.

Meine beiden ersten Opfer – Ronchon und Napoleon II. – hätten sicherlich keine Medaille in einer Hundeausstellung ergattert. Aus zwei eigentlich ganz hübschen Kerlchen hatte ich zwei unbeschreiblich häßliche Kreaturen gemacht, die wie eine Mischung aus einer abgetretenen Fußmatte und Wasserspeiern einer Kathedrale aussahen. Aber es war schließlich Juli, und sie waren eindeutig mehr auf frische Luft als auf Schönheit erpicht. Nach Ronchon und Napoleon II. war Sidonie an der Reihe. Ich näherte mich ihr überaus vorsichtig, da ich befürchtete, der Anblick der Schermaschine könne sie in eine ihrer unergründlichen Nervenkrisen stürzen. Nichts dergleichen geschah. Sie leckte mir die Hände, leckte den Scherapparat und stieß eine Reihe zufriedener Gluckser aus. Es war ein wirklicher Glücksfall: Sidonie liebte das Klick-klack der Schermaschine. Ermutigt durch ihre Äußerungen von Wohlbehagen, schor ich sie mit Feuereifer. Ich schor sie so gründlich, daß ihr schon bald nur noch eine höchst lächerliche Puderquaste auf dem Hinterkopf erhalten blieb. Eine Ratte! Sie sah aus wie eine Ratte! Falls ihr elegantes Frauchen sie abholen wollte, bevor das Fell wieder nachgewachsen war, stand uns sicher ein Prozeß ins Haus! Und statt mir liebevoll moralische Unterstützung zu gewähren, schrie Jeanne das Haus zusammen und nannte mich einen Pudelschänder.

Ich lernte nicht nur zu scheren. Ich lernte auch, Zähne zu putzen. Bei Médor ging dies problemlos und schnell: Die Dogge schnappte den Stoffetzen, den ich mit doppeltkohlensaurem Natron getränkt und anschließend in ihre Schnauze gezwängt hatte, kaute auf ihm herum und spuckte die Fetzen wieder aus, ohne die geringste Verärgerung zu zeigen. Der Pudel Ronchon biß mir wütend in den Daumen. Bouf, Tapioca, Follette, Merveille und Coincoin ließen die Prozedur lammfromm über sich ergehen. Bei Anjou und Valois, die zusammen nicht mehr als drei Zähne hatten, ersparte ich mir die Zeremonie der Reinigung. Orléans blieb ebenfalls verschont. Er streifte irgendwo mit seinem Kumpel Trompette umher. Tic und Tac hatten wirklich zu winzige Zähne. Ich war eingeschüchtert und kapitulierte. Sidonie ergriff wieder einmal die Möglichkeit, sich abzuheben. Sie sah den Stoffetzen, seufzte vor Behagen, öffnete die Schnauze so weit wie möglich und ließ sich endlos die Zähne putzen. Sie liebte das Zähneputzen genauso wie das Scheren. Sie liebte es, aber . . . sie verlor einen Zahn! Es ging zwar schmerzlos vor sich, aber was würde ihr elegantes Frauchen sagen, wenn sie ihre Kleine nicht nur kahlgeschoren, sondern auch zahnlos vorfinden würde?

Ich habe noch eine ganze Reihe anderer nützlicher Dinge gelernt: Nägel schneiden (eine unangenehme Sache), die Unterseite der Pfoten von allem befreien, was sich dort nun einmal festsetzt, wenn sich der Hund in der freien Natur bewegt. Ich lernte, meine Pensionäre zu trösten, in den Schlaf zu wiegen und mit ihnen zu spielen.

Abends, wenn sich die Stunde des Zapfenstreichs näherte, ging ich herum und wünschte jedem einzelnen gute Nacht. Und ich redete denen, die offensichtlich Sehnsucht nach ihrem Herrchen und nach den Bäumen der Hauptstadt hatten, gut zu. Und ich summte einschläfernde Melodien für diejenigen, die in ihrem Körbchen den Hanswurst spielten, statt sich zusammenzurollen, die Schnauze unter die Pfoten zu stecken und in einen erquickenden und vielleicht von interessanten Träumen bevölkerten Schlaf zu fallen.

Tagsüber mußte ich ständig Spiele organisieren. Ein Hund braucht das, er muß ein wenig unterhalten werden, damit er nicht melancholisch wird. Dauernd mußte ich Bälle werfen und verstecken, die sie suchen und zurückbringen konnten. Das war sehr ermüdend. Warum begnügen sich Hunde nicht damit, miteinander zu spielen? Gelegentlich tummelten sie sich ganz allein im morastigen Wasser des Teiches: Sie veranstalteten eine Krötenjagd. Aber am liebsten spielten sie doch mit mir. Im großen und ganzen mögen Hunde die Gesellschaft von Hunden gar nicht so besonders. Sie sind der Ansicht, daß Menschen viel unterhaltsamer sind als ihre Artgenossen, die nur bellen, aber mit ihnen nicht übers Wetter oder über Politik reden.

Wir benötigten für unsere Pensionäre dringend eine Gesellschafterin oder einen Gesellschafter. Jeanne und ich hatten anderes zu tun und überdies beide keine große Lust, dauernd Versteck- und Suchspiele zu veranstalten. Und so entschlossen wir uns, jemanden einzustellen. In Noisilles fanden wir Simone, ein großes, kräftiges Mädchen, das nicht gerade schön war, aber sich als zuverlässige Mitarbeiterin herausstellte, die weder Überstunden noch unangenehme Arbeiten scheute. Es gab tatsächlich immer mehr Arbeit in unserer Hundepension. Nach den zweiundzwanzig Hunden der ersten Zeit kamen weitere. Am Tag der Abreise von Napoleon II. und Brutus kamen vier neue „Pensionäre" an. Es waren Hunde jeder Größe und jeder Rasse. Außer einem finnischen Spitz und einem Chihuahua (der im Augenblick, in dem er auf die Welt kommt, sechzig Gramm wiegt!) sind, glaube ich, alle nur möglichen und denkbaren Hunde durch unsere Hände gegangen. Wir haben sogar einen Bullmastiff dagehabt, ein Riesentier, dem man nicht alle Tage begegnet.

Kurz nachdem Simone ihre Arbeit aufgenommen hatte, suchte uns ein Herr mit Brille und Regenschirm auf, der aus Tours kam. Er war Inspektor beim Gewerbeaufsichtsamt und stellte uns eine beträchtliche Anzahl von Fragen à la Kommissar Maigret. Unsere Antworten notierte er sorgfältig in ein Notizheft. Als er das Schloß betrat, war er fest entschlossen, solchen Leuten wie uns, die sich schamlos über die meisten gültigen Vorschriften hinwegsetzten, so viel Ärger wie nur irgend möglich zu machen. Es gehe nicht an, eine „ungenehmigte Hundezucht" aufzumachen und das Finanzamt und eine Reihe anderer staatlicher Einrichtungen an unserem Gewinn nicht teilhaben zu lassen.

Er wurde von einer äußerst eleganten und verführerischen Jeanne wie ein alter Freund der Familie empfangen und von uns nahezu in Gesundheitswein ertränkt. Daraufhin zog er voll Bewunderung für „das schöne Werk, dem meine Gattin und ich uns mit der ganzen Kraft unserer Seele widmen", wieder ab. Wir brauchten kein Bußgeld zu bezahlen. Trotzdem mußten wir einige Behörden in Tours abklappern und einen ganz schönen Batzen Geld ausgeben, um einen Gewerbeschein zu bekommen. Außerdem tauchte das Problem der Sozialversicherung und der Steuern auf. Jeanne, die mein behagliches kleines Arbeitszimmer beschlagnahmt und es nach ihren Vorstellungen eingerichtet hatte, regelte all diese Formalitäten mit großer Begeisterung.

Sie ließ sogar Briefpapier mit einem sehr protzigen Briefkopf drucken. Jeanne hatte wirklich ihren Lebensinhalt, ja ihre Daseinsberechtigung gefunden. Sie war Schloßherrin, und sie war Frau Direktor. Das entschädigte sie für die vielen Jahre, in denen sie nicht die soziale Stellung hatte, die ihrer würdig gewesen wäre, und in denen es ihr auch nicht gelungen war, aus mir „jemanden" zu machen. Sobald sie der Meinung war, es handle sich um „durchaus vertretbare Investitionen", ließ sie die Tschechen kommen und noch ein Zimmer, einen Flur, eine weitere Treppe restaurieren. Das Schloß wurde

immer schöner, und Jeanne fühlte sich immer wichtiger. Mit der stets
freundlichen Simone war sie viel strenger als mit unseren Hunden.
Und sie veranstaltete Kaffeekränzchen, um die Damen aus der
Umgebung zu beeindrucken. Einige dieser Damen waren selbst
Schloßherrinnen, die meine Kusine Aurore gekannt hatten und die
versicherten, wie sehr sie sie vermißten; andere besaßen keine
Schlösser, waren aber nichtsdestoweniger sehr von sich selbst
eingenommen.

Und ich, was tat ich inmitten all diesen Getues?

Ich war frisch und munter und fühlte mich wohl, und man sah es
mir auch an. Das machte zweifellos die viele frische Luft. Und der
gute Wein von Freund Majeunot.

2

ICH mußte zur Post in Noisilles, um mit der Besitzerin der Yorkshire
Terrier zu telefonieren – nach Kalifornien. Inzwischen waren vier
Briefe von ihr eingetroffen, in denen sie sich nach der seelischen
Verfassung von Tic und Tac erkundigte.

Außerdem mußte ich die Besitzer des Schäferhundes Roger in
Athen anrufen. Sie unternahmen eine Kreuzfahrt auf den Spuren
von Odysseus und hatten mich gebeten, mich während ihres kurzen
Landaufenthalts unbedingt mit ihnen in Verbindung zu setzen, um
ihnen zu verraten, ob Roger auch schön brav sei. Ich hatte mich entschlossen, ihnen das zu bestätigen. Aber es war eine riesengroße
Lüge, wenn man bedachte, daß dieser blutrünstige Schäferhund ausgerechnet der Henne den Hals durchgebissen hatte, die wenigstens
von Zeit zu Zeit als einzige so zum Spaß auch mal ein Ei legte.
Außerdem hatte er unseren Ganter so übel zugerichtet, daß es fraglich
war, ob wir diesen wenigstens durchbringen würden. Majeunot hatte
den Gänsehals mit Hilfe einer Manschette und einem großen Pflaster
zurechtgeflickt. Ich muß allerdings gestehen, daß mir das Schicksal
des Federviehs eigentlich egal war. Ich setzte den Fuß lediglich in den
Geflügelstall, um Roger zurückzuholen und ihm eine symbolische
Tracht Prügel zu verabreichen, die ihn jedoch nicht im mindesten
beeindruckte. Er wußte ganz genau, daß ich seinen Besitzern sagen
würde, er sei brav wie ein Engel.

Meine Gedanken kreisten um Roger, seine Bösartigkeit und all die
anderen Hunde, während ich auf der ungeteerten Landstraße zur Post
unterwegs war und um mich herum den Gesang der Vögel und das
Muhen der Kühe hörte.

Ich dachte auch daran, daß sich mein Leben radikal verändert hatte. Schon seit Monaten hatte ich keinen Film mehr gesehen – früher hatte ich keinen ausgelassen. Seit Monaten hatte ich keine Zeitung mehr gelesen – einst hatte mich jedes Blatt interessiert. In all den Nächten, in denen mich das Hundegebell wirklich keinen Schlaf finden ließ, blätterte ich in den alten Bistumsblättchen der Diözese Tours, die meine Kusine Aurore gesammelt hatte. Eine fromme und geistig gesunde Lektüre, die mich darüber informierte, daß die „Sammlung, die von den Ordensschwestern zugunsten kleiner Chinesenkinder organisiert worden war, zwei Tonnen Silberpapier von Schokoladeverpackungen erbracht" habe und daß „das Jahr 1914 unter der Schutzherrschaft des heiligen Romuald ein Jahr der Eintracht und Liebe" sein werde. Diese Bistumsblättchen waren meine einzige Lektüre, abgesehen von Majeunots gelehrten Büchern, zu denen ich allerdings immer weniger griff, da ich mich mit Hunden schon ein wenig auszukennen begann. Ich fing sogar an, mich allmählich in der Natur auszukennen. So konnte ich zum Beispiel mit einem Blick zum Abendhimmel richtig voraussagen, was für Wetter wir am nächsten Tag haben würden. Ich konnte einen Baum als Pappel identifizieren – und es stimmte. Kein Zweifel: Die Natur schreckte mich nicht mehr so fürchterlich. Nie band ich mehr eine Krawatte um; ich trug schwere Schnürstiefel aus alten amerikanischen Heeresbeständen und lief dauernd in T-Shirt, Jeans und einer Windjacke herum; meine Haare wurden von Jeanne geschnitten (mit der Hundeschermaschine); ich rasierte mich nur noch jeden dritten Tag; langsam, aber sicher sah ich einem einfachen Landarbeiter ähnlich von der Art, wie sie in alten amerikanischen Filmen vorkommt.

Das Fräulein auf der Post schien meinen neuen Stil zu schätzen. Sie war jung, schlank und blond. Sie war zurückhaltend und hilfsbereit. Es störte sie überhaupt nicht, eine Madame Mariposa in Salinas (Kalifornien) und einen Monsieur Rouquier im Hotel Heraklion (Athen) anzurufen, um beidesmal ein R-Gespräch anzumelden.

„Athen bekommen wir sofort. Aber nach Salinas kann es unter Umständen längere Zeit dauern."

„Macht nichts. Ich werde warten."

Ich setzte mich auf die frisch polierte Holzbank gegenüber dem Schalter. Von da aus musterte ich das Postfräulein von Noisilles. Sie war zwanzig, allerhöchstens zweiundzwanzig Jahre alt. Vielleicht stammte sie aus dem Flecken, ganz sicher aber aus dieser Gegend. Nur die Leute aus der Gegend von Tours sprechen ein so wohlklingendes und klares Französisch. Sie hatte blaue Augen.

Ich zündete mir eine Zigarette an und stellte mir die Besitzer des bösartigen Roger auf ihrer Kreuzfahrt vor. Sie hatten sicherlich jede Menge Fotoapparate dabei und machten so viele Dias wie möglich, die sich nach ihrer Heimkehr ihre Freunde anschauen mußten: „Das da ist die Akropolis. Ganz schön groß. Aber verdammt heiß ist es da. Man fragt sich, wie die alten Griechen es ohne Klimaanlage aushalten konnten ... Das da ist Korfu. Die Insel der Nausikaa. Man ißt dort nicht besonders. Überhaupt, das Essen in Griechenland ... Außer Fisch vielleicht. Das da ist der Palast des Minotaurus ..." – „Er hatte einen Palast? Ich dachte, das sei ein Stier ..."

„Ihr Gespräch nach Athen, Monsieur. In der Kabine."

Es war Madame Rouquier, die am anderen Ende der Leitung abnahm. Sie konnte mich sehr schlecht verstehen. Ich mußte schreien. Sie konnte mich immer noch nicht verstehen. Also brüllte ich, Roger sei brav wie ein Engel, er unterhalte sich blendend, habe Sehnsucht nach Herrchen und Frauchen, nein, er sei nicht abgemagert, im Gegenteil, er ...

Nur drei Einheiten!

Nach Salinas gab es eine Stunde Wartezeit. Ich beschloß, im Café am Rathaus ein Glas Wein zu trinken. Als ich den herben Rotwein getrunken und bezahlt hatte, blieb mir immer noch eine halbe Stunde. Also ging ich zum Bäcker, kaufte zwei Törtchen und zwei Liebesknochen und machte mich auf den Weg zurück zur Post.

„Immer noch keine Verbindung mit Salinas", sagte das junge, schlanke und blonde Postfräulein.

„Dann warten wir eben und nutzen die Zeit für eine Kaffeepause. Ich hoffe, Sie mögen Kuchen?"

„Außerhalb der Dienststunden geradezu leidenschaftlich gern."

„Glauben Sie, daß der Postminister Sie wie ein böses Mädchen in die Ecke stellt, wenn er Sie beim Essen dieses Törtchens hier überrascht?"

„Der Minister vielleicht nicht. Aber mein Chef ganz bestimmt. Dies ist eine Nebenstelle des Postamts in Gravières. Ich bin nur Aushilfsangestellte. Nicht rauchen, keine Privatgespräche, absolute Uniformpflicht."

„Nun, trotzdem guten Appetit."

„Wie haben Sie erraten, daß ich Erdbeertörtchen am liebsten mag?"

„Es gab keine anderen. Wollen Sie den Liebesknochen mit der Kaffee- oder mit der Schokoladencreme?"

„Schokolade bitte."

Es war angenehm in diesem ruhigen Postamt in der Gesellschaft von Violette. Denn so hieß das Postfräulein.

„Ah, es läutet! Das ist bestimmt Salinas."

Es war Salinas. Madame Mariposa. Sie fragte mich, wie es Tic und

Tac gehe. Es konnte ihnen gar nicht bessergehen. Madame Mariposa bat mich, ihnen zu sagen, daß sie eine Menge Geschenke für die beiden gekauft habe. Erstaunliches Spielzeug. Zum Beispiel einen Yorkshire Terrier, halb so groß wie sie selbst, mit elektronischer Fernsteuerung, der außerdem singen konnte. Sie war überzeugt davon, daß Tic und Tac einfach hingerissen sein würden von diesem Geschenk. Sie wußte noch nicht, wann sie zurückkommen würde, da sie eine Rolle in einem Film hätte und weil . . .

Zwanzig Minuten. Gott sei Dank war es ein R-Gespräch.

Violette, die alles mitangehört hatte, mußte mir unbedingt von ihrem eigenen Hund erzählen, einer Promenadenmischung namens Tulipe, den sie anläßlich ihres Volksschulabschlusses vor elf Jahren zum Geschenk erhalten hatte. Sie fragte mich, wie alt Tulipe denn wohl werden würde.

Ich mußte zugeben, daß ich dies beim besten Willen nicht beantworten könne, da ich noch nicht lange genug mit Hunden zu tun hätte. Sie fragte mich nach meiner früheren Arbeit.

Als ich ihr erzählte, ich sei Filmkritiker beim Rundfunk gewesen, lächelte sie: „Darum also. Ihre Stimme kam mir so bekannt vor. Ich habe Sie jeden Tag im Mittagsmagazin gehört."

„Ja, das muß ich gewesen sein."

„Wenn ich das meiner Mutter erzähle . . ."

Bevor ich mich zur Post aufgemacht hatte, hatte mich Jeanne gebeten, mich zu erkundigen, wo und wie wir einen Telefonanschluß für das Schloß beantragen könnten. Aber ich vergaß, mich danach zu erkundigen. Vielleicht wollte ich das Vergnügen haben, möglichst oft wiederzukommen, um ausgiebig in diesem friedlichen Postamt telefonieren zu können, das von einer jungen, schlanken und blonden Violette geleitet wurde, die sich an die Stimme erinnerte, die ich als Rundfunkmensch gehabt hatte.

DER Tag mit den Törtchen und Liebesknochen war ein Dienstag mitten im Sommer gewesen. Dann kam ein Herbst, ein Winter, ein Frühjahr und wiederum ein Sommer.

Die Hundepension war zu einem hervorragenden Geschäft geworden. Es gab jetzt sogar eine Warteliste. Der Schäferhund Roger (der Hühnermörder) war inzwischen zu seinen Besitzern zurückgekehrt, und die alte Madame Fourchy hatte Trompette wieder abgeholt – was Orléans in tiefe Depressionen stürzte, so daß er sich sogar weigerte, mit Anjou und Valois herumzutollen. Die Dogge Médor war immer noch da und hielt immer noch Wache. Ihr Besitzer hatte sie uns geschenkt. Das paßte mir gut, denn dieser riesige Hund war ein idealer

„Oberaufseher". Natürlich gab es „Neue": einen nicht gerade sehr
geselligen Samojedenspitz, einen ulkigen Sloughi, einen Basset
(namens Pirat), der den vergeblichen Versuch unternahm, Trompette
im Herzen von Orléans zu ersetzen, und drei Pekinesen, die ihr
Geschäft nur auf Zeitungspapier erledigen konnten und meine
kostbare Sammlung von Bistumsblättchen erheblich reduzierten.

Die nicht gerade hübsche, aber sehr sympathische Simone war
derart tüchtig, daß sich Jeanne endlich – wovon sie schon lange
träumte! – um keinen Hund mehr kümmern mußte, sondern ihre
gesamte Zeit dem Papierkram und ihren gesellschaftlichen Aktivitäten widmen konnte.

Alle naselang empfing sie Besuch. Und diese Damen! Sie stöberte
sie in den entlegensten Winkeln des Landkreises auf, um ihnen ihre
glanzvolle Nummer als Schloßherrin vorzuführen. Fünf- oder sechsmal wöchentlich gab sie einen Tee im Wintergarten. Ich nahm an
keinem dieser Tees teil. Mit meinen derben und ewig verschmutzten
Stiefeln und in meinen Jeans, die kilometerweit gegen den Wind nach
Hund rochen, hätte ich diese Tees entweiht und diese affektierten und
Makronengebäck knabbernden Damen sicherlich in die Flucht
geschlagen. Dieser Ehre beraubt, tröstete ich mich, indem ich in der
Küche einen Becher Schokolade mit der braven Simone trank oder
indem ich einige Gläser ausgezeichneten Weins mit dem prächtigen
Majeunot süffelte oder indem ich das Postfräulein Violette zu einer
kleinen Kuchenpause überredete.

Denn wir hatten immer noch kein Telefon, was Jeanne erbitterte,
während ich mich darüber freute. Violette – ich nannte sie korrekt
Mademoiselle Violette – war sehr dienstfertig, wenn ich zum
Telefonieren kam. Und schlanker und blonder als je zuvor. Eines
Sonntags tauchte sie im Schloß auf. Aber Jeanne bekam sie nicht zu
Gesicht, denn sie hielt sich im Wintergarten auf und war gerade im
Begriff, einen Wohltätigkeitsbasar zu organisieren. Violette fand mein
Schloß zauberhaft schön, wollte alle Hunde sehen, tätschelte den
Hinterkopf des Sloughi, warf den beiden Beagles ihren Ball zu und
machte einen so tiefen Eindruck auf den Basset Pirat, daß er sich nicht
mehr von ihr trennen wollte. Doch die Dogge Médor brachte ihn
wieder zur Vernunft.

An jenem Tag trug Violette ein strohgelbes Kleid; ihre Haare hatte
sie hochgesteckt. Simone hatte einen Kirschkuchen gebacken. Den
verzehrten wir zu dritt in der Küche und redeten dabei über Filme. Es
schien eine Ewigkeit her zu sein, daß ich das zum letztenmal getan
hatte. Wir verbrachten einen sehr vergnüglichen Sonntag.

Am nächsten Morgen widerfuhr mir die freudige Überraschung,

eine alte Bekannte wieder auftauchen zu sehen: Sidonie, die neuroti-
sche Pudeldame, die der Familie Nevedziewjz soviel Ungemach
zugefügt hatte. Ihre Besitzerin vertraute sie uns für einen weiteren
Monat an. Sidonie erkannte mich sofort wieder und leckte mir
begeistert die Stiefel. Sie bestach nach wie vor durch ihre übertriebene
Eleganz und durch ihre Überdrehtheit schlechthin.

An jenem Montag hatten Jeanne und ich den ersten wirklich großen
Streit unseres Lebens. Wegen Moustachu.

Es mochte vier Uhr nachmittags sein, und ich machte den üblichen
Spaziergang mit den einunddreißig Hunden, die genügend in Form
waren, um mir zu folgen. Der tägliche Spaziergang war zu einer festen
Einrichtung geworden. Wenn der Augenblick gekommen war, baute
ich mich auf der Freitreppe auf und rief energisch: „Auf geht's,
Hunde!" Und die Hunde kamen aus ihren Körbchen, aus allen Ecken
und Winkeln, in denen sie gerade vor sich hin träumten, schliefen oder
irgendwelche Albernheiten machten. Und der Spaziergang begann.
Ich marschierte vorneweg, die Meute folgte mir, und Médor bildete
die Nachhut. Er trieb die Trödelfritzen an wie ein Schäferhund die
Schafe seiner Herde. Wir hatten verschiedene Routen. Eine Strecke
führte zum Schloß von Noisilles und zurück. Eine andere Strecke zum
Schloß von Vouvray und zurück. Wieder eine andere am Ufer der
Brenne entlang bis zur Brücke von Bellines. Manchmal gingen wir
auch durch den Wald. Bisweilen sang ich ein Lied, und einige Hunde
fielen ein und bellten mit. Im Takt. Oder doch beinahe, jedenfalls
gaben sie ihr Bestes. Und die Bauern, die uns vorbeiziehen sahen,
legten ihren Spaten oder ihre Hacke beiseite, klatschten Beifall und
krümmten sich dabei vor Lachen. Wenn der Weg lang war, wurde
zwischendurch Rast gemacht und Zwieback verteilt.

An jenem Tag war es so heiß, daß wir an der Brenne haltmachten,
um ein kurzes Bad zu nehmen. Ich ging mit gutem Beispiel voran, zog
meine Stiefel aus, krempelte meine Hosen hoch und setzte meinen
Weg in dem kühlen Wasser des Flusses fort (der so wenig Wasser
führte, daß auch ein Basset – der nicht schwimmen kann – nicht darin
ertrunken wäre), und die einunddreißig Hunde begaben sich ins Naß,
kläfften vor Glück, spritzten sich gegenseitig voll, indem sie mit
einem Plumps ins Wasser sprangen und darin Purzelbäume schlugen.
Man vergnügte sich köstlich.

Am Ufer stand ein kleiner weißer Hund mit schwarzen Flecken
und sah uns zu. Eine Promenadenmischung mit ganz kurzem Fell und
so ausgemergelt, daß man seine Rippen hätte zählen können, ohne sie
mit dem Finger zu ertasten. Er machte ein ganz furchtbar trauriges
Gesicht . . .

Ich pfiff ihm. Er schaute mich an, rührte sich jedoch nicht vom Fleck. Ich gab ihm zu verstehen, daß er mit meinen Hunden herumplanschen könne und daß er nicht störe.

„Komm doch, du Dummkopf. Für dich ist auch noch ein Plätzchen da."

Er wollte nicht. Er hatte Angst.

Ich ließ meine einunddreißig Schlingel also den ruhigen Fluß in einen entfesselten Ozean verwandeln und näherte mich dem kleinen weißen Hund mit den schwarzen Flecken ganz langsam, um ihn nicht zu erschrecken. Er rührte sich nicht und ließ mich herankommen. Aus der Nähe sah sein Gesicht noch trauriger aus. Ich nahm meinen Brotbeutel von der Schulter und holte einen Zwieback heraus. Aber nun war's vorbei mit der Schüchternheit. Die Promenadenmischung stürzte sich auf den Zwieback und schlang ihn blitzschnell hinunter. Ein zweiter Zwieback erlitt das gleiche Schicksal. Und dann ein dritter.

Kein Zweifel, dieses vor Hunger krepierende Vieh war die typische Promenadenmischung „made in Paris". Ein Hund, der es gewohnt war, in den Straßen herumzustreifen und in Hinterhöfen zu nächtigen. Sicherlich war er ein kleiner Rowdy und machte sich nichts draus, daß ihn Lieferanten, Straßenkehrer und Clochards, die mehr Flöhe im Pelz hatten als er, einen „dreckigen Köter" nannten. Was er hier mitten im Monat Juli an den Ufern der Brenne suchte? Das war leicht zu erraten: Er war ein typisches Ferienopfer. Sein Besitzer raste mit hundertachtzig Sachen in einem mit Bälgern und Großmüttern vollgestopften Wagen über die Autobahn und hatte wohl plötzlich den Eindruck, diese winzige Promenadenmischung nehme nun wirklich zuviel Platz ein, versetzte ihm einen Fußtritt und jagte ihn fort. Da stand das Hündchen mitten zwischen den Auto- und Lastwagenkolonnen und wäre fast hundertmal überfahren worden, bis es ihm endlich gelungen war, sich in die freie Natur zu retten, die ihm mit all ihren Kühen, Schafen, Vögeln und Vogelscheuchen einen Schrecken nach dem anderen einjagte. Es war immer geradeaus marschiert, hatte seinen unwürdigen Besitzern nachgeweint, gefroren und gehungert. Und es hatte auf den Tod gewartet.

Auf dem Hinweg waren wir ein Mann und einunddreißig Hunde, auf dem Rückweg gab es plötzlich zweiunddreißig Hunde. Darunter befand sich eine überglückliche Promenadenmischung, die die Bekanntschaft eines Mannes mit einem Brotbeutel voller Zwieback gemacht hatte.

Natürlich versuchten der Samojedenspitz, der Sloughi und einige der aus den vornehmen Vierteln von Paris stammenden Hunde diesem

Kümmerling zu verstehen zu geben, daß er bei der Hundeschickeria nichts verloren habe. Aber Médor erinnerte sie daran, daß es hier ums Laufen ging und nicht um elitäres und rassistisches Gehabe.

Sobald ich wieder im Schloß war, führte ich den kleinen Neuankömmling in die Küche und stellte ihn Simone vor, die mich fragte, während sie immer wieder seine Schüssel mit Milch nachfüllte, wie er heißen solle. Er sah so aus, als könne man ihn nur Moustachu, den kleinen Schnauzbart, nennen.

Als Jeanne Moustachu zu Gesicht bekam, stieß sie einen Schreckensschrei aus. „Was ist das denn?"

„Wahrscheinlich ein Hund, der ausgesetzt worden ist. Ich habe ihn am Ufer der Brenne gefunden."

„Und was tut er hier?"

„Er war halb verhungert. Also habe ich ihn gebeten, mir die Ehre zu erweisen, bei uns eine Kleinigkeit zu sich zu nehmen."

„Und? Hat er gefressen?"

„Und ob! Wie ein Scheunendrescher!"

„Wenn er gefressen hat, kann er jetzt wieder abhauen."

„Aber wo soll er denn hin?"

„Was weiß ich? Wohin er will."

„Aber wenn ich dir doch sage, daß er wahrscheinlich ausgesetzt worden ist. Sein Herrchen, dieser Mistkerl, ist doch inzwischen wahrscheinlich über alle Berge. Jeanne, du weißt doch sehr gut, daß jedes Jahr in den Ferien Tausende und aber Tausende von Mistkerlen –"

„Du hast doch nicht etwa die Absicht, ihn hierzubehalten?"

„Aber natürlich."

„Nein, Julien."

„Ich bitte dich, Jeanne, dieser Hund ist verloren ohne uns. Er hat keine –"

„Nein, Julien."

„Dieser winzige Bastard macht uns doch wohl keine Umstände."

„Es kommt überhaupt nicht in Frage, dieses scheußliche Vieh hierzubehalten, Julien. Kannst du dir vorstellen, was Madame Pont-Béchamp für ein Gesicht macht, wenn sie ihren Sloughi besuchen kommt und diesem Hund begegnet?"

„Meinst du das ernst, Jeanne, oder machst du nur Spaß?"

„Ich meine es absolut ernst. Und tu mir jetzt den Gefallen und bring dieses kleine Mistvieh von Hund dorthin zurück, wo du ihn aufgelesen hast."

„Auf keinen Fall! Dieser Hund bleibt hier!"

„Dann wirst du erleben, was mit ihm passiert."

„Ich warne dich, Jeanne, wenn du es wagst, ihn auch nur anzufassen..."

„Ich werde dieses widerliche Biest am Genick packen und ihn –"

„Jeanne! Ich verbiete dir, Moustachu anzufassen. Du kannst mit all
den teuren Hundepensionären, die mein Schloß bevölkern, machen,
was du willst. Du kannst sie ertränken, am Spieß braten, Rouladen aus
ihnen machen. Aber wenn du Moustachu ein Haar, auch nur ein
einziges Haar krümmst, lass' ich mich scheiden! Das ist mein Hund,
und ich werde nicht erlauben, daß du ihn –"

Eine Tür wurde zugeschlagen. Jeanne hörte das Ende meines Satzes
nicht mehr. Sie hatte sich mit dem Ausdruck tiefster Verachtung in
ihre Gemächer zurückgezogen.

Moustachu sah mich mit seinen runden, kastanienbraunen Augen
an. Es stimmte schon, daß er häßlich war. Er hatte zu kurze Beine. Ein
schwarzes und ein weißes Ohr. Einen Schwanz, der sich unendlich oft
kringelte. Niemand hatte ihn mir übergeben und mir dabei versichert,
er sei „sehr zutraulich". Aber er war es ganz bestimmt.

Als ich an die frische Luft ging, um auf andere Gedanken zu
kommen, wich er mir nicht von der Seite.

„Du bist wohl eine Klette, wie? Jetzt hast du mich gefunden und läßt
mich nicht mehr los? Du wirst ein richtiger Klotz am Bein werden.
Verstehst du mich? Nein. Du verstehst mich nicht. Du bist genauso
dumm wie häßlich."

Moustachu machte sich überhaupt nichts aus meinem Gerede. Er
hatte keinen Hunger und keine Angst mehr. Und er hatte ein besseres
Herrchen gefunden. Er war glücklich.

Ich war ebenfalls glücklich. Ich marschierte bis zum Haus von
Majeunot. Er würde mich sicherlich einen neuen Wein probieren
lassen und neue Späße erzählen.

Als der Tierarzt das Findelkind sah, stieß er ebenfalls einen Schrei
aus. Aber keinen Schreckensschrei. Er war entzückt.

„Was bringen Sie mir denn da? Eine Kreuzung aus einem irischen
Setter und einem Frosch? Das ist ja ein tolles Biest."

„Es ist wohl ein Ferienhund. Er hatte sich am Ufer der Brenne
verirrt."

„Klar, hab schon verstanden. Sie brauchen gar nicht weiterzureden.
Ich sehe rot bei derartigen Geschichten. Wenn man bedenkt, daß es
Menschen gibt, die so unmenschlich sind, daß sie Hunde oder Katzen
auf der Autobahn aussetzen... Ich will Ihnen etwas gestehen, Julien.
Ich werde Ihnen die Antwort auf eine Frage geben, die Sie mir niemals
gestellt haben: warum ich trinke."

„Das geht mich nichts an, Doktor."

„Sagen Sie nicht Doktor zu mir. Das geht Sie sehr wohl etwas an, denn Sie sind mein Freund. Außerdem schäme ich mich meiner Trunksucht überhaupt nicht. Ich trinke und mache mir nichts daraus, weil es zu viele Schweinereien auf der Welt gibt. Kriege, Attentate, schändliche Verbrechen und weniger schändliche. Und außerdem Menschen, die Kinder mißhandeln oder Tiere quälen ... Warum ich trinke? Wenn ich nicht – wie zum Beispiel auch jetzt – zu betrunken wäre, um richtig zu zielen, würde ich mir nämlich beim erstbesten Bauern ein Gewehr leihen. Dann würde ich mich an den Rand der Autobahn stellen und diesen netten kleinen Bastard rächen, indem ich das Feuer auf das erste vorbeifahrende Auto eröffnen würde. Also, Julien, trinken wir, damit wir vergessen, warum wir trinken."

Und wir nahmen eine Flasche Montreuil in Angriff. Den kannte ich noch nicht. Nicht übel. Moustachu bekam einen Rest Hasenklein, das er außerordentlich zu schätzen wußte. Majeunot stopfte sich eine Pfeife und erzählte mir von Tunis und seinen Märkten und von seinen Schlangenbeschwörern, die furchteinflößende Schlangen bändigten, die seiner Ansicht nach längst nicht so gefährlich waren wie unsere Vipern; er erzählte mir von München und seinem Bier (kein Vergleich mit einem guten Wein!); von Barcelona und seiner Stierkampfarena, wo er von zwanzigtausend Fanatikern beinahe in Stücke gerissen worden wäre, weil er den großen Matador El Cordobes während einer großartigen *Corrida* als Mörder beschimpft hatte. Was für ein wunderbarer Erzähler! Plötzlich hielt er inne, legte seine Pfeife in einen Aschenbecher und nahm Moustachu in den Arm. „Ich werde Ihrem kleinen Findelkind eine Vitaminspritze geben. Dieses schmächtige Kerlchen ist mir zu mager. Es wiegt ja kaum soviel wie eine Sardine."

Nach der Spritze gingen Moustachu und ich wieder in die Nacht hinaus. Simone saß auf der Freitreppe und erwartete mich. Sie hatte mir etwas auszurichten.

„Madame hat mir aufgetragen, Ihnen zu sagen, Sie sollten schlafen, wo Sie wollen, nur nicht bei ihr. Sie hat mir außerdem aufgetragen, Ihnen zu sagen, daß sie nicht mehr mit Ihnen sprechen will. Ich hätte vielleicht versuchen sollen, Madame zu beruhigen, aber ich habe mich nicht getraut. Madame hat die blaue Salatschüssel und alle Dessertteller kaputtgeschmissen. Sie hat nicht zu Abend essen wollen. Und sie hat mir vorgeworfen, daß ich immer alles verkehrt mache."

Arme Simone. In der Dunkelheit sah man nicht, daß sie häßlich war. Dafür hörte man, daß sie eine schöne Stimme hatte.

„Wenn Sie vielleicht in mein Zimmer ziehen wollen, Monsieur Julien ... Ich habe Ihnen das Bett frisch bezogen. Ich werde auf dem Sofa im Wintergarten schlafen."

„Unter keinen Umständen, Simone, kommt nicht in Frage."

Simone schlief in ihrem Bett und ich im Schloßpark. Zusammen mit Moustachu. Ich träumte, ich sei in der Arche Noah, inmitten von unzähligen Tieren. Und Noah sah aus wie Majeunot und brummelte ununterbrochen vor sich hin: „Für den lieben Gott ist doch nichts unmöglich. Warum macht er da seine Sintflut nicht aus Wein statt aus Wasser?"

Moustachu weckte mich. Es war noch nicht einmal hell. Aber er hatte schon wieder Hunger.

WER hätte auch an so etwas gedacht?

Ihre Besitzerin wußte nichts davon, als sie sie uns anvertraute. Man sah auch nichts. Und plötzlich warf Sidonie neun Welpen. Sie sahen allesamt entzückend aus, wie sie da ungeschickt die Zitzen von Sidonie suchten, die sicherlich höchst stolz darauf war, uns allen diesen riesigen Schabernack gespielt zu haben. Sie war – der liebe Gott mag wissen, warum – im Hühnerstall unter den erstaunten Blicken des Federviehs niedergekommen.

Simone hatte diese überraschende „Mutterschaft" entdeckt, als sie wie jeden Morgen die frisch gelegten Eier einsammeln wollte.

Und Jeanne war nicht da. Das Auto auch nicht. Seit unserer heftigen Auseinandersetzung vor drei Tagen war Jeanne verschwunden. Sie war zweifellos in Paris. Gott sei Dank hatte Simone ein Moped. Damit machte sie sich gleich auf den Weg zu Majeunot. Er war unterwegs, um einer Kuh eine Spritze zu geben.

Während wir auf ihn warteten, stürzte ich mich auf seine kostbaren Handbücher und schlug alles Wissenswerte über „Werfen" nach. Ich übersprang die uninteressant gewordenen Vorbemerkungen (Vorbereitung der künftigen Mutter, Zubereitung des Wochenbetts) und kam zur Pflege der Wöchnerin. Zuallererst sollte man sie zusammen mit ihren Bälgern in eine saubere Kiste verlegen und an einen möglichst ruhigen Ort mit gleichmäßiger Temperatur bringen. Das war einfach. Sidonie und ihre entzückenden Sprößlinge befanden sich bald in unserem schönsten Korb und in dem ruhigsten Raum mit der gleichmäßigsten Temperatur: dem Wintergarten. Auch die Frage der Ernährung war kein Problem. Es genügte, Sidonie mit Wasser zu versorgen, das nicht zu kalt und nicht zu warm sein sollte, und ihr – wenn ihr der Sinn danach stand – ein wenig Milchkaffee zu geben. Simone bereitete ihr eine große Schale voll davon zu und ließ sie mit Hilfe eines kleinen Löffels kosten, wobei sie die ganze Zeit laut darüber nachdachte, daß man nun neun Namen finden mußte.

Mich beschäftigte etwas anderes weit mehr. Die Bücher waren eindeutig in diesem Punkt: Man mußte die Anzahl der Welpen so schnell wie möglich „reduzieren", um die Mutter nicht zu überanstrengen und wegen der Gefahr, daß die allzu zahlreichen Welpen mickrig wurden.

Die Anzahl der Welpen reduzieren! Im Klartext hieß das: Man mußte Sidonie mehrere ihrer Jungen wegnehmen, um sie zu töten. Wieviel genau waren mehrere? Und wer sollte die Aufgabe übernehmen, sie zu . . .?

Simone schwor, sie werde es nicht tun. Sie wollte Hunde wohl gerne füttern und pflegen – aber nicht töten.

Jeanne hätte das sehr gut gekonnt. Aber Jeanne war nicht da. Auch Majeunot hätte das sehr gut gekonnt. Es war sein Beruf. Aber jede Minute, die die Welpen länger lebten, würde ihre Beseitigung noch grausamer machen. Man mußte also unverzüglich handeln. Ich bat Simone, mir dabei zu helfen, die Opfer auszusuchen.

„Dieser hier vielleicht . . . Er ist nicht so hübsch wie die übrigen."

„Na und, ist das etwa ein Grund? Als ich auf die Welt kam, war ich auch hundertmal weniger schön als meine Schwester. Glauben Sie, es hätte mir gefallen, wenn man mich deswegen umgebracht hätte?"

„Den dort . . .? Ich glaube fast, er kann gar nicht richtig saugen."

„Ist ja überhaupt nicht wahr. Er hat nur gerade aufgehört zu saugen, um sein Bäuerchen zu machen. Sehen Sie doch, wie er sich aufrappelt."

„Den Schwarzen? Was meinen Sie, den Schwarzen?"

„Warum den Schwarzen?"

„Seien Sie doch vernünftig, Simone. Wenn man Sidonie alle neun Junge läßt, wird sie nicht durchhalten."

„Einverstanden, wir nehmen drei oder vier ganz willkürlich, und Sie töten sie, Monsieur Julien. Wie wollen Sie sie töten?"

„In diesem Buch hier geben sie den Ratschlag, die zum Tode verurteilten Welpen in einen Topf zu stecken, in den man vorher mit Äther getränkte Watte getan hat, und den Topf dann fest zu schließen. Im Buch steht, daß sie praktisch nicht leiden."

„Ich mache dabei jedenfalls nicht mit. Adieu."

Und Simone ergriff die Flucht und ließ mich Auge in Auge mit Sidonie zurück, die mich recht merkwürdig ansah, und mit den neun Bälgern, die mich allerdings nicht ansahen, weil sie noch vollkommen blind waren.

Wie viele und welche mußte man töten?

Zwei Stunden später kniete ich immer noch neben dem Korb und betrachtete Sidonie mit ihrer Nachkommenschaft. Es war ein so schöner Anblick. Hätte ich dieses wunderbare Bild wirklich zerstören sollen? Kam nicht in Frage. Ich würde die Welpen, die zuviel waren, selbst aufziehen. Mit der Babyflasche.

Ich hatte meine Entscheidung getroffen, als Majeunot auf der Bildfläche erschien. Er kam, wie immer, gerade von einem Gläschen Wein und freute sich schon auf das nächste.

„Was ist denn hier los?"

„Sie sehen doch, was hier los ist . . ."

„Wollen Sie mir etwa weismachen, daß diese Pudeldame hier mit der Wespentaille, die ich erst gestern noch gesehen habe . . .?"

„Der Beweis liegt vor Ihnen!"

„Also wirklich, Kleine, du bist ja eine Heimlichtuerin . . . Na ja, so etwas passiert immer wieder. Aber gleich neun! Haben Sie einen Topf, Julien?"

„Nein. Ich hab mir das mit dem Topf und der Ätherwatte gründlich überlegt. Ich will das nicht. Ich werde sie selber großziehen. Mit der Flasche."

„Zählen Sie dabei nicht auf mich, wenn Sie eine solche Eselei machen wollen! Was glauben Sie wohl, was aus Ihren mit der Flasche aufgezogenen Welpen wird? Wandelnde Gerippe! Da muß man kurzen Prozeß machen, Julien. Das ist eben ein Augenblick, in dem sich Grausamkeit und Menschlichkeit vermischen. Und wenn man da erst mal angelangt ist, darf man nicht mehr philosophieren oder flennen. Man muß handeln und das Beste daraus machen. Also seien Sie bitte so gut und scheren Sie sich zum Teufel. Ich kümmere mich um alles."

„Sind Sie sicher, daß . . .?"

„Sie werden nichts spüren. Ich habe meine eigene Methode. Gehen Sie schon, und schenken Sie mir ein Gläschen ein."

Eine Viertelstunde später stießen wir in der Küche auf das Wohl von Claire, Clairette, Clairon und Chanteclaire an. Sidonie hatte nur noch vier Junge.

MOUSTACHU folgte mir wie mein Schatten. Wenn ich nach Noisilles hinunterstiefelte, trottete auch er nach Noisilles hinunter. Wenn ich zu Majeunot ging, kam er mit zu Majeunot. Er folgte mir bis ins Bett, das Simone mir in einem kleinen Raum neben der Küche aufgeschlagen hatte, der in der Zeit, als das Schloß noch Schloß war, zweifellos als Wäschekammer gedient hatte.

Da er mir nicht mehr von der Seite wich, bemerkte ihn Jeanne sofort, als sie nach einer Woche zurückkehrte.

„Wenn ich richtig sehe, Julien, hast du deine Wahl also getroffen?"

Das war natürlich idiotisch. Ich hatte keine Wahl getroffen. Zwischen Jeanne und Moustachu zu wählen wäre absurd gewesen. Ich wollte Jeanne *und* Moustachu!

Aber Jeanne wollte ihn auf keinen Fall. Also verschlimmerte sich die Unstimmigkeit. Jeanne schien mir nichts mehr zu sagen zu haben. Und ich entdeckte verblüfft, daß auch ich ihr im Grunde genommen nichts mehr zu sagen hatte. Wir schliefen getrennt, und wir aßen getrennt. Ich lebte mit den Hunden; Jeanne lebte in ihrem Wintergarten.

Und dann das Theater, das sie machte, als sie Sidonie und ihre Jungen in *ihrem* Salon entdeckte! Sie sprach davon, die Brut im Teich zu ertränken, weil das Frauchen von Sidonie – Jeanne war sich da ganz sicher! – die Sache entschieden schlecht aufnehmen und uns ihren Auftrag entziehen und miserabel über uns reden würde . . . und so weiter, und so weiter . . .

Jeanne wurde unerträglich. Ich nahm Sidonie, Claire, Clairette, Clairon und Chanteclaire in mein Zimmerchen. Auf diese Weise konnte ich noch besser beobachten, wie die Welpen heranwuchsen. Moustachu wohnte ebenfalls bei mir. Er ließ die Kleinen nicht aus den Augen, obwohl Sidonie die Zähne fletschte, da sie es nicht ertragen konnte, daß diese Promenadenmischung es wagte, den Blick seiner schrecklichen Glubschaugen auf ihre wundervollen kleinen Lieblinge zu richten.

Denn Sidonie war stolz auf ihre Kleinen. Es bereitete ihr ein ungetrübtes Vergnügen, sie zu säugen und das Leben in dem Korb so zu gestalten, daß sie es so kuschelig hatten wie nur irgend möglich. Stundenlang blieb sie in einer unbequemen Stellung liegen, um die lieben Kleinen nur ja nicht zu stören. Sie lebte nur noch für ihre Sprößlinge. Es war faszinierend. Sie war ruhig und heiter. Die Mutterschaft hatte diese Verrückte von all ihren Verrücktheiten geheilt.

Und dann eines Morgens – die Welpen hatten kaum zu sehen angefangen – sprang Sidonie aus dem Korb und ließ sie, ohne ihnen noch einen einzigen Blick zu gönnen, im Stich, um in den Park zu spazieren. Es wurde ein langer Spaziergang. Am Abend war sie immer noch nicht zurück. Und dieser Nichtsnutz von Moustachu hatte nichts Besseres zu tun, als Sidonies Platz im Korb einzunehmen und vor lauter Glück zu glucksen, weil die Welpen ihm auf dem Bauch herumkrabbelten und verzweifelt die mit Milch gefüllten Zitzen ihrer Mutter suchten.

Sidonie interessierte sich nicht mehr für ihre Kinder. Sie vergaß sie einfach. Und die Jungen mußten sich mit Moustachus Zärtlichkeiten begnügen und mit der Flasche, die Simone und ich ihnen sechsmal täglich verabreichten. Ein Frondienst.

Ich denke oft an diesen Sommer zurück.

Ein Bilderbuchsommer. Der Himmel war himmelblau wie auf den schönsten Gemälden. Die Hitze war erträglich. Der Wein reifte in aller Schönheit. Die Hunde waren einfach zu haben. Claire, Clairette, Clairon und Chanteclaire wuchsen zu fröhlichen, robusten Pudeln heran. Moustachu glaubte allmählich wirklich, daß es seine Jungen waren, und er gab sich unendliche Mühe, ihnen das Bellen beizubringen. Alles war ruhig und friedlich. Daß Jeanne nicht mehr mit mir redete, warum soll ich es nicht gestehen, war geradezu erholsam. Ich ging oft zur Post, und die junge, schlanke und blonde Violette strahlte mich stets an.

Ein traumhafter Sommer.

Und dann kam das Gewitter. Es war etwa zehn Uhr abends. Ich war gerade bei Majeunot und verzehrte genußvoll seine vorzügliche Leberpastete, als ein gewaltiger Blitz den Himmel zerriß. Und dieser Donnerschlag! Die Scheiben klirrten, und die Lampe über dem Tisch erlosch. Majeunot irrte auf der Suche nach einer Kerze und nach seinem Feuerzeug umher. Dann läutete das Telefon.

Violette war dran und fragte, ob ich zufällig da sei. Sie wartete nicht einmal ab, daß Majeunot mir den Hörer gab. Sie bat ihn, mir zu sagen, daß im Schloß soeben ein Blitz eingeschlagen habe.

Als wir nach einer wilden Fahrt mit Majeunots klapprigem Jeep ankamen, waren die meisten Männer von Noisilles schon beim Schloß und taten, in Erwartung der Feuerwehrleute aus Tours mit ihren Spritzen und großen Leitern, was sie irgend konnten.

Denn das Schloß stand in Flammen. Flammen züngelten aus allen Fenstern, das Dach begann bereits einzustürzen, Fensterscheiben zerplatzten.

Und Jeanne? Und Simone? Und die Hunde? Zerzaust und totenbleich betrachtete Jeanne die Katastrophe. „Du warst natürlich nicht da!" sagte sie.

Das war alles. Gebrochen, am Boden zerstört, setzte sie sich in Majeunots Jeep und steckte sich eine Zigarette an. Dann erblickte ich Simone, die gerade aus dem Hühnerstall herauskam. Ihr Gesicht und ihre Hände waren schwarz, sie hatte Blut an den Armen. Sie stürzte auf mich zu.

„Ich habe alle, die ich kriegen konnte, in den Hühnerstall gesteckt! Aber es fehlen noch welche ... Die im großen Saal. Sie werden sterben, Monsieur Julien!"

Ich entriß dem Bäckersohn ein Beil und lief, flankiert von Simone und Majeunot, der sich seinerseits mit einer Schaufel bewaffnet hatte, um das Schloß herum. Wenn man die Zwischenwand einriß, konnte man den Saal unter Umständen durch die Küche erreichen.

Hinten brannte es lichterloh. Man hörte die Hunde jaulen.

Ich rannte durch die Küche. Dort waren schon die Tschechen: Mit nacktem Oberkörper und schweißgebadet bearbeiteten sie die Zwischenwand mit schweren Hämmern. Aber diese verfluchte Zwischenwand leistete hartnäckigen Widerstand. Sie war aus massivem Stein. Wir machten uns ebenfalls an die Arbeit: Simone, Majeunot (der nicht aufhörte zu fluchen) und ich. Es war schrecklich. Ich erkannte das Bellen eines Sloughi und des Bassets Pirat.

Wie lange wir wohl gebraucht haben? Ewig! Aber schließlich gelang es uns, ein Loch in die Wand zu schlagen, das groß genug war, daß die Hunde hindurchspringen konnten. Der Sloughi tauchte als erster auf. Pirat war zu kurzbeinig, um bis zum Loch hinaufzugelangen. Wir mußten noch ein Stück aufhacken und das Loch so vergrößern, bis ich selbst in den Saal gelangen und den unglücklichen Pirat bergen konnte. Er zitterte wie Espenlaub. Genau in dem Augenblick, in dem ich ihn Simone durch das Loch in der Mauer reichte, fiel hinter mir irgend etwas herunter, und mächtige Flammen schlugen in den Raum. Ich hatte gerade noch Zeit zurückzuklettern. Majeunot und Simone, rissen die Hunde schon mit sich zum Hühnerstall.

Die Feuerwehrleute aus Tours brauchten vier Stunden, um das Feuer zu löschen. Als sie wieder abzogen, war das Schloß nur noch eine Ruine.

Der Samojedenspitz und ein Beagle waren tot.

In dem zum Krankensaal umfunktionierten Hühnerstall kümmerten sich Majeunot und Simone um die Überlebenden, von denen einige ziemlich schlecht dran waren. Und auf der Freitreppe zählte Moustachu immer wieder die von ihm geretteten Pudeljungen – eine Aktion, bei der er sämtliche Haare seines scheußlichen kleinen Schwanzes eingebüßt hatte. Es blieb dabei, es waren nur noch drei.

Insgesamt fehlten dreizehn Hunde.

Majeunot verputzte den elenden Gesundheitswein von Kusine Aurore, von dem jemand ein Dutzend Flaschen gerettet hatte. Er hatte nie etwas Abscheulicheres getrunken, aber es war „wichtig, daß er durchhielt". Und er hielt durch, dieser großartige Mann. Einer Bracke, die aus dem zweiten Stock gesprungen war, flickte er drei Pfoten zurecht. Er nähte, verband, legte in Gips . . . Eine Windhündin mußte er einschläfern, weil sie zu sehr litt. Als Simone sah, wie

Majeunot die Ampulle mit dem Gift zerbrach und die Spritze füllte, wurde es zuviel für sie. Verzweifelt preßte sie sich an mich und schluchzte hemmungslos.

Ich selbst konnte nicht weinen, aber – und das war sehr viel schlimmer – in mir war alles wie tot.

Jeanne ließ keinerlei Gefühlsregung erkennen. Mit ruhiger Stimme fragte sie mich, ob ich genügend Geld für eine Fahrkarte nach Paris bei mir hätte.

„Du willst also gehen?"

„Ja, Julien. Wenn ich daran denke, wie schön das Schloß wieder hergerichtet war . . . All die Mühe, die ich mir gegeben habe . . . Und jetzt . . . Diesen Anblick kann ich nicht ertragen."

Ich gab ihr alles Geld, das ich bei mir trug, und sie ging. Immerhin ließ sie mir den Wagen da.

Als sie durch das Tor schritt, begegnete sie Violette, die auf dem Gepäckträger ihres Fahrrades etwas zu essen brachte. Sie hatte sogar daran gedacht, ein Kleid für Simone mitzubringen.

Wir hatten keinen Hunger. Die Hunde schon.

Und die dreizehn fehlenden Hunde? Die mußten wir finden.

Ich machte eine Bestandsaufnahme, um festzustellen, welche Hunde fehlten. Es waren der Beagle Pimpin, die drei Pekinesen, ein Sloughi, Anjou, Valois und Orléans, die beiden Pudel Wagram und Margarete, der Schäferhund Dick, der Cockerspaniel Ubu, der Basset Samowar. So schrecklich es war, wir mußten mit ihren Besitzern telefonieren. Violette bot an, sich darum zu kümmern. Ich sollte ihr nur die Telefonnummern geben . . . Die Telefonnummern? Es war alles im Büro verbrannt. Alles. Es gab nicht einmal die Möglichkeit, die Besitzer des Samojedenspitzes, des Beagle und der Windhündin davon zu benachrichtigen, daß ihre Hunde . . .

In diesem Augenblick hatte auch ich meine Krise, brach in Tränen aus und heulte wie ein kleines Kind. Es war einiges zusammengekommen, worüber ich weinen konnte: der Brand, die Abreise von Jeanne und daß ich nicht imstande gewesen war, ein einziges Buch hier zu schreiben . . .

Majeunot überließ es Simone und Violette, mich zu trösten. Er ging weit hinten im Park die drei toten Hunde begraben. In aller Stille. Als er zurückkam, waren seine Augen ebenso feucht wie die meinen, und er entkorkte eine der von Violette mitgebrachten Flaschen mit dem Schweizer Taschenmesser, das er immer bei sich trug, und leerte sie mit kräftigen Zügen.

„So, Kinder, jetzt fangen wir an. Und zwar ernsthaft."

Anfangen, womit? Das Schloß war futsch, Jeanne war weg, die

Hälfte der Hunde war außer Gefecht, ich hatte nicht einmal ein Papiertaschentuch, um mir die Nase zu putzen.

„Womit anfangen? Aber mit allem, Julien. Die verschwundenen Hunde müssen schließlich irgendwo sein, nicht wahr? Also werden wir sie wiederfinden. Wir müssen eine Treibjagd veranstalten. Ich werde allerdings hierbleiben und mich um die Verwundeten kümmern. Aber Sie gehen morgen ins Dorf hinunter und bitten Vater Gandioux oder den Sohn des Fleischers, Ihnen zu helfen. Die beiden sind Jäger. Sie verstehen etwas von Treibjagden. Dann ist da noch der Wilderer Funèbre. Er kann Ihnen sehr von Nutzen sein. Der ist mit allen Wassern gewaschen und würde sogar, wenn nötig, am Nordpol Kanarienvögel finden. Da wird er ja wohl Ihre Hunde . . .“

Majeunot kehrte zu seinen Kranken in den Hühnerstall zurück. Simone begleitete ihn. Und nachdem Violette mir einige Worte ins Ohr geflüstert hatte, die mir das Herz hätten erwärmen müssen, ging sie ebenfalls.

In diesem Augenblick bemerkte ich, daß Médor nicht mehr auf seinem Wachtposten vor dem Tor stand. War auch er verschwunden? Vierzehn verlorengegangene Hunde anstatt dreizehn?

Die Leute in Noisilles waren sehr hilfsbereit. Der Fleischer, der Lebensmittelhändler und der Bäcker gaben mir, ohne auch nur ein einziges Wort darüber zu verlieren, Kredit. Die Nevedziewjz beeilten sich, mir zu versichern, sie würden sofort die dringendsten Arbeiten am Schloß ausführen. Auf Kredit, das verstand sich von selbst. Im Café am Rathaus waren die Jäger versammelt, die mir Majeunot empfohlen hatte. Vater Gandioux, Maurice, der Sohn des Fleischers, und der Wilderer Funèbre. Sie waren alle bereit, bei der Suche behilflich zu sein. Vater Gandioux übernahm es, im Norden zu suchen. Maurice suchte in Richtung Amboise. Funèbre behielt sich das Ufer der Brenne vor. Ich selbst durchkämmte die Wiesen und Wälder, die sich hinter dem Schloß in Richtung Tours erstreckten. Der Sohn des Wirts, ein großer Tolpatsch mit Brille, wollte mich begleiten.

Wir begannen im Wald von Fourne, einem großen Waldgebiet mit hundertjährigen Bäumen, einem dichten Moosteppich und hohem Farnkraut. Robert, so hieß der Lange, hatte sich einen dicken Ast geschnappt und schlug wie ein Schwerhöriger an die Baumstämme, wie er es bei den Treibjagden gesehen hatte, und ich rief so sanft wie möglich: „Hund! Komm, Hund! Wo ist denn der Hund? Komm, Hund! Komm!“

Aber es kam keine Antwort, und es kam kein Hund. Nur ein

Eichhörnchen, das wie ein Eichhörnchen in einem Zeichentrickfilm von Baum zu Baum sprang. Es war schön, einem Eichhörnchen bei seinen Kunststückchen zuzusehen. Die Bäume waren schön. Es roch gut. Alles war wunderschön. Aber ich war unglücklich, so furchtbar unglücklich!

Wir durchstreiften den Wald von Fourne zweimal in beiden Richtungen. Dann nahmen wir uns die Äcker vor, jeder einen, Furche um Furche. Es war eine schreckliche Plackerei. Einmal sah ich ein kleines Tier flüchten. Es war kein Hund.

Wir klopften an jede Haustür am Hang. Es waren Häuser, die in die Felsen hineingebaut und von sehr alten Leuten bewohnt waren, die unendlich lange brauchten, um uns zu öffnen, und die kein Wort von meiner Hundegeschichte verstanden.

„Sie erzählen mir, daß Sie einen Hund suchen. Und ich frage Sie, wie sieht er denn aus, Ihr Hund? Ist er groß oder klein? Hat er ein dunkles oder ein helles Fell? Das ist doch nicht so schwierig, einem zu sagen, wie er aussieht. Wenn man einen Hund hat, weiß man, wie er aussieht."

„Ich suche nicht nur einen Hund, ich suche mehrere."

„Mehrere Hunde? Auch das noch ... Aber ich habe keinen gesehen. Fragen Sie doch Vater Mulot. Der sieht immer alles."

Vater Mulot zog gerade seinen Wein auf Flaschen. Er begrüßte mich sehr liebenswürdig, denn ich erinnerte ihn an jemanden.

„Also, Sie erinnern mich an jemanden ... Lassen Sie mich mal nachdenken ... Vielleicht jemand aus Tours. Oder aus Paris. Meine Frau wüßte es sofort. Aber sie ist gestorben. Vielleicht war sie auch schon tot, bevor ich den Mann kennengelernt habe, an den Sie mich erinnern. In diesem Fall würde sie Sie natürlich kaum wiedererkennen."

Der redselige Alte wollte unbedingt, daß wir seinen Wein probierten.

„Er ist zu sauer, stimmt's? Behaupten Sie nicht das Gegenteil, ich weiß, daß er sauer ist. Können Sie mir vielleicht erklären, warum?"

Sein Wein interessierte mich nicht im geringsten. Ich unterbrach ihn zum zehntenmal, um ihn zu fragen, ob er nun Hunde gesehen habe oder nicht.

„Ja, habe ich. Und auch Katzen. Hier kommen viele vorbei."

„Wann haben Sie die Hunde gesehen? Heute morgen?"

„Ja, ja, heute morgen. Zwei Hunde, die ich nicht kannte. Aber Sie kenne ich, darauf könnte ich meinen Kopf wetten ..."

Drei Häuser weiter beschrieb mir eine Frau, die sich auf zwei Stöcke stützte, sehr präzise den Basset Samowar.

„Sein Fell war rostbraun und weiß. Er war nicht sehr groß. So etwa. Und sah ganz brav aus. Ich habe ihn gefragt, ob er einen Keks haben will. Da hat er mir den Rücken zugedreht. Wahrscheinlich hatte er keinen Hunger."

Wir sind bis zum Ende des Hangs weitergezogen. Jetzt hatte ich wenigstens einen Namen, den ich rufen konnte. Das machte mir etwas Mut.

„Samowar! Samowar! Samowar!"

Wenn er noch in der Gegend war, würde er doch wenigstens auf seinen Namen reagieren.

Aber der Basset ließ sich nicht blicken. Dafür traf ich auf einen hageren Mann mit Baskenmütze. Er saß auf einer alten Schubkarre ohne Räder und wartete auf mich.

„Da sind Sie ja endlich. Ich habe auch noch etwas anderes zu tun, als auf Sie zu warten. Ich mache hier schließlich keine Ferien."

„Wissen Sie denn, wo der Basset ist?"

„Und ob ich das weiß! Das verwilderte Biest hat mir vier Karnickel gerissen. Die werden Sie mir bezahlen, he! Wenn nicht, dann mach ich das eben mit Ihrem Hund ab."

Roger, der Sohn des Wirts, mußte erst das Geld holen, damit ich die Karnickel bezahlen konnte. Der mit der Baskenmütze öffnete die Tür zum Schuppen erst, als er die Geldscheine in den Händen hielt. Hinter der Tür jaulte Samowar.

Ich fühlte mich wie zerschlagen, und gleichzeitig hätte ich diesen Bauern erwürgen können. Bevor er Samowar auslieferte, bestand er darauf, mir die vier toten Karnickel zu übergeben.

„Sie gehören jetzt Ihnen, Sie haben sie bezahlt!"

Samowar sah tatsächlich ganz brav aus. Sie hatte recht, die Frau mit den beiden Stöcken.

Die Tschechen hatten wieder ein kleines Wunder vollbracht. Sogar ohne Simones Hilfe, die sich um die Hunde kümmerte, hatten sie die Küche und mein Zimmer beinahe völlig in Ordnung gebracht. Sie hatten dort die Handvoll Möbel zusammengetragen, die vom Feuer verschont geblieben waren: drei Stühle, einen Tisch, den Louis-XV-Sessel von Kusine Aurore, den Jeanne so hübsch bezogen hatte. Außerdem einige Kochtöpfe, Schüsseln, meinen Wecker ... Im Grunde genommen hielt der linke Schloßflügel noch einigermaßen zusammen. Es war einiges an Arbeit daran zu tun, aber er hielt. Doch alles übrige ... Die Fassade stand da wie eine Theaterkulisse, und man hatte den Eindruck, daß ein ordentlicher Windstoß genügte, sie umzuwerfen.

Simone machte einen Topf voll Kaninchenpastete. Violettes Kleid war ihr ein wenig zu eng. Sie war wieder das unscheinbare Mädchen mit der optimistischen Ausstrahlung geworden.

Der Wilderer Funèbre und Vater Gandioux erschienen auf der Bildfläche. Vater Gandioux hatte zwei der drei Bologneser, Anjou und Valois, wiedergefunden. Sie hatten sich in dem Graben verkrochen, der die Straße säumte, die am Schloß vorbeiführte. Sie standen unter einem Schock und waren über und über mit Schmutz bedeckt. Um den Beagle Pimpin wiederzufinden, hatte Funèbre allerdings einen sehr viel weiteren Weg machen müssen. Er hatte ihn in mehr als acht Kilometer Entfernung aufgestöbert. Und zwar in der leeren Hütte eines Hundes, der zusammen mit seinen Besitzern in die Ferien gefahren war.

Somit waren vier verlorene Schafe zur Herde zurückgekehrt. Aber die anderen? Funèbre versicherte, man werde sie alle finden. Er hatte bereits einen Plan, bei dem ihn zwei Wildererkollegen unterstützen wollten.

„Ich weiß nicht genau, wieviel Hunde Ihnen fehlen. Aber es würde mich wundern, wenn ich Ihnen zusammen mit meinen Kumpels nicht mehr zurückbringen würde, als Sie verloren haben."

Dann erschien Majeunot am Steuer seines Jeeps. Er brachte Feldbetten, Decken, eine Schachtel mit Medikamenten, eine Reihe Weinflaschen, einen Kanister mit Petroleum und mehrere Lampen.

Die Lampen haben wir gleich angezündet, da es schon Nacht wurde. Auch die Flaschen wurden rasch ihrer Bestimmung zugeführt. Denn Vater Gandioux und Funèbre mußten sich in Form bringen, bevor sie wieder auf die Jagd zogen.

Er hatte drei Feldbetten gebracht. Warum drei?

„Weil ich mich zusammen mit euch hier einrichte, Kinder. Feldbetten inmitten der Ruinen, das macht mich wieder jung, weil es mich an meine Zeit in Kambodscha erinnert. Da gab es noch viel größere und viel wackeligere Ruinen als diese hier. Und Moskitos, die so zudringlich waren, daß man junge Veterinäre wie mich als Moskitofänger anstellte. Ich habe Milliarden und aber Milliarden von ihnen getötet. Und es wurden immer mehr. Die Kambodschaner hatten ein Sprichwort: ‚Wenn du einen Moskito in deiner Straße tötest, kommen zehntausend Moskitos aus den anderen Straßen zu seiner Beerdigung.‘ Sie haben zwar einen Haufen Ärger, Julien, aber wenigstens gibt's hier keine Moskitos!"

Richtig, es gab keine Moskitos. Das tröstete mich ein klein wenig. Ebenso wie der Gedanke, daß Anjou und Valois, Samowar und Pimpin wieder aufgetaucht waren.

Simone machte uns auf einem von den Tschechen entliehenen Butangaskocher ein Schinkenomelette. Und der Doktor schenkte uns seinen spritzigen Vouvray ein. Simone, die sonst nur Wasser trank, war leicht beschwipst und äußerte sich sehr vernünftig über eine ganze Menge Dinge.

„Wir haben wirklich Glück", sagte sie, „daß es hier keine Moskitos gibt. Wir haben auch Glück gehabt, als der Blitz einschlug. Zwei Stunden später hätte er uns alle erschlagen. Ich könnte jetzt genausogut tot sein, statt hier mit Ihnen und Monsieur Julien Wein zu trinken. Und alle Hunde hätten tot sein können. Und Madame Jeanne ebenfalls. Nein, Sie können sagen, was Sie wollen, aber der Blitz hat zur richtigen Zeit eingeschlagen. Wir leben schließlich noch, oder?"

Das stimmte. Wir lebten noch. Und als ich mich auf dem unbequemen Feldbett ausstreckte, legten sich fünf oder sechs Hunde neben und auf mich. Ich tastete nach ihnen und glaubte, die zwei Bologneser und Moustachu und Samowar zu erkennen. Sie schliefen alle vor mir ein. Sie waren schwer und nahmen mir den ganzen Platz weg.

Eine Saubande, wirklich. Aber sie lebten.

Sie waren zu dritt: drei kleine Männchen in dunkelblauen Anzügen, mit weißem Hemd und dunkler Krawatte. Sie hätten hervorragende Leichenbestatter abgegeben.

Die Herren kamen von der Versicherung in Tours, bei der Jeanne eine Police unterschrieben hatte. Natürlich, ohne es mir zu sagen. Allerdings hätte ich auch nie daran gedacht...

Sie wollten den Schaden aufnehmen.

Ich stand gerade mit nacktem Oberkörper und völlig verdreckt am Teich, aus dem ich einen meiner unternehmungslustigen Pensionäre herausgefischt hatte.

Der neugierigste der drei Schnüffler bat mich, den genauen Ablauf der Ereignisse, die zum Schadensfall geführt hatten, zu schildern.

Die waren gut. Alles, was ich wußte, war, daß während meiner Abwesenheit der Blitz eingeschlagen hatte.

Er meinte, das sei sehr ärgerlich, er brauche präzisere Angaben. Ich rief Simone, die auch nicht sehr viel mehr sagen konnte als ich. „Da war ein Blitz, und dann... und dann war gleich alles in Panik... überall Flammen... Glauben Sie denn, daß man alles fein säuberlich notiert, wenn einem so was passiert...?"

Während der Schnüffler uns ausfragte, besichtigten die beiden anderen Herren die Schloßruine; sie kratzten sich das Kinn; sie gingen durch die eine Tür rein und kamen durch die andere wieder raus; sie hoben einen heruntergefallenen Ziegel auf, drehten und wendeten ihn nach allen Seiten; sie nahmen mit einem Bandmaß Abmessungen vor und notierten dies und das auf ihren Formularen . . .

Der Schnüffler drückte sich eine ganze Zeitlang in der Küche herum, die von den Tschechen einigermaßen wiederhergestellt worden war. Diese Küche interessierte ihn außerordentlich. Mein Zimmer, in dem wir Majeunots Feldbetten aufgestellt hatten, ebenfalls. Er schien diese beiden Räume mit den verkohlten Balken, den Pappdeckeln in den Fenstern und den schwarzen und rissigen Fußböden ganz besonders schmuck und gemütlich zu finden. Und das sagte er auch noch: „Jedenfalls ist dieses Schloß durchaus bewohnbar."

„Durchaus bewohnbar? Wir kampieren hier, als hätten wir einen Bombenangriff hinter uns!"

„Ich will ja nicht das Gegenteil behaupten, Monsieur. Ich stelle lediglich fest, daß Sie diesen Wohnsitz tatsächlich weiterhin bewohnen, und ziehe daraus den Schluß, daß das Ausmaß der Brandkatastrophe nicht so . . ."

Von mir aus! Sollte er doch feststellen und Schlüsse ziehen, wie er Lust hatte. Ich habe noch nie mit solchen Papierköpfen diskutieren können. Sie blieben fast den ganzen Nachmittag. Zählten die Steine jedes einzelnen Steinhaufens und notierten, wie viele Grashalme von den Flammen verschont geblieben waren. Als sie gingen, versicherten sie, daß wir selbstverständlich eine gewisse Summe erhalten würden und daß dies selbstverständlich eine gewisse Zeit in Anspruch nehmen werde.

Ich hatte keinerlei Lust, mit Jeanne zu telefonieren, der ich sehr verübelte, daß sie mich im kritischsten Augenblick unseres gemeinsamen Lebens im Stich gelassen hatte. Aber sie mußte Kenntnis davon erhalten, daß diese Herren aufgetaucht waren, da sie ja mit ihrer Unterschrift unsere Besitztümer unter den Schutz selbiger Versicherung gestellt hatte. Ich wusch mir also die Hände, zog mein einziges, immer unansehnlicher werdendes T-Shirt über und ging zur Post nach Noisilles hinunter, wo ich Violette bat, mir ein Gespräch mit Jeannes Eltern in Neuilly bei Paris zu vermitteln.

Jeanne war da. Sie war alles andere als liebenswürdig. Wie es den Hunden ging, interessierte sie nicht besonders. Wie es mir ging, interessierte sie überhaupt nicht. Ich mußte ihr dreimal wiederholen, was die Versicherungsmenschen getan und gesagt hatten. Als sie genug zu wissen schien, sagte sie kurz angebunden „Adieu" und legte auf.

Es ist wohl kein Zeichen von allzuviel Sentimentalität, wenn man es schlecht verkraftet, daß einen die eigene Frau so mies behandelt.

Als ich ziemlich mitgenommen aus der Kabine trat, fragte mich Violette, der keine Silbe von dem entging, was in ihrem Postamt telefoniert wurde, ob ich ihr einen Gefallen tun wolle. Ich wollte sehr gerne. Sie bat mich, so lange in der Post die Stellung zu halten, bis sie eine Besorgung erledigt habe. Es dauerte nur ein paar Minuten, in denen sie schnell zum Bäcker lief, um vier Liebesknochen zu holen. Das liebe Kind!

Als wir uns über sie hermachen wollten, hatte sie eine Idee: „Wir könnten ja auch zu mir nach Hause gehen und unsere Liebesknochen dort essen? Es ist fast Feierabend. Und wenn wir noch Brot und ein paar Scheiben Schinken kaufen, haben wir schon ein richtiges Abendessen zusammen."

„Wirklich? Sie laden mich zum Abendbrot ein?"

„Wenn Ihnen danach zumute ist . . ."

Und ob mir danach zumute war. Bei all meinem Kummer war diese Einladung wie ein Geschenk des Himmels.

Violette hatte ein Zimmer im Haus einer über hundertjährigen Witwe. Es war ein hübsches altes Haus mit Weinranken an den Mauern, Geranien vor den Fenstern, gurrenden Tauben auf dem Dach und vergilbten Fotos im Treppenhaus. Man fühlte sich sofort wohl darin. In Violettes Zimmer hingen Reproduktionen von van-Gogh-Bildern an den Wänden und ein Foto von Gérard Philipe in „Lorenzaccio" und eines von Clark Gable in „Vom Winde verweht". In einem Regal standen etwa fünfzig Taschenbücher, und auf der Tagesdecke ihres Bettes saß ein großer Plüschbär.

In Ermangelung von Stühlen setzten wir uns auf den kleinen Teppich und aßen. Der Schinken war ganz ausgezeichnet, das Brot wunderbar frisch. Und die Liebesknochen erst . . .

Violettes Hund, die Promenadenmischung Tulipe, war hinreißend. Nachdem er den Fettrand des Schinkens fein säuberlich verspeist und das Papier, in dem die Liebesknochen eingewickelt gewesen waren, ohne unangenehme Geräusche abgeleckt hatte, legte er sich zu dem Plüschbären und machte ein Nickerchen.

Violette war ebenfalls hinreißend. Während wir beim Kaffee waren, ließ sie mich wissen, daß sie weder verlobt noch sonst gebunden sei. Der Augenblick war gekommen, sie zu küssen. Ich küßte sie. Der erste Kuß schmeckte nach Liebesknochen mit Schokoladenfüllung. Es folgten noch weitere.

Wäre Tulipe, die sich ohne jede Zurückhaltung auf dem Bett breitgemacht hatte, nicht gewesen, wäre zweifellos noch mehr gefolgt.

Aber aufgeschoben war nicht aufgehoben.

MAJEUNOT war bereits bei Tagesanbruch auf den Beinen. Unrasiert, mit verquollenen Augen und nur mit der Unterhose bekleidet, stand er vor mir. Er zerrte mich aus dem Bett, weil er mir unbedingt etwas zeigen mußte.

„Etwas Phantastisches, Julien. Etwas wirklich Phantastisches."

Er führte mich hinaus auf die Freitreppe. Und dort gab es tatsächlich etwas Phantastisches zu sehen. Die Dogge Médor war gerade, über und über mit Dreck bedeckt, angekommen. Médor war so weit und so lange marschiert, wie ihn seine Füße trugen. Jetzt war der riesige Hund so erschöpft, daß er nur noch ganz kleine Schritte machen konnte. Mit Mühe und Not schaffte er es bis zu mir. Und er legte mir einen der vermißten Pekinesen zu Füßen, den er vorsichtig am Nacken in seiner Schnauze gehalten hatte.

Der Pekinese würdigte seinen Retter, der sich solch eine unendliche Mühe gegeben hatte, ihn wiederzufinden und heil nach Hause zu bringen, keines Blickes. Kaum stand der Undankbare wieder auf seinen eigenen vier Pfoten, als er sich in Richtung Küche davonmachte, um zu sehen, ob es dort irgend etwas zu knabbern gäbe.

Ich kam nicht dazu, Médor zu beglückwünschen, denn sobald er von seiner Last befreit war, brach er erschöpft zusammen.

Majeunot zog einen Hundertfrancschein aus seiner Brieftasche. Er gab ihn Simone, die inzwischen auch erschienen war, und bat sie, zum Fleischer nach Noisilles zu fahren, ein erstklassiges, großes Stück Fleisch zu kaufen und es so schnell wie möglich herbeizuschaffen.

Das Steak war für Médor bestimmt.

„Wenn ich daran denke, daß man gewalttätige Militärs auszeichnet, weil sie die Leute sich gegenseitig umbringen lassen, und Dichter Lorbeerkränze bekommen, die keinen ordentlichen Reim mehr zustande bringen, und daß dieser Hund nicht den kleinsten Orden erhalten wird! Was Médor getan hat, sollte man allen Kindern in der Schule als leuchtendes Beispiel vorhalten. Diesem Hund sollte man ein Denkmal setzen. Da er doch keins bekommen wird, kriegt er wenigstens eine großzügig bemessene Vitaminspritze. Und ein schönes Steak. Für einen Burschen wie ihn gäbe ich zehn Christoph Kolumbusse. Denn Kolumbus hat Amerika gefunden, ohne sich zu überanstrengen, und es geschah nicht einmal mit Absicht, während Médor, um den Pekinesen zu finden, Blut und Wasser geschwitzt hat und unterwegs fast krepiert wäre. Das ist ein wirklicher Held! Ich sage Ihnen eins: Ein Geschöpf wie diesen Hund würde ich gerne zum Sohn haben."

Was für ein „verrückter Alter", dieser Majeunot! Und welch ein Charakter er selbst war! Er hat alle verletzten Hunde verarztet. Er hat

die Ärmel aufgekrempelt und den Tschechen dabei geholfen, am
Schloß all das wieder auf Vordermann zu bringen, was überhaupt
noch zu reparieren war. In weniger als vierzehn Tagen war der linke
Flügel zwar nicht unbedingt wieder so hergestellt wie vor dem
Unwetter, aber immerhin doch so, wie er zu der Zeit meiner Kusine
Aurore gewesen war. Allerdings ohne Ratten und Mäuse!

Médor hatte einen der drei Pekinesen wiedergefunden. Kaum war
die Dogge mit Vitaminen, Steaks und Glückwünschen vollgestopft,
nahm sie ihre Suche wieder auf. Auch Moustachu fand es angebracht,
den großen Detektiv zu spielen. Ihm fehlte ja noch eines seiner
Pudeljungen. Das konnte er nicht verschmerzen. Bevor er aufbrach,
trug er seine drei Adoptivkinder in die Küche und vertraute sie Simone
an, um sicherzugehen, daß ihnen während seiner Abwesenheit nichts
geschah.

Simone war es auch, die den Sloughi fand. Eines Nachts, als die
Hunde, Majeunot und ich wie die Murmeltiere schliefen, glaubte sie,
ein Röcheln zu hören. Sie war beunruhigt und stand auf, zündete eine
der Petroleumlampen an, hüllte sich in eine Decke und ging hinaus. Es
war tatsächlich ein Röcheln. Und es schien aus dem riesigen Haufen
zerbrochener Steine, verkohlter Balken, verbogener Eisenträger zu
kommen, der sich dort befand, wo vorher der rechte Flügel des
Schlosses gestanden hatte. Zweifellos war darunter ein Hund eingeklemmt.

Simone weckte Majeunot und mich. Rasch schlüpften wir in unsere
Hosen, ergriffen die Werkzeuge, die die Tschechen zurückgelassen
hatten, und machten uns sofort ans Werk. Zwei Stunden später war der
Sloughi befreit. Er war fünf Tage eingeklemmt gewesen und halb tot.

„Wasser! Soviel Wasser wie er möchte", ordnete Majeunot an.
„Und zu fressen, aber nicht zu viel. Und dann eine ordentliche
Vitaminspritze!"

Funèbre und seine Wildererfreunde folgten der Fährte des verschol-
lenen Schäferhundes Dick von Weinberg zu Weinberg, von Weinkeller zu Weinkeller, und jedesmal, wenn sie eine Auskunft einholten,
verbanden sie eine Weinprobe damit. Auf diese Weise wurden sie eine
halbe Woche lang nicht mehr nüchtern. Das hinderte sie allerdings
nicht daran, die Geschichte von Dicks Odyssee lückenlos in Erfahrung
zu bringen und uns später zu erzählen.

Bevor er bei uns landete, lebte Dick bei einem Juwelier in Paris. Sein
Besitzer ertrug dieses derbe Tier in seinem kleinen Juwel von
Juwelierladen nur in der Hoffnung, es werde einem Einbrecher an die
Kehle springen, falls sich einmal einer zeigte. Da dieser Missetäter
ausblieb, langweilte sich Dick erbärmlich. Von morgens bis abends

faul auf dem weichen Teppichboden liegend, vergaß er allmählich immer mehr, daß er eigentlich wie seine Vorfahren für das große Abenteuer in endlosen Steppen geschaffen war.

In der Hundepension spürte er zum erstenmal, was Leben sein könnte. Aber erst mußten der Sturm, der Blitz, das Feuer kommen, damit Dick sich endlich befreit fühlte und einer dieser abenteuerdurstigen Hunde werden konnte, wie man sie sonst nur noch auf Berghütten, bei der Bereitschaftspolizei oder in Abenteuerromanen findet. Er zog durch die Nacht, immer geradeaus, scheuchte Tiere auf, die er nicht kannte, Hasen, Frettchen, Spitzmäuse, und er jagte sie, wobei er stärker und wilder bellte, als er es jemals zuvor gewagt hatte. Er trank Quellwasser und schlief in Gräben. Er tötete eine Gans und fraß ihre Eingeweide. Es schmeckte ausgezeichnet. Der Besitzer der Gans schoß mit einem Gewehr hinter ihm her und verfehlte ihn. Und Dick tötete eine andere Gans auf einem anderen Bauernhof, fraß sie aber diesmal nicht. Er hatte nur aus Lust am Jagen getötet. Er war ein großer, prächtiger Hund, der die Kinder in den Dörfern erschreckte und der des Nachts auf die Scheinwerfer der Autos zu sprang, so daß der Herr am Steuer unvermittelt bremsen mußte und die Dame, die neben ihm saß, erschrocken aufschrie. Dick war auch schuld daran, daß ein Radfahrer hinfiel. Er tötete zudem zwei Karnickel, verwüstete einen Garten, indem er alle Tomatenstauden herausriß, schlug eine ganze Kuhherde in die Flucht. Auf einer Straße aber stieß er auf Polizisten . . .

Die Gendarmen waren zu sechst und bis an die Zähne bewaffnet. Sie fingen Dick, und sie sperrten ihn in einen Käfig. Die Gendarmen übergaben Funèbre und seinen Freunden nur allzu gerne den wild gewordenen Juweliershund: Seit er da war, konnten sie beim Kartenspiel ihr eigenes Wort nicht mehr verstehen. Nach der Meinung der Gendarmen war es das beste, dem Tier „in dem aggressiven Zustand, in dem es sich befand", eine letzte Spritze zu verpassen.

Aber Dick hatte nun genug vom großen Abenteuer. Er gewöhnte sich sehr schnell wieder an Simones schwere Nudelgerichte und an den geruhsamen Stundenplan der Hundepension.

Auch die beiden Pudel Margarete und Wagram waren mit keinem banalen Ausreißversuch zufrieden. Sie fanden ihr Abenteuer allerdings nur ein paar hundert Meter vom Schloß entfernt. Dort flüchteten sie sich in einen Weinkeller. Er war geräumig, kalt und düster. Und in der Luft lag ein Geruch, der einem zu Kopfe stieg. Da der Wind die Tür hinter ihnen zugeschlagen hatte, waren sie gefangen. Der Geruch stieg ihnen zu Kopfe und betäubte sie. Die beiden Pudel fielen in einen tiefen Schlafrausch. Erst am übernächsten Tag fand sie der Besitzer des Weinkellers. Er brachte sie mir in einer Schubkarre, da sie immer noch unfähig waren, sich aufrecht zu halten.

Immer noch fehlten ein Pudeljunges, ein Pekinese, der Bologneser Orléans und der Cockerspaniel Ubu. Wir mußten weitersuchen.

Außerdem mußten wir uns darauf gefaßt machen, daß einige wutentbrannte Hundebesitzer auftauchen würden. Denn eine Pariser Tageszeitung hatte eine kurze Notiz, die in einem Lokalblättchen erschienen war, groß als Aufmacher herausgebracht: „Blitz: Loireschloß in Flammen – hundert Hunde tot!"

Samowars Herrchen erschien als erster. Sobald er mich erblickte, stürzte er sich auf mich und knallte mir eine Gerade ans Kinn, die ich nicht eben begeistert einsteckte. Er war so wild darauf, den „durch meine Schuld verursachten Tod seines kleinen Lieblings" zu rächen, daß er nicht einmal bemerkte, daß der „kleine Liebling" ihm in die Wade biß, um ihm eine Lehre dafür zu erteilen, daß er mich attackierte!

Als es Simone endlich gelang, ihn darauf aufmerksam zu machen, daß Samowar lebte, fiel es diesem Schläger nicht einmal ein, sich zu entschuldigen. Er zog ab und zerrte den unwilligen Samowar an einer langen Leine hinter sich her. Der arme Hund sträubte sich vergebens, wieder in die Stadt zurückkehren zu müssen.

Inzwischen muß Samowar schon sehr alt sein. Vielleicht träumt er bisweilen von jener Nacht, als er nach dem Schloßbrand vier Karnickel in einem Kaninchenstall gerissen hat. Das war eine tolle Nacht, stimmt's, Samowar?

Dann tauchten einige Damen auf, die weniger streitlustig, dafür um so betrübter waren. Aufrichtig bedauerten sie das Schicksal des Schlosses und vergossen sogar einige Tränen. Die eine, weil ihr Samojedenspitz tot war. Die andere, weil ihr Windhund dem Tode knapp entronnen war. Wieder eine andere fiel in Ohnmacht, als sie ihren Pekinesen erblickte, wie er auf der Wiese Purzelbäume schlug. Eine Geistererscheinung hätte keine verheerendere Wirkung auf sie ausüben können. Majeunot erwog, ihr eine Vitaminspritze zu verabreichen. Aber einige Klapse auf die Wangen und ein Gläschen Gesundheitswein brachten sie wieder auf die Beine. Jetzt war sie glücklich, so glücklich, daß sie Simone, Majeunot und mich umarmte.

Dann kam Médor und brachte einen weiteren Pekinesen im Maul zurück. Er hatte alle drei kleinen Pekinesen wiedergefunden.

Médor erschien gerade zur rechten Zeit, um zwei Pariser Journalisten in die Flucht zu schlagen, die eine Sensationsreportage über „das Schloß mit den hundert toten Hunden" machen wollten. Médor biß den Fotografen. Und der Bericht erschien nie.

3

PLÖTZLICH wimmelte es überall von Erntehelfern. Die Weinlese begann. Dieses Ereignis brachte Leben in die ganze Gegend. Studenten kamen, die vor dem Semesteranfang noch ein wenig Geld verdienen wollten. Landstreicher kamen, die den Duft der Heuschober demjenigen der Metro vorzogen. Vettern und Kusinen, Neffen und Nichten der Leute von Noisilles, Vouvray, Creublois, Bougny, Maupoincy strömten herbei, um mit Hand anzulegen und auch, um sich wieder einmal köstlich zu amüsieren. Man schindet sich bei der Weinlese zwar vom Morgengrauen bis zum Einbruch der Nacht. Aber man hat seinen Spaß dabei und atmet gesunde Luft. Und wenn der letzte Korb des Tages in den letzten Karren geschüttet worden ist, setzen sich alle mit roten, klebrigen Händen zu Tisch und schlagen sich den Bauch voll mit schöner fetter Suppe, Schweine- und Kaninchenbraten und Backhühnchen, mit Bergen von Kartoffeln und Schwarzwurzeln in Béchamelsoße und einer Menge feinstem, leckerem Gebäck zum Nachtisch. Und es wird getrunken, und zwar ordentlich, vom Hauswein, den nur der kennt, der selbst Wein macht. Und darüber werden lustige Geschichten erzählt. Jedes Jahr die gleichen. Und alle lachen und freuen sich, daß sie wieder zusammen sind.

Majeunot blieb seinem Feldbett mehrere Nächte hintereinander fern. Er hatte merkwürdigerweise immer dort zu tun, wo gerade Weinlese war. In jenen Nächten war ich allein mit Simone. In den Nächten und natürlich an den Abenden, die diesen Nächten vorausgingen. Denn Majeunot aß einmal in Maupoincy, einmal in Vouvray zu Abend. Simone kochte mir die köstlichsten Dinge. Wir sprachen über die Hunde, über Geld und andere Probleme, deren Tragweite ich noch nicht so recht überblicken konnte. Wir sprachen über das Leben an sich und unser Leben im besonderen.

Das von Simone war bisher nicht sehr lustig verlaufen.

Zuerst einmal war sie häßlich. Es war nutzlos, ihr zu sagen, daß sie sich das nur einbilde, sie wollte keine frommen Lügen hören. Sie war sich nicht sicher, ob es einen lieben Gott gab, aber sie war sicher, daß er sie so geschaffen hatte, daß man nichts daran ändern konnte und daß die Schönheit nicht so wichtig war wie die Gesundheit, deren sie sich erfreute.

Sie war also häßlich. Und sie war arm. Denn sie war die Tochter eines Mannes ohne Bildung und ohne Ehrgeiz, der seinen Laden (ein Haushaltwarengeschäft in Blois) mit einem jungen, bildhübschen Weib durchgebracht hatte. Ihre Mutter hatte Simone nicht gekannt. Sie starb, als sie selbst gerade achtzehn Monate alt war.

Simone hätte nach der Schule gerne studiert. Medizin vielleicht. Aber dazu war natürlich kein Geld da. Statt dessen ging sie arbeiten. Zuerst in einer Wäscherei, dann in einer Fabrik für Konfektionskleidung. Sie hatte ein Dutzend verschiedene Stellen, aber die Arbeit war immer gleich uninteressant und schlecht bezahlt. Es hatte auch einen Mann in ihrem Leben gegeben, in den sie sich verliebt hatte. Er war Südfranzose und Bankangestellter. Er hatte sie mit ihrer älteren Schwester betrogen. Da hatte sie von den Männern genug gehabt. Und vom Leben. Sie hatte sich in die Loire geworfen an einer Stelle, wo das Wasser tief genug war. Ein Passant hatte sie gerettet. Sie war gerade aus dem Krankenhaus entlassen worden, ehe sie zu uns kam.

Arme Simone. Wenn sie nicht so häßlich gewesen wäre und wenn es da nicht ein junges, schlankes und blondes Fräulein von der Post gegeben hätte, die ich aus Zeitmangel viel zu selten sehen konnte, an die ich jedoch sehr intensiv dachte, dann hätte ich Simone ganz bestimmt in den Arm genommen. Sie brauchte das vielleicht, und vielleicht hätte es mich ein wenig von meinen Sorgen abgelenkt. Denn meine Sorgen . . .

Abgesehen von den toten Hunden, den verletzten Hunden, den vermißten Hunden, gab es ja auch noch die Hunde, die überlebt hatten und die was zu fressen haben mußten. Doch wie sollte ich das bezahlen? Alles, was unsere Hundepension eingebracht hatte, hatte Jeanne gleich wieder in die Restaurierung des Schlosses gesteckt. Ich besaß keinen einzigen Franc mehr. Die Geschäfte in Noisilles und die bewundernswerten Tschechen räumten mir Kredit ein. Aber wie lange noch?

Und auch Simone mußte bezahlt werden. „Das mit der Bezahlung eilt wirklich nicht, Monsieur Julien. Ich habe ja hier auf dem Land sowieso nicht so viele Möglichkeiten, mein Geld auszugeben."

„Ihnen gehört doch nicht einmal das Kleid, das Sie auf dem Leibe tragen."

„Nun gut, dann gehe ich eben nackt. Da sehe ich noch nicht einmal am schlechtesten aus. Im Gegenteil. Wenn mich mehr Leute ganz nackt gesehen hätten, wären sie sicherlich mehr von mir angetan."

Sie sagte das ohne jeden anzüglichen Unterton, und sie lachte dabei. Und sie ging den Pistazienpudding holen, den sie für mich gemacht hatte. Plötzlich waren drei, vier, zehn Hunde da. Für jeden reichte es nicht mehr als einen Löffel voll.

Sobald der Pudding verfüttert war, kam ich von neuem auf meine Sorgen zu sprechen: Nach und nach würden alle Besitzer der Hunde hier aufkreuzen und von mir Rechenschaft fordern, als ob ich für das Gewitter verantwortlich wäre! Und nach und nach würden sie alle Hunde mitnehmen, weil diese Schloßruine nichts mehr mit dem „prächtigen alten Schloß in herrlicher Umgebung" zu tun hatte, das so eine erfreulich große Kundschaft angezogen hatte.

„Wir sind am Ende, Simone. Die Hundepension ist erledigt. Er-le-digt."

Simone fing an zu schniefen. Damit sie nach Herzenslust weinen konnte, setzte ich mich auf das, was von der Freitreppe übriggeblieben war. Und ich blies dort in der Dunkelheit Trübsal und streichelte dabei einen Hund, der sich von dieser Stimmung nicht abschrecken ließ. Meistens war es Moustachu, dem es wegen des fehlenden vierten Pudeljungen ähnlich ging wie mir. Das vierte der von Moustachu adoptierten Pudeljungen war endlich gefunden worden. Ein Weinbauer hatte es in einem hohlen Baum entdeckt. Majeunot meinte, es müsse dort in der Nacht des Unwetters vor lauter Angst gestorben sein. Ja, besonders lustig war es nicht mehr im Schloß.

Während ich so trübsinnig dasaß, schallten rings um mich Lachsalven durch die Nacht. Sie kamen aus den Dörfern, wo die Weinlese gefeiert wurde.

Als das Lachen verstummte, war es Spätherbst.

Und die Ferien gingen zu Ende. Also erschienen die Hundebesitzer, um ihre Lieblinge abzuholen. Manche konnten es kaum fassen, als sie sahen, was in der Zwischenzeit aus dem Schloß geworden war. Sie wußten ja von nichts. Bei der Safari in Kenia oder bei der Kreuzfahrt durch die Ägäis liest man nicht so aufmerksam Zeitung. Da standen sie nun vor mir und sahen mich in meinen verlotterten Jeans. Meine Haare waren seit Jeannes Abreise nicht mehr geschnitten worden, und weil auch mein Rasierapparat in der Feuersbrunst verglüht war, hatte ich einen Stoppelbart im Gesicht. Dagegen war die Frau Direktorin nicht mehr da, die einen so guten Eindruck auf sie gemacht hatte. Und dann mußten sie erfahren, daß ihr Hund tot war oder daß er lahmte oder daß er noch immer vermißt wurde!

Das war zuviel. Ein paar Hundebesitzer begnügten sich ja noch damit, mich zu beschimpfen und mit ihrem Wauwau, den sie fest ans Herz drückten, so schnell wie möglich der Stätte des Grauens zu entfliehen. Aber die meisten waren rasend vor Wut. Zwei waren sich sogar darin einig, daß „ein hübscher kleiner Prozeß mir den nötigen Denkzettel verpassen würde".

Bei dem Gedanken daran, daß man mich wie einen gemeinen Verbrecher vor Gericht zerren und sicherlich auch verurteilen würde, war Simone zutiefst erschrocken. Mir selbst machte am meisten zu schaffen, daß ich zusehen mußte, wie ein Hund nach dem anderen entschwand. Man nahm sie mir alle, diese guten oder bösen vierbeinigen Teufel, mit denen ich so viele (und oft so schöne) Augenblicke verbracht hatte!

Es gab auch Angenehmes. Sidonies Besitzerin telegrafierte von Los Angeles, daß sie uns ihre Hündin noch bis Weihnachten anvertraue. Dem Telegramm folgte eine telegrafische Geldüberweisung. Das Frauchen eines der von Médor auf so wunderbare Weise wiedergefundenen Pekinesen ließ uns ihren kleinen Liebling ebenfalls noch länger. Sie wurde auf den Falklandinseln oder irgendwo dort unten zurückgehalten. Außerdem hatten wir nach wie vor einen Basset aus unerfindlichen Gründen auf dem Hals. Seine Besitzer hatten wohl in der Ägäis Schiffbruch erlitten. Und es blieben mir Anjou und Valois. Aber das waren keine „zahlenden Gäste". Das gleiche galt für Moustachu und für die von ihm adoptierten Pudel. Orléans und der Cockerspaniel Ubu trieben sich immer noch irgendwo herum.

Das Herrchen des Cockerspaniels Ubu war einer der wenigen verständnisvollen Hundebesitzer, die beim Anblick der Schloßruine nicht völlig außer Fassung gerieten. Er kam im Wohnwagen an und stellte sich vor: Jérôme Moutier, Kunstmaler. Er male schlecht, aber er lebe gut. „Sie können mich gar nicht kennen. Niemand kennt Jérôme Moutier. Außerdem signiere ich meine Bilder nicht mehr. Man könnte mich den unbekannten Maler nennen. Aber ich verkaufe. Vor allem Landschaften. Ich will nicht behaupten, daß ich nicht gelegentlich einen Menschen oder auch zwei in meine Landschaften hineinnehme, aber meine Spezialität ist die Landschaft. Ich lebe davon, und zwar immer besser. Sehen Sie sich mein Luxuswohnmobil an. Mit dem fahre ich durch die Welt. In dreißig Jahren neun Millionen Kilometer. Ich hab mir die Welt angesehen und überall, wirklich überall habe ich meine Bilder verkauft. Spielend. Wenn ich vom Fahren genug habe, halte ich an. Ich stelle meine Staffelei auf und male das, was ich sehe: ein Feld, eine Mühle, ein Haus. Und jedesmal ist es so verblüffend ähnlich, daß der Besitzer des Feldes, der Mühle, des Hauses mein Bild haben will. Er will es um jeden Preis. Meine Preise sind sehr variabel. Zum Beispiel habe ich ein Bild vom Palast eines Maharadschas für dreißigtausend Franc verkauft. Ein anderes, ebenso gut gemaltes Bild, das eine armselige Hütte im afrikanischen Busch darstellte, habe ich gegen eine Kokosnuß getauscht. Wie ich schon sagte: Ich bin der unbekannte Maler. Aber ich lebe."

Daß sein Cockerspaniel irgendwo herumstrolchte, fand er nicht so schlimm. Jérôme Moutier würde mir wegen einer solchen Lappalie nicht böse sein. Ob ich ihm erlaubte, seinen zitronengelben Wohnwagen auf meinem Rasen abzustellen? Wunderbar! Während er darauf wartete, daß sein Hund wiederaufzutauchen geruhte, würde er seine Kunst ein wenig hier in der Gegend ausüben.

Der unbekannte Maler bannte jeden Winkel in Noisilles und in den umliegenden Dörfern auf seine Leinwand. Wenn er nicht malte, dann trank er mit dem ebenfalls weitgereisten Majeunot. Sie beschworen die unglaublichsten Weltgegenden und ihre Erinnerungen an die unmöglichsten Menschen herauf und waren überglücklich, wenn sie von entlegenen Flecken sprachen, die sie beide kannten.

Sie duzten sich schon längst. Ganze Nächte lang tranken und schwatzten sie zusammen. Für mich war das zu ermüdend auf die Dauer. Und gleichzeitig wurde mir bewußt, daß ich immer weniger gerne schwätzte und die schönsten Worte, verglichen mit einem ordentlichen Hundebellen, für mich allmählich hohl klangen.

Majeunot war mein einziger Freund, und der Maler Moutier war mir sehr sympathisch, aber in ihrer Gesellschaft wurde mir die Zeit lang. Mit Simone passierte mir das nicht. Aber sie sprach wenig. Mit Violette passierte es mir ebenfalls nicht. Aber ich sah sie selten. Mit dem Basset, dem Pekinesen, Moustachu, seinen drei Adoptivkindern, meinen alten Bolognesern und Sidonie passierte mir das nie.

Meine Truppe war ziemlich klein geworden. Und wenn schon! Jeden Tag, den Gott werden ließ, rief ich wie in den besseren Zeiten die Hunde zusammen. Sie stürzten herbei, und wir machten uns auf zum Spaziergang. Und Médor bildete wie stets die Nachhut und hielt die Bummelanten zur Ordnung an.

Eines Tages, als ich vom Spaziergang heimkam, war Jeanne da. Sie trug ein neues maßgeschneidertes Kostüm und ging nervös vor dem Gitterportal auf und ab.

„Willst du denn nicht reinkommen?"

„Nein, Julien. Ich könnte den Anblick des Schlosses in seinem jetzigen Zustand nicht ertragen . . . Nein!"

„Wenn es nur um das Schloß ginge. Weißt du eigentlich, wieviel Hunde noch . . .?"

„Also mit den Hunden ist es wie mit den Menschen, den Katzen und den Flöhen. In jeder Sekunde wird eine erschreckend große Anzahl davon geboren. Schlösser dagegen . . . Hast du eine Zigarette für mich?"

„Nein, tut mir leid, Jeanne. Ich habe das Rauchen aufgegeben."

„Das Rasieren wohl auch."

„Sagen wir, ich lasse mir einen Bart wachsen."

„Und wie schlampig du rumläufst!"

„Ja, schlampig und dreckig. Vor allem aber arm. Armut ist noch schlimmer als Dreck."

„Genau. Darüber möchte ich mit dir sprechen. Die Versicherung schuldet uns eine beträchtliche Summe. Vorausgesetzt, wir stellen uns geschickt an. Ich habe mit den Herren telefoniert. Soviel ich verstanden habe, warst du nicht gerade in Höchstform, als sie hier waren, um den Schaden festzustellen."

„Warum? Machen sie Schwierigkeiten?"

„Natürlich machen sie Schwierigkeiten. Das ist ihr Beruf, dafür sind sie da. Aber wir werden uns das nicht bieten lassen. Papas Rechtsanwalt hat die Sache in die Hand genommen."

„Übrigens ... à propos Rechtsanwalt. Uns droht ein Prozeß. Vielleicht sogar mehrere."

„Ein Prozeß oder mehrere?"

„Ja. Du erinnerst dich doch sicher an Topinambour, den kleinen drolligen Griffon mit dem spitzen Ziegenbärtchen ... Der hat ein Auge verloren, der Arme ... Seine Besitzer, die eng mit irgendeinem Staranwalt befreundet sind, haben mir mitgeteilt, daß sie Schadensersatz fordern werden."

„Und warum hast du mich nicht sofort benachrichtigt?"

„Wie die Dinge liegen, käme es auf einen Prozeß mehr oder weniger –"

„Du bist dumm, Julien. Du bist wirklich ganz einfach zu dumm."

„Einverstanden, Jeanne. Ich bin dreckig, unrasiert und dumm. Nachdem wir diese grundsätzliche Feststellung getroffen haben, kannst du mir vielleicht sagen, ob du noch mehr Derartiges auf Lager hast. Wenn ja, hättest du vielleicht die außerordentliche Freundlichkeit, mit mir in die Küche zu kommen, um dort weiterzumachen. Ich habe nämlich gerade einige Kilometer hinter mir, und jetzt ist meine Teestunde. Kekse gibt es keine, da wir, wie es so schön heißt, im Augenblick etwas in der Klemme sind, aber immerhin gibt es Tee."

„Ich werde meinen Fuß niemals mehr in dieses Schloß setzen!"

„Dann haben wir uns also nichts mehr zu sagen?"

„Wir werden uns alles übrige morgen nachmittag bei Papa sagen. Maître Palissandre wird ebenfalls dasein. Um zwei. Hast du mich verstanden? Punkt zwei Uhr. Maître Palissandre ist niemand, den man warten läßt."

Ich hatte bis dahin gar nicht bemerkt, daß der große Wagen meines Schwiegervaters dastand. Mit einem uniformierten Chauffeur. Jeanne schlug die Tür ziemlich heftig zu. Und der Wagen fuhr ab.

In Paris war Herbst. Genau wie in Noisilles. Aber es war ein Herbst in der Stadt, der wie der Frühling, der Sommer und der Winter in der Stadt nach Auspuffgasen roch.

Als begeisterter Pariser, der ich vor meinem Exil in der Touraine gewesen war, hätte mich diese Rückkehr eigentlich überglücklich machen müssen. Aber nichts dergleichen geschah. Mein Herz schlug nicht schneller, als ich das Stadtzentrum erreichte. Der Verkehr und das Leben auf den Boulevards versetzten mich nicht in fiebrige Erregung. Die Champs-Élysées (mit all ihren Kinos, in denen ich so viele Filme gesehen hatte) ließen mich kalt.

Moustachu war offensichtlich auch nicht stärker beeindruckt als ich. Ich hatte ihn im Wagen mitgenommen, weil ich überzeugt war, daß er genau wie ich ein reines Produkt der Hauptstadt sei und wieder einmal gerne heimatliche Luft schnuppere. Und weil ich eine liebe Seele um mich brauchte.

Moustachu war wirklich eine Seele von Hund. Während der ganzen Reise preßte er sich eng in meine rechte Armbeuge, so daß ich nur mit allergrößter Mühe den Schalthebel bedienen konnte.

Als wir in Neuilly vor dem Haus von Jeannes Vater ankamen, befahl ich Moustachu, schön brav zu sein, und schloß ihn im Wagen ein. Ich hätte ihn gerne mitgenommen. Aber ich fürchtete Jeanne – und die Siamkatzen von Schwiegermama. Das waren hochmütige Kater, die auf unzähligen Ausstellungen ständig Preise einheimsten. Diese arroganten asiatischen Viecher hätten Hackfleisch aus meiner Promenadenmischung gemacht.

Der Diener öffnete mir. Es war immer noch der gleiche finster aussehende Spanier. Als er mich jetzt in Jeans und mit Bart gewahrte, musterte er mich noch verächtlicher als zu der Zeit, in der ich einmal pro Woche in Neuilly zum Abendessen erscheinen mußte. Er führte mich in das Arbeitszimmer seines Herrn, der – und das war die einzig positive Überraschung des Tages – nicht da war. Aber Maître Palissandre und Jeanne waren da. Jeanne tat erstaunt, als sie mich in meinen Jeans und Schnürstiefeln sah. Sie lächelte vornehm und sagte, um meinen Aufzug vor dem Rechtsanwalt zu entschuldigen: „Wie ich sehe, kleidest du dich jetzt als Gutsbesitzer."

„Ich kleide mich mit den Sachen, die mir zum Anziehen geblieben sind."

Maître Palissandre hätte mir wenigstens ein Lächeln oder vielleicht ein verständnisvolles Augenzwinkern schenken können, um anzudeuten, daß er Anteil an meinem Schicksal nahm. Aber mein Unglück interessierte ihn nicht. Ihn interessierte nur Geld, das Geld, das man „diesen Versicherungsgeiern" entreißen mußte.

„Denn diese Leute, mein lieber Herr (dieser liebe Herr war ich), wollen nicht zahlen, keinen Centime wollen sie herausrücken. Sie werden zu beweisen versuchen, daß Sie für den Schaden verantwortlich sind, Sie allein. "

„Wollen Sie damit sagen, diese Leute wollen beweisen, daß ich das Gewitter ausgelöst habe?"

Maître Palissandre gestattete sich ein Lächeln. Nicht etwa, weil ihn der feine Witz meiner Erwiderung belustigt hätte. Vielmehr sollte das Lächeln zum Ausdruck bringen, daß er in seinem Berufsleben genügend fürchterliche Menschen kennengelernt habe, daß aber solche Nieten wie ich zum Glück einigermaßen selten waren.

„Natürlich nicht. Die Versicherung bestreitet nicht, daß ein Blitzschlag das Feuer ausgelöst hat. ‚Ausgelöst', wohlgemerkt. Es ist jedoch nicht die Rede davon, daß der Blitz das Feuer ‚verursacht' hat. Begreifen Sie den feinen Unterschied?"

„Nicht ganz. "

„Juristisch kann diese Nuance schwerwiegende Konsequenzen haben. Auf den Punkt gebracht, behauptet Ihre Versicherung, daß Ihr Schloß, mit besseren Schutzvorrichtungen ausgestattet, bestimmt nicht so sehr beschädigt worden wäre. "

„Ich mag Ihnen ja immer noch schwer von Begriff erscheinen, aber was wollen die Leute damit nun genau sagen?"

„Gestern nachmittag ist mir von Maître Monge, dem juristischen Berater der Versicherung, eine sehr unangenehme Frage gestellt worden: ‚Gab es einen Blitzableiter auf dém Schloß, oder gab es keinen?'"

Bei diesen Worten sprang Jeanne auf und rief: „Es gab einen! Nicht wahr, Julien? Natürlich gab es einen!"

„Einen Blitzableiter? Jedes Haus hat einen. Und jedes Schloß. Selbstverständlich. "

„Leider ist das nicht so selbstverständlich", meinte Maître Palissandre mit dem Ausdruck tiefsten Bedauerns in der Stimme. „Maître Monge erwähnte mir gegenüber ein Dokument, von dem er Kenntnis erhalten hat …, ein Dokument, das aus einer Abteilung des Kultusministeriums stammt … Und besagtes Dokument … "

Aus den umständlichen Ausführungen des Rechtsanwalts wurde klar, daß Maître Monge offizielle Unterlagen aufgestöbert hatte, aus denen einwandfrei hervorging, daß das Schloß meiner Kusine Aurore, das einmal unter Denkmalschutz gestellt werden sollte, mit keinem Blitzableiter ausgerüstet war; falls je ein Blitz in das Schloß einschlagen sollte, mußte die Versicherung für den Schaden genausowenig aufkommen wie für einen Einbruch in ein Haus, das keine Türen hat.

Fazit: Wir mußten so schnell wie möglich beweisen, daß Jeanne und ich einen Blitzableiter hatten installieren lassen. Aber wie? Indem wir die Rechnung für die Installation vorlegten. Eine Rechnung? Unsere braven und unersetzlichen Nevedziewjz kannten nicht einmal den Sinn des Wortes Rechnung. Das Ausstellen einer Rechnung war für die Tschechen die einzige ihnen unbekannte Tätigkeit. Und außerdem . . .

„Und außerdem . . .?" fragte Jeanne mich ängstlich.

„Außerdem erinnere ich mich jetzt sehr gut. Es war davon die Rede, daß sie den Blitzableiter installieren sollten. Aber es ist nie dazu gekommen, denn die Tschechen haben geschworen, niemals mehr den Fuß auf unser Dach zu setzen, weil Sidonie dem Vater auf den Kopf gepinkelt hat."

Maître Palissandre hatte Mühe, mir zu folgen. Er brannte vor Neugier darauf zu erfahren, wer diese Sidonie sei. Aber Jeanne ließ mich nicht einmal zu einer Erklärung ansetzen. Sie meinte, ich redete Unsinn, ich sei verrückt oder leide an Gedächtnisschwund. Sie erinnere sich noch sehr genau an den Tag, an dem die Tschechen den Blitzableiter installiert hätten. Es war ein Dienstag. Ein Dienstag morgen. Sie wisse noch, wie . . .

Sie hätte uns sogar die Farbe des Hemdes beschreiben können, das Zoltan an jenem Dienstag morgen trug. Nur stimmte das alles nicht. Jeanne wußte es ebensogut wie ich, die Tschechen hatten niemals . . .

„Dann bin ich also eine Lügnerin!"

„Ich habe nicht behauptet, daß du eine Lügnerin bist, Jeanne, ich habe nur behauptet, daß der Blitzableiter . . ."

Maître Palissandre spielte mit seinem vergoldeten Kugelschreiber. Er sah mich an. Genau wie Jeanne. Und wie sie mich ansah! Wenn ich daran dachte, daß dieser feindselige Blick von einer Frau kam, die ich einst geliebt hatte und die ihrerseits . . .

Diesen Blick konnte ich nicht länger ertragen. Ebensowenig wie den des Rechtsanwalts. Ich murmelte also irgend etwas wie „Liebe Leute, mir reicht's. Hat mich gefreut" und verließ die Wohnung meines Schwiegervaters derart rasch, daß der finstere Spanier keine Zeit fand, mir die Tür zu öffnen.

Sobald sich diese Tür hinter mir geschlossen hatte, konnte ich wieder aufatmen. Diese Jeanne! Meine Frau Jeanne war eine mir feindlich gesinnte Fremde geworden. Und noch dazu eine Lügnerin! Und ich atmete nicht nur auf, ich empfand auch das dringende Bedürfnis zu lachen. Denn mir wurde klar, daß das Fehlen des Blitzableiters, wodurch ich keine Chance mehr hatte, meinem Elend zu entrinnen, ein weiterer Streich dieser verrückten Sidonie war.

Die Hausmeisterin sah mich weggehen und konnte bestimmt keine Verbindung herstellen zwischen diesem bärtigen und zerlumpten Individuum, das sich da krumm und buckelig lachte, und dem Schwiegersohn von Herrn Fougnard aus dem ersten Stock, diesem jungen Mann, den sie so oft zusammen mit seiner eleganten kleinen Frau hatte vorbeigehen sehen.

Moustachu schlief. Aber nur halb. Er freute sich, daß ich zurück war und daß ich lachte. Ich erzählte ihm, warum ich lachte. Vielleicht hat er mich verstanden. Bei Hunden weiß man das nie so genau.

MAJEUNOT hatte mir etwas Geld zugesteckt, damit ich das Benzin für die Fahrt bezahlen konnte.

Jeanne und die verschiedenen Herren Rechtsanwälte hatten mir zu denken gegeben. Also dachte ich nach, während ich mit ziemlich hoher Geschwindigkeit dahinfuhr (ich wollte schnell wieder nach Hause kommen).

Ich gestand mir ein, daß ich Jeanne nicht mehr liebte. Was mich nicht allzusehr erstaunte, wenn ich bedachte, daß sie bereits seit einiger Zeit alles daransetzte, um mich von ihr zu entfremden, und daß ich mehr und mehr an einem gewissen Fräulein von der Post interessiert war. Ich gestand mir ein, daß ich Paris nicht mehr liebte. Das überraschte mich wirklich. Paris war immerhin meine Geburtsstadt. Paris war meine Heimat. Jeder – mochte er sich nun Leonardo da Vinci, Einstein oder Sigmund Freud nennen –, der nicht in Paris lebte, war für mich ein armseliger Provinzler gewesen. Keine Mode, keine neue Idee, keine Philosophie, die nicht mit dem Stempel „made in Paris" versehen war, hatte mich je interessieren können. Griechenland und seine Tempel, Peru und seine Inkastädte, China und seine Mauer waren nichts weiter für mich gewesen als ferne und schäbige Vororte von Paris. All diese angeblichen Weltwunder hätte ich jederzeit für die Rue de Rivoli, den Place de la République und irgendein Pariser Kino, ein Bistro oder ein Restaurant hergegeben.

Doch an diesem Tag mit dieser idiotischen Blitzableitergeschichte sah ich Paris mit anderen Augen. Es war zu groß, zu grau, zu laut, zu voll von allem, was ich nicht mehr mochte.

In Châteaudun machten wir Pause; ich trank einen Milchkaffee und Moustachu eine große Schale Wasser. Die Bedienung verabschiedete uns sehr unfreundlich, weil ich kein Trinkgeld gegeben hatte. Ich hatte einfach nichts mehr.

Hinter Châteaudun hörte ich auf, an das einst so geliebte Paris zu denken, und ich dachte lieber an Violette. Und daran, daß ich sie sehr bald besuchen wollte. Beim nächsten Abendessen mit Schinken und frischem Brot würde es kein falsches Mitleid mehr mit der Promenadenmischung Tulipe und dem Plüschbären geben! Violette und ich würden wunderschöne Dinge erleben. Jeanne hatte mich in ihren Netzen gefangen, als ich noch der attraktive, aber unfertige junge Mann war, aus dem sie *ihren* Mann nach ihrem Geschmack formen konnte. Für Violette war ich der reife Mann, der ihr helfen würde, eine reife und selbstsichere Frau zu werden. *Meine* Frau? Warum denn nicht? Maître Palissandre konnte sich wenigstens bei etwas nützlich machen: bei der Scheidung.

Mein Entschluß stand fest: Ich würde mich scheiden lassen und Violette heiraten.

Bei diesem Gedanken fühlte ich mich von Glück überwältigt. Ich war der glücklichste aller Menschen.

Und dann hörte ich plötzlich ein eigenartiges Geräusch: tack-tack-tack. Es kam vom Motor. Rauchschwaden entwickelten sich. Ich warf einen Blick auf das Armaturenbrett. Zwei kleine Lämpchen, die ich noch nie bemerkt hatte, leuchteten. Ein blaues und ein orangefarbenes; letzteres blinkte. Ich schaltete herunter, bremste und hielt unter einem Baum, von dem ich wußte (noch nicht seit allzu langer Zeit), daß es eine Kastanie war. Dann machte ich mich auf die Suche nach der Gebrauchsanleitung. Sie lag unter meinem Sitz und war voller Hundehaare. Das blaue Licht sollte den Fahrer warnen, daß die Batterie schwach war. Wenn das orangefarbene Licht blinkte, bedeutete das Schlimmeres: Der Fahrer sollte sofort anhalten und die Zündung ausschalten. Und eine Werkstatt benachrichtigen, und zwar nicht irgendeine, sondern die nächste Vertragswerkstatt. Wie sollte ich diese nächste Vertragswerkstatt aufstöbern? Indem ich das *andere* Heftchen zu Rate zog, das ebenfalls beim Kauf des Wagens mitgeliefert worden war. Das andere Heftchen hatte ich einmal gesehen, als es von einem der Bologneser, ich glaube, es war Anjou, der mich damals nach Tours begleitete, zerfetzt und aufgefressen wurde.

Der Wagen blieb unter der Kastanie stehen, und wir versuchten als Anhalter unser Glück. Das heißt, daß wir eineinhalb Stunden verloren, indem ich Lastwagen oder Autos winkte, die an uns vorbeisausten, ohne auch nur die Geschwindigkeit zu verringern.

Wir gingen zu Fuß weiter. Es waren noch neunzehn Kilometer. Zum Schluß trug ich Moustachu. Er war schwer, dieser kleine Taugenichts. Aber um sich dafür zu entschuldigen, leckte er mir ungefähr alle zweihundert Meter das Kinn.

Der Weg war lang und beschwerlich. Aber ich würde Violette heiraten und mit ihr wirklich außergewöhnlich schöne Dinge erleben. Ich war der glücklichste aller Menschen.

Es war eine pechschwarze Nacht. Simone erwartete mich auf der Freitreppe. Sie trug immer noch das dünne Sommerkleid, das Violette ihr gegeben hatte, und fror erbärmlich. Sie schien außerdem schreckliche Ängste ausgestanden zu haben.

„Da sind Sie ja endlich, Monsieur Julien! Was hab ich mir für Sorgen gemacht. Ich habe schon geglaubt, Sie seien tot oder hätten einen Unfall gehabt. Doktor Majeunot ist weg. Gleich heute morgen ist er mit dem anderen Verrückten, diesem Maler, im Wohnmobil fortgefahren. Ich habe sie gefragt, wo sie hinwollten. ‚Nach Saint-Pierre-et-Miquelon‘, haben sie mir geantwortet, diese Trunkenbolde. ‚Keiner von uns beiden war jemals in Saint-Pierre-et-Miquelon, also fahren wir hin.‘ Außerdem wartet die gesamte Sippe der Tschechen schon seit zwei Stunden auf Sie. Ich weiß nicht, was sie wollen. Jedenfalls machen sie ganz finstere Gesichter."

Finstere Gesichter – unsere guten, unschätzbaren Tschechen?

Sie saßen alle vier in der Küche. Der Vater und seine drei Söhne. Der Vater hatte einen Schlips umgebunden. Sobald er mich sah, legte er los: „Monsieur Julien, ich kommen mit meine Söhne, weil das ist Skandall!"

„Was? Was ist ein Skandal?"

Zoltan hatte die glückliche Idee, die geheimnisvollen Worte seines Vaters zu erhellen. Nur begann er seinen Bericht erst einmal mit der Familiengeschichte.

„Papa hat eine Stinkwut, Herr Julien, und er hat allen Grund dazu. Sie wissen sehr gut, auf welche Weise er aus seinem Vaterland geflüchtet ist, wo er schließlich geboren ist und wo seine Vorfahren begraben liegen, wie er heimlich über die Grenze gekommen ist und mit welchem Mut er daraufhin . . ."

Das eindrucksvolle Heldenepos des Herrn Papa kannte ich auswendig. Aber mir taten die Füße weh, ich hatte einzig und allein das Bedürfnis, mir die Hände zu waschen, irgend etwas zu trinken und zu essen. Außerdem hatte ich an diesem Tag bereits die Vortragskünste von Maître Palissandre genossen. Also fuhr ich Zoltan ein wenig barsch an.

„Ich weiß, wie mutig Ihr Vater gewesen ist, Zoltan. Ich weiß alles, was er unternehmen mußte, um nach Frankreich zu kommen und seine Söhne aus eigener Kraft aufzuziehen und großartige Jungen aus Ihnen allen zu machen . . . Ja, ja, ja, großartig. Ich weiß nur nicht, warum er eine Stinkwut hat. Und was mich das eigentlich angeht."

Der heldenhafte Vater erhob sich. „Ich Stinkwutt habben, weil krumme Sachen machen soll, und dann nix als Ärger, und Polizei schickt zurück in Tschechoslowakei."

„Man wollte ihn dazu bringen, krumme Sachen zu machen? Wer denn?"

„Madame Jeanne, Monsieur Julien", sagte Wenzel, der zweite tschechische Sohn. „Sie kam, als wir beim Abendbrot waren. Sie hatte einen Rechtsanwalt bei sich, und ..."

Aha! Jeanne und der üble Palissandre waren schneller gewesen als ich. Mit dem großen Wagen des Herrn Schwiegerpapa und dem Chauffeur war das kein Kunststück; mit so einem Wagen hat man keine Panne.

„Und was haben sie Ihnen vorgeschlagen?"

„Nich vorrgeschlaggen! Gedroht habben!"

Er war puterrot, der Papa. Boris, der dritte tschechische Sohn, erklärte mir den Rest.

„Der Rechtsanwalt hat gesagt, er wisse, daß wir schwarzarbeiten. Ohne Rechnungen. Ohne Mehrwertsteuer. Und daß das sehr schlimm sei und daß er uns großen Ärger machen könne. Es sei denn ..."

„Es sei denn, was?"

„Er wollte eine Rechnung."

„Die Rechnung für den Blitzableiter, den Sie gar nicht installiert haben?"

„Niemalls machen Rechnung! Niemalls!" schrie der Chef der Sippe.

„Und damit haben Sie vollkommen recht, Monsieur Nevedziewjz."

„Er sagt, ich räçt habben! Monsieur Julien sagt, ich räçt habben!"

Der Tschechenvater umarmte mich und küßte mich auf beide Backen. Er war so erleichtert, daß er einwilligte, ein Glas Gesundheitswein zu trinken. Es war immer noch etwas übrig von diesem fürchterlichen Gesöff. Seine Söhne tranken ebenfalls. Ich dagegen nicht. Und Simone machte ein großes, genauer gesagt ein mittelgroßes Omelette für uns alle.

Die Tschechen verschwanden wieder in der schwarzen Nacht. Sie waren glücklich darüber, daß sie die Rechnung nicht ausstellen mußten. Es wäre die erste Rechnung ihres Lebens gewesen und – der Gipfel an Unehrenhaftigkeit! – ausgerechnet für die einzige Arbeit, die sie gar nicht ausgeführt hatten. Ich war glücklich, die Tschechen glücklich zu sehen. Dieser Palissandre war wirklich ein Oberschweinehund. Als ich über ihn nachdachte, ließ ich den Plan wieder fallen, mich mit seiner Hilfe von Jeanne scheiden zu lassen. Ich würde schon einen Rechtsanwalt finden, der weder von Jeanne noch von der Versicherung bezahlt wurde. Einen Rechtsanwalt, der für mich arbeiten und mich vor allen mir feindlich gesinnten Menschen beschützen würde.

Der Gedanke war tröstlich, daß ich einen ehrlichen Rechtsanwalt finden würde, der mir helfen würde, mich von Jeanne und den Versicherungsgeiern, von Palissandre und den Besitzern des lahmenden Griffons und anderen Bösewichtern zu befreien.

Am nächsten Morgen ging ich nach Noisilles hinunter, um mit dem Besitzer der Werkstatt über meinen Wagen zu sprechen, der immer noch unter der Kastanie stand. Und um Violette mitzuteilen, daß ich sie heiraten würde.

Der Besitzer der Werkstatt erklärte, er wolle meinen Wagen nicht anrühren. Aber er versprach mir, sich nach der nächsten zuständigen Vertragswerkstatt zu erkundigen.

Violette war gerade damit beschäftigt, einem alten Mann zu erklären, welch astronomische Summen er sparen könne, wenn er seine Pension, die er viermal im Jahr erhielt, auf einem Sparbuch anlegen würde. Es war eine komplizierte Rechnung. Der alte Mann konnte sich allerdings nicht dafür begeistern, jetzt auf das Geld für seinen Arm, der im Ersten Weltkrieg geblieben war, zu verzichten, damit er sich vielleicht zu seinem hundertzwanzigsten Geburtstag ein Moped leisten konnte.

Violette ließ den alten Mann mit den Zahlen allein und kam hinter ihrem Schalter hervor. „Wie sehen Sie denn aus, Julien?"

Ja, ich sah schlecht aus: hohläugig, unrasiert, älter, als ich war – eben wie jemand, der von seinen Sorgen erdrückt wird. So ein Gesicht ist nicht gerade angenehm anzusehen und nicht unbedingt für den Augenblick geeignet, in dem man eine Frau fragen will, ob sie einen heiratet. Anstatt Violette also zu fragen, ob sie mich heiraten wolle, fragte ich sie, ob sie einen Atlas habe.

„Natürlich habe ich einen. Mit den Postgebühren aller Länder. Wollen Sie einen Brief schicken oder telefonieren?"

„Ach, ich will nur sehen, wo Saint-Pierre-et-Miquelon liegt."

„Davon habe ich schon mal gehört. Warten Sie . . . Ach, ja . . . Saint-Pierre-et-Miquelon, hier . . . Zwei Inseln bei Neufundland."

„In Amerika also sozusagen."

„Nicht weit davon, aber es ist französisch. Was die Gebühren anbetrifft, so –"

„Vielen Dank, Violette. Wenn es einen Briefwechsel zwischen Saint-Pierre-et-Miquelon und Noisilles geben sollte, so wird er von Saint-Pierre-et-Miquelon eröffnet werden müssen. Stellen Sie sich vor, Majeunot ist nach dorthin abgehauen. Mit diesem verrückten Maler, der auf meinem Rasen kampierte."

„Komische Idee. Wenn ich reisen würde, würde ich mir ein sonniges Ziel aussuchen. "

„Ich werde überhaupt nicht mehr reisen, meine liebe Violette, ich werde hierbleiben. Um hier glückliche Tage zu verbringen, und zwar in Gesellschaft von . . . "

Der alte Mann wollte wissen, wieviel es ihm einbringen würde, wenn er nur die Hälfte seiner Pension auf das Sparbuch einzahlte. Violette kehrte hinter ihren Schalter zurück.

Ich verließ die Post und war nicht sehr stolz auf mich.

Auf dem Weg zurück ins Schloß vernahm ich Gewehrschüsse. Die Jagdsaison hatte begonnen.

Da hörte man von dem Cockerspaniel Ubu. Niemand hatte ihn bislang gesehen. Jetzt tauchte er in Gestalt eines Geisterhundes wieder auf.

„Ein Schweinehund ist das. Das muß ein Hund sein, und es ist eine Schweinerei, was er macht", schimpfte der Jäger, der mir als erster davon erzählte. „Drei Stück Wild habe ich heute morgen geschossen. Einen Hasen und zwei Rebhühner. Ich hab sie getroffen, das können Sie mir glauben. Und ich hab gesehen, wie sie fielen. Aber während ich hinlief, um sie im Gras aufzusammeln, verschwanden sie. Mein Hund kann es nicht gewesen sein, ich jage nämlich ohne Hund. Auch nicht der Hund eines Jägers, der im selben Revier jagt wie ich. Kein Hund, der ein bißchen dressiert ist, würde einem die Beute vor der Nase wegschnappen. Es muß also ein verwilderter Hund sein, wenn Sie verstehen, was ich meine. "

Ich verstand sehr wohl. Es lag nahe, daß es der Cockerspaniel und Jagdhund Ubu war, der bereits vier Tage nach der Eröffnung der Jagdsaison den tapferen Jägern von Noisilles und Umgebung fast alle Tiere entwendet hatte, die diese geschossen hatten: Hasen, Rebhühner, Wachteln, Drosseln, Fasane und eine von einem etwas angeheiterten Jäger mit einem Hasen verwechselte Katze.

Was konnte ein relativ kleiner Hund wie ein Cockerspaniel mit all dem Wild anfangen? Das blieb sein Geheimnis. Und wo versteckte er sich? Ein weiteres Geheimnis.

Am Abend dieses vierten Jagdtages besuchte mich der Bürgermeister von Noisilles. Er trug eine hochoffizielle Amtsmiene zur Schau, um seinem Besuch Gewicht zu verleihen. Er ließ mich wissen, daß „alles darauf hindeutet, daß das Tier, das seinen Mitbürgern so großen Schaden zufügt", mir gehöre, beziehungsweise unter meiner Obhut stehe, und es sei seine Pflicht, sowohl in seiner Eigenschaft als Bürgermeister von Noisilles als auch als Jäger, notfalls wegen der Entwendung von geschossenem Wild Klage zu führen.

Ich hätte diesen Hasenmörder, der im Grunde genommen kein schlechter Mensch war, nur etwas zu besänftigen brauchen. Aber ich war am Ende meiner Nerven ... Und ich sagte ihm (was ich auch wirklich dachte), die Jagd sei ein grausames Vergnügen, und wenn es wirklich einer meiner Hunde sein sollte, der die Jäger um die Früchte ihres „unerträglichen und schändlichen Gemetzels" bringe, dann würde mich das besonders freuen.

Daraufhin erwiderte mir der Herr Bürgermeister, ich werde wohl früher, als ich dächte, die Klageschrift erhalten.

Nun hatte ich noch einen Grund mehr, mir einen brauchbaren Rechtsanwalt zu suchen. Ich lieh mir Simones Moped und fuhr nach Tours. Und ich fand tatsächlich einen guten Verfechter des Rechts dank der Vermittlung des Wirts von einem Bistro in der Nähe des Justizpalastes. Maître Bernin verdingte sich weder bei der Versicherung noch bei Maître Palissandre, noch bei sonstjemand. Daher verdiente er als Rechtsanwalt auch nichts und dachte daran, sich zum Trödler umschulen zu lassen.

„In einem Jahr Rechtsanwaltspraxis hab ich gerade vier Fälle gehabt", erklärte mir der junge Anwalt in dem Bistro. „Zwei Scheidungen, von denen die eine nicht einmal ausgesprochen wurde, weil sich beide Parteien am Vorabend des Erscheinens vor Gericht versöhnten, einen lächerlichen Fahrradunfall, für den ich nach einem Plädoyer von zwei Stunden einen Schadenersatz von siebzig Franc erreichte, und einen Diebstahl, bei dem der Bestohlene seine Klage zurückzog, weil er – was ich jedoch als letzter erfuhr – der Liebhaber der Diebin war. Da sollte ich doch wohl besser aufgeben, oder?"

„Und wenn Ihnen nun mit einem einzigen Schlag nicht nur ein, sondern sechs oder sieben Fälle in den Schoß fielen? Allerdings völlig aussichtslose Fälle?"

„Nun, das würde mich ausgesprochen reizen."

Ich weihte Maître Bernin in meine Probleme ein und aß dabei einige Toasts mit Schinken und trank ein paar Glas Bier, die er bezahlte. Er verdiente zwar nichts, hatte aber eine liebevolle, wohlhabende und großzügige Mutter. Er gefiel mir auf Anhieb mit seinem offenen Gesicht, seiner Nickelbrille und diesem leichten Lispeln, die seinen Plädoyers einen unwiderstehlichen Charme verleihen mußten. Nachdem er wußte, was ich alles am Halse hatte, gefiel ich ihm ebenfalls außerordentlich.

„Da wartet wirklich ein schöner Aktenberg auf uns. Ich bin Ihr Mann."

„Aber ich habe Sie gewarnt. Im Augenblick habe ich keinen einzigen Franc in der Tasche – und auch nicht auf der Bank."

„Darum geht es ja nicht", erwiderte er und bestellte gleich noch einen Toast und einen Kaffee für mich.

Am nächsten Morgen erschien er in aller Frühe im Schloß. Er hatte einen leeren Aktenordner und jede Menge Papier dabei, auf dem er sich Notizen machte, während er mich ausfragte. Ich wusch nebenher die Hunde mit Kernseife und schrubbte sie mit einer harten Bürste ab. Maître Bernin spielte mit Sidonie Ball und lief mit Moustachu um die Wette. Er fand das von Simone zubereitete Omelette hervorragend.

Denn es gab ständig Omelette und immer wieder Omelette, da unsere Hühner sich endlich doch dazu durchgerungen hatten, mit wahrem Feuereifer Eier zu legen.

Maître Bernin bestand sogar darauf, an unserem Spaziergang teilzunehmen. Zusammen mit mir und der kleinen Truppe bewältigte er wacker die sieben Kilometer. Danach verständigten wir uns darauf, uns künftig mit Julien und mit Charles anzureden.

Als Charles wieder abfuhr, war er davon überzeugt, all unsere Prozesse seien hoffnungslose Angelegenheiten, er werde sie aber allesamt gewinnen.

Der gute Charles.

Er war kaum fort, als Sidonie einen Epilepsieanfall bekam. Es war schrecklich! Ohne Vorwarnung verfiel sie zähneklappernd in Verrenkungen und begann in einer Allee des Parks einen unbändigen Veitstanz aufzuführen. Ich hatte in Majeunots Handbüchern gelesen, daß es kein Mittel gegen diese furchtbare Krankheit gab. Es war unerträglich, daß wir zusehen mußten, wie das arme Tier litt. Simone stöhnte hilflos; die anderen Hunde waren von Sidonie allerhand Extravaganzen gewöhnt, nicht aber derartige Exzesse; meine Nerven waren derart angespannt, daß ich drauf und dran war, mich gemeinsam mit Sidonie auf dem Boden zu wälzen.

Urplötzlich jedoch nahm der Anfall dieser verflixten Hündin ein Ende, als es ihr nach besonders spektakulären Krämpfen gelang, den Bleistiftspitzer, den sie verschluckt hatte und der sie zu ersticken drohte, auszuspucken.

Nachdem wir Sidonie mit Hilfe von heißer Milch mit Orangenblüten beruhigt hatten, saßen Simone und ich bei Spiegeleiern, unserem Abendmahl, zusammen. Da stellte mir Simone eine Frage: „Haben Sie eigentlich nicht bald genug von den Hunden, Monsieur Julien?"

Angesichts unserer Lage war diese Frage durchaus angebracht. Ich wollte gerade antworten, als Violette, atemlos und mit fliegenden Haaren, in die Küche gestürmt kam. Sie war von Noisilles bis zu uns gerannt, um mich vor einem drohenden Unglück zu warnen.

„Die Jäger . . . aus Noisilles und aus Montreuil . . ., gut vierzig
Mann, mit Laternen und natürlich mit ihren Gewehren . . . Sie haben
das Versteck Ihres Cockerspaniels gefunden, der allen die Beute
geklaut hat . . . Sie wollen ihn abknallen . . .“

„Wo sind sie denn, diese Hundemörder?“

„Im Wald von Fourailles . . . Aber Sie werden nichts gegen sie
ausrichten . . . Sie haben getrunken . . . und sich gegenseitig aufge-
stachelt . . .“

„Gehen Sie nicht, Monsieur Julien“, flehte mich Simone an. „Wenn
Sie sich da einmischen, passiert Ihnen womöglich etwas Schlimmes.“

Dieser letzte Hinweis war unnötig. Ich hatte genug Filme mit
Charles Bronson und Clint Eastwood gesehen, um genau zu wissen,
auf was ich mich da einließ. Ich machte mich trotzdem auf. Es waren
nicht vierzig, sondern etwa fünfzehn Jäger. Mit entschlossenen
Mienen und bis an die Zähne bewaffnet, rückten sie in Richtung des
verlassenen Steinbruchs am äußersten Ende des Waldes von Fourailles
vor. Mein Vorteil war, daß ich sie sah, wie sie mit ihren Sturmlaternen
durch das Gehölz marschierten, während sie mich nicht bemerkten.
Ich rannte an ihnen vorbei bis zum Steinbruch.

Sie waren nicht besonders erfreut, als sie mich dort bereits stehen sahen. „Dieser Spaßvogel dort will uns doch nicht etwa daran hindern, uns diesen Lumpenhund so vorzunehmen, wie er es verdient?" rief eine Stimme, die ich als diejenige des Fleischers erkannte.

„Wenn ihr mich fragt, so sollte dieser Herr Schloßbesitzer schnell verschwinden, falls er keine Ladung Schrot in den Hintern kriegen möchte!"

Das war die Stimme des Streckenwärters Felix. Dann ertönte diejenige des Bürgermeisters.

„Die Leute haben recht, Monsieur Julien. Wenn Sie sich zwischen dieses verdammte Vieh und uns stellen, gehen Sie nur unnötige Risiken ein."

„Sie verteidigen Ihre Mitbürger, Herr Bürgermeister. Das ist Ihre Pflicht. Meine Pflicht aber ist es, ein unschuldiges Tier zu verteidigen, das mir anvertraut worden ist."

„Unschuldig! Unschuldig!" johlten fünfzehn wütende Stimmen im Chor.

„Unschuldig" war in der Tat nicht unbedingt der glücklichste Ausdruck, das mußte ich zugeben. Ich spürte, wie die Erregung der

Jäger zunahm, während ich es immer mehr mit der Angst zu tun bekam. Man kann tierlieb sein und trotzdem am eigenen Leben hängen. Wenn einer dieser Rüpel auch nur einen Schuß in die Luft abfeuerte, würde ich sofort in Ohnmacht fallen.

Gott sei Dank hatte in diesem Augenblick der Held des Dramas seinen Auftritt. Ubu! Ubu, der mit einem toten Hasen in der Schnauze aus dem Steinbruch kam und ihn zu Füßen des Bürgermeisters legte. Kaum hatte er dies erledigt, als er schnell wie der Blitz wieder in seinem Versteck verschwand, um kurz darauf mit einem Rebhuhn wieder aufzutauchen, das er zu Füßen des Streckenwärters Felix niederlegte. So unwahrscheinlich es klingt: Ubu rückte fast alle Hasen, Rebhühner, Wachteln und Fasanen wieder heraus, die er den Jägern seit Eröffnung der Jagdsaison gestohlen hatte. Einschließlich der Katze, auf die natürlich keiner von ihnen Anspruch erhob.

Die fünfzehn blutrünstigen Rächer konnten es nicht fassen. Sie waren überwältigt von dem Ereignis, das sie noch ihren Kindern, Enkeln und Urenkeln erzählen würden, wann immer in einer Unterhaltung die Worte Jagd oder Hund fallen würden.

Niemand dachte mehr daran, Ubu abzuschießen. Ein Winzer machte sogar die Bemerkung, man müsse schon so „intelligent sein wie dieser Hund", um herauszufinden, daß es keinen besseren Ort als so einen Steinbruch gebe, um Wild abzuhängen.

Schließlich kam Ubu zu mir her und rieb seine Schnauze an meinen Jeans. Ich kraulte ihn am Hinterkopf. Der Bürgermeister versicherte mir, ich könne die Anzeige vergessen, und bestand darauf, daß ich einen seiner Hasen annehme. Das tat ich dankbar, denn ich hatte unsere Eiergerichte allmählich satt.

Um ihre Unruhe zu betäuben, waren Simone und Violette der letzten Flasche Gesundheitswein zu Leibe gerückt. Sie waren ja so erleichtert, als sie mich in Begleitung von Ubu und mit einem mindestens sechspfündigen Hasen in der Hand zurückkommen sahen.

Bevor ich daran dachte, mich zu setzen, beantwortete ich Simones Frage, die sie mir gestellt hatte, als Violette erschienen und ich aufgebrochen war. „Simone, wenn ich es recht bedenke, so glaube ich, daß ich von den Hunden noch lange nicht genug habe."

Ich setzte mich dann überhaupt nicht hin. Denn es war bereits spät, und Violette mußte noch nach Hause. Ich bot ihr an, sie zu begleiten.

Der Himmel war mit Sternen übersät, und weit und breit ließ sich kein Störenfried blicken. Ich war ganz allein mit Violette und dem immer quälenderen Wunsch, dieses blonde, junge und schlanke Fräulein von der Post zu meiner Frau zu machen. Also legte ich den Arm um sie. Genau das hatte sie erwartet. Denn sie drängte sich an mich und begann zu gurren ... oder zu schnurren, wie auch immer. Jedenfalls brachte sie klar und deutlich zum Ausdruck, daß sie bereit war, sich meine Frage anzuhören und darauf mit „ja" zu antworten.

Das Gefühl, das ich in ebendiesem Augenblick empfand, war wirklich sehr seltsam. Ich spürte, wie sich meine Kehle zuschnürte, ich spürte, wie meine Beine weich wurden, genau wie vor einer Stunde, als ich vor dem Eingang zum Steinbruch stand und fünfzehn mit Schießgewehren ausgerüstete Jäger direkt auf mich zukommen sah. Es war sogar noch schlimmer. Zigmal habe ich schon in meinem Leben, wenn es darum ging, mich in Gefühlsdingen zu entscheiden, im letzten Augenblick gekniffen. Jeanne war es gewesen, die schließlich um meine Hand angehalten hatte. Es passiert eben auch einem Mann, der eigentlich gut aussieht, Witz und Charme besitzt, daß es ihm im entscheidenden Augenblick an Mut gegenüber Frauen gebricht.

Da ich es nicht vermochte, Violette geradeheraus zu fragen, ob sie mich heiraten wolle, gestand ich ihr, daß für mich schon seit geraumer Zeit die schönsten Augenblicke diejenigen seien, die ich in ihrer Gesellschaft verbrachte. Sie antwortete mir, daß sie das wisse. Ich fragte sie, ob sie diese Augenblicke ebenfalls schön fände. Sie antwortete mir, ja, sie genieße es sehr, mit mir zusammenzusein, mit mir zu reden, mich zu küssen.

Ich küßte sie. Das wenigstens konnte ich. Dann hörten wir auf, um Atem zu schöpfen, und ich merkte förmlich, wie sie ihre Ohren weit aufsperrte.

Und da ich schwieg, redete sie über meine Augen und darüber, daß es so interessant sei, sich mit mir zu unterhalten. Sie sagte mir, ich sei genau der Mann, mit dem sie gerne stundenlang Zärtlichkeiten austauschen und über alles reden wollte, was in ihrem Postamt niemand interessierte.

„Da wir gerade vom Postamt sprechen", flocht sie an dieser Stelle merkwürdigerweise ein, „da steht eine große Veränderung bevor."

Wieso sprach sie denn plötzlich über die Post? Wollte sie mir etwa helfen, meine dumme Schüchternheit zu überwinden, indem sie auf diese Weise vom Thema ablenkte! Doch sie lenkte gar nicht ab. Im Gegenteil.

„Julien, ich habe die offizielle Mitteilung von meiner Übernahme in das Beamtenverhältnis erhalten."

Ich hatte keine blasse Ahnung davon, was eine „Übernahme in das Beamtenverhältnis" genau bedeutete. Aber ich gratulierte ihr aufs Geratewohl. „Das ist ja toll. Du freust dich sicher riesig."

„Ja, schon, aber die Beförderung bedeutet auch zwangsläufig eine

Versetzung. Für das Postamt in Noisilles ist keine volle Beamtenstelle
vorgesehen."

„Aber wo wirst du denn dann hinkommen?"

„Eventuell in den Süden oder in den Südwesten, vielleicht aber auch
in den Osten oder in den Norden. Madame Fournier, die vor mir in
Noisilles war, wurde in ein Provinznest versetzt an der Mosel. Dort ist
es anscheinend von Anfang Januar bis Ende Dezember grau und
diesig."

Violette war wirklich sehr bekümmert. Ich hätte nur die eine Frage
zu stellen brauchen. Aber die Worte wollten mir armem Schwachkopf
nicht über die Lippen kommen. So faselte ich nur: „Vielleicht kommst
du ja auch nach Tours oder Amboise."

„Ja, vielleicht", erwiderte Violette melancholisch.

Und da wir das Haus erreicht hatten, in dem der große Plüschbär sie
erwartete, drückte ich sie ganz fest an mich und küßte sie. Ich sah zu,
wie sie ins Haus ging und die Tür hinter sich zumachte.

Es war ja nur aufgeschoben. Ich würde sie eben morgen oder
übermorgen fragen.

Man kritisiert bisweilen die Langsamkeit von staatlichen Stellen. Zu
Unrecht. Violettes Versetzung geschah so rasch, daß sie nicht einmal
mehr die Zeit hatte, mir auf Wiedersehen zu sagen.

Ich denke manchmal an Violette. Nein, nicht manchmal, oft.

Auf dem Postamt in Noisilles wurde sie durch einen Mann er-
setzt.

DER Winter hielt Einzug und mit ihm neue Pensionäre. Leute, die
nichts von dem Brand erfahren hatten, gaben uns ihre Hunde während
ihres Skiurlaubs zur Aufbewahrung. So kam wieder etwas Geld
herein, womit wir wenigstens die Rechnungen beim Fleischer und
beim Bäcker begleichen konnten. Von Majeunot und dem Maler
hörten wir erst nach Weihnachten etwas. Infolge eines „unerklärlichen
technischen Defekts" hatte das zitronengelbe Wohnmobil auf dem
Weg nach Saint-Pierre-et-Miquelon noch im französischen Mutter-
land einen Hochspannungsmast gerammt. Majeunot schrieb mir aus
einem Krankenhaus in Le Havre, wo er gerade wieder seine rechte
Hand zu gebrauchen gelernt hatte. Er war in einem Mehrbettzimmer
im Erdgeschoß an sein Bett gefesselt und hörte nur dank der
Vermittlung einer Nachtschwester, die „kein ganz so böser Drachen"
war wie die Tagschwester, etwas von dem unbekannten Maler, der
sich überhaupt nicht rühren konnte und in einem Mehrbettzimmer im
zweiten Stock lag. Seinem Brief nach zu urteilen, blies unser Freund
Majeunot ziemlich Trübsal. Er hoffte, im Frühjahr wieder zu Hause

zu sein, und bat mich, möglichst bald zu antworten und ihm über alles, vor allem über die Hunde, zu berichten. Das erschütterndste war das Postskriptum: „Man behauptet, Betrunkene sehen doppelt. Das stimmt nicht. Richtig ist, daß man, wenn man nichts trinkt, nur noch die eine Seite der Dinge sieht, und zwar die miesere."

Ich brachte noch am gleichen Tag einen achtseitigen Brief an ihn auf den Weg, zusammen mit einer Mammutflasche Eau de Cologne, die sehr sorgfältig verpackt und mit bestem Wein aus Vouvray gefüllt war. Majeunots Antwort kam postwendend. Es war ein Telegramm, auf dem ein einziges Wort stand: „Mehr."

Durch die Hilfe aller mit Majeunot befreundeten Weinbauern konnte er in seinem Krankenhausbett sehr schnell wieder beide Seiten der Dinge sehen.

Majeunot fehlte mir. Dafür traf ich in jenem Winter Charles um so öfter. Maître Charles Bernin, mein junger Freund und Rechtsanwalt, war zu allem entschlossen und wurde um so angriffslustiger und zuversichtlicher, je schlimmer und ausgekochter die Gemeinheiten von Maître Palissandre und Maître Monge wurden.

Charles wußte aus sicherer Quelle, daß die beiden hinterhältigen Gesellen sich einig geworden waren, mich auszutricksen. Es war ja so einfach: Maître Palissandre hatte eingeräumt, daß das Schloß niemals mit einem Blitzableiter ausgestattet gewesen war. Demzufolge brauchte die Versicherung nichts an mich zu bezahlen. Aber sie würde sich freundlicherweise bereit erklären, das Schloß zu einem Spottpreis zu kaufen, denn die Versicherung war natürlich auch im Immobiliengeschäft tätig.

„Aber, Charles, mein Schloß ist nicht zu verkaufen!"

„Doch, Julien, das ist es sehr wohl. Ich kann dir sogar sagen, daß bereits mehrere Architekten über den Plänen für eine Luxussiedlung brüten, die an dieser Stelle entstehen soll, wenn die Schloßruine erst einmal abgerissen sein wird. Es sind etwa vierzig Einfamilienhäuser mit Minigarten und natürlich mit allem Komfort geplant."

„Was soll das Ganze eigentlich?"

„Sie spekulieren darauf, daß du, ruiniert, wie du nun einmal bist, deine Ruine gerne für eine bescheidene Summe loswerden willst."

„Ruiniert? Ich bin durchaus noch nicht ruiniert. Ich glaube, das Geschäft kommt allmählich wieder in Gang. Mit ein wenig Glück könnte ich in der Sommersaison . . ."

„Noch vor dem Sommer mußt du vielleicht erhebliche Summen berappen, Julien, zum Beispiel die Schadenersatzforderung der Besitzer des lahmen Hundes."

„Der arme Topinambour . . ."

„Der Rechtsanwalt seiner Besitzer will dreißigtausend Franc verlangen und ist sicher, daß er sie auch erhält. Dann kommt jene Dame, die behauptet, du hättest ihr eine Hündin anstelle eines Hundes zurückgegeben. Die wurde von Palissandre geschmiert, dafür lege ich meine Hand ins Feuer. Aber wie soll man das beweisen?"

„Was folgt daraus?"

„Wenn ich ein alter Hase wäre, würde ich sagen: aufgeben! Aber ich bin nur ein bescheidener Anfänger und dazu auch noch Idealist. Also sage ich: nur Mut!"

„Glaubst du, daß du mich aus diesem Schlamassel rausbringst, Charles?"

„Ich glaube, wenn dieser Schatz von Simone ein großes, großes Omelette machen würde, so fände ich das einfach phantastisch, mein lieber Julien."

Wir aßen also wieder Omelette. Einmal Schinkenomelette, einmal Käseomelette oder Omelette mit Pilzen. Einmal gab es sogar Omelette mit Rum. Wahrscheinlich zu Weihnachten oder Silvester.

Als die ersten Knospen sproßten, trafen auch die ersten Gerichtsvorladungen ein, und schon bald war ich Stammgast im Justizpalast von Tours. Dort erwies sich Charles leider als völliger Versager.

Nach unzähligen Gerichtsterminen wurde ich schließlich dazu verurteilt, zehntausend Franc an die Lügnerin zu zahlen, die behauptete, ich hätte ihren Hund gegen eine Hündin vertauscht, und dreißigtausend Franc an die Besitzer von Topinambour. Dazu kamen noch die Gerichtskosten.

Es war eine Katastrophe. Charles war ein wunderbarer Freund. Aber was für ein miserabler Rechtsanwalt!

Ich sah nur noch Simone, die Hunde und die Aasgeier, die in ihren schwarzen Staatslimousinen vorgefahren kamen, um mit mir die Bedingungen der Kapitulation auszuhandeln. Denn es war soweit. Ich war ruiniert und all diesen Kerlen ausgeliefert.

Dabei mußte ich zugeben, daß die Rechtsverdreher der alten Schule ihr Handwerk unvergleichlich viel besser beherrschten als Freund Charles. Sie hatten mich tatsächlich ausgetrickst, aber sie ließen mir doch so viel, daß ich meine ganzen Schulden bezahlen, Jeanne ein stattliches Scheidungsgeschenk machen und, falls mir der Sinn danach stand, woanders eine Pension für Hunde eröffnen konnte.

Inzwischen habe ich die meisten Einzelheiten des geplanten Verkaufs und meiner Scheidung von Jeanne, die bald danach erfolgte, vergessen. Nicht vergessen habe ich den „Historiker aus Liebe zur Wahrheit", wie er sich gerne selbst nannte, Monsieur Plaisant. Er tauchte plötzlich am Tag der Unterzeichnung des Kaufvertrages in der Kanzlei von Maître Letousseur, Rechtsanwalt in Noisilles, auf.

Dieser Monsieur Plaisant trug eine Brille mit fingerdicken Gläsern, und er hatte einen weißen Schnurrbart, der sich auf der einen Seite durch Tausende von Gauloises gelb verfärbt hatte, und alle seine Taschen waren mit engbeschriebenen Notizzetteln vollgestopft. Er hatte eine feuchte Aussprache und wirkte auf all diejenigen, die nicht wie er fanatische Verehrer von Franz I. waren, sehr schnell ermüdend. Denn die Geschichte Frankreichs und anderer Staaten war in seinen Augen nur während der Jahre eines besonderen Interesses wert, die Franz I. durch sein Wirken erhellt hatte. In siebenundvierzig Jahren unermüdlichen Forschens war es Monsieur Plaisant gelungen, beinahe alles über seinen König in Erfahrung zu bringen. Einschließlich der Dinge, von denen er, Monsieur Plaisant, als einziger auf der Welt Kenntnis hatte. So wußte er zum Beispiel, daß Franz I. eine Nacht in *meinem* Schloß verbracht hatte, und zwar die Nacht vom 12. auf den 13. Juni 1526 in Begleitung einer kleinen Komtesse, deren Identität Monsieur Plaisant in absehbarer Zukunft selbstverständlich auch noch enthüllen würde.

Im Augenblick aber war er vorrangig damit beschäftigt, sich dafür einzusetzen, daß die Erinnerung an seinen Lieblingsherrscher wachgehalten wurde. Jedes Gebäude, in dem Franz I. sich jemals aufgehalten, geschlafen, gegessen oder auch nur einen Schoppen Wein getrunken hatte, wollte Monsieur Plaisant vor den Zerstörungen der Zeit schützen. So war er es auch gewesen, der seinerzeit mit meiner verstorbenen Kusine Aurore korrespondiert hatte, um das Schloß unter Denkmalschutz stellen zu lassen. Es hatte lange gedauert, denn die Behörden, nicht wahr ... Aber Monsieur Plaisant war hartnäckig. Und jetzt war es geschehen. Das Schloß war offiziell unter Denkmalschutz gestellt worden!

Die anwesenden Aasgeier sowie die Maîtres Palissandre, Monge und Letousseur stießen wie aus einem Munde einen fürchterlichen Wutschrei aus. Wenn es unter Denkmalschutz stand, konnte das Schloß nicht mehr abgerissen werden. Das Immobilienprojekt war gestorben!

Monsieur Plaisant entging nur knapp der Lynchjustiz.

Ich lud ihn im Café zu einem Glas Mineralwasser ein, damit er sich wieder ein wenig beruhigen konnte. Ihm hatte ich es zu verdanken, daß ich mein Schloß behalten konnte.

Und daß ich endgültig sozusagen auf den Hund kam, da ich durch den geplatzten Schloßverkauf keinen Centime erhielt.

Ich verstummte zusehends. Ich redete weder mit den Hunden, denen das nicht in Ordnung schien, die sich aber nichts anmerken ließen, noch mit Simone, die dadurch manchmal furchtbar redselig wurde – und wütend.

„Wenn ich eines Tages die Nase von Ihrem ewigen Schweigen voll habe, dann haue ich eben ab und lasse Sie mit diesen armen Biestern allein. Und wissen Sie, was dann mit Ihnen passieren wird, Monsieur Julien? Sie werden allmählich zum Clochard. Aber ich muß immer wieder daran denken, was der gute Monsieur Majeunot eines Abends sagte, als es schon einmal so mies aussah. Erinnern Sie sich nicht? Er hat so etwas Ähnliches gesagt wie: ‚Sie haben vielleicht einen Haufen Ärger, Julien, aber Sie haben wenigstens keine Moskitos!'"

Es stimmte, daß der gute Monsieur Majeunot uns am Abend der Katastrophe mit seiner Moskitogeschichte das Herz erwärmt hatte. Aber Majeunot war immer noch nicht zurück. Er schrieb mir kurze witzige und tröstliche Briefchen als Antwort auf meine verzweiflungsvollen Briefe. Aber ein Brief bleibt doch immer ein Stück Papier, das bestenfalls in einer Schublade landet. Und wir besaßen nur noch eine einzige Schublade, die vollgestopft war mit Zahlungsbefehlen, Gerichtsvorladungen, letzten Mahnungen . . .

Doch Majeunot kam zurück. Er sprang aus dem Taxi, hatte noch ein paar Falten mehr im Gesicht und ein paar Haare weniger auf dem Kopf und hinkte ein bißchen, aber er war wie immer bester Stimmung. Er umarmte Simone und mich und alle Hunde, die es sich gefallen lassen wollten. Dann zog er aus der Tasche seines Regenmantels einen dicken Briefumschlag, den er mir reichte.

„Nehmen Sie, Julien. Das ist für Sie."

„Was ist denn das?"

„Das ist das Ergebnis meines Nachdenkens. Im Krankenhaus kann man nur zwei Dinge tun, leiden oder seine kleinen grauen Zellen arbeiten lassen. Da es mir keinen Spaß macht zu leiden, habe ich vor allem nachgedacht. Den ganzen Tag über und die ganze Nacht über, während ich heimlich die vielen Liter Kölnisch Wasser genoß, mit denen Sie und all die braven Leute hier mich versorgt haben. Und zwar habe ich über Sie nachgedacht, Julien, über Ihre Sorgen. Und ich habe über mich nachgedacht und darüber, daß mir nur noch ein paar Jahre zum Leben bleiben. Wir brauchen uns nichts vorzumachen, so furchtbar viel Zeit habe ich nicht mehr, selbst wenn ich steinalt werden sollte. Da fand ich die Lösung unserer Probleme. Sie steckt in diesem Umschlag."

Ich öffnete den Umschlag. Er war vollgestopft mit Geldscheinen.

„Was ist das für Geld?"

„Das ist die Summe, die Ihr neuer Teilhaber in Ihr Geschäft einbringt. Der neue Teilhaber bin ich, unter der Voraussetzung, daß Sie einen Saufbold, Schwätzer und Hinkefuß als solchen akzeptieren wollen. Im übrigen wissen Sie, daß ich solide Referenzen habe: einen Doktortitel in Veterinärmedizin, langjährige Berufserfahrung . . .“

„Woher stammt dieses Geld?“

„Das ist unwichtig. Wichtig ist ganz allein die Frage: Wollen Sie mich als Teilhaber, Julien?“

„Sie wissen genau, daß die Antwort ja ist, hundertmal ja. Aber . . .“

„Was heißt hier aber, verflixt und zugenäht! An Ihre Hundepension habe ich immer geglaubt. So, wie ich an Sie glaube, Julien. Also? Soll ich es zulassen, daß Sie wegen Ihrer Schulden, die Sie sonst allein niemals bezahlen könnten, dem Staat dieses Schloß zum Geschenk machen? Bestimmt nicht! Wollen Sie wissen, woher dieses Geld stammt? Es ist kein großes Geheimnis. Ich habe mein Haus verkauft.“

„Das ist nicht wahr? Sie wollen doch nicht etwa behaupten, daß . . .“

„Doch, Julien. Aber ich habe es nicht Ihrer schönen Augen wegen getan. Und es soll auch keine gute Tat sein. Ich habe mein Haus, meine Möbel und alles versilbert, weil ich in meinem verfluchten Krankenhausbett entdeckt habe, was ich am meisten verabscheuen würde: nämlich ganz allein in einem Winkel krepieren zu müssen. Ja, Julien, krepieren! Ich ziehe es vor, meinen Abgang in fröhlicher Gesellschaft zu erleben und im Schloß eines anderen als traurig und allein in meinem eigenen Heim. Maître Letousseur hat für mich ein schönes Sümmchen beim Verkauf herausgeschlagen. Es ist so viel, daß Sie Ihre verdammten Schulden bezahlen, die Tschechentruppe wieder anheuern und mir ein hübsches Behandlungszimmer einrichten lassen können. Also . . .?“

Ich war endlich glücklich, Schloßherr zu sein. Es störte mich überhaupt nicht, daß sich hinter der besonders schönen Schloßfassade, die von den Flammen verschont geblieben war, nur das Stützwerk befand, das vom Denkmalamt finanziert worden war.

Und ich war glücklich darüber, daß ein neuer Frühling kam, in dem man wieder winzig kleine Wunder überall aus der Erde hervorbrechen sah, und ein neuer Sommer, in dem ich mir die Sonne auf den Pelz brennen lassen konnte. Im Herbst beobachtete ich glücklich, wie die Blätter fielen. Ja, dies vermittelt vielleicht am besten eine Vorstellung davon, wie sehr ich ein anderer Mensch geworden war: Ich konnte mich auf einen Stein setzen und stundenlang zusehen, wie die Blätter fielen. Noch ein weiteres Frühjahr ging ins Land, und eines Abends erhielten wir sogar Kunde von dem Bologneser Orléans, dem letzten auf meiner Vermißtenliste. Es war kurze Zeit nach dem Tod der Witwe des Obersten Fourchy, dieser Dame aus Noisilles, die mir, beinahe mit Gewalt, meinen ersten Pensionär, den Schnauzer Trompette, anvertraut hatte, in den Orléans so unsterblich verliebt war. Seit der Brandkatastrophe lebte Orléans im Keller der Obristin und wurde heimlich von Trompette durchgefüttert.

Wir waren zutiefst gerührt, und ich weiß nicht, was in mich fuhr, aber ich habe Simones Hand ergriffen und sie sehr stark gedrückt. Dann zog ich sie, immer noch ihre Hand haltend, mit mir in die Nacht hinaus.

Heute verstehe ich nicht mehr, warum ich immer geglaubt hatte, sie sei häßlich. Sie ist ein Mädchen vom Lande; sie lächelt immer und ist nie geschminkt, und beides steht ihr gut. Sie ist groß und steht mit ihren kräftigen Beinen fest auf der Erde. Sie versteht und liebt die Hunde, wie sie die Menschen versteht und liebt. Als ich ihre Hand ergriff, hatte ich sie so viele Jahre jeden einzelnen Tag gesehen und wußte noch nicht einmal, daß sie blaue Augen hatte. Porzellanblau. Außerdem entdeckte ich, daß ihre kühlen Lippen nach Tau schmeckten. Ich redete nicht von Liebe oder von Heirat. Das konnte ich immer noch nicht. Aber als *sie* vorschlug, wir sollten heiraten, war ich sofort von dieser ausgezeichneten Idee begeistert.

Am Abend teilten wir Majeunot unsere Verlobung mit. Er nahm dies zum willkommenen Anlaß, sich den schönsten Rausch seines Lebens zu leisten. Dieser verrückte alte Majeunot machte uns ein ziemlich verrücktes Hochzeitsgeschenk: eine Katze, die wir Lucie tauften.

HEUTE ist unser Glück allerdings ein wenig gedämpft. Am Vormittag haben wir Majeunot auf dem Friedhof von Noisilles beigesetzt. Es war kein schlimmer Tod, es war einfach das Alter. Bevor er seinen letzten Seufzer ausstieß, fand er noch die Zeit, mir das Rezept für ein unfehlbares Mittel gegen die Räude anzuvertrauen und einen Trinkspruch auf die Engel, die ihn bald willkommen heißen würden, auszubringen – mit einem trockenen heurigen Vouvray.

Als der Leichenwagen das Schloß verließ, nur mit Simone und mir im Gefolge, schlossen sich uns alle Hunde an. Es waren beinahe hundert. Und die Bauern, die diesen eigenartigen Leichenzug vorbeiziehen sahen, fragten sich, ob sie nun weinen oder lachen sollten.

Ich selbst tat beides zugleich.

So ist nun mal das Leben, oder?

Remo Forlani

Bevor Remo Forlani in Frankreich als Buchautor und beim Pariser Theaterpublikum als erfolgreicher Stückeschreiber bekannt wurde, war der Name Forlani für viele Franzosen schon lange mit einer warmen, tiefen Stimme verbunden, die seit Jahren regelmäßig im Radio zu hören ist. Remo Forlani spricht dort über das, was er am meisten liebt: Kino- und Fernsehfilme.

Ob er seine Funkbeiträge liebenswürdig humorvoll oder zuweilen auch etwas bissig formuliert, immer ist er als Mensch spürbar, der sich nicht hinter seinen Filmkritiken versteckt, sondern seine Vorlieben und Abneigungen deutlich zeigt. So nimmt es nicht Wunder, daß es ihm überzeugend gelingt, in seinen Büchern lebendige Charaktere zu schaffen mit ihren liebenswerten Seiten und mit all ihren menschlichen (und daher verzeihlichen) Schwächen und Fehlern.

Liebe auf den zweiten Blick beweist, daß Remo Forlani zu Recht den Preis der französischen Académie de l'Humour verliehen bekam. Dieses Buch (inzwischen hat er sechs Romane veröffentlicht) zeugt außerdem von der Vielseitigkeit des Autors, denn seine Romanmanuskripte, Drehbücher und Theaterstücke entstehen alle „nebenbei" – hauptberuflich arbeitet Forlani weiterhin als Rundfunkjournalist in Paris.

Dort ist er 1927 geboren. Und wie die Hauptfigur in seinem letzten Theaterstück, *Großvater*, kann er es noch nicht richtig fassen, selbst schon Großvater zu sein. So ergeht es auch allen Leuten, die ihn persönlich kennen: Immer noch sind Jeans, Stiefel und roter Schal seine Lieblingskleidungsstücke, von denen sich dieser Prototyp des ewig jungenhaft wirkenden Mannes nicht trennen mag.

Remo Forlani will mit seinen Büchern vor allem unterhalten, allerdings nicht auf oberflächliche Weise. Nach Bestsellerruhm strebt er nicht; sein Ziel, ein populärer Schriftsteller zu werden, ist ehrgeiziger: Er möchte das Herz der Leser erreichen und ihnen Lachen und Tränen entlocken. Um dieses Ziel nicht aus den Augen zu verlieren, hat er sich große Vorbilder gewählt: den Engländer Charles Dickens und seinen Landsmann Marcel Pagnol.

IM SCHUTZE DER NACHT

Eine Kurzfassung des Buches von CLARE FRANCIS

Ins Deutsche übertragen von Hans-Joachim Becker

Illustrationen von Kevin Tweddell

September 1935.

In Plymouth an der südenglischen Küste denkt die neunzehnjährige Julie Lescaux sorgenvoll an die bevorstehende Auseinandersetzung mit ihrer Mutter. Julie erwartet ein Kind von einem Mann, den sie nicht liebt. Ihr bleibt nur noch eine Wahl: weg von zu Hause. Aber wohin?

In Marseille macht sich der dreiundzwanzigjährige Paul Vasson, ein kleiner Gauner, Gedanken über seine Zukunft. Die Arbeit als Aufseher in einem schäbigen Etablissement in der Altstadt hat er seit langem satt. Sein Traum: ein eigener Nachtclub in Paris. Wann wird er Wirklichkeit?

In einem Labor bei Lübeck trifft der Physiker David Freymann letzte Vorbereitungen für die Vorführung eines neuen Radargeräts, dessen Entwicklung seine Handschrift trägt. Obwohl Freymann Jude ist, darf er an Geheimprojekten mitarbeiten, die die Reichsmarine in Auftrag gegeben hat. Aber wie lange noch?

Einige Jahre später – in Europa herrscht Krieg – kreuzen sich die Lebenswege dieser drei Menschen auf schicksalhafte Weise. Jeder von ihnen trifft eine Entscheidung und weiß, daß Leben oder Tod davon abhängt.

1. Teil: 1935–1939

Erstes Kapitel

Die Lübecker Bucht ist weit und offen. An ihrer Südseite liegt die geschäftige Hafenstadt Travemünde, einige Kilometer landeinwärts, am Unterlauf der Trave, befindet sich Lübeck. An der Nordwestküste der Bucht, etwa dreißig Kilometer von Travemünde entfernt, liegt das Fischerdorf Pelzerhaken. Dort hatte die deutsche Kriegsmarine auf einem von hohen Stacheldrahtzäunen geschützten Gelände am Hafen eines ihrer wichtigsten Forschungslabors untergebracht.

An einem Septembertag des Jahres 1935 wehte ein stürmischer Nordwestwind, drückte die kabbelige See von der Ostsee in die Bucht hinein und überzog den Strand mit schäumender Brandung. Am einzigen Kai im Hafen von Pelzerhaken lag das Forschungsschiff *Welle* vertäut. Der Wind zerrte an den vielen Antennen und den merkwürdigen, tellerförmigen Geräten, die auf die Aufbauten des Schiffes montiert waren.

David Freymann schlug fröstelnd den Jackettkragen hoch. Er spürte das leichte Schwanken des Schiffes und hoffte, daß er nicht wieder seekrank würde. Gegen die Seekrankheit war er machtlos. Doch seine Frau Ellen hatte gesagt, es sei dumm von ihm, wenn er schon vor einer Testfahrt daran dächte; nichts fürchtete sie nämlich mehr, als daß er sich in irgendeiner Situation blamierte. Außerdem erklärte sie ihm stets, daß er nur seekrank werde, weil er zu dick sei und sich zu wenig sportlich betätige. David widersprach ihr nicht einmal. Ellen war eine gute Ehefrau, und sie hatte es im Augenblick nicht leicht mit ihm, denn seine Arbeit beanspruchte ihn sehr. Er hatte versucht, Ellen zu erklären, wie wichtig seine Karriere für sie beide sei, aber sie verstand ihn nicht. So sind die Frauen nun mal, dachte David voll Zärtlichkeit.

Mit Betroffenheit hatte er vor kurzem festgestellt, daß sie im kommenden Monat fünfzehn Jahre verheiratet waren. Er konnte es kaum glauben. Ihre Tochter Lydia war inzwischen schon acht. Merkwürdig, wie schnell die Zeit vergeht, dachte David. Er würde noch in diesem Jahr fünfundvierzig, galt also schon als ein Mann mittleren Alters.

Trotzdem – wenn man, so wie er, etwas von bleibendem Wert schuf, spielte das Alter keine Rolle. David sah zu einem der tellerförmigen Geräte über der Brücke der *Welle* hoch. Diese Erfindung war wirklich etwas Wichtiges, eine Leistung, auf die ein Wissenschaftler stolz sein konnte.

Vorsichtig schritt David über das Deck zu seinem Kollegen Hans Rathenow hinüber. Vor einem Jahr waren sie gemeinsam in die kurz zuvor gegründete Firma Gema eingetreten. David mochte Hans gut leiden: Er war fleißig, offen und freundlich. Hans deutete zum Kai hinüber. „Die hohen Herren lassen sich Zeit."

„Das ist ihr Vorrecht", sagte David lächelnd.

Die beiden Männer sahen zu, wie ein leerer Lastwagen über das holprige Kopfsteinpflaster des Kais rumpelte und vor einem Lagerschuppen anhielt. „Hast du eigentlich schon von der Sache mit Telefunken gehört?" fragte Hans unvermittelt. David sah ihn verständnislos an, und Hans fuhr fort: „Es sieht so aus, als würde Telefunken ebenfalls bald einen Regierungsauftrag bekommen. Aufgabe ist die Entwicklung eines Funkmeßgeräts, das man auch in Flugzeuge einbauen kann."

David runzelte die Stirn. „Ich dachte, *wir* sollten uns um die kleinen Geräte kümmern. Schließlich arbeite ich schon seit geraumer Zeit an diesem Programm."

„Ja, ich weiß", meinte Hans und sah David mitfühlend an. „Und ich weiß auch, daß du auf dem richtigen Weg bist. Aber ich fürchte, Schmidt sieht das nicht so."

David starrte in die Ferne und seufzte. Alfred Schmidt, Leiter des Forschungsprogramms und seit kurzem oberster Forschungskoordinator des Reiches, war ihm schon seit geraumer Zeit verhaßt. Eine Windbö fegte über das Deck, und David stampfte mit den Füßen, um gegen die Kälte anzukämpfen. „Ich könnte Telefunken meine Dienste anbieten", sagte er. „Vielleicht würde man sich dort meinen Ideen gegenüber aufgeschlossener zeigen und sie notfalls auch gegen Schmidt durchsetzen."

„Das bezweifle ich, David." Hans schwieg einen Augenblick, tief in Gedanken versunken. Dann sprach er so leise weiter, daß David Mühe hatte, ihn zu verstehen. „Du mußt vorsichtig sein, David. Ich mache mir Sorgen um dich."

„Was willst du damit sagen? Keine Frage, Schmidt ist dumm und arrogant. Aber er weiß, was er an meiner Arbeit hat. Er wird mich nicht entlassen."

„Ich habe keine Angst wegen Schmidt, sondern fürchte um dich wegen der ... der offiziellen Politik."

David begann zu verstehen. „Du meinst, sie werden mich hier rausdrängen, weil ich Jude bin?" Er schüttelte lächelnd den Kopf. „Zum einen glaube ich nicht, daß diese törichte Rassenkampagne von langer Dauer sein wird. Und außerdem wird man mich in Ruhe lassen, weil meine Arbeit viel zu wichtig ist."

„Hoffentlich behältst du recht. Aber ich fürchte, du siehst das zu optimistisch. Wahrscheinlich wird eher alles noch schlimmer werden."

David zuckte die Achseln. Die Ereignisse der jüngsten Zeit waren in der Tat bedauerlich. Die vor wenigen Tagen erlassenen Nürnberger Rassengesetze waren ein schwerer Schock gewesen. Juden konnten nicht länger deutsche Staatsbürger sein, und die Eheschließung mit Angehörigen „deutschen oder artverwandten Blutes" war verboten. Nun, Ellen und mich betrifft das nicht, dachte David; die können doch unsere Ehe nach all den Jahren nicht einfach annullieren.

Als am Ende des Kais eine Wagenkolonne auftauchte, liefen die Matrosen an Bord geschäftig durcheinander, um sich gleich darauf an der Gangway in Reih und Glied aufzustellen. Auch Hans und David gingen langsam zur Gangway hinüber. David sah, daß Hans immer noch nachdenklich die Stirn runzelte. Deshalb sagte er leise: „Na schön, Juden dürfen bestimmte Berufe nicht mehr ausüben, aber das ist ja nichts Neues. Und überhaupt – ich bin mehr Deutscher als Jude. Ich habe seit Jahren keine Synagoge mehr betreten. Meine Frau ist Arierin, meine Tochter geht auf eine christliche Schule. Ich stelle doch in keiner Weise eine Bedrohung dar!"

„Trotzdem, du bist Jude", entgegnete Hans. „Als Wissenschaftler hast du zwar einen besonderen Status, aber allzu sicher würde ich mich an deiner Stelle nicht fühlen."

Inzwischen hatten sie die Gangway erreicht, und sie reihten sich unter ihre Kollegen vom Forschungslabor Pelzerhaken ein, die sich entlang der Reling aufgestellt hatten.

David beobachtete die Gruppe, die jetzt die Gangway heraufkam. Er erkannte Admiral Raeder, den Oberbefehlshaber der Kriegsmarine; die anderen Marineoffiziere waren ihm fremd. Alfred Schmidt, mit dem üblichen selbstgefälligen Lächeln auf den Lippen, folgte dem Admiral auf dem Fuß. David seufzte. Wie unkompliziert könnte das Leben sein, wenn jemand den Schmidts dieser Welt verbieten würde, ihre Nase in wirklich wichtige Dinge zu stecken. Schmidt war leider nicht mit allzuviel Verstand gesegnet; er war nie ein guter Wissenschaftler gewesen. Vielleicht hatte er sich deshalb mit soviel Eifer auf einen Verwaltungsposten gestürzt.

Schmidt stellte den Marineoffizieren die führenden Leute der Firma

Gema vor. Als David die Offiziere begrüßen durfte, versuchte er, sich ihre Namen und Ränge einzuprägen. Besonderen Eindruck machte ein Mann auf ihn, von dem er schon einmal gehört hatte: Fregattenkapitän Karl Dönitz. Es waren Gerüchte im Umlauf, daß er Befehlshaber der neuen U-Boot-Waffe werden sollte. David kam eine Idee. U-Boote – das waren doch eigentlich Fahrzeuge, die eine besonders kleine Funkmeßanlage gebrauchen konnten...

Die Offiziere und die Wissenschaftler gingen zur Brücke. David spürte, wie die Decksplanken unter seinen Füßen vibrierten, und sah, daß die *Welle* ablegte und Kurs aufs offene Meer nahm. Der Wind fegte jetzt in heftigen Stößen heran, und bald schlingerte das Schiff im heftigen Seegang. David schalt sich im stillen, weil er mitgekommen war. Als alle das Kartenhaus hinter der Brücke betraten, sah sich David sogleich nach einem ruhigen Eckchen um, doch Schmidt winkte ihn ungeduldig zu einer Gruppe junger Offiziere hin. Diese hatten sich um ein Metallschränkchen versammelt, das auf dem Boden des Kartenhauses verankert war. Oben befand sich eine Konsole mit einem runden Sichtschirm, den die höheren Offiziere erwartungsvoll anstarrten. Sie konnten es offenbar kaum erwarten, daß das Schiff die offene See erreichte, wo das Gerät vorgeführt werden konnte.

Plötzlich wurde David von der Seite angesprochen. „Wir sind einander noch nicht vorgestellt worden. Ich heiße Fischer, Kapitänleutnant Karl Fischer." David drehte sich um und sah einen gutaussehenden jungen Offizier, der ihm die Hand entgegenstreckte.

„David Freymann." Er schüttelte Fischer die Hand und sagte: „Ich arbeite an diesem Projekt. Mein Spezialgebiet ist Funkmeßtechnik."

„Ich bin gespannt darauf, dieses Gerät im Einsatz zu sehen. Erst heute habe ich erfahren, daß so etwas entwickelt wird."

„Ja, wir versprechen uns viel von unserer Erfindung." David lächelte höflich. „Und Sie? Sind Sie beim Marinestab?"

„Nein, nein." Fischer schüttelte den Kopf. „Ich bin mit Fregattenkapitän Dönitz hergekommen und gehöre der ersten einsatzfähigen U-Boot-Flottille in Kiel an. Es ist eine große Ehre, dort Dienst zu tun."

„Das kann man wohl sagen. Es ist wunderbar, daß wir endlich wieder U-Boote haben."

Im Versailler Vertrag war Deutschland der Besitz von U-Booten untersagt worden. Doch seit der Unterzeichnung des deutsch-britischen Flottenabkommens konnte die Reichsmarine wieder eine schlagkräftige Flotte aufbauen.

Fischer blickte auf das leise summende Gerät in der Mitte des

Kartenhauses. „Wird man solche Apparate auch in U-Booten installieren können?" fragte er.

„Nun, im Moment noch nicht. Das Gerät ist zu klobig; es würde nie in ein U-Boot passen und schon gar nicht in ein Flugzeug."

Fischer runzelte nachdenklich die Stirn. „Ich verstehe. Wäre es denn nicht vorstellbar, ein Gerät zu konstruieren, das in ein U-Boot paßt?"

David nickte. „Aber ja. Es ist durchaus möglich."

Fischer schien an dieser Frage sehr interessiert zu sein. „Können wir später noch einmal darüber reden? Fregattenkapitän Dönitz –" Doch er wurde unterbrochen. Die *Welle* hatte die offene See erreicht, und Schmidt ergriff das Wort.

„Meine Herren, wie Sie wissen, arbeiten wir mit Hochdruck an einem Gerät zur Objekterfassung. Noch bei unserer letzten Vorführung konnten wir die Entfernung des zu erfassenden Zieles nur ganz grob angeben. Aber jetzt" – Schmidt legte die Hand auf das Metallschränkchen – „können wir mit Hilfe eines revolutionären Konzepts bis auf eine Viertelmeile genau messen, in welcher Entfernung sich der Feind befindet."

Schmidts Zuhörer schwiegen gespannt. David blickte aus einem der großen Bullaugen des Kartenhauses, sah hochgehende Wellen mit weißen Schaumkronen und kämpfte gegen die drohende Übelkeit an.

Währenddessen fuhr Schmidt fort: „Wir haben einen Sender entwickelt, der einen starken Impuls ausstrahlt. Er wird vom Zielobjekt reflektiert und von unserem Funkmeßgerät wieder empfangen. Indem wir die Zeit messen, die der Impuls für Hin- und Rückweg benötigt, können wir die Entfernung des Ziels mit ziemlicher Genauigkeit bestimmen." Schmidt erhob die Stimme. „Darüber hinaus, meine Herren, können wir jetzt auch weiter entfernte Ziele erfassen. Sie werden Land in gut fünfzehn Kilometer Entfernung erkennen können, Schiffe in zwölf und Flugzeuge in über zwanzig Kilometer Entfernung." Er trat zur Seite. „Und nun darf ich Sie bitten, sich selbst davon zu überzeugen."

Admiral Raeder und die höheren Offiziere traten vor und beugten sich über den Radarschirm. Schmidt zeigte auf einen Küstenstrich, der an Backbord sichtbar war, und wies dann auf den Bildschirm. Vergleiche wurden angestellt, und es gab ein allgemeines Kopfnicken. Die Offiziere waren offensichtlich beeindruckt. Schließlich befahl Schmidt, die Antenne zu drehen, und die Gruppe erkannte auf dem Radarschirm das Echo eines Schiffes, das gerade noch am Horizont zu sehen war.

David verspürte einen Brechreiz und ging unauffällig zur Tür. Er trat an Deck und beugte sich über die Reling. Sobald sein Magen leer war, fühlte er sich besser. Doch er beschloß, nicht wieder ins Kartenhaus zu gehen; dort würde er es keine fünf Minuten aushalten.

Nach einer Weile war er vom regelmäßigen Auf und Ab der Wellen wie hypnotisiert. Er schloß versuchsweise die Augen und fand, daß er trotz des scharfen Windes im Stehen dösen konnte. Es war nicht unangenehm und vermittelte ihm ein Gefühl der Schwerelosigkeit.

„Hm!" Neben ihm räusperte sich jemand. Widerstrebend schlug David die Augen auf und drehte sich um. Vor ihm standen Fischer und Dönitz. „Herr Freymann, Fregattenkapitän Dönitz möchte Ihnen gern ein paar Fragen stellen", sagte Fischer.

David versuchte, die Müdigkeit abzuschütteln. Er lächelte mühsam. „Ja, natürlich, gern", erwiderte er.

Dönitz besaß scharfe Züge mit schmalen Lippen und kleinen, durchdringend blickenden Augen. „Ich habe verstanden, nach welchem Prinzip das Gerät arbeitet", begann der Fregattenkapitän bedächtig. „Ich verstehe, daß man es auf einem Überwasserfahrzeug zur Warnung vor Flugzeugen und anderen Überwassereinheiten einsetzen kann. Aber ich habe den Eindruck gewonnen, daß es nie auf U-Booten Verwendung finden wird. Ist das richtig?"

David riß sich zusammen. „Im Augenblick ist das noch so", bestätigte er. „Das Gerät ist zu klobig. Man könnte ein kleineres bauen, aber dann müßte man mit kürzeren Wellenlängen arbeiten."

„Und das ist möglich?"

David nickte. „Wenn ich richtig informiert bin, wird wohl bald mit etwas kürzeren Wellenlängen experimentiert werden." Er zögerte. Was sollte er tun? Die Wahrheit sagen und Schmidts Zorn auf sich ziehen oder sich an die offizielle Lesart halten? Ein gespannter Ausdruck lag auf den Zügen des Fregattenkapitäns. Die Antwort war offenbar von großer Bedeutung für ihn.

Warum sollte ich lügen? dachte David. Dieser Mann verdient, daß man ihm die Wahrheit sagt.

„Im Augenblick ist nicht geplant, daß wir uns mit extrem kurzen Wellenlängen befassen", fuhr er fort. „Man ist höheren Ortes der Ansicht, daß sich solche Wellenlängen unmöglich erzeugen lassen und daß sie ohnehin weniger Wirkung zeigten. Doch ich glaube", erklärte David mit Nachdruck, „daß es gelingen könnte, einen scharf gebündelten Peilstrahl zu entwickeln, der mit Kurzwellen große Reichweiten erzielt. Damit hätten wir ein kompaktes, ungeheuer starkes Gerät, mit dem sich eine außerordentlich getreue Abbildung..."

Er fand nicht die richtigen Worte. Diese Offiziere wollten wissen, was die Erfindung für die Praxis bedeutete. Er nahm einen neuen

Anlauf. „Mit diesem Gerät" – er wies auf das Kartenhaus – „kann man Objekte nur ausmachen, wenn sie nicht vor einem Hintergrund stehen: etwa ein Schiff am Horizont. Befindet sich aber hinter dem Objekt noch ein anderes, etwa die Küste, so werden zu viele Signale reflektiert, und der Benutzer kann ein bestimmtes Objekt nicht mehr klar erkennen."

David hielt inne, um zu sehen, ob ihn die beiden Offiziere verstanden hatten. Sie nickten, und er fuhr fort: „Mit einem Kurzwellengerät hingegen ... könnte man sehen wie mit menschlichen Augen. Vom Flugzeug aus auf die Erde gerichtet könnte es das Gelände abbilden wie eine Landkarte. Es könnte Städte ausmachen, Flüsse, Seen und Straßen; es könnte Objekte auf der Wasseroberfläche erkennen, zum Beispiel ein aufgetauchtes U-Boot. *Nichts* bliebe ihm verborgen."

Dönitz starrte David erschrocken an. „Wenn das stimmt, ist es ... sehr wichtig. Aber Sie haben von Zweifeln gesprochen. Haben Sie nicht gesagt, es gebe Leute, die ein derartiges Gerät für wenig wirkungsvoll halten?"

David wählte seine Worte sorgfältig. „Es gibt eine wissenschaftliche Richtung, die es für unmöglich hält, ausreichend starke elektromagnetische Wellen zu erzeugen. Ich bin da freilich anderer Ansicht. Ich glaube, daß man den dazu nötigen Hochfrequenzgenerator entwickeln kann, muß Ihnen aber gleich gestehen, daß ich mit dieser Ansicht so ziemlich allein stehe."

„Wenn auch nur die geringste Aussicht besteht, dann müssen Sie das Projekt in Angriff nehmen", meinte Dönitz nachdenklich und blickte auf die See hinaus.

„Natürlich müßte ich noch viel daran arbeiten. Und ich brauche offizielle Unterstützung."

Dönitz sah ihn durchdringend an. „Ich habe keinen Einfluß auf forschungspolitische Entscheidungen. Trotzdem werde ich alles tun, was in meiner Macht steht." Eine Pause entstand, und David stellte mit Entsetzen fest, daß ihm schon wieder schlecht wurde. Zum Glück wurde er abgelenkt, denn Dönitz fragte ihn: „Wissen Sie zufällig, ob noch jemand an diesem Projekt arbeitet? Zum Beispiel die Engländer?"

„Mir ist nichts bekannt. Bisher bin ich jedenfalls bei meinen Forschungsarbeiten weder in der internationalen Fachliteratur noch sonst irgendwo auf etwas gestoßen, das darauf hindeuten würde."

„Ich verstehe. Danke." Dönitz deutete eine Verbeugung an, drehte sich um und ging davon.

David stürzte zur Reling und würgte jämmerlich. Als er wieder hochblickte, war kein Land mehr zu sehen, und er hatte den Eindruck, als halte die *Welle* weiter auf die offene See zu. Ellen hat wahrscheinlich doch recht gehabt, dachte er verzweifelt: Ich hätte zu Haus bleiben sollen.

Der D-Zug fuhr langsam in den Lehrter Bahnhof ein. Das Kreischen der Bremsen und das Zischen entweichenden Dampfes weckten David. Er reckte sich und stieß Hans an, der auf dem Platz neben ihm immer noch schnarchte. „Berlin. Wir sind da."

Es war spät, schon fast zehn Uhr abends. Hans sah auf die Uhr und stieß einen unterdrückten Fluch aus. „Ich muß mich beeilen!"

Sie stiegen aus und verabschiedeten sich auf dem Bahnsteig. „Ich werde hier in der Nähe noch eine Kleinigkeit essen", meinte David.

Hans lachte. „Was denn, schon wieder?" Dann winkte er und marschierte davon.

David ging ins Bahnhofsrestaurant und bestellte sich ein belegtes Brot und ein Pils. Er war selbst erstaunt über seinen Appetit; schließlich hatte er auch schon im Speisewagen kräftig zugelangt. Ellen meinte immer, er esse zuviel, und sie hatte wohl recht. Doch er hatte keine Lust, sich zu Hause noch etwas zu essen zu machen. Ellen aß gern früh zu Abend und ging spätestens um zehn Uhr zu Bett.

Ellen war eine gute Ehefrau, aber sie schlief nun einmal gern. Sonntags schlief sie oft bis zehn oder elf Uhr. Dann ging David mit Lydia spazieren und erzählte ihr, wie die Bäume wachsen, warum Dampf Lokomotiven antreibt und wieso der Blitz in Kirchtürme einschlägt. Lydia war ein aufgewecktes Kind, und David war sehr stolz auf sie.

Er beendete seine Mahlzeit. Mit der S-Bahn fuhr er nach Heiligensee. Von dort wollte er einen Bus nehmen, aber nachdem er fünf Minuten gewartet hatte, beschloß er, zu Fuß nach Hennigsdorf zu gehen. Das würde ihm guttun.

David ging mit gesenktem Kopf, tief in Gedanken versunken. Er hatte das unbestimmte Gefühl, daß sein Kurzwellenprojekt Zukunft hatte. Er mußte nur Geduld haben und den richtigen Leuten seine Pläne unterbreiten. Ob sich sein Gespräch mit Dönitz als hilfreich erweisen würde, blieb abzuwarten; auf jeden Fall hatte er den Stein dadurch ins Rollen gebracht. Schmidt war vor Ärger rot angelaufen, als er von seiner Unterhaltung mit Dönitz erfahren hatte. David lächelte und dachte: Schaden kann es bestimmt nicht.

Als er an einem kleinen Laden vorbeiging, erregte ein großes Pappschild, das ans Schaufenster geklebt war, seine Aufmerksamkeit. Auf dem Schild stand nur ein Wort: Jude!

David wurde bewußt, daß es sich um das Schuhgeschäft des alten Finstein handelte. Lange blieb er stehen und starrte das unselige Schild an. Solche Dinge passierten im Stadtzentrum, das wußte er. Aber hier in Hennigsdorf? Wo jeder jeden kannte? Verdammt noch mal, jeder kannte doch den alten Finstein! Langsam ging David weiter; Hans Rathenows Warnung ging ihm nicht mehr aus dem Kopf. Dennoch konnte er nicht glauben, daß er wirklich in Gefahr war, seine Stelle zu verlieren. Gewiß, für jüdische Geschäftsleute, Ärzte, Rechtsanwälte waren harte Zeiten angebrochen. Doch mich, David Freymann, *brauchen* sie doch, dachte er, als er in die Straße einbog, in der er wohnte. Und das wußten seine Vorgesetzten ebensogut wie er, Punktum!

So gesehen habe ich ja wirklich Glück, sagte sich David. Ich habe meine Arbeit, mein Haus, meine Familie.

Zweites Kapitel

Es WAR ein klarer, wolkenloser Septembertag in der Bucht von Plymouth. Vor Anker liegende Kriegsschiffe hoben sich als schwarze Silhouetten gegen die glitzernde See ab, weit draußen auf dem Meer war der Leuchtturm auf den Klippen von Eddystone klar zu erkennen. Vom Ärmelkanal her wehte eine frische Brise, und auf der ungeschützten Höhe von „Plymouth Hoe" war es recht kühl. Nur eine Handvoll Menschen hatte sich zu einem Spaziergang an die historische Stätte gewagt, an der der englische Seeheld Francis Drake der Überlieferung nach in aller Ruhe sein Bowls-Spiel beendete, ehe er die spanische Armada besiegte.

Julie Lescaux saß auf einer Bank und blickte zu dem breiten Wellenbrecher hinaus, der sich quer durch die Bucht zog. Ich könnte jetzt einfach ins Wasser gehen und mich umbringen, dachte sie. Doch sie wußte, daß sie es nicht tun würde.

Sie hatte sich immer für einen ganz gewöhnlichen Menschen gehalten, der einmal ein durchaus gewöhnliches Leben führen würde. In der Schule hatte sie immer als braves Mädchen gegolten. Schlimmes erwartete man eher von Mädchen wie Maggie Phillips, die mit sechzehn angefangen hatte, sich die Augenbrauen nachzuziehen. Maggie, die mit vielen Jungen ausging und als ausgesprochen flatterhaft galt.

Aber es war nicht Maggie passiert, sondern Julie. Sie war gerade neunzehn Jahre alt und schon schwanger. Ihr Leben war ruiniert. Dabei war sie nicht einmal „leicht zu haben" gewesen, ganz im

Gegenteil. Sie hatte lediglich zweimal nachgegeben, und auch das nur, nachdem Bill tagelang auf sie eingeredet hatte. Selbst als sie eingewilligt hatte, war sie von schrecklichen Zweifeln geplagt gewesen. Irgendwie hatte sie das Gefühl gehabt, es müsse mehr Liebe und Zärtlichkeit dabeisein, mehr Fürsorglichkeit. Aber Bill hatte all ihre Argumente beiseite gefegt. Er hatte gesagt, alle Marineoffiziere schliefen mit ihren Freundinnen und niemand denke sich etwas dabei, so daß sich Julie vorgekommen war, als sei sie eine dumme Gans.

Trotzdem hatte sie sich lange Zeit gesträubt, doch dann hatte Bill gedroht, ein anderes Mädchen zum Sommerball einzuladen.

Als ihre Mutter davon erfahren hatte, daß ihre einzige Tochter womöglich nicht zu dem Ball eingeladen würde, war sie fast in Panik geraten. Der Sommerball war *das* gesellschaftliche Ereignis der Saison. Sie hatte Julie gedrängt, sich mit Bill auszusöhnen.

Also war Julie zum Ball gegangen, hatte zum ersten Mal in ihrem Leben Gin getrunken, und hinterher war Bill mit ihr auf die Heide gefahren. Da war es dann geschehen.

Es war schnell gegangen und hatte weh getan, und Julie hatte geweint. Er hatte ihr versprochen, beim nächsten Mal würde es schöner für sie sein, doch es war eher noch schlimmer gewesen.

Wochenlang hatte sie sich todunglücklich gefühlt. Wenn das Liebe war, dann wollte sie nie mehr etwas damit zu tun haben. Ihre Mutter hatte ihre gedrückte Stimmung auf Verliebtheit zurückgeführt. Arme Mutter! Sie hielt Bill immer noch für einen großartigen Menschen. Bill verkörperte alles, was sie sich je für ihre Julie gewünscht hatte. Er war wortgewandt, ein schneidiger Offizier und ein Gentleman. Bill ein Gentleman? Bei diesem Gedanken konnte Julie nur noch müde lächeln. Sie hatte ihm gegenüber Bedenken wegen einer möglichen Schwangerschaft zum Ausdruck gebracht, doch er hatte sie abgetan. Nichts würde passieren, hatte er versichert; dafür wolle er schon sorgen. Wirklich ein echter Gentleman, dachte Julie verbittert.

Ihre Mutter ... Julie hatte keine Ahnung, wie sie es ihr beibringen sollte. Es wäre ein schwerer Schlag für sie, eine Katastrophe, die nur dadurch verhindert würde, daß Julie heiratete. Doch Julie wußte, daß keinerlei Aussicht auf eine Heirat bestand. Also würde ihre Mutter vor Scham, Zorn und Erbitterung fast zusammenbrechen. Sie würde Julie undankbar und egoistisch nennen und ihr vorhalten, sie habe ihr Leben ruiniert. Julie wußte schon jetzt genau, wie ihre Mutter reagieren würde.

Es gab nur einen Gedanken, der noch schlimmer war: die Vorstellung, ein weiteres demütigendes Gespräch mit Doktor Hargreaves führen zu müssen. Julie schauderte, wenn sie daran dachte. Er hatte sie schamlos und undankbar gescholten, aber am Ende hatte er gesagt, er werde sie um ihrer Mutter willen als Patientin behalten. Dann sagte er – und Julie hatte es überrascht zur Kenntnis genommen –, das Baby müsse zur Adoption freigegeben werden, und er werde sich um alles kümmern.

Sie hatte noch gar nicht daran gedacht, was aus dem Baby werden sollte. Merkwürdig! Ein Baby . . . Sie verstand nichts von Babys, hatte bis zu diesem Tag noch nicht einmal eins auf dem Arm gehalten. Würde sie es lieben? Sie wußte es nicht. Vor ihrem geistigen Auge entstand das Bild eines winzigen Wesens, das ihr im Arm lag, weinte und die kleinen Hände nach ihr ausstreckte. Der Gedanke, jemand könnte es ihr wegnehmen und zu fremden Leuten geben, erschien ihr hassenswert.

Julie stand auf und ging in Gedanken versunken davon. Plötzlich dachte sie an ihren Vater. Er war Bretone gewesen, und sie erinnerte sich noch genau an seine rauhe Stimme, der sie immer so gern gelauscht hatte. Ihr Vater starb, als sie zwölf Jahre alt war, und es hatte ihr fast das Herz gebrochen. Er fehlte ihr immer noch sehr.

Vater hätte Verständnis für sie gehabt. Er hätte ihr zugehört und sie in die Arme genommen, hätte sie beschützt und einen Ausweg gefunden. Vielleicht wäre er sogar mit ihr fortgezogen . . .

Julie blieb wie angewurzelt stehen. Daran hatte sie noch gar nicht gedacht! Das wäre eine Lösung: einfach fortziehen. Aber wohin? Sie hatte nur ein paar Pfund gespart. Als Sekretärin verdiente sie gerade fünfzehn Shilling in der Woche; davon ließ sich nicht viel abzweigen. Wie auch immer – sie würde ohnehin woanders hingehen und eine neue Arbeitsstelle finden müssen, und das würde nicht einfach werden.

Julie überlegte: Gab es irgendwelche Verwandten, zu denen sie hätte ziehen können? Da war Tante Beryl in Ramsgate, und – aber nein, Tante Beryl war genauso wie Mutter. Die Familie ihres Vaters in der Bretagne hatte Julie nie kennengelernt; ihre Mutter hatte das stets zu verhindern gewußt.

Julie machte sich auf den Weg zur Radley Terrace, wo sie mit ihrer Mutter in einem kleinen Häuschen wohnte. Als sie fast zu Hause war, merkte sie, wie ihr Tränen in die Augen schossen. Rasch kehrte sie um und ging ein Stück weit zurück, bis sie ihre Beherrschung wiedergefunden hatte. Dann schneuzte sie sich und machte sich erneut auf den Heimweg.

Bestimmt hatte Mutter schon den Tee fertig; da durfte sie sich nicht verspäten.

JULIE lehnte sich in ihrem Sessel zurück und fragte sich, wann sie wohl endlich zu Bett gehen könnte. Die letzten Stunden waren tränenreich und überaus anstrengend gewesen, und jetzt war sie schrecklich müde.

Ihre Mutter schniefte laut, und Julie sah zu ihr hinüber. Mrs. Lescaux saß auf einem Stuhl und wiegte sich wie in Trance vor und zurück. Hin und wieder gab sie klagende Laute von sich, schüttelte in stummer Verzweiflung den Kopf und drückte sich ein großes, nasses Taschentuch an die Augen. Julie überlegte, wie sie ihre Mutter trösten könnte. Doch im Grunde hatten sie sich nichts mehr zu sagen.

Mrs. Lescaux schneuzte sich geräuschvoll und sah Julie an. „Wie kannst du so sicher sein, daß er dich nicht liebt?" fragte sie.

„Ich weiß es eben." Julie hatte es bereits mindestens ein dutzendmal zu erklären versucht.

„Aber dafür mußt du doch Gründe haben."

Julie schloß die Augen. „Ich habe dir doch schon gesagt, daß Bill mir aus dem Weg geht. Und außerdem habe ich ihn mit einem anderen Mädchen gesehen. Sie schien mehr sein Fall zu sein."

„Was soll das schon wieder heißen?"

„Ich meine ..., es schien, als sei sie eher aus seiner Gesellschaftsschicht, Mutter."

„Als ob das etwas zu bedeuten hätte! Du bist schließlich auch keine schlechte Partie." Sie schüttelte heftig den Kopf. „Nein, damit kann es nichts zu tun haben!"

Julie hielt es für das beste, nichts zu sagen. Ein paarmal war Bill zum Tee dagewesen, und Mutter hatte sich viele Umstände gemacht; sie hatte Kuchen gebacken, Sandwiches gerichtet und das gute Geschirr hervorgeholt. Bill war zwar höflich gewesen, doch Julie war längst klar, daß er das alles lediglich als Pflichtübung betrachtet hatte.

Und wenn ich damit recht habe, dachte Julie, dann würde ich lieber sterben als ihn wissen lassen, daß ich in Nöten bin.

Mrs. Lescaux räusperte sich. „Du mußt es noch einmal versuchen", meinte sie. „Du mußt es ihm sagen. Wer weiß, vielleicht bittet er dich doch, ihn zu heiraten? Oder – du könntest dich auch an seinen Kommandeur wenden. Der würde ihm wahrscheinlich befehlen, dich zu heiraten."

Julie spürte, wie Zorn in ihr hochstieg. „Wenn du an so etwas auch nur denkst, Mutter", fauchte sie, „rede ich nie wieder mit dir!"

„Untersteh dich, so mit deiner Mutter zu sprechen! Ist das der Dank für alles?" Sie fing wieder zu schluchzen an. „Und das, nachdem du mir soviel angetan hast? Nachdem du Schande über mich gebracht hast? Ja, Schande!"

„Bitte, fang nicht wieder damit an, Mutter. Ich habe dir doch schon gesagt, daß ich von hier fortziehe. Kein Mensch wird je erfahren, daß ich ein Kind bekomme."

„Von hier fortziehen! Und woher willst du das Geld nehmen? Wohin willst du gehen?" rief Mrs. Lescaux zornig. „Zu Tante Beryl kann ich dich nicht schicken; diese Schmach überlebe ich nicht. Bliebe also nur eine Pension, und das ist schrecklich teuer."

„Ich könnte zum Beispiel in die Bretagne ziehen."

„Wie bitte?"

„Es ist doch weit genug weg von hier, oder? Und Papas Verwandte würden mich bestimmt aufnehmen. Wenigstens fürs erste."

„Unmöglich!" Mrs. Lescaux war entsetzt. „Du kennst sie ja gar nicht. Versteh doch, sie sind ..." Sie seufzte verärgert. „Sie sind ... ganz einfache Leute ..., Landarbeiter, Fischer und dergleichen ..."

Julie erinnerte sich an ihren herzensguten Vater, und sie fragte sich, weshalb sie sich vor ihren Verwandten fürchten sollte. Vater war vor dem Weltkrieg an Bord eines französischen Kriegsschiffes nach Plymouth gekommen, wo er Mutter bei einem Tanztee kennenlernte. Ein Jahr später heirateten sie. Vater arbeitete auf dem Fischmarkt und brachte es im Lauf der Zeit zum Aufseher. Mit Mutter sprach er nie Französisch, dafür aber mit Julie. Er erzählte ihr französische Gutenachtgeschichten, berichtete von seiner Kindheit und der Bretagne. Er war ein guter Vater gewesen, und Julie hatte ihn sehr geliebt.

„Nein!" sagte ihre Mutter mit Nachdruck. „Dort kannst du nicht hingehen. Diese Leute hätten nicht viel Verständnis für dich. Du mußt dir ein anderes Ziel aussuchen. Vier oder fünf Wochen nach dem ... Ereignis könntest du wieder herkommen. Vielleicht bekommst du sogar deine alte Stellung wieder." Sie schniefte erneut: „Oh, was für eine Katastrophe. Furchtbar!"

Julie runzelte die Stirn. „Ich glaube nicht, daß ich hierher zurückkommen könnte, Mutter. Da ist dann nämlich das Baby, weißt du."

„Was redest du denn da? Alle Mädchen, die so ein ... so ein Problem haben, lassen ihr Kind adoptieren. Das ist ganz normal."

Julie schüttelte den Kopf. „Das würde ich mir nie verzeihen."

„Also, das ist doch die Höhe! Erst bringst du dich in diese mißliche Lage, und dann willst du außer deinem auch noch mein Leben verpfuschen! Wenn das nicht der Gipfel an Egoismus ist!" Mrs. Lescaux schloß die Augen. „Wenn du das Baby behalten willst, mußt du heiraten; das ist die einzige Möglichkeit, verstanden?"

Julie fühlte sich unwohl. Sie bewegten sich ständig im Kreis herum, kamen nicht weiter.

„Versuch wenigstens, dich noch einmal mit Bill zu treffen", fuhr ihre Mutter fort. „Ich bitte dich um diesen einzigen Gefallen."

„Na gut. Aber ich werde ihm nichts sagen. Auf keinen Fall."

Mrs. Lescaux schüttelte verzweifelt den Kopf. „Also bitte, wie du willst. Aber finde wenigstens heraus, ob er sich noch etwas aus dir macht. *Bitte!*"

Julie blickte verärgert auf ihre Hände. Der Gedanke, Bill wiederzusehen, war ihr unerträglich. Es wäre eine einzige Demütigung für sie, und sie wußte, daß nichts dabei herauskäme. Doch sie war zu müde, um jetzt noch zu widersprechen. Sie hatte heftige Kopfschmerzen und wollte nichts weiter als schlafen. Dafür war sie bereit, alles zu tun.

„Na schön, Mutter, du hast gewonnen", entgegnete sie müde. „Ich will versuchen, mich morgen mit ihm zu treffen."

Der Bus kroch im ersten Gang langsam die Steigung hinter den Millbay Docks hinauf. Es waren nur knapp drei Kilometer bis zu den Kasernen der Marine. Julie fühlte, wie sie von Panik ergriffen wurde. Sie hatte für ihren Besuch nur einen lächerlichen Vorwand und wurde das unangenehme Gefühl nicht los, daß Bill sie sofort durchschauen würde.

Aber eine bessere Ausrede war ihr nun einmal nicht eingefallen. Im Frühsommer hatte Bill sie zu einer Party auf ein kleines Segelboot mitgenommen, das in der Nähe der Marinewerft vertäut lag. Spätabends hatten einige Gäste angefangen, Seemannslieder zu singen – wunderschöne, traurige Balladen –, und alle anderen hatten schweigend zugehört. Hinterher hatte Julie zu Bill gesagt, wie gut ihr diese Lieder gefallen hätten. Zwei Tage darauf hatte er ihr ein Taschenbuch in die Hand gedrückt, das Seemannslieder enthielt. Es war das einzige Geschenk, das sie je von ihm bekommen hatte, und jetzt brachte sie es zurück. Er würde es sicher merkwürdig finden, daß sie ein Geschenk zurückgab. Doch sie würde so tun, als hätte sie das Buch nur als geliehen betrachtet. So hatte sie wenigstens ein Thema, über das sie reden konnte. Aber vielleicht war er auch gar nicht da.

Julie hatte sich für den seltsamen Anlaß nicht besonders fein gemacht, sondern nur ihr schlichtes blaues Sommerkleid und ihren eierschalenfarbenen Leinenmantel angezogen. Ihr langes, dunkles Haar trug sie offen; sie hatte es nur mit zwei Kämmen hinter den Ohren festgesteckt. So sah sie aus wie eine Hausfrau, die nur eben mal rasch eine Besorgung macht, und genau diesen Eindruck wollte sie erwecken.

Der Bus rollte am Haupttor der Marinewerft vorbei und hielt in einer Seitenstraße. Julie stieg aus und ging auf den Schlagbaum zu, hinter dem sich das Hafenareal erstreckte, in dem der Kreuzer *Drake* seinen Liegeplatz hatte. Es graute ihr davor, am Eingang nach Bill Crozier fragen und zugeben zu müssen, daß sie nicht erwartet wurde. Die Wachposten würden sie kurz mustern und sich dann vielsagend zugrinsen.

Plötzlich wurde Julie von einem lauten Motorgeräusch aufgeschreckt. Rasch sprang sie zur Seite und fuhr herum. Ein Wagen, ein blauer Austin, brauste heran und hielt mit quietschenden Bremsen neben ihr. Der junge Mann, der am Steuer saß, sah sie reumütig an. Dann stieg er aus und sagte: „Tut mir furchtbar leid, aber ich wollte Sie nicht erschrecken. Ich fürchte, ich bin ein wenig zu schnell um die Kurve gekommen."

Julie atmete auf. „Schon gut. Ich bin nur kurz erschrocken."

Er sah sie besorgt an. „Ist Ihnen auch wirklich nichts passiert?"

„Nein, alles in Ordnung. Danke."

„Ja, also dann ..." Er sah zu den Wachposten hinüber. „Kümmert man sich um Sie? Kann ich jemanden für Sie rufen lassen?"

„Nein, nein. Ich –" Julie zögerte und sah den jungen Mann aufmerksam an. Er trug einen dicken Pullover und eine ausgebeulte, rostfarbene Hose. Irgendwie kam er ihr bekannt vor, und es dämmerte ihr, daß sie ihm schon einmal begegnet sein mußte. Außerdem mußte sich Julie eingestehen, daß sie ihn charmant fand. Aber zugleich fragte sie sich, ob nicht auch in diesem Fall der erste Eindruck trog. Auch Bill war charmant gewesen.

„Ich wollte einen Freund besuchen", fuhr sie zögernd fort, „aber ich fürchte, ich habe ihn verpaßt ..." Sie sprach nicht weiter. Es klingt unglaubwürdig, dachte sie.

„Oh, sonntags ist es fast unmöglich, hier jemanden anzutreffen. Aber wenn Sie möchten, kann ich gern mal nachfragen."

Julie sah sich den jungen Mann noch einmal genauer an. Vielleicht täuschte sie sich nicht, und er war wirklich so, wie er auf den ersten Blick wirkte. Sie entschloß sich, ihm zu vertrauen. Das fiel ihr auf jeden Fall leichter, als ganz allein die Wachposten anzusprechen.

„Na gut", sagte sie. „Wenn Sie vielleicht fragen könnten, ob Bill Crozier hier ist?" Sie wühlte in ihrer Handtasche herum. „Ich wollte ihm etwas zurückbringen, das er mir geliehen hat." Jetzt hielt sie ihm das Buch wie eine Trophäe entgegen.

„Bill Crozier? Das ist einer meiner Kameraden. Na, wenn's weiter nichts ist?" Er lächelte. „Hören Sie, steigen Sie ein, und wir fahren zur Wachstube. Die Jungs dort wissen vielleicht, wo Bill ist."

Julie nickte. Sie stiegen in seinen Wagen, und der junge Mann bog in das Werftgelände ein. Er lachte. „Hier dürfen wir nur ganz langsam

fahren. Sie werden also gar nicht in den vollen Genuß meiner Fahr-
künste kommen."

Julie lächelte höflich; sie bemerkte, wie er sie von der Seite ansah.
„Waren Sie nicht auf der Party auf meinem Boot, einer Jacht namens
Ballerina?" fragte er. „Wir haben damals viel gesungen."

Sie sah ihn verdutzt an. „Oh, war das Ihr Segelboot? Das habe ich
nicht gewußt."

Er lachte erneut. „Ich heiße Richard Ashley. Wir sind einander
wahrscheinlich vorgestellt worden, also müßte ich eigentlich Ihren
Namen schon kennen. Aber bei den vielen Leuten . . ."

„Ich heiße Juliette Lescaux."

„Natürlich, der französische Name! Daran erinnere ich mich. Sind
Sie eigentlich Französin?"

„Zur Hälfte. Mein Vater stammte aus der Bretagne."

„Eine wunderschöne Gegend. Ich bin im vergangenen Jahr
rübergesegelt und habe dort einen herrlichen Urlaub verbracht."

Julie antwortete nicht. Sie dachte daran, was passieren würde, wenn
Bill in der Kaserne war. Sie hielten vor der Wachstube. Richard ließ
den Motor laufen, stieg aus und rief Julie zu: „Bin gleich wieder da!"

Julie sah ihm nach, während er die Baracke betrat, und lehnte sich
auf dem Beifahrersitz zurück. Sie war dankbar für das Gefühl der
Geborgenheit, das der kleine blaue Wagen ihr gab, und hoffte, daß Bill
nicht da war. Als sie einander das letzte Mal getroffen hatten, hatte Bill
ihr deutlich zu verstehen gegeben, daß er sie nicht mehr sehen wollte.
Er hatte es zwar nicht ausdrücklich gesagt, aber sie hatte es gespürt.
Bei ihrer Unterhaltung hatte es lange, peinliche Pausen gegeben, und
Bill war ihren Blicken ausgewichen.

Die Tür der Wachstube ging auf, und Julie schlug das Herz bis zum
Hals. Richard Ashley zog die Tür hinter sich zu. Er war allein. Julie
schloß erleichtert die Augen.

Richard setzte sich wieder hinters Steuer. „Tut mir leid. Niemand
weiß, wo Bill Crozier ist. Aber er wird am Abend zurückerwartet."

„Ah ja. Vielen Dank." Julie fragte sich, was sie jetzt tun sollte.

„Hören Sie . . ." Richard strahlte vor Begeisterung. „Wie wär's,
wenn Sie mich zu meinem Boot begleiteten? Ich muß ein bißchen an
der Jacht herumbasteln und könnte Hilfe gebrauchen. Zu zweit
macht's auch mehr Spaß. Ich könnte Sie später wieder herbringen."

„Oh!" Julie fühlte sich ein wenig überrumpelt. Sie hatte zwar keine
Lust, nach Hause zu gehen, aber sie kannte diesen Mann doch
überhaupt nicht. Außerdem war sie nicht passend angezogen. Sie sah
unwillkürlich auf ihr dünnes Kleidchen und die Seidenstrümpfe.

Richard verstand. „Ihre Kleidung ist schon in Ordnung. Sie müßten nur die Schuhe auszuziehen, damit Sie mit den Absätzen nicht das Deck verkratzen."

Sie blickte Richard verblüfft an; dann fand sie seinen Vorschlag plötzlich sehr komisch, und sie prustete los.

Nun schien Richard verdutzt. Doch dann begriff er, und auch er mußte lachen. „Sie müssen schon entschuldigen", sagte er. „Aber die *Ballerina* ist meine große Liebe; wie alle schönen Frauen will sie verwöhnt werden!" Immer noch lachend legte er den Gang ein, und sie fuhren los. Julie fiel ein, daß sie noch gar nicht eingewilligt hatte mitzukommen, doch sie war froh. Warum sollte sie Richard eigentlich nicht auf sein Boot begleiten? Sie hatte schließlich nichts Besseres vor.

Es WAR ein warmer Spätsommertag, und Julie lag auf dem Vorderdeck, das Gesicht der Sonne zugewandt. Sie hatte Schuhe und Strümpfe im Wagen ausgezogen und sie mit dem Mantel auf dem Rücksitz gelassen. Als sie an Bord der *Ballerina* gegangen waren, hatte Richard einen Pullover für sie hervorgekramt. Er war riesig, und sie sah wahrscheinlich komisch darin aus, aber aus irgendeinem Grund erschien ihr das vollkommen unwichtig.

Julie hatte sich nützlich gemacht: Sie hatte belegte Brote gerichtet und Tee gekocht. Und dann hatte sie sich, während Richard in der Kajüte arbeitete, aufs Deck gelegt und sich vom Plätschern der Wellen und von dem sanften Dümpeln des Bootes einlullen lassen. Schließlich war sie in einen angenehmen, traumlosen Schlaf gefallen.

Als sie erwachte, war es schon später Nachmittag. Sie blickte hoch und sah Richard, der mit einem Becher Tee in der Hand auf dem Kajütendach saß und sie amüsiert anschaute. „Gut geschlafen?"

„Oh, es tut mir leid. Ich muß eingenickt sein."

„Ja, das geht schnell auf dem Wasser." Er stellte den Becher ab und sagte: „Ich bin fertig mit meiner Arbeit. Wie wär's, wenn wir jetzt noch ein wenig hinausfahren würden? Bloß bis in den Sund und wieder zurück. Die frische Seeluft wird uns guttun."

Julie sah ihn nervös an. Sie hatte nicht die geringste Ahnung vom Segeln und war von dem Vorschlag nicht sonderlich begeistert. Eine Segelpartie schien ihr nicht ungefährlich. Richard blickte sie erwartungsvoll an, und sie sagte: „Vielen Dank. Das ist sehr nett von Ihnen, aber . . ., nun ja, ich war noch nie mit einem Segelboot draußen."

„Dann wird es aber höchste Zeit!"

„Nein, ehrlich, ich . . . ich werde bestimmt seekrank."

„Nur keine Sorge, der Sund ist heute glatt wie ein Spiegel. Es herrscht nicht der geringste Seegang. Wirklich, Sie können mir vertrauen!" Er beugte sich vor und streckte die Hand aus.

Julie sah zu ihm auf und dachte: Ja, ich vertraue dir. Einem Mann wie dir muß man einfach vertrauen. Sie nahm seine Hand und ließ sich aufhelfen.

Richard führte sie nach achtern zur Plicht und ging dann wieder nach vorn, um eine Leine loszumachen.

Julie machte es sich bequem, während Richard die Segel setzte. Dann löste er das Boot aus seiner Vertäuung, und sie legten ab. Einen Augenblick lang flatterten sämtliche Segel und Leinen, und es herrschte ein schreckliches Getöse. Dann sprang Richard zu Julie in die Plicht und zog ein paar Leinen stramm. Plötzlich blähten sich die Segel, und die *Ballerina* rauschte davon.

Eine Zeitlang pflügte das Boot ziemlich ruhig das Wasser, und Julie begann sich zu entspannen. Doch dann gab es einen Ruck, und im nächsten Moment neigte sich die Jacht gefährlich im Wind. Julie hielt sich krampfhaft fest; erschrocken blickte sie sich um und sah Richard, der gut gelaunt an der Ruderpinne saß. „Ist das nicht wundervoll?" fragte er. „Es geht doch nichts über einen guten Segeltörn. Wir haben aber auch Glück mit dem Wetter und dem Wind!"

Julie sah zum Bug hin. Für ihren Geschmack blies der Wind ein wenig zu heftig. Das Boot krängte immer noch und machte keine Anstalten, sich wieder aufzurichten. Richard schien völlig überzeugt, daß alles in bester Ordnung war, aber Julie wurde das Gefühl nicht los, daß jeden Augenblick etwas Schreckliches passieren würde.

Die *Ballerina* rauschte an der Drake-Insel vorbei auf den offenen Sund hinaus. Das Boot durchschnitt die Wellen, und die Gischt spritzte bis in die Plicht. Julie überlief ein Schauer, und sie fragte sich, wie weit sie noch segeln würden. Da beugte sich Richard vor und lockerte ein paar Leinen. Das Boot änderte den Kurs und richtete sich langsam auf. Es lag gleich viel ruhiger im Wasser, und die Wellen klatschten nicht mehr gegen den Bug.

„So ist es besser, nicht wahr? Warum sollen wir uns naßspritzen lassen?" Richard sah Julie lächelnd von der Seite an, und ihr wurde klar, daß er – offenbar ihretwegen – den Kurs geändert hatte, um die Fahrt ruhiger zu gestalten.

„Danke", sagte sie. „Das ist wirklich angenehmer."

„O ja, es ist immer besser, vor dem Wind zu segeln."

Julie sah ihn an und dachte: Schade, du hättest mir gefallen können. Aber sie konnte sich eine neue Freundschaft schon gar nicht mehr vorstellen. Damit war es vorbei.

Die *Ballerina* fuhr wieder auf Plymouth zu. Bald näherten sie sich dem Fischereihafen, hinter dem sich die Altstadt erstreckte. Es ging kaum noch ein Lüftchen, und Julie machte die Fahrt jetzt richtig Spaß.

„Wir segeln lieber nicht in den Hafen", meinte Richard. „Ich mache eine Halse, und wir nehmen wieder Kurs auf den Liegeplatz."

Julie nickte, obwohl sie keine Ahnung hatte, was eine Halse bedeutete. Im nächsten Moment rief Richard: „Kopf weg!", und es tat einen lauten Knall.

Eine Sekunde lang dachte Julie, der Mast sei gebrochen, doch dann wurde ihr klar, daß das Segel lediglich auf die andere Seite geschwenkt war. Sie lachte und legte sich die Hand aufs Herz. „Sie hätten mich früher warnen sollen", sagte sie.

„Tut mir leid, ich hatte ganz vergessen, daß Sie nichts vom Segeln verstehen. Aber eigentlich könnte ich Ihnen ja das Geheimnis des Segelns verraten. Es ist gar nicht schwer. Also, erstens: Sie müssen stets wissen, aus welcher Richtung der Wind kommt. Zweitens: Ziehen Sie das Segel so stramm an, daß es nicht mehr flattert. Und drittens: Vermeiden Sie möglichst zu halsen!"

Julie mußte lachen. „Ja, aber . . ., was mache ich denn dann, wenn ich umdrehen muß?"

„Oh, Sie richten das Boot mit dem Bug voraus gegen den Wind, bis das Segel von allein zur anderen Seite hin umschlägt. Das nennt man wenden."

Sie schüttelte den Kopf. „Ich fürchte, das ist alles ein wenig zu kompliziert für mich."

„Segeln ist etwas Wunderschönes. Es verleiht ein herrliches Gefühl von Freiheit", meinte er ernst. „Man kann bis ans Ende der Welt segeln, wenn einem danach ist."

„Genügt es Ihnen nicht, daß Sie bei der Marine sind?"

„O nein, das ist durchaus nicht dasselbe. Zusammen mit dreihundert anderen in einem Blecheimer zu sitzen . . ., nun ja, es ist eben mein Beruf. Aber wenn ich mit meiner Jacht einfach so darauf lossegle und tue, was mir gefällt – damit läßt sich nichts vergleichen. Ich liebe die Herausforderung. Es ist ein einmaliges Erlebnis, zu unbekannten Orten zu segeln und sie zu erforschen."

Julie sah Richard an. Sie bewunderte seine Selbstsicherheit, die Leichtigkeit, mit der er offenbar Entschlüsse faßte. Warum kann ich nicht auch so sein? dachte sie.

Als sie zum Liegeplatz zurücksegelten, frischte der Wind auf. Die *Ballerina* stürmte dahin und pflügte das Wasser. Julie blickte starr nach vorn. Der Tag ging zur Neige. Bald würde sie sich entscheiden müssen, ob sie noch einmal zur Kaserne zurück oder gleich nach Hause fahren sollte. Suchte sie die Kaserne auf, riskierte sie ein schrecklich demütigendes Zusammentreffen mit Bill, ging sie nach Hause, mußte sie ihrer Mutter gegenübertreten und zugeben, daß sie nicht den Mut zu dieser Begegnung gehabt hatte. Wirklich zwei hervorragende Möglichkeiten zur Auswahl!

Als sie schließlich wieder in Richards blauem Wagen saßen, war es sechs Uhr abends. Auf dem Weg zur Marinewerft war Julie einsilbig. Schließlich fragte Richard: „Nun, was haben Sie vor? Sollen wir nachsehen, ob Bill da ist? Oder soll ich ihm das Buch geben?"

Julie konnte sich nicht entschließen. Wie auch immer sie sich entschied, es würde das Falsche sein. Und nun war alles noch komplizierter geworden, weil sie diesen Mann kennengelernt hatte. Er malte sich wahrscheinlich schon aus, was sich zwischen ihr und Bill abspielte: Junger Mann wimmelt junges Mädchen ab, und junges Mädchen will nicht verstehen. Richard mußte denken, sie laufe Bill nach; er würde sie bestimmt für ein Flittchen halten.

„Nein", sagte sie plötzlich entschlossen. „Ich gehe lieber gleich nach Hause, danke. Das Buch ist wirklich nicht so wichtig."

„Dann fahre ich Sie heim. Wo wohnen Sie denn?"

Sie gab ihm die Adresse und lehnte sich auf dem Beifahrersitz zurück. Zum ersten Mal seit Tagen war sie glücklich. Es war wundervoll, eine Entscheidung getroffen zu haben. Sie hatte richtig gehandelt. Es wäre schrecklich gewesen, bei einem Mann hausieren gehen zu müssen, den sie nicht liebte und vor dem sie allen Respekt verloren hatte. Jetzt mußte sie versuchen, möglichst rasch einen Ausweg aus ihrer verfahrenen Situation zu finden.

Sie würde von Plymouth wegziehen und neu beginnen. Aber nicht in England. Hier gab es keine Zuflucht für sie und niemanden, der ihr helfen konnte. Blieb also nur Frankreich. Der Gedanke schreckte sie ein wenig. Sie hatte kein einziges Mitglied ihrer bretonischen Verwandtschaft kennengelernt. Sie wußte nur, daß die Eltern ihres Vaters – wenn sie überhaupt noch am Leben waren – schon ziemlich alt sein mußten und daß es noch einen Onkel und eine Tante gab.

Natürlich würde sie vor ihren Verwandten so tun müssen, als sei sie verheiratet gewesen und ihre Ehe gescheitert. Sie würden ihr wahrscheinlich nicht glauben, aber das war unwichtig, solange der Schein gewahrt blieb. Also mußte sie sich einen Ehering kaufen und sich einen neuen Namen zulegen. Seltsam – den Gedanken daran fand sie nicht erschreckend, sondern eher abenteuerlich, aufregend.

Richard hielt vor dem Haus in der Radley Terrace. Julie wußte, daß ihre Mutter hinter der Gardine stand und hinauslugte, aber das war ihr gleichgültig. Sie drehte sich zu Richard um und sagte: „Haben Sie vielen Dank."

„Es war mir ein großes Vergnügen. Wirklich! Ich fände es schön, wenn wir uns gelegentlich wiedersehen könnten. Haben Sie Lust?"

„Oh, ich ... ich fürchte, ich muß sehr bald verreisen. Ich werde eine Zeitlang bei Verwandten in Frankreich wohnen. Dort möchte ich nämlich arbeiten und mein Französisch aufpolieren. Das hatte ich schon lange vor."

„Leben Ihre Verwandten in der Bretagne?"

Sie nickte.

„Bestimmt wird es Ihnen dort gut gefallen. Die Bretonen sind ein gastfreundliches Volk." Richard konnte seine Enttäuschung nicht ganz verheimlichen.

Sie öffnete die Wagentür und sagte: „Also dann, auf Wiedersehen. Und nochmals vielen Dank."

Er lächelte sie an. „Wiedersehen. Und viel Glück."

Was für ein netter Mann, dachte sie. Sie schlug die Tür zu und ging durchs Gartentor. Als sie sich umdrehte, um noch einmal zu winken, war der blaue Wagen schon um die Ecke gebogen.

Julie blieb mit dem Schlüssel in der Hand vor der Haustür stehen und dachte: die Bretagne. Ja, ich werde auf jeden Fall in die Bretagne gehen. Rasch schloß sie die Tür auf und betrat beherzt das Haus.

Drittes Kapitel

PAUL VASSON schreckte aus dem Schlaf hoch. Einen Augenblick lang wußte er nicht, wo er sich befand. Dann erkannte er die vertrauten Umrisse der Einrichtung seines schäbigen Zimmers in Marseille und ließ sich mit einem erleichterten Seufzer in die Kissen zurücksinken. Von der Straße drangen Stimmen herauf. Vasson konnte das Keifen der alten Concierge ausmachen, die provenzalischen Dialekt sprach. Er schloß die Augen und versuchte wieder einzuschlafen, doch es war zwecklos. Er hatte eine halbe Stunde lang unruhig geschlafen, und jetzt war er hellwach.

Schließlich richtete er sich auf und setzte sich auf den Bettrand. Sein Mund war wie ausgedörrt, und er hatte Magenschmerzen. Das kam von der Angst, die viel schlimmer war, als er es sich vorgestellt hatte. Vasson stand abrupt auf, öffnete die Fensterläden einen Spaltbreit und ließ ein wenig Nachmittagssonne ins Zimmer herein. Er fragte sich, wie spät es sein mochte – wahrscheinlich vier Uhr. Noch zu früh. Er nahm die Morgenzeitung vom Fußboden und ließ sich wieder aufs Bett fallen. Die Schlagzeilen interessierten ihn nicht: „Eine halbe Million Arbeitslose ... Frankreich protestiert gegen das sogenannte deutsch-britische Flottenabkommen ... Aus Deutschland treffen immer mehr jüdische Flüchtlinge ein ...".

Vasson schlug den Sportteil auf, konnte sich aber nicht konzentrieren und warf die Zeitung wieder auf den Boden. Mein Gott, bin ich nervös! dachte er. Doch eins wußte er genau: Er würde tun, was nötig war. Ein Zurück gab es nicht, aufgeben kam nicht in Frage; jedenfalls nicht, wenn er dieser miesen Spelunke hier den Rücken kehren wollte.

Und das wollte er. Er *mußte* hier raus! Es waren weniger die widerlichen Weiber und der Schmutz, die ihn störten, sondern die Demütigung. Der *Patron* hatte ihm bewußt dieses Haus unterstellt, um ihn zu demütigen. Jeder x-beliebige kleine Zuhälter hätte das übernehmen können: Die Frauen waren alt und ausgebrannt, bemitleidenswerte Geschöpfe. Seine Tätigkeit war eine einzige Erniedrigung.

Sorgfältig wählte er seine Kleidung aus: eine verblichene, aber frisch gebügelte Baumwollhose und ein leichtes weißes Hemd. Dann schloß er die unterste Schublade der alten Kommode auf und überprüfte den Inhalt: ein neuer hellblauer Leinenanzug, weißes Seidenhemd, Krawatte, Baumwollsocken und eine Brieftasche mit Ausweis, Führerschein und siebentausend Franc in großen Scheinen.

Die Papiere waren nicht leicht zu beschaffen gewesen. Einen Ausweis hätte er auf dem schwarzen Markt in Marseille zwar ohne große Mühe auftreiben können, doch das wäre unklug gewesen, denn sobald die Hatz losging, mußte er damit rechnen, daß ihn jemand verpfiff. So hatte er schließlich lieber die langweilige vierstündige Bahnfahrt nach Lyon auf sich genommen. Dort war er nicht zum Händler gegangen, sondern hatte sich zwei Tage lang vor dem Physikalischen Institut der Universität auf die Lauer gelegt, bis er eines Abends endlich einen Studenten entdeckte, der ihm ähnlich sah und etwa gleich alt war wie er, also dreiundzwanzig.

Vasson hatte den jungen Mann verfolgt, bis er in einem hohen, häßlichen Haus am Stadtrand verschwand. Kurze Zeit später war in einem Zimmer im obersten Stockwerk das Licht angegangen. Vasson brauchte nur noch zu warten, bis der junge Mann schlief, dann konnte er ihm in aller Ruhe die Papiere stehlen.

Die Sache hatte sich als geradezu lächerlich einfach erwiesen. Die Hintertür des Hauses war offen gewesen und, erstaunlicherweise, auch die Zimmertür des Studenten. Vasson hatte die auf einem Tisch abgelegte Brieftasche binnen Sekunden gefunden. Er hatte sich, vor Erregung zitternd, aus dem Zimmer geschlichen und in der Gasse neben dem Hotel seinen Fang begutachtet.

In der Brieftasche steckte ein Ausweis auf den Namen Jean-Marie Biolet, zweiundzwanzig Jahre alt. Vom Foto war Vasson enttäuscht; es zeigte weniger Ähnlichkeit, als er erhofft hatte. Doch wenn er sich das Haar anders frisierte, war die Übereinstimmung schon viel

größer. Ungleich mehr wert war dagegen der Führerschein, an dessen
Echtheit niemand zweifeln würde.

Vasson war mit seiner Beute überaus zufrieden. Von morgen an
würde Paul Vasson, geboren in der Altstadt von Marseille, nicht
mehr existieren. Er fand diese Vorstellung außerordentlich erregend.

Noch einen wichtigen Gegenstand bewahrte Vasson in seiner
Kommode auf: einen ledernen Geldgürtel. Die neunzigtausend Franc,
die er erwartete, mußten eigentlich in die einzelnen Fächer passen,
doch das konnte er erst herausfinden, wenn er das Geld in Händen
hielt. Er hatte möglichst große Scheine verlangt, aber auch die würden
noch viel Platz beanspruchen. Darüber brauchte er sich freilich jetzt
noch keine Gedanken machen. Vasson schloß die Schublade wieder ab
und sah sich im Zimmer um. Er nahm seine Waschutensilien und
packte sie in eine Reisetasche. Seine restliche Habe würde er
zurücklassen; um die war es nicht schade.

Sein Blick fiel auf eine Abbildung, die er aus einer Illustrierten
ausgeschnitten und über dem Bett an die Wand gepinnt hatte.
Vorsichtig nahm er sie ab. Das Bild zeigte ein nagelneues Cabriolet,
einen D8SS Delage, das schönste Auto der Welt. Vasson hatte sich oft
gefragt, wie es wohl wäre, wenn man ein solches Gefährt besäße. Im
Geist sah er sich schon als Besitzer eines Delage; er dachte an die
eleganten Ledersitze, an das Röhren des Vierlitermotors, mit dem sich
der Wagen auf hundertsechzig Stundenkilometer beschleunigen ließ.
Und an die stromlinienförmige, schnittige Karosserie, gestreckt wie
eine zum Sprung ansetzende Wildkatze. Vasson faltete das Blatt
zusammen und steckte es in seine Brieftasche. Bald – heute abend
schon – würde er sich einen Delage leisten können. Bei dem Gedanken
konnte er nur mit Mühe ein freudig erregtes Kichern unterdrücken.

Er lief rasch die Treppe hinunter und auf die mit Kopfsteinen
gepflasterte Straße hinaus. In der Altstadt herrschte reges Treiben,
und er mußte sich immer wieder durch die Menschenmassen
zwängen, die die engen, heißen Gassen verstopften. Vasson blickte
verächtlich auf das Gewühl. Hier hatte sich seit seiner Kindheit nichts
verändert. Die Menschen leben zusammengepfercht wie die
Schweine, dachte er. Sie wollen gar nicht hier raus, haben nicht den
Willen, sich am eigenen Schopf aus diesem Sumpf zu ziehen. Sie sind
ein Leben lang mit ihrer miserablen kleinen Existenz zufrieden.

Jetzt bog er auf die Uferstraße ein und schlenderte am Hafenbecken
entlang, vorbei an der Straße, in der Jojo wohnte. Er war eine halbe
Stunde zu früh dran. Deshalb blieb er stehen und fragte sich, ob er
unten warten oder gleich in die Wohnung gehen sollte.

Der Gedanke an Jojos Freundin Valérie ließ ihn zögern. Sie war ein

Luder erster Güte. In ihrer Gegenwart fühlte Vasson sich stets unbehaglich. Valérie war gerissen, und sie sah aufreizend gut aus. Die Männer waren verrückt nach ihr. Ein paar Minuten lang lehnte sich Vasson unentschlossen an eine Hauswand und ärgerte sich darüber, daß er sich ausgerechnet von einer Frau nervös machen ließ. Dann faßte er plötzlich einen Entschluß und ging ins Haus. Warum, zum Teufel, dachte er, mache ich mir eigentlich Sorgen? Jojos Freundin war heute mit Sicherheit sein geringstes Problem.

VALÉRIE lag auf dem Bett und sog wütend an ihrer Zigarette. Sie war noch nie im Leben so zornig gewesen. Zwar wußte sie, daß sie ein hitziges Temperament besaß, doch sie entschuldigte es damit, daß karibisches Blut in ihren Adern floß. Sie redete sich gern ein, daß sie auch etwas von ihrer sanften kambodschanischen Mutter hatte, doch das Erbe ihres Vaters schien sich immer wieder durchzusetzen. Ihr Vater stammte von der Karibikinsel Martinique, und er hatte sich geprügelt, wann immer sich eine Gelegenheit dazu bot; bei einer Kneipenschlägerei war er umgekommen.

Vor ein paar Minuten war Jojo zu weit gegangen. Sie liebte ihn. Jedenfalls meistens. Aber es gab auch Tage, da hätte sie ihn am liebsten massakriert. Warum nur konnte er nicht endlich einmal etwas Vernünftiges tun?

„Ich muß gleich fort", hatte er gemurmelt. „Vasson holt mich ab. Wir müssen . . . etwas erledigen."

Valérie war erstarrt. Sie wußte genau, was das bedeutete. Es hieß, daß sie eine Lieferung für den *Patron* übernahmen. Erneut war Zorn in ihr hochgestiegen. „Du bist verrückt! Komplett verrückt!" hatte sie gebrüllt. „Ist dir eigentlich klar, daß sie dich jahrelang einbuchten, wenn du erwischt wirst? Und dich werden sie erwischen, nicht den Patron!" Jojo war in der kleinen Wohnung herumgelaufen und hatte hastig Kleidungsstücke zusammengesucht. Sie war ihm gefolgt und hatte geschrien: „Was glaubst du denn, wie er so reich geworden ist? Ich will's dir sagen: Weil er immer Narren wie dich gefunden hat, die den Stoff für ihn transportieren. Ich nehme an, es ist Stoff von der harten Sorte, stimmt's? Mein Gott!"

Aus der kleinen Küche nebenan drangen Geräusche; Jojo kochte sich wahrscheinlich wieder seinen geliebten türkischen Kaffee. Nach einer Weile erschien er in der Küchentür, und sie spürte, daß er immer noch eingeschnappt war. Er wich ihrem Blick aus und schlurfte beim Gehen wie ein beleidigtes Kind. Plötzlich hatte sie nicht mehr die Kraft, ihn anzuschreien. Ihr Zorn legte sich. Sie ging zu ihm und umarmte ihn. „Verzeih mir", sagte sie leise.

Jojo verzog das Gesicht. Er spielte gern den Märtyrer, und Valérie wußte, daß sie ihm um den Bart gehen mußte. Sie seufzte. „Vergibst du mir?"

Jojo starrte aus dem Fenster und zuckte die Achseln, aber sie merkte, daß er bereits weich wurde. Dann herrschte einen Moment Stille, und sie hörte ein Geräusch an der Wohnungstür. Jojo hatte es auch gehört und war mit ein paar langen Schritten an der Tür. Er riß sie auf und sagte dann, offenbar erleichtert: „Ach, du bist es. Komm doch rein, Mann."

Vasson trat ein, und Valérie sah ihn wütend an. Sie drehte sich zu Jojo um und packte ihn am Arm. Jetzt mußte sie ihn dazu bringen, diese verrückte Idee fallenzulassen. Zwar flehte sie ihn nur ungern in Vassons Beisein an, aber es blieb ihr keine andere Wahl. „Bitte, Jojo", flüsterte sie zärtlich. „Laß dich nicht auf diese Sache ein."

Jojo runzelte die Stirn. „Sieh mal", meinte er, „ich tue, was man mir sagt, dann habe ich meine Ruhe, klar? Außerdem können wir das Geld gut gebrauchen." Er blickte zu Vasson hinüber und sagte: „Bin gleich soweit." Dann zog er sich das Hemd aus, nahm ein Handtuch und verschwand in der Küche.

Valérie sah Vasson an. Er saß auf einem wackligen Stuhl in der Ecke, zündete sich eine Zigarette an und tat so, als höre er nicht zu. Sie hatte ihn noch nie leiden mögen. Manche Leute ließen sich durch Vassons gute Manieren und seine gewählte Ausdrucksweise täuschen. Es wurde gemunkelt, er sei bei den Jesuiten in die Schule gegangen. Aber ihr konnte er nichts vormachen. Sie hatte ihn durchschaut und wußte, was für eine verschlagene kleine Ratte er war.

Valérie zögerte. Sie bat Vasson nur äußerst ungern um einen Gefallen. Aber vielleicht klappte es. Sie zog einen Stuhl heran und setzte sich zu ihm. „Was hältst du von diesem Auftrag?" fragte sie. „Du mußt doch zugeben, daß er blödsinnig ist. Wenn ihr geschnappt werdet, lochen sie euch ein und nicht den Patron."

Vasson blickte auf, und sie war erstaunt, mit welcher Intensität er sie anstarrte. „Mir geht's wie Jojo. Ich tue, was man mir sagt." Er lächelte, aber sein Blick war eiskalt. „Ich bin neu hier, verstehst du?" fuhr er fort. „Und ich darf es mit dem Patron nicht verderben, sonst kann ich einpacken. Außerdem ist alles nur halb so gefährlich, wenn man vorsichtig ist."

Jojo kam wieder ins Zimmer, und Valérie stand auf. Sie sah Jojo an und erkannte, daß sie ihn nicht mehr umstimmen konnte. Zum Teufel mit ihm, dachte sie. Er küßte sie flüchtig auf die Wange und sagte: „Bis später dann. Ich weiß noch nicht, wann ich zurück sein werde."

Valérie antwortete nicht. Sie ließ sich langsam auf einen Stuhl sinken und starrte blicklos aus dem Fenster. Sie wußte, daß sie sich Sorgen machen würde, bis Jojo wieder zu Hause war.

VASSON bemerkte, daß Jojo durch sein schnelles Ausschreiten den Abstand zwischen ihnen immer mehr vergrößerte, und fragte sich, warum er es so eilig hatte. Hoffentlich war der Zeitpunkt der Übergabe nicht vorverlegt worden. Das würde alles verderben. Er hatte dem Algerier gesagt, sie würden die Ware um zehn Uhr abends übernehmen, und sein neuer Geschäftspartner hatte entsprechende Maßnahmen getroffen. Verdammt, er mußte sich Gewißheit verschaffen! Ein paar schnelle Schritte brachten ihn an Jojos Seite. „Warum denn so eilig? Wir haben doch reichlich Zeit. Oder findet die Übergabe vor zehn Uhr statt?"

„Was?" Jojo verlangsamte seine Schritte und sah sich erstaunt um. „Wie . . .? O nein, nein. Es bleibt alles beim alten."

Vasson war erleichtert. Jojo war nicht wegen der Übergabe nervös gewesen, sondern weil ihm diese Frau im Kopf herumging. Vasson drehte sich fast der Magen um, wenn er an sie dachte. Sie ahnte ja nicht, wie widerlich sie wirkte mit ihrer dunklen Haut. Irgendwie ölig und unsauber. Jojo bog um eine Ecke, und Vasson, der wieder hinter ihm drein ging, überlegte. Er mußte noch herausfinden, wo die Ware übernommen werden sollte, damit er dem Algerier Bescheid geben konnte. Sollte er Jojo jetzt fragen oder lieber noch warten?

Schließlich entschied er, daß jetzt der beste Zeitpunkt war. Als er Jojo eingeholt hatte, schlug ihm das Herz bis zum Hals. Er beugte sich vertraulich zu ihm hinüber und sagte: „Hör mal, Jojo, ich habe da auch ein kleines Problem . . ., du weißt schon, wegen einer Frau. Ich muß das Mädchen unbedingt sehen, aber sie kommt erst um neun von der Arbeit und . . ., also, es würde mir viel bedeuten, wenn ich sie mal rasch eine halbe Stunde besuchen könnte; du verstehst schon. Hättest du etwas dagegen, wenn ich mich mit dir erst hinterher am verabredeten Ort treffe?"

Jojo sah ihn prüfend an. Sie hatten jetzt die Uferstraße verlassen und bogen in eine Gasse ein, die an einem Fischlagerhaus vorbeiführte. Dort stand in einer Garage der Wagen. Jojo blieb stehen und schloß das Tor auf. Er runzelte nachdenklich die Stirn. „Dann müßte ich dir sagen, wo die Übergabe stattfindet, und du weißt genau, was der Patron davon hält."

Jojo stieg in den Wagen und fuhr rückwärts aus der Garage. Vasson schloß das Garagentor und setzte sich auf den Beifahrersitz. Der Citroën rumpelte über das Kopfsteinpflaster auf die Uferstraße zu.

Jojo zündete sich mit einer Hand eine Zigarette an und sagte gut gelaunt: „Na, wo wollen wir uns einen richtigen leckeren Kuskus genehmigen? Bei Hamid? Oder in der neuen Bar gleich hinter der Rue Caisserie?"

Er fällt nicht darauf rein, dachte Vasson. Das bedeutete, daß er mit dem Algerier Kontakt aufnehmen mußte, damit der ihnen jemand auf die Fersen setzen konnte. Und er, Vasson, mußte so lange bei Jojo bleiben, bis die Falle zuschnappte. Das gefiel ihm überhaupt nicht, denn es bedeutete, daß er sich erst im allerletzten Moment absetzen konnte.

Jojo wartete auf eine Antwort. Vasson zuckte griesgrämig die Achseln und erwiderte: „Ist mir völlig schnurz."

„Heiliger Strohsack! So schlimm ist es also? Mit dem Mädchen, meine ich."

„Ja, so schlimm ist es."

Jojo seufzte. Schließlich sagte er: „Na schön. Aber wenn der Patron je erfährt, daß ich es dir gesagt habe, mache ich dich kalt. Er ist im Moment verdammt nervös. Der Algerier versucht zur Zeit wieder mal, sich ins Geschäft zu drängen. Das hast du sicher schon gehört."

„Wie? Nein, das ist mir neu", log Vasson rasch.

Sie hielten an einer Kreuzung. Jojo sah Vasson an und sagte leise: „Ich hoffe, ich kann mich auf dich verlassen. Sei pünktlich. Die Sache geht in einem kleinen Laden am Quai de Rive Neuve über die Bühne. Der Laden steht in derselben Straße wie der Nachtclub La Ronde, hinter dem großen Lagerhaus. Über dem Haupteingang siehst du ein Schild mit der Aufschrift ‚Laborde und Söhne'."

„Gut. Und vielen Dank, alter Junge. Ich tue dir gelegentlich auch einen Gefallen." Vasson lächelte freundlich. Seine Freude war echt, Jojo hatte ihm wirklich einen Riesengefallen getan. Jetzt mußte er nur noch mit dem Algerier telefonieren. Aber das war kein Problem.

VASSON stand an der Ecke der Rue Caisserie und der Rue Roger. Die Aktentasche mit dem Geld sollte ihm dort um Punkt halb elf übergeben werden. Erneut schaute er abwechselnd nach rechts und nach links. Keiner der Wagen, deren Scheinwerferlicht von Zeit zu Zeit die Rue Caisserie erhellte, verlangsamte seine Fahrt. Vasson war überzeugt, daß es bereits nach halb elf war, doch er hatte keine Uhr und konnte es nicht genau sagen. Kurz vor neun hatte er Jojo verlassen, und bis kurz vor zehn hatte er sich in einer Bar im Norden des Viertels aufgehalten, wo ihn niemand kannte. Seitdem war er ruhelos durch die Straßen gelaufen. Jetzt beschloß er, sich von dem Geld als erstes eine Uhr zu kaufen.

Er hatte noch nie viel Geld besessen, aber er wußte genau, was er damit anfangen würde: In Paris würde er sich eine kleine Wohnung mieten, einen Delage kaufen – wenn er sich wahrscheinlich auch keinen neuen würde leisten können – und einiges Geld in irgendein gewinnträchtiges Geschäft investieren. Wahrscheinlich in einen Nachtclub mit erstklassigen Mädchen und einer teuren Einrichtung. Aber was er schließlich auch anfinge – er würde es zu etwas bringen.

Immer noch war kein Wagen zu sehen, der Anstalten machte anzuhalten. Vasson wurde langsam nervös. Die Leute des Algeriers mußten bald kommen; sie brauchten doch schließlich die Adresse des Labors, in dem der Patron Heroin herstellen ließ. Vasson hatte sie auf einen Zettel geschrieben, den er dem Fahrer in die Hand drücken wollte.

Das Labor lag in einem ruhigen Vorort im Süden der Stadt. Vasson hatte dort einmal selbst Stoff abgeliefert. Sie hatten ihm gesagt, es sei lediglich ein Umschlagplatz für Rauschgift, aber er hatte sich ein wenig umgesehen. Ein paarmal war er hingegangen und hatte das Haus beobachtet. Zwei Männer waren morgens um acht gekommen und hatten das Haus nachmittags um vier wieder verlassen. Das hatte sich am nächsten Tag wiederholt. Und am übernächsten. Also war er dem einen Mann bis nach Hause gefolgt. Ein geschwätziger Nachbar hatte ihm erzählt, der Mann sei Chemiker und habe früher bei einer großen pharmazeutischen Firma gearbeitet. Niemand wisse, wo er jetzt angestellt sei. Vasson hatte sich daraufhin nicht mehr die Mühe gemacht, auch dem zweiten Mann zu folgen. Er wußte, daß er das Labor gefunden hatte. Lässig lehnte er sich an eine Hauswand. Es war bestimmt schon Viertel vor elf. Plötzlich blitzten Scheinwerfer auf, und ein großer, schnittiger Wagen hielt am Straßenrand. Die hintere Tür wurde aufgestoßen, und aus dem Wageninneren ertönte eine Männerstimme: „Hast du die Adresse?"

Ein Diplomatenkoffer wurde ihm entgegengehalten, und Vasson kniete sich auf den Bürgersteig und öffnete ihn. Im schwachen Lichtschein sah er Bündel nagelneuer Banknoten. „Das sind ja brandneue Scheine! Ich habe gebrauchte verlangt!"

„Sie kommen direkt aus der Bank. Sind völlig sauber."

„Und woher weiß ich, daß sie nicht heiß sind?"

„Wir haben sie jedenfalls nicht mit dem Revolver abgehoben, wenn du das meinst." Die Stimme klang amüsiert.

Vasson fluchte leise, aber er wußte, daß er nicht mehr zurück konnte. Er mußte die neuen Banknoten akzeptieren. Nachdem er den zusammengeknüllten Zettel mit der Adresse in den Wagen geworfen hatte, wurde die Tür von innen zugezogen. Vasson sprang hinzu und riß sie auf. „Halt! Ihr habt versprochen, mir zu sagen, was passiert ist!"

Nach einer kleinen Pause sagte die Stimme: „Also gut. Wir haben unseren Freunden vom Rauschgiftdezernat gesteckt, wo die Übergabe stattfindet."

„Warum denn? Warum ausgerechnet den Bullen?"

„Wir schulden ihnen einen Gefallen. Außerdem ist es uns ganz recht, wenn sie ab und zu ein Erfolgserlebnis haben; es hält sie bei Laune."

Für Jojo bedeutete das Knast. Er war also glimpflich davongekommen. Vasson war froh; er hatte den Jungen eigentlich ganz gut leiden mögen. „Ja, und weiter?" drängte er. „Was ist mit dem Patron?"

„Mit dem haben wir uns bereits beschäftigt. Er hat vor einer halben Stunde einen ... kleinen Unfall gehabt. Das Labor werden wir übernehmen." Der Fahrer spielte mit dem Gaspedal.

„Du wirst doch nicht hierbleiben, oder? Der Algerier meint, das könnte ungesund für dich sein."

„Keine Sorge. Ich werde eine lange Reise antreten. Nach Algerien." Als der Wagen losfuhr, lachte Vasson. Nach Algerien! Sehr witzig.

Er ging rasch davon, den Diplomatenkoffer locker in der Hand. Mann, was für ein Coup! Alles hatte perfekt funktioniert. Er bedauerte eigentlich nur eins: Daß er das Gesicht des Patrons nicht hatte sehen können, als er erkannte, daß man ihn ausgetrickst hatte.

Vasson war vor dem Haus angelangt, in dem er wohnte. Leichtfüßig rannte er die Treppe zu seinem Zimmer hinauf. Er legte das Ohr an die Tür und lauschte angestrengt. Alles schien in Ordnung zu sein; nichts war zu hören. Er steckte den Schlüssel ins Schloß, und im selben Augenblick war ihm schon klar, daß etwas schiefgegangen war. Die Tür war unverschlossen. Als er sie vorsichtig aufstieß, sah er auf den ersten Blick, daß die unterste Kommodenschublade herausgezogen war. Jemand hatte sie aufgebrochen. Während er noch wie betäubt auf die geöffnete Schublade starrte, bemerkte er aus den Augenwinkeln, daß sich etwas bewegte.

Jojos Freundin war im Zimmer und funkelte ihn wütend an.

Vasson fiel auf, daß sie schwer atmete. Langsam blickte er sich im Zimmer um und begriff. Das Weibsstück hatte die Bude auseinandergenommen. Zeitschriften waren von den Regalen gefegt worden; sein neuer Anzug lag auf dem Fußboden. Dann sah er die siebentausend Franc Vorschuß fein säuberlich auf der Kommode aufgeschichtet.

Bedächtig zog er die Tür hinter sich zu, ohne die Frau aus den Augen zu lassen. „Warum? Warum bist du hergekommen?" fragte er.

„Du Schwein! Du hast Jojo ans Messer geliefert! Du elender Mistkerl!"

Verdammt! dachte Vasson. Er mußte sich zusammenreißen. „Wie kommst du denn darauf?" fragte er.

„Oh, ich weiß, daß du es warst. Es kann niemand anders gewesen sein. Und was finde ich hier? Einen Batzen Geld." Sie nahm das Bündel von der Kommode und hielt es ihm anklagend unter die Nase.

Er ging einen Schritt auf sie zu und befahl: „Gib's her!"

Valérie wollte zur Tür gehen, aber er stellte sich ihr in den Weg. Sie blickte ihn trotzig an. „Da, nimm dein dreckiges Geld, du Schweinehund!" Sie warf das Bündel nach ihm, und die Banknoten flatterten zu Boden. Vasson packte das Mädchen; er sah Furcht in ihren Augen aufblitzen. Er mußte handeln, ehe sie zu schreien anfing. Rasch legte er ihr einen Arm um den Hals. Und als sie sich befreien wollte, nahm er die andere Hand zu Hilfe.

Er würgte sie. Nach einer kleinen Ewigkeit ließ er los. Ihr Kopf fiel kraftlos nach hinten. Sie sackte zusammen und rührte sich nicht mehr. Vasson trat zwei Schritte zurück und starrte wie gebannt auf seine Hände. Er weinte lautlos. Mein Gott, was für ein dämliches Weibsbild! Warum mußte sie auch hier herumschnüffeln!

Ihm wurde übel, und er übergab sich in die Waschschüssel. Hinterher tauchte er ein Handtuch in den Wasserkrug und wusch sich das Gesicht.

Nach einer Weile wurde ihm bewußt, daß es schon sehr spät war. Der letzte Nachtzug fuhr in einer halben Stunde. Vasson hob seinen Anzug vom Fußboden auf und begann sich umzuziehen. Dabei drehte er der Leiche den Rücken zu. Als er fertig war, sammelte er die herumliegenden Geldscheine ein und stopfte sie zusammen mit den Scheinen aus dem Aktenkoffer in den Geldgürtel.

Endlich war er soweit. Er betrachtete sich im Spiegel: Der Anzug sah ganz manierlich aus, nur das wunderschöne weiße Seidenhemd war arg zerknittert. Er würde es gleich nach seiner Ankunft in Paris reinigen lassen müssen.

Viertes Kapitel

Auf David Freymanns Schreibtisch lag eine Notiz: „Bitte melden Sie sich so bald wie möglich beim Direktor."

Das klang eigentlich recht harmlos. Trotzdem fühlte sich David unbehaglich. In den letzten Tagen waren im Forschungszentrum immer neue Gerüchte verbreitet worden. Es hieß, mehrere Projekte würden gestrichen und ein Großteil der Mitarbeiter aus Labors und Verwaltung würde bald zum Militärdienst eingezogen.

David legte den weißen Kittel ab und zog sein Jackett an. Das Büro des Direktors lag im dritten Stock, und David beschloß, hinaufzusteigen und nicht den Aufzug zu nehmen; es würde ihm guttun.

Er betrat schwer atmend das Vorzimmer. Die Sekretärin bat ihn zu warten, und er war froh, daß er einen Augenblick verschnaufen konnte. Der Direktor hatte ihn nie zuvor warten lassen. Trotzdem maß David dieser Tatsache nicht allzu große Bedeutung bei, es war sicher keine böse Absicht. David vertraute dem Direktor. Sie arbeiteten schon seit langem gut zusammen. Der Mann hatte Schmidt übergangen und David für sein Generatorprojekt einen dicken Batzen Geld aus Haushaltsmitteln zugeschanzt. Der Mann weiß eben, wie wichtig die Forschung ist, dachte David. Und außerdem weiß er, was ein erstklassiger Wissenschaftler wert ist. Zehn Minuten später führte ihn die Sekretärin ins Büro des Direktors.

„Bitte, nehmen Sie Platz." Der Direktor ordnete einige Papiere auf seinem Schreibtisch und räusperte sich. „Herr Freymann ..." Er blickte erst aus dem Fenster und dann auf den Tisch. „Ich muß Ihnen leider mitteilen, daß mir eine Verfügung vorliegt, derzufolge alle langfristigen Forschungsprojekte unverzüglich einzustellen sind." Er sah David an. „Es ist ein Führerbefehl. Das Generatorprojekt wird gestrichen."

David war nicht einmal sonderlich überrascht. Schließlich war das Projekt ja wirklich nur ein Versuchsballon gewesen. Schon 1936 hatte Schmidt ein Papier aus dem Hut gezogen, das nicht nur die Unmöglichkeit der Entwicklung eines Kurzwellenradargerätes „bewies", sondern auch die Nutzlosigkeit einer solchen Anlage, sollte sie je entwickelt werden. Dessenungeachtet hatte der Direktor David – wenn auch heimlich – in den vergangenen zwei Jahren unterstützt, doch er war damit ein großes Risiko eingegangen.

Der Direktor räusperte sich erneut. „Tja, so ist das leider." Er spielte nervös mit einem Briefbeschwerer. „Da gibt es noch ein Problem, und das ist – der Sonderstatus für Wissenschaftler. Es sieht so aus, als würde er abgeschafft, und jeder von uns muß damit rechnen, zum Militär eingezogen zu werden." Er spitzte die Lippen. „Um es kurz zu machen: Nur Leute, die zur Entwicklung militärisch wichtiger Systeme, wie es etwa das ‚Freya'-Frühwarnsystem darstellt, gebraucht werden, dürfen bleiben. Alle anderen müssen gehen. Sie arbeiten an Systemen, die höheren Orts als zu futuristisch gelten, und ... und man hat beschlossen, Sie zu entlassen. Mit sofortiger Wirkung."

David starrte den Direktor an und spürte, wie ihn die Furcht packte. „Ich bin entlassen?"

„Ja. Es tut mir leid, aber ich habe diese Anweisung bekommen. Ich habe keinen Einfluß mehr darauf. Verstehen Sie doch. Man hat mir einen *Befehl* erteilt!"

David schluckte krampfhaft. Er versuchte zu verstehen, doch vor ihm tat sich ein schrecklicher Abgrund auf. „Herr Direktor, wir kennen uns doch schon seit vielen Jahren. Ist Ihnen eigentlich klar, was diese Entlassung für mich bedeutet? Sie wissen doch, daß ich ohne Sonderstatus ... vogelfrei bin."

„Es tut mir wirklich leid, aber ich kann nichts mehr für Sie tun. Ich bin selbst entsetzt über die Art, wie man mit uns umspringt, aber mir sind die Hände gebunden. Es tut mir leid."

Der Direktor sah ihm nicht in die Augen. David starrte ihn ungläubig an. Die Entlassung selbst war schon schlimm genug, aber dieser kalte, unpersönliche Ausdruck des Bedauerns war schrecklich. In Davids Kopf jagten sich die Gedanken. Ohne den Schutz, den der Sonderstatus ihm gewährte, war er gezwungen, mit seiner Familie Deutschland zu verlassen. Es blieb ihm keine andere Wahl. Was benötigte er? Sein Paß war Gott sei Dank in Ordnung, einschließlich des roten „J". Lydia war in Ellens Paß eingetragen, also auch kein Problem. Aber sie brauchten Auswanderungspapiere. Oder wie hieß das jetzt? Ausbürgerungspapiere? „Könnten Sie mir bei der Beschaffung von Ausbürgerungspapieren behilflich sein?" fragte David. „Wenn ich hier nicht weiterarbeiten kann, ist es wohl das beste, das Land zu verlassen. Wie ich gehört habe, braucht man dazu besondere Dokumente. Würden Sie mir dabei helfen?"

„Tut mir schrecklich leid. Ich kann wirklich nichts tun. Wenn Sie mich jetzt bitte entschuldigen wollen ..."

David stand auf und ging unsicheren Schrittes zur Tür. „Ach ja, noch etwas", sagte der Direktor, und David spürte, daß es ihm ein wenig peinlich war. „Ich brauche all Ihre vertraulichen Unterlagen. Meine Sekretärin wird sie gleich abholen."

David nickte stumm und ging in sein Büro zurück. Er war wie vor den Kopf geschlagen. Zugleich war er wütend auf sich selbst, weil er so lange die Augen vor der Wirklichkeit verschlossen hatte. Er hatte sich hinter seinem Sonderstatus als Wissenschaftler verschanzt, hatte geglaubt, er sei wichtig genug, um der Verfolgung zu entgehen. David schüttelte den Kopf. Was für ein Narr er doch gewesen war!

Er schloß die Tür und setzte sich wie benommen auf seinen Stuhl. Gleich darauf klopfte es, und Hans kam herein.

„David! Mensch, was soll man bloß dazu sagen?"

„Nichts."

„Was wirst du nun tun?"

„Tja, ich werde wohl versuchen, aus Deutschland rauszukommen. Aber dazu ist es wahrscheinlich schon zu spät." Er lachte verbittert.

„Und dein Projekt?"

David schüttelte den Kopf. „Damit ist es aus; von der Liste gestrichen, genau wie ich. Es war alles umsonst."

Die Tür ging auf, und David fuhr erschrocken zusammen. Die Sekretärin des Direktors stand bereits im Zimmer.

Jetzt klopfen sie nicht einmal mehr an, dachte er. Wortlos erhob er sich und schloß seinen Aktenschrank auf. Er nahm die Ordner heraus und übergab sie der Frau. Sie nickte und ging. Hans setzte sich und stützte den Kopf in die Hände. „Sind die wirklich so dumm, oder tun die nur so?" fragte er. „Hast du gehört? Sänger und Schauspieler werden nicht eingezogen – anscheinend sind sie unabkömmlich –, dafür aber Wissenschaftler."

„Sieht ganz so aus."

Hans blickte auf. „Was wirst du tun? Durch deine Ehe mit einer Arierin bist du doch ein wenig geschützt, oder? Ellen ist doch keine Jüdin?"

„Der Sonderstatus für sogenannte Mischehen ist schon vor geraumer Zeit erloschen."

„Oh, das wußte ich nicht."

„Mich kann nichts mehr retten, Hans. Ich kann nur hoffen, daß es mir gelingt, Ausbürgerungspapiere zu besorgen. Angeblich sind sie sehr teuer, aber ... na ja, vielleicht kann ich das Geld aufbringen."

„Wenn ich etwas für dich tun kann ..."

Einen Moment lang empfand David so etwas wie Hoffnung. „Kennst du vielleicht irgendein hohes Tier in der Partei?" fragte er. „Jemanden mit Einfluß?"

Hans dachte stirnrunzelnd nach. „Nein, tut mir leid."

Heute schien jeder zu sagen, es tue ihm leid. Hans meinte es wenigstens ehrlich, er war ein anständiger Kerl. Dennoch bat ihn David zu gehen. Er konnte es nicht mehr ertragen, bemitleidet zu werden.

Lange saß er regungslos auf seinem Stuhl und starrte aus dem Fenster. Niemand kam mehr in sein Büro, und schließlich war alles still. Um sieben hörte er den Nachtwächter, der die Türen abschloß und kontrollierte, ob alle Fenster geschlossen waren. David knipste seine Leselampe an und verteilte einige Akten auf dem Schreibtisch. Der Nachtwächter streckte den Kopf zur Tür herein und wollte wissen, wie lange David noch im Haus bleibe. David erwiderte, er werde noch bis zehn Uhr arbeiten, und der Wachmann ging wieder.

Sobald er fort war, stand David auf. Er blieb einen Moment

horchend stehen, und als er sich davon überzeugt hatte, daß niemand in der Nähe war, trat er vor einen kleinen Schrank und öffnete die Tür. Er nahm seine Minox-Kamera und eine Filmkassette heraus.

David ging zum Aktenschrank hinüber. Vor Aufregung war sein Mund wie ausgedörrt. Es lag nur noch ein Aktenordner mit der Aufschrift VERWALTUNG im Schrank. Die Unterlagen, die gewöhnlich in diesem Ordner aufbewahrt wurden, trugen keinen Geheimvermerk und waren uninteressant. Eben deshalb hatte David darin die Pläne seines Generatorenprojekts versteckt.

Er holte den Ordner aus dem Schrank und legte die Pläne auf den Tisch. Er lud die Kamera, stellte die Belichtungszeit ein, richtete das Objektiv auf das erste Blatt und drückte auf den Auslöser. Er benötigte beinahe eine Stunde, bis er sämtliche Unterlagen abgelichtet hatte. Dann entnahm er die Miniaturkassette und legte die Kamera wieder in das Schränkchen. Anschließend stopfte er alle Unterlagen in den metallenen Papierkorb und zündete sie an.

Es berührte ihn merkwürdig, mit anzusehen, wie die schönen Zeichnungen – das Ergebnis zweijähriger harter Arbeit – verkohlten und zu Asche wurden. Soviel Mühe! Soviel Liebe! Wie sehr hatte er den Moment herbeigesehnt, der Welt zu beweisen, daß er mit der Verwirklichung eines Kurzwellenradargeräts recht gehabt hatte. Man konnte mit einem kleinen Generator große Reichweiten erzielen; genau wie er vorhergesagt hatte. Und auch das Radargerät auf der Grundlage dieser Röhre würde sehr klein sein. Er hatte recht gehabt und Schmidt unrecht.

David steckte die Filmkassette in seine Jackentasche und sah sich ein letztes Mal in seinem Büro um. Es war so etwas wie eine zweite Heimat für ihn gewesen, der Ort, mit dem er Gefühle wie Zufriedenheit, Sicherheit und Erfolg verband.

Als er auf den Haupteingang zuging, verspürte er einen stechenden Schmerz in der Magengegend. Wahrscheinlich Sodbrennen; das bekam er immer, wenn er eine Mahlzeit ausließ. Doch als er in die Dunkelheit hinaustrat, wurde ihm klar, daß er kein Sodbrennen hatte. Er hatte Angst.

IM VORZIMMER war es heiß und stickig, und David hatte Mühe, wach zu bleiben. Vor ihm waren noch drei Leute an der Reihe, nach ihm kamen etwa fünfzig, und an die hundert warteten draußen auf der Straße. Wenn er Glück hatte, durfte er heute noch vorsprechen. Sonst mußte er die ganze Nacht draußen warten, bis das Amt am Morgen wieder seine Pforten öffnete. Er wartete seit drei Tagen.

Eigentlich war es hirnverbrannt gewesen, überhaupt herzukommen. Aber er hatte es Ellen versprochen. Er mußte wenigstens den Versuch machen, eine Ausreisegenehmigung zu bekommen; soviel war er seiner Familie schuldig.

Es war bereits fünf Uhr nachmittags, als er endlich vorgelassen wurde. David war der letzte Antragsteller an diesem Tag. Das langgestreckte Büro war gediegen eingerichtet. Hinter einem großen Schreibtisch an der Schmalseite des Raumes saß der Gauleiter, ein feister Mann, und rauchte Pfeife. Neben ihm stand sein Sekretär hinter einem großen Hauptbuch.

David trat vor den Schreibtisch. Der grobschlächtige Mann las Zeitung und würdigte David keines Blickes.

Ohne aufzublicken, sagte der Sekretär: „Ausbürgerungspapiere kosten zur Zeit zweihundertfünfzigtausend Reichsmark. Wie gedenken Sie zu zahlen?"

David schluckte. Er hatte vor einiger Zeit gehört, daß die Papiere hundertfünfzigtausend Mark kosteten, und die hätte er vielleicht von Ellens Vater borgen können. Aber jetzt . . .

„Nun?" drängte der Sekretär ungeduldig.

Jetzt muß ich etwas sagen, dachte David, irgend etwas. „Ich zahle bar", erklärte er. „Aber es wird eine Woche dauern."

Der Sekretär sah den dicken Mann an. „Herr Gauleiter, er will erst in einer Woche bezahlen."

„Was?" Der Gauleiter schien erbost über die Unterbrechung. „Nein, nein, nein! Werfen Sie ihn raus! Kein Geld, keine Papiere."

Es ging alles so rasch. „Dann also morgen!" sagte David hastig.

Der Sekretär stierte ihn an und nickte kurz. Er kritzelte etwas auf eine Karte und gab sie David. „Damit werden Sie sofort vorgelassen. Aber wehe wenn Sie das Geld nicht haben."

David ging hinaus auf die Straße und lehnte sich an eine Hauswand. Todmüde blickte er auf die lange Schlange der Wartenden. Sie alle trugen einen Judenstern wie er. Nicht einmal jeder fünfzigste war in der Lage, zweihundertfünfzigtausend Mark aufzubringen. Manche Leute verdienten in ihrem ganzen Leben nicht soviel Geld. Für David war es das Gehalt von zehn Jahren.

Es gab nur einen Menschen, der ihm das Geld hätte leihen können: Ellens Vater. Aber selbst für ihn war es eine gigantische Summe. David schüttelte den Kopf und ging davon. Wieviel mochte er wohl seinem Schwiegervater wert sein? Zweihundertfünfzigtausend?

Warum hatte er das Spiel überhaupt so lange mitgespielt? Es war Zeitverschwendung; das wußte er, seit er gehört hatte, wieviel diese Leute verlangten. Deshalb hatte es auch keinen Sinn, noch einmal hinzugehen; weder morgen noch sonst irgendwann.

Mit der S-Bahn fuhr David nach Hause. Als er in Hennigsdorf um die Ecke bog, sah er das gemütliche Häuschen. Doch der Anblick machte ihm keine Freude mehr. Das Haus erinnerte ihn daran, daß er für seine Familie verantwortlich war. Er hatte sie stets beschützen, stets für sie sorgen wollen. Doch wenn ein Mann das nicht konnte, war er zu nichts mehr nütze. Als David die Tür aufschloß, fragte er sich, ob Ellen wohl wieder weinte. Sie hatte fast ununterbrochen geweint, seit er seine Stelle verloren hatte. Er konnte es ihr natürlich nicht verdenken; sie hatte allen Grund zum Weinen.

Er rief: „Hallo?" Die Küchentür ging auf, und Lydia kam heraus. Sie rannte ihm nicht entgegen, wie sie es sonst immer tat, sondern blieb an der Tür stehen und sagte nur kopfschüttelnd: „O Papi, Papi!"

Hinter ihr tauchte Ellen auf. „Ich nehme an, es hat nicht geklappt?"

Er schüttelte den Kopf. „Sie haben ... zuviel verlangt", sagte er.

„Geh in dein Zimmer, Lydia!" befahl Ellen mit fester Stimme. „Ich habe mit deinem Vater zu reden."

Lydia schluchzte laut und rannte an David vorbei die Treppe hinauf. Er sah seine Frau verwirrt an. Ellen ging ins Wohnzimmer und gab ihm ein Zeichen, ihr zu folgen. „David, ich muß dir etwas sagen." Sie hielt inne und spielte nervös mit einem kleinen Porzellanhund auf dem Kaminsims. Schließlich erklärte sie: „Lydia und ich werden fortgehen. Ich habe mit meinem Vater gesprochen, und er ist auch der Meinung, daß es die einzige Lösung ist."

David sah sie verständnislos an. „Was willst du damit sagen?"

Ellen holte tief Luft und drehte sich zu ihm um. „Wir wollen doch beide das Beste für Lydia, nicht wahr? Nun, es gibt nur eine Möglichkeit, sie vor Schaden zu bewahren: Wir müssen sofort von hier weg. Es tut mir leid, David, aber ich glaube, es ist besser, wenn wir" – Ellen biß sich nervös auf die Unterlippe –, „wenn wir uns trennen."

„Uns *trennen?*"

„Ja. Lydia und ich gehen fort. David – ich lasse mich scheiden. Ich werde einen neuen Namen annehmen und noch einmal von vorn beginnen. Es ist das beste für Lydia. Du mußt einsehen, wie wichtig das ist ... für sie."

David war wie vom Donner gerührt. „Wann?" fragte er mit zitternder Stimme. „Wann gehst du?"

„Noch heute abend. Mein Vater holt uns mit dem Wagen ab."

David hatte das Gefühl, als wäre sein Herz in einen Schraubstock eingeklemmt. Ellen ging ungeduldig zur Tür. „O nein, nein", murmelte er. „Nicht jetzt. Bitte, nicht jetzt." Doch da hatte sie das Zimmer schon verlassen.

David versuchte, seine Gedanken zu ordnen. Aber er war einfach zu müde. Hoffnungslosigkeit und Verzweiflung drohten ihn zu übermannen.

Nach einer Weile ging er die Treppe zu Lydias Zimmer hinauf. Seine Tochter lag auf dem Bett, das Gesicht im Kopfkissen vergraben, und weinte. Er strich ihr sacht übers Haar. Lydia fuhr hoch und warf sich in seine Arme. Und so saßen sie lange Zeit eng umschlungen und stumm auf der Bettkante.

Endlich sagte David: „Hör mal, Häschen, deine Mutter hat recht: Es ist wirklich die beste Lösung. Wenn du hier fortgehst und einen neuen Namen bekommst, lassen sie dich in Ruhe." Lydia begann wieder zu weinen, und er fuhr fort: „Du mußt jetzt sehr tapfer sein. Tu's für mich. Ich möchte, daß du es im Leben zu etwas bringst. Und daß du mich vergißt."

„Das kann ich nicht, Papi. Das kann ich nicht."

„Es muß sein. Ich werde ins Ausland gehen. Und wenn ich nicht mehr hier bin, kann ich schließlich kein richtiger Vater für dich sein."

„Aber du wirst doch immer mein Papi bleiben?"

„Ja, natürlich. Ich werde immer dein Papi bleiben." David drückte sie an sich und weinte.

Dann hörte er Schritte auf der Treppe. Wortlos betrat Ellen das Zimmer, wortlos ging sie mit Lydia hinaus. David brachte es nicht übers Herz, ihnen nachzusehen, als sie das Haus verließen. Er blieb auf Lydias Bett sitzen und stützte den Kopf in die Hände.

ALS er erwachte, dämmerte bereits der Morgen, und es war sehr kalt. Mechanisch stand David auf und schlurfte ins Badezimmer.

Er ging im Schlafanzug nach unten. Im Haus war es totenstill. Im Wohnzimmer tastete er nach dem kleinen schwarzen Behälter, den er auf den Wohnzimmerschrank gelegt hatte. Als er die Miniaturkassette fand, die den Film aus der Minox enthielt, überkam ihn ein Gefühl freudiger Erregung. Eine so große Erfindung – festgehalten auf so kleinem Raum!

Doch so klein die Kassette auch war – sie war immer noch zu groß, als daß er sie an seinem Körper hätte verstecken können. Wenn er sie mit Heftpflaster unter dem Arm oder an einem Bein befestigte, würde man sie selbst bei einer flüchtigen Leibesvisitation finden. Deshalb brach David sie in der Mitte durch, so daß er nur noch den belichteten Film behielt. Dann ging er in die Küche und fand ein Stück Ölpapier. Er schnitt einen Streifen davon ab, wickelte den Film darin ein und band die überstehenden Enden mit einem dünnen Faden zusammen.

David war mit sich zufrieden. Jetzt war das Päckchen so winzig, daß er es jederzeit leicht verbergen konnte. Er ging wieder ins Schlafzimmer und steckte den Film fürs erste in sein Jackett.

Nach einer Weile entschloß sich David zu frühstücken. In der Küche fand er Wurst und Brot, und in der Kaffeekanne entdeckte er noch etwas Kaffeesatz. Er bereitete heißes Wasser, goß es darüber, ließ das Gebräu ziehen und schüttete es durch ein Sieb in eine Tasse. Zwar schmeckte es schauderhaft, doch David setzte sich an den Küchentisch und trank die Tasse leer. Er schaltete das Radio ein, hörte aber nur mit halbem Ohr hin. In Gedanken war er bei Lydia. Aus dem Radio kamen in diesen Wochen ohnehin immer nur dieselben Phrasen.

Er wusch das Geschirr ab und ging ins Wohnzimmer. Im Bücherregal fand er Lydias Schulatlas. Er nahm ihn mit ins Schlafzimmer. Dann legte er sich aufs Bett und studierte die Landkarte Europas. Er mußte entkommen, auch ohne gültige Papiere, ohne Hilfe. Eines stand für ihn fest: Er würde nach Westen gehen, denn der Osten barg zu viele Risiken. Das hieß also Frankreich, Belgien oder Holland. Belgien und Holland erschienen David nicht sicher. Dann eben Frankreich ... Das Land hatte viele Juden aufgenommen; das wußte er. Und selbst wenn er dort nicht bleiben konnte, würde man ihm weiterhelfen. Davon war er überzeugt.

Frankreich ... Er starrte die deutsch-französische Grenze auf der Karte an und fragte sich, wo der beste Übergang sein mochte. An der Grenze stand natürlich viel Militär, aber vielleicht käme er trotzdem durch. Und wenn er erst einmal in Frankreich war, würde er sein Geheimnis enthüllen und sich damit ein neues Leben erkaufen. Eines Tages würde er dann Ellen und Lydia nachkommen lassen, und sie würden stolz auf ihn sein.

Er fragte sich, wie weit er mit der Eisenbahn kommen konnte, ehe er damit rechnen mußte, verhaftet zu werden. Bis Mannheim vielleicht? Und dann? Er faßte einen Entschluß: Obwohl er nicht in guter körperlicher Verfassung war, würde er zu Fuß gehen. Er würde sich dazu zwingen.

Als die Haustür splitternd aufkrachte, war er gerade im Begriff aufzustehen. Männer in schweren Stiefeln stürmten die Treppe herauf. Die Schlafzimmertür wurde aufgestoßen, und David wußte, daß es zu spät war. Unwiderruflich zu spät.

Sie waren zu zweit. Brutal zerrten sie ihn auf den Treppenabsatz hinaus, und er schlug sich den Kopf am Türrahmen an. Sie stießen ihn die Treppe hinunter, und David streckte instinktiv die Arme aus, um den Sturz abzufangen. Auf halber Treppe blieb er liegen. Dann riß ihn einer der beiden Männer hoch, und ein stechender Schmerz zuckte ihm durch die Schulter. Er schrie auf. Als sie ihn weiterschleppten,

wurde er vor Schmerzen fast ohnmächtig. Er hörte die Männer wie
aus weiter Ferne miteinander reden.

Sie stießen ihn erneut zu Boden, und nach einer Weile öffnete er die
Augen. Er lag im Wohnzimmer. Über sich hörte er dumpfe
Geräusche und die schweren Schritte der Männer. Offenbar gingen sie
im oberen Stockwerk von Zimmer zu Zimmer. Sie durchsuchen alles,
dachte er. O Gott, sie suchen den Film! Er steckte in seinem Jackett.
Wie konnte ich nur so dumm sein? fragte sich David entsetzt.

Er setzte sich vorsichtig auf und lehnte sich gegen einen Sessel. Die
Schulter schmerzte höllisch; wahrscheinlich war etwas gebrochen.

Auf der Treppe waren Schritte zu hören, und David fühlte, wie ihm
schlecht wurde. Die Männer gingen in die Küche, und gleich darauf
hörte er das Splittern von Porzellan. Er wartete. Das Herz schlug ihm
bis zum Hals.

Plötzlich standen sie wieder im Wohnzimmer; inzwischen waren sie
zu dritt. Sie hatten ein paar Schmuckstücke und die Figurine aus
Meißener Porzellan bei sich, die Ellen auf ihrer Frisierkommode
stehen hatte. David war erleichtert. Vielleicht wollten sie nichts
weiter. „Aufstehen, du Judenlümmel! Nun mach schon!"

David rappelte sich schwerfällig hoch. Er kam sich trotz seines
Schlafanzugs nackt vor. Die drei Männer gingen drohend auf ihn zu,
und David spürte, wie ihm die Knie weich wurden.

„Wo ist das Gold versteckt?" fragte einer.

„Ich habe kein Gold." David sah, daß sie sich mit der Antwort nicht
zufriedengeben würden, und er fügte hastig hinzu: „Aber ich habe
Geld. Oben, in meiner Brieftasche."

„Wo ist das Gold?"

„Ich habe keins."

Sie boxten ihn erst in den Magen, dann schlugen sie ihn ins Gesicht.
Als er zu Boden gesunken war, traktierten sie ihn mit Fußtritten.
„Bringt ihn auf den Lastwagen!" brüllte ihr Anführer.

David wußte: Wenn er jetzt nichts unternahm, war alles zu spät.
„Kann ich mir bitte etwas anziehen?" bettelte er.

Der Anführer blickte ihn angewidert an und bedeutete ihm mit
einer herrischen Kopfbewegung, er solle nach oben gehen.

David stieg mühsam die Treppe hoch und ging zu seinem Jackett.
Der Film war noch da.

Er knöpfte mit fliegenden Fingern die Schlafanzugjacke auf. Es
dauerte zu lange, denn seine Hände zitterten stark, und seine Schulter
schmerzte wahnsinnig. Gleich würden sie ihn holen.

Schon hörte er wieder Lärm auf der Treppe, und ein junger SA-
Mann kam ins Zimmer und packte ihn am Ellenbogen. David

schnappte sich sein Jackett und rannte die Treppe hinunter. Er wußte: Wer nicht lief, wurde gestoßen.

Die Männer sahen sich ein letztes Mal um. David lehnte neben der Eingangstür an der Wand. Als niemand zu ihm hinsah, nahm er das winzige Päckchen aus der Jackentasche und steckte es in den Mund.

Sie schleppten ihn aus dem Haus, stießen ihn auf einen Lastwagen und fuhren so schnell davon, daß ihm nicht einmal Zeit blieb, einen letzten Blick auf sein Haus zu werfen. Er wollte rufen, sie sollten anhalten, damit er zurückgehen und abschließen könne, doch dann ging ihm auf, daß es darauf nicht mehr ankam. Was jetzt noch nicht gestohlen oder zertrümmert war, würden Plünderer heute nacht ohnehin holen.

Fünftes Kapitel

Es war ein herrlicher Spätsommertag mit klarem Himmel und angenehmen Temperaturen. Die strahlende Sonne tauchte die eintönigen Pariser Straßen in ein weiches Licht. Vasson kniff die Augen zusammen und schritt langsam über den Place de Tertre. Ein paar Maler saßen an ihrer Staffelei und malten mit Hingabe kitschige Bilder von Sacré-Cœur. Es waren wahrscheinlich Engländer oder Amerikaner wie die meisten sogenannten Künstler in diesem Viertel. Vasson hatte gehört, daß viele von ihnen dieser Tage ihre Sachen packten und sich auf die Heimreise machten. Die reichen amerikanischen Touristen hatten bereits ihre Hotels verlassen, und jetzt drängten sie sich auf den Ozeanriesen im Hafen von Cherbourg.

Kaum einer wird diesen Leuten eine Träne nachweinen, dachte Vasson. Sie führten sich auf wie ein aufgescheuchter Hühnerhaufen. Die Deutschen waren heute in Polen einmarschiert. Na und? Was ging das Frankreich an? Vasson bog auf den Boulevard Rochechouart ein und ging die paar Schritte bis zum Place Pigalle. Der Club, in dem er arbeitete, lag in einer kleinen Seitengasse. Im hellen Tageslicht sah die Fassade schäbig aus. Vasson lief an dem Haus vorbei und fragte sich wieder einmal, warum er eigentlich soviel Pech hatte.

Es war jetzt fast vier Jahre her. Vier Jahre seit dem großen Reinfall. Bis heute hatte er es nicht richtig verwunden. Er hätte laut schreien mögen, wenn er an all das schöne Geld dachte ...

Paris hatte damals bei seiner Ankunft selbst seine kühnsten Träume noch übertroffen.

Die ersten paar Tage war er in einem guten Hotel abgestiegen. Er war durch die Straßen geschlendert, hatte in verschiedenen Restaurants gegessen und den eleganten Parisern einiges abgeschaut. Schließlich mußte er ja wissen, was in Mode war, ehe er sich neu einkleidete. Dann genoß er jedoch zum erstenmal die Freiheit, die das Geld ihm verschaffte: Er kaufte sich ein paar gute Anzüge und suchte nach einer Wohnung. Nach ein paar Tagen fand er etwas Passendes: ein Appartement in der Nähe der Rue de Clichy. Es mußte noch eingerichtet werden, aber das konnte warten, bis er seinen eigenen Nachtclub besaß und richtig im Geschäft war.

Der einzige Luxus, den er sich schon jetzt gönnen wollte, war der Delage. Er beschloß, sich doch einen Neuwagen zuzulegen. An den Champs-Élysées gab es einen Händler. Der Gedanke, einfach hinzugehen und einen D8SS Delage zu verlangen, zur sofortigen Lieferung, wirkte auf Vasson merkwürdig erregend. Der Geschäftsführer bemühte sich persönlich um ihn und zeigte ihm ein grünes Modell: ein offenes Cabriolet mit einer unendlich langen Motorhaube und schnittigen Kotflügeln, die in die Trittbretter übergingen.

Ein perfekter Wagen – bis auf die Farbe. Vasson wollte einen roten mit schwarzen Ledersitzen. Der Geschäftsführer war untröstlich. Das konnte Wochen, vielleicht Monate dauern. Er ging telefonieren und kam strahlend zurück. Der Wagen konnte doch schon binnen zwei Wochen geliefert werden; ob dem Herrn damit geholfen sei?

Zwei Wochen. Genaugenommen hatte Vasson nichts dagegen. Die Wartezeit würde ihm ein wonniges Gefühl der Vorfreude bescheren. Er leistete eine Anzahlung in bar, zahlte mit den nagelneuen Geldscheinen. Warum er freilich einen anderen Namen als seinen neuen – Jean-Marie Biolet – angab, vermochte er selbst nicht recht zu sagen. Wahrscheinlich tat er es aus angeborener Vorsicht.

Die zwei Wochen vergingen überraschend schnell, und Vasson rief den Autohändler an. Ja, der Wagen sei eingetroffen.

Als Vasson die Champs-Élysées hinunterging, schlug ihm das Herz vor freudiger Erregung bis zum Hals. Er schlenderte die Prachtstraße entlang und hielt an einer Kreuzung an, um den breiten Boulevard zu überqueren. Als er auf der anderen Straßenseite den Autosalon sah, runzelte er die Stirn. Nirgends konnte er einen roten Delage entdecken, weder im Ausstellungsraum noch auf dem Platz vor der Vertretung. Verdammt, dachte er, der Wagen ist doch noch nicht da.

Vasson wollte gerade über die Straße gehen, als ihm ein Mann auffiel, der an einem Baum lehnte und so tat, als lese er Zeitung; in Wirklichkeit beobachtete er den Ausstellungsraum. Ein wenig weiter entfernt stand eine zweite Gestalt in einem Ladeneingang.

Vasson brach der kalte Schweiß aus. Sie warteten auf ihn!

Er beobachtete den Ausstellungsraum zehn Minuten lang. Kein roter Delage fuhr vor. Dafür kam ein Mann aus dem Autosalon und sprach zuerst mit dem Posten unter dem Baum und dann mit dem anderen im Ladeneingang. Auf der anderen Seite des Geschäfts wartete ein dritter Mann, den Vasson zuvor nicht gesehen hatte.

Todunglücklich wandte er sich zum Gehen.

Bestimmt hatte ihn das Geld verraten. Unglaublich, wie naiv er gewesen war. Wie mußten sie in Marseille über ihn gelacht haben! Sie hatten sich wahrscheinlich schon seit Jahren gefragt, wie sie die miesen Blüten am besten loswerden konnten ...

Er versuchte sich einzureden, er könne immerhin von Glück sagen, daß man ihn nicht geschnappt hatte. Und dann war da noch das Geld, das ihm der Algerier als Anzahlung gegeben hatte: gebrauchte Scheine, sauberes Geld. Doch es half nichts. Er war aufs Kreuz gelegt worden, und das schmerzte.

Eine Woche später wollte er einen Teil des schlechten Geldes über einen Devisenhändler absetzen, aber der schöpfte schon Verdacht, als Vasson das erste Bündel aus dem Aktenkoffer nahm; man konnte es an seinem Gesichtsausdruck erkennen. Vasson war verduftet, noch ehe der Mann den Telefonhörer abnehmen konnte.

Vor lauter Verzweiflung hatte er die ganze Summe schließlich für lächerliche dreitausend Franc an einen Algerienfranzosen verkauft, der hoffte, die Blüten in Tanger absetzen zu können.

Vasson war mit dem echten Geld sparsam umgegangen, und so hatte es ein Jahr lang gereicht. Aber es bedeutete auch: kein Nachtclub, kein Sportwagen, keine Sicherheit. Er war wieder da gelandet, wo er angefangen hatte.

VASSON ging die steilen Straßen hinauf, die ins Herz von Montmartre führten, und spürte, wie ihm der Schweiß den Rücken herunterlief. Schließlich betrat er ein kleines, schlecht erleuchtetes Café und setzte sich an einen Tisch beim Fenster. Die Männer an der Bar sahen flüchtig zu ihm herüber und setzten dann ihre Unterhaltung fort. Der Kellner brachte ihm einen Kaffee. Er schloß die Augen und versuchte sich daran zu erinnern, wie es war, wenn man sich so richtig wohl fühlte. Er hatte sich schon lange nicht mehr wohl gefühlt; zuviel Alkohol und zu viele Zigaretten.

Jemand setzte sich zu ihm. Vasson öffnete zögernd ein Auge und erkannte seinen Partner Raoul. „Gib einen aus, du Hundesohn", sagte Vasson.

„Hast du schon das Neueste gehört?" Raoul hielt ihm aufgeregt eine Zeitung unter die Nase. „Diese Sache mit Polen ..., das bedeutet

Krieg, Jean-Marie. Du wirst sehen, in ein paar Tagen haben wir Krieg!"

Vasson seufzte. Dieser Raoul dachte immer, er verstehe soviel von Politik, dabei war er schon als Zuhälter eine Niete. Aber Vasson ließ sich seine Verärgerung nicht anmerken. „Krieg? Kann schon sein."

Raoul ließ langsam die Zeitung sinken und starrte seinen Partner an. „Nun hör mal schön zu, du Großunternehmer", meinte er. „Ich für mein Teil bin hier fertig. Wenn Frankreich in einen Krieg verwickelt wird, gehe ich an die Front, und du kannst hier vergammeln und Pläne schmieden. Allein."

Vasson sah ihn verächtlich an. „Dann tust du mir leid, weil ich in dieser Zeit meine Schäfchen ins trockene bringe."

„Davon redest du schon seit drei Jahren – und ich habe trotzdem immer nur Kleingeld gesehen." Raoul zeigte mit dem Finger auf ihn. „Und dir geht's schließlich auch nicht besser."

Vasson wurde rot vor Verlegenheit. Sie hatten gemeinsam einen Nachtclub eröffnen wollen, aber das war an Geldmangel gescheitert. Also hatten sie versucht, sich etwas zu leihen, aber ohne Erfolg.

„Weißt du was?" sagte Raoul freundlich. „Du solltest dir eine richtige Arbeit suchen. Einen Beruf mit Zukunft ergreifen. Du hast doch eine gute Schule besucht, oder nicht? Also mach was draus!"

Vasson stand abrupt auf. Raoul sah ihn überrascht an. „Wo willst du denn hin?"

„Erst mal hier raus. Leb wohl, Raoul. Ich hoffe, es macht dir Spaß, dich fürs Vaterland umbringen zu lassen. Wirklich, eine feine Sache!"

„Na komm schon, reg dich doch wieder ab", meinte Raoul. „So ein Krieg hat auch seine guten Seiten, zum Beispiel wird an vielen Dingen Mangel herrschen, und es wird einen schwarzen Markt geben. Ganz bestimmt. Und da läßt sich Geld machen. Wer jetzt günstig einkauft, kann das Geld später nur so scheffeln."

Vasson sah nachdenklich aus dem Fenster. Er hatte bisher immer versucht zu sparen, um eines Tages einen Nachtclub pachten zu können. Aber dieser Raoul war gar nicht so dumm. Vielleicht brach wirklich ein Krieg aus? Vielleicht konnte man tatsächlich daran verdienen?

„Ich muß los", sagte Vasson kurz angebunden.

Er verließ rasch das Café und ging die Straße hinunter. In einer Bar, in der er zuvor noch nie gewesen war, genehmigte er sich noch einen Kaffee und dachte über Raouls Idee nach. Wirklich nicht schlecht! Luxuswaren würden bald knapp werden. Delikatessen ... Seidenstrümpfe ... und natürlich Zigaretten. Die vor allem.

So ein Krieg war vielleicht tatsächlich keine so üble Sache.

Sechstes Kapitel

JULIE hob den Kopf und ließ sich von der sanften Salzbrise umwehen. Eine Weile stand sie ganz still, lauschte dem Rauschen der Brandung und sah tief unter ihr am Fuße der Klippen die Brecher über die Felsen rollen. Es ist wunderschön hier, dachte sie.

Sie schloß einen Moment die Augen und blickte dann wieder auf die See hinaus. Sie liebte diese Gegend nicht nur wegen ihrer Schönheit, sondern auch, weil sie hier glücklich war. Obwohl sie in der Stadt aufgewachsen war, hatte sie doch ganz allmählich die herbe Strenge und die Einsamkeit dieser Landschaft schätzengelernt. Jetzt hatte sie manchmal das Gefühl, als lebte sie schon immer hier.

Für die meisten Franzosen hatte die Bretagne etwas Hinterwäldlerisches. Das Land war unfruchtbar, die Bewohner führten ein einfaches und genügsames Leben. Doch die Bretonen kannten nichts anderes. Die meisten von ihnen waren Fischer und Seeleute, und die rauhe See prägte die Menschen. Julie konnte sich kaum vorstellen, daß Plymouth nur hundertachtzig Kilometer entfernt auf der anderen Seite des Ärmelkanals lag. Das kleine Haus an der Radley Terrace erschien ihr so fern wie nie; sie hatte keinerlei Beziehung mehr dazu.

Plötzlich fiel ihr ein, daß sie längst bis zwanzig hätte zählen müssen. Peter hatte sich bestimmt schon versteckt. „Zwanzig!" rief sie laut. „Ich komme!" Sie wußte genau, wo ihr Sohn war. Auf der windgepeitschten Landzunge gab es nicht viele Verstecke. Der karge Boden zwischen den zutage liegenden Felsformationen brachte nur spärliches Heidekraut hervor, und es gab keine Bäume. Ein kleiner Junge konnte sich allenfalls hinter dem großen Felsbrocken verbergen, der sich rund und grau gegen den Himmel abhob.

Doch vorerst mußte sie natürlich so tun, als suche sie angestrengt. „Ja, wo kann er denn nur sein?" sagte sie mit lauter Stimme und rief dann: „Peter, Peter, wo bist du?" Sie wartete. Einen Moment lang glaubte Julie, sie habe sich getäuscht und er stecke doch nicht hinter dem Felsen. Aber dann hörte sie ein unterdrücktes Kichern. Sie schlich sich näher heran, lief dann mit Geheul um den Felsen herum und stürzte sich auf den kleinen Jungen, der dort hockte. Juchzend und kichernd rollten die beiden im Heidekraut herum.

Sie balgten sich und kitzelten einander, bis Julie außer Atem war. „Hilfe, genug! Ich gebe auf!" rief sie lachend. „Schluß! Du hast gewonnen, du schreckliches Kind!" Sie warf sich auf den Rücken, und Peter ließ sich auf ihren Bauch plumpsen.

Der Junge gluckste vor Vergnügen. „Noch einmal!" rief er. „Noch einmal Verstecken spielen!"

„Gleich. Deine Mutter muß erst einmal ein wenig verschnaufen."

Er nickte verständig, stand auf und sah sich ein paar winzige Blumen an, die aus dem Heidekraut hervorschauten. Kleine Dinge faszinierten ihn. Julie sah ihrem Sohn lächelnd zu. Er war jetzt fast dreieinhalb Jahre alt. Sein Babyspeck war verschwunden, doch er hatte noch immer eine samtene Haut, und Julie liebte es, wenn er seine kleinen Arme um ihren Hals legte. Sie verbrachten jeden Tag mindestens zwei Stunden miteinander. Julie bedauerte, daß sie nicht mehr Zeit für Peter hatte, doch das ließ sich nicht ändern. Sie mußte arbeiten, weil sie das Geld nötig brauchten.

Peter kam mit einem Blumenstrauß zu ihr zurück. Vorsichtig stapfte er durchs Heidekraut, aufs äußerste bemüht, nirgendwo hängenzubleiben. Er marschierte so konzentriert, daß er vergaß, den Strauß hochzuhalten, und so wurden einige Blüten abgerissen. Als er schwer atmend bei Julie angelangt war, sah er verblüfft seinen zerrupften Blumenstrauß an; offensichtlich war ihm das geheimnisvolle Verschwinden einiger Blumen ein Rätsel. Dann streckte er den Arm aus und verkündete stolz: „Schenk ich dir."

Julie bedankte sich und stand auf. Höchste Zeit, zum Tee nach Haus zu gehen. Sie marschierten den Pfad entlang, der zum Dorf führte.

„Mami, noch einmal verstecken! Du hast es versprochen."

Der kleine Quälgeist. Er vergaß nie etwas.

Peter durfte sich noch zweimal verstecken, dann wurde es wirklich höchste Zeit. Langsam gingen sie zum Dorf zurück. Obwohl der Weg ziemlich eben war, schnaufte Peter beim Versuch, mit seiner Mutter Schritt zu halten. Bald blieb er ein wenig zurück, und Julie war nicht überrascht, als er bettelte: „Mami, bitte tragen!"

Sie setzte ihn sich auf die Schultern. „Den ganzen Weg kann ich dich aber nicht tragen", sagte sie. „Du bist mir zu schwer."

Julie wußte, daß ihr nach etwa fünf Minuten die Schultern schmerzen würden. Dann müßte sie ihn wieder absetzen. Für einen Mann wäre es kein Problem gewesen. Aber Julie war eben kein Mann, und es würde auch in ihrem Leben so schnell keinen mehr geben.

An Peters Vater dachte sie nur selten. Es war, als ob auch er in eine andere Welt gehörte. Sie haßte ihn nicht; vielmehr war er ihr vollkommen gleichgültig geworden.

Das Dorf lag nun vor ihnen: eine Ansammlung grauer Steinhäuser, die sich vom matten Gelb der abgeernteten Felder abhob. Julie erfreute sich an dem Anblick. Sie dachte an den Tag zurück, an dem sie hier angekommen war ...

SOBALD sich Julie entschlossen hatte, in die Bretagne überzusiedeln, hatte sie ihrem Onkel Jean und ihrer Tante Marie geschrieben. Sie kannte die genaue Anschrift der Familie Cornou nicht, nur den Namen des Dorfes: Trégasnou. In ihrem Brief an die Cornous erkundigte sich Julie, ob sie bei ihnen wohnen dürfe, bis sie eine andere Bleibe gefunden habe.

Zwei Wochen später hatte sie Antwort erhalten. Der Brief war äußerst kurz und unpersönlich gewesen. Man erwarte sie, und sie könne im Gästezimmer schlafen. Die Reise dauerte drei Tage. Julie nahm die Fähre von Dover nach Calais und dann den Zug bis Morlaix. Sie mußte dreimal umsteigen und dann noch zwei Stunden auf den Bus nach Trégasnou warten. Als sie endlich, in jeder Hand einen schweren Koffer, die steile Straße zu dem grauen Haus der Cornous hinaufging, war es fast dunkel, und sie war völlig erschöpft.

Es war ein typisch bretonisches Bauernhaus mit steilem Dach und einem Kamin an beiden Enden des Firstes. Hinter dem Haus befanden sich mehrere Nebengebäude. Als Julie näher kam, hörte sie die Geräusche der Tiere im Stall.

Sie klopfte an die Haustür. Nach einer Weile wurde geöffnet, und eine große, grimmig aussehende Frau erschien an der Tür. Julie lächelte und sagte auf französisch: „Ich bin Julie."

Plötzlich lächelte auch die Frau. Sie rief etwas über die Schulter ins Haus und bedeutete Julie einzutreten. Ein kleiner, untersetzter Mann kam aus dem Hinterzimmer und drückte ihr schüchtern die Hand.

„Ich bin dein Onkel Jean. Herzlich willkommen."

Die beiden führten sie in die Küche, wo sie ihr einen Stuhl am Herd und eine Tasse Kaffee anboten. Onkel Jean und Tante Marie setzten sich ihr gegenüber, und Julie spürte, daß sie nervös waren. Sie saßen kerzengerade auf ihren Stühlen, die Hände im Schoß gefaltet, und sahen merkwürdig verlegen aus. Eine Zeitlang sprach niemand ein Wort.

„Es ist sehr freundlich von euch, daß ihr mich aufnehmt", sagte Julie schließlich.

„Ist doch selbstverständlich", erwiderte Onkel Jean lächelnd.

Tante Marie holte tief Luft und fragte: „Hast du schon gegessen? Möchtest du vielleicht einen Teller Suppe?"

„Ja, bitte, gerne", antwortete Julie.

Die Tante stand auf und setzte einen Topf aufs Feuer. Sie drehte sich um und sagte etwas, das Julie nicht verstand. Ehe sie nachfragen konnte, antwortete der Onkel, doch auch von seinen Worten begriff sie nur die Hälfte. Vielleicht war es um ihre Französischkenntnisse doch nicht so gut bestellt, wie sie gedacht hatte.

Julie war plötzlich niedergeschlagen. Sie hatte gemeint, weil ihr Vater aus diesem Dorf stammte, würde sie sich den Leuten irgendwie verbunden fühlen. Statt dessen kam sie sich wie eine Fremde vor.

Es war ihr klar, daß sie die Cornous vor eine schwierige Aufgabe stellte. Sie hatten wahrscheinlich noch nie zuvor mit einer Engländerin zu tun gehabt. Nachdem sie gegessen hatten, wurde die Spannung noch größer. Als ihre Tante den Tisch abräumte, stand Julie rasch auf und trug Käse und Butter zum Speiseschrank hinüber.

„Nein, nein!" sagte Tante Marie und nahm ihr die Teller ab. „Das laß mich nur machen."

„Aber ich möchte gern helfen, sonst" – Julie suchte nach den richtigen Worten –, „sonst hätte ich das Gefühl, euch zur Last zu fallen."

„Unsinn!" Tante Marie sah sie entgeistert an.

„Das ist sehr freundlich, aber ihr müßt mir erlauben, für mein Essen und mein Zimmer zu bezahlen, bis ich ein eigenes Zimmer gefunden habe."

„Ein Zimmer?" Onkel und Tante blickten einander vielsagend an. „Willst du denn lange bleiben?"

„Ja, das möchte ich." Sie lachte nervös.

Tante Marie nahm ihre Hand. Plötzlich fiel es Julie leicht, alles noch einmal zu erklären: daß sie im Dorf bleiben und sich nach einem Zimmer und dann nach Arbeit umsehen wolle.

Dann kam der erheblich schwierigere Teil: Sie mußte über ihre Schwangerschaft sprechen. Besonders peinlich erschien ihr jetzt das Märchen von dem Ehemann, der sie angeblich verlassen hatte. Doch sie rückte mit der wahren Geschichte heraus, weil ihre Verwandten eines Tages ohnehin davon erfahren würden, und nachdem sie ihnen alles erzählt hatte, war ihr erheblich wohler.

Danach war alles anders. Onkel Jean und Tante Marie schienen sogar erfreut zu sein. Sie bestanden darauf, daß Julie bei ihnen blieb. Über Miete und Kostgeld wurde man sich rasch einig. Die Sache war geregelt. Onkel Jean und Tante Marie taten alles, damit sich Julie wie zu Hause fühlte. Ihre Tante ließ sie im Haushalt helfen, und ihr Onkel richtete ihr in einem ehemaligen Vorratsraum ein eigenes Zimmer ein. Doch es dauerte geraume Zeit, bis sie sich richtig eingelebt hatte. Die Dorfbewohner begegneten jedem Fremden mit Mißtrauen, und als Ausländerin hatte es Julie besonders schwer. Außerdem wurde sie das Gefühl nicht los, daß die Leute die Geschichte vom durchgebrannten Ehemann nicht glaubten. Fraglos wußten einige sogar, daß sie bei der Fremdenpolizei in Morlaix als Juliette Lescaux registriert war und nicht als Juliette Howard, wie sie sich jetzt nannte.

Am schwierigsten war es, Arbeit zu finden. Es gab nicht viele offene Stellen in der Gegend; erst recht nicht für schwangere Frauen, die nicht allzu gut Französisch sprachen. Aber Julie ließ nicht locker. Als ihr schon langsam das Geld ausging, fand sie endlich eine Anstellung als Sekretärin bei einem Gemüsegroßhändler in Morlaix. Sie hatte zwar den Verdacht, daß der Geschäftsführer sie vor allem wegen ihrer lustig klingenden englischen Aussprache angeheuert hatte, aber das kümmerte sie wenig.

FAST vier Jahre ist das jetzt her, dachte Julie, während sie bei den ersten Häusern von Trégasnou ankamen.

Peter wurde ihr allmählich zu schwer. Sie setzte ihn ab, und sie rannten zusammen die Dorfstraße hinunter. Trégasnou war ein kleines Dorf mit einem Kolonialwarenladen und einem Café. Im Laden konnte man ein paar Grundnahrungsmittel und einen einfachen Landwein kaufen. Alles andere bekam man nur in Morlaix. Und weil Julie in Morlaix arbeitete, machte sie dort häufig auch für ihre Nachbarn Besorgungen. Sie tat es gern, weil sie die Leute auf diese Weise besser kennenlernte.

Peter lief voraus. Sie folgte ihm rasch und winkte einer alten Frau zu, die vor ihrem Haus saß, und dann einem Fischer und seiner Frau, die ihr entgegenkamen. Weil Sonntag war, hatten sich die Leute alle herausgeputzt. Die alten Frauen trugen schwarze Trachten, die jüngeren schlichte Baumwollkleider und die Männer einfache, schlechtsitzende Anzüge.

Endlich erreichten Julie und Peter das kleine Haus, das ein wenig abseits am Fuß eines Hügels stand. Julie sperrte die Tür auf, und sie betraten das dunkle Wohnzimmer der Cornous. Es war lediglich mit einem großen, dunkel gebeizten Tisch, sechs Stühlen mit steiler Lehne und einer Kommode möbliert. Die Wände zierte eine Blumentapete, und die niedrige Decke wurde von schweren Balken getragen.

Als Julie und Peter ihre Mäntel aufhängten, rief ihnen Tante Marie aus der Küche einen Gruß entgegen, und gleich darauf brachte sie für Peter eine Schüssel mit Walderdbeeren. „Hier, eine Überraschung!" sagte sie. Sie stellte die Beeren auf den Tisch, und Peter kletterte auf einen Stuhl. Er strahlte vor Freude, während er sich über die köstlichen Früchte hermachte.

Tante Marie sah Peter lächelnd zu. „Ich habe die Erdbeeren heute nachmittag gepflückt. Es sind noch nicht einmal die letzten."

Wenn Tante Marie lächelte, war sie wie verwandelt. Sie war erst um die fünfzig, aber sie sah mindestens zehn Jahre älter aus. Ihr graumeliertes Haar trug sie zu einem strengen Knoten gebunden, und sie kleidete sich äußerst einfach. Wichtig waren nach ihrer Überzeugung nur die Familie, ehrliche Arbeit und Gottesfurcht. Sie hielt das Leben für viel zu ernst, als daß man ständig vergnügt sein könnte. Doch sobald sie Peter sah, konnte sie ein Lächeln nicht unterdrücken.

Als Julie sich dankbar auf einen Stuhl sinken ließ, wandte sich Tante Marie ihr zu. „Dein Onkel macht sich große Sorgen. Er meint, es wird Krieg geben."

Julie runzelte die Stirn. Sie hatte die Ereignisse in letzter Zeit nicht sehr aufmerksam verfolgt. Die Leute redeten zwar ständig vom Krieg, aber sie hatte die Gerüchte nicht allzu ernst genommen. Jetzt bereute sie es aber, daß sie nicht regelmäßig Zeitung gelesen hatte. „Und du?" fragte sie ihre Tante. „Glaubst du auch, daß es zu einem Krieg kommt?"

„Die Menschen sind zu jeder Grausamkeit fähig. Besonders die Deutschen." Tante Marie hatte zu allem eine festgefügte Meinung.

Julie sah sie verständnislos an. „Was haben die Deutschen vor?"

„Es sieht so aus, als wollten sie Polen angreifen. Und dann gibt es tatsächlich Krieg." Sie schnaubte verächtlich, um ihren Worten Nachdruck zu verleihen.

Peter rutschte unruhig auf seinem Stuhl herum. „Mami, ich bin fertig. Liest du mir jetzt eine Geschichte vor?"

„Ja, natürlich, mein Spätzchen. Es ist ja auch fast Zeit, ins Bett zu gehen." Sie hob ihn hoch und trug ihn durch die Tür in den Anbau. Dort gab es zwei Zimmer: eines im Erdgeschoß und unter dem Dach ein zweites, das man über eine steile, schmale Stiege erreichte. Dort schlief Peter. Julie nutzte den unteren Raum als Wohn- und Schlafzimmer, obwohl sie abends fast immer in der Küche saß. Das Zimmer war einfach möbliert. Nur ein Bett stand darin, eine Kommode und ein Schrank. Bald nach ihrer Ankunft hatte sie die Wände geweißelt, ein paar farbenfrohe Bilder aufgehängt und fröhliche Vorhänge für die Fenster genäht.

Auf der Kommode standen Fotos von Peter und eins von ihrer Mutter. Als Julie an ihre Mutter dachte, seufzte sie. Fast jeden Monat schrieb sie ihr, erhielt aber nur selten Antwort. Aus den wenigen Briefen, die sie Julie schickte, klang Verbitterung.

Julie zog Peter aus und half ihm bei der Katzenwäsche. Als sie ihn abtrocknete, machte er sich los und rannte durchs Zimmer, um sich der allabendlichen Gefangennahme zu entziehen, die unweigerlich im Zubettgehenmüssen endete. Julie stürmte hinter ihm drein und brüllte wie ein Löwe. Schließlich bekam sie Peter am Arm zu fassen und warf den kichernden Jungen aufs Bett.

„Noch einmal!" rief Peter.

Julie horchte. Aus der Küche hatte sie eine Stimme vernommen, die weder Onkel Jean noch Tante Marie gehörte. Jetzt erkannte sie sie: Es war Michels Stimme.

Michel le Goff war Tante Maries Neffe. Er kam ziemlich oft zu Besuch. Julie mochte ihn; er war klug, immer gut informiert und debattierte gern über Politik. „Nein", sagte sie zu Peter. „Es ist Zeit für die Gutenachtgeschichte."

Sie las ihm eine Geschichte vor und trug ihn dann die schmale Stiege ins Schlafzimmer hinauf. Es war ein kleines Zimmer mit einem winzigen Fenster. Aber es war gemütlich, und Peter gefiel es, weil er nach seiner Mutter rufen konnte, wenn er nachts einmal wach wurde. Und wenn er morgens in ihr Bett kriechen wollte, hatte er es nicht weit.

Julie gab ihrem Sohn einen Gutenachtkuß und ging wieder nach unten. Dort zog sie die oberste Kommodenschublade auf, nahm einen kleinen Handspiegel heraus und betrachtete sich kritisch. Ihr Aussehen gefiel ihr nicht besonders. Na gut, ihr Gesicht war ebenmäßig, aber irgendwie kam es ihr schrecklich durchschnittlich vor. Sie seufzte. Es war wirklich nichts Besonderes an ihr.

Bis auf ihr Haar. Darauf war sie nun doch stolz. Es war kastanienbraun, schulterlang und lockig. Sie trug meistens einen Mittelscheitel, und sie steckte das Haar an den Seiten mit Kämmen fest. Jetzt bürstete sie es, bis es glänzte. Dann trug sie ein wenig Lippenstift auf und trat einen Schritt vom Spiegel zurück.

Nein, heute abend war nichts Besonderes an ihr. Aber es war ja auch nur Michel, der zu Besuch gekommen war. Michel war Kommunist, und die Verbissenheit, mit der er seine Ansichten vorzutragen pflegte, ging Julie manchmal auf die Nerven. Eigentlich schade, dachte sie. Denn sonst hatte er durchaus seine guten Seiten.

Michel sah nett aus, wenngleich er die Angewohnheit hatte, düster dreinzuschauen, was ihm einen allzu großen Ernst verlieh. Er hatte schwarzes Haar und tiefbraune Augen und war immer gut gekleidet. Julie vermutete, daß er viel Geld für seine Garderobe ausgab. Sie lächelte bei diesem Gedanken: Nur in Frankreich konnte man Kommunisten begegnen, die sich wie Kapitalisten kleideten.

Michel arbeitete bei einer Versicherungsgesellschaft in Morlaix. Manchmal traf Julie ihn zufällig während der Mittagspause, und gelegentlich lud er sie zu einem Kaffee ein. Dann sprach er selten über Politik, und sie war gern mit ihm zusammen. Alles in allem fand sie ihn jedoch zu ernst.

Aber er war wenigstens ein Mann, noch dazu ein unverheirateter. Und von der Sorte gab es in diesen Zeiten nicht allzu viele. Julie hatte schon manchmal gedacht, daß es vielleicht gar nicht so schlecht wäre, verheiratet zu sein. Sie warf noch einen Blick in den Spiegel und dachte: Ich bin fast vierundzwanzig Jahre alt; ich sollte mir nicht mehr allzu lange Zeit lassen.

2. TEIL: 1940–1941

Erstes Kapitel

AM SCHLIMMSTEN war die Warterei. Vasson lag auf seinem Bett und lauschte dem näher kommenden Kanonendonner, der aus den Rohren deutscher Geschütze stammte. Dazwischen hörte man laute Explosionen: Die französische Armee unterbrach ihren panischen Rückzug wahrscheinlich immer nur für ganz kurze Zeit, um nach und nach ihre Treibstoffdepots in die Luft zu sprengen. Viel mehr bringen sie nicht zuwege, dachte Vasson verächtlich.

Am Nachmittag erhielt er den Beweis dafür, daß er mit seiner Vermutung richtig gelegen hatte. Der Himmel über der Stadt war schwarz vom Rauch brennenden Öls. Es war dunkel wie die Nacht.

Die meisten Einwohner der Stadt hatten längst ihre Habe gepackt und waren mit ihren armseligen Bündeln auf Fahrrädern und mit Handkarren aus der Stadt geflüchtet. Sie hatten keine Ahnung, wohin sie eigentlich wollten oder wo sie Nahrung und ein Dach über dem Kopf finden würden. Es war der reine Irrsinn. Vasson hatte beschlossen, in der Stadt zu bleiben. Das Leben würde schon irgendwie weitergehen.

Der Krieg dauerte bereits über neun Monate. Während dieser Zeit war Vasson nicht untätig gewesen. Kaum hatte Frankreich Deutschland den Krieg erklärt, hatte er seine ganzen Ersparnisse in Damenstrümpfen, Benzin und Autoreifen angelegt. Es war ein gewaltiges Risiko gewesen, alles bis auf den letzten Centime auszugeben, aber eigentlich konnte gar nichts schiefgehen. Er lagerte die Ware in einer gemieteten Garage in einem Vorort. Sobald es die ersten Engpässe gab, begann er mit dem Verkauf.

Er war sehr vorsichtig und kaufte von dem Erlös immer gleich neue Ware, wenn er welche finden konnte. Er besuchte Kleinstädte, die Vororte der großen Städte im Norden und die Randbezirke von Paris. Dort erwarb er Seidenstrümpfe, Parfüm und Damenunterwäsche, Kaffee und Zucker. Die Preise waren zwar hoch, aber im Herzen von Paris konnte er die Waren für mehr als das Doppelte wieder absetzen.

Vasson war entschlossen, an diesem Krieg kräftig mitzuverdienen.

DIE Deutschen waren mit Glanz und Gloria einmarschiert. Panzer, Geschütze, Offiziere zu Pferde und lange Marschkolonnen feldgrauer Infanterie waren durch die Stadt paradiert. Es war ein unglaublicher Anblick gewesen. Während der ersten vier Wochen schienen die Deutschen überall zu sein; ihre Marschmusik dröhnte in allen Stadtteilen aus den Lautsprechern. Plakate mit der Aufschrift „Vertraut den deutschen Soldaten" erschienen an zahlreichen Hauswänden. In den Kiosken lagen neue Zeitungen in deutscher Sprache aus, und die Hakenkreuzfahne wehte über allen öffentlichen Gebäuden.

Die Deutschen kauften die Geschäfte leer; bald gab es in der ganzen Stadt kaum noch Seidenstrümpfe, Parfüm oder Damenunterwäsche. Am Monatsende herrschte das reinste Chaos. Die Besatzer hatten mit Besatzungsgeld bezahlt, das sich als wertlos herausstellte; Nahrungsmittel verschwanden vom Markt und fanden den Weg in deutsche Feldküchen; an den Tankstellen ging das Benzin aus, und über Nacht stiegen die Preise ins Uferlose.

Vasson beschloß, Geschäftsverbindungen zu den Besatzern zu knüpfen. Doch dazu brauchte er einen Kontaktmann; möglichst einen Soldaten, der einer Versorgungseinheit angehörte. Bald hatte er seinen Mann gefunden: einen Verpflegungsoffizier namens Seiger. Mit Seiger verstand er sich auf Anhieb. Im Herbst 1940 vergrößerte Vasson sein Warenlager erheblich und legte sich zwei neue Anzüge und eine anständige Wohnung zu.

Beim Geschäft mit den Deutschen wollte Vasson sein Risiko so gering wie möglich halten. Wenn man ihm aus irgendeinem Grund das Handwerk legte, wollte er auf etwas zurückgreifen können. Also brauchte er eine gute Idee, und diese kam ihm bald.

Er hatte von einem großen Posten feiner Damenunterwäsche erfahren, der angeblich in einem Lagerhaus im Süden der Stadt lag. Das Magazin wurde von einem alten Juden namens Goldberg verwaltet, und der wollte mit Vasson keine Geschäfte machen. Er nannte ihn einen Blutsauger und üblen Parasiten und schlug ihm die Tür vor der Nase zu. Vasson ging zu Seiger, und Seiger machte ihn mit einem Zivilisten namens Kloffer bekannt. Sie trafen sich in einer Wohnung in der Rue Lalo, gleich hinter der eleganten Avenue Foch.

Kloffer war anders als die Deutschen, die Vasson bisher kennengelernt hatte. Er war schweigsam und beherrscht und hatte etwas Schlangenhaftes an sich. Schweigend nahm er Vassons Bericht über den Juden mit dem Lagerhaus zur Kenntnis. Dann deutete er eine kurze Verbeugung an und verließ so rasch den Raum, daß keine Zeit für Fragen blieb. Vasson war ein wenig enttäuscht. Würden die Deutschen etwas unternehmen? Er war sich nicht sicher.

Ein paar Tage darauf fuhr Vasson zu dem Lagerhaus, um zu sehen, ob etwas geschehen war. Er konnte vollauf zufrieden sein. Die Tore standen offen, drinnen war alles ausgeräumt. Die Wände waren schwarz von Ruß, die Fensterscheiben in der Hitze des Feuers geborsten, das stundenlang gewütet haben mußte. Vasson freute sich; die Deutschen waren offenbar von dem, was er ihnen erzählt hatte, beeindruckt gewesen.

Vasson erwartete eigentlich, Kloffer bald wiederzusehen, aber nichts geschah. Er war enttäuscht, wollte seinen Beitrag gewürdigt wissen. Dann kaufte er Anfang Dezember einen Posten Strümpfe von einem Händler im zwanzigsten Arrondissement, einem Stadtbezirk im Osten von Paris. Er beschloß, die Ware sofort Seiger anzubieten. Sie trafen sich jede Woche einmal in einer kleinen Bar in der Nähe der Porte de Clichy. Für Vasson war das in zweifacher Hinsicht günstig: Zum einen war er dort unbekannt, und zum anderen lag die Bar nicht weit von der Garage entfernt, in der er seine Waren aufbewahrte.

Als er die Bar betrat, war er aufgeregt wie immer. Er machte gern Geschäfte, liebte es, vor jedem Abschluß mit Seiger zu feilschen und die günstigsten Bedingungen auszuhandeln. Aber an diesem Tag war Seiger nicht da. Statt des Verpflegungsoffiziers – Vasson blieb einen Moment das Herz stehen – war Kloffer erschienen. Er saß allein an einem Tisch und gab nicht zu erkennen, daß er wußte, wer Vasson war. Vasson blickte sich um und fragte sich, was er tun sollte. Zu Kloffer hingehen und ihn ansprechen? Ihn ignorieren? Ratlos ging er zur Theke hinüber und bestellte sich einen Pastis, während Kloffer angestrengt zum Fenster hinausschaute. Vasson stürzte seinen Drink auf einen Zug hinunter. Als er das leere Glas abstellte, sah er aus den Augenwinkeln, wie Kloffer die Bar verließ. Vasson zahlte und folgte dem Deutschen.

Kloffer bog um eine Ecke. In einer Seitenstraße hielt ein schwarzer Citroën mit laufendem Motor. Kloffer wartete an der geöffneten Hintertür. Vorn saßen zwei Männer in Trenchcoats und Filzhüten, eindeutig Gestapo. „Steigen Sie ein", sagte Kloffer, als Vasson den Wagen erreicht hatte.

Vasson stieg ein, Kloffer setzte sich neben ihn. Der Wagen fuhr mit hoher Geschwindigkeit in Richtung Etoile. „Darf ich fragen, wohin die Reise geht?" fragte Vasson nervös.

Kloffer blickte starr geradeaus. „Zu meinem Büro."

Vasson fragte sich, wo das sein mochte, aber Kloffers eigenartiges Verhalten ließ ihm geraten erscheinen, keine weiteren Fragen zu stellen.

Der Wagen fuhr in der Avenue Foch durch einen Torbogen und

hielt im Hinterhof. Vasson war klar, daß er sich in der Höhle des Löwen befand: im Gestapo-Hauptquartier. In den Nachbarhäusern hatte die SS Quartier bezogen. Vasson folgte Kloffer in den dritten Stock. Als sie endlich das Büro des Deutschen betraten – ein großes Zimmer mit dicken Teppichen und einem Schreibtisch im Empire-stil –, wurde Vasson klar, daß Kloffer ein hohes Tier sein mußte.

Kloffer zog seinen Mantel aus und bot Vasson einen Stuhl an. Als sie einander gegenübersaßen, fragte Kloffer: „Wie heißen Sie?"

„Das wissen Sie doch", erwiderte Vasson. „Ich heiße Jean-Marie Biolet."

„Ist das Ihr richtiger Name?"

„Ja, das ist mein richtiger Name!"

Ungeduld blitzte in Kloffers Augen auf. „Na, rücken Sie schon damit heraus", meinte er. „Ich weiß längst, daß Sie nicht so heißen."

Vasson überlegte rasch. Wie konnte der Deutsche das wissen? Oder versuchte er nur, ihn zu bluffen? Vasson hatte nie mit der Polizei zu tun gehabt, und seit seiner Ankunft in Paris hatte nie jemand seine Identität überprüft. Nein, Kloffer versuchte, ihn hereinzulegen.

„So heiße ich nun mal", erwiderte Vasson. „Aber ist das denn überhaupt wichtig? Entweder kann ich Ihnen behilflich sein oder nicht."

„Also schön", sagte er. „Ich will jemanden schnappen, und ich habe mir gedacht, Sie könnten ihn für mich ausfindig machen."

Vasson war erleichtert. Weiter wollten sie also nichts von ihm.

„Der Mann, den wir suchen", fuhr Kloffer fort, „ist ein kommuni-stischer Aufwiegler namens Cohen. Er ist Geschichtsprofessor an der Sorbonne, ist aber vor kurzem untergetaucht."

„Aber ich habe noch nie von ihm gehört – ich kenne keinen Cohen."

„Drum. Sie sind genau der richtige Mann für uns. Daß Sie für diese Aufgabe geeignet sind, haben Sie bereits bewiesen."

„Aber . . . wo fange ich an? Wie kann ich den Mann finden?"

Kloffer lächelte. „Wir verschaffen Ihnen einen neuen Namen, neue Papiere und was Sie sonst noch benötigen. Sie werden sich als Student ausgeben. Vor ein paar Tagen haben wir Cohens Freundin verhaftet, eine gewisse Marie Boulevont. Wir haben sie wieder laufenlassen, und es sieht ganz so aus, als sei auch sie untergetaucht. Sie hat in der Rue Brézin Nummer sechsundfünfzig gewohnt."

Vasson versuchte seine Gedanken zu ordnen. Die Leute der kommunistischen Widerstandsbewegung würden nicht gerade sanft mit ihm umspringen, wenn sie ihn erwischten. Da würden die Deutschen ihn schon gut bezahlen müssen. Verdammt gut sogar. „Wieviel ist Ihnen die Sache wert?"

Kloffer legte die gefalteten Hände einen Moment nachdenklich an die Lippen. „Wieviel verlangen Sie denn, Monsieur Biolet?"

„Fünfzigtausend Franc."

„Unmöglich. Ich biete Ihnen zehntausend."

Vasson war einverstanden, er wollte nicht feilschen. Es wäre töricht, den Bogen zu überspannen, dachte er. Ihm gefiel der Gedanke an eine neue Identität. Außerdem bot ihm dieser Auftrag eine Chance zu zeigen, was er draufhatte. Beim nächsten Mal konnte er dann immer noch mehr Geld verlangen. Und er wußte, daß es ein nächstes Mal geben würde. Diese Arbeit war genau das richtige für ihn.

AM NÄCHSTEN Tag ging er noch einmal in die Avenue Foch und holte sich seine neuen Papiere ab. Personalausweis, Studentenausweis, Lebensmittelkarte, Tabakkarte und Wehrpaß – ausgestellt auf den Namen Philippe Roche. Vasson hielt die Dokumente für echt. Sie waren fleckig und abgenutzt.

„Ist dieser Roche an der Universität bekannt?" fragte Vasson den Gestapomann, der ihm die Papiere aushändigte.

„Nein, er hat sein Studium nicht aufgenommen."

Vasson nickte. Mehr wollte er nicht wissen.

Auf dem Rückweg zum Montmartre kaufte er sich ein paar getragene Hosen, einen Pullover und ein Sportjackett. Zu Hause zog er sich um, packte Schlafanzug und Waschzeug in eine kleine Tasche und ging wieder. Dann suchte er sich im Montparnasse-Viertel eine Studentenbude. Jetzt konnte er sich an die Arbeit machen.

Er würde mit der Jagd nach dem Mädchen anfangen, Cohens Freundin. Also ging er in die Rue Brézin 56. Jetzt, nachdem Kloffer seine Wachhunde zurückgepfiffen hatte, war das Mädchen vielleicht wieder eingezogen. Aber Fehlanzeige – die Concierge hatte sie seit Wochen nicht gesehen. Vasson war nicht sonderlich überrascht. Das Mädchen wäre ja auch dumm gewesen, wieder herzukommen.

Er mußte also ganz von vorn beginnen. Merkwürdigerweise war ihm das nicht einmal unlieb. So gestaltete sich die Aufgabe doch irgendwie interessanter.

Am nächsten Morgen las er die vielen Anschläge im Historischen Institut der Sorbonne und beschloß, eine Vorlesung über „Despotismus und Aufklärung im 18. Jahrhundert" zu besuchen. Der Hörsaal war fast voll besetzt, und Vasson sah sich in aller Ruhe um. Die Studenten sahen sämtlich wie Kommunisten aus. Als die Vorlesung beendet war und die jungen Leute sich zu den Ausgängen drängten, hängte er sich an eine Gruppe von fünf Studenten, die hitzig miteinander diskutierten. Er folgte ihnen in ein Café, setzte sich an den

Nebentisch und hörte ihnen zu: Sie ereiferten sich über ihren idiotischen Stundenplan, bei dem wichtige Vorlesungen zur gleichen Zeit stattfänden. Vasson wurde ungeduldig. Er ahnte, daß diese Gruppe nichts hergeben würde. Verdammter Mist!

Am folgenden Tag sah er sich im Hörsaal sorgfältiger um und nahm einen etwa fünfundzwanzigjährigen Studenten aufs Korn, der den Eindruck machte, als sei er politisch aktiv. Aber der Student ging auf sein Zimmer und blieb den ganzen Tag dort. Also ebenfalls Fehlanzeige.

Der nächste Tag war ein Freitag. An diesem Tag fand keine wichtige Geschichtsvorlesung statt, dafür war eine Reihe von Seminaren angesetzt. Vasson fragte sich, wofür sich ein Kommunist wohl interessieren würde. Er entschied sich für ein Seminar über die russische Oktoberrevolution. Im Seminarraum waren nur etwa dreißig Studenten. Vasson bemerkte, daß einer ihn anstarrte. Er war Anfang Zwanzig und hatte kurzes, lockiges Haar. Der Student musterte Vasson von oben bis unten. Ein paar Sekunden später bemerkte Vasson, wie er einer Kommilitonin an der anderen Seite es Raumes einen unauffälligen Blick zuwarf. Das Mädchen war unscheinbar, hatte dichte, schwarze Augenbrauen und trug eine Nickelbrille. Vasson spürte so etwas wie Jagdfieber.

Das Seminar dauerte endlos lange. Einmal fragte der Professor die Studenten nach ihrer Definition des Liberalismus. Der Student mit dem lockigen Haar gab eine präzise Antwort. Er wagte sogar, dem Professor in einem Punkt zu widersprechen, und Vasson wußte sofort: Dieser junge Mann war offenkundig politisch tätig.

Als alle Studenten sich am Ende des Seminars erhoben, trat Vasson beiseite und wartete, bis der junge Mann mit den Locken außer Sichtweite war. Er wollte sich lieber das Mädchen vornehmen; mit ihr hatte er es vielleicht ein bißchen leichter.

Vasson folgte ihr. Sie verließ das Gebäude und ging schnurstracks zu einem Straßencafé. Durchs Fenster sah Vasson, daß sie sich allein an einen Tisch setzte, in einem Buch las und nur einmal aufblickte, um sich einen Kaffee zu bestellen.

Vasson betrat das Café und ging an ihrem Tisch vorbei. Dann blieb er wie angewurzelt stehen, kehrte um und beugte sich zu ihr hinunter. „Bist du nicht...? Haben wir uns nicht schon mal irgendwo getroffen?"

Die Studentin blickte ihn forschend an. Sie hatte dunkles, strähniges Haar; mit ihrer Nickelbrille sieht sie aus wie eine typische Intellektuelle, dachte Vasson. „Tut mir leid", sagte sie. „Ich kann mich nicht erinnern."

Vasson schüttelte den Kopf und stellte sich vor. „Na ja", meinte er, „warum solltest du dich auch erinnern? Wir haben nur einmal kurz miteinander gesprochen, und das ist auch schon eine kleine Ewigkeit her. Jetzt habe ich dich im Seminar gesehen. Ich habe bisher Geographie studiert und gerade erst die Fachrichtung gewechselt."

Sie sah ihn mit zusammengekniffenen Augen an. „Wo sind wir einander denn begegnet?" fragte sie.

„Nun ..." Er sah sich betont unauffällig im Café um. „Vielleicht sollten wir einfach sagen: bei gemeinsamen Freunden und es dabei belassen."

Sie schwieg und biß sich unentschlossen auf die Lippen.

„Heutzutage kann man gar nicht vorsichtig genug sein", fügte Vasson leise hinzu.

Sie nickte und runzelte die Stirn. „Kann man wohl sagen."

„Wenn man nur gleich zu Anfang vorsichtiger gewesen wäre."

„Stimmt."

Ein Kellner kam, und Vasson bestellte Kaffee. Er lächelte das Mädchen freundlich an. „Ich weiß nicht mal, wie du heißt."

Einen Moment schien sie verwirrt, dann sagte sie: „Louise Laval."

„Was für ein hübscher Name!" In Gedanken vervollständigte er seine Antwort: für so ein häßliches Mädchen.

Sie war geschmeichelt. „Oh, danke sehr!"

Vasson bestellte noch einen Kaffee für sie, und sie sprachen über ihr Studium, über ihre Familie und darüber, welche schlechten Chancen Frauen im Verlagswesen hatten; dort hoffte sie nämlich, später einmal eine Stelle zu bekommen. Vasson beugte sich über den Tisch und sagte: „Ich würde dich gern wiedersehen. Wollen wir heute abend miteinander essen gehen? Das wäre nett."

„Oh! Ja, ich ... äh ... ja." Ihre Wangen hatten sich gerötet. Sie schlüpfte in ihren Mantel, und Vasson sprang auf, um ihr zu helfen. Wie unabsichtlich berührte er ihre Schulter.

„Noch etwas ..." Er sah sie ernst an. „Ich habe Grund zu der Annahme, daß Marie in Gefahr ist."

Sie atmete hörbar ein. „Marie Boulevont ...?"

Er nickte. „Ich habe erfahren, daß sie wieder nach ihr suchen. Ich weiß aber nicht, wie ich sie warnen kann."

„O Gott! Sie war in Sicherheit, aber jetzt ..." Das Mädchen schwieg bedrückt. „Sie ist ..., na ja, ich glaube, daß sie bei Su ist."

Diese Su war offenbar bekannt. Vielleicht hieß sie Suzanne? „Ah ... wo treibt Su sich denn zur Zeit herum?"

Das Mädchen starrte ihn erschrocken an. Ein Schauer lief Vasson über den Rücken. Da stimmte doch etwas nicht. Er nahm einen neuen

Anlauf. „Ich habe Su schon lange nicht mehr gesehen. Du weißt ja,
wie das so geht."

„Aber du kennst sie gut?" fragte das Mädchen bedächtig.

Vasson lächelte. „Natürlich."

Das Mädchen wurde leichenblaß. Abrupt stand sie auf und verließ
das Café. Vasson folgte ihr mit einem unterdrückten Fluch. Wer, zum
Teufel, war Su?

Als er auf der Straße stand, sah er, wie das Mädchen wegrannte und
sich einige Male nervös umblickte. Sie bemerkte ihn nicht. Wahrscheinlich ist sie kurzsichtig, dachte er.

Die Studentin überquerte den Boulevard und ging eilig auf die
Sorbonne zu. Hinter dem Hauptgebäude bog sie in eine enge
Seitengasse ein. Vasson hetzte hinterher und blickte vorsichtig um die
Ecke.

Das Mädchen war in einem der vielen Hauseingänge verschwunden. Einer von ihnen gehörte zu einem schäbigen Restaurant. Er las
den Namen über der Tür: CHEZ MARÉCHAL SUCHET.

Maréchal Suchet . . . *Su!* Vasson stöhnte leise. Kein Wunder, daß sie
ihm auf die Schliche gekommen war. Wahrscheinlich kannte jeder
Student diesen Schuppen.

Er fragte sich, was zu tun sei. Die Freundin, diese Marie Boulevont,
hielt sich vielleicht hier versteckt. Und wenn dem so war, mußte sie
irgendwann herauskommen. Er beschloß, sich in einem dunklen
Hauseingang auf die Lauer zu legen.

Nach einer halben Stunde erschien ein Mädchen am Eingang. Sie
war hübsch und wirkte selbstsicher. Vorsichtig blickte sie in beide
Richtungen. In der Hand trug sie einen kleinen Koffer. War das Marie
Boulevont?

Ganz sicher, dachte Vasson. Er folgte ihr unauffällig, als sie in
Richtung Montparnasse loseilte. Dort verschwand sie schließlich in
einem Hauseingang neben einem kleinen Laden.

Vasson hatte keine Ahnung, was für ein Haus das war. Bestimmt
suchte das Mädchen nach einem neuen Unterschlupf. Aber er konnte
nichts entdecken, was darauf hindeutete, daß sich auch Cohen dort
versteckt hielt. Unschlüssig wartete er, bis das Mädchen nach einer
Stunde wieder herauskam und rasch davoneilte. Sie hatte ihren Koffer
im Haus gelassen. Das bedeutete, daß sie zurückkommen würde.

Vasson faßte einen Entschluß. Er suchte einen Münzfernsprecher,
rief Kloffers Büro an und erstattete einem der Gestapomänner Bericht.
Dann kehrte er wieder auf seinen Posten zurück und wartete.

Endlich erschienen Kloffers Leute. Er brachte sie zu der Tür, aus der
das Mädchen gekommen war. Die Gestapomänner klopften an die

erste Wohnungstür. Als niemand öffnete, brachen sie die Tür auf. Nichts. Eine alte Frau streckte den Kopf aus der Nachbarwohnung. Auch dort verbarg sich niemand.

Cohen war in der dritten Wohnung.

Vasson wußte sofort, daß es sich bei dem kleinen Mann mit dem schmalen, blassen Gesicht, der an der Tür erschien, um den Geschichtsprofessor handelte. Wortlos fügte er sich in sein Schicksal. Vasson war ein wenig enttäuscht. Der Mann versuchte nicht einmal zu fliehen.

Die Gestapobeamten führten Cohen ab. Vasson folgte ihnen in einiger Entfernung. In einer Seitenstraße parkte der schwarze Citroën. Vasson setzte sich auf den Beifahrersitz. Er fühlte sich unbehaglich, wollte nicht gerne zusammen mit Kloffers Schergen gesehen werden. Andererseits war er gespannt, was für ein Gesicht Kloffer machen würde, wenn sie Cohen brachten.

Als Vasson Kloffers Büro in der Avenue Foch betrat, lächelte der Gestapomann. „Gut, sehr gut", lobte er.

Die Nervosität fiel von Vasson ab. Kloffer war offenbar mehr als zufrieden mit ihm. Er machte sich nur noch um eines Sorgen: das unscheinbare Mädchen mit der Brille. Sie konnte ihn identifizieren. Also verriet er Kloffer ihren Namen und vergaß sie gleich wieder. Er wollte gar nicht wissen, was Kloffer mit ihr anstellte. Das ging ihn nichts mehr an.

Zweites Kapitel

JULIE fragte sich, wann das Schiff wohl endlich ablegen würde. Sie wußte, daß die Fischer immer mit der Flut ausliefen. Morlaix lag ein gutes Stück landeinwärts an einem Fluß, aber dank einer Schleuse war immer genügend Wasser im Hafenbecken. Die Schleusentore wurden nur bei Flut ein paar Stunden lang geöffnet.

Ein Lastwagen hatte sie und Peter hergebracht.

Während der Fahrt durch die liebliche Junilandschaft hatte Julie sich vorzustellen versucht, wie es wäre, wenn die Deutschen hier einrückten: die Deutschen mit ihren Lastwagen, ihren Panzern, ihrem Drill und ihrer Gründlichkeit. Paris war gefallen, und es hieß, sie würden in zwei Tagen auch hier einmarschieren. Jetzt saß Julie auf Deck und hielt Peter im Arm. Verwirrung lag auf seinen Zügen. Sie hatte bemerkt, daß ihr Sohn immer noch nicht verstand, warum sie fortgehen mußten. Warum sollte er auch? Er war schließlich erst vier Jahre alt. Die Deutschen bedeuteten ihm nichts; ebensowenig das

Problem, in einem von Deutschen besetzten Land einen englischen Paß zu haben.

Die *Fleur* war ein großes, knapp fünfundzwanzig Meter langes Fischerboot. Wahrscheinlich hat Onkel Jean dafür gesorgt, daß Peter und ich mit der *Fleur* fahren können, dachte Julie. Von allen Kuttern, die in Morlaix lagen, schien die *Fleur* für eine Kanalüberquerung noch am besten geeignet.

Ein weiterer Lastwagen hielt am Kai. Man half verwundeten französischen Soldaten herunter. Ein paar herbeigerufene Fischer trugen sie zur *Fleur*, wo sie unter Deck gebracht wurden. Wahrscheinlich gibt es dort eine kleine Kajüte, dachte Julie.

Immer mehr Menschen kamen zum Kai, Zivilisten, die schweres Gepäck mitbrachten und dicke Mäntel und Jacken trugen. Bald saßen über zwanzig Passagiere mit Julie und Peter auf dem Achterdeck. Julie überlegte: Die Soldaten hatten die Kajüte, und das kleine Ruderhaus bot lediglich Platz für die Besatzung. Bestimmt mußten sie und die übrigen Passagiere an Deck bleiben, wo sie den Unbilden der Witterung ausgesetzt waren. Besorgt sah sie Peter an. Sein Mantel war zwar warm, aber nicht wasserdicht. Wenn es regnete, würde das Kind bis auf die Haut naß werden.

Endlich dröhnten die Schiffsdiesel los, und der Kutter setzte sich in Bewegung. Zuerst fuhr er durch die Schleuse und dann den langen, schmalen Fluß entlang, vorbei an Feldern und baumbestandenen Uferböschungen.

„*Vive la France libre!* – Es lebe das freie Frankreich!" rief ein junger Mann, als das Meer in Sicht kam. Alle an Bord lachten, viele klatschten Beifall.

Ein Passagier, der neben Julie saß, sagte grinsend: „Sieht ganz so aus, als bekämen wir noch einmal eine Chance zum Weiterkämpfen, wie?" Julie lächelte ihn an. Plötzlich war sie glücklich; die fröhliche Stimmung um sie herum wirkte ansteckend. Der Mann hatte recht: Sie gaben nicht auf, indem sie nach England gingen. Im Gegenteil: Sie wehrten sich!

Nach einer Weile waren sie auf offener See, und eine steife Brise fegte über das Deck. Julie nahm Peter bei der Hand; sie hatte sich entschlossen, zum Bug vorzugehen, der mit seinem hochgezogenen Schanzkleid Schutz bot. Am Bug lagen mehrere ölige Taurollen. Julie setzte sich auf die größte und nahm Peter auf den Schoß. Da drüben hinter den niedrigen Hügeln lag Trégasnou. Es schien schon weit entfernt. Aber ich komme zurück, dachte Julie. Sie drückte Peter an sich und sagte: „Alles wird wieder gut, mein Schatz. Du wirst schon sehen!"

PLÖTZLICH schrien einige Passagiere auf und zeigten erregt in nordöstlicher Richtung zum Horizont. Julie drehte sich um, weil sie sehen wollte, was die Leute so erschreckt hatte. Jetzt entdeckte sie es auch: Von See her kam ein Flugzeug im Tiefflug direkt auf sie zu.

Die Leute verstummten. Das Flugzeug donnerte in kaum dreißig Meter Höhe über die *Fleur* hinweg und flog eine Schleife. Jemand rief: „Es sind die Deutschen!"

Ein großer Mann mit rotem Gesicht kam aus dem Ruderhaus gestürmt. „Verfluchtes Schwein!" brüllte er und schüttelte drohend die Faust. Julie nahm an, daß es der Kapitän war.

Das Flugzeug flog auf Morlaix zu und wackelte mit den Tragflächen. Dann nahm es erneut Kurs auf das Boot. Doch es beschrieb keine Schleife mehr, sondern fegte so dicht über die Masten hinweg, daß Julie glaubte, es werde sie streifen.

„Wir sollen umkehren!" schrie ein Passagier. „Die zeigen uns an, daß wir umkehren sollen. Schnell, sonst werden sie uns bombardieren!"

Der Kapitän erwiderte, er möge sich gefälligst um seinen eigenen Kram kümmern. Der Passagier brüllte in panischer Angst zurück. Das Kreischen seiner Stimme übertönte das Brummen des erneut herannahenden Flugzeugs. Ein paar Frauen schrien auf, als es zum drittenmal dicht über die Masten hinwegdonnerte.

Julie sah, wie die Maschine sich in die Kurve legte und wieder auf das Boot zuhielt. Neben dem Motorenlärm war ein hämmerndes Geräusch zu hören. Erst wußte Julie nichts damit anzufangen. Dann wurde ihr plötzlich klar, was es war: Maschinengewehrfeuer! Es stammte von der altertümlichen Waffe, die auf dem Heck der *Fleur* montiert war. Rasch ließ sich Julie hinter die Taurollen fallen und zog Peter mit sich in Deckung. Sie spürte, wie das Boot seinen Kurs änderte. Der Wind wehte aus anderer Richtung, und die *Fleur* stampfte ungewohnt heftig.

Julie horchte auf das Geräusch des Flugzeugs, konnte aber nichts vernehmen. Schnell stand sie auf und blickte sich um. Ja, die *Fleur* hatte eindeutig den Kurs geändert: Sie fuhr wieder in Richtung Morlaix. Irgendwie war Julie erleichtert: Nach Frankreich zurückzukehren war besser, als sich auf offener See bombardieren zu lassen.

Der Kapitän redete erregt auf ein paar Passagiere ein, die offenbar versuchten, ihn umzustimmen. Aber einige klatschten Beifall und riefen erneut: „*Vive la France libre!*"

Der Kapitän stapfte zornig ins Ruderhaus zurück, und Julie ließ sich auf die Taurolle sinken. Dann wendete das Boot erneut, und Gischt stob über das Schanzkleid. Wieso denn das? Allmählich wurde Julie klar, daß der Kapitän es noch einmal versuchen wollte und Kurs auf England nahm.

Nein, dachte Julie, das ist die falsche Entscheidung. Ein Schauer überlief sie. Lieber Gott, betete sie still, bitte laß diese schreckliche Fahrt bald ein Ende haben; bitte bring uns rasch nach England. Doch sie wußte, daß die Reise gerade erst begonnen hatte. Bei Morlaix war der Ärmelkanal mindestens hundertsechzig Kilometer breit – es würde noch Stunden dauern.

Eine halbe Stunde später war das Flugzeug wieder da. Diesmal flog es erst gar keine Schleife. Es kam direkt auf den Bug zu, auf dem Julie mit Peter in Deckung gegangen war, und eröffnete das Feuer. Julie warf sich über den Jungen, während ringsumher Kugeln einschlugen und Querschläger über das Deck jaulten. Der Angriff kam Julie endlos lang vor. Sie wartete darauf, jeden Augenblick getroffen zu werden. Doch sie blieb unverletzt.

Das Flugzeug dröhnte mit heulenden Motoren dicht über das Boot hinweg. Julie hörte Peter wimmern. „O mein Schätzchen, mein kleines Schätzchen", flüsterte sie ihm ins Ohr. „Es ist alles in Ordnung."

Das Boot drehte um, aber schon näherte sich das Flugzeug von neuem. „Rasch, beeilt euch doch", schluchzte Julie, während sie sich der französischen Küste näherten. Jetzt dröhnte das Flugzeug über sie hinweg, doch diesmal schossen die Deutschen nicht.

Ihnen würde nichts geschehen. Sie würden sicher nach Hause zurückkehren. Schicksal, dachte Julie. Vielleicht hätten wir gar nicht erst weggehen sollen.

Die *Fleur* ging in Kernibon, einem kleinen Fischerdorf an der Küste, vor Anker. Ein junger Mann half Julie beim Aussteigen. Er trug ihr Gepäck bis ins Dorf und ging dann allein weiter.

Bei der Kirche entdeckte Julie eine grasbewachsene Böschung – ein ideales Plätzchen zum Ausruhen. Sie setzte Peter ins Gras und legte sich neben ihm nieder. Einen Moment lang schloß sie die Augen und genoß die wärmenden Sonnenstrahlen. Dann richtete sie sich auf und packte den Proviantkorb aus, den Tante Marie ihr mitgegeben hatte. Sie aßen, und Julie war erstaunt über ihren Heißhunger.

Als sie ihre Mahlzeit beendet hatten, begann Julie zu überlegen, wie sie jetzt am besten nach Hause kämen. Trégasnou lag auf der anderen Seite des Flüßchens, das bei Kernibon ins Meer mündete. Um nach Trégasnou zu gelangen, mußten sie bis Morlaix laufen und am anderen Ufer wieder zurückgehen. Es war ein elend langer Weg. Außerdem konnten jederzeit die Deutschen eintreffen, und sie würde

Schwierigkeiten bekommen wegen ihres britischen Passes. Vielleicht sollte sie doch noch einmal den Versuch unternehmen, über den Ärmelkanal zu gelangen. Am besten von Brest aus, wo die meisten Schiffe lagen. Vielleicht fand sie dort einen Platz auf einem Fischerboot.

Es war eine schwierige Entscheidung. Im Grunde ihres Herzens wollte sie am liebsten bleiben, aber ihre Sorge galt vor allem Peter. Julie beschloß, auf dem Weg nach Morlaix über alles nachzudenken. Wenn sie allerdings vor Einbruch der Dunkelheit dort eintreffen wollte, mußte sie sich jetzt auf den Weg machen.

Das Gepäck war ein Problem. Sie konnte nicht alles tragen. Kurz entschlossen ließ sie die Koffer an der Straße stehen, packte das restliche Essen wieder ein und steckte es in ihre Manteltaschen. Jetzt hatte sie nur noch die Handtasche – und Peter. Sie fragte sich, wie weit ein Vierjähriger wohl laufen konnte, ehe er müde wurde. Eins war sicher: Bis nach Morlaix würde er es auf keinen Fall schaffen.

Bereits nach zwanzig Minuten ließen seine Kräfte nach. Eine Zeitlang mußte Julie ihn abwechselnd tragen und hinter sich herziehen. Später nahm sie ihn auf die Schultern, doch bald schmerzten ihre Füße so sehr, daß sie den Jungen wieder absetzte.

Sie brauchten schließlich vier Stunden für die zwölf Kilometer. Als sie in Morlaix ankamen, setzte sich Julie auf eine Bank am Hafen. Peter kuschelte sich an sie.

Julie beschloß, an diesem Abend auf keinen Fall weiterzugehen. Da fiel ihr Michel ein. Er würde ihr einen Rat geben können. Bis zu seiner Wohnung waren es zu Fuß nur fünf Minuten, also nahm sie Peter auf den Arm und marschierte los. Aber schon nach wenigen Metern merkte sie, daß es falsch gewesen war, sich auf der Bank auszuruhen: Ihre Füße waren so geschwollen, daß sie keinen Schritt mehr tun konnte. Sie blieb stehen, zog die Schuhe aus und steckte sie in ihre Handtasche. Jetzt würde sie den Weg schaffen.

JULIE erwachte, als jemand die Fensterläden aufstieß. Strahlendes Sonnenlicht flutete ins Zimmer, und sie kniff geblendet die Augen zu. Sie hatte diese Nacht auf dem Sofa in Michels Wohnung mit Peter verbracht.

Jetzt stand Michel vor ihr und hielt ihr eine Tasse Kaffee hin. „Ich habe deine Koffer gefunden", meinte er. „Aber jetzt müssen wir uns beeilen, von hier wegzukommen. Wir haben nicht mehr viel Zeit."

Verwirrt sah Julie ihn an. „Wieso denn das?"

„Weil die Deutschen bald hiersein werden. Sie sollen im Laufe des Tages eintreffen."

Peter erwachte und rieb sich den Schlaf aus den Augen. Julie fragte: „Werden wir nach Brest fahren und uns nach einem Schiff umsehen?"

Michel lachte verbittert auf. „Nein, das geht nicht. Ein guter Freund von mir ist gerade von dort gekommen. Er hat erzählt, daß sich im Hafengebiet Tausende von Menschen aufhalten. Alle wollen über den Ärmelkanal, aber es liegen keine Schiffe mehr im Hafen."

Julie überlief ein Schauer. „Dann müssen wir eben wieder heim nach Trégasnou."

„Ja. Aber zuerst gibt es noch einiges zu erledigen. Steh auf und mach dich fertig; wir brechen gleich auf."

Michel sprach mit solchem Nachdruck, daß es Julie nie eingefallen wäre, noch Fragen zu stellen. Rasch wusch und frisierte sie sich, dann richtete sie für Peter ein Butterbrot und ging wieder ins Wohnzimmer. „Wir sind soweit."

Sie verließen das Haus und gingen ein Stück die Straße hinunter, bis sie zu einer Garage kamen. Michel holte einen Schlüssel hervor, öffnete das Vorhängeschloß und zog die Türflügel auf. Er ging hinein und kam mit einem Fahrrad mit Hilfsmotor zurück. „Steig schon auf", meinte er, während er die Tür wieder zuschloß.

Der kleine Motor sprang knatternd an, und sie fuhren los. Julie saß auf dem Gepäckständer, und sie drückte Peter, der zwischen ihr und Michel eingeklemmt war, fest an sich. Michel trat wie wild in die Pedale, um zusätzlich Fahrt zu gewinnen.

Nach wenigen Minuten hielten sie auf einem Platz an. Michel deutete auf ein großes Gebäude und sagte: „Da müssen wir rein." Julie erkannte es sofort: Es war das Einwohnermeldeamt.

Drinnen herrschte das reinste Chaos. Menschen rannten schimpfend und gestikulierend durch die Korridore, Beamte trugen stapelweise Formulare von einem Büro zum anderen. Michel hob Peter auf seine Schultern und nahm Julie bei der Hand. Er führte sie die Treppe hinauf und einen langen Gang entlang. Michel las die Schilder an den Türen und sagte schließlich: „So, da wären wir!"

Auf sein Klopfen antwortete niemand. Michel setzte Peter ab und ging hinein. Es war niemand da. In einer Ecke des Büros stand ein altertümlicher Tresor, und Michel zog an der Tür. Verschlossen. Er bat Julie, in dem Büro zu warten, und ging hinaus. Nach kurzer Zeit kam er mit einer jungen Frau zurück, die an den Tresor ging und ihn öffnete. Michel bedankte sich, und sie nickte ihm zu. „Gern geschehen", meinte sie und ging wieder.

Michel nahm zwei kartenartige Formulare aus dem Tresor und gab sie Julie. „Füll bitte eine Karte aus. Die andere nimmst du so mit, falls du sie einmal brauchst. Ich gehe jetzt und sorge dafür, daß dein Name aus den Akten der Fremdenpolizei verschwindet, dafür aber im Wählerverzeichnis erscheint."

Julie starrte die beiden Karten an: Ausgefüllt und mit dem richtigen Stempel versehen, würden sie echte amtliche französische Personalausweise sein! Sie dachte kurz nach, ehe sie auf einer der beiden Karten die einzelnen Rubriken ausfüllte. Sie nannte sich wieder Lescaux und trug den richtigen Namen ihres Vaters ein. Doch als Namen ihrer Mutter gab sie „Jeannette Lescaux" an, Mädchenname „Leforge". Etwas anderes fiel ihr im Moment nicht ein. Für sich selbst erfand sie keinen Mädchennamen. Wenn sie vorgab, verheiratet zu sein, würde das die Sache nur zusätzlich komplizieren.

Michel kam zurück. Er sah sich ihren neuen Personalausweis an, nickte und suchte auf dem Schreibtisch nach einem bestimmten Stempel. Als er ihn gefunden hatte, drückte er ihn auf ein Stempelkissen und stempelte die Karte. Dann schwärzte er Julies Daumen und drückte ihn auf das dafür vorgesehene Feld. „Und gleich noch einmal – hier!" Er drückte ihren geschwärzten Daumen auf ein Formular. Es war das Antragsformular für einen Ausweis. Julie mußte es auch noch ausfüllen, und Michel brachte es weg.

„Du kannst ja hexen!" flüsterte Julie, als er wiederkam. „Wieso hat die Frau denn für uns den Tresor geöffnet?"

Michel zuckte die Achseln und sagte gleichmütig: „Oh, ich habe ihr gesagt, daß die Deutschen dich foltern, wenn es uns nicht gelingt, dir richtige Papiere zu verschaffen."

Julie schüttelte den Kopf. „Du bist wirklich unglaublich, Michel!" meinte sie. „Ich bin dir zu großem Dank verpflichtet."

„Das war doch nichts Besonderes." Er sah ihr tief in die Augen. „Außerdem ist es mir eine Ehre, dir zu helfen."

Julie errötete. Sie gingen rasch den Korridor entlang und verließen das Gebäude. Als sie wieder vor dem Motorfahrrad standen, fragte Michel: „Kannst du mit so einem Ding fahren?"

„Ja, ich glaube schon. Wieso?"

„Ich habe noch etwas zu erledigen. Fahr du nur nach Trégasnou zurück. Deine Koffer bringe ich dir später, dann hole ich auch das Motorfahrrad wieder ab." Er blickte sich nervös um, und Julie fragte sich, ob er bereits eine Aktion gegen die Deutschen plante.

„Ich will dich nicht fragen, was du vorhast", sagte sie. „Aber sei vorsichtig. Laß dich nicht von den Deutschen erwischen!"

Er sah sie ein wenig verblüfft an. „Keine Angst, ich werde schon nicht den Helden spielen. Ganz im Gegenteil. Ich habe das Gefühl, daß ich mit den Deutschen hervorragend auskommen werde."

Julie schluckte. „Wie meinst du das?"

Michel trat ganz dicht an sie heran. „Meine Liebe", flüsterte er. „In gewisser Hinsicht kommen uns die Deutschen gerade recht. Sie werden uns von der üblen Bande befreien, die der Arbeiterklasse seit über hundert Jahren ihr rechtmäßiges Erbe vorenthält."

„Aber die Deutschen sind über uns hergefallen. Sie sind unsere Feinde!"

„Stimmt. Aber sie werden nicht bis in alle Ewigkeit hierbleiben. Und wenn der Krieg erst einmal zu Ende ist, haben wir die Chance, einen sozialistischen Staat der Arbeiter aufzubauen. Es hat in der Tat nie eine bessere Chance gegeben, mit dem alten System aufzuräumen!"

„Heißt das, daß du für dieses Ziel auch bereit bist, mit den Deutschen gemeinsame Sache zu machen?"

„Wer weiß? Das kommt ganz darauf an, ob es dabei für uns etwas zu gewinnen gibt."

Julie setzte Peter auf den Gepäckträger und stieg schweigend auf. Michel trat einen Schritt zurück und sagte: „Juliette, paß auf dich auf. Tu's meinetwegen. Versprichst du's mir?"

Julie blickte ihm in die Augen. „Nein!" antwortete sie und sah, wie Michel erschrak. „Hör zu", fuhr sie fort. „Ich bin dir zu großem Dank verpflichtet, und ich werde versuchen, mich eines Tages erkenntlich zu zeigen. Aber solange du schmutzige Spielchen treibst, kannst du nicht mit mir rechnen."

Er war verärgert. „Du verstehst mich nicht."

„Da hast du vollkommen recht. Adieu, Michel."

Sie radelte langsam davon, ein wenig mühsam die Balance haltend, bis der Motor ansprang. Peters dünnes Stimmchen drang an ihr Ohr. „Mami, fahren wir jetzt nach Hause?"

„O ja, mein Schatz", erwiderte sie mit fester Stimme. „Wir fahren nach Hause!"

Drittes Kapitel

DAVID rollte sich in seine Decke und dachte an eine blumenübersäte Wiese. Der Gedanke an Blumen ließ ihn schneller einschlafen. Manchmal nickte er jedoch schon ein, kaum daß er sich auf seine hölzerne Pritsche gelegt hatte. Doch wenn er Schmerzen hatte, fand er keinen Schlaf. Gewöhnlich machte ihm sein Magen Kummer, und dann litt er unter schrecklichen Schmerzen. Wahrscheinlich hatte er ein Magengeschwür. Aber heute tat ihm das Knie weh. Durch den heftigen Regen war der Boden im Steinbruch schlüpfrig geworden,

und er war ausgeglitten und hatte sich das Knie aufgeschlagen.
Deshalb versuchte er jetzt angestrengt, an Blumen zu denken.

Die Geräusche in der Baracke störten ihn nicht. Das ständige
Seufzen und Stöhnen, das Husten und die rasselnden Atemzüge seiner
Mithäftlinge nahm er kaum noch wahr.

Seit fast einem Jahr war David in Dachau. Gleich nach seiner
Ankunft hatte er gelernt, daß man nur überlebte, wenn man jeden
Augenblick bewußt in sich aufnahm, Sekunde um Sekunde. Er lag
still da, dachte an die Blumenwiese, verdrängte jeden Gedanken an
den Schmerz und wartete auf die wohltuende Bewußtlosigkeit, die der
Schlaf brachte. Schlaf war das einzige, auf das er sich freute. Er war
gottgegeben, ein Wunder, ein Geschenk des Himmels.

David wartete lange, und plötzlich vernahm er, wie draußen an der
Barackenwand ein Gummiknüppel entlangschrammte. Alle hörten
es. Noch ehe die Tür aufgestoßen wurde, kletterten einige der Männer
von ihren hölzernen Pritschen und stellten sich unbewegten Gesichts
vor die Betten. David stand auf und gesellte sich zu ihnen. Er ließ sich
seine Schmerzen nicht anmerken und konzentrierte sich darauf, ganz
aufrecht zu stehen.

Zwei Kapos kamen herein und schlugen mit ihren Schlagstöcken
laut gegen die geöffnete Tür. „Warten!" brüllten sie.

Also warteten sie. Diese Kapos waren von der SS in allen Zuchthäu-
sern des Reiches zusammengesucht worden. Die meisten von ihnen
waren Gewaltverbrecher, die zu langen Freiheitsstrafen verurteilt
worden waren. Im KZ hatten sie nun freie Hand. Sie traten, schlugen,
quälten ..., es konnte sogar vorkommen, daß sie einen Mithäftling
umbrachten, wenn er ihrer Meinung nach zu langsam arbeitete.

David starrte die gegenüberliegende Wand an und dachte wieder an
die Blumenwiese. Sie war unendlich weit, und zwischen dem hohen
Gras leuchteten rote Mohnblumen, die sich sanft im Wind wiegten ...

Einer der Kapos brüllte: „Achtung!"

David versuchte, die Hacken zusammenzuschlagen und strammzu-
stehen. Zwei SS-Offiziere traten ein. Der eine schaute auf eine Liste,
die er auf ein Schreibbrett geklemmt hatte, und sagte: „Die folgenden
sieben Häftlinge vortreten: Abraham, Freymann –"

David trat einen Schritt vor. Das Herz schlug ihm bis zum Hals.
Lieber Gott – vielleicht ist dies das Ende?

Ein Gefühl der Wehmut überkam ihn. Er dachte an all das, was man
ihm genommen hatte, all das, was ihm je teuer gewesen war.

Fünf weitere Namen wurden verlesen, und die Häftlinge folgten
den SS-Männern ins Freie. Sie marschierten im Gleichschritt über den
Appellplatz, passierten das Haupttor und gingen auf ein kleineres

Lager zu, das lediglich von einem Maschendrahtzaun umgeben war.
Dieses Lager war erst kürzlich errichtet worden und bestand aus drei
Baracken. Würde man sie zum Verhör bringen?

Sie mußten vor der ersten Baracke warten. David kannte einen
seiner Mithäftlinge. Gideon Meyer war auch Wissenschaftler gewesen, sogar ein sehr bedeutender, Direktor eines berühmten Labors.
Meyer sah schrecklich aus: Sein Gesicht war eingefallen, und er ging
vornübergebeugt wie ein alter Mann. Ich sehe wahrscheinlich ebenso
alt aus, dachte David.

„Los, rein!" befahl einer der SS-Männer barsch.

Sie betraten nacheinander die Baracke und blickten sich um. Die
Einrichtung war noch ganz neu, das Holz roch angenehm. An den
Längsseiten zogen sich Arbeitsplatten hin, vor denen Stühle standen.
Außerdem gab es Tische, Schreibmaschinen und einen Aktenschrank.

Ein SS-Offizier kam herein, und hinter ihm betrat ein Rottenführer
von der Wachmannschaft den Raum, der einen verhüllten, offenbar
schweren Kasten trug. Der Gegenstand wurde auf eine Arbeitsplatte
gestellt, und der SS-Offizier wandte sich den Häftlingen zu. „Ihr befindet euch hier in einem Labor, das auf ausdrücklichen Befehl des Reichs-
führers SS eingerichtet worden ist", erklärte er. „Ihr, als Häftlinge des
Reiches, werdet hier nach besten Kräften eure Pflicht tun!"

David starrte ihn an wie vor den Kopf geschlagen. Sie sollten in
dieser Baracke *arbeiten?* Plötzlich dämmerte ihm, warum auch Gideon
Meyer hier war, ein ehemals hochangesehener Wissenschaftler . . . Das
würde ja bedeuten, daß sie zu Forschungsarbeiten herangezogen
würden. Unglaublich!

„Ihr werdet an Projekten arbeiten, die man euch zuweist", fuhr der
SS-Offizier fort. „Die erste Aufgabe steht bereits vor euch." Er zeigte
auf den verhüllten Kasten. „Uns ist ein Gerät aus einem englischen
Flugzeug in die Hände gefallen. Ihr sollt es auseinandernehmen,
untersuchen und eure Erkenntnisse zusammentragen. Wir müssen
wissen, wozu es dient und wie es funktioniert. Wenn ich richtig
informiert bin, seid ihr alle mit Arbeiten dieser Art vertraut. Stimmt
das?"

Selbst wenn es nicht stimmt, wird niemand es zugeben, dachte
David voll Bitterkeit.

„Leiter des Projekts", sagte der SS-Offizier schließlich mit einem
Blick auf seine Liste, „ist Gideon Meyer. Ihr werdet alle rasch und
konzentriert arbeiten. Ihr werdet ausgezeichnete Ergebnisse erzielen.
Noch irgendwelche Fragen?"

Schweigen. Die Häftlinge wurden gewöhnlich nicht ermutigt,
Fragen zu stellen. Als der SS-Offizier sich zum Gehen wandte,

meldete sich Meyer: „Wenn wir mit Erfolg arbeiten sollen, brauchen wir bessere Unterbringung und Ernährung. Ich kann keine Mannschaft gebrauchen, die krank oder unterernährt ist." Er sprach mit erstaunlich fester und klarer Stimme.

Was für ein großartiger alter Mann, dachte David. Wenn das nur keine bösen Folgen für ihn hat! Doch der Offizier nickte nur. „In Ordnung", meinte er. Einfach so.

Dann ließ man sie allein, damit sie auflisten konnten, was sie für ihre Arbeit benötigten. Sie hockten alle um Meyer herum. Ein Mann schluchzte laut. Er konnte das Unglaubliche immer noch nicht fassen.

David überlegte, welchen Haken die Sache haben könnte. Da ergriff Meyer wieder das Wort: „Ganz gleich, ob wir es für richtig halten, daß wir an diesem Projekt arbeiten, oder nicht . . ., uns bleibt einfach keine andere Wahl."

David dachte nach. Er fragte sich, ob es ihn störte, daß er mit seiner Arbeit den Nazis helfen würde. Es gab eine sehr einfache Antwort: Man mußte überleben. Der kleine Film fiel ihm ein, der immer noch in seinem Besitz war. Wenn er den Nazis dieses Geheimnis anvertraute, das wäre schon viel eher unverzeihlich.

Am nächsten Morgen nach dem Appell bat David, etwas aus seiner alten Baracke holen zu dürfen. Zwei Tage zuvor wären Bitten dieser Art noch unvorstellbar gewesen, doch jetzt ließ man ihn gehen.

Als er im Hauptlager ankam, war seine ehemalige Baracke leer. Die Gesunden waren zum Steinbruch ausgerückt, und die Kranken hatte man ins „Spital" gebracht. Das war der beschönigende Ausdruck für das Krankenrevier, einen alten Schuppen, in dem der furchtbare Geruch des Todes hing.

Nachdem sich David vergewissert hatte, daß er unbeobachtet war, kratzte er mit einem alten blechernen Eßnapf in einer Ecke der Baracke den harten Lehmboden auf. Endlich fand er das winzige Päckchen, das er dort vergraben hatte. Er fegte den Lehm wieder in das Loch und trat ihn fest. Dann klemmte er sich das Päckchen unter die Achsel und ging zum Sonderlager zurück. Dort versteckte er den Film hinter dem Spülkasten der Toilette im Waschraum.

Zufrieden machte er sich auf den Weg zur Arbeit.

Es HANDELTE sich um eine Art Störgerät; soviel stand bald fest. Aber es ließ sich nicht auf Anhieb bestimmen, welchen deutschen Sendertyp das Gerät stören sollte. Deshalb zerlegten sie es in seine Einzelteile, und zwei Wochen später fanden sie die Antwort. Das Gerät schien dazu zu dienen, das deutsche Freya-Frühwarnsystem zu stören, das feindliche Flugzeuge bereits in hundertzwanzig Kilometer Entfernung orten konnte. David kannte sich aus, weil das Freya-System bei der Firma Gema entwickelt worden war.

Während der Arbeit an dem Gerät fragte sich David, wie die Engländer das Freya-System geknackt haben konnten. Doch dann dachte er noch weiter: Wenn die Engländer die Wellen einer Funkmeßanlage orten konnten, mußten sie selbst solche Anlagen besitzen ..., daran bestand kein Zweifel. Zum ersten Mal wurde ihm richtig bewußt, wie wichtig ihre Arbeit war. Er sprach mit Meyer darüber. „Was sagen wir, wenn wir unsere Ergebnisse vorlegen?" fragte er.

„Wir teilen den Offizieren mit, was wir herausgefunden haben", erwiderte Meyer. „Aber wir werden es ihnen überlassen, Schlüsse daraus zu ziehen. Sollen sie selbst herausfinden, daß die Engländer Funkmeßanlagen besitzen; wir werden es ihnen nicht unter die Nase reiben."

David war erleichtert. Sie würden bei ihrem Bericht nur eine Kleinigkeit auslassen, aber diese war ungemein wichtig. Er freute sich: Endlich leistete er etwas Positives, endlich gelang ihm ein winziger Akt des Widerstands.

Nach einem Monat fragte sich David, wie lange sie ihre Arbeit noch hinauszögern konnten; nach seiner Schätzung höchstens noch zwei Wochen. Der Gedanke, bald wieder ins Hauptlager zurückkehren zu müssen, bereitete ihm ebenso schlaflose Nächte wie seinen sechs Kollegen. Alle waren sie jetzt bei guter Gesundheit, alle hatten seit ihrer Verlegung ins Sonderlager wieder Hoffnung geschöpft. Es war fast zuviel des Guten.

Eine Woche später drohte ihnen die Arbeit endgültig auszugehen, und die Wissenschaftler wurden sehr nervös. Doch eines Tages brachte man ihnen, wie ein Geschenk des Himmels, ein weiteres Gerät zur Analyse ins Labor. Erfreut stellten Meyer und David fest, daß es sich um etwas vollkommen Neues handelte. Sie würden Wochen brauchen, ehe sie sich über die Funktion des Geräts im klaren wären.

Ihnen war ein Aufschub gewährt worden.

Viertes Kapitel

FALMOUTH – das mußte es jedenfalls sein! In den ersten Tagen der Angst vor einer deutschen Invasion waren alle Stationsschilder entfernt worden, und man mußte jetzt mehr oder weniger raten, wo man sich befand. Major Smithe-Webb stieg aus dem Zug, sog die würzige, nach Salzwasser riechende Luft ein. Wie erfrischend

Cornwall doch war gegenüber all dem Qualm und dem Schmutz von London!

Tatsächlich – es war Falmouth. Smithe-Webb atmete auf: Von hier aus war es nicht mehr weit bis zu seinem Zielort Helford. Vor dem Bahnhofsgebäude wartete ein Stabswagen der Marine. Der Major ließ sich auf den Rücksitz sinken und dachte, wie angenehm es doch wäre, wenn er öfter mal aus London herauskäme. Doch seine Abteilung, das MI 9, war mitten in der Innenstadt untergebracht, in Whitehall, dem Sitz des Kriegsministeriums, das jetzt alle Geheimdienstabteilungen befehligte.

Er hatte von der Spezialeinheit der Marine erfahren, die in Helford stationiert war, und jetzt wollte er sie einmal besuchen. Zwar arbeitete er schon seit einem Jahr beim MI 9, doch mit der Marine hatte er nicht oft zu tun gehabt. Seine Aufgabe war es, Kontakt zu alliierten Soldaten aufzunehmen, die hinter den feindlichen Linien festsaßen – er nannte sie seine „Kunden" –, und die waren fast ausschließlich Angehörige der Armee oder der Luftwaffe. Doch seit das MI 9 offiziell um die Unterstützung der Marine gebeten hatte, schien sich eine Zusammenarbeit anzubahnen. Hier in Helford wollte Smithe-Webb vor allem mit einem Experten reden, der den Ärmelkanal kannte wie seine eigene Westentasche. Dieser Mann würde ihm bestimmt sagen können, welche Probleme sich bei eventuellen Nacht-und-Nebel-Aktionen ergeben würden. Voller Spannung sah der Major dieser Begegnung entgegen.

Der Leichter mit dem Major an Bord kam in Sicht, weit hinten bei der Landungsbrücke. Allmählich näherte er sich dem Zerstörer, der mitten in dem großen natürlichen Hafen des Helfordflusses vor Anker lag. Kapitänleutnant Richard Ashley beobachtete das Transportschiff vom Zerstörer aus und dachte sehnsüchtig an Schlaf. Er hatte in den letzten sechsunddreißig Stunden nur ein paarmal ein kurzes Nickerchen halten können und war völlig erschöpft. Sie hatten zwei schreckliche Monate hinter sich, hatten innerhalb weniger Tage zwei Zerstörer verloren und dazu eine erschreckend hohe Zahl von Handelsschiffen aus dem letzten Geleitzug.

Der Leichter war jetzt herangekommen, und Major Smithe-Webb kletterte über das Fallreep an Bord des Zerstörers, wo er von Richard schon erwartet wurde. Kurz musterte der Major den Kapitänleutnant mit den kühlen blauen Augen und dem stoppeligen Zweitagebart. Smithe-Webb stellte sich vor und fragte dann: „Sie sind bestimmt Kapitänleutnant Ashley?"

„Jawohl, Sir." Richard lächelte verlegen. „Ich habe, offen gestanden, vergessen, daß Sie heute kommen wollten. Na ja, Sie wissen wahrscheinlich, wie das ist ..., wir sind gerade erst vom Atlantik zurückgekommen und nicht in allerbester Verfassung. Wenn Sie mir bitte folgen wollen ..." Er ging voraus zu seiner Kajüte, bot Smithe-Webb einen Stuhl an und holte dann eine Flasche Brandy aus einem Spind. „Kann ich Ihnen mit einem Glas von diesem edlen Tropfen eine Freude machen?"

Smithe-Webb schüttelte den Kopf. „Dafür ist es noch zu früh."

Richard nickte. „Dann werde ich Ihnen Tee bringen lassen." Er öffnete die Tür und rief etwas in den Gang. Dann setzte er sich und zeigte auf die Brandyflasche. „Wenn Sie erlauben, werde ich mir einen Schluck genehmigen."

Wenig später brachte ein Backschafter den Tee, der offensichtlich schon lange gezogen hatte. Smithe-Webb nahm einen kleinen Schluck. Er schmeckte scheußlich.

Richard zündete sich eine Zigarette an. „Also, womit kann ich Ihnen behilflich sein?" fragte er.

„Am besten erzähle ich Ihnen erst einmal etwas über meine Abteilung", begann Smithe-Webb. „Wir sind hauptsächlich damit befaßt, unsere Jungs aus den von den Deutschen besetzten Gebieten herauszuholen. Hauptsächlich handelt es sich um abgeschossene Flieger. Wir ermutigen die einheimische Bevölkerung, sich ihrer anzunehmen, bis wir sie ausschleusen können. Sie werden verstehen, daß ich Ihnen nicht im einzelnen schildern kann, wie das bewerkstelligt wird."

Richard nickte. „Natürlich."

„Nun haben wir allerdings große Probleme. Nicht nur wegen der Deutschen, sondern auch wegen der zunehmenden Zahl abgeschossener Flieger. Ganz abgesehen davon, daß wir sie nicht in Feindeshand fallen lassen wollen – wir haben diese gut ausgebildeten Leute hier auch bitter nötig!" Smithe-Webb nippte an seinem Tee und verschluckte sich.

„Ein übles Gebräu, nicht wahr?" meinte Richard lächelnd. „Möchten Sie nicht doch lieber einen Brandy?"

Smithe-Webb zog die Augenbrauen hoch. „Nein danke, wirklich nicht." Der Major kam wieder aufs Thema zurück. „Wir wollen versuchen, mehr Fluchtwege zu erschließen. Womit wir bei Ihnen wären. Wir denken da nämlich unter anderem an Einsätze in der Bretagne."

Richard war plötzlich hellwach. „Verstehe."

„Ich habe mir gedacht, Sie können uns vielleicht sagen, was wir dazu alles brauchen."

Richard runzelte die Stirn, aber er war von der Idee angetan. „Man müßte Schnellboote einsetzen", sagte er nachdenklich. „Sie sind äußerst wendig, könnten bei Nacht rüberfahren, die Leute an Bord nehmen und wieder verschwinden, ehe die Deutschen Verdacht schöpfen."

Der Major nickte. „Ja, das haben auch Ihre Vorgesetzten vorgeschlagen."

„Da wäre allerdings noch zu klären, wie man die Leute heil in die Boote bekommt. Selbst an vergleichsweise geschützten Stellen kann die Brandung an der französischen Kanalküste ziemlich ruppig sein." Richard schwieg einen Augenblick, ehe er fortfuhr: „Dennoch, Schnellboote sind schon das richtige. Mit ihnen könnte man pro Nachtfahrt zehn, zwanzig, vielleicht sogar dreißig Mann abholen."

„Das wäre ausgezeichnet", sagte der Major lächelnd.

Richard stand auf und ging zur Tür. „Evans!" rief er. „Bringen Sie mir bitte Kartenmaterial zur nördlichen Bretagne und zum Ärmelkanal."

Smithe-Webb erkannte, daß Ashley die Sache interessierte. Der junge Kapitänleutnant sah nicht mehr so erschöpft aus, und der Major mußte sich eingestehen, daß ihm Ashley gut gefiel.

Als die Karten ausgebreitet vor dem Major lagen, schien es ihm, als sei die Küste absolut unzugänglich.

„Es ist nicht so schlimm, wie es auf den ersten Blick aussieht", sagte Richard bedächtig. „Haben Sie an einen bestimmten Küstenstrich gedacht?"

Smithe-Webb deutete auf die Küste nordöstlich von Morlaix. „Ungefähr dort, wenn das möglich ist."

„Gut. Sehen wir uns diesen Abschnitt mal in einem größeren Maßstab an." Richard breitete eine andere Karte aus und studierte sie sorgfältig. „Ja, hier hätten wir mehrere Möglichkeiten. Da wäre diese kleine Bucht und hier diese . . ." Er zeigte auf verschiedene Punkte der Landkarte. „Nein, diese Stelle eignet sich nicht. Hier fallen die Klippen senkrecht ab, und es gibt keinen Zugang zum Strand."

Smithe-Webb war erstaunt. „Woher wissen Sie denn das so genau?"

„Ich habe vor ein paar Jahren mal versucht, dort hinaufzuklettern."

„Du lieber Himmel!" Der Major war sichtlich beeindruckt.

„Hier, diese Bucht", fuhr Richard fort und zeigte auf die Karte, „wäre ideal. Dort könnten wir leicht vor Anker gehen und kleine Landungsboote zum Strand schicken. Außerdem scheint es einen Pfad zu geben, der durch die Klippen zu den nahe gelegenen Ortschaften führt. Ich weiß das allerdings nicht sicher, weil ich nie dort war."

Smithe-Webb starrte ungläubig die Karte an. Die Bucht war nur wenige Kilometer von Trégasnou entfernt. Was für ein glücklicher Zufall! „Worauf müssen meine Leute in Frankreich achten, wenn sie das Gelände erkunden?" fragte er.

„Nun, wir werden mit den Schnellbooten nur in mondlosen Nächten operieren können. Zur Verständigung brauchen wir unbedingt ein Signal – zum Beispiel Taschenlampen. Und schließlich müssen wir sicher sein, daß keine Deutschen in der Nähe sind." Er überlegte einen Augenblick. „Ihre Leute sollten in der Lage sein, zur Not längere Zeit am Strand zu verbringen. Außerdem kann es vorkommen, daß Operationen innerhalb kürzester Zeit abgeblasen werden müssen. Aber solange Ihre Leute in Frankreich über eine leistungsfähige Organisation verfügen, ist das sicher kein Problem. Die Bretonen sind doch sehr verläßlich, oder?"

„Gewiß", bestätigte der Major, obwohl er Zweifel hatte, ob das auch auf den Offizier der französischen Exilarmee zutraf, der die Bretonen organisieren sollte. Der Mann hatte Smithe-Webb überhaupt nicht gefallen. Immerhin – vielleicht bekam er mit Ashley wenigstens auf der englischen Seite den Mann, den er brauchte. „Meinen Sie, daß Sie die Sache selbst übernehmen könnten?" fragte er den Kapitänleutnant.

Richard strich sich nachdenklich übers Kinn. „Die Sache reizt mich ungemein. Die neuen Schnellboote der Marine machen dreißig Knoten. Sehr nützlich, wenn man in der Klemme sitzt." Er lächelte. „Ja, ich würde es gern versuchen."

„Das freut mich", erwiderte der Major.

Richard sah Smithe-Webb in die Augen. „Wir müssen unsere Karten nur richtig ausspielen. Wenn Sie Ihren Vorgesetzten mitteilen, daß Sie mich brauchen, und ich mich dann freiwillig melde, kann uns die Admiralität eigentlich keinen Strich mehr durch die Rechnung machen, oder?" Er lachte, und seine Augen funkelten vergnügt.

Auch der Major konnte ein Lächeln nicht unterdrücken. Er hatte das Gefühl, daß es kaum jemandem gelänge, diesem jungen Kapitänleutnant einen Strich durch die Rechnung zu machen.

Fünftes Kapitel

Vassons neue Wohnung lag in einer schmalen Gasse in der Nähe der Porte d'Auteuil im sechzehnten Arrondissement. Sie war klein, einfach möbliert und hatte nichts Besonderes an sich. Und doch war diese Wohnung genau das, was Vasson gesucht hatte. Sechs Monate lang hatte er in der Studentenbude am Montparnasse gewohnt, seit letzten

Dezember, als er angefangen hatte, für Kloffer zu arbeiten. Eigentlich hätte ich nie so lange dort wohnen dürfen, dachte er. Jetzt packte er zwei Koffer aus, in denen er seine Sachen hergebracht hatte. Sorgsam legte er seine Anzüge und Hemden in die Schubladen einer Kommode. Ehe er sie wieder zuschob, warf er noch je eine Mottenkugel hinein. Schließlich wollte er seine Kleidung nicht mottenzerfressen vorfinden, wenn er von seinem Auftrag aus Brüssel zurückkehrte.

Einen dritten Koffer ließ er unausgepackt. Er enthielt seine billige Arbeitskleidung. Vasson kontrollierte noch einmal seine Brieftasche, die Papiere auf den Namen Paul Lebrun, hundert Franc und einen deutschen Passierschein enthielt, den er vernichten würde, sobald er die belgische Grenze überschritten hatte. Er sah auf die Uhr. Halb vier. Um halb neun Uhr abends ging sein Zug, also blieb ihm noch genug Zeit, nach Clichy hinauszufahren und nach dem Rechten zu sehen.

Vasson verließ die Wohnung. Seinen sechs Jahre alten Citroën hatte er in einiger Entfernung geparkt. Er stellte den Wagen jetzt immer wenigstens zwei Straßen von seiner Wohnung entfernt ab. Daß ein Franzose in diesen Zeiten einen Wagen besaß, war durchaus nicht ungewöhnlich. Ungewöhnlich war höchstens die Tatsache, daß er auch genug Benzin hatte, um täglich mit seinem Auto herumfahren zu können.

Die Fahrt nach Clichy dauerte eine halbe Stunde. In der Mietgarage lagerten immer noch viele Waren – Seidenstrümpfe, Parfüm und Benzin –, aber es war auch noch Platz übrig für den Wagen. Vasson stellte ihn ab, verschloß die Garage sorgfältig und ging zur nächsten Metrostation. Seit Kloffers letztem Auftrag wurde er das Gefühl nicht los, daß er seines Lebens nicht mehr sicher war. Die Aufgabe war einfach gewesen. Er hatte eine kleine Fluchthilfeorganisation in der Nähe von Paris auffliegen lassen. Diese Organisation hatte alliierte Piloten, die über Frankreich abgeschossen worden waren und Unterschlupf gefunden hatten, von Nordfrankreich über Paris ins neutrale Spanien geschleust. Die Mitglieder der Organisation waren allzu vertrauensselig gewesen und hatten sich selbst ans Messer geliefert. Aber irgendwie sagte ihm eine innere Stimme, daß er einen Fehler gemacht hatte. Hatten sie vielleicht nicht alle Männer gefaßt? Jedenfalls war es Zeit für ihn, eine Weile unterzutauchen.

Um Viertel nach sechs kehrte er noch einmal in die Wohnung zurück. Nachdem er sich gewaschen hatte, legte er sich bis zehn Minuten vor sieben aufs Bett und rauchte. Dann zog er sich an. Kurz darauf klingelte es: Das war das Taxi, das er bestellt hatte. Vasson nahm den Koffer, schloß die Tür ab und schob der Concierge den Schlüssel unter der Tür durch.

Der Wagen, der mit laufendem Motor am Bordstein wartete, sah zwar wie ein Taxi aus, doch Vasson wußte, daß es keines war, denn Kloffer saß im Fond. Vasson ließ sich neben ihm auf den Rücksitz fallen. Der Wagen fuhr los, und der Deutsche fragte: „Probleme?"

„Nein." Vasson wartete ab. Kloffer hatte bestimmt einen Grund für seinen Besuch; er war nicht aus reiner Menschenliebe hergekommen.

Schließlich meinte Kloffer: „Wir waren zufällig in Ihrer alten Wohnung – dort haben wir einen Mann erwischt, der eine Pistole bei sich hatte. Es sah so aus, als wollte er Sie umlegen."

Wußte ich's doch! dachte Vasson und stieß einen unterdrückten Fluch aus. Das bedeutete, daß er sich in Paris so schnell nicht wieder blicken lassen konnte. Kloffer schien darüber gar nicht so unglücklich zu sein, und Vasson wurde das Gefühl nicht los, daß diese Reise nach Brüssel mehr zu bedeuten hatte, als Kloffer vorgab.

„Haben Sie neue Informationen zu meinem Auftrag in Brüssel?" fragte Vasson.

Kloffer zuckte die Achseln. „Eigentlich nicht. Es sieht so aus, als gäbe es nur eine Fluchthilfeorganisation in Brüssel. Aber diese sammelt die Flieger nicht nur in Belgien, sondern auch in Frankreich auf. An den Aktionen müssen also Hunderte von Menschen beteiligt sein. Trotzdem ist es uns bisher nicht gelungen, eine undichte Stelle zu finden."

„Was ist denn bisher unternommen worden?"

„Das weiß ich nicht genau. Aber bis zum heutigen Tag ist es uns nicht gelungen, Spitzel einzuschleusen." Kloffer grinste hinterhältig.

So ist das also, dachte Vasson. Die V-Männer in Brüssel hatten versagt; deshalb schickte Kloffer ihn los, seinen Spezialisten, um den Kollegen zu zeigen, wie's gemacht wird.

Sie befanden sich in der Nähe der Avenue Foch. „Setzen Sie mich an der nächsten Ecke ab!" befahl Kloffer seinem Fahrer.

„Und das Geld?" fragte Vasson. „Wissen Ihre Leute in Brüssel, daß ich in Gold ausbezahlt werde? Ich möchte, daß das klar ist, ehe ich dort aufkreuze."

„Ja, ja", erwiderte Kloffer ungeduldig.

Vasson hatte Monate gebraucht, um Kloffer ein anständiges Gehalt abzuringen. Vor einiger Zeit war er dazu übergegangen, sich für seine Dienste in Gold entlohnen zu lassen. Kloffer konnte das gleichgültig sein – er und seine Freunde requirierten schließlich große Mengen von dem Zeug. Und Vasson war zufrieden. Immerhin hatte er bereits Gold im Wert von über zweihunderttausend Franc auf die Seite legen können. Keine schlechte Leistung, aber noch nicht genug.

Der Wagen hielt, und Kloffer öffnete die Tür. „Auf Wiedersehen", sagte er. „Ach, was ich noch wissen wollte: Sind Sie mit Ihren Papieren zufrieden?"

Gewöhnlich interessierte sich der Deutsche nicht für solche Nebensächlichkeiten. Vasson war sofort mißtrauisch. „Ja. Warum?"

„Ich dachte, daß Ihnen vielleicht der Name nicht gefällt, den wir für Sie ausgesucht haben. Es hätte ja sein können, daß der schöne Vorname Paul bei Ihnen unangenehme Erinnerungen weckt. An Ihre Zeit in Marseille, zum Beispiel." Kloffer grinste und stieg aus.

Der Wagen fuhr rasch an, und Vasson wurde in den Sitz gepreßt. Er starrte vor sich hin, aus Furcht drehte sich ihm der Magen um. Kloffer kannte seinen richtigen Namen! Der Deutsche wußte, daß er in Marseille wegen Mordes gesucht wurde! Und dieser Hundesohn hatte die Bombe genau im richtigen Moment platzen lassen. Offenbar wollte ihm Kloffer unter die Nase reiben, wer am längeren Hebel saß.

Vasson ahnte, daß er bei diesem Spiel nicht gewinnen konnte. Kloffer hatte ihn in der Hand.

DIE Gründlichkeit, mit der die Deutschen arbeiten, ist oft zum Verzweifeln, dachte Vasson, als er im Brüsseler Büro des Staatssicherheitsdienstes saß. Aber diese Genauigkeit hatte immerhin den Vorteil, daß alles schriftlich festgehalten wurde.

Alles war bei den Akten: jede Maßnahme gegen die Fluchthilfeorganisation, die von Brüssel aus operierte, sämtliche Namen, alle Orte, Einsätze, Pläne.

Nach und nach machte sich Vasson ein Bild. Die Piloten sprangen mit dem Fallschirm ab und schlugen sich zu irgendeinem abgelegenen Bauernhof durch, wo sie mit der Fluchthilfeorganisation in Verbindung traten. Aber wie gelangten sie von dort außer Landes? Schwer zu sagen.

Vasson las den Bericht über den augenblicklichen Stand der Dinge. Im Moment schien es nur zwei Anhaltspunkte zu geben: ein Mädchen – die Schwester einer jungen Frau, die bereits verhaftet war – und eine ältere Frau, deren Adresse man in der Wohnung eines unbedeutenden Kuriers gefunden hatte. Beide Personen waren untergetaucht.

Vasson ging wieder in Müllers Büro. Müller war sein Verbindungsmann: ein ziemlich hohes Tier im SD, bleich und dicklich. Irgendwie erinnerte er Vasson an eine fette Schnecke.

„Nun?" fragte Müller ungeduldig. „Haben Sie alle Akten bekommen, die Sie wollten?"

„Danke, ja." Vasson setzte sich unaufgefordert. „Aber ich habe noch ein paar Fragen. Steht die Organisation in ständiger Verbindung mit England? Besteht zum Beispiel Funkkontakt?"

„Wir halten das nicht für wahrscheinlich. Vor einiger Zeit haben wir zwar mal Funksignale aufgefangen, aber danach nie wieder. Wahrscheinlich ist uns der Funker irgendwann einmal ins Netz gegangen."

„Es gibt also keine Verbindung –"

„Die Organisation erhält Unterstützung aus London, und zwar von MI 9, einer Abteilung des Kriegsministeriums. Diese schickt Geld und Waffen. Die belgische Fluchthilfeorganisation wird bei den Engländern unter dem Decknamen ‚Meteor' geführt."

„Meteor ..."

Müller sah ungeduldig aus. „Wie wollen Sie eigentlich vorgehen, um einen jener legendären Erfolge zu erzielen, von denen Paris mir berichtet hat?" fragte er verächtlich.

„Das weiß ich selbst noch nicht."

Müller schaute ihn höhnisch an. „Ich schlage vor, daß Sie mich ins Bild setzen, sobald Sie einen Plan haben."

„Natürlich. Aber ich will mich erst einmal ein paar Tage in der Stadt umsehen und mich ein bißchen einfühlen."

Müllers Mißtrauen war offenkundig. „Sie werden hoffentlich nichts anfangen, ohne mich vorher zu informieren", warnte er. „Also, melden Sie sich in zwei Tagen wieder bei mir!"

Vasson verabschiedete sich rasch. Den Teufel werde ich tun! dachte er im Gehen. Er würde sich erst wieder melden, wenn es ihm in den Kram paßte, und auch dann würde er Müller nicht verraten, was er plante. Die Deutschen würden nur wieder alles verderben. Er stand vor einem großen Coup, das spürte er ganz deutlich. Der Auftrag würde sein bisher größter Triumph werden.

Sechstes Kapitel

DER Wagen fuhr jetzt im Schneckentempo durch die Straßen. Admiral Dönitz erwachte und sah aus dem Fenster. Auf langen Fahrten machte er häufig ein Nickerchen.

Sein Adjutant, ein junger Stabsoffizier namens Schneider, saß auf dem Beifahrersitz und drehte sich um. „Wir sind in Brest, Herr Admiral."

Dönitz nickte und starrte auf die endlose Reihe von Häusern und Geschäften, an denen der Wagen vorbeifuhr. Für ihn sahen alle französischen Städte gleich aus. „Geben Sie mir kurz die Einzelheiten des Programms", bat er Schneider.

Der Stabsoffizier kramte in seinen Unterlagen. Dann sagte er: „Um zwölf Uhr dreißig Mittagessen in einem Restaurant neben der Werft;

vierzehn Uhr dreißig Treffen mit Dorsch, dem Architekten, und Besichtigung des Marinestützpunktes. Um sechzehn Uhr Inspektion mit dem Standortkommandeur. Dann wollten Sie die Besatzung von U 319 begrüßen. Nach letzten Meldungen müßte das U-Boot um fünfzehn Uhr dreißig von der Feindfahrt zurückkehren."

Dönitz nickte. „Gut."

Der Kommandant von U 319 war Kapitänleutnant Karl Fischer, ein tüchtiger Offizier. Er war auf dieser Feindfahrt besonders erfolgreich gewesen. Der Funkspruch, der gestern im Hauptquartier in Paris eingegangen war, hatte sechs versenkte Schiffe gemeldet. Sechs! Eine feine Leistung.

Das Ritterkreuz war Fischer bereits verliehen worden. Dönitz würde ihm heute nachmittag auch noch das Eichenlaub zum Ritterkreuz überreichen. Bei der U-Boot-Waffe wartete man nicht, bis Verleihungen höheren Orts abgesegnet wurden: Orden verlieh man gleich nach erfolgreicher Feindfahrt, direkt an der Pier, wenn die Gefühlswogen am höchsten schlugen.

Der Wagen näherte sich dem Werftgelände, passierte mehrere Tore und fuhr auf ein häßliches graues Steingebäude zu, über dem die Reichskriegsflagge und die Flagge der Kriegsmarine wehten. An der Treppe, die zum Eingang des Hauptquartiers hinaufführte, wartete der Kommandeur der Ersten U-Boot-Flottille mit seinem Stab. Gleich nach der Begrüßung ging der Admiral mit einigen Offizieren ins Restaurant zum Essen, und danach besichtigten sie die Werftanlagen.

Brest besaß einen gut ausgebauten Hafen mit ausreichenden Reparaturanlagen. Dennoch mußte noch einiges verändert werden, erklärte Architekt Dorsch. Die Trockendocks sollten so umgebaut werden, daß sie zwei U-Boote gleichzeitig aufnehmen konnten. Außerdem wurden noch zusätzliche Werkstätten und Schweißanlagen gebraucht. Als die Besucher zum Stabswagen zurückgingen, war in großer Höhe das Motorengeräusch eines Flugzeugs zu hören. Alle schauten nach oben.

„Einer von uns", meinte einer der Offiziere mit einem Blick durchs Fernglas.

Dönitz nickte. So gehörte es sich ja wohl auch. Göring hatte deutsche „Lufthoheit" zugesichert; es war zu hoffen, daß er sein Versprechen einhielt, denn hier im Hafen waren die U-Boote einem Luftangriff nahezu schutzlos ausgeliefert.

Im Hauptquartier wartete Korvettenkapitän Scheer, der Flottillenkommandeur, und die Konferenz begann sofort. Routineberichte über Erfolge, Verluste und technische Pannen wurden verlesen. Die durchschnittlich pro Tag und U-Boot versenkte Tonnage stieg von

Monat zu Monat. Alle waren zufrieden. Dann befaßten sie sich mit
den Problemen. Scheer machten Luftangriffe die meisten Sorgen. Die
englische Luftwaffe RAF warf seit einiger Zeit Wasserbomben ab.

„Aber die Boote können doch früh genug wegtauchen, oder nicht?"
fragte Dönitz.

„Gewiß", antwortete Scheer, „aber manchmal entkommen sie nur
mit knapper Not. Bei schlechter Sicht entdeckt uns der Feind natürlich
nicht. Aber bei einer dünnen Wolkendecke sehen uns die Flugzeugbe-
satzungen häufig zuerst, und wenn sie dann noch, wie üblich, gegen
den Wind angreifen, tja ... dann hören unsere Leute die feindlichen
Maschinen erst, wenn es zu spät ist."

„Aber eine aufmerksame Brückenwache sollte schon einiges zu
verhindern wissen", wandte Dönitz ein.

„Ja, aber ...", Scheer verstummte.

Einen Augenblick lang schwiegen alle, dann ergriff einer der
jüngeren Offiziere das Wort: „Besteht eigentlich die Möglichkeit, daß
wir ein wirksames Funkmeßgerät bekommen?"

Ein paar U-Boote waren kurz vor Kriegsausbruch mit einem
großen, klobigen Radargerät ausgerüstet worden, aber die Ergebnisse
waren so schlecht gewesen, daß man den Gedanken an Radar für
U-Boote wieder hatte fallenlassen.

Dönitz erinnerte sich an Schmidts Gutachten und erwiderte: „Nein.
Unsere Tests haben gezeigt, daß sich so kleine Anlagen, wie wir sie für
unsere Boote brauchen, nicht entwickeln lassen."

Es klopfte, und ein Offizier trat ins Zimmer und grüßte. „Herr
Admiral, U 319 kehrt soeben von der Feindfahrt zurück. Es wird um
sechzehn Uhr zehn festmachen."

Dönitz sah auf die Uhr. In fünfzehn Minuten. Er lächelte. „Gut!
Gehen wir, meine Herren." Der Admiral stand auf und verließ
gut gelaunt den Raum. Die Begrüßung heimkehrender Boote war
eine Aufgabe, die ihm sehr lag.

Die kleine Gruppe erreichte die Pier. Dönitz blickte schweigend auf
das weite Hafengelände. Neben dem Musikzug und der offiziellen
Ehrenformation hatten sich gut hundert Offiziere, Unteroffiziere
und Mannschaften eingefunden. Aus alter Tradition kam jeder, der
abkömmlich war, zur Begrüßung auf die Pier. Dies war einer der
zahlreichen Beweise für die bemerkenswerte Kameradschaft, die seine
Männer verband. Dönitz war außerordentlich stolz auf sie.

Jemand rief etwas, und alle blickten zur Mole hinüber, wo bereits
der Turm von U 319 zu sehen war. Die Menge jubelte, und der
Musikzug stimmte einen Marsch an. Die Mannschaft, die an Deck
von U 319 angetreten war, winkte herüber und warf den Wartenden

Scherzworte zu. Die Männer waren bester Laune; offenbar war alles gut verlaufen. Dönitz erkannte Kapitänleutnant Fischer, der grinsend auf der Brücke stand.

Als das Boot an der Schleusenmauer festgemacht hatte, verstummte das fröhliche Gejohle. Der Musikzug hörte zu spielen auf, und feierliche Stille breitete sich aus. Die Besatzung auf Deck hatte Haltung angenommen. Fischer, in Rollkragenpullover und weißer Mütze, ging über die Laufplanke an Land, wo Dönitz auf ihn wartete. Die beiden Männer salutierten und schüttelten sich dann die Hand.

Die Menge wartete gespannt, als der Adjutant des Admirals mit einem Kästchen in der Hand vortrat. Dönitz nahm das schlichte Ritterkreuz mit Eichenlaub am langen Ordensband heraus und hängte es Fischer um. „Ich beglückwünsche Sie zu Ihrem Erfolg, Herr Kapitänleutnant", sprach Dönitz. „Wenn wir so weitermachen, wird unsere kleine U-Boot-Flotte den Krieg gewinnen!" Die beiden Männer salutierten erneut, der Musikzug spielte einen Marsch, und die Menge brach in Jubel aus.

Die glauben, ich habe das nur so hingesagt, dachte Dönitz. Aber es ist mein voller Ernst.

Siebentes Kapitel

JULIE zog die Vorhänge zu und warf noch einen Blick auf das Kind. Peter schlief bereits fest, sein Atem ging tief und regelmäßig. Sie zog ihm die Bettdecke über die Schultern und küßte ihn zärtlich auf die Wange. Ihr Sohn war jetzt fünfeinhalb Jahre alt, also schon fast ein großer Junge.

Sie nahm die blakende Petroleumlampe vom Tisch und ging die steile Stiege in ihr Zimmer hinunter. Dort hielt sie inne und lauschte nervös. Das war ihr mittlerweile zur Gewohnheit geworden. Julie horchte, ob ein Kurier kam, der Nachrichten brachte. Gelegentlich erschien auch einer der Kameraden mit einem „Paket" – einem Flieger, der in der Nacht zu einem jener Bauernhöfe geschmuggelt wurde, in denen keine deutschen Soldaten Quartier bezogen hatten.

Plötzlich hörte sie ein Geräusch. Die Hintertür knarrte; offenbar betrat jemand das Haus. Furcht überfiel sie. Vorsichtig öffnete sie die Schlafzimmertür und schlich leise durch die Küche. Onkel Jean stand an der geöffneten Hintertür und redete mit gedämpfter Stimme auf einen Mann ein, der sich offenbar absichtlich im Dunkeln hielt.

Julie sah auf die Uhr auf dem Kaminsims. Es war bereits neun. Ihr Onkel mußte vergessen haben, wie spät es war! Die deutschen

Soldaten, die im Haus einquartiert waren, konnten jeden Augenblick zurückkommen.

Jetzt sprach der Mann, der draußen stand, und Julie erkannte seine Stimme. Sie traute ihren Ohren kaum. Der Besucher ließ keinerlei Vorsicht walten.

Verärgert wandte sie sich ab und ging in die Küche. Heute mußte sie das Essen richten. Tante Marie war zu Besuch bei einer kranken Freundin. Sie rührte die Suppe auf dem Herd zu hastig um, und etwas Flüssigkeit schwappte über den Topfrand. Es zischte, als die Suppe auf die heiße Herdplatte traf, und so überhörte Julie das Geräusch der Haustür und die Schritte im vorderen Zimmer. Als es an die Küchentür klopfte, fuhr sie heftig zusammen und spritzte sich Suppe auf die Schürze. Zu Tode erschrocken starrte sie die beiden uniformierten Männer an, die eintraten. Die Soldaten lächelten ihr höflich zu und sahen dann neugierig an ihr vorbei zur Hintertür, wo ihr Onkel mit dem Chef des „Paketdienstes" sprach.

Das Gespräch verstummte, und einen Augenblick lang herrschte Totenstille. Dann nickte Onkel Jean den Deutschen zu, drehte sich wieder um und sagte zu dem Mann an der Hintertür: „Ich bringe den Weizen also morgen früh. Aber mehr als fünf Kilo kann ich nicht erübrigen – und billig wird es auch nicht!"

Der Mann lächelte. „Das ist schon in Ordnung. Ich weiß ja, wie's ist. Oh, und denkst du auch an die andere Sache?"

Julie wurde klar, daß der Chef des „Paketdienstes" – ein Offizier der französischen Exilarmee – die Situation genoß. Rasch sagte sie: „Die Suppe ist fertig. Bitte, setzen Sie sich ins Wohnzimmer." Die Soldaten sahen sie erstaunt an. Sonst redete Julie nie mit ihnen. Sie gingen ins Wohnzimmer zurück, und Julie trug zwei Teller mit Suppe und etwas Brot auf einem Tablett hinein. Während sie den Tisch deckte, hörte sie, wie die Hintertür geschlossen wurde. Endlich, dachte sie erleichtert.

Als sie in die Küche zurückkehrte, stand ihr Onkel am Herd. Er breitete stumm die Arme aus, als wollte er sagen: Was hätte ich denn machen sollen?

Julie ließ sich auf einen Stuhl sinken, und ihr Onkel setzte sich neben sie. Schweigend saßen sie da, bis sie hörten, daß im Wohnzimmer Stühle gerückt wurden und kurz darauf die Haustür ins Schloß fiel. Die Deutschen nahmen wie gewöhnlich ihren Abendschoppen. Nach ein paar Minuten brach Julie das Schweigen.

„Dieser Mann bedeutet eine Gefahr, das weiß mittlerweile jeder."

Onkel Jean seufzte. „Ja, aber ... Julie, bitte versteh doch, wir müssen uns mit ihm abfinden. An die dreißig Pakete warten darauf, abgeschickt zu werden, und er ist unser einziger Kontakt. Wenn wir uns nicht mit den Engländern in Verbindung setzen können und sie keine Boote schicken, haben wir die Leute auf dem Hals. Was sollen wir also tun?"

Julie seufzte und tätschelte ihrem Onkel die Hand. „Ich weiß es auch nicht", erwiderte sie. „Manchmal frage ich mich, ob es sich lohnt, diese Risiken auf sich zu nehmen. Ich kann verstehen, daß du diesen Leuten hilfst, aber ich mache mir große Sorgen um Peter."

Onkel Jean nickte. „Hier im Haus verstecken wir keine Pakete, Juliette, das ist so abgemacht. Deinetwegen und wegen Peter. Du bist also nicht in Gefahr. Was mich betrifft – nun, das ist unwichtig."

„Trotzdem", sagte Julie bedrückt. „Die Deutschen nehmen doch auch Geiseln, nicht wahr? Und sie erschießen sie, unschuldige Frauen und Kinder." Sie konnte den Gedanken kaum ertragen. In Morlaix hatten sich die Deutschen, nachdem einer der Ihren erschossen worden war, wahllos zwanzig Frauen und Kinder geholt, an eine Hauswand gestellt und mit dem Maschinengewehr niedergeschossen.

„An der Vergeltungsaktion in Morlaix waren die Kommunisten schuld!" entgegnete Onkel Jean wütend. „Sie bringen einen Deutschen um und denken nicht an die Folgen. Diese Anarchistenbande werde ich nie unterstützen. Nie!" Er drohte mit der Faust. „Und ich will keinen einzigen von ihnen in meinem Haus sehen. Damit meine ich auch Michel – ich habe ihm gesagt, er soll sich hier nicht mehr blicken lassen!"

„Ich bin auch davon überzeugt, daß ihre Methoden falsch sind. Aber sie sind auf unserer Seite, Onkel Jean."

„Ja, wenn es ihnen in den Kram paßt!" Julies Onkel stand auf, ging zum Kamin und holte seine Pfeife, die er zornig im offenen Kamin ausklopfte. „Denk daran, daß sie anfangs auf seiten der Deutschen waren! Erst als diese ihre russischen Freunde überfallen haben, sind sie umgeschwenkt. Wirklich eine feine Gesellschaft, *pah!*"

Brummend stopfte er seine Pfeife und zündete sie an. Er sog kräftig daran, stieß mächtige Qualmwolken aus und fuhr dann ein wenig ruhiger fort: „Wie auch immer – wenn du dir Sorgen machst, solltest du morgen nacht woanders schlafen. Wir bekommen vielleicht Besuch von der anderen Seite des Kanals. Kein Mond am Himmel, verstehst du?"

Julie schloß die Augen. „Ich ... werde Peter wegbringen", antwortete sie langsam. „Danke, daß du es mir gesagt hast."

Peter war das Wichtigste in ihrem Leben. Morgen abend würde sie mit ihm zu Bekannten ins Dorf gehen, wo sie in Sicherheit waren. Wenn dann etwas schiefging, würde man sie nicht schnappen.

EINE Diele knarrte, und Julie fuhr im Bett hoch. Sie übernachteten bei Madame Boulet, mitten im Dorf. Eine Stunde lang hatte Julie nicht einschlafen können, und jetzt war sie wieder hellwach. Der Gedanke an das, was sich nach Mitternacht draußen auf den Klippen und unten am Strand abspielte, raubte ihr den Schlaf. Die Männer gingen ein ungeheures Risiko ein. Manchmal schickten die Deutschen Sonderpatrouillen aus. Und würde das Boot den richtigen Strand finden? So vieles konnte schiefgehen.

Es klopfte leise an die Tür. Julie stockte vor Schreck der Atem. Rasch stand sie auf, deckte Peter zu und zog ihren Morgenmantel an. Dann schlich sie auf Zehenspitzen zur Tür und öffnete. Draußen stand Madame Boulet mit einer Kerze, deren Licht auf ihr verängstigtes Gesicht fiel. „Kommen Sie bitte herunter, sofort!" sagte die alte Frau.

Julie band den Gürtel ihres Morgenmantels zu und folgte Madame Boulet die Treppe hinunter. Monsieur Boulet stand vollständig angekleidet am Herd. Ein anderer Mann, den Julie nur flüchtig kannte, saß ihm gegenüber und redete leise auf ihn ein. Als Julie die Küche betrat, entdeckte sie, daß Furcht im Blick der beiden Männer lag. Mein Gott! dachte sie entsetzt. Die Deutschen sind der Organisation auf die Spur gekommen und haben alle verhaftet!

„Was ist geschehen?" fragte sie drängend. „Bitte sagen Sie es mir."

„Nichts ist geschehen", antwortete der zweite Mann hastig. „Jedenfalls *noch* nichts! Aber wir brauchen Ihre Hilfe, Madame."

Julie atmete erleichtert auf und setzte sich auf einen Stuhl. „Meine Hilfe? Wie kann ich denn helfen?" fragte sie.

„Glauben Sie mir, Madame, ich würde Sie nicht darum bitten ..., aber Sie sind der einzige Mensch ... Wir brauchen jemanden, der gut Englisch spricht. Auf Rogets Bauernhof ist ein junger Pilot. Er ist verwundet. Wir haben uns um ihn gekümmert, aber ... Bitte, kommen Sie mit und reden Sie mit ihm. Sonst ... sonst sind wir alle in Gefahr. Bitte, Madame!"

Julie blickte ihm in die Augen. Sie wußte, daß er Gérard hieß; er war ein Bauer aus dem Nachbardorf, ein netter Mann, der immer freundlich lächelte. Jetzt sah er todernst aus. Er wartete auf ihre Antwort.

„Ich ziehe mich nur rasch an", erwiderte Julie knapp und ging nach oben, ehe sie es sich anders überlegen konnte.

Als sie wieder in die Küche kam, war das Licht erloschen, und die Haustür stand offen. Ein kalter Luftzug ließ Julie frösteln. Gérard wartete draußen auf sie. Er ging los, und sie folgte ihm.

Als sie um die Ecke bogen, traf der Wind sie mit voller Kraft. Er blies Julie die Haare ins Gesicht. Sie hielt sich den Mantel am Kragen zu, während sie mit Gérard zu Rogets Bauernhof eilte. „Es ist nicht mehr weit", flüsterte ihr Gérard nach einer Weile zu. Undeutlich wurden die Umrisse eines Hauses sichtbar. Von dort ertönte plötzlich ein Ruf, Gérard antwortete mit der Losung, und kurz darauf betraten sie das Haus.

Julie stand im Wohnzimmer, umringt von vielen Leuten. Einige kannte sie; Männer aus dem Dorf und von Bauernhöfen aus der Umgebung. Die anderen waren Fremde.

Alle starrten Julie an, einige mit erschrockenem Gesichtsausdruck, andere erleichtert. Niemand sprach ein Wort. Julie sah sich um, suchte nach dem verletzten Piloten. Die meisten aus dem Dorf blickten nervös zur Schmalseite des Zimmers. Dort entdeckte Julie einen jungen Mann mit bandagiertem Kopf und einer Pistole in der Hand. Er hielt die anderen damit in Schach.

Plötzlich verstand Julie. Man hatte sie geholt, damit sie dem Mann die Pistole abnahm. Lächelnd ging sie einen Schritt auf ihn zu. „Hallo", sagte sie auf englisch, „ich heiße Julie. Und wer sind Sie?"

Der junge Mann sah sie unentschlossen an. „Ich weiß, wer Sie sind!" sagte er mit heller Stimme. „Sie gehören auch zu den Spionen!" Er sprach Englisch mit walisischem Akzent.

„Ich – eine Spionin?" Julie lachte leise. „Ach du lieber Gott. Nein, ich bin Engländerin!" Als sie schwieg, fiel ihr ein, daß ihre Antwort dem jungen Mann vielleicht nicht unbedingt logisch vorkam, und sie fügte hinzu: „Ich wohne zufällig hier, verstehen Sie? Bei diesen tapferen Leuten. Und ... sie wollen Ihnen helfen, damit Sie wieder nach Hause kommen. Verstehen Sie das denn nicht?"

„Nein! Nein! Wir dürfen ihnen nicht trauen. Auf keinen Fall! Sie sind Spione!"

„Aber ... wenn sie Spione wären, hätte man Sie doch längst den Deutschen ausgeliefert, meinen Sie nicht auch?" Sie lächelte.

Der junge Mann runzelte die Stirn. Als Julie langsam auf ihn zuging, blitzte Furcht in seinen Augen auf. Doch dann beruhigte er sich und sah sie forschend an. Julie wurde selbstsicherer. Sie spürte, daß er nahe daran war, ihr Glauben zu schenken, aber er wirkte immer noch sehr verängstigt.

Jetzt stand sie dicht vor ihm. Er rührte sich nicht. „Wie wär's, wenn ich Ihnen von mir erzähle, und Sie erzählen mir dann von sich, von Ihrer Familie und Ihrer Heimat?" fragte sie. „Wir schicken die anderen weg, einverstanden? Und dann unterhalten wir uns in aller Ruhe."

Sie drehte sich um und bedeutete den Männern aus dem Dorf, sie sollten gehen. „Nein, nein!" rief der junge Mann. „Sie müssen bleiben."

Julie lächelte. „Diese Leute hier wollen Sie und Ihre Kameraden mit einem Boot wieder nach Hause bringen. Sie wollen doch bestimmt nach Hause, oder nicht?"

Der junge Mann nickte. „Ja, aber . . ." Er schloß die Augen und sagte erschöpft: „Es ist alles so verrückt."

„Ich weiß, ich weiß. Sie haben viel durchgemacht, das sehe ich. Armer Junge."

„Ja, ja! O Gott . . .!"

Einen Augenblick lang dachte Julie, der junge Pilot würde gleich weinen. Deshalb fragte sie rasch: „Haben Sie Familie?"

„Ja, Mutti . . . und Vati . . . und meine Schwester Susan", flüsterte er.

„Und eine Freundin? Haben Sie auch eine Freundin?"

Der Flieger sah sie an, als wollte ihm das Herz brechen. „Ja . . ." Tränen stiegen ihm in die Augen. Er ließ den Kopf auf die Brust sinken und brach in leises Schluchzen aus. Langsam streckte Julie die Hand aus und nahm ihm vorsichtig die Pistole aus der Hand. Sie gab sie einem der Männer und legte den Arm um den jungen Piloten.

Er ist ja noch ein Kind, dachte sie. Sie klopfte ihm sanft auf die Schulter und sagte: „Sie werden sehen: Es wird alles wieder gut."

Die anderen waren aus ihrer Erstarrung erwacht. Jemand berührte Julie am Arm. „Wir müssen jetzt gehen, sonst ist es zu spät. Bringen Sie ihn zum Strand hinunter?"

DER Pfad schien kein Ende zu nehmen. Julie merkte, wie der Pilot hinter ihr her stolperte. Sie drehte sich um und nahm ihn bei der Hand. Das dumpfe Heulen des Windes übertönte anfangs das Tosen der Brandung. Doch je weiter sie hinunterstiegen, desto deutlicher war es zu hören. Julie faßte Mut. Sie mußten jetzt gleich den Strand erreichen. Plötzlich fiel der Pfad steil ab. Sie setzten sich hin und rutschten nach unten. Es knirschte leise, als sie auf den Kieseln landeten.

Julie konnte die Brandung mit Mühe als schwachen, grauen Streifen ausmachen und weiter links die dunklen Schatten der Klippen am Rande der Bucht. Aus dem Dunkel ertönte eine Stimme: „Hierher! Folgt mir!"

Julie zog den Piloten hinter sich her und folgte der dunklen Gestalt, die vor ihnen aufgetaucht war. Sie kamen an eine mannshohe Felsnase, die von den Klippen vorsprang. Auf der anderen Seite warteten all diejenigen, die vorausgegangen waren; einige lehnten am Felsen, andere standen in kleinen Gruppen herum. Julie kletterte über den Felsen und setzte sich mit ihrem Schützling. „Und was geschieht jetzt?" fragte sie flüsternd einen Mann in ihrer Nähe.

„Na ja, wir warten auf das Boot. Aber, ehrlich gesagt . . . ich glaube nicht daran, daß es kommt."

Julie fühlte sich mutlos. „Und was passiert dann?"

„Dann gehen wir mit unseren Gästen wieder nach Hause."

Julie schloß die Augen. Sie hatte Angst, konnte ein Gefühl böser Vorahnung nicht abschütteln.

Plötzlich kam Leben in die Männer, und Julie schlug die Augen auf. Alle starrten auf die offene See hinaus. Ein paar geflüsterte Befehle, und drei Männer rannten zum Wasser hinunter. Andere gingen von Gruppe zu Gruppe und sagten den Passagieren, sie sollten sich bereit machen.

Julie blickte angestrengt in die Dunkelheit. Jetzt sah auch sie den dunklen Umriß eines kleinen Bootes, das durch die Brandung kam. Und dann sprangen die drei Männer ins flache Wasser, um das Boot an Land zu ziehen.

Schon führte man vier Piloten zum Strand hinunter. „Warum nehmen sie nicht mich?" jammerte Julies Schützling. „Was, zum Teufel, geht hier vor?"

Es klang, als würde er gleich wieder zu weinen anfangen, und Julie sagte beschwichtigend: „Keine Sorge, Sie sind als nächster dran. Das Boot kann nicht alle zugleich aufnehmen."

Nachdem die schattenhaften Gestalten in das Boot geklettert waren, wurde es wieder ins Wasser geschoben. Dann fuhr es los und verschwand in der Nacht.

Erst zwanzig Minuten später kam es zurück. Julie fragte sich, wie das kleine Boot das Schnellboot, das draußen in der Bucht wartete und die Passagiere aufnahm, bei dieser Dunkelheit hatte finden können.

Julies Schützling wurde erst mit der letzten Fuhre mitgenommen. Julie wollte sich gerade von ihm verabschieden, da zischte einer der Männer aus dem Dorf: „Nein, man will Sie sprechen, Sie müssen zum Boot mitkommen. Sofort! Los, gehen wir!"

Julie nahm den Piloten erneut bei der Hand und lief mit ihm über den Strand zum Wasser hinunter. Als sie das Boot fast erreicht hatten, löste sich einer der Männer, die zur Bootsbesatzung gehörten, aus der Gruppe der Wartenden und kam auf sie zu. „Mein Name ist Macleod", sagte er. „Ich habe gehört, Sie sprechen Englisch?"

Julie lachte nervös. „Ja", erwiderte sie.

„Passen Sie auf: Wir wollen Ihnen für spätere Landungsunternehmen dieses Walkie-talkie hierlassen, ein Funksprechgerät. Ich habe den anderen vergeblich klarzumachen versucht, wie es funktioniert. Glauben Sie, Sie können sich ein paar Anweisungen merken?"

„Ich werd's versuchen." Macleod drückte ihr einen länglichen, erstaunlich leichten Kasten in die Hand, und Julie versuchte, sich zu konzentrieren. Der Engländer erklärte ihr, wie sie das Gerät bedienen mußte. Er sprach langsam und deutlich und wiederholte alles noch einmal. Schließlich fragte er: „Haben Sie alles verstanden?"

„Ja, ich glaube schon."

„Seitlich an dem Gerät ist eine Bedienungsanleitung aufgedruckt. Da können Sie später noch einmal nachlesen." Macleod sah sich nervös um. „Ich muß los! Machen Sie's gut!"

Er drehte sich um und kletterte ins Boot, das gerade ins Wasser geschoben wurde. Julie hielt Ausschau nach ihrem Piloten, konnte ihn aber in der Gruppe, die das Boot zu Wasser brachte, nicht ausmachen. Ehe sie sich zum Gehen wandte, hob sie die Hand und winkte zum Abschied – vielleicht sah er es.

Es war Zeit, ins Dorf zurückzukehren. Gérard, der junge Bauer aus dem Nachbardorf, half Julie, als sie die steile Böschung über dem Strand hinaufkletterten. Ihm übergab sie das Funksprechgerät. Endlich erreichten sie den Pfad, und der Aufstieg wurde weniger beschwerlich. Julie empfand ein ungeheures Glücksgefühl. Die Freude über die gelungene Aktion war viel stärker als ihre Furcht, und sie hätte am liebsten laut losgelacht. Plötzlich glaubte sie zu verstehen, warum Männer die Gefahr so liebten.

3. TEIL: 1942–1943

Erstes Kapitel

KAPITÄNLEUTNANT FISCHER spürte, wie ihm die Augen zufielen. Er zwinkerte und riß sich mit aller Gewalt zusammen. Es war eine ihrer längsten Feindfahrten gewesen; fast bis nach Grönland hinauf. Müde ging er auf die andere Seite der Brücke und starrte mit zusammengekniffenen Augen in die trübe Waschküche hinaus.

Bis zu ihrem Heimathafen Brest war es nicht mehr weit. Ein scharfer Südwest wehte an diesem bitterkalten Oktobermorgen des Jahres 1942, und die Sicht lag bei weniger als einer Meile. Perfekte Deckung für ein U-Boot, das auf Überwasserfahrt seine Batterien aufladen mußte.

Fischer sah auf seine Armbanduhr. Fast acht Uhr morgens. Zeit für eine Mütze voll Schlaf. Er nickte dem Zweiten Wachoffizier zu und kletterte unter Deck. Dort zog er sein Ölzeug aus und ging nach vorn in den winzigen Verschlag, der die wenig treffende Bezeichnung

„Kapitänskajüte" trug. Immerhin hatte der Kommandant es noch erheblich bequemer als seine Männer. Auf einem VII-C-Boot schliefen die Leute, wo gerade Platz war; in Hängematten, auf dem Boden und sogar zwischen den Torpedos.

Als Fischer seine Kajüte erreichte, hängte er nur seine Mütze auf, legte sich dann in voller Montur auf die Koje und schloß die Augen. Sein Schlaf war tief, unbeschwert und traumlos.

Es kam Fischer so vor, als sei er Bruchteile von Sekunden vor dem Schrillen der Alarmsirene erwacht, denn er war sofort auf den Beinen. Sekunden später stand er schon in der Zentrale. Da sprang gerade der erste Mann durch das Turmluk.

Das Tauchmanöver war in vollem Gange. Die Männer hasteten in den Bugraum, um zur Gewichtsverlagerung beizutragen. Die Tiefenruder waren steil angewinkelt, das Boot kippte ab, wurde vorlastig. Fischer versuchte abzuschätzen, wieviel Zeit die Männer auf der Brücke noch hatten, ehe das Luk geschlossen werden mußte, ganz gleich, wie viele noch oben waren.

Der letzte Mann plumpste herein, der Wachoffizier drehte das Turmluk zu.

Jetzt hieß es warten. Ein Tauchmanöver dauerte zwischen vierzig und sechzig Sekunden. Eine endlos lange Zeit.

Einen Augenblick war es still, dann drohte das Krachen der Explosion Fischer das Trommelfell zu zerreißen. Für einen Moment verlor der Kapitänleutnant die Orientierung. Er spürte, wie das Boot heftig durchgeschüttelt wurde, und dann war schlagartig alles dunkel.

Endlich: der schwache Lichtschein der Notbeleuchtung. Rauch. Und der beißende Geruch verschmorter elektrischer Kabel. „Schadensmeldung!" brüllte Fischer.

„Keine Ruderkontrolle!" schrien mehrere Stimmen zurück.

„Feuer im Heckraum!"

„Tauchtanks?" brüllte Fischer.

„Druck normal."

„Druckkörper?"

„Keine Lecks!"

Und nach einer Pause: „Feuer im Heckraum gelöscht."

„Sonstige Schäden?"

Der Leitende Ingenieur kam in die Zentrale gerannt. „Steuerbordwelle nicht betriebsfähig. Backbordwelle zur Not betriebsfähig. Aber mehr als einen Knoten getaucht und zwei Knoten bei Überwasserfahrt kann ich nicht garantieren. Und selbst dann machen die Diesel vielleicht nicht auf Dauer mit."

Fischer nickte. Immerhin war der Druckkörper intakt geblieben.

Sie konnten also noch Tauchmanöver durchführen, und das war das wichtigste.

Jetzt mußte er eine Entscheidung treffen. Das Ruder war ausgefallen. Dem Kapitänleutnant war klar, daß ihm nur ein Ausweg blieb.

Er wandte sich an den Ersten Wachoffizier. „Wir warten eine Viertelstunde, gehen dann auf Sehrohrtiefe und senden einen Hilferuf nach Brest." Schließlich sah er sich nach dem Zweiten Wachoffizier um, der Brückenwache gehabt hatte. „So – und jetzt erwarte ich Meldung. Wie war denn so etwas möglich?"

„Die Maschine kam wie aus dem Nichts, Herr Kapitänleutnant", meldete sich der Offizier. „Und außerdem noch aus Nordosten, also gegen den Wind, und so haben wir sie erst gehört, als sie schon fast über uns war. Der Flieger hielt genau auf uns zu . . ."

„Ihre Aussage ist sehr wichtig", unterbrach ihn Fischer. „Sind Sie ganz sicher, daß er geradewegs auf uns zukam?"

„Ja, ohne jede Frage!"

Fischer nickte. „Fahren Sie fort."

Der Zweite Wachoffizier schluckte. „Ich habe gesehen, daß es eine große Maschine war, ein Jagdbomber. Er war schon so nahe, daß uns keine Zeit mehr blieb, an die Geschütze zu gehen; also habe ich Befehl zum Tauchen gegeben. Ich schätze, daß der Flieger keine hundert Meter entfernt war, als ich das Luk geschlossen hatte."

„Und draußen war es zu diesem Zeitpunkt immer noch stark bewölkt, und es herrschten schlechte Sichtverhältnisse?"

„Jawohl, Herr Kaleu."

„Danke, das ist alles."

Der junge Offizier entfernte sich, und Fischer ging nachdenklich zum Kartentisch. Eine Seekarte lag ausgebreitet vor ihm, doch Fischer starrte sie völlig ausdruckslos an. Schlechtes Wetter, Wolkendecke, miserable Sichtverhältnisse . . ., eigentlich perfekte Bedingungen für ein U-Boot auf Überwasserfahrt.

Ja, *denkste!* Keine Frage, die Besatzung des Jagdbombers mußte ihre Position genau gekannt haben. U 319 hatte für sie wie auf dem Präsentierteller gelegen.

Niedergeschlagen nahm Fischer Papier und Bleistift zur Hand und formulierte einen Funkspruch.

AN EINEM kalten Morgen Anfang November wurde David abgeholt. Man hatte ihn nicht vorgewarnt. Zwei SS-Männer kamen in die Baracke und befahlen ihm, seine Sachen zu packen. Nur er, sonst niemand.

Sie gingen wieder und kehrten zehn Minuten später zurück. Dann führten sie ihn ans Haupttor, wo ein anderer SS-Mann ihn übernahm und zur Bahnstation brachte. Dort wartete lediglich ein Güterzug mit Viehwaggons.

David erinnerte sich an die entsetzliche Fahrt nach Dachau: an den Gestank, die Schreie, die Sterbenden. Noch eine solche Reise überlebe ich nicht, dachte er.

Der SS-Mann führte ihn zum letzten Waggon des Zuges, einem angekoppelten Reisezugwagen mit vergitterten Fenstern, und bedeutete ihm einzusteigen. Drinnen waren Abteile mit Holzbänken und Gepäcknetzen. Der SS-Mann schob ihn hinein und verschloß von außen die Tür. In dem Reisezugwagen war es dunkel, doch bald hatten sich Davids Augen an den schwachen Lichtschimmer gewöhnt, der durch die heruntergelassenen Rouleaus drang. Er war grenzenlos erleichtert, daß man ihn nicht in einen der Viehwaggons gesperrt hatte.

Ein paar Stunden später setzte sich der Zug in Bewegung. Gleich darauf flog die Tür auf, und Licht flutete ins Abteil. David zuckte zusammen. Ein Bewacher erschien und teilte ihm mit, er habe zwei Minuten Zeit zum Austreten. Später brachte er ihm eine Decke, ein wenig Wurst, trockenes Brot und einen Becher Wasser. David entspannte sich. Es würde doch noch alles gut werden.

Schließlich streckte sich David auf der hölzernen Bank aus und zog die Decke über sich. Er überlegte, wohin sie ihn wohl brachten. Bald hatte er jedes Zeitgefühl verloren. Er schlief viel. Nur wenn sein Bewacher die Tür öffnete, wachte David auf und blinzelte in das helle Licht. Meistens stellte der Bewacher nur hastig das Essen auf den Fußboden und schloß wieder ab. Aber eines Morgens rief er plötzlich: „Los, raus! Mach schon!"

David versuchte, sich zu orientieren. Wie lange war er schon mit dem Zug gefahren? Drei Tage? Noch schlaftrunken hob er sein Bündel auf und folgte dem Posten.

Er stieg aus: Geleise, Lagerhäuser und Schuppen. Dahinter die Silhouette einer großen Stadt, offenbar eine französische. Französische Schilder, französische Fahrzeuge ...

Aus den Viehwaggons sprangen polnische Zwangsarbeiter. Viele stolperten und schlugen hin. Wer nicht gleich wieder aufstand, wurde von den Bewachern mit Fußtritten und Schlägen mit dem Gewehrkolben traktiert und dann an den Rand der Schienen gestoßen, wo bereits Tote und Sterbende lagen – ein schrecklicher Anblick!

David wandte sich rasch ab und folgte seinem Bewacher über die Geleise. Warum hinsehen? Es würde ihm nur das Herz brechen.

Sie kamen an einen Lastwagen. Ein Soldat, ein junger Bursche von kaum zwanzig Jahren, befahl David, sich auf die Pritsche zu setzen, und er half ihm sogar beim Aufsteigen. Schließlich setzte sich der neue Bewacher neben ihn.

Eine Zeitlang saß David schweigend da und fragte dann: „Wo sind wir denn hier?"

„Keine Fragen!" schnauzte der Soldat zurück. Doch nach einer kleinen Pause murmelte er: „Brest."

„Ah, ja!" sagte David und nickte, als hätte er diese Antwort erwartet.

Brest – ein Hafen im Nordwesten Frankreichs. Der Gedanke an das nahe Meer hatte etwas Befreiendes, und David empfand so etwas wie Freude.

Der Lastwagen fuhr los. Als es eine Steigung hinaufging, erblickte David in einiger Entfernung den Hafen, in dem mehrere Kriegsschiffe lagen. Daneben sah er die Trockendocks. Und im Hafenbecken pflügte ein U-Boot durch die glitzernde Wasserfläche. Die Straße schlängelte sich jetzt abwärts, und dann waren sie fast wieder auf Meereshöhe. Sie überquerten einen Kanal, rumpelten durch ein Geschäftsviertel und hielten plötzlich an. Doch gleich darauf ging es schon wieder weiter, und David erkannte, daß sie durch das Tor einer militärischen Einrichtung gefahren waren. An einem Schlagbaum standen mehrere Posten, und dahinter erblickte er Baracken und Militärfahrzeuge.

Der Lastwagen hielt vor einem niedrigen Backsteingebäude. Der Soldat sprang vom Wagen und bedeutete David mit einem Wink, ihm zu folgen. Drinnen wurde er von einer jungen Dame in Uniform in Empfang genommen, die ihn in ein Büro führte, in dem ein deutscher Marineoffizier, ein schlanker, nervös wirkender junger Mann, hinter einem Schreibtisch saß. Er stand auf, als David eintrat. „Ich bin Kapitänleutnant Geissler. Bitte setzen Sie sich", sagte er. Dann kam er gleich zur Sache: „Nach meinen Informationen sind Sie ein hochqualifizierter Spezialist auf dem Gebiet der Funkmeßtechnik, Herr Freymann."

David nickte. Die Höflichkeit des Offiziers verwirrte ihn, mit „Herr Freymann" war er schon lange nicht mehr angeredet worden.

„Es gibt hier in Brest eine Firma", fuhr Geissler fort, „die mit der Herstellung eines elektronischen Gerätes beauftragt ist, das für uns äußerst wichtig ist. Es wird zwar in großer Stückzahl produziert, aber leider kommt es jeden Tag zu Pannen. Wir möchten deshalb, daß Sie uns in technischer Hinsicht beraten, Herr Freymann."

David nickte erneut und wartete ab.

„Wir benötigen das Gerät zum Schutz unserer U-Boote." Der Offizier nahm einen Aktenordner vom Tisch. „Ich habe die technische

Beschreibung hier. Wenn Sie sich gleich damit vertraut machen würden, könnte ich Ihnen anschließend das Werk zeigen."

David runzelte die Stirn. Zum Schutz von U-Booten, hatte der Offizier gesagt. Aber wogegen mußten sie geschützt werden? Neugierig schlug er den Ordner auf. Er enthielt ein paar maschinengeschriebene Seiten und eine zusammengefaltete Konstruktionszeichnung, alle mit dem Vermerk: PROJEKT METOX. STRENG GEHEIM.

Aufgeregt blätterte David den Ordner durch. Es ging um ein sogenanntes Funkmeß-Beobachtungsgerät, eine Anlage, die vor Radar warnte. Das bedeutete, daß die Engländer Radar besaßen, wie er schon vermutet hatte.

Er warf einen Blick auf die technische Beschreibung. Das Metox-Gerät sollte Radarwellen nach Möglichkeit bereits in einer Entfernung von dreißig Seemeilen auffangen. Das gerade noch akzeptable Minimum waren sechs Seemeilen. Eine sehr präzise Angabe . . .

David schaute von seiner Lektüre auf und fragte: „Was hat es mit den sechs Seemeilen auf sich?"

„Unsere U-Boote brauchen eine gewisse Vorwarnzeit", erwiderte der Offizier. „Sie müssen sich klarmachen, Herr Freymann, daß sich Flugzeuge mit einer Geschwindigkeit von beinahe vierhundert Stundenkilometern nähern. Von einem U-Boot aus müssen sie in mindestens sechs Seemeilen Entfernung aufgespürt werden, damit noch genug Zeit zum Abtauchen bleibt."

David sah sich die erste Seite der technischen Beschreibung etwas genauer an. Das Warngerät war auf Wellenlängen zwischen 1,4 und 1,8 Meter ausgelegt. Also hatten die Engländer bislang offenbar kein Kurzwellenradar, denn diese Wellenlängen bewegten sich in einem Spektrum, das die Deutschen schon seit geraumer Zeit benutzten.

Metox war also keine besonders neuartige Erfindung. Lediglich in seiner geringen Größe wich es von herkömmlichen Funkmeß-Beobachtungsgeräten ab.

David war erleichtert und besorgt zugleich. Erleichtert, weil offensichtlich niemand vor ihm ein Kurzwellenradargerät entwickelt hatte – und besorgt darüber, daß er sich vielleicht doch getäuscht hatte und sich so ein Gerät tatsächlich nicht bauen ließ.

Er konzentrierte sich mühsam auf den Rest der Beschreibung und studierte den in großem Maßstab gezeichneten Schaltplan. Es war alles recht einfach. Wenn das Gerät ein Radarsignal von einem anfliegenden Flugzeug empfing, ertönte ein schrilles Warnsignal. „Welche Art von Problemen haben Sie denn bei der Herstellung der Geräte?" fragte er.

Der Kapitänleutnant schnaubte verärgert. „Das läßt sich so genau nicht sagen. Die meisten bisher produzierten Geräte weisen kleine, aber gravierende Defekte auf. Sie sollen die Gründe herausfinden und dafür sorgen, daß Fehler in Zukunft nicht mehr auftreten."

„Ich verstehe. Haben Sie fähige Ingenieure?"

„Eigentlich schon."

„Und wo werden die Einzelteile hergestellt?"

„Hauptsächlich in Deutschland; einige auch hier in Frankreich. Sie scheinen alle von guter Qualität zu sein, aber das Endprodukt hat leider immer Mängel."

David klappte den Ordner zu. „Danke. Fürs erste weiß ich alles, was ich wissen muß."

DAVID hatte schon zwei Tage bei der Firma „Goulvent, Pescard & Cie." verbracht, als ihm klar wurde, daß mit der Herstellung der Metoxgeräte vieles im argen lag. Einige Bauteile waren von minderer Qualität, die Montage am Band war unzureichend organisiert, und die französischen Arbeiter waren schlechter ausgebildet, als man ihn hatte glauben machen. Hinzu kam, daß das Personal sein Französisch kaum verstand. Das überraschte ihn doch sehr. Zugegeben, er beherrschte die Sprache nicht sonderlich gut. Aber *so* schlecht nun auch wieder nicht. David hatte das Gefühl, als tappe er ständig im dunkeln.

Am nächsten Morgen nahm er sich die Konstruktionszeichnungen des Metoxgeräts vor und schrieb alle Begriffe, die er für sein Gespräch mit den französischen Ingenieuren benötigte, auf eine Art Spickzettel. Dann machte er sich auf die Suche nach dem Oberingenieur, einem Mann namens Gallois. Er fand ihn in einer Ecke der größten Werkhalle, wo er verzweifelt ein paar Bauteile betrachtete.

„Guten Morgen", begann David in seinem besten Schulfranzösisch. „Kann ich Sie kurz sprechen?"

Gallois sah von der Werkbank auf. „Ah! Was kann ich für Sie tun?"

„Ich würde mich gern mit Ihnen über die Probleme mit dem Metoxgerät unterhalten."

„Gern. Ich stehe zu Ihrer Verfügung."

David war erfreut. Der Mann schien ihn wenigstens verstanden zu haben. Sie gingen gemeinsam zum Konstruktionsbüro hinüber.

Plötzlich fragte der Franzose: „Sind Sie Deutscher?"

„Ja."

„Und Sie arbeiten für die Kriegsmarine?"

David lachte grimmig. „Nicht aus freien Stücken. Ich bin ein Häftling." Gallois sah ihn verdutzt an, und David fügte hinzu: „Ich bin Jude."

Gallois nickte. „Ich verstehe." Und er ging schweigend weiter.

Als sie im Konstruktionsbüro an einem Tisch saßen, die Zeichnungen vor sich, fragte der Franzose: „Was passiert, wenn Sie die Probleme nicht lösen können? Wenn dieses Gerät nie richtig funktioniert?"

David deutete mit dem Kopf über die Schulter zurück. „Ich nehme an, dann schicken sie mich wieder dahin zurück, wo ich hergekommen bin", sagte er. „Aber ich werde schon dafür sorgen, daß das Ding funktioniert . . ."

Er hatte auch eine Idee, wie er das schaffen wollte. Er würde ein System einführen, mit dem schon vor dem Krieg bei seiner alten Firma hervorragende Ergebnisse erzielt worden waren. Für jedes Gerät würde ein bestimmter Mann am Fließband verantwortlich sein. Jedes fehlerhafte Metoxgerät würde an den entsprechenden Mann zurückgehen. Wenn Mängel nicht innerhalb von vierundzwanzig Stunden behoben waren, würde man den Verantwortlichen vorladen.

„Nun", schloß David, nachdem er Gallois dieses System erklärt hatte, „ich glaube, auf diese Weise wird das Projekt bestimmt ein Erfolg!"

„Zweifellos", erwiderte der Oberingenieur kühl.

David ging rasch in sein Büro zurück und formulierte in Gedanken bereits die Briefe, die es zu schreiben galt; dabei registrierte er überrascht, daß er den ganzen Morgen noch keine Magenschmerzen gehabt hatte. Im Gegenteil – er hatte sich seit Monaten nicht mehr so wohl gefühlt.

Es lag an der Arbeit, an der Herausforderung. Genau das hatte ihm gefehlt.

Zweites Kapitel

DAS Schnellboot 309 kämpfte mit der aufgewühlten See.

Der Wind, der mit Stärke sechs aus Südwesten kam, hatte die Geschwindigkeit des Bootes auf dreizehn Knoten gedrückt, und es stampfte wie ein wildgewordenes Pferd. Alle paar Sekunden schnitt der Bug tief in eine Woge und schleuderte einen mächtigen Schwall eiskalten Wassers nach hinten über die ganze Bootslänge von zwanzig Metern, hinauf bis über das Schanzkleid der offenen Brücke. Und jedesmal bekamen die vier Männer, die dort standen und in die undurchdringliche Finsternis starrten, eine kräftige Dusche. Richard Ashley sah auf die Leuchtzeiger seiner Uhr. Es war bereits kurz vor Mitternacht und nach seiner Schätzung noch etwa zwei Stunden bis zum Ziel. Wenn sie um zwei Uhr morgens ankamen, blieb ihnen höchstens eine Stunde zur Übernahme der Passagiere. Es würde verdammt knapp werden. Bei diesem Sturm brauchte das kleine Landungsboot wenigstens zwanzig Minuten bis zum Strand, und fünf Minuten dauerte die Übernahme der Passagiere. Auf dem Rückweg würde das Landungskommando zwar Rückenwind haben, aber unter fünfzehn Minuten war auch dann nichts zu machen. Verdammt knapp.

Und was noch schlimmer war: Richard wurde das unangenehme Gefühl nicht los, daß der Wind weiter auffrischte. Das Barometer fiel wahrscheinlich ins Bodenlose. Er stellte die Sprechanlage ein und rief: „Macleod! Was sagt das Barometer?"

Aus dem Lautsprecher krächzte eine Stimme: „Hier Elliott, Sir. Oberleutnant Macleod ist im Krankenrevier."

„Krankenrevier? Verdammt!" seufzte Richard. Er überlegte kurz und rief dann in die Sprechanlage: „Bin schon unterwegs!"

Während er über den Niedergang von der Brücke kletterte, spürte er, wie das Boot in eine Welle tauchte, und er drückte sich instinktiv an die Bordwand. So lief ihm das Wasser nicht in den Kragen, sondern klatschte nur auf das Ölzeug. Endlich erreichte er die Unterkünfte, die geschützt unter Deck lagen. Das Krankenrevier war nicht so groß, wie der Name vermuten ließ, sondern lediglich eine gewöhnliche Koje, die neben dem Spind mit den Arzneivorräten eingebaut war. Oberleutnant zur See Macleod lag auf der Koje; er war blaß, und sein Atem ging unregelmäßig. Auf dem Boden neben ihm stand ein Eimer.

Richard trat vor die Koje. „Mein Gott, Macleod", sagte er. „Hätten Sie sich nicht etwas Originelleres ausdenken können? Bißchen viel Champagner und Räucherlachs, wie?"

„Tut mir leid, Sir. Ich muß etwas Unrechtes gegessen haben", antwortete Macleod mit schwacher Stimme. „Es ist bestimmt gleich vorbei. Wenn ich erst einmal ..." Der Ausdruck ungläubigen Erstaunens trat auf das Gesicht des Mannes, und er beugte sich hastig über den Eimer.

Während Macleod sich wieder auf die Koje zurücksinken ließ, drehte sich Richard um und sagte: „Ich glaube nicht, daß Sie fit genug sind, Macleod. Sie bleiben am besten unter Deck."

„Nein, ich bin gleich wieder auf dem Damm, Sir. Wirklich!"

„Sie bleiben hier! Das ist ein Befehl. Wir kommen auch ohne Sie zurecht. Sehr gut sogar. Sie werden sich wundern." Er grinste.

Macleod lächelte schwach und schloß die Augen.

Als Richard wieder an Deck ging, knirschte er mit den Zähnen. Macleod war sein bester Mann, ein außerordentlich tüchtiger Bursche. Wenn der sich krank meldete, mußte es ihm schon wirklich dreckig gehen. Aber es half nichts: Er mußte einen Ersatzmann für Macleod finden, der sonst immer das Landungskommando anführte, da er der einzige war, der passables Französisch sprach.

Außer Macleod und ihm selbst befand sich nur noch ein weiterer Offizier an Bord: der Navigator, ein Mann namens Tusker. Er war Reserveoffizier und hatte die Admiralität so lange mit Eingaben bombardiert, bis man ihn wieder in den aktiven Dienst übernommen hatte. Tusker war ein brillanter Navigator. Er hatte Schnellboot 309 sicher zu allen möglichen Übernahmestellen geschippert, durch Felsenriffe und schmale Fahrrinnen, bei Schmuddelwetter und ohne brauchbare Landpeilung. Aber auch Tusker schied als Kandidat für die Leitung des Landungskommandos aus: Er war bereits über fünfzig und hatte ein steifes Bein. Richard ging wieder nach oben und zwängte sich in den schmalen Aufbau, der hochtrabend „Kartenhaus" genannt wurde. Es war eine Holzkonstruktion auf Deck, direkt vor der Brücke. Tusker stand über den Kartentisch gebeugt.

„Na, wie sieht's aus, Tusker?"

„Wir müßten Les Vaches um ein Uhr fünfunddreißig erreichen und um zwei Uhr Anker werfen." Tusker benutzte stets Les Vaches, zwei merkwürdig geformte Felsen, die drei Meilen vor der Küste aus dem Meer ragten, als Peilhilfe.

„Übrigens", sagte Richard, „Macleod ist krank, also werde ich heute den Landungstrupp anführen. Sie übernehmen hier in meiner Abwesenheit das Kommando."

Tusker zog die Augenbrauen hoch. „Ist das nicht gegen die Vorschrift?"

Richard wollte keine langen Debatten. Er wußte genau, daß ein Kommandant sein Schiff nicht verlassen sollte, aber dies war kein Schiff, sondern lediglich ein Schnellboot, und die Umstände waren ungewöhnlich. „Mir ist es so lieber", erklärte er und blickte Tusker forsch an. „Ich will mir endlich auch mal diesen Badestrand ansehen und einige unserer bretonischen Freunde kennenlernen."

Tusker nickte zögernd. „Wie Sie meinen."

„Wir werden folgendermaßen verfahren: Sie warten höchstens bis drei Uhr fünfzehn, dann kehren Sie um, auch wenn wir noch nicht da sind. Dasselbe gilt bei dem geringsten Anzeichen von Gefahr. Halten Sie sich nicht unnötig lange vor der Bucht auf, nur weil ich an Land bin, klar?"

„Aye, aye, Sir."

Es hatte zu regnen begonnen. Der Regen trommelte gegen das Fenster und mischte sich mit dem salzigen Spritzwasser zu einem nassen, undurchdringlichen Vorhang.

Es WAR ein Uhr vierzig. Die Felsen von Les Vaches waren noch nicht in Sicht. Hier in Landnähe ging die See etwas ruhiger, und das Boot hatte weniger zu kämpfen. Aber das Wetter war immer noch scheußlich.

Richard stand mit zusammengebissenen Zähnen auf der Brücke und schaute angestrengt in die Nacht hinaus. Er schaltete die Sprechanlage ein. „Tusker, was ist denn los?"

„Geben Sie uns noch fünf Minuten. Dann versuchen wir's weiter östlich."

„Aber wir müßten doch längst dasein!" Richard merkte, daß seine Stimme gereizt klang.

„Nun, wir haben bei diesem Seegang viel Zeit verloren ..."

„Na gut, noch fünf Minuten!"

Er schaltete die Sprechanlage wieder ab und starrte in die Dunkelheit. Inzwischen standen auch vier Matrosen auf der Brücke, die alle Ausschau hielten. Hundert Meilen hatten sie zurückgelegt, und jetzt fanden sie die zwei Felsen vor der französischen Küste nicht!

Plötzlich hörte es zu regnen auf, und die Sicht wurde besser.

„Sir, backbord voraus! Ich glaube, ich sehe etwas!" Es war die Stimme des Navigators, die ruhig und fest aus der Sprechanlage kam. „Backbord voraus, Sir. Klarer Fall, es sind die Felsen."

Richard blickte nach links, und jetzt konnte auch er die Felsen erkennen. „Gut gemacht, Tusker!" rief er in die Sprechanlage.

Sie hielten auf die Küste zu. Da der Wind von Land her kam und den deutschen Posten das Geräusch ihrer Diesel nicht zutragen konnte, beschloß Richard, noch einmal Fahrt aufzunehmen. Die Zeit verrann, es war bereits ein Uhr fünfzig.

Diesmal wird's verdammt knapp, dachte er.

TANTE MARIE war in ihrem Sessel vor dem Kamin eingeschlafen, und die Uhr auf dem Kaminsims tickte laut den Takt zu ihren leisen Schnarchtönen.

Julie hielt ein Buch aufgeschlagen auf dem Schoß und horchte gespannt auf die anderen Geräusche – die Geräusche der Nacht. Wind war aufgekommen, und er wehte den Regen in heftigen Böen heran, so daß er laut gegen die Fensterscheiben prasselte. Julie dachte an die Männer, die draußen am Strand warteten. Die Nacht hatte für Julie stets etwas Unheimliches, Verhängnisvolles. Sie hätte nicht sagen können, warum sie das so empfand. Um zehn Uhr war sie zu Bett gegangen, doch ein unbestimmtes Angstgefühl hatte sie nicht schlafen lassen, und sie war wieder nach unten gegangen, um Tante Marie

Gesellschaft zu leisten. Jetzt, zwei Stunden später, wurde auch Julie langsam müde. Sie legte den Kopf an die hohe Stuhllehne und schloß die Augen. Plötzlich erstarrte sie.

Sie hörte ein leises Geräusch, das ihr seltsam vorkam. Vorsichtig ging sie zur Tür und öffnete sie. Der Wind pfiff um das Haus, eine Kuh bewegte sich im Stall, so daß die Kette rasselte. Dann ... Ja, da war etwas! Julie stockte der Atem. In der Ferne hörte sie ein hohes Summen. Es kam aus der Richtung des Dorfes. Das mußten Lastwagen sein, die die Steigung heraufkamen. O Gott, die Deutschen!

Rasch zog Julie ihre wasserdichte Pelerine an, die hinter der Tür hing, und trat in die Nacht hinaus. Sie wartete einen Moment, bis sich ihre Augen an die Dunkelheit gewöhnt hatten. Dann rannte sie den schmalen Weg entlang, der zu den Klippen führte. Sie mußte die Männer am Strand warnen, daß die Deutschen im Anmarsch waren.

„ABER es gibt jetzt kein Zurück mehr! Das Landungsboot ist schon unterwegs!"

Einen Augenblick herrschte Schweigen. Die Männer berieten; sie standen eng beieinander, ihre Gesichter lagen im Dunkeln. Dann löste sich Gérard aus der Gruppe und eilte zu Julie hinüber. „Hier, Julie", sagte er, „nehmen Sie das Funksprechgerät! Versuchen Sie, Kontakt zu den Engländern aufzunehmen! Warnen Sie sie!"

Er drückte ihr das Walkie-talkie in die Hand. Julie ging unsicheren Schrittes beiseite und setzte sich auf einen Felsbrocken. Sie versuchte sich zu erinnern, wie das Ding funktionierte. Ungeschickt fummelte sie an den Knöpfen des Geräts herum, schließlich hielt sie das Empfangsteil ans Ohr: Ein leises Knistern und Rauschen war zu vernehmen. Sie fand die Sprechtaste und drückte sie. „Hallo?" rief sie.

In der Hörmuschel knisterte es wieder, und dann hörte Julie eine blecherne Stimme: „Hier Bertie. Wer spricht dort? Bitte kommen."

Julie erschauerte vor Überraschung. Dann fiel ihr ein, daß sie etwas sagen mußte. Sie drückte die Taste und meldete sich erneut: „Hier sind die Leute vom Strand." Und hastig fügte sie hinzu: „Sie sind in Gefahr. Die Deutschen suchen die Klippen ab. Bitte kommen."

„Verstanden. Aber unser Landungsboot ist schon unterwegs. Eigentlich müßte es bereits angekommen sein."

Julie sah rasch zum Wasser hinüber. Richtig, die Männer hatten sich bereits unten versammelt, und ein dunkler Schatten hob sich von der weißschäumenden Brandung ab: Es war das Boot.

Wieder drückte Julie die Sprechtaste. „Das Boot ist da. Wir schicken es so rasch wie möglich wieder zurück." Sie schaltete das Gerät aus, stand auf und lief zum Wasser hinunter.

Dort war es schrecklich windig, und beim Tosen der Brandung konnte man kaum sein eigenes Wort verstehen. Julie hoffte inständig, daß oben auf den Klippen ein Posten stand, der gut aufpaßte.

Als sie sich dem Boot näherte, sah sie, wie die Männer verzweifelt arbeiteten. Sie warfen Gegenstände aus dem Boot, gingen dann alle auf eine Seite und warfen es um. Ein Schwall Wasser schoß heraus, offenbar war es vollgelaufen.

Plötzlich rannte ihr Gérard wieder entgegen und brüllte ihr ins Ohr: „Julie! Erklären Sie den Engländern, daß die Deutschen kommen!"

Er führte sie zu einem Angehörigen der Bootsbesatzung, der ein wenig abseits stand. Offenbar handelte es sich um einen Offizier. „Wir vermuten, daß die Deutschen oben die Klippen absuchen", berichtete Julie. „Vielleicht wissen die, daß Sie hier sind. Sie müssen rasch wieder fort!"

„Aber wir haben ein Leck im Boot", antwortete der Engländer. „Wir müssen etwas finden, mit dem wir es notdürftig stopfen können. Außerdem können wir nur sechs Passagiere mitnehmen, mehr dürfen wir bei diesem Seegang nicht riskieren."

Julie übersetzte, und Gérard nickte. „Also dann los", meinte der britische Offizier. Die Männer waren dabei, ein Jackett zu zerreißen, mit dem sie das Leck notdürftig stopfen wollten, andere wählten die Passagiere aus.

Doch dann stieß der Posten, der oben auf den Klippen stand, einen Warnruf aus. Er klang so alarmierend, daß alle unwillkürlich wie gebannt aufblickten. Das schwache Licht einer Taschenlampe blinkte durch die Nacht – es war das verabredete Warnsignal!

Eine Sekunde lang schwiegen alle, dann übertönte Gérards Stimme das Donnern der Brandung: „Das Boot! Wir müssen es hinter den Felsen an der Landzunge verstecken. Rasch!" Sogleich liefen die Männer zum Boot, alle faßten mit an und zogen es über den Strand.

Der britische Offizier kam zu Julie herübergerannt und packte sie am Arm. „Was, zum Teufel, soll –"

„Die Deutschen! Sie sind gleich hier!"

„Mein Gott!" Er wandte sich um und rief: „Jenkins! Turner! Nehmen Sie Ihre Waffen! Helfen Sie beim Verstecken des Bootes, folgen Sie diesen Männern!"

Julie schlug das Herz bis zum Hals. So rasch sie konnte, rannte sie über die schlüpfrigen Kiesel den Männern nach, die der Landzunge zustrebten. Als sie dort ankam, hatten sie das Boot bereits hinter einem großen Felsen verborgen und waren dabei, es mit Tang zu bedecken. Sobald das Boot getarnt war, rannten sie weiter. Julie stolperte auf die Felsen zu und hielt verzweifelt nach einem Versteck Ausschau. Schließlich zwängte sie sich in eine Felsspalte und ließ sich auf die Steine nieder. Überall in ihrer Nähe hörte sie ein metallisches Klicken. Die Männer luden ihre Waffen durch. Sie spürte, wie Angst in ihr hochstieg.

Plötzlich kam der britische Offizier in ihr Versteck gekrochen und zupfte am Trageriemen des Funksprechgeräts, das über ihre Schulter hing. „Tut mir leid", flüsterte er, „aber ich muß mit meinem Boot Verbindung aufnehmen."

„Hier, bitte." Sie gab ihm das Gerät, und er machte es betriebsbereit. Man hörte ein Summen, und dann sagte er: „Bertie, Bertie. Hier Richard. Bitte kommen."

Keine Antwort. Er versuchte es erneut. Immer noch nichts. Nach weiteren zwei Minuten sprach er noch einmal ins Mikrofon. Wieder nichts. Schließlich legte er das Gerät mit einem Seufzer auf den Boden und sagte leise: „Sieht ganz so aus, als wäre heute nicht mein Tag. Aber Sie waren uns eine große Hilfe, danke."

Julie nickte in der Dunkelheit, dann legte sie die Hand hinters Ohr und horchte zum Strand hinüber. Doch so angestrengt sie auch lauschte – das Tosen der Brandung verschluckte alles. Der Offizier kroch auf den Ausgang der Felshöhle zu, wo er mit schußbereiter Pistole Stellung bezog.

Die Zeit verging. Eine halbe Stunde, vielleicht auch mehr. Sollten sie noch einmal davongekommen sein? Plötzlich sah Julie, wie sich der Offizier vorsichtig erhob und vor die Felsen trat.

Julie hörte ein Geräusch – das Geräusch eines Motors. Es stammte nicht von einem Lastwagen und kam auch nicht von den Klippen, sondern vom Wasser her. Es klang wie der Motor eines Fischerbootes, nur tiefer, röhrender. Der Engländer kam zurück, kroch wieder in ihr Versteck und stieß ein heiseres Lachen aus.

„Was ist denn?" flüsterte Julie.

„Ich glaube, ich habe gerade die letzte Straßenbahn verpaßt", erwiderte er seufzend.

RICHARD ASHLEY schlug die Augen auf und runzelte verwirrt die Stirn. An der Decke über ihm hing ein Modellflugzeug aus Papier. Verwirrt drehte er den Kopf zur Seite und sah bunte Bilder an den Wänden – eines zeigte einen Traktor, ein anderes ein Auto, ein drittes eine Ansicht von Paris. Ein Kinderzimmer.

Er schaute auf die Uhr: halb zehn Uhr. Demnach hatte er drei Stunden geschlafen.

Sie hatten bis fünf Uhr in den Felsen gewartet, dann war ein Posten gekommen und hatte gemeldet, die Deutschen seien fort. Die Bretonen hatten sich kurz beraten, wer sich um die Flieger kümmern sollte und wer um Richard und seine Männer. Die junge Frau, die Englisch sprach, hatte ihm gesagt, man werde die Matrosen in Sicherheit bringen, während er selbst mit in ihr Haus kommen müsse. Dabei war sie ziemlich kurz angebunden gewesen. Richard war es nicht entgangen.

Er hatte versucht, in der Dunkelheit ihr Gesicht zu erkennen. „Wirklich sehr freundlich von Ihnen –", hatte er geantwortet.

„Das können Sie sich sparen. Es gibt lediglich keine andere Möglichkeit, Sie unterzubringen, das ist alles." Und als sie bei dem Haus angekommen waren, hatte sie noch hinzugefügt: „Legen Sie sich ins Bett, und rühren Sie sich bis zum Morgen nicht von der Stelle!"

Und jetzt war es heller Morgen; ein Geräusch im Zimmer unter ihm – eine Tür war ins Schloß gefallen – hatte ihn geweckt. Jemand kam die Stiege herauf. Richard nahm seine Pistole vom Fußboden und entsicherte sie.

In der Tür erschien eine junge Frau mit dunklem, mittellangem Haar – die Frau, mit der er hergekommen war. Richard atmete erleichtert auf und legte die Pistole wieder auf den Boden.

Die Frau sah ihn an, und er starrte verblüfft zurück. Schlagartig wurde ihm bewußt, daß er sie kannte. Aber woher? Es fiel ihm nicht ein.

„Ich habe trockene Kleidung für Sie aufgetrieben", sagte die junge Frau. „Ich bringe sie nachher gleich herauf. Aber Sie dürfen auf keinen Fall dieses Zimmer verlassen. Im Haupthaus sind deutsche Soldaten einquartiert."

Richard zog die Augenbrauen hoch und meinte: „Ein bißchen zu nah für meinen Geschmack."

„Dafür werden sie hier vielleicht nicht so schnell nach Ihnen suchen", erwiderte die junge Frau und sah ihn streng an. „Also: Verhalten Sie sich ruhig, und bleiben Sie hier in diesem Zimmer!"

Er setzte sich im Bett auf. „Ich kann mir gut denken, welches Risiko Sie eingehen. Und ich bin Ihnen sehr dankbar, das kann ich Ihnen versichern."

Sie zögerte, dann nickte sie fast unmerklich. „Sie dürfen es mir nicht übelnehmen", sagte sie. „Ich habe eine anstrengende Nacht hinter mir, und . . . die Deutschen haben ein paar von unseren Leuten verhaftet; zwei aus unserem Dorf und einen von . . . auswärts."

„Das tut mir leid", meinte Richard.

„Es hätte schlimmer kommen können." Sie nickte erneut und

runzelte die Stirn. „Da ist allerdings ein Problem: Einer der Verhafteten war der Chef unserer Organisation. Er hatte als einziger Verbindung zur Zentrale in der Nähe von Paris. Es wird eine Zeitlang dauern, bis eine neue Verbindung hergestellt ist und wir Sie hier herausbringen können."

Richard seufzte. Der Gedanke, hier längere Zeit eingesperrt zu sein, behagte ihm gar nicht. Er wollte so rasch wie möglich auf sein Boot zurück.

Die junge Frau war näher gekommen. „Tut mir leid", sagte sie leise. „Es ist sicher kein Vergnügen für Sie, sich hier verkriechen zu müssen. Aber ich bringe Ihnen ein paar englische Bücher. Und vielleicht habe ich auch einmal Zeit für eine Partie Karten." Jetzt lächelte sie ihn an, und da fiel ihm plötzlich ein, wo er sie schon einmal gesehen hatte. Plymouth! Er hatte sie in Plymouth getroffen!

Die junge Frau wandte sich zum Gehen. „Moment!" rief Richard. „Wissen Sie, daß wir einander schon mal begegnet sind?"

Julie erschrak. Seit sie dem Engländer zum ersten Mal in die Augen geblickt hatte, wußte sie, daß sie ihn kannte. Sie hatte kurz nachgedacht, und dann war ihr alles wieder eingefallen: der sonnige Nachmittag, das Segelboot, der Ausflug. Und jetzt war sie verzagt, weil sie es vergessen wollte und er sich erinnert hatte. Sie drehte sich um und sagte leichthin: „Ach, wirklich?"

Er lächelte. „Kein Zweifel! In Plymouth, vor dem Krieg ... Erinnern Sie sich nicht?" Er setzte eine gespielt beleidigte Miene auf.

Sie nickte zögernd, als falle es ihr gerade erst wieder ein. „O ja, ich glaube, jetzt erinnere ich mich. Es ist schon so schrecklich lange her ..."

„Ja, das ist es wohl." Er lachte. „Aber was tun Sie denn hier?"

„Ich wohne hier bei meiner Tante und meinem Onkel."

„Und das Kind, das sonst in diesem Zimmer schläft? Ist es Ihrs?"

Julie zögerte. Wenn er sie erst einmal ausgefragt hätte, würde er zu rechnen anfangen. Sie überlegte blitzschnell und beschloß, ein paar Monate von Peters Alter abzuziehen. „Ja", sagte sie. „Der Junge ist fünf Jahre alt. Er heißt Pierre, und im Augenblick ist er in der Schule." Der Name stimmte. Seit dem Einmarsch der Deutschen hatte sie darauf geachtet, daß man den Jungen bei der französischen Form seines Vornamens nannte.

„Ich freue mich darauf, ihn kennenzulernen. Schließlich muß ich mich bei ihm ja dafür entschuldigen, daß ich sein Bett belegt habe."

Julie lächelte ein wenig und ging zur Stiege.

„Und Ihr Mann?" fragte Richard. „Ist er hier?"

Julie hielt inne und erwiderte, ohne sich umzudrehen: „Nein, es gibt keinen Mann."

„Oh, das wußte ich nicht. Ich . . ."

Julie wünschte, sie hätte geschwiegen. Jetzt dachte er bestimmt, ihr Mann sei gefallen. Aber es wäre falsch gewesen, sich auf lange Erklärungen einzulassen; sie hätte sich nur noch mehr an der Wahrheit vorbeimogeln müssen, und sie log nicht gern. Statt dessen murmelte sie: „Ich hole dann mal die Sachen."

„Danke. Und noch etwas: Es tut mir leid, aber ich habe Ihren Namen vergessen."

„Julie Lescaux." Gleich darauf wurde ihr bewußt, daß auch das ein Fehler gewesen war. Je weniger er wußte, desto weniger konnte er aussagen, falls er geschnappt wurde.

Richard lächelte. „Natürlich, jetzt fällt es mir wieder ein. Aber Sie werden wahrscheinlich meinen Namen auch vergessen haben. Ich heiße Richard. Richard Ashley."

Sie nickte. „Ja, ich erinnere mich." Dann ging sie zur Treppe.

„Julie?" rief er ihr leise nach. „Ich werde versuchen, mich wie ein Gentleman zu benehmen."

Sie wußte, daß er sich über sie lustig machte, aber sie war ihm nicht einmal böse. Sie drehte sich noch einmal um, lächelte ihn an und rannte rasch nach unten.

Drittes Kapitel

EINEN Amerikaner erkennt man doch überall, dachte Vasson. Sie sahen fast alle gleich aus; meistens waren sie blond und blauäugig, so ähnlich wie die Deutschen. Außerdem fielen sie durch ihre Körpergröße auf und schließlich – und das war das sicherste Merkmal – durch ihre Wohlgenährtheit.

Sie gaben sich auch anders als die Europäer, fläzten lässig auf den Sitzen im Eisenbahnwagen herum, statt geradezusitzen. Die Amerikaner mit ihrem auffälligen Verhalten konnten nach Vassons Überzeugung überhaupt nur deshalb die Bahn benutzen, weil die Deutschen in ihrer sturen Aktengläubigkeit für alles andere als Papier blind waren.

Sie waren zu sechst, und sie saßen, auf verschiedene Plätze verteilt, in dem offenen Fahrgastraum. Alle waren Flieger, die über Belgien hatten „aussteigen" müssen und von „Freunden" aufgelesen worden waren. Jetzt waren sie auf dem Weg nach Paris, von wo aus man sie per Bahn nach Spanien transportieren würde.

Vasson war ihr Kurier. Aber es gab noch einen Mann, der mit ihnen reiste. Die Amerikaner hielten ihn für einen Exiltschechen, der als Pilot in der Royal Air Force gedient hatte – in Wahrheit war er ein Sudetendeutscher, der für Vasson arbeitete. Und er würde ihm alles über die Fluchtorganisation berichten, würde jeden Kurier und jedes Versteck auf dem Weg nach Spanien verraten.

Die Instruierung des Mannes hatte ihm viel Mühe abverlangt. Vasson hatte sich, um alle Risiken auszuschließen, volle vier Wochen Zeit dafür genommen. Außerdem hatte er dessen Frau vorsorglich verhaften lassen. Sicher war sicher. Sie näherten sich dem Gare du Nord. Vasson hatte große Sehnsucht nach Paris. Verglichen mit der französischen Hauptstadt war Brüssel langweilig. Doch es war besser, zwar nicht in Paris, dafür aber noch am Leben zu sein. Vasson hatte keine Lust, sich abknallen zu lassen wie einen räudigen Hund.

Der Zug kam mit kreischenden Bremsen zum Stehen. Vasson stieg aus und ließ sich vom Strom der Reisenden auf die Sperre zuschwemmen. Seine amerikanischen „Freunde" folgten ihm. An der Sperre standen französische Polizisten, die sämtliche Ausweise kontrollierten, und zwei deutsche Feldgendarmen, die die Reisenden aufmerksam musterten. Vasson wußte, daß er mit seiner Gruppe ohne Schwierigkeiten durchkommen würde; er hatte es mit Kloffer abgesprochen.

Einer der Feldgendarmen warf einen Blick auf Vassons Papiere und drückte sie ihm rasch wieder in die Hand. Gemächlich schlenderte Vasson in die Bahnhofshalle. Er wartete, bis seine Gruppe die Sperre passiert hatte, und ging dann mit den Piloten im Schlepptau zum Ausgang an der Rue de Dunkerque. Draußen an der Bushaltestelle warteten nur wenige Leute. Vasson näherte sich unauffällig dem Anführer der Amerikaner und murmelte, ohne die Lippen zu bewegen: „Ich haue jetzt ab. Warten Sie auf eine junge Dame mit einem roten Hut. Viel Glück."

Es war die klassische Ablösung: Zwei Kuriere trafen nie zusammen und konnten einander nicht identifizieren. Es funktionierte hervorragend – solange alle Beteiligten auf derselben Seite standen.

Vasson sah auf die Uhr, tat so, als halte er nach einem Bus Ausschau, und ging dann kopfschüttelnd zum Bahnhof zurück. In der Halle drängten sich die Menschen, und Vasson brauchte geraume Zeit, bis er sich zur anderen Seite vorgearbeitet hatte. Er blickte sich um und schlüpfte durch eine unauffällige Tür neben der Bahnpolizeiwache. In einem Büroraum saß hinter einem Schreibtisch Kloffer. Vasson setzte sich davor und fragte: „Haben Sie meinen Ratschlag befolgt?"

„Ja, wir haben ein paar Agenten auf sie angesetzt. Sie werden die Flieger so lange wie möglich beschatten."

„Gut", sagte Vasson.

„Und Ihr Mann? Wird *er* seinen Auftrag erfüllen? Fast ein bißchen viel für einen einzelnen, meinen Sie nicht auch?"

„Er weiß genau, was er zu tun hat. Da kann nichts schiefgehen."

„Na schön." Kloffer stützte die Ellenbogen auf den Schreibtisch und drückte die Fingerspitzen aneinander. „Das wäre also erledigt . . . Nun zu diesem Widerstandsnest in Brüssel. Haben Sie dort alles unter Kontrolle?"

„O ja. Ich liefere Ihnen die ganze Gruppe Meteor innerhalb der nächsten drei Tage ans Messer. Den Anführer eingeschlossen."

Kloffer nickte. „Wenn Sie damit fertig sind, kommen Sie am besten wieder nach Paris. Aber da können Sie nicht zu lange bleiben." Er lächelte matt. „Als toter Mann nützen Sie mir nämlich nichts."

Vasson seufzte. „Gut, also bleibe ich nicht in Paris. Und wohin soll ich gehen?"

„Wohin?" fragte Kloffer zurück. „Wer weiß? Wir werden sehen." Er erhob sich und setzte seinen Hut auf. „Aber ich kann Ihnen schon jetzt versprechen, daß Ihre neue Aufgabe ebenso interessant und lohnend sein wird wie diese."

Erst die Peitsche, dann das Zuckerbrot, dachte Vasson.

Der Deutsche wandte sich an der Tür noch einmal um. „Auf Wiedersehen", sagte er. „Und wir freuen uns auf ausgezeichnete Ergebnisse in Brüssel."

„Aber wird man mich auch nach meinem Wert bezahlen? Das ist doch die Frage."

„Seien Sie nicht so geldgierig. Sie könnten ebensogut gar nichts wert sein. Denken Sie daran, mein Herr aus Marseille!" Kloffer grinste und öffnete die Tür. „So nenne ich Sie immer: meinen Mann aus Marseille! Auf Wiedersehen." Er sah Vasson in die Augen und verließ dann, immer noch grinsend, das Büro.

Die Tür fiel ins Schloß, und Vasson holte tief Atem, um sich zu beruhigen. Er haßte Kloffer, weil er von seiner Vergangenheit wußte. Eines Tages würde er es ihm schon noch heimzahlen.

Er stand auf und sah auf die Uhr. In zehn Minuten fuhr ein Zug nach Brüssel. Das einzige, worauf er sich freute, war der Anblick der langen Gesichter, die es bei den Meteor-Leuten zweifelsohne geben würde, sobald sie entdeckten, daß ihr Ring aufgeflogen war.

Im Zimmer des britischen Kriegsministeriums wartete Major Smithe-Webb von der Frankreichabteilung des MI 9 auf Nachrichten von Meteor.

Er hatte seit drei Tagen nichts mehr von der Fluchthilfeorganisation gehört. Keiner von den beiden Funkern der Gruppe hatte sich

gemeldet. Auch von den spanischen Verbindungsleuten war keine
Meldung gekommen. Seit vier Tagen hatte kein Flieger mehr die
Pyrenäen überschritten.

Es gab nur versteckte Hinweise. Sie waren am Tag zuvor
eingegangen und stammten von anderen Organisationen, die Piloten
ausschleusten, und von Agenten der Abteilung für Sondereinsätze.
Alles deutete auf eine Katastrophe hin, und Smithe-Webb konnte nur
hoffen, daß es sich um einen Irrtum handelte.

Endlich: Um vier Uhr nachmittags schickte die Dechiffrierabtei-
lung des MI 9 eine Nachricht herauf. Es war eine Routinemeldung von
Xavier, einem der beiden Meteor-Funker. Der Code war richtig, und
auch die „Handschrift" stimmte, kleine Eigenheiten in der Art zu
morsen – die Botschaft stammte also eindeutig von Xavier. Aber
etwas fehlte: Einer der beiden absichtlichen Fehler, die die Funker aus
Sicherheitsgründen in jede Meldung einbauen mußten, war wegge-
lassen worden. Das konnte nur bedeuten, daß Xavier unter deutscher
Überwachung morste.

In den folgenden drei Tagen liefen weitere Informationen ein, und
Smithe-Webb sah seine schlimmsten Befürchtungen bestätigt: Meteor
war aufgerollt worden. Die Deutschen hatten über hundertfünfzig
Leute verhaftet.

Nachdem sich Smithe-Webb von dem Schock erholt hatte, wurde
ihm eines klar: Er mußte herausfinden, wie es zu der Katastrophe
gekommen war, damit sie sich nie wiederholen konnte.

Kurze Zeit später erhielt er den ersten Anhaltspunkt. Aus dem
britischen Konsulat in Lissabon lief eine lange, verschlüsselte Meldung ein. Ein Mann, der behauptete, zu Meteor zu gehören, war auf
Umwegen nach Portugal gelangt. Er hatte zuvor in Brüssel operiert,
und ihm war eine Nachricht zu Ohren gekommen, die der verhaftete
Anführer der Gruppe aus seiner Gefängniszelle geschmuggelt hatte.
Daraus ging hervor, daß ein Verräter die Organisation hatte auffliegen
lassen: ein Mann, der sich Paul Lebrun nannte.

Smithe-Webb seufzte. Vor eingeschleusten Spitzeln war man
niemals sicher.

Sofort machte er sich an den Neuaufbau der Fluchthilfeorganisation. Es wäre ein Fehler, allzu schnell wieder in großem Stil zwischen
Brüssel und Spanien zu operieren. Statt dessen würde er die bereits
existierenden kleineren Netze ausbauen, vor allem solche, die keine
Verbindung zur Meteor-Gruppe gehabt hatten. Der Major betrachtete die Nordküste der Bretagne auf der Karte. Ja, die Bretagne wäre
genau das richtige.

Ein Organisator, der Richard Ashley ersetzen mußte, ein neues

System der Abschottung und Operationen in erheblich größerem Umfang wären die drei zusätzlichen Voraussetzungen für ein erfolgreiches Unternehmen.

Viertes Kapitel

TANTE MARIE sah noch einmal ins Wohnzimmer, in dem die beiden deutschen Soldaten saßen, schloß die Tür und nickte Julie zu. Julie nahm einen Teller Fischsuppe und trug ihn rasch durch ihr Schlafzimmer und die enge Stiege hinauf. Von oben drangen Flüstern und leises Lachen zu ihr. Schon von der Treppe aus erblickte sie zwei Gestalten, die sich über einen offensichtlich faszinierenden Gegenstand auf dem Fußboden beugten. Die beiden hörten sie und blickten auf. Peter warf ihr nur einen flüchtigen Blick zu und sagte mit seiner hellen Kinderstimme: „Schau, Mami. Es ist fast fertig!"

Gehorsam betrachtete Julie das Schiffsmodell auf dem Fußboden. „Wunderschön, mein Schatz. Wirklich prima!"

Richard rappelte sich auf und nahm ihr den Teller aus der Hand. „Darf ich Ihnen das abnehmen?" fragte er. „Die Suppe riecht so gut, ich glaube, ich sollte sie nicht kalt werden lassen."

„Gute Idee", meinte Julie und lächelte ihm zu. Er lächelte ebenfalls, aber in seinem Blick lag auch etwas Fragendes, Suchendes. Es schien, als wolle er ein Geheimnis ergründen. Julie wich seinem Blick aus und sagte zu Peter: „Jetzt aber hopp, kleiner Mann! Zeit fürs Bett."

„Aber ich bin noch gar nicht müde!"

Richard setzte eine ernste Miene auf. „Los, Pierre, tu, was deine Mutter sagt."

Peter zog eine Schnute, nickte dann ergeben und folgte Julie laut stampfend die Stiege hinunter. Julie kannte die Gutenachtgeschichte, die sie ihm erzählen würde, längst in- und auswendig, so daß sie dabei an andere Dinge denken konnte. Noch vor drei Wochen hatte sie bei solchen Gelegenheiten an ihren Einkaufszettel gedacht, an die Wäsche oder an Peters Kleidung. Doch jetzt . . .

Sie mußte sich eingestehen, daß dieser Richard Ashley sie tief beeindruckte. Vor allem seine Art, die Dinge zu betrachten. Manches – Politik zum Beispiel – fand er amüsant; für einen Franzosen war das undenkbar. Richard meinte, daß eine Angelegenheit, die so wichtig sei wie die Politik und dabei so stümperhaft gehandhabt werde, zwangsläufig komisch sei. Doch bei anderen Themen wurde er plötzlich ernst. Vor allem bei Prinzipien, die ihm am Herzen lagen; Loyalität zum Beispiel, Integrität oder Pflichtbewußtsein.

„Mami, mein Gutenachtkuß!"

Julie gab Peter einen Kuß auf die Wange. „Gute Nacht, mein Schatz", flüsterte sie, doch ihr Sohn war schon halb eingeschlafen.

Julie blickte rasch in den Spiegel. Eigentlich siehst du ganz passabel aus, dachte sie. Die neue Frisur mit dem Seitenscheitel stand ihr gut.

Sie stieg erneut die steile Treppe hinauf, zufrieden und voller Selbstvertrauen. Richard saß auf dem Bett und aß. Als er sie kommen sah, stellte er den Teller weg und sagte: „Ich werde hier noch dick und fett. Sie dürfen mich nicht mehr so gut verpflegen!"

Julie setzte sich auf den Fußboden und lächelte. „Wir tun unser Bestes", antwortete sie.

„Wirklich wunderbar."

Sie hatte das Gefühl, daß er damit nicht nur das Essen meinte. Rasch sagte sie: „Wollen Sie heute abend Karten spielen?"

Er sah sie mit ernster Miene an. „Nein, heute nicht", meinte er. „Unterhalten wir uns lieber. Bitte..." Er machte es sich auf dem Bett bequem. „Erzählen Sie mir von sich."

Julie empfand einen Anflug von Furcht. „Da gibt es nicht viel zu erzählen", meinte sie ausweichend. Einen Augenblick herrschte peinliches Schweigen, dann schnitt sie ein anderes Thema an. „Übrigens, Ihre Kameraden schicken Ihnen Grüße. Es geht ihnen gut, aber sie werden langsam ungeduldig in ihrem Unterschlupf. Wollen Sie ihnen eine Nachricht zukommen lassen?"

Richard schüttelte den Kopf. „Nein, das hat noch ein paar Tage Zeit."

„Zu unserer Zentrale haben wir leider im Augenblick keine Verbindung", fuhr sie fort. „In der Umgebung von Paris hat es eine Verhaftungswelle gegeben, und von unseren Funkern fehlt jede Spur."

Er runzelte die Stirn. „Diese Verhaftungen in Paris – haben sie mit den Vorgängen hier zu tun?"

„Nein..., jedenfalls nehmen wir das nicht an. Der Zwischenfall am Strand ... lag zeitlich davor. Der Chef unserer Organisation war wahrscheinlich daran schuld. Wir glauben, daß er zuviel geredet hat und die falschen Leute es gehört haben."

„Und – hat er nach seiner Verhaftung ein Geständnis abgelegt? Bei der Gestapo?"

Julie sah ihn einen Augenblick schweigend an. „Nein", erwiderte sie. „Er ist nämlich gestorben, auf dem Weg ins Gestapohauptquartier."

Richard musterte sie eindringlich. „Ach ja? Unmittelbar nach der Verhaftung?"

Er begreift rasch, dachte Julie. „Ja", antwortete sie. „Bei der Ankunft im Hauptquartier konnten die Deutschen nur noch seinen Tod feststellen. Aber aus dem Hauptquartier wäre er ohnehin nicht mehr lebend herausgekommen . . ."

Richard nickte. „Sicher . . ." Er räusperte sich und sagte mit gespielter Leichtigkeit: „Wie wär's denn jetzt mit einem kleinen Schlummertrunk?"

„Einem Schlummertrunk?"

„Ja. Ich habe mit Ihrem Onkel ein wenig gehandelt. Er hat von mir drei Zigaretten gekriegt und ich dafür eine Flasche Wein. Ein gutes Geschäft, meinen Sie nicht auch? Allerdings weiß ich nicht, für wen." Er lachte und griff nach der Flasche. „Kommen Sie, trinken Sie einen Schluck mit mir." Richard schenkte ein Glas voll, und Julie nahm es.

„Tut mir leid, daß ich nicht mehr Neuigkeiten für Sie habe", sagte sie.

Er beugte sich vor und berührte sie am Arm. „Machen Sie sich um mich keine Sorgen. Es geht mir doch ausgezeichnet. Ich habe während der vergangenen paar Tage viel Zeit zum Nachdenken gehabt – mehr als in den letzten Jahren." Er hielt inne und sah sie bedeutungsvoll an. „Und außerdem finde ich es aufregend, mit Ihnen zusammen eingesperrt zu sein."

Julie warf ihm einen amüsierten Blick zu und wehrte ungläubig ab: „Das sagen Sie doch nur so!"

Sie schwiegen. Dann meinte Richard unvermittelt: „Sie haben vorhin sehr geschickt das Thema gewechselt, als ich Sie gebeten habe, von sich zu erzählen. Kommen Sie, Julie, geben Sie Ihrem Herzen doch einen kleinen Stoß."

„Lieber nicht", antwortete Julie leise.

„Warum denn nicht? Was immer es auch ist, worüber Sie nicht sprechen wollen – nun, so schlimm kann es doch nicht sein, Julie. Es kann nicht so schlimm sein, daß ich mir" – er stockte einen Augenblick –, „daß ich mir nichts mehr aus Ihnen machen würde. Sie wissen doch, daß ich Sie mag, oder?"

Julie war verwirrt. Sie wußte nicht, was sie sagen sollte.

Richard stand plötzlich auf, ging zum Fenster und zog den Vorhang beiseite. „Sehen Sie nur!"

Sie trat neben ihn und blickte in die Nacht hinaus. Ein Sternenmeer bedeckte den Himmel. Er nahm ihre Hand. „Sagen Sie mir wenigstens, was mit Ihrem Mann passiert ist."

Julie starrte in die Finsternis. Die Vergangenheit war wie ein schreckliches Ungeheuer, das sich ihr in den Weg stellte und Schuld und Schande schnaubte. Richard würde sie nicht verstehen. Wenn er erst einmal die Wahrheit erführe, würde er sie verachten.

Sie seufzte und trank einen Schluck aus ihrem Glas. Dann holte sie tief Atem und sprach mit monotoner Stimme: „Peter hat seinen Vater nie kennengelernt. Und ich ... habe mich schon vor Peters Geburt von ihm getrennt."

Richard drückte zärtlich ihre Hand. „Der Mann muß verrückt gewesen sein, Sie gehen zu lassen. Jedenfalls ... ist es nicht wahrscheinlich, daß er sich eines Tages plötzlich meldet, oder?"

„Wohl kaum!" Julie konnte ihre Verbitterung nicht ganz verbergen. „Sie müssen wissen ...", fuhr sie fort und biß sich auf die Unterlippe. „Wir ... wir waren gar nicht verheiratet." Eine Träne lief ihr über die Wange, und sie wischte sie mit einer trotzigen Bewegung fort.

Richard schwieg einen Augenblick, und Julie dachte schon, ihre Vermutung würde sich bestätigen. Doch dann legte er ihr den Arm um die Schultern und sagte: „Aber Sie haben einen feinen Jungen. Sie brauchen sich nicht zu schämen."

„O doch!" Julie machte sich los und schneuzte sich in ihr Taschentuch. „Ich schäme mich, weil es dazu gekommen ist. Und auch Peter wird es nicht gleichgültig sein, wenn er älter ist und davon erfährt. Natürlich bin ich froh, daß ich ihn habe, aber sonst ... Nein, ich habe einen schrecklichen Fehler begangen, und ich werde mein Leben lang dafür bezahlen müssen!"

„Wissen denn die Leute hier im Dorf davon?"

„Sie werden sich schon ihren Reim darauf gemacht haben."

„Und dennoch respektiert man Sie?"

„Na ja ..., eigentlich schon."

„Na sehen Sie! Eins kann ich Ihnen versichern, Julie – mich kümmert so etwas nicht!" Er ergriff ihre Hand.

Sie atmete auf. „Danke. Es ist nett, daß Sie das sagen."

„Ich habe es auch so gemeint." Richard griff zur Weinflasche und schenkte Julie nach. „Sind Sie deswegen in die Bretagne gegangen? Damit Peter hier auf die Welt kommt?"

„Ja. Aber bitte – fragen Sie mich nichts mehr!"

„Schon gut." Sie setzten sich wieder auf den Fußboden, und Richard legte Julie wieder den Arm um die Schultern. So saßen sie lange da und redeten leise miteinander.

Endlich stand Richard auf. „Es wird Zeit für Sie", meinte er. Er nahm ihr Gesicht in seine Hände und küßte sie, zärtlich und lange.

DIE meisten Kartoffeln waren halb verfault. Sorgfältig schnitt Julie die schlechten Stellen heraus. In diesen Zeiten wurde nichts verschwendet.

Tante Marie legte ein Stück Fleisch in den Topf auf dem Herd und briet es mit Knoblauch und Kräutern an. Julie sog das Aroma ein und erinnerte sich, daß der nächste Tag ein Sonntag war und sie den ganzen Tag Zeit für Richard hätte.

Nachdem sie Peter ins Bett gebracht hatte, ging sie zu Richard hinauf. Während sie miteinander redeten, dachte Julie: Kann es etwas Schöneres geben? Ich werde mich nie einem Menschen näher fühlen als Richard. Plötzlich erstarrte sie: Unten in ihrem Zimmer hatte sich etwas geregt.

Richard sah sie an. „Was ist denn?"

„Nichts. Wahrscheinlich nur mein Onkel. Ich bin gleich wieder da." Sie lief schnell die Stiege hinunter und traf Onkel Jean. Er war sichtlich nervös, und er nahm sie sogleich mit in die Küche.

„Wir haben Nachricht!" flüsterte er. „Die Engländer schicken am Mittwoch ein Boot. Falls das Wetter nicht zu schlecht ist."

„Und werden sie alle Passagiere mitnehmen können? Richard, seine Matrosen und die Flieger?"

Onkel Jean nickte.

Julie kniff die Augen zusammen. „Also Mittwoch nacht." In einer Geste des Dankes berührte sie ihren Onkel am Arm und ging in ihr Zimmer zurück. Sie schloß die Tür und lehnte sich einen Augenblick lang von innen dagegen. Nur noch vier Tage!

Langsam stieg sie die steile Treppe hinauf. Erst als sie oben war, setzte sie ein Lächeln auf und sagte betont fröhlich: „Es sieht so aus, als führe Ihre Straßenbahn bald!"

Richard sprang auf und nahm sie beim Arm. „Wann?"

„Mittwoch nacht – wenn das Wetter es zuläßt."

„Allmächtiger!" Er lachte. „Großartig! Phantastisch!"

Julie bemühte sich, fröhlich auszusehen, seinetwegen.

Er zog sie an sich. „Sie werden mir fehlen, Julie . . ."

Sie nickte stumm.

„Bis Mittwoch sind es noch vier Tage. Machen wir vier wunderschöne Tage daraus! Was sagen Sie dazu? Morgen abend führe ich Sie aus, zum Essen ins Ritz." Er grinste. „Das heißt, ich werde Ihrem Onkel noch eine Flasche Wein abkaufen, und wir essen miteinander. Und am Montagabend . . ."

Während er sprach, blickte sie ihn traurig an und dachte wieder: Nur noch vier Tage!

Sie machte sich von ihm los und berührte sein Gesicht. Er verstummte und lächelte sie an. Als er den Ausdruck sah, der in ihren Augen lag, zog er sie erneut an sich und küßte sie – zärtlich zuerst, dann fordernder. „Ich will dich, Julie", sagte er heiser.

Sie flüsterte ihm ins Ohr: „Ich will dich auch!"

JULIE weinte. Richard streichelte im Dunkeln ihre Wange, spürte die Tränen und sagte: „Julie, Julie, was hast du denn?"

Sie legte ihren Kopf an seine Schulter und flüsterte: „Nichts. Es ist nichts. Ich bin nur glücklich."

Und dann weinte sie ungehemmt. Nicht nur, weil es so wunderschön gewesen war, sondern weil ihr klar wurde, wie einsam und leer die vergangenen sechs Jahre gewesen waren. Mit all ihrer dumpfen Routine: einkaufen, essen, arbeiten ... Und in all den Jahren hatte sie nur leise geahnt, wie es sein könnte, wenn sie eines Tages dieses Glücksgefühl erleben würde.

„So", sagte Richard und drückte sie an sich. „Jetzt aber keine Tränen mehr!"

„Ja", erwiderte Julie mit einem Seufzer. „Ich verspreche es!"

„Julie, vier Tage sind eine sehr lange Zeit!"

„Ich weiß!" Sie küßte ihn und dachte, daß sie sich nie mehr völlig einsam fühlen würde, ganz gleich, was auch geschah.

Fünftes Kapitel

DAVID FREYMANN freute sich über den durchschlagenden Erfolg: Die Produktion war auf fünfzig Metoxgeräte pro Woche gestiegen – und es waren fünfzig einwandfrei funktionierende Geräte! Im Verlauf der drei Monate, die David jetzt bei der Firma war, hatte sich die Qualität erstaunlich verbessert. Kapitänleutnant Geissler zeigte sich hochzufrieden. Fraglos waren die U-Boot-Kommandanten froh, daß sie jetzt über Metoxgeräte verfügten, die sie vor feindlichen Flugzeugen mit Radar warnten.

Ein durchschlagender Erfolg also, dachte David, und gleichzeitig das Schlimmste, das ich je angerichtet habe.

Er blieb an der Tür der Hauptwerkstatt stehen und sah die Männer an, die an der Werkbank standen. Einer fehlte. Gestern war der Mann noch zur Arbeit erschienen, heute war er tot.

David schloß die Augen. Es war seine Schuld. Er war allzu versessen darauf gewesen, das Problem zu lösen, und hatte nicht bemerkt, was in dem Betrieb vorging: Die Arbeiter hatten das Metoxprojekt von Anfang an sabotiert!

Und dabei hätte es ihm geradezu in die Augen springen müssen. Aber als ihm die erste leise Ahnung gekommen war, hatte er den Gedanken als absurd abgetan. Niemand würde so etwas wagen, hatte er sich gesagt. Schließlich stand auf Sabotage die Todesstrafe. Doch als Davids neue Maßnahmen zu greifen begannen, ließen sich die feinen

Sabotagemethoden, die in der Vergangenheit so erfolgreich gewesen waren, nicht mehr anwenden. Die Männer waren gezwungen, zu offeneren und gefährlicheren Aktionen überzugehen. Und gestern war einer der Saboteure ertappt und kurze Zeit später „auf der Flucht" erschossen worden.

Beschämt wandte David sich ab.

Auf dem Gang stieß er fast mit Gallois, dem französischen Oberingenieur, zusammen. Gallois grüßte und wich ihm aus. David wollte etwas sagen, überlegte es sich aber im letzten Moment anders. Gallois verachtete ihn bestimmt.

Rasch verließ David das Gebäude. Er ging über die Freitreppe hinunter auf die Straße. Dort durfte er unter den Augen des Wachpostens die paar Schritte bis zu seinem Quartier zurücklegen. Sondererlaubnis. Warum? Weil sie ihm vertrauten. Weil er sich als guter Deutscher erwiesen hatte. Er lachte verbittert. Er, ein Jude – welche Ironie des Schicksals!

David eilte, ärgerlich vor sich hin brummend, die Straße entlang, bis er an ein ehemaliges Lagerhaus kam, in dem er einen kleinen Nebenraum bewohnte. Außer ihm hatten die Deutschen in dem umgebauten Lagerhaus auch die polnischen Zwangsarbeiter untergebracht, die David schon bei seiner Ankunft gesehen hatte und die zur Errichtung bombensicherer U-Boot-Bunker nach Brest umgesiedelt worden waren.

David ging in sein Zimmer, schloß die Tür, warf sich aufs Bett und schlug die Hände vors Gesicht. Er war eine verachtenswerte Kreatur, ein Mann ohne Rückgrat. Die ganze Zeit über hatte er nur an sich gedacht: an seine Gesundheit, an die nächste Mahlzeit und daran, um jeden Preis am Leben zu bleiben. Ich habe alles und alle verraten, sagte er sich. Meine jüdischen Mitbürger, meine Tochter, vor allem aber mich selbst.

Nach einiger Zeit war das Gefühl des Ekels verflogen, und David grübelte über die Zukunft nach.

Schließlich kam ihm ein Gedanke. Er stand auf, kniete sich hin und steckte die Hand unter den eisernen Bettrahmen. Er bekam das winzige Päckchen zu fassen, das er dort versteckt hatte, zog es hervor und ballte eine Faust darum. Er war mit der Filmrolle schon so lange unterwegs, daß er fast vergessen hatte, was sie eigentlich bedeutete. Er hatte sie im stillen immer als einen Schlüssel für die Zukunft angesehen. Als eine Art Paß, der ihm die Einreise nach England oder Amerika ermöglichen würde, wenn der Krieg erst einmal zu Ende war; als eine Art Versicherungspolice fürs Alter. Doch jetzt . . .

Er hielt Pläne für die Konstruktion eines Kurzwellen-Radargeräts in der Hand. Die Deutschen würden seine Idee nie verwirklichen können; sie hatten die Forschung auf diesem Gebiet eingestellt. Und solange sie Kurzwellen-Radar für unmöglich hielten, würden sie auch kein Gerät entwickeln, das sie dagegen schützte.

Das Metoxgerät kam ihm in den Sinn: Es warnte vor herkömmlichen Radargeräten, doch gegen Kurzwellen-Radar wäre es absolut machtlos. David konnte sich ein hämisches Lachen nicht verkneifen. Es wäre doch die perfekte Sabotage, dachte er, wenn jemand den Engländern meine Pläne zuspielte! Die deutschen U-Boote wären Radargeräten, die nach diesen Plänen gebaut würden, schutzlos ausgeliefert, und alle Arbeit, die er für die Deutschen geleistet hatte, wäre mit einem Schlag zunichte gemacht.

Er drückte das Päckchen an sich und sprach leise: „Lieber Gott, du siehst hier einen armseligen, wertlosen Mann, der versuchen wird, sein Bestes zu geben. Gib mir die Kraft, die ich brauche, um Erfolg zu haben."

AM NÄCHSTEN Morgen beschloß David, Gallois ins Vertrauen zu ziehen. Das bot sich förmlich an. David hatte zwar keinen Beweis dafür, daß der Oberingenieur an den Sabotageakten beteiligt war, doch Gallois mußte zumindest eine Ahnung gehabt haben. Ja, an ihn würde er sich wenden.

Er stand von seinem Stuhl auf und ging nach nebenan ins Konstruktionsbüro, wo ein junger technischer Zeichner an einem der vielen Reißbretter stand. „Würden Sie bitte Monsieur Gallois in mein Büro schicken?" bat er.

Der junge Mann nickte, und David ging an seinen Arbeitsplatz zurück. Auf seiner Stirn standen Schweißperlen. Während er sie nachdenklich abwischte, klopfte es, und Gallois trat ein. David deutete einladend auf einen Stuhl. „Bitte nehmen Sie Platz. Ich möchte über eine heikle Sache mit Ihnen sprechen . . ."

Der Franzose sah ihn schweigend an, ohne eine Miene zu verziehen. Es war offensichtlich, daß er nicht die Absicht hatte, David auch nur einen Schritt entgegenzukommen.

„Rundheraus gesagt . . ., ich möchte gerne helfen."

Schweigen. Gallois war mißtrauisch; wer wollte es ihm verdenken? David beugte sich über den Tisch und fügte eindringlich hinzu: „Hören Sie, ich weiß sehr gut, was sich bis zu meiner Ankunft hier abgespielt hat. Die meisten Geräte sind mit Absicht verpfuscht worden. Ich weiß das inzwischen, aber ich habe keine Anzeige erstattet. Nehmen Sie das als Anzeichen, daß ich . . . Ihrer Sache Sympathie entgegenbringe."

Plötzlich schien Gallois aus seiner Erstarrung zu erwachen. Er rückte auf die Stuhlkante vor und räusperte sich. „Monsieur Freymann", antwortete er, „ich kann mir nicht denken, wie Sie auf solch merkwürdige Ideen kommen. Zum einen hat es in diesem Betrieb nie so etwas wie Sabotage gegeben. Das ist, wenn ich so sagen darf, ein absurder Gedanke! Und zweitens kann ich mich wirklich auf nichts einlassen, das ... gegen die Interessen unserer Firma gerichtet ist. Niemand hier kann das. Wir leisten anständige Arbeit und wollen uns keinen Ärger auf den Hals laden." Er stand auf und griff nach der Türklinke.

David sprang auf und stieß fast seinen Tisch um. Gallois war schon halb draußen, als David ihn am Ärmel packte. „Bitte, verstehen Sie doch!" sagte er flehentlich.

Unendlich langsam schloß der Franzose wieder die Tür. „Was gibt es da eigentlich zu verstehen?" fragte er.

Als David Gallois anstarrte und um Worte rang, verspürte er einen stechenden Schmerz in der Magengegend. Er hatte das Gefühl, ohnmächtig zu werden, und suchte Halt. Gallois kam ihm zu Hilfe: Er stützte ihn und brachte ihn zu seinem Schreibtisch. „Meine Tabletten!" keuchte David, als er sich gesetzt hatte. „In meiner Aktentasche ..."

Gallois holte das Tablettenröhrchen und hielt es David hin. David schüttelte drei Tabletten heraus und zerkaute sie, damit sie schneller wirkten.

Er hörte Gallois besorgt fragen: „Geht's wieder?"

David nickte. „Es ist gleich vorbei, in ein paar Minuten ..., bitte gehen Sie nicht." Er hielt den Franzosen am Arm fest. Nach einer Weile ließ der Schmerz ein wenig nach, und David flüsterte: „Verurteilen Sie mich nicht vorschnell! Bitte hören Sie sich an, was ich zu sagen habe ..." Mühsam erhob er sich und lehnte sich gegen den Schreibtisch. „Ich brauche Ihre Hilfe", sagte er schließlich mit gequältem Lächeln. „Sie brauchen meine ja nicht."

Er schwieg und atmete einige Male tief durch. Das machte die Schmerzen meistens erträglicher. Dann fuhr er fort: „Es geht um folgendes: Als ich in Deutschland meinen Posten verloren habe – vor dem Krieg –, habe ich in letzter Minute etwas unterschlagen – eine geheime Studie. Der Besitz dieser Studie könnte für den Ausgang des Krieges von großer Bedeutung sein. Ich bin der einzige, der von ihrer Existenz weiß – es war nämlich meine eigene Erfindung." Er schwieg und sah Gallois prüfend an. Dann fuhr er fort: „Ich habe diese Erfindung immer nach England bringen wollen, doch ... ich habe leider nie die Gelegenheit dazu gehabt." Er seufzte. „Aber jetzt ...

jetzt muß ich etwas tun. Ich kann einfach nicht mehr tatenlos herumsitzen wie bisher. Verstehen Sie, was ich meine?"

Gallois machte ein sorgenvolles Gesicht. Er seufzte und flüsterte energisch: „Lieber Monsieur Freymann, es tut mir außerordentlich leid, daß Sie sich nicht wohl fühlen. Ich weiß, daß Sie viel durchgemacht haben. Gerne würde ich Ihnen irgendwie helfen, aber ich sehe wirklich keine Möglichkeit."

„Aber ich will doch nur mein Geheimnis nach England bringen . . ."

„Tut mir leid." Der Ton des Franzosen war merklich kühler. „Ich kann wirklich nichts für Sie tun."

Eine schreckliche Müdigkeit überfiel David, und er sank auf seinen Stuhl nieder. Es war alles umsonst gewesen.

Gallois wandte sich zum Gehen und sagte leise: „Verstehen Sie doch, Mann, es ist wirklich unklug, über solche Dinge zu reden." Er öffnete die Tür. „Es geht Ihnen doch wieder besser? Oder soll ich den Arzt rufen lassen?"

David schlug die Hände vors Gesicht und schüttelte den Kopf. Er hörte, wie die Tür ins Schloß fiel, stand auf und legte sich auf den Fußboden. Oft half das. Doch in der nächsten Sekunde brach sein Magengeschwür auf.

Der Schmerz traf ihn wie ein Faustschlag. In seinem Magen brannte ein höllisches Feuer, und David wußte, daß er nie zuvor einen so heftigen Schmerz verspürt hatte. Gleich würde er laut aufschreien. Plötzlich wurde ihm schwarz vor Augen, kalte Schauer überliefen ihn, und alles um ihn herum versank in der Dunkelheit. David wehrte sich nicht. Es war schön, so schnell erlöst zu werden.

DAVID erwachte kurz, schlief aber gleich wieder ein. Der Schlaf war sanft, er schwebte wie auf Wolken. Dann schrie ihn jemand an: „Kommen Sie! Aufwachen!"

Er lag in einem Krankenhaus. Doch ehe er richtig wahrnahm, was mit ihm geschehen war, spürte er erneut den Schmerz in der Magengegend, und er stöhnte: „Nein! Nein!" Dann gaben sie ihm eine Spritze, und er schlief sofort wieder ein.

Stunden später wachte er auf, konnte aber erst wieder einschlafen, als er vor Schmerzen völlig erschöpft war. So dämmerte er von einem Tag in den nächsten hinüber und verlor bald jegliches Zeitgefühl.

Dann erwachte er eines Morgens und stellte fest, daß er ausnahmsweise einmal gut geschlafen hatte. Die Schmerzen waren erträglicher. Er setzte sich im Bett auf und ließ zu, daß man ihm verdünnte Milch einflößte. Es ging ihm besser. David bedauerte nur, daß er vielleicht bald wieder der grausamen Wirklichkeit ins Auge sehen mußte.

Als er tags darauf erwachte, saß Gallois an seinem Bett. David starrte ihn ungläubig an und ergriff seine Hand.

„Na, wie geht's?" fragte der Franzose lächelnd.

„Das ist nicht so wichtig", meinte David. „Bitte hören Sie zu. Ich muß Sie etwas fragen, etwas sehr Wichtiges." Er setzte sich im Bett auf. „Monsieur Gallois, als wir das letzte Mal miteinander sprachen, haben Sie gesagt, Sie könnten mir nicht helfen. Das mag ja sein. Aber ich bin sicher, Sie wissen, wie man ein kleines Päckchen nach England schaffen kann. Die Informationen, von denen ich gesprochen habe – sie sind in einem winzigen Päckchen enthalten. Ich wollte es immer selbst außer Landes bringen, aber das ist jetzt nicht mehr möglich."

Gallois wollte etwas erwidern, aber David gebot ihm mit einer Handbewegung zu schweigen. „Nein, bitte keine Ausreden mehr. Kommen Sie einfach wieder her, und teilen Sie mir mit, daß Sie es an die richtige Adresse bringen können! Ich bitte Sie!" Erschöpft lehnte er sich zurück.

„Ich werde sehen, was sich tun läßt", antwortete Gallois mit fester Stimme.

David drückte ihm die Hand; er war sicher, daß der Franzose einen Weg finden würde. Glücklich schlief er wieder ein.

Am nächsten Tag erschien eine Krankenschwester, die David noch nie gesehen hatte. Während sie die Kissen aufschüttelte, flüsterte sie David zu: „Ich habe eine Botschaft für Sie. Ihre Freunde werden das Päckchen abliefern. Und passen Sie auf: Nicht nur das Päckchen, sondern Sie selbst dazu!"

Er faltete die Hände und nahm die Botschaft ganz langsam in sich auf. Seine Gebete waren erhört worden. Er erhielt doch noch eine Chance, einen richtigen Sabotageakt durchzuführen.

Sechstes Kapitel

DIE Straßen von Berlin waren dunkel und fast menschenleer. Regen, mit Schnee vermischt, fiel in heftigen Schauern, von einem eisigen Nordwind gepeitscht. Wegen Glatteisgefahr und Verdunkelung fuhr der Wagen sehr langsam, nervös starrte der Fahrer durch die Windschutzscheibe.

Das Wetter war schon seit Wochen schlecht. Regen, Schnee, eisige Kälte. Selbst die Elemente scheinen sich gegen uns verschworen zu haben, dachte Großadmiral Dönitz. Stalingrad war gefallen, und Generalfeldmarschall Paulus war mit den Resten der 6. Armee in Gefangenschaft gegangen. Doch auf See erzielten die deutschen

U-Boote trotz ungünstiger Bedingungen immer noch bemerkenswerte Erfolge.

Das Wetter konnte Dönitz nicht ändern. Aber gegen die anderen
Probleme der Marine konnte und wollte er etwas unternehmen. Zum
Beispiel dagegen, daß seine U-Boote keine Unterstützung aus der
Luft erhielten. Oder dagegen, daß er kaum noch Stahl zum Bau neuer
U-Boote zugeteilt bekam.

Nachdenklich strich er über die goldenen Tressen am Ärmel seiner
neuen Uniformjacke. Seit drei Wochen war er Oberbefehlshaber der
Kriegsmarine – seit Raeder überraschend seinen Abschied genommen
hatte, weil Hitler die Schlachtschiffe, die er als „unnütz" bezeichnete,
hatte einmotten wollen. Aber auch er, Karl Dönitz, hatte sich gleich
nach seiner Beförderung gegen Hitlers Plan gewandt, und *er* war mit
seinen Einwänden nicht auf taube Ohren gestoßen! Seitdem behan-
delte Hitler ihn mit dem größten Respekt. Es ging manchmal schon
merkwürdig zu in der Welt.

Nur kam das alles vielleicht zu spät. Die schlimmsten Fehler waren
bereits begangen und ließen sich nur schwer wieder gutmachen. Zum
Beispiel die Sache mit den Funkmeßgeräten.

Alfred Schmidt, immer noch oberster Forschungskoordinator,
hatte vorgeschlagen, das leidige Thema in großer Runde abzuhandeln.
Reichsmarschall Göring war einverstanden gewesen und hatte die
Besprechung für heute anberaumt.

Der Wagen hielt vor der Reichskanzlei. Die anderen Gesprächsteil-
nehmer saßen bereits im Konferenzzimmer. Als Dönitz eintraf,
erhoben sich alle bis auf Göring, der an der Stirnseite des Tisches
sitzen blieb, seine massige Gestalt in einen prunkvollen Sessel
gezwängt. Er lächelte Dönitz gnädig an, und Dönitz nickte ihm zur
Begrüßung zu, während er Platz nahm.

Die Konferenz wurde eröffnet. Schmidt saß rechts von Göring und
starrte unglücklich auf den Stapel Papiere, der vor ihm auf dem Tisch
lag. Zögernd las er seine vorbereitete Stellungnahme vom Blatt.

Schon nach kurzer Zeit spürte Dönitz, wie sich ihm die Nacken-
haare sträubten. Schmidt berichtete: „. . . die feindliche Maschine
wurde am Abend des zwölften Februar 1943 in der Nähe von
Rotterdam abgeschossen. Eine Routineuntersuchung der Trümmer
durch Fachleute der Luftwaffe förderte einen schwer beschädigten
Metallkasten zutage. Im regionalen Hauptquartier der Luftwaffe
wurde der Kasten, der sich als ein elektronisches Gerät entpuppte,
auseinandergenommen, die Einzelteile wurden zur weiteren Untersu-
chung nach Berlin geschickt. Hier haben wir dann das ‚Rotterdam-
Gerät', wie wir es nennen, in unserem Labor untersucht." Schmidt

hielt inne und sah noch unglücklicher drein. „Vor zwei Tagen jedoch hat die RAF das Labor bombardiert. Bei dem Angriff sind einige meiner Leute umgekommen; Teile des Geräts wurden zerstört. Wir haben aus den Trümmern des Gebäudes gerettet, was zu retten war. Zur Zeit bemühen wir uns um die Rekonstruktion des Geräts aus den Teilen, die uns geblieben sind."

Göring unterbrach. „Herrn Schmidt steht inzwischen das beste Labor des Reiches zur Verfügung", sagte er. „Es ist so gut befestigt, daß sich ein solcher Vorfall nicht wiederholen kann." Die Stabsoffiziere nickten.

Schmidt vergewisserte sich, daß Göring ausgeredet hatte, und wandte sich wieder seinen Notizen zu. „Wir haben nicht mehr genug Teile", fuhr er fort, „und es ist unmöglich, das Gerät wieder in einen funktionstüchtigen Zustand zu versetzen. Deshalb können wir im Augenblick keine Aussagen über seine Reichweite und Leistung machen. Wir können allerdings zwei grundsätzliche Schlüsse ziehen: erstens, daß es sich um ein Funkmeßgerät handelt, das wir nie zuvor gesehen haben, und zweitens, daß es mit einer extrem kurzen Wellenlänge arbeitet und deshalb überaus präzise Bilder liefert."

Die Runde schwieg betreten. Da ergriff Dönitz das Wort. „Habe ich Sie richtig verstanden?" fragte er mit bedrohlich leiser Stimme. „Diese Art von Funkmeßgerät ist völlig neu für uns?"

Schmidt biß sich nervös auf die Unterlippe. „Jawohl."

„Und deshalb können wir – falls die Engländer es in großer Stückzahl einsetzen – keine Gegenmaßnahmen ergreifen?"

Der Forschungskoordinator rutschte unruhig in seinem Sessel hin und her. „Im Augenblick können wir solche Geräte noch nicht aufspüren", erwiderte er.

Dönitz beugte sich vor. „Wie lange wird es dauern, ein Warngerät zu entwickeln?" fragte er.

„Es braucht Zeit. Wir müssen erst einmal genau wissen, wie dieses Gerät funktioniert. Es beruht offenbar auf völlig neuen Prinzipien."

„Neuen Prinzipien...", wiederholte Dönitz. Mein Gott, dachte er, die haben nicht den Schimmer einer Ahnung. Verärgert bemerkte er mit einem Blick auf Göring: „Und unterdessen sind wir wehrlos."

„Nicht ganz!" widersprach der Reichsmarschall lächelnd. „Der Direktor von Telefunken hat mich wissen lassen, daß die Experimente mit neuen Wellenlängen nie ganz eingestellt worden sind. Vielleicht kann man jetzt bei Telefunken verhältnismäßig rasch ein Warngerät zur Produktionsreife bringen. Ich versichere Ihnen jedenfalls, daß ich Sie ständig auf dem laufenden halten werde, Dönitz!"

„Gewiß", sagte Dönitz verkniffen. Er wußte, daß Göring ihm stets nur das Allernötigste mitteilen würde. „Und wann werden auch wir ein Kurzwellen-Funkmeßgerät haben?" fragte er.

Schmidt atmete tief durch. „In achtzehn Monaten . . . oder zwei Jahren."

Das war eine kleine Ewigkeit. Dönitz sah Schmidt geringschätzig an. Der Mann hatte einmal heilige Eide geschworen, daß Kurzwellenradar unmöglich entwickelt werden könne. Dabei fiel ihm plötzlich etwas ein. „Herr Schmidt!" sagte er in schneidendem Ton.

„Herr Großadmiral?"

„Vor Jahren, auf dem Forschungsschiff *Welle,* als Sie uns zum ersten Mal Funkmeßgeräte vorführten, habe ich mit einem Ihrer Wissenschaftler gesprochen, der von Beginn an mit Funkmeßtechnik befaßt war. Dieser Mann hat sich damals mit mir über die Entwicklung von Kurzwellenfunkmeßgeräten unterhalten, und er hat sie für möglich gehalten."

Schmidt sah blaß aus. „Ich . . . ich kann mich nicht genau erinnern", stotterte er.

„Seltsam, daß Sie sich nicht erinnern", meinte Dönitz und schüttelte den Kopf. „Sie waren damals sehr aufgebracht."

„Moment mal . . .", sagte Schmidt, als dämmere es ihm langsam. „Ich glaube . . ., jetzt weiß ich, wen Sie meinen: einen Mann namens Freymann."

„Richtig, so hieß der Mann! Genau!"

„Wir haben ihn bereits angefordert, Herr Großadmiral", erklärte Schmidt hastig. „Natürlich haben wir sofort an ihn gedacht! Jawohl, wir haben vor, ihn bei der Analysierung des Rotterdamgeräts einzusetzen. Deshalb haben wir darum gebeten, ihn uns zu überstellen."

„Wen mußten Sie denn darum bitten?"

„Die SS."

„Bedeutet das, daß sich Freymann in Haft befindet?"

„Er ist Jude." Schmidt lächelte matt. „Wir haben vor kurzem erfahren, daß er nach Frankreich verlegt wurde, wo er für die Kriegsmarine arbeitet."

Peinliches Schweigen. „Ich finde es reichlich merkwürdig, daß man nicht sofort an mich herangetreten ist, Herr Schmidt", bedauerte Dönitz schließlich.

Schmidt zuckte hilflos mit den Achseln.

„Und wie steht es mit Unterlagen, Plänen und so weiter?" erkundigte sich Dönitz. „Freymanns Forschungsarbeit muß doch Spuren hinterlassen haben."

„Das Material ist nicht auffindbar. Es muß verlegt worden sein."

„Dann hoffe ich, daß wenigstens der Mann bald hier ist. Ich erwarte umgehend Meldung!" Dönitz erhob sich. „Und außerdem verlange ich, daß das Forschungsprojekt mit Hochdruck vorangetrieben wird. Guten Tag, meine Herren."

Auch die anderen standen auf; einige Offiziere räusperten sich laut, Stühle wurden gerückt. Niemand machte sich die Mühe, mit „Heil Hitler!" zu grüßen.

Schmidt blickte Dönitz nach, der sichtlich verärgert den Raum verließ. Er seufzte. Die ganze Sache war ein Alptraum. Schlimmer konnte es nur noch werden, wenn Freymann keine Lösung fand. Der Forschungskoordinator gestand es sich nicht gern ein, aber alles sprach dafür, daß dieser eingebildete Judenlümmel seine einzige Hoffnung war.

Siebentes Kapitel

Das Schaufenster der Buchhandlung in Morlaix wirkte trist und leer. Julie betrat den Laden. Eine Glocke bimmelte laut.

Der Inhaber saß hinter dem Ladentisch. Er sah sie über den Rand seiner Brille hinweg an.

„Haben Sie ein Buch mit dem Titel ‚Das große Glück'?" fragte Julie.

„Ist das von Maurik?"

„Nein, von Leforge."

Der Besitzer blickte sich rasch im Laden um. „Bitte kommen Sie mit. Ich will sehen, ob ich es im Lager habe." Er schlug einen schweren Vorhang zurück und brachte Julie in den dunklen Lagerraum. Einen Moment lang konnte sie nichts erkennen, dann sah sie die Umrisse einer Gestalt. „Danke, daß Sie gekommen sind", sagte eine Stimme.

„Schon gut."

Die Gestalt kam näher, und Julie erkannte Maurice, den neuen Chef. Zusammen mit dem Funker Jacques war er aus England gekommen.

Maurice führte sie zum anderen Ende des Lagerraums, wo es ein wenig heller war. Der Buchhändler war inzwischen wieder in den Laden zurückgekehrt. „Wir gehen genauso vor wie beim letzten Mal, wenn Sie einverstanden sind", sagte Maurice. Er sprach leise und gelassen. Er war etwa vierzig, von gedrungener Gestalt, und Julie hätte wetten können, daß er Belgier war. Aber danach fragte man nicht. Seit dem Fiasko vom November letzten Jahres stellte niemand mehr Fragen.

Maurice zeigte auf die Tür, die in einen kleinen Packraum führte. „Der Pilot wartet dort drin. Wir haben natürlich in London rückgefragt. Mit ihm scheint alles in Ordnung zu sein, aber . . .“ Er zuckte die Achseln. „Fühlen Sie ihm lieber noch einmal auf den Zahn.“

„Mach ich“, erwiderte Julie. Es war jetzt einfacher; nicht mehr so wie beim ersten Mal, als sie einen amerikanischen Piloten hatte ausfragen müssen. Damals hatte sie sich noch keine Fangfragen ausgedacht, und der junge Mann hatte ihr seine Familiengeschichte über zwei Generationen erzählt. Inzwischen brachte sie ein Gespräch jedoch innerhalb von fünf Minuten über die Bühne.

Julie betrat den Packraum, setzte sich und musterte den jungen Mann, der ihr an einem kleinen Tisch gegenübersaß. Er sah jedenfalls schon einmal aus wie ein Amerikaner, mit seinem runden Gesicht und dem ungewöhnlichen Kurzhaarschnitt. Sie lächelte ihn an. „Woher kommen Sie?“

„Ich stamme aus Milwaukee, *Ma'am*.“

Julie sah den Flieger an, als wisse sie genau, wo Milwaukee liegt. „Und in welchem Staat ist das?“

„In Wisconsin, *Ma'am*.“

Julie versuchte, sich vorzustellen, um welchen Bundesstaat es sich handeln könnte. Wahrscheinlich lag Wisconsin irgendwo bei den Großen Seen. Auf jeden Fall im Mittelwesten. „Das ist in der Nähe von New York, nicht wahr?“ fragte sie.

Der junge Pilot lachte amüsiert. „Aber nein, *Ma'am!* Die nächste große Stadt ist Chicago. Nein, New York ist beinahe tausend Meilen entfernt.“

Der Mann schien in Ordnung zu sein. Aber Julie mußte auf Nummer Sicher gehen. „Kann sein, daß Sie in vier Wochen wieder zu Hause sind“, fuhr sie fort. „Freuen Sie sich darauf?“

Der junge Mann grinste. „Und wie! Ich habe meine Familie seit über einem Jahr nicht mehr gesehen.“

„Warten Sie – jetzt haben wir Ende Februar. Da kommen Sie wahrscheinlich gerade an Washingtons Geburtstag heim, einem Feiertag. Wäre das nicht prima?“

Der Flieger runzelte die Stirn. „Sie irren, *Ma'am*. Washingtons Geburtstag war vor vier Tagen!“ Er schüttelte den Kopf. „Damit werde ich mich also noch ein Jahr gedulden müssen.“

Julie lächelte. „Natürlich, wie dumm von mir!“ Sie stand auf. „Bitte warten Sie hier. Man wird Sie gleich wieder abholen.“

Der Flieger war ebenfalls aufgestanden. Jetzt nickte er und setzte sich wieder. Julie ging in den Lagerraum zurück. Maurice sah sie fragend an. Sie nickte und sagte: „Der ist echt, da bin ich sicher.“

Maurice sah zufrieden aus. „Danke für Ihre Hilfe", meinte er. „Diese Überprüfung ist wirklich sehr wichtig für uns."

Julie errötete vor Freude. „Bevor ich gehe, noch eine kleine Bitte", sagte sie. „Sie werden mich doch wieder zum Dienst am Strand einteilen, nicht wahr? Wenn das Boot kommt?"

Maurice sah sie sinnend an. „Wenn Sie möchten. Wir können Sie da wahrhaftig gut gebrauchen. Aber . . . es bedeutet ein größeres Risiko, das ist Ihnen doch klar?"

„Ja, ich weiß."

Sie winkte zum Abschied und ging bis zu dem schweren Vorhang am Eingang des Lagerraums. Dort blieb sie lauschend stehen, und als nichts zu hören war, schob sie ihn vorsichtig beiseite und blickte in den Laden. Es waren keine Kunden da; nur der Inhaber stand hinter dem Ladentisch. Julie nickte ihm zu und verließ den Laden durch die Eingangstür. Sie mußte gleich wieder zur Arbeit. Ihre Mittagspause war beinahe vorüber.

Als sie im Büro der Gemüsegroßhandlung ankam, war alles ruhig. Ihr Chef hatte sich den Nachmittag freigenommen. Auf ihrem Schreibtisch sah sie den Stapel Rechnungskopien, die abgelegt werden mußten. Eine Arbeit, die sie haßte. Die konnte eine halbe Stunde warten. Sie setzte sich und blätterte in ihrem Taschenkalender, um nachzusehen, wann die nächste mondlose Nacht sein würde. Dann käme Richard zurück . . .

Seit drei Monaten waren sie getrennt. Richard, seine Mannschaft und eine Gruppe von Fliegern waren Anfang Dezember 1942 nach England hinübergebracht worden. Seitdem war das Boot noch viermal gekommen, und Richard war nicht dabeigewesen. Jedoch hatte er ihr Botschaften geschickt: *Liebe Julie, paß gut auf Dich auf!* oder: *Hoffe, daß ich bald wieder bei Dir bin!*

Vielleicht kommt er überhaupt nicht mehr, dachte Julie besorgt. Aber sie würde trotzdem immer wieder zum Strand hinuntergehen, falls er eines Nachts doch wieder an einer Landung teilnahm. Und deswegen half sie Maurice bei der Überprüfung der Piloten – um sich unentbehrlich zu machen und sicherzustellen, daß sie mit an den Strand durfte. Sie schämte sich ihrer selbstsüchtigen Motive. Entweder setzte man sich ganz für die Sache ein oder gar nicht.

Ein Frösteln überlief sie, und sie stand auf, um die ungeliebten Rechnungskopien abzulegen.

JULIE machte früh Feierabend. Es gab nichts mehr zu tun, und wenn sie den Fünfuhrbus erwischte, konnte sie eine Stunde länger mit Peter spielen.

Ein paar Minuten später bestieg Julie den nur mit wenigen Fahrgästen besetzten Bus und setzte sich in die letzte Reihe. Als der Bus losfuhr, zog sie die Morgenausgabe der *Ouest-France* aus der Handtasche und begann zu lesen. Viel stand nicht drin – das Blättchen hatte nur vier Seiten und wurde scharf zensiert –, aber ein paar Nachrichten waren besser als gar keine. Jemand nahm neben ihr Platz und sprach sie plötzlich an: „Du hast ja früher Feierabend gemacht!"

Sie zuckte zusammen und fuhr herum. „Michel!" rief sie. „Du hast mich aber erschreckt!"

Er lächelte. „Ich bitte untertänigst um Verzeihung."

Der Bus hielt an einem Schlagbaum; dahinter begann die *Zone interdite,* der Küstenbereich, den nur Anwohner mit einem Sonderausweis betreten durften. Julie kramte ihren Ausweis hervor und warf einen Blick auf Michels Kennkarte. Sie war auf einen anderen Namen ausgestellt.

Als die deutschen Feldgendarmen die Papiere kontrolliert hatten und der Bus weiterfuhr, sah Julie Michel verstohlen von der Seite an. „Wo hast du denn die ganze Zeit gesteckt?" fragte sie.

„Hauptsächlich in Morlaix."

„Aber ich habe dich nie gesehen. Na ja . . ." Sie blickte ihn erneut prüfend an. „Und was tust du in diesem Bus?"

„Ich fahre Richtung Trégasnou."

„Aha." Sie fragte nicht, was er dort vorhatte. Es war besser, wenn sie nicht allzu genau wußte, was ihr Cousin tat. Wahrscheinlich plante er wieder einmal ein Attentat auf irgendwelche Deutsche.

„Ich habe gehört, daß die . . . Gruppe in Trégasnou jetzt ein bißchen besser organisiert ist", sagte Michel leise.

Julie erstarrte. „Ich weiß nichts davon", erwiderte sie abweisend.

Michel lächelte wissend. „Natürlich nicht. Ich muß sagen, daß eure Abschirmung besser geworden ist. Keiner redet viel, und das ist gut so."

„Und wie hast du dann von der Neuorganisation erfahren?" fragte Julie kühl. „Wenn die Abschirmung so gut ist?"

„Na ja, das habe ich mir eben so zusammengereimt."

Selbstzufrieden wie immer, dachte Julie. Aber er weiß nicht soviel, wie er vorgibt, das ist die Hauptsache. „Wenn du etwas herauskriegen willst, bist du bei mir an der falschen Adresse", erklärte sie. „Ich halte mich aus solchen Sachen heraus."

„Das will ich doch hoffen!" meinte er. „Und trotzdem glaube ich, daß du etwas mit diesen Leuten zu tun hast."

Wie sie seine Spielchen haßte! „Du bist so von dir überzeugt", versetzte sie ungeduldig. „Es ist wirklich nervtötend."

Er sah sie spöttisch an und flüsterte: „Was du nicht sagst!" Dann beugte er sich ganz nahe zu ihr hinüber. „Also schön – ob du nun weißt, wer in die örtlichen Aktivitäten . . . verwickelt ist, oder nicht –, bestimmt kennst du jemanden, der wiederum jemanden aus dieser Gruppe kennt. Wie auch immer – ich habe eine wichtige Nachricht für diese Leute. Wenn ich sie dir gebe, wirst du sie dann weitervermitteln?"

Julie sah ihm in die Augen. „Nun, versprechen kann ich dir nichts, aber . . ." Sie tat so, als müsse sie überlegen. „Wenn es so wichtig ist, will ich's versuchen."

„Das habe ich auch angenommen."

Julie hätte ihn am liebsten erwürgt.

„Paß auf, es geht um folgendes", fuhr er fort. „Also: In einer Fabrik in Brest arbeitet ein Wissenschaftler, der nach England will. Der Mann ist ein deutscher Jude. Er war in einem Konzentrationslager, bis ihn die Deutschen nach Frankreich verlegt haben, damit er in dieser Fabrik an irgendeinem elektronischen Gerät arbeitet. Er gilt zwar immer noch als Häftling, aber er wird kaum bewacht. Es erscheint uns ziemlich einfach, ihn zu befreien. Wichtig ist aber eines: Der Mann behauptet, im Besitz einer geheimen Erfindung zu sein, die die Engländer gut gebrauchen könnten. Er würde alle Pläne mitbringen. Ob das auch wirklich stimmt, ist eine andere Frage. Aber da es sich bei dem Mann um einen hochintelligenten Wissenschaftler handelt, wird er den Engländern auf jeden Fall von Nutzen sein, ob er nun eine Erfindung gemacht hat oder nicht."

Julie runzelte die Stirn und versuchte, sich alles zu merken.

Michel überlegte kurz. „Ach ja, noch eins: Die Deutschen haben diesen Mann im KZ halb umgebracht. Es geht ihm gesundheitlich nicht besonders gut. Er liegt im Augenblick in einem Krankenhaus und ist sicher erst in zwei Wochen transportfähig. Die Frage ist nun: Falls wir den Mann dort rausholen können – werdet ihr ihn übernehmen, auch wenn er schwer krank ist?"

„Ich . . . ich werde mich erkundigen."

Der Bus näherte sich Trégasnou. Michel stieß Julie an. „Ich bin immer noch unter meiner alten Adresse zu erreichen, wenn du mit mir Verbindung aufnehmen willst", meinte er.

Julie nickte.

Kurz darauf hielt der Bus auf dem Dorfplatz: Heftig rüttelnd kam er zum Stehen. Michel hatte sich schon erhoben, als er plötzlich sagte: „Und noch etwas: Falls du mal Hilfe brauchst – du ganz persönlich –, kannst du dich jederzeit an mich wenden."

Er sagte es leichthin, ganz so, als lüde er sie lediglich zum Essen ein, aber Julie spürte, daß es ihm damit ernst war. Er konnte einen wirklich durcheinanderbringen. Sie nickte verwirrt. „Ja . . ., mach ich."

„Gut." Michel ging zum Ausgang und stieg vor ihr aus dem Bus. Ein angedeutetes Winken, dann war er verschwunden.

„ES HEISST, Michel le Goff sei nicht zu trauen." Maurice blickte die Anwesenden der Reihe nach an.

Keiner sprach, nur das Knistern der Holzscheite im Ofen war zu hören. Dann ergriff einer aus der Gruppe das Wort: „Gut, aber warum sollte er uns ein Kuckucksei ins Nest legen? Was hätte er davon?"

Onkel Jean nahm die Pfeife aus dem Mund, seufzte und sagte mit Nachdruck: „Wer weiß? Michel ist ein Radikaler, und solche Leute sind zu allem fähig."

Julie war ungehalten. „Aber er würde uns doch nie und nimmer verraten", sagte sie zu Maurice. „Außerdem ist er mit uns verwandt."

Erneut herrschte Schweigen. Nach einer Weile meinte Maurice: „Das Problem ist dieser angebliche Wissenschaftler. Wir haben keine Möglichkeit festzustellen, ob er echt ist. Wir müssen uns auf Michels Wort verlassen. Wenn man ihn hereingelegt hat . . ., nun, dann sind wir geliefert. Die Deutschen schnappen uns bei der Übergabe. Es könnte die perfekte Falle sein."

Die anderen nickten. „Und was ist, wenn dieser Wissenschaftler echt ist und wirklich Geheimpläne besitzt?" erkundigte sich Gérard.

„Du hast recht, man kann nie wissen", sagte Maurice. „Deshalb schlage ich folgendes vor: Wir fragen in London nach. Wenn dieser Wissenschaftler tatsächlich ein Spitzenmann ist, haben sie vielleicht Informationen über ihn. Wir müssen uns so gut wie möglich absichern. Bei der Übergabe setzen wir nur einen Mann ein, und wenn wir den Deutschen haben, bewachen wir ihn rund um die Uhr . . ."

„Dann machen wir's also?"

„Ja, ich glaube, das müssen wir tun." Maurice sah Julie an. „Ach ja, das Boot – Sonntag nacht kommt eins. Werden Sie helfen, die Pakete zum Strand zu bringen?"

„O ja! Kein Problem!" erwiderte Julie rasch.

Sonntag. Noch drei Tage bis Sonntag.

EBEN noch hatte Julie die Umrisse eines Felsens vor dem Hintergrund des Wassers erkennen können, doch schon im nächsten Moment war die Klippe in der Finsternis verschwunden. Eine ausgezeichnete Nacht für ein Landungsunternehmen, dachte Julie. Außerdem ging nur ein leichter Wind, und das Schnellboot würde mit Höchstgeschwindigkeit über den Ärmelkanal brausen können.

Sie würde aufatmen, wenn alle Pakete unterwegs waren. In diesem Moment warteten nicht weniger als neununddreißig Piloten im Schutz der Felsen. Erschreckend viele, aber in den letzten Wochen waren sie in immer kürzeren Abständen eingetroffen. Julie hörte, wie sie leise miteinander redeten. Sie stand auf, lief auf die Felsen zu, von wo die Stimmen kamen, und flüsterte: „Bitte nicht reden! Am Wasser tragen Geräusche weit." Die Männer verstummten, und Julie ging an ihren Platz zurück. Sie war sehr ruhig, denn sie spürte, daß alles klappen würde. Außer dem leisen Rauschen der Wellen war jetzt nichts mehr zu hören. Eine Gestalt löste sich aus der Gruppe, die am Wasser stand, wahrscheinlich war es Gérard. Ein zweiter Mann folgte ihm. Dann vernahm Julie ein Geräusch, unendlich leise, plätschernd . . ., das Landungsboot!

Julies Herz schlug laut. Als sie aufs Meer hinausblickte, stellte sie überrascht fest, daß die Engländer in dieser Nacht gleich zwei Landungsboote einsetzten. Erneut eilte sie zu den Felsen hinüber und sagte zu den Fliegern: „Sie werden gleich zwei kleine Boote sehen. Gehen Sie aber erst los, wenn man es Ihnen sagt. Haben Sie verstanden?" Dann hockte sie sich hin und wartete.

Die Landungsboote schienen lange zu brauchen. Dann, endlich, glitten sie auf den Strand. Julie wartete eine halbe Minute, stand auf und sagte leise: „Gruppe eins und zwei!" Die Männer, insgesamt zwölf, erhoben sich und folgten ihr zu den bereitliegenden Booten. Die Bootsmannschaften hatten es eilig. Julie versuchte, die Gesichter der Besatzungsmitglieder zu erkennen. Doch Richard war nicht dabei, hatte sie rasch erkannt. Kurze Zeit darauf waren sie wieder fort.

Zwanzig Minuten später erschienen die Boote zum zweitenmal, und wieder brachte Julie zwei Gruppen von Piloten hin. Sie sah den Booten einen Moment nach, ehe sie sich umdrehte. Noch eine Fahrt, und sie hatten es geschafft. Jemand kam auf sie zugelaufen. Gérard? Nein, die Gestalt war zu groß. Plötzlich wußte sie genau, wer es war.

Sie ging Richard zögernd einen Schritt entgegen, lachte ganz leise. Dann drückte er sie so fest an sich, daß ihr fast die Luft wegblieb. Er schmiegte seine Wange an die ihre, und als sie seine Nähe spürte, traf sie die Erinnerung wie ein Blitz. „Du hast mir so gefehlt", murmelte sie.

„Julie . . ." Er machte sich los und blickte ihr in die Augen. „Wir haben nicht viel Zeit, und ich muß es wissen. Geht es dir gut?"

„Ja, ja! Mir geht's gut!"

Sie lachte, stellte sich auf die Zehenspitzen, legte die Arme um seinen Nacken und küßte ihn. Er erwiderte ihren Kuß und hielt sie erneut auf Armeslänge von sich. „Hör zu, Julie – ich habe mir etwas ausgedacht. Es ist schon alles abgesegnet. Du und Peter – ihr müßt wieder nach England kommen. An Bord des Schnellbootes."

Julie sah ihn erschrocken an. „Wieso denn? Ich –"

„Paß auf, halte dich für die nächste Überfahrt bereit. In England seid ihr beide sicher. Julie, bitte sag ja!"

„Aber . . . ich weiß nicht. Ich . . . muß es mir erst noch überlegen."

„Julie, da gibt es doch nichts zu überlegen! Ist dir nicht klar, in welcher Gefahr du hier schwebst? Bitte versprich mir, daß du mitkommst!"

„Ich weiß es nicht – Richard, ich brauche Zeit!"

„Wir haben aber vielleicht nicht mehr genügend Zeit . . ."

Sie ahnte, wie enttäuscht er war. Deshalb sagte sie rasch: „Bitte, Richard – ich liebe dich von ganzem Herzen. Aber ich brauche Zeit. Mein Onkel und meine Tante leben hier und die anderen und . . ., es kommt alles so plötzlich. Laß mich darüber nachdenken. Und wenn du das nächste Mal kommst, gebe ich dir meine Antwort. Ich versprech's. Du kommst doch wieder, oder?"

„Ja. Ja . . ." Er war immer noch enttäuscht. Julie versuchte ihre Gedanken zu ordnen. Richards Vorschlag ist vielleicht gar nicht so schlecht, dachte sie. Ich sollte hier weggehen, sollte Peter in Sicherheit bringen. „Vielleicht hast du doch recht!" meinte sie schließlich. „Ich werde mich bereithalten, ich versprech's dir."

Er drückte sie an sich. „Gut, Julie! Gut!" flüsterte er, und sie lächelten einander in der Dunkelheit an.

Nach einiger Zeit hörten sie gedämpften Ruderschlag. Julie erstarrte. Plötzlich fiel ihr ein, daß sie die letzte Gruppe der Flieger noch aus ihrem Versteck holen mußte. „Ich muß mich um die Passagiere kümmern", sagte sie. Und ehe Richard etwas erwidern konnte, rannte sie bereits zu den Felsen hinüber.

Julie holte die Piloten ab und kehrte mit ihnen zum Strand zurück. Richard stand schon bei seinem Boot und war bereit zum Ablegen. „In ein paar Wochen sind wir wieder da", meinte er, als er sich von ihr verabschiedete. „Bitte komm dann mit, Julie. Bitte!"

„Ich werde es versuchen!"

Er küßte sie und gab Befehl zum Ablegen.

Achtes Kapitel

„Sie sehen heute sehr hübsch aus, Madame!"

„Vielen Dank", erwiderte Julie und lächelte der Ladenbesitzerin zu. Als sie mit ihrem Einkaufskorb auf die Straße hinaustrat, strahlte sie;

vergnügt winkte sie ein paar Bekannten zu. Seit Wochen hatte sich Julie nicht mehr so wohl gefühlt, und sie wußte auch den Grund dafür: Sie hatte beschlossen, nach England zu flüchten.

Doch sie wollte nicht einfach bei Nacht und Nebel verschwinden, denn das hätte Tante Marie und Onkel Jean in Schwierigkeiten gebracht. Darum hatte sie vorgebaut: Zuerst hatte sie ihre Stellung in Morlaix gekündigt, und dann hatte sie das Gerücht verbreitet, sie wolle in eine größere Stadt ziehen, vermutlich nach Rennes.

Julie ging über die Kreuzung und dann eine schmale Gasse entlang, in der mehrere kleine Fischerkaten lagen. Sie klopfte energisch an die Eingangstür eines der Häuschen und trat ein, ohne auf eine Antwort zu warten.

Neben dem Kamin saß ein alter Mann.

„Guten Morgen, Monsieur!" Der alte Mann nickte, und Julie ging an ihm vorbei in das Hinterzimmer.

Maurice erwartete sie bereits. „Alles in Ordnung?" fragte er.

Sie nickte zufrieden. „Ja. Und bei Ihnen?"

„Alles bestens", erwiderte Maurice. „Doch nun zur Sache. Punkt eins: Der Wissenschaftler – was ist mit ihm?"

Julie hatte am Tag zuvor kurz mit Michel gesprochen. „Der Mann liegt nicht mehr im Krankenhaus, er ist also transportfähig", berichtete sie. „Noch diese Woche soll es losgehen, aber mehr weiß ich auch nicht."

„Michel le Goff hat keinen genauen Termin angegeben?"

„Nein."

Maurice verzog das Gesicht. „Dann wollen wir uns mal darauf vorbereiten, den Wissenschaftler in etwa zehn Tagen auf die Reise zu schicken. Zuvor möchte ich aber sichergehen, daß er wirklich der Mann ist, als der er sich ausgibt." Er sah Julie an. „Werden Sie mir helfen, dem Mann ein paar Fragen zu stellen?"

„Aber natürlich."

„Außer Ihnen wird uns noch jemand helfen. Ein Freund aus Paris. Er arbeitet schon seit geraumer Zeit mit, war aber bisher in der Zentrale tätig."

Julie runzelte die Stirn. Ein Fremder? Sie hatte Angst vor Fremden. „Aber – was will er denn hier?" fragte sie.

„Er muß eine Zeitlang untertauchen. Vor ein paar Tagen hat man ihn in Paris am Gare Montparnasse fast erwischt, und jetzt sind die Deutschen hinter ihm her."

Julie sah unglücklich zu Boden. Ganz gleich, warum der Mann gekommen war – sie wünschte, er wäre nicht hier.

Maurice blickte sie fragend an. „Der Mann aus Paris wird sich bei uns sicher nützlich machen. Er hat zur Meteor-Gruppe gehört und kennt sich aus mit falschen Piloten, die die Deutschen uns unterjubeln wollen."

„Aber wie ist er denn auf uns gekommen?" wollte Julie wissen.

„Durch einen unserer Verbindungsmänner."

„Und er ist . . . absolut in Ordnung?"

„Ich habe mich eingehend über ihn erkundigt. Ach ja, wenn wir schon dabei sind . . ., vielleicht könnte es nicht schaden, wenn Sie ihn gleich kennenlernten; er ist nämlich hier im Nebenraum. Ich rufe ihn rein." Maurice ging zu einer Tür, öffnete sie und sagte etwas, das Julie nicht verstehen konnte. Ein Mann erschien im Türrahmen, und Julie hatte das ungute Gefühl, daß er schon geraume Zeit hinter der Tür gestanden und gelauscht hatte.

Der Mann trat ein und blickte Julie an. Er musterte sie eindringlich, und dann lächelte er. „Das ist Roger", sagte Maurice. Julie nickte dem Fremden zu; ihr Mißtrauen legte sich ein wenig.

Sie setzten sich, und Maurice begann seine Pläne zu erläutern. „Reden wir über Geheimhaltung", meinte er. „Wir sollten versuchen, uns von Anfang an bestens abzusichern . . ." Julie sagte nichts, sah den Fremden nur hin und wieder verstohlen von der Seite an. Der Mann hatte ein schmales, blasses Gesicht, dunkle Augen, denen offenbar nichts entging, und glattes Haar, das ihm unordentlich in die Stirn hing. Er war sehr einfach gekleidet, doch Julie fiel auf, daß er einen schweren goldenen Siegelring am Finger trug.

„. . . und dann ist da dieser angebliche Wissenschaftler, den man uns übergeben will. Zu allem Unglück ist er auch noch Deutscher."

Roger blieb gelassen. „Ein Deutscher?"

„Ja, obwohl das in diesem Falle nicht viel aussagt. Der Mann ist nämlich Jude, und er arbeitet unter Zwang für die Marine in Brest. Und jetzt will er mit wichtigen Geheimdokumenten raus."

„Um was für Dokumente handelt es sich?" fragte Roger gespannt.

„Ach, irgendeine wundersame Erfindung, die offenbar sehr bedeutend ist. Wir wissen keine Einzelheiten."

„Wenn er für die Deutschen arbeitet – wie soll er dann da rauskommen?"

„Darum werden sich einige Freunde kümmern", sagte Maurice und seufzte.

Der Mann stellte viele Fragen, offenbar war das seine Art. Vielleicht macht man das in Paris so, dachte Julie.

Währenddessen nickte Roger bedächtig. „Das hört sich ziemlich riskant an. Ich würde gern dabeisein, wenn ihr den Mann auf die Probe stellt."

„Natürlich. Wir alle wollen uns Gewißheit über ihn verschaffen!" Maurice stützte die Hände auf die Knie. „Alsdann, genug für heute. Oder gibt es noch Fragen?"

Julie sah Roger an. Der schüttelte den Kopf. Sie wandte sich Maurice zu und hätte ihn fast etwas gefragt – sie wollte erfahren, ob es bei den getroffenen Abmachungen bliebe, was ihre und Peters Überfahrt nach England anbelangte. Aber sie besann sich anders; es schien ihr nicht der richtige Augenblick dafür zu sein.

Sie verabschiedete sich und verließ das Haus. Ihr anfängliches Glücksgefühl war verflogen. Dieser Roger war ihr nicht geheuer. Sie fürchtete sich vor ihm, vor seinen kalten, wachsamen Augen.

Ein Schauer lief ihr über den Rücken, und sie eilte nach Hause.

VASSON sah ihr nach und fragte sich, warum auch sie so argwöhnisch gewesen war. Sie verhielt sich genauso wie die anderen hier, betrachtete alles, was von außerhalb kam, mit Mißtrauen. „Eine tapfere junge Frau", sagte er zu Maurice.

Maurice nickte. „Sie ist eine der tüchtigsten", erwiderte er.

Vasson wartete, bis Maurice wieder das Wort ergriff.

„Also dann mal weiter im Text", fuhr Maurice fort. „Ich werde versuchen, bis Donnerstag deine neuen Papiere zu kriegen. Bis dahin solltest du in Deckung bleiben."

„Aber ich habe noch meine alten Papiere. Die könnte ich doch benutzen."

„Nein! Die hast du in Paris benutzt, oder nicht?"

„Ja – stimmt." Und es stimmte tatsächlich. Der Mann, dem die Papiere gehört hatten, ein gewisser Fougères, war ein erfahrenes Mitglied der Meteor-Organisation. Als Fougères in Kloffers Kerker landete, waren ihm die Papiere abgenommen worden. Kloffer hatte dann das Paßbild gegen Vassons Konterfei austauschen lassen. Schließlich war Kloffer einem Mann auf die Spur gekommen, der Kontakte zur Widerstandsgruppe in der Bretagne unterhielt. Und da dessen Frau ebenfalls in Kloffers Kerker saß, war der Mann bereit gewesen, der Gruppe zu schwören, Vasson sei tatsächlich Fougères.

Maurice sah den Neuen strafend an. „Deine alten Papiere sind viel zu gefährlich. Wenn dich die Gestapomänner am Gare Montparnasse erkannt haben, kennen sie vielleicht auch deinen Namen! Nein, du mußt warten."

Vasson nickte nachdenklich. „Natürlich. Wie du meinst." Es war ohnehin nicht wichtig. Das Märchen vom Gare Montparnasse hatte er sich natürlich aus den Fingern gesogen.

„Wenn deine neuen Papiere fertig sind, schicken wir dich nach

Morlaix oder St-Brieuc. Da kannst du Pakete überprüfen, wenn sie
aus dem Zug gestiegen sind."

Vasson stand auf und ging ans Fenster. „Und was kann ich bis
Donnerstag tun?"

„Nichts."

Das paßte Vasson sehr gut. In der Zeit konnte er sich in aller Ruhe
im Dorf umsehen. Natürlich nur dann, wenn er hier nicht eingesperrt
war. „Ich drehe durch, wenn ich die ganze Zeit im Haus bleiben
muß", meinte er mit gespielter Ungeduld. „Kann ich mir wenigstens
abends ein wenig die Beine vertreten?"

Maurice überlegte einen Augenblick und sagte dann zögernd:
„Wenn es unbedingt sein muß. Aber sei vorsichtig." Er stand auf. „Ich
muß jetzt los. Hinterlaß einfach eine Nachricht im Café, wenn es
Probleme gibt."

Sie nickten einander zu, und Maurice ging.

Vasson rührte sich eine ganze Weile nicht vom Fleck. Er dachte
nach. Eigentlich lief alles recht gut. Wenn keine unvorhergesehenen
Probleme auftauchten, würde er Kloffer schon bald die wichtigsten
Leute der Organisation verraten können: Maurice, die junge Frau und
sämtliche Mitglieder, die bei der Übergabe am Strand sein würden.
Der Kopf der Gruppe wäre bestimmt dabei, und auf den kam es
schließlich an.

Schließlich stand er auf und ging in das unaufgeräumte, muffige
Zimmer, das sie ihm zugewiesen hatten. Es war sinnlos, vor Einbruch
der Dunkelheit das Haus zu verlassen. Also legte er sich aufs Bett und
starrte an die Decke. Da war noch jemand, über den er sich Gedanken
machen mußte: dieser Wissenschaftler. Wenn dieser Jude wirklich
wichtig war, dann lohnte es sich vielleicht, etwas zu unternehmen.
Dazu mußte er freilich erst einmal herausfinden, wer dieser Kerl
überhaupt war. Seinen Verbindungsmann bei der Gestapo in Morlaix,
einen Mann namens Baum, konnte er nicht fragen. Der Idiot würde
wahrscheinlich mit fliegenden Rockschößen in Morlaix herum-
hecheln, viele Fragen stellen und damit alles verderben.

Nein, es war besser, Baum da herauszuhalten. Das bedeutete, daß er
die Sache selbst in die Hand nehmen mußte.

Neuntes Kapitel

ES WAR ein wirklich beeindruckender Abschied. Alles, was Rang und
Namen hatte, war versammelt. Kapitänleutnant Geissler war erschienen und natürlich auch Gallois.

Geissler reichte David die Hand. „Tja, Herr Freymann", sagte er. „Es tut mir leid, daß wir Sie verlieren, aber ich bin sicher, daß Ihnen Ihre neue Aufgabe Freude machen wird. Eine große Ehre. Wirklich eine große Ehre. Bestimmt freuen Sie sich schon auf das Wiedersehen mit Berlin."

„Ja, gewiß." David nickte und lächelte dann der versammelten Belegschaft zu. Aber er brachte es nicht fertig, Gallois anzusehen. Er fürchtete, die anderen könnten Verdacht schöpfen. Und schließlich wollte er nicht noch in letzter Minute alles verpatzen.

David wandte sich ab und schritt bedächtig die Treppe hinunter, seine Aktentasche unter den Arm geklemmt. Er hatte immer noch weiche Knie und ging bewußt langsam die Straße entlang zum Lagerhaus. Er trat ein und suchte gleich seinen kleinen Schlafraum am anderen Ende des Gebäudes auf. Dort setzte er sich aufs Bett und starrte die Wand an; die Aktentasche hielt er noch immer unterm Arm.

Es hatte geheißen, man werde ihn abholen. David versuchte, sich vorzustellen, wie sie das bewerkstelligen wollten. Es war unmöglich, ihn hier herauszubekommen.

Seine Abreise nach Berlin war erst für den nächsten Morgen um sieben Uhr geplant. Bis dahin würde er auf alle Fälle angekleidet warten. Jetzt war er müde; schon der kurze Fußmarsch hierher hatte ihn sehr angestrengt. Er legte sich aufs Bett und döste.

Plötzlich erwachte er und richtete sich auf. Er spürte, wie der Fußboden bebte. Ein flackernder Lichtschein huschte über die Wand gegenüber dem Fenster. In der Ferne war ein tiefes Grollen zu hören; das Fenster klirrte, und ein Lichtblitz zuckte über den Nachthimmel.

Ein Luftangriff! Vielleicht hatte er die Sirene nicht gehört! Rasch stand er auf und wankte unsicheren Schrittes zum Fenster hinüber.

Die nächste Detonation erfolgte ganz in der Nähe. Dann leckten Flammen an einem Gebäude der Marinewerft hoch. Eine Brandbombe? David runzelte die Stirn. Er hatte keine Flugzeuge gehört.

Eine Sirene heulte. Im Lagerhaus brach ein lärmendes Durcheinander los. Türen knallten, Männer liefen durcheinander und brüllten laut. Kurz darauf stürzten die Aufseher aus ihrer Baracke und rannten los, auf den Feuerschein zu.

David öffnete das Fenster. Jetzt hörte er noch ein anderes Geräusch, ein wütendes Trommeln, das offenbar von nebenan kam: Einige Insassen des Lagerhauses hämmerten mit den Fäusten gegen die Türen, und sie schrien wie wahnsinnig.

Das waren die polnischen Zwangsarbeiter. Versuchten sie etwa auszubrechen?

David trat zurück. Ein paar Augenblicke später erschien eine Hand

auf der Fensterbank, und verschreckt drückte er sich in eine Ecke.

Eine Stimme zischte: „Freymann?"

David sah den Umriß eines Kopfes im Fensterrahmen. „Ja?"

„Schnell! Klettern Sie aus dem Fenster, und folgen Sie mir!"

David tastete nach seiner Aktentasche und ging ans Fenster. „Kommen Sie von –?" fragte er atemlos.

„Klappe halten! Dafür ist jetzt keine Zeit. Los, Beeilung!"

David warf die Aktentasche aus dem Fenster. Er schwang den linken Fuß auf das Fensterbrett und zog sich hoch. Dann setzte er sich und ließ die Beine nach draußen baumeln. Der Fensterrahmen schnitt ihm schmerzhaft in die Oberschenkel. Dennoch ruhte sich David einen Augenblick lang heftig keuchend aus.

„Los, los!" Der Mann klemmte sich Davids Tasche unter den Arm.

„Schon gut, ich tue mein Bestes!" David ließ sich fallen. Sogleich wurde er am Arm gepackt. Er stolperte, kam wieder hoch und wurde gezogen. An der Ecke des Lagerhauses blieb sein Begleiter stehen, und David schöpfte kurz Atem. Dann rannten sie gebückt weiter. Der Fremde ließ Davids Ärmel nicht los.

David lief, so schnell er konnte, doch schon drohte ihm wieder die Luft auszugehen. Sie erreichten den äußeren Zaun am Ostrand des Lagers. Normalerweise war der Zaun hell erleuchtet, doch jetzt lag er im Dunkeln. Sie hielten im Schatten eines kleinen Schuppens inne und warteten. Der Mann lauschte gespannt.

Dann rannten sie weiter, am Zaun entlang. Der Fremde zog David ein paar Meter nach rechts und kroch dann auf allen vieren vor ihm her. David erkannte ein großes Loch im Maschendraht. Der Mann warf die Aktentasche hindurch und bedeutete David hindurchzuschlüpfen. David tat es, und der Mann folgte ihm rasch. Draußen hob er die Aktentasche auf und half David auf die Beine. Erneut packte er ihn am Ärmel, dann rannten sie über offenes Gelände, durch ein geöffnetes Tor auf eine Straße, wo ein Lastwagen geparkt war. Der Mann führte David an die hochgeklappte Pritschenrückwand. „Ich schaff's . . . nicht . . . rauf", keuchte David.

Der Fremde beugte sich wortlos vor, umschlang Davids Beine und hob ihn hoch. David wälzte sich über die Rückwand und landete bäuchlings auf der Ladung, die nach Kohl roch.

„Verstecken Sie sich unter dem Gemüse!" Ein Gegenstand landete neben David auf den Kohlköpfen. „Ihre Tasche. Viel Glück!"

David nahm die Aktentasche und kroch auf das Führerhaus zu. Wie sollte er sich in dieser Ladung verstecken? Sorgfältig grub er sich ein Loch, legte sich hinein und bedeckte sich, so gut es ging, mit Kohlköpfen.

Warum fuhr der Wagen denn nicht los? David hörte das Geräusch vorbeibrausender Lastwagen, Gebrüll in der Ferne und von Zeit zu Zeit einen Gewehrschuß.

Doch der Lastwagen setzte sich nicht in Bewegung. Nach etwa einer halben Stunde wuchs in David die Überzeugung, daß es auch so rasch nicht losgehen würde. Vielleicht erst bei Tagesanbruch? Er wünschte, sie hätten es ihm gesagt. Endlich fiel er in einen unruhigen Schlaf.

Er erwachte, als die Tür zum Führerhaus krachend zugeschlagen wurde. Jemand pfiff laut vor sich hin; der Anlasser jaulte, dann sprang der Motor an.

Einige Male hielt der Wagen, fuhr aber stets gleich wieder weiter, und nach einiger Zeit war nur noch das monotone Brummen des Motors zu hören.

PLÖTZLICH war es still. David wurde klar, daß der Wagen stand und der Motor abgeschaltet worden war.

Die Tür fiel ins Schloß, und jemand kam nach hinten. Die Pritschenrückwand schlug krachend herunter, und dann vernahm David eine Männerstimme, die auf französisch rief: „Hallo, mein Freund, wir sind da!"

David räumte ein paar Kohlköpfe beiseite und erkannte einen Mann um die Vierzig, der einen Arbeitskittel und eine Baskenmütze trug und auf die Pritsche kletterte. „Moment, ich helfe Ihnen auf", sagte er, und schon befreite er David aus den Kohlköpfen.

„Danke. Sie sind sehr freundlich", meinte David, als er sich aufrappelte. Er stieg von der Pritsche und fand sich in einem Stall wieder, an dessen Tor der Lastwagen rückwärts herangefahren war. Der Mann mit der Baskenmütze bedeutete ihm, sich hinter einem Stapel Säcke ins Stroh zu setzen. „Warten Sie hier!"

„Danke." Erleichtert ließ David seine Aktentasche fallen und setzte sich. Als er sah, daß sich der Fahrer zum Gehen wandte, rief er ihm nach: „Halt! Warten Sie! Bitte – was war das für ein Feuer? Sie wissen schon, in der Marinewerft in Brest."

Der Mann blieb stehen. Schließlich sagte er: „Eines der Treibstofflager ist in die Luft geflogen."

„Und die Polen? Haben sie versucht auszubrechen?"

„Nein, nein. Wir haben sie nur darum gebeten, ein bißchen Lärm zu machen, und sie haben uns den Gefallen getan." Der Mann wandte sich wieder ab. „Aber es ist besser, Sie wissen nichts von diesen Ereignissen, mein Freund."

Die Stalltür fiel zu, und der Laster fuhr davon. Bald hatte sich das

Motorgeräusch in der Ferne verloren. David legte sich ins Stroh und versuchte zu schlafen.

Einige Stunden später ging die Stalltür auf, und ein Mann trat ein, der sich mit einem Schal vermummt hatte. David schlug das Herz bis zum Hals. „Umdrehen!" rief der Vermummte barsch. David drehte sich um. Der Unbekannte verband ihm die Augen mit einem Tuch. „Rühren Sie sich nicht vom Fleck, bis ich es sage."

Dann hörte David Stimmengemurmel und Schritte. Jemand kam zu ihm herüber. Das Stroh raschelte, als sich der Neuankömmling neben ihm hinkniete.

„Geht es Ihnen wieder besser?" fragte eine Frauenstimme auf französisch. „Wir haben gehört, daß Sie krank waren."

David räusperte sich. „War ich", antwortete er. „Aber es geht mir schon viel besser, danke."

Die Frau schwieg. Dann meinte sie: „Bald kommen noch ein paar Leute, die Sie gerne kennenlernen möchten. Wir müssen Ihnen ein paar Fragen stellen." Papier raschelte. „Hier. Ich habe mir gedacht, Sie sind vielleicht hungrig."

„Oh, vielen Dank", sagte David, als ihm etwas in die Hand gedrückt wurde. Es war ein Brötchen, mit Käse belegt. Hungrig biß David hinein.

Julie blickte den Deutschen mit der Augenbinde an, und er tat ihr leid. Er machte einen hilflosen Eindruck, und sie konnte sich beim besten Willen nicht vorstellen, daß er ein Spitzel war. Der Mann wirkte gebrechlich, und ihm war deutlich anzusehen, daß er krank gewesen war. Außerdem war er viel älter, als sie gedacht hatte.

Sie blickte auf ihre Armbanduhr. Die anderen waren spät dran. Endlich flog die Stalltür auf, und Maurice kam herein. Er brachte Roger mit, den Neuen.

Maurice ging zu David auf dem Strohlager. Julie blickte zu Roger hinüber. Er lehnte lässig an einem hölzernen Stützbalken. Sofort erwiderte er ihren prüfenden Blick, und Julie schlug die Augen nieder. Er ertappte sie doch immer wieder dabei, wenn sie ihn beobachtete.

Maurice hatte sich hingesetzt; leise redete er mit David. „Wir müssen Sie leider ausfragen, um uns zu schützen", erklärte er. „Das verstehen Sie doch?" David nickte.

„Gut", meinte Maurice erleichtert. „Bitte, erzählen Sie uns alles. Zuerst Ihren Namen, woher Sie kommen und so weiter."

„Ich heiße David Freymann. Die meiste Zeit meines Lebens habe ich in Hennigsdorf verbracht, einem Vorort von Berlin . . ." Aus den Augenwinkeln sah Julie, daß Roger sich hinter Maurice auf das Stroh kniete.

„. . . habe ich mich vor allem mit Radiowellen befaßt. Kurz vor Kriegsausbruch wurde es dann schwierig. Weil ich Jude bin, verstehen Sie? Ich bin in ein KZ gebracht worden –"

„Wo?" unterbrach Maurice.

„In der Nähe von München. Dachau heißt der Ort. Ich glaube, ich war fast vier Jahre dort, aber das weiß ich nicht mehr genau. Nach einiger Zeit . . . verliert man den Überblick."

„Und danach?"

Plötzlich beugte Freymann sich vor und tastete nach Maurice' Arm. „Sie können doch unmöglich wissen, ob ich die Wahrheit sage, oder?"

Maurice warf Julie einen Blick zu und erwiderte: „Da haben Sie völlig recht."

„Also gut. Aber Sie glauben mir, daß ich Jude bin?"

„Nun – ja."

„Fein. Also, ich bin Jude. Und aus welchem Grund, glauben Sie, würde ein Jude den Nazis helfen wollen?"

„Erpressung. Man hat Sie dazu gezwungen."

„Aber ich bin nicht erpreßbar. Ich habe zum Beispiel keine Familie mehr. Meine Frau hat sich schon vor langer Zeit von mir losgesagt!"

„Und woher soll ich das wissen?"

Freymann hob den Kopf. Er schien überrascht zu sein. „Ah . . ." Er schwieg betroffen, nickte dann fast unmerklich. „Natürlich. Bleibt also nur die Frage, ob Sie mir glauben oder nicht." Resignation klang aus seiner Stimme. Julie hätte am liebsten gesagt: Ich glaube Ihnen.

Maurice sah erst Julie und dann Roger an. „Irgendwelche Fragen?"

Julie ergriff das Wort. „Monsieur Freymann, Sie haben gerade erzählt, Ihre Frau habe sich von Ihnen losgesagt. Was meinen Sie damit?"

„Meine Frau hat sich von mir getrennt. Sie war keine Jüdin, müssen Sie wissen."

„Hatten Sie Kinder?"

„Ja, eine Tochter, Lydia. Sie wird mich längst vergessen haben – und das ist auch gut so!" Seine Stimme versagte. „Lydia ist hübsch. Und gescheit. Sie hatte ihr ganzes Leben noch vor sich. Deshalb war es das beste so, verstehen Sie?"

Einen Moment schwiegen alle. Dann stand Maurice auf. Julie und Roger folgten ihm, bis sie außer Hörweite waren. Maurice sah Julie an. „Nun?" fragte er.

„Ich glaube ihm. Seine Angaben kommen mir irgendwie . . . echt vor."

Roger schaute zu Boden und dachte nach. Dann blickte er Maurice in die Augen. „Ja, der Mann ist echt", sagte er.

„Ganz meine Meinung. Wir bringen ihn raus."

„Er wird also befördert", meinte Roger. „Und wann?"

Maurice verzog keine Miene. „Bald", erwiderte er. „Je weniger Leute den genauen Termin kennen, desto besser. Du bekommst früh genug Bescheid."

Roger lächelte. „Schon gut." Aber Julie spürte, daß er verärgert war.

Julie berührte Maurice am Arm. „Können wir ihm nicht die Binde von den Augen nehmen? Wenigstens so lange, bis wir ihn wieder transportieren müssen?"

Maurice kratzte sich nachdenklich am Kinn. „Na gut."

Julie ging wieder zu Freymanns Strohlager hinüber. Als David ihre Schritte hörte, zuckte er zusammen. „Keine Angst", sagte sie. „Ich will Ihnen nur das Tuch abnehmen."

„Danke, sehr freundlich." Sie nestelte den Knoten auf, Freymann zwinkerte. Dann lächelte er sie an. Er hatte große, dunkle, traurige Augen.

Auch Julie lächelte. „Ich bringe Ihnen später noch etwas zu essen. Der Wachposten hat Wasser, wenn Sie welches wollen."

„Danke. Sie sind wirklich sehr freundlich."

Julie drückte ihm rasch die Hand, dann ging sie zu den anderen, die an der Tür warteten. Roger spähte vorsichtig durch einen Spalt ins Freie. „Ist die Luft rein?" fragte Maurice.

Roger nickte, öffnete die Tür und trat als erster nach draußen.

DAS Steak war nicht so zart, wie es hätte sein sollen. Vasson ließ einen Rest zurück, schob den Teller beiseite und setzte sich bequem zurecht. Er hatte den Abendbus nach Morlaix erwischt und war gerade noch zeitig genug für ein anständiges Abendessen im Gestapohauptquartier angekommen. In Baums Büro war der Tisch in der Besucherecke bereits für ihn gedeckt gewesen.

Baum, der hinter seinem Schreibtisch saß, lächelte ihn an. „Na, wie fühlt man sich nach einem solchen Essen?" fragte er.

„Viel bessser."

„Wenn Sie möchten, lasse ich Ihnen noch ein wenig Käse kommen. Schmeckt vorzüglich."

„Ja, gerne."

Baum drückte auf einen Knopf an seinem Schreibtisch. Dann klopfte er ungehalten gegen das Telefon. „Die Marine läßt sich aber wirklich Zeit", meinte er. „Die hätten doch längst zurückrufen können, oder? Wann haben wir angerufen? Das ist doch mindestens eine halbe Stunde her!" Er hielt ein Blatt Papier hoch, auf dem er sich

Notizen gemacht hatte, und las mit zusammengekniffenen Augen. „Dieser – äh – Freymann ist also Jude?" fragte er.

Vasson nickte.

„Ich glaube zwar nicht, daß er von besonderer Bedeutung ist, aber trotzdem ..." Baum stützte die Ellenbogen auf und legte die Fingerspitzen aneinander. „Trotzdem wird es uns Befriedigung verschaffen, wenn wir ihn in unserem kleinen Netz fangen, nicht wahr? Dann können wir ihn dahin zurückbringen, wo er hingehört."

Die Tür flog auf, und ein junger Mann erschien. Er sah aus, als sei ihm gerade ein Geist begegnet. „Herr Sturmbannführer! Paris am Telefon, Brigadeführer Oberg!"

Baum erstarrte. Dann griff er vorsichtig nach dem Telefonhörer, als wäre er aus dünnem Glas. „Ja?" sprach er in die Muschel. „Ah, Herr Brigadeführer!" In den nächsten Minuten sagte Baum sehr häufig „Jawohl". Schließlich verabschiedete er sich höflich und legte den Hörer behutsam wieder auf.

Baum blickte Vasson einen Moment wie abwesend an. Seine Lippen zitterten. Endlich meinte er: „Das war der Chef der Gestapo für ganz Frankreich. Es sieht so aus, als wäre dieser ... Freymann wichtig für uns. Ach, was sage ich, lebenswichtig!"

Vasson grinste.

Baum starrte ihn mit weit aufgerissenen Augen an. „Wir *müssen* ihn haben, verstehen Sie? Unbedingt!"

Vasson schaute gelangweilt aus dem Fenster und überlegte, wie er es anstellen könnte, sich den Erfolg allein an seine Fahnen zu heften. Er warf Baum einen Blick zu und sagte dann leichthin: „Es wird schwierig werden, diesen Juden einzufangen."

Baum lief purpurrot an. „Was soll das heißen?" schnarrte er. „Ich dachte, Sie hätten ihn bereits!"

„Ja, ich habe ihn, das stimmt! Aber wenn Ihre Leute ab jetzt wieder mitmischen, dann kann ich für nichts garantieren." Vasson stand auf. „Und nun wird's langsam Zeit, daß wir einen Plan machen, meinen Sie nicht auch?"

Baum nickte heftig. „Selbstverständlich! Ganz wie Sie wünschen!"

Zehntes Kapitel

JULIE drückte Tante Marie fest an sich und sagte: „Noch einmal vielen Dank. Für alles."

Tante Marie schniefte, winkte ab und antwortete in gespielt forschem Tonfall: „Na, nun geh schon! Ab mit dir!"

Julie küßte die alte Frau flüchtig auf die Wange, nahm Peter an der Hand und folgte ihrem Onkel über den Hof.

Es nieselte leicht an diesem Spätnachmittag, und Julie zog sich die Baskenmütze tiefer in die Stirn. Sie beugte sich zu Peter hinunter und flüsterte: „Alles in Ordnung, mein Schatz?"

„Ja, Mami."

Julie drückte ihm die Hand. Sie war sehr stolz auf ihn. Erst gestern abend, nachdem sie gehört hatte, daß das Boot kommen würde, hatte sie ihm die Wahrheit gesagt. Er hatte es tapfer aufgenommen, hatte so getan, als freue er sich auf die Reise. Dabei merkte sie ihm an, daß er Angst hatte. Sie rückte den Tragriemen der Provianttasche zurecht, die über ihrer Schulter hing. Die Tasche war leicht, Julie hatte nicht viel eingepackt. Peter trug auch eine Tasche mit ein paar Kleidungsstücken, einem Freßpaket von Tante Marie und einigen seiner liebsten Spielsachen.

Onkel Jean ging voraus. Als sie die lange Steigung am Ortsausgang erreichten, begann es zu regnen. Nach einer Weile kamen auf der Heidefläche die Umrisse eines kleinen Gebäudes in Sicht. Es war eine Schäferhütte. Onkel Jean ging gebückt hinein, Julie folgte ihm mit Peter.

Drinnen war es stockfinster, aber Julie vernahm Geräusche, die darauf schließen ließen, daß in der Hütte viele Menschen saßen. Sie alle warteten auf das Signal zum Aufbruch an den Strand. Julie tastete sich zur Wand vor und setzte sich mit Peter auf einen freien Platz. Dann legte sie ihrem Sohn den Arm um die Schultern. „Jetzt dauert es nicht mehr lange", flüsterte sie. Peter ergriff ihre Hand und hielt sie fest. Als Julie die Beine ausstreckte, stieß sie jemanden an. „Oh, Verzeihung."

„Nein, nein, meine Schuld. Tut mir leid."

Die Stimme kam Julie bekannt vor. Sie beugte sich vor und flüsterte: „Herr Freymann? Ich heiße Julie; ich habe Ihnen im Stall die Augenbinde abgenommen. Geht es Ihnen gut? Hat man sich um Sie gekümmert?"

„O ja! Danke, danke. Wirklich sehr freundlich."

Julie lächelte. Wie höflich dieser Deutsche doch war! Spontan beschloß sie, sich unten am Strand um ihn zu kümmern. Dann drückte sie Peter an sich und versuchte sich vorzustellen, wie das Leben in England wohl sein würde nach all diesen Jahren.

OBEN am Klippenrand gab es keinerlei Schutz. Vasson wurde naß, und das behagte ihm gar nicht. Er schlug den Jackenkragen hoch und ging in die Hocke.

Nur das Rauschen des Regens und das Murmeln der Brandung tief

unter ihm waren zu hören. Er blickte sich um. Baum war zum Glück
nirgends zu sehen. Vasson hatte ausgerechnet, wie lange es dauern
würde, ehe er davonschleichen und sich zu Baums Versteck begeben
konnte. Nachdem die Passagiere unten am Strand angelangt wären,
würde er noch eine halbe Stunde warten. Dann würde er Baum bis
zum richtigen Zeitpunkt zurückhalten müssen, wenn nötig sogar mit
Gewalt.

Fröstelnd sah er sich noch einmal um. Was für ein guter Späher er
doch geworden war! Maurice wäre richtig stolz auf ihn. Wenn das
nicht Ironie des Schicksals war . . .

Er starrte mit zusammengekniffenen Augen in die Dunkelheit.
Unter ihm lag die Bucht. Wirklich eine hübsche Falle, dachte er und
gestattete sich ein Lächeln.

JEMAND betrat die Hütte und rief leise: „Erste Gruppe, Abmarsch!"
Eine Stimme antwortete: „Hurra!"

Nervöses Lachen wurde laut.

Einige der Wartenden erhoben sich und bewegten sich auf den
Ausgang zu. Es war acht Uhr abends.

David faßte Julie am Arm. „Sind wir auch an der Reihe?"

„Nein. Wir gehen als letzte hinunter."

Ein paar Minuten später rückte die zweite Gruppe ab, und kurz
darauf fragte Gérard auch Julie: „Seid ihr fertig?" Sie stand auf und half
Peter hoch. Gérard führte Freymann hinaus, und Julie und Peter
folgten den beiden. Es goß jetzt in Strömen.

Onkel Jean wartete draußen. Es war Zeit, sich zu verabschieden.
Julie sagte nichts, sondern umarmte ihren Onkel nur und drückte ihn
an sich. Onkel Jean klopfte ihr auf die Schulter, dann schob er sie mit
sanfter Gewalt weg, beugte sich zu Peter hinab und meinte: „Paß gut
auf dich auf, junger Mann!" Schließlich wandte er sich ab und
verschwand in Richtung Trégasnou.

Julie wischte sich verstohlen über die Augen, nahm Peter bei der
Hand und rannte mit ihm zum Pfad hinüber. Als sie am Klippenrand
ankamen, half Gérard David Freymann bereits beim Abstieg.
Während Julie wartete, sah sie aus den Augenwinkeln eine schatten-
hafte Gestalt. Es war ein Mann, der nur ein paar Schritte entfernt im
Heidekraut hockte. Der Posten.

Er richtete sich auf und kam auf sie zu. Sie konnte sein Gesicht nur
schemenhaft erkennen. „Seid ihr die letzte Gruppe?" fragte er.

Jetzt erkannte sie die Stimme. Es war Roger. „Ja", erwiderte sie
knapp und machte sich ebenfalls an den Abstieg.

DAVID lehnte an einem Felsen und hatte die Augen geschlossen. Die junge Frau hatte ihn zu einer Felshöhle gebracht, in der er und der kleine Junge vor dem Regen geschützt waren. Er fühlte sich jetzt schon müde; dabei war dies erst der Anfang. Das Schlimmste – die Bootsfahrt – stand ihm ja noch bevor. Doch er durfte sich nicht beklagen. Diese freundlichen und tapferen Menschen gaben ihm ein gutes Beispiel an Mut und Ausdauer.

Der kleine Junge neben ihm in der Höhle rutschte unruhig hin und her. „Na, warten macht keinen Spaß, was?" meinte David in seinem besten Französisch.

Keine Antwort.

„Als ich so alt war wie du, habe ich mir immer mit kleinen Wortspielen die Zeit vertrieben."

Immer noch keine Antwort.

„Sollen wir beide es vielleicht mal miteinander versuchen?"

Eine Pause und dann ein zögerndes „Ja, bitte . . .".

„Wunderbar. Soll ich anfangen?"

VASSON legte sich auf den Bauch und knipste die Taschenlampe dreimal kurz an und wieder aus. Er wartete. Na los doch! Wo, zum Teufel, waren die denn?

Plötzlich blitzte hundert Meter weiter hinten ein kleiner, bläulicher Lichtpunkt auf: einmal, zweimal, dreimal.

Vasson stand vorsichtig auf. Behelmte Gestalten huschten an ihm vorbei durch die Dunkelheit. Dann kam jemand auf ihn zu. „Sie sind alle am Strand, stimmt's?" fragte Baum. „Dann schlagen wir jetzt los."

„Nein! Wir warten noch!"

„Was?"

„Sie wollen doch den ganzen Verein erwischen, oder?"

„Ja, aber . . ."

Vasson trat ganz nahe an den Deutschen heran und zischte: „Wir warten!"

JETZT mußte es soweit sein. Der Regen hatte nachgelassen, und Julie konnte vom Eingang der Höhle aus einen Teil des Strandes überblicken. Angestrengt hielt sie nach einem Boot Ausschau. Doch keines kam. In der Höhle hatten Freymann und Peter ihr Wortspiel schon vor geraumer Zeit beendet. Peter hatte den Kopf auf seine Proviantasche gelegt und schlief. Freymann sagte nichts; wahrscheinlich schlief er auch.

Julie schloß eine Weile die Augen, ehe sie wieder aufs Meer

hinausblickte. Sie erstarrte: Da war etwas, eine schwarze Kontur auf dem Wasser. Und von den Felsen her bewegten sich Gestalten, die zum Strand hinunterhasteten.

Bestimmt war das Landungsboot gesichtet worden!

Ein freudiger Ausruf entfuhr ihr, und Peter erwachte. „Es ist da, mein Schatz! Das Boot ist da!"

„Ist es wirklich Richard? Ist er schon hier, Mami?"

„Ja, mein Herz", erwiderte sie. Dann wandte sie sich an den Wissenschaftler: „Monsieur? Das Boot ist da."

„Ja . . . ja. Wunderbar."

„Bitte, warten Sie hier mit meinem Sohn!" Julie kroch durch den Höhleneingang, richtete sich auf und starrte in die Dunkelheit. Das Boot lag schon am Strand, und die erste Gruppe von Passagieren wurde zusammengestellt. Es würde fünf Minuten dauern, sie an Bord zu nehmen, und noch einmal zwanzig Minuten, bis das Boot wieder zurück war. *Eine Ewigkeit!* Sie wäre am liebsten sofort zum Boot gelaufen. Richard war dort; sie wußte, daß er dort war. Aber sie konnte Peter nicht allein lassen.

Unten am Wasser bewegte sich etwas, und draußen auf dem Meer tauchte ein Schatten auf. Das mußte das zweite Landungsboot sein.

Julie war zufrieden; endlich wieder einmal eine geradezu perfekte Nacht. Alles ging wie geschmiert. Sie ballte die Fäuste. *Beeilt euch! Beeilt euch doch!* Und sie lächelte im Gefühl des Triumphes und der Vorfreude.

Plötzlich hielt sie erschrocken den Atem an. *Da war Licht!* Schlagartig erhellte sich der ganze Strand: Das Landungsboot, seine Besatzung und die wartenden Passagiere wurden von einem gleißenden Lichtschein erfaßt, der von See her in einem breiten Kegel herüberstrahlte. Julie mußte die Augen zusammenkneifen, um zu sehen, woher er kam: offenbar von einem starken Scheinwerfer draußen auf dem Wasser.

Dann wurde es noch heller, denn jetzt fiel auch ein Lichtstrahl von den Klippen. Unerbittlich wanderte er langsam über den Strand.

Schüsse peitschten auf – auch sie kamen von oben, von den Klippen. Fast im gleichen Moment bellte draußen auf dem Wasser ein Geschütz los; wie ein Blitz zerriß sein Mündungsfeuer die Dunkelheit.

Plötzlich war Julie alles klar. In der Bucht lag ein deutsches Boot, und die Deutschen waren auch oben auf den Klippen.

Ganz in der Nähe krachte ein Schuß, dann hörte man das Hämmern einer ganzen Maschinengewehrsalve. „O Gott, bitte nicht!" schrie Julie, und Zornestränen stiegen ihr in die Augen.

Ein dritter Lichtkegel kam von den Klippen her, strich über die Bucht, erfaßte fliehende Gestalten; Männer, die losrannten und im Kugelhagel zusammenbrachen; Männer, die wie erstarrt stehenblieben und die Hände hochnahmen. Immer noch krachten Schüsse.

„Mami! Mami!" Peter zerrte an ihrer Jacke. „Komm wieder rein, Mami! Bitte!"

Verstört kroch Julie in die Höhle zurück. Den Strand ließ sie nicht aus den Augen. „O Gott", flüsterte sie und verbarg das Gesicht in den Händen. Sie weinte vor Wut und Verzweiflung. Peter drückte sich an sie und weinte auch. Jetzt hörte man nur noch vereinzelt Schüsse. Der Geschützdonner auf See war verstummt, und das leise Dröhnen starker Dieselmotoren verklang in der Ferne.

Plötzlich war es totenstill. Furcht schnürte Julie die Kehle zu, als sie auf dem Bauch zum Ausgang robbte und hinausspähte. Überall auf dem Strand lagen Leichen. Von allen Seiten erschienen Soldaten mit dem Gewehr im Anschlag und riegelten den Strand ab. Sie kreisten eine verloren wirkende Gruppe von Männern ein, die unten am Wasser stand: Gérard, Maurice und einige Flieger waren darunter. Aber keine Gestalt im Ölzeug und mit einer britischen Marinemütze, dachte Julie erleichtert. Richard mußte entkommen sein. Aber dann stellten sich Zweifel ein. Gewiß hatten die Deutschen das Schnellboot verjagt. Wenn Richard in einem der Landungsboote gesessen hatte, war er jetzt in größter Gefahr.

Und richtig: Unten am Wasser standen einige Soldaten und zielten mit ihren Gewehren auf die offene See hinaus. Köpfe tauchten aus dem Wasser auf, und dann erblickte Julie auch ein Boot, das vollgelaufen war. Das Landungsboot! Einen Augenblick lang sah es so aus, als überlegten die Schwimmer, was sie tun sollten; dann peitschten Schüsse, und die Männer schwammen auf den Strand zu. Es waren vier. Langsam wateten sie an Land und hoben die Hände.

Julie erkannte Richard sofort. Er trat vor und stellte sich vor seine Matrosen. Ein Soldat suchte ihn unsanft nach Waffen ab und stieß ihn dann mit dem Gewehrkolben vorwärts.

Richard gesellte sich zu der Gruppe Gefangener und blickte sich aufmerksam um. Julie wurde klar, daß er nach ihr suchte.

Sie weinte. „Hier bin ich, *hier!*" schluchzte sie leise.

Jetzt brüllte jemand Befehle, und die Gefangenen formierten sich und marschierten auf den Pfad zu, der zu den Klippen führte. Dann erloschen die Scheinwerfer.

Nur einige Taschenlampen strahlten noch. Julie sah, wie sie sich als Lichterkette langsam nach oben schlängelten. Dann waren auch sie nicht mehr zu erkennen, und Dunkelheit hüllte wieder alles ein.

DAVID schlug die Augen auf. Eine lange Zeit war vergangen. Durch den Felsspalt erblickte er das fahle Licht der Morgendämmerung. Er sah sich in der Höhle um. Die junge Frau war endlich eingenickt. Armes Ding. Sie hatte ihm so leid getan, hatte soviel durchmachen müssen. Unter den Leuten am Strand waren ihre Freunde gewesen, vielleicht sogar Angehörige.

Doch was nun? Er schaute zu dem schmalen Fleckchen Himmel hinauf, das im Eingang der Höhle zu sehen war. Wenigstens hatte es zu regnen aufgehört.

Etwas raschelte. Die Frau war aufgewacht und blickte ihn an. Hoffnungslosigkeit lag auf ihren Zügen. David kannte diesen Gesichtsausdruck; er hatte ihn in letzter Zeit so oft gesehen. „Liebe Freundin", flüsterte er, um das Kind nicht zu wecken, „ich glaube, wir sollten einen Plan machen!"

Julie starrte ihn teilnahmslos an. David lächelte. „Wir müssen überlegen, welche Möglichkeiten uns bleiben." Er dachte nach. „Können wir zum Beispiel am Strand entlanggehen?" Ohne auf ihre Antwort zu warten, fuhr er fort: „Nein. Sie werden Posten aufgestellt haben, nicht wahr?"

In Julies Blick regte sich ein Funke Hoffnung. „Sie haben einen Posten an der Landspitze", sagte sie. „Und wahrscheinlich bewachen sie auch den Einstieg zum Pfad oben auf den Klippen."

„Ja." Beide dachten schweigend nach. „Vielleicht können wir woanders wieder nach oben gelangen", schlug David vor.

Julie schüttelte den Kopf. „Ich kenne keinen anderen Weg. Die Klippen fallen hier beinahe senkrecht zum Strand hin ab. Es ist unmöglich hinaufzuklettern."

Lange schwiegen sie. Ich wollte, ich hätte eine Idee, dachte David. Um ihretwillen. Was aus mir wird, ist nicht so wichtig.

Julie lachte bitter. „Wir haben nicht gerade viel Auswahl, nicht wahr?"

David winkte ab. „Unsinn! Uns wird schon etwas einfallen. Nur wer sich selbst aufgibt, ist besiegt!"

Die Frau seufzte. „Wahrscheinlich haben Sie recht, Herr Freymann, aber . . . "

Er unterbrach Julie rasch und bat sie, ihn doch David zu nennen.

„Ich will's versuchen." Sie lachte. „Es ist nicht ganz einfach. Mein Onkel ist der einzige Mann Ihres Alters, den ich beim Vornamen nenne."

„Für wie alt halten Sie mich denn?"

„Nun . . . ich weiß nicht . . . Wie alt sind Sie denn?"

„Zweiundfünfzig"

„Oh!" Julie erschrak. Der Mann sah um einiges älter aus als sechzig. „Ja, natürlich. So ungefähr habe ich es mir gedacht . . ."

David lächelte. Dann schaute er sich erneut in der Felsenhöhle um. Kein gutes Versteck, dachte er. Viel zu leicht zu finden. Er entdeckte einen Felsspalt, durch den man in eine zweite Höhle gelangte. Er kroch hinein, und die Frau und der Junge folgten ihm. Dort würden sie auch tagsüber nicht entdeckt werden.

MITTEN in der Nacht erwachte Julie. Sie horchte nach draußen. Ein langer, leiser Pfiff war zu hören gewesen. Nach einer Pause pfiff es erneut. Auch David hörte es.

Stille. Dann ertönte der Pfiff noch einmal; diesmal noch näher. Die Gedanken jagten sich in Julies Kopf. Freunde? Oder Deutsche? Ein raffinierter Trick?

Jetzt war das Geräusch ganz nahe. „Julie?" rief jemand leise. „Julie, ich bin's . . . Michel!"

Julie kroch aus der Höhle. „Michel . . . Michel! Hier sind wir! Hier!"

David war verwirrt. Er hörte sie dankbar und erleichtert schluchzen. „Gott sei Dank, daß du es bist!"

„Wieviel seid ihr?" fragte Michel. Seine Stimme klang barsch.

„Nur Peter, David und ich."

„David?"

„Freymann, der Wissenschaftler."

„Oh!" Es klang verärgert.

„Was ist denn los?"

„Der Alte wird uns aufhalten. Außerdem sind wahrscheinlich die Deutschen hinter ihm her, und das bedeutet, daß sie wiederkommen."

„Freymann wird sein Bestes geben, da bin ich ganz sicher."

Ja, dachte David. Daran soll es, weiß Gott, nicht fehlen.

MICHEL wartete, bis Peter und Freymann aus der Höhle gekrochen waren. „Mal herhören", sagte er knapp. „Keiner redet. Kein Laut. Und jeder hält seinen Platz ein. Freymann bleibt hinter mir. Dann Peter. Julie, du kommst als letzte."

Jetzt sah Julie, daß Michel eine Maschinenpistole über der Schulter trug. „Hast du einen Posten bemerkt?" flüsterte sie. „Auf der Klippe?"

„Da steht kein Posten. Und wenn wir uns beeilen, wird auch so schnell keiner aufkreuzen."

Sie marschierten los. Michel legte ein gewaltiges Tempo vor, und Julie befürchtete, Peter und David könnten vielleicht nicht mithalten. Als sie den Pfad erreichten, der durch die Klippen führte, wurde David auch schon langsamer. Schließlich blieb er ganz stehen und rang nach Atem. Nach einer kleinen Pause gingen sie weiter, aber viel langsamer. Danach legten sie in regelmäßigen Abständen Pausen ein. Sie brauchten über zwanzig Minuten für den Aufstieg, und Julie spürte, wie Michel immer ungeduldiger wurde.

Kurz bevor sie oben ankamen, bedeutete ihnen Michel durch ein Handzeichen zu warten, und er robbte ein Stück weit durchs Heidekraut. Julie fing unwillkürlich zu beten an. Ein paar Minuten später kehrte Michel wieder zurück. Aus einiger Entfernung winkte er sie heran.

Julie trat gleich nach Peter auf die Hochfläche, und als sie Michel davonhasten sah, ergriff sie Peters Hand und rannte ebenfalls los. Nach ein paar Schritten stolperte sie in der Dunkelheit über ein Hindernis und hätte fast laut aufgeschrieen. Es war ein lebloser Körper mit einem Stahlhelm auf dem Kopf. Der Posten!

Sie rannte weiter und zog Peter mit; Freymann lief keuchend hinter ihnen her. Endlich kamen sie zu einer Hecke, hinter der Michel in Deckung gegangen war.

Nach einer Weile brachen sie wieder auf. Wohin brachte Michel sie? Nach Morlaix? Bald sah Julie, daß sie sich der kleinen Straße näherten, die von Trégasnou zur Flußmündung und nach Kernibon führte. Als sie die Straße überquert hatten, lag eine weite Fläche offenen Geländes vor ihnen, Weiden und Felder. Wie weit wollte Michel denn noch mit ihnen laufen? David war völlig erschöpft; er atmete flach und röchelnd. Auch Peter war müde und taumelte nur noch dahin.

Sie kamen zu einer Mauer aus Feldsteinen. Neben einem Tor, das auf eine schmale Straße hinausführte, mußten sie erneut warten, und Michel verschwand hinter einem Busch. Julie wollte Michel schon nachgehen, als sie heftig erschrak. Im Schatten des Busches stand eine Gestalt! Vorsichtig spähte sie um die Ecke. „Onkel Jean!" entfuhr es ihr.

Geduckt kam er zu dem Tor und nahm Julie beim Arm. „Schnell! In den Lieferwagen!"

„Den Lieferwagen?"

Onkel Jean führte sie hinter den Busch, wo ein alter Peugeot stand. Michel öffnete die hintere Tür. Er half Freymann und Peter beim Einsteigen. „Rein mit euch! Julie, du fährst!"

Sie hielt ihren Onkel am Arm fest. „Danke, Onkel Jean!"

„Bedank dich bei Michel. Er hat alles organisiert."

„Paß auf Tante Marie auf. Und laß dich nicht erwischen! *Bitte!*"

„Ab mit dir!" sagte er schroff. „Rasch! Es ist keine Zeit zu verlieren."

Sie umarmte ihn, stieg durch die Beifahrertür ein und rutschte hinters Steuer.

Onkel Jean öffnete das Tor, und Michel drehte die Anlaßkurbel. Nachdem der Motor spuckend angesprungen war, ließ sich Michel auf den Beifahrersitz fallen. „Durch das Tor, dann nach rechts. Los!"

Julie fuhr los, und der Lieferwagen schoß auf die Straße hinaus. Es war stockfinster. Die Scheinwerfer des Peugeot waren durch Blenden verdunkelt, so daß Julie nur einen schwachen Lichtschein sah, der auf die Mauern und Hecken längs der Straße fiel.

Julie starrte angestrengt durch die Windschutzscheibe; sie bemühte sich, die hohe Geschwindigkeit zu halten. Sie rasten durch ein kleines Dorf und dann eine abschüssige Strecke hinunter auf eine Kreuzung zu. „Geradeaus!" sagte Michel. „Mit Volldampf rüber."

Julie nahm den Fuß nicht vom Gaspedal. Noch einmal ging es abwärts, auf die Flußmündung zu. Sie waren auf der Straße nach Kernibon. Als sie sich dem Fischerdorf näherten, beugte sich Michel zum Lenkrad hinüber und stellte die Zündung ab. Der Motor kam blubbernd zum Stillstand, und sie rollten in unheimlicher Stille im Leerlauf den Berg hinunter. „Beim Hafen rechts abbiegen", sagte Michel.

Julie nahm die Kurve mit Schwung, und schließlich bremste sie, und der Lieferwagen kam in einer Seitenstraße zum Stehen. Michel sprang aus dem Wagen, öffnete die hintere Tür und half David und Peter eilig heraus. Auch Julie stieg aus; ihre Knie zitterten. Peter rannte sogleich zu ihr und nahm ihre Hand. Michel führte sie zu dem kleinen Hafenbecken hinüber, wo er plötzlich über eine Eisenleiter die Kaimauer hinunterkletterte.

Vom Wasser her hörte Julie in der Dunkelheit nur ein dumpfes Klappern; dann ertönte Michels Stimme: „Kommt zu mir herunter! Zuerst der Alte!"

David tastete sich vorsichtig mit den Füßen über den Mauerrand vor und faßte Tritt. Julie sah hinab und erblickte Michel, der in einem kleinen Beiboot saß.

Als David neben Michel im Boot Platz genommen hatte, kletterte Julie mit Peter nach. Unten angelangt, setzte sie den Jungen ins Boot und stieg dann ebenfalls ein. Das kleine Boot schwankte, Julie fiel hin und schlug sich das Schienbein auf. Doch sie biß die Zähne zusammen und sagte nichts.

Michel stieß von der Kaimauer ab und ruderte zu den Fischkuttern hinaus, die im Dunkeln schemenhaft zwischen Kai und Mole auszumachen waren. Julie überlegte: Vielleicht wollte Michel sie auf einem dieser Boote verstecken?

Das Beiboot ging bei einem Fischkutter mit hohem Segelmast längsseits. Michel hievte Freymann an Bord. Dann kletterte Julie über die Bordwand, drehte sich um und zog Peter hoch. Michel machte das Beiboot fest und folgte ihnen. Julie sah sich um. Es war ein großes offenes Boot von etwa sieben Meter Länge. Aber es besaß kein Ruderhaus. Lediglich ein winziger Bretterverschlag im Bug bot Schutz.

Julie zog Michel am Ärmel und sagte: „Michel, hier können wir uns doch nicht verstecken!"

„Nein. Aber mit diesem Boot kommt ihr nach England. Da wollt ihr doch hin, oder nicht?"

Julie sah ihn entgeistert an. „Das schon", meinte sie. „Aber . . . in dieser Nußschale?"

„Im Heck liegen Regenmäntel", sagte Michel ungerührt. „Trinkwasser und Proviant findest du im Bug. Also: Dies ist die Ruderpinne zum Steuern, und da ist der Kompaß. Ich zünde die kleine Petroleumlampe hier neben dem Kompaß an, aber du mußt das Licht abschirmen, bis ihr weit genug vom Land entfernt seid."

„Michel! Was soll das?"

„Die Segel sind ziemlich unkompliziert, ein großes und ein kleines. Wenn der Wind von der Seite kommt, brauchst du beide, sonst genügt wahrscheinlich das große . . ."

„Michel! Das ist doch nicht dein Ernst!"

„Tut mir leid, Julie. Ich wollte, ich könnte mitkommen, aber es geht nicht." Er zuckte die Achseln. „Mehr kann ich für dich nicht tun."

„*Nein! Nein!*" Verzweifelt packte sie ihn an den Oberarmen und schüttelte ihn. „Ich kann das nicht, Michel! Woher soll ich denn wissen, was man tun muß?"

„Ich mache dir das Boot fertig, setze die Segel und segle mit dir in die Bucht hinaus. Dann mußt du nur noch den Bug nach Norden richten."

„Michel, ich schaff das nicht!"

„Du *mußt* aber!" sagte er mit Nachdruck. „Ich gebe zu, daß es keine ideale Lösung ist, aber immer noch viel besser, als der Gestapo in die Hände zu fallen."

Julie starrte ihn verzweifelt an.

„Wir müssen *sofort* auslaufen!" fuhr Michel fort. „Es ist bald Ebbe!" Es knatterte laut, als Michel das große Segel setzte. Dann beugte er sich über Bord und holte mit aller Kraft den Anker ein. Schließlich rannte er wieder nach hinten, zog eine Leine straff und setzte sich an die Ruderpinne. Julie bemerkte, daß das Boot losfuhr. Sie sah zum

Segel hoch. Es war schwarz; jetzt flatterte es nicht mehr, sondern blähte sich mächtig im Wind.

Vor ihnen tauchte die Hafeneinfahrt auf. Die hohe Ziegelsteinmole huschte vorbei, und schon segelten sie rasch in die pechschwarze Nacht hinaus. „Komm her!" rief Michel.

Mit zitternden Knien ging Julie zu ihm hinüber. „Jetzt hör mal genau zu", sagte er, während er ihre Hand an die Ruderpinne legte. „Das hier ist die Ruderpinne. Du drückst sie nach links, wenn du nach rechts steuern willst, und umgekehrt. Daran wirst du dich bald gewöhnt haben."

Julie starrte in die Dunkelheit. Ihr Hals war wie zugeschnürt.

„Und merk dir bitte folgendes: Der Kurs . . ." Michel gab Julie einige Anweisungen, und sie führte sie aus, so gut es ging. Nach einiger Zeit wurde ihr bewußt, daß sie das Boot ganz allein steuerte.

Währenddessen stand Michel auf und zog das Beiboot heran. „Viel Glück, Julie!" rief er.

„*Aber* . . ."

Doch Michel kletterte bereits über die Bordwand und machte das Beiboot los. Im nächsten Augenblick hatte ihn die Dunkelheit verschluckt.

Elftes Kapitel

Baum lehnte am Kamin und betrachtete sinnend seine Fingernägel. Links von ihm standen drei seiner Männer um einen Sessel herum. Vasson schritt durchs Zimmer, bis er erkennen konnte, was dort vor sich ging. In dem Sessel lag eine reglose Gestalt mit übel zugerichtetem Gesicht. Nur an ihrem Haar konnte man erkennen, daß es sich um eine alte Frau handelte.

Einer von Baums Männern fragte mit monotoner Stimme: „Wo ist Ihre Nichte?"

Die alte Frau bewegte die Lippen, als wollte sie etwas sagen, aber dann sank ihr Kopf nach vorn, und Vasson wurde klar, daß sie ohnmächtig war.

Baum legte den Arm auf den Kaminsims. „So kommen wir nicht weiter", meinte er. „Es ist zum Verrücktwerden, wenn man daran denkt, daß dies alles nicht nötig gewesen wäre!"

„Wenn Ihre Männer den Strand richtig abgesichert hätten", fauchte Vasson, „wäre niemand entkommen."

Baum sah Vasson wütend an. „Werden Sie bloß nicht frech, Sie mieser kleiner Spitzel", zischte er.

Vasson lächelte. „Regen Sie sich nicht auf, Verehrtester. Wir werden schon noch etwas herausfinden. Was ist zum Beispiel mit dem Mann dieser Frau?"

Baum verdrehte verzweifelt die Augen. „Wie schlau von Ihnen! Aber wo ist er denn? Nun? Sehen Sie ihn vielleicht irgendwo?"

Vasson beschloß, sich nicht aufzuregen. Ihm war das alles bereits ziemlich gleichgültig; er hatte von seiner Tätigkeit ohnehin die Nase gestrichen voll. Aber Kloffer würde zweifellos alles auf einen Sündenbock abwälzen wollen, und er hatte das Gefühl, daß Baum versuchen würde, ihm die Schuld aufzuhalsen.

Müde setzte sich Vasson in einen Sessel und zündete sich eine Zigarette an. An allem ist nur diese Julie schuld, dachte er. Sie hat die ganze Sache versaut.

Die alte Frau stöhnte leise, Baum kaute an seinen Fingernägeln. In diesem Augenblick ertönte von draußen ein Ruf, und die Hintertür wurde aufgestoßen. Ein Soldat kam herein und zerrte einen gedrungenen alten Mann hinter sich her.

Sobald der Mann die zusammengesunkene, blutüberströmte Gestalt im Sessel erblickte, stürzte er zu ihr hin und rief: „Marie! Marie!"

Vasson lachte laut auf: Er hatte doch wieder einmal den richtigen Riecher gehabt.

Mit einer Kopfbewegung bedeutete Baum seinen Männern, sich des alten Mannes anzunehmen, und sie zerrten ihn von der Frau weg.

„Bitte!" schluchzte der alte Mann. „Bitte lassen Sie meine Frau in Ruhe! Sie weiß nichts. Gar nichts!"

Baum lehnte sich wieder an den Kamin und sagte ungerührt: „Aber *Sie* wissen etwas?"

Der alte Mann nickte langsam, die Augen fest zusammengekniffen. „Ja – ich werde Ihnen sagen, was Sie wissen wollen."

„Ausgezeichnet." Baum betrachtete wieder seine Fingernägel und lächelte. „Ist Ihre Nichte bei dem Wissenschaftler?"

„Ja."

„Wo sind sie?"

„Auf einem Fischerboot."

Es entstand eine Pause. „Und wo ist dieses Fischerboot?"

„Auf See. Aber ich habe keine Ahnung, wohin sie wollen. Wahrscheinlich nach England, aber das weiß ich nicht genau . . ."

„Nun, wir werden es herausfinden", meinte Baum und ging zu Vasson hinüber. „Wenn das nicht die Wahrheit ist, werde ich sie aus ihm herausprügeln lassen", stieß er wütend hervor.

„Und wenn er die Wahrheit sagt?"

„Dann muß ich das Oberkommando benachrichtigen und die Küstenwache in Alarmbereitschaft versetzen lassen", erklärte Baum ein wenig kleinlaut. „Die Nichte und der Wissenschaftler können ja noch nicht weit gekommen sein."

Baum wandte sich ab, aber Vasson hielt ihn fest. „Der alte Mann", sagte er. „Er wird doch erschossen, oder?"

Baum sah ihn an. „Ja, wenn wir mit ihm fertig sind."

„Beeilen Sie sich lieber damit. Er hat mich erkannt."

Das Telefon schrillte laut im Marinehauptquartier. Dönitz schreckte aus dem Schlaf. Es mußte etwa ein Uhr morgens sein. Schlaftrunken griff er nach dem Hörer.

Sein Adjutant, der im Vorzimmer saß, meldete sich und sagte: „Berlin, Herr Großadmiral. Reichsmarschall Göring am Apparat."

Dönitz knipste das Licht an. Es knisterte in der Leitung, dann ertönte Görings Stimme: „Herr Großadmiral?"

„Guten Abend, Herr Reichsmarschall."

„Na, wie sieht's in Frankreich aus? Ich muß gestehen, daß ich Sie um Ihre Ausflüge beneide. In Paris gibt es soviel Schönes. Aber nun zu dieser Geschichte mit den Funkmeßgeräten. Dummerweise haben Himmlers Idioten diesen Wissenschaftler, diesen Freymann, entwischen lassen. Wir müssen ihn zurückhaben. Er ist auf See . . ."

„Auf See?" fragte Dönitz ungläubig.

Göring erklärte lang und breit, wie es dazu gekommen war, und sagte schließlich: „Sie sehen also, daß wir diesen Mann unbedingt haben müssen. Eine Suchaktion muß gestartet werden."

„Ausgeschlossen!" warf Dönitz ein. „Das ist, als wollte man die sprichwörtliche Nadel im Heuhaufen suchen!"

„Ich glaube, Sie haben mich nicht richtig verstanden, Herr Großadmiral. Der Führer persönlich hat die Suche angeordnet. Sie haben doch Torpedoboote, nicht wahr? Und eine ungeheure Anzahl von U-Booten. Da werden Sie sicherlich für eine kriegswichtige Angelegenheit wie diese ein paar Einheiten abstellen können?"

Dönitz krampfte die Hand um den Hörer. „Dazu brauche ich aber Unterstützung aus der Luft."

Göring schwieg. Dann sagte er mißmutig: „Ich werde sehen, was sich tun läßt. Eine Aufklärungsmaschine soll den Ärmelkanal abfliegen. Der Führer ist nämlich sehr besorgt, verstehen Sie . . ., äußerst besorgt . . ." Dann klang Görings Stimme wieder munterer. „Sie werden diesen Wissenschaftler für uns finden, nicht wahr, Dönitz?"

„Ich werde sehen, was sich tun läßt", wiederholte der Großadmiral mit leiser Ironie. Er legte den Hörer auf. Seufzend stand er auf und zog seine Uniform an. Jetzt erinnerte er sich daran, daß Freymann für die Marine gearbeitet hatte. Hoffentlich war die Marine nicht für seine Flucht verantwortlich!

Nachdenklich betrat er das Vorzimmer. Sein Adjutant sprang auf und nahm Haltung an. „Schicken Sie Admiral Kehl zu mir in den Auswerteraum!" befahl Dönitz. Er wartete eine Weile und ging dann in den Auswerteraum hinunter. Admiral Kehl, Oberbefehlshaber der U-Boote West, und sein Stab erwarteten Dönitz bereits an den riesigen Koppeltischen. Die schwarzen Plättchen, die U-Boote darstellten, waren in einem Gebiet vom Mittelmeer zur Karibik, von den Kapverdischen Inseln bis nach Island zu finden. Nie zuvor waren so viele U-Boote gleichzeitig auf Feindfahrt gewesen: hundertzehn Boote aus einer Flotte von fast vierhundert.

Doch im Ärmelkanal operierte nicht ein einziges. Dort waren allenfalls die wendigen Torpedoboote im Einsatz, die in kleinen Einheiten von Cherbourg und Guernsey aus operierten.

Die mußten also zuerst ran.

„Wir fahren einen Sondereinsatz", entschied Dönitz ruhig. „Die Suche gilt einem Fischerboot, das Frankreich im Bereich Morlaix verlassen hat. Hier." Er nahm einen Zeigestock und deutete auf die nordbretonische Küste. „Das Boot wird versuchen, die englische Küste zu erreichen, aber das genaue Ziel kennen wir nicht."

Kehl fragte: „Ist das Boot motorgetrieben, Herr Großadmiral?"

„Unwahrscheinlich. Ich nehme an, es fährt unter Segeln."

„Braun!" sagte Kehl zu einem seiner Leute. „Wie ist die Wetterlage?"

Korvettenkapitän Braun kramte in seinen Unterlagen. „Ärmelkanal . . . hier: Wind aus nordöstlicher Richtung, Herr Admiral. Zehn Knoten, später noch auffrischend."

„Hm. Welche Geschwindigkeit hat denn ein kleines Segelboot?"

„Etwa vier Knoten, Herr Admiral."

„Gut. Der Kurs . . . müßte somit nordwestlich sein", fuhr Kehl fort, „und das Boot wird vermutlich Falmouth anlaufen. Sonst . . . nun ja, westlich davon ist, abgesehen von ein paar unbedeutenden Inseln, nur noch offenes Meer."

Dönitz sah sinnend die Karte an. „Wenn das Boot also, sagen wir, um dreiundzwanzig Uhr ausgelaufen ist, müßte es jetzt etwa hier sein." Er zeigte auf einen Punkt gut sechs Meilen vor der bretonischen Küste. Er wandte sich an Admiral Kehl. „Wie weit können wir uns zur Zeit mit Torpedobooten auf den Ärmelkanal hinauswagen?"

Kehl überlegte. „Nun, unsere Torpedoboote patrouillieren etwa in

einem Radius von vierzig Meilen vor der Küste. Die feindliche
Luftüberwachung ist im Augenblick sehr dicht . . ."

„Vierzig Meilen . . ., dann haben wir nicht mehr viel Zeit."

Kehl nickte bedächtig. „Können wir mit der Unterstützung der
Luftwaffe rechnen?" fragte er.

Dönitz sah nicht vom Tisch auf. „Man hat uns Luftaufklärung
zugesagt", meinte er grimmig. „Aber ich fürchte, sie reicht nicht aus.
Vermutlich müssen wir zusätzliche Einheiten einsetzen – zum Beispiel
ein U-Boot."

„Ist diese Operation wirklich so wichtig, Herr Großadmiral?"
fragte Kehl leise.

Dönitz nickte. „Ich fürchte, ja."

Ein Musikzug spielte schon lange nicht mehr auf. Die U-Boote
liefen so unauffällig wie möglich ein und aus, schlüpften aus ihren
dunklen Bunkern wie Muränen aus ihrem Loch. Und den Besatzungen war das Lachen vergangen. Zu viele ihrer Kameraden waren
bereits gefallen, lagen in ihren eisernen Särgen auf dem Meeresgrund.

Doch Kapitänleutnant Fischers Männer glaubten immer noch fest
an ihren Kommandanten. Für sie war er so etwas wie ein Gott, weil er
sie stets wieder heil aus der Gefahr geführt hatte. Das war mit ein
Grund dafür, daß Fischer keinen Schlaf fand; nicht einmal dann, wenn
er so todmüde war wie jetzt. Ein Mann, der eine solche Verantwortung trug, durfte sich nicht schlafen legen.

Sie verließen Brest in südwestlicher Richtung, standen am Beginn
eines langen Törns in den Nordatlantik. Fischer blickte auf die Karte,
die ausgebreitet vor ihm lag. Sie hatten erst vierzig Meilen zurückgelegt, und er wünschte sich, sie wären schon viel weiter. Die feindliche
Luftüberwachung war in dieser Gegend überaus wirkungsvoll; ihr
Netz wurde zusehends dichter.

„Funkspruch vom Hauptquartier, Herr Kaleu!"

Kapitänleutnant Fischer ging zum Funkschapp. Der Funker dechif-
frierte soeben einen langen Funkspruch, der von Dönitz persönlich
kam. Fischer lächelte. Wie in guten alten Zeiten!

Aufgeregt las der Kapitänleutnant die Nachricht: Es handelte sich
um einen Sondereinsatz, den Dönitz „unbedingt erforderlich" nannte.
U 319 sollte die Feindfahrt abbrechen, so schnell wie möglich ein
bestimmtes Seegebiet im Ärmelkanal absuchen und ein Fischerboot
aufbringen, das vermutlich unter Segeln mit einer Geschwindigkeit
von vier Knoten auf Nordwestkurs lag. Die Besatzung war unverletzt
gefangenzunehmen.

Die Dringlichkeit des Befehls wurde noch einmal betont. Nach der

Empfangsbestätigung sollte U 319 Funkstille halten, die nur im äußersten Notfall gebrochen werden durfte. Dönitz schloß mit der Feststellung: *Wenn einer es schaffen kann, sind Sie es!* Die Engländer kontrollierten den Ärmelkanal sehr wirksam. Er fragte sich, was ihn dort wohl erwarten würde. Wahrscheinlich die ganze Blechmusik: Jagdbomber, Torpedoboote, Minenräumboote ...

Er diktierte dem Funker eine Antwort: *U 319 geht sofort auf neuen Kurs. Ich werde wie immer mein Bestes geben.*

Nachdenklich kehrte er zum Kartentisch zurück und breitete eine neue Karte aus. Sie zeigte den Ärmelkanal in großem Maßstab. Rasch steckte er das angegebene Seegebiet ab. Es lag zwischen dreißig und vierzig Meilen Südsüdost des südlichsten Punktes der Britischen Inseln – einer Landzunge, die Lizard Point genannt wurde.

Fischer vermaß die Entfernung zwischen seiner gegenwärtigen Position und jenem Seegebiet. Genau hundertzehn Meilen. Er überschlug im Kopf, wie lange er dorthin unterwegs sein würde: Aufgetaucht und mit siebzehn Knoten Höchstgeschwindigkeit würde U 319 sieben Stunden benötigen. Er sah auf die Uhr: ein Uhr dreißig. Gegen acht Uhr würde es hell, und er müßte auf Tauchfahrt gehen. Ihm blieb also nicht viel Zeit.

DIE Operationszentrale der britischen Admiralität lag tief unter der Erde, ein wahrer Kaninchenbau aus unterirdischen Bunkern im Herzen Londons. In einem der Bunker befanden sich zwei aneinandergrenzende Räume mit knapp zehn Quadratmeter großen Tischen, auf denen – von niedrig hängenden Lampen hell erleuchtet – riesige Seekarten lagen. Im ersten Raum wurden die Positionen der gegnerischen und der eigenen Überwassereinheiten eingezeichnet, und nebenan war der U-Boot-Raum. Hier kümmerte man sich nur um die Positionen deutscher U-Boote im Atlantik.

Zum drittenmal innerhalb einer Stunde blätterte der Wachhabende die deutschen Funksprüche durch, die um zwei Uhr eingegangen waren. Immer noch lebten die Deutschen in dem Glauben, ihr Chiffriercode wäre hundertprozentig sicher, doch die Engländer hatten ihn längst geknackt. Aber die Funksprüche enthielten heute nichts Außergewöhnliches: Routinefunksprüche, harmlose Meldungen aus dem Hauptquartier, kurze Bestätigungen von den U-Booten.

Eine Nachrichtenhelferin aus der Funkzentrale kam herein und legte ihm einen dechiffrierten Funkspruch auf den Tisch. Es handelte sich um die Meldung eines deutschen Minenräumbootes an das U-Boot-Hauptquartier. Um dreiundzwanzig Uhr hatte das Minenräumboot gemeldet, einem U-Boot bis zu der Boje Geleitschutz gegeben zu haben, die das Ende der ausgebaggerten Fahrrinne vor dem Hafen von Brest markiert. Bei dem U-Boot handelte es sich um U 319.

Umgehend stand der Wachhabende auf und schrieb die Nummer des U-Boots auf eine hölzerne Marke. Er errechnete die Entfernung, die das U-Boot seit dreiundzwanzig Uhr zurückgelegt haben konnte, und legte die Marke etwa fünfzig Meilen westlich von Brest auf die Seekarte.

Der Wachhabende ging an seinen Tisch zurück. Er dachte nach. In diesem Augenblick läutete das Telefon. Es war die Dechiffrierzentrale. Das deutsche U-Boot-Hauptquartier hatte einen ungewöhnlich langen Funkspruch auf der Atlantikfrequenz gesendet. Der Funkspruch war gerade erst aufgefangen worden und würde erst in ein paar Stunden entschlüsselt sein, aber er hatte die höchste Dringlichkeitsstufe gehabt. Deshalb hatte die Zentrale schon jetzt angerufen.

Es lag also etwas in der Luft. Hatten die deutschen Aufklärer etwa die Position eines Geleitzuges ausgemacht? Oder wollte die Seekriegsleitung gar eine neue Strategie anwenden? Der Wachhabende starrte auf die Karte, als könne von dort die Antwort kommen. Doch die konnte allein der entschlüsselte Funkspruch geben.

Und das Entschlüsseln brauchte, wie immer, Zeit.

Zwölftes Kapitel

NORD zu West ... Wo in aller Welt war das? Julie blickte auf die schwach erleuchtete Kompaßrose und versuchte, die Buchstaben zu erkennen. Das Boot schlingerte plötzlich, und sie stützte sich mit der Hand am Kompaßständer ab. Hektisch zog sie die Ruderpinne zu sich her und beobachtete den Kompaß. Die Nadel zitterte, dann schlug sie langsam nach Norden aus. Julie atmete erleichtert auf, und Michels Worte fielen ihr wieder ein.

Vergiß nicht: Eine Stunde lang Nord zu West – dann kann dir nichts mehr passieren ... Also mußten irgendwo Gefahren lauern. Felsen, Untiefen ...

Von der Mitte des Bootes ertönte ein leises Wimmern. „Peter!" rief Julie. „Alles in Ordnung, Schatz?"

„Mami!" Peters Stimme klang weinerlich. „Mami, mir ist so kalt!"

„Ich weiß, mein Herz, aber ..." Konnte sie die Ruderpinne kurz sich selbst überlassen und zu ihm hingehen? Nein – das wäre zu gefährlich. „Versuch, vorn unter das Deck zu kriechen, Peter!" riet sie. „Und sieh in deiner Tasche nach. Da muß irgendwo noch ein Pullover sein!"

Eine Zeitlang war es still, dann sagte der Junge mit zitternder Stimme: „Ich habe ihn."

„Zieh den Pullover an, und kriech vorn unter das Schutzdach. Dort ist es bestimmt wärmer. Versuch ein wenig zu schlafen, mein Schatz!"

„Gut, mach ich."

Julie fragte sich, was mit David Freymann sein mochte. Er war sehr still. Sie wollte ihn rufen, tat es dann aber doch nicht. Später. Jetzt mußte sie ans Steuern denken.

Das Boot ruckte plötzlich, und Julie hielt sich wieder krampfhaft fest. Der Schreck fuhr ihr in die Glieder. Sie spürte, daß die Wellen jetzt höher gingen. Rasch sah sie auf den Kompaß: Das Boot war weit vom Kurs abgekommen. Sie zog an der Ruderpinne und dachte: Es ist aussichtslos, ich schaffe es unmöglich allein. Mein Gott, wie ist Michel nur auf die Idee gekommen, daß ich es könnte? Wenn doch nur jemand bei mir wäre!

Es war immer noch stockdunkel; die Nacht schien sich wie eine schwarze Mauer vor Julie aufzutürmen. *Eine Stunde lang Nord zu West – dann kann dir nichts mehr passieren* . . .

Wieviel Zeit war verstrichen? Sie hatte keine Ahnung. Es kam ihr wie Stunden vor. Julie sah auf ihre Armbanduhr, konnte aber in der Dunkelheit nichts erkennen. Sie hielt sie näher an ihre Augen. Halb eins! Dann war nur eine Stunde vergangen.

Und was nun? *Danach hast du die Wahl zwischen Nordnordwest und Nordost* . . . Automatisch sah sie auf den Kompaß.

Er war nicht zu erkennen – das Licht war erloschen! Und was machst du jetzt? fragte sie sich entsetzt. Die Petroleumlampe wieder anzünden? Aber sie hatte keine Streichhölzer.

Denk nach! Was hatte Michel gesagt? Er hatte doch etwas erwähnt . . . eine Taschenlampe in einer Kiste. Das war's! Sie kniete sich hin, ohne die Ruderpinne loszulassen, und tastete herum. Nichts. Dann vielleicht auf der anderen Seite? Sie ertastete ein senkrechtes Brett, darüber eine Klappe. Es war eine Kiste. Taue lagen darin, eine Blechschachtel und – ein länglicher Gegenstand aus Metall. Julie wäre fast in ein Triumphgeheul ausgebrochen. Sie stand wieder auf, fand den Schalter, und ein schmaler Lichtkegel durchschnitt die Dunkelheit. Sie richtete ihn auf den Kompaß. Nicht schlecht! Nordnordwest. Sie zog die Ruderpinne ein wenig an, und das Boot lag wieder auf nordwestlichem Kurs.

Julie knipste die Taschenlampe rasch wieder aus, um die Batterien zu schonen. Sie suchte in der Kiste nach einem Strick, wobei sie die Ruderpinne mit dem Knie festhielt. Wegen der Kälte waren ihre

Finger schrecklich steif. Schließlich fand sie eine Leine, und es gelang ihr, diese um die Ruderpinne zu schlingen und so zu verknoten, daß zwei freie Enden Tau herunterhingen. Sie griff zur Bordwand und tastete nach einem Haken, an dem sie ein Leinenende befestigen konnte. Sie fand einen, band die Leine fest und wiederholte das Ganze mit dem zweiten Stück Leine auf der anderen Seite des Bootes. Als sie fertig war, richtete sie den Lichtstrahl der Taschenlampe auf den Kompaß und las: Nordnordwest. Sie lockerte die Leine auf der einen Seite und zog sie auf der anderen Seite an, um die Ruderpinne ein wenig näher zu sich heranzuführen. Der Kurs pendelte sich auf Nordwest ein. Sie lockerte die Leine wieder auf der rechten Seite, bis der Kompaß erneut „Nordnordwest" zeigte, dann zog sie die Leine stramm. So blieb sie auf Kurs – mehr oder weniger zumindest.

Julie nahm die Taschenlampe und ging zum Bug vor. Sie kniete sich unter das niedrige Schutzdach und leuchtete mit der Taschenlampe hinein. Im Lichtschein sah sie Peter, der mit angewinkelten Knien auf der Seite lag und friedlich schlief. Er hatte ein paar leere Säcke über sich gezogen.

David fand sie zusammengekrümmt unter der steilen Bordwand. Sie kniete sich neben ihm hin. „Alles in Ordnung?" fragte sie.

Der Wissenschaftler stöhnte leise. „Wie? Oh . . ." Davids Stimme klang tief und rauh. „Oh . . . ja, ja . . . mit mir ist alles in Ordnung." Er lachte mühsam. „Ich bin bloß nicht mehr so jung, wie ich einmal war!"

„Ich wollte Sie nicht wecken – tut mir leid!"

„Nein, meine Liebe. Bitte . . . bitte entschuldigen Sie sich nicht. Ich würde ja so gerne helfen, aber ich fürchte, ich bin zu nichts zu gebrauchen. Später vielleicht . . ." Er war jetzt außer Atem, und seine Stimme klang matt.

„Ruhen Sie sich nur aus, und machen Sie sich um mich keine Sorgen! Wirklich, ich komme schon zurecht!" Eine Welle klatschte laut an den Bootsrumpf. „Ich muß wieder an die Ruderpinne", sagte Julie hastig. „Rufen Sie, wenn Sie mich brauchen."

JULIE saß auf dem Steuermannsbänkchen und versuchte nachzudenken. Wie breit war der Ärmelkanal vor Morlaix? Im günstigsten Fall etwa hundert Meilen, im ungünstigsten etwa hundertfünfzig. Wie rasch kamen sie voran? Julie hatte das Gefühl, daß sie recht schnell segelten – vielleicht fünfzehn Meilen in der Stunde? Nein, ganz so schnell wohl doch nicht. Welche Entfernung konnte man in einer Stunde im Laufschritt zurücklegen? Vier Meilen? Ein wenig schneller kamen sie jetzt doch voran. Vielleicht betrug ihre Geschwindigkeit sechs Meilen in der Stunde. Wie lange würden sie also bis England brauchen?

Sechs Meilen pro Stunde. Hundertfünfzig Meilen geteilt durch sechs. Natürlich: fünfundzwanzig Stunden.

Julie war niedergeschlagen. Eine schrecklich lange Zeit! Den ganzen Tag über wären sie auf See, und erst nach Mitternacht würden sie England erreichen. Aber wie sollte sie bei ihrer Ankunft in der Dunkelheit feststellen, ob sie nicht Gefahr lief, mit dem Boot zu zerschellen? Ich schaffe es nicht, dachte sie. Ich schaffe es einfach nicht!

Der Wind hatte erheblich aufgefrischt. Das Segel flatterte, und das Boot krängte jetzt stärker. Dann tat es einen dumpfen Schlag, als der Bug eine Welle schnitt, und Gischt sprühte ihr ins Gesicht. Mit zitternden Händen leuchtete sie wieder den Kompaß an. Immer noch Nordwest, aber mit einer Neigung nach Westen hin. Also nicht ideal. Julie machte die Leinen von den Bordwänden los und richtete die Pinne neu ein, bis der Kompaß wieder eine nördlichere Richtung anzeigte.

Sofort wurde aus dem Flattern des Segels ein lautes Knattern. Rasch riß sie die Ruderpinne wieder zu sich heran. Das Knattern verstummte, aber als sie auf den Kompaß sah, erkannte sie, daß ihr Kurs jetzt wieder Westnordwest war. Was sollte sie tun? Unentschlossen hielt sie die Ruderpinne umklammert. Sie konnte auf diesem Kurs bleiben, aber es war mit Sicherheit der falsche. Die Segel! Sie mußte also etwas an den Segeln verändern. Aber *was?* Wenn sie nichts unternahm – mein Gott, dann würde sie womöglich noch an England vorbeisegeln.

Schon dämmerte der Morgen herauf. Peter schlief immer noch, und auch David war eingenickt. Erneut sah Julie auf den Kompaß, den sie im grauen Dämmerlicht bereits ohne Taschenlampe lesen konnte. Immer noch Westnordwest, immer noch der falsche Kurs. Sie versuchte erneut, das Boot auf einen nördlicheren Kurs zu bringen, aber die Segel fingen gleich wieder an zu knattern.

„Mami!"

Julie fuhr herum. Peter stand neben ihr, rieb sich die Augen und blickte neugierig am Segel hoch. „Mami, meinst du nicht, wir sollten es strammziehen?"

Julie sah ihn verwundert an. Dann sagte sie mit einem gezwungenen Lächeln: „Ja, Peter, das sollten wir. Nur weiß ich leider nicht, wie man das macht."

„Man zieht die Leine über einer Klampe an."

„Einer Klampe?"

„Ja." Peter zeigte auf einen metallenen Beschlag zum Festmachen der Leinen. „So heißt das: Klampe. Richard hat es mir erklärt, als wir das Boot geschnitzt haben. Du legst die Leinen drum, um die Spannung aufzufangen. Das hat er gesagt . . .“ Peters Stimme verlor sich.

„Danke, mein Schatz!“ Sie hätte ihn küssen mögen. „Versuchen wir's mal!“

Sie nahm die Leine auf und zog sie stramm. Das Knattern hörte auf, und das Segel wurde wieder straff. Voller Stolz machte Julie die Leine fest und sah auf den Kompaß, Nordnordwest – jedenfalls beinahe! Sie hatte das Boot auf Kurs gebracht. Ein wahres Wunder!

Erleichtert lächelte sie Peter zu. Dann ging sie nach vorn und suchte nach der Leine, mit der sie das vordere, kleinere Segel straffen konnte. Sie fand sie und machte sie los, wobei sie ängstlich das Segel im Auge behielt. Das Seil hatte bei weitem nicht soviel Zug wie das andere, und sie konnte es verhältnismäßig leicht einholen.

Julie setzte sich wieder an die Ruderpinne, machte die Leinen los und sagte übermütig zu Peter: „Vielleicht werde ich ja doch noch ein richtiger Seebär!“

Der Junge lächelte, kam zu ihr herüber und legte seine Hand in die ihre. „Ich bin hungrig, Mami“, meinte er. „Gibt's kein Frühstück?“

Julie erschrak. Frühstück! Ans Essen hatte sie noch gar nicht gedacht. Hatte Michel etwas von Proviant gesagt? Sie konnte sich nicht erinnern. „Warum siehst du nicht mal nach, ob du etwas findest?“ fragte sie leise.

Der Junge nickte erfreut und fing an herumzustöbern.

In diesem Augenblick erhob sich David. Er beugte sich weit über den Bootsrand, als suche er etwas auf dem Wasser. Einen Moment lang fragte Julie sich, was er da wohl tue, dann hörte sie ein leises Würgen, und sie schaute rasch weg. Komisch, dachte sie, der Gedanke an Seekrankheit ist mir noch gar nicht gekommen. Sie wunderte sich, daß ihr nicht selbst längst schlecht geworden war.

Vom Bug her ertönte Geheul. Julie fuhr zusammen. Peter kroch mit einem Leinenbeutel in der Hand unter dem Verdeck hervor und kam nach hinten geklettert. Triumphierend legte er seiner Mutter den Beutel vor die Füße. „Verpflegung!“ rief er. „Fisch in Dosen, Rindfleisch, eingemachtes Gemüse . . .“

„Du meine Güte!“ Verblüfft starrte Julie die Konservendosen an, die Peter aus dem Beutel zog: Es waren etwa zehn, und ein Dosenöffner lag dabei. Daß Michel dieses Boot aufgetrieben hatte, war schon seltsam genug – aber die Konserven . . . Plötzlich ging Julie ein Licht auf. Michel hatte dieses Boot für seine eigene Flucht vorbereitet. Er hatte alles geplant – hatte das Boot gekauft, die

Konserven an Bord gebracht und außerdem noch den Kurs ausgerechnet. Und dann hatte er ihr das Boot überlassen.

Sie öffnete eine Dose mit Rindfleisch und eine mit Sardinen. „Wenn du gegessen hast, Peter, sei bitte so lieb und frag Herrn Freymann, ob er auch etwas essen möchte."

Der Junge nickte. Doch als Julie zum Bootsrand hinüberblickte, sah sie, daß David sich wieder hingelegt hatte. Der Mann war kreidebleich, und er würde sicher nichts essen wollen. Vielleicht etwas trinken...

Sie aß eine Sardine und stellte überrascht fest, wie hungrig sie war. Mit Heißhunger machte sie sich über die Fischchen her, dann öffnete sie eine Dose Gemüse und aß auch sie beinahe leer. Schließlich gab sie Peter, der sich an das Rindfleisch gehalten hatte, was übrig war.

Klatsch! Spritzwasser flog jetzt immer häufiger über den Bug. Ob das viele Wasser etwas ausmachte? Peter bekam einen Schwall ins Gesicht, und Julie schickte ihn auf die etwas geschütztere, steil aufragende Steuerbordseite des Bootes. Ihr fiel auf, daß das Boot jetzt noch mehr krängte als zuvor. Jeder Windstoß machte die Schräglage schlimmer. „Was hat dir Richard sonst noch übers Segeln beigebracht?" fragte Julie den Jungen.

Er sah sie erstaunt an. Ihr wurde klar, daß sie so nicht fragen durfte. Sie versuchte es noch einmal. „Hat er gesagt, was man bei starkem Wind tun muß?"

Peter dachte angestrengt nach. „Hmmm, also ich weiß, was man bei einem *Sturm* tut. Man macht das Segel etwas kürzer!"

„Ja. Und...?"

„Man refft das Segel! Das macht man!"

„Man *refft* das Segel..., das hat er dir gesagt?" Sie hatte keinen blassen Schimmer, was das bedeutete.

Peter schien immer noch nachzudenken. Schließlich sagte er: „Du läßt das Segel ein bißchen runter und bindest den losen Teil dann irgendwie fest."

„Ich verstehe." Julie konnte sich zwar nicht vorstellen, wie sie das anstellen sollte, aber wenn es zum Schlimmsten kam, würde sie es wenigstens einmal probieren. Sie setzte sich wieder auf die Bank an der Ruderpinne und versuchte, ihre Sorgen ein wenig zu vergessen. Schließlich hätte es schon viel schlimmer kommen können.

In diesem Augenblick schrie David Freymann vor Schmerzen auf, und weit in der Ferne, im Osten, war das tiefe Brummen eines herannahenden Flugzeugs zu hören.

Dreizehntes Kapitel

DER Wind kam aus Nordost und frischte auf.

Fischer trat vom Sehrohr zurück und ging an den Kartentisch. Dieser Fischkutter, den sie jagten, würde sicher nicht versuchen, Plymouth anzulaufen – auf dem Kurs würde er gegen den Wind kreuzen müssen, und das war zu umständlich und zu langsam. Nein, es kam nur Falmouth in Frage.

Aber die Geschwindigkeit des Bootes hatte sich bestimmt geändert. Selbst ein kleines Segelschiff würde bei diesem Wind mehr als vier Knoten machen. Eher fünf, vielleicht sogar mehr. Der Kapitänleutnant markierte zwei Punkte auf dem Kurs, den sein Opfer vermutlich nehmen würde. Der erste bezeichnete die augenblickliche Position des Fischerbootes, wenn es sechs Knoten Fahrt machte, der zweite die Position bei vier Knoten. Zwischen diesen beiden Punkten lagen zwanzig Seemeilen.

Jetzt zum Kurs: Wenn das feindliche Objekt abdriftete, wohin würde das führen? Mit größter Wahrscheinlichkeit in westlicher Richtung, wegen des auffrischenden Nordostwindes. Fischer steckte einen zweiten Kurs zehn Grad westlich vom ersten ab. Er hatte jetzt ein rechteckiges Seegebiet von etwa hundert Quadratmeilen abgegrenzt. Hundert Quadratmeilen . . ., ein verdammt großes Stück! Es war unmöglich, das alles abzusuchen. Nein, es war das beste, auf dem vermutlichen Weg des Opfers im Zickzackkurs zu fahren und darauf zu bauen, daß es ihnen irgendwann in die Arme lief.

In Gedanken versunken kehrte Fischer zum Sehrohr zurück. Ein junger Maat hatte es übernommen, Fischer beobachtete ihn abwesend. Er dachte daran, was geschehen würde, wenn es ihnen gelang, dieses Fischerboot zu finden. Wenn sie die Insassen an Bord nehmen wollten, mußten sie auftauchen. Die ganze Operation würde gut fünfzehn Minuten dauern – eine verdammt lange Zeit für ein aufgetauchtes U-Boot am hellichten Tag!

„Funkspruch, Herr Kaleu."

Fischer ging zum Funker hinüber und sah ihm zu, wie er den Funkspruch in die Enigma-Dechiffriermaschine eingab. Fischer riß die entschlüsselte Botschaft ab und befahl: „Auf keinen Fall eine Empfangsbestätigung!" Sofort ging er zum Kartentisch hinüber.

Das Ziel war ausgemacht worden! Von einem Aufklärungsflugzeug! Fischer trug die angegebenen Koordinaten auf der Karte ein und kreuzte die Position des Fischerbootes mit Bleistift an.

Vor zweieinhalb Stunden, um neun Uhr dreißig, war das Boot gesichtet worden. Es war erheblich langsamer vorangekommen, als er vermutet hatte, und es befand sich erst am unteren Ende des umrissenen Seegebiets. Und außerdem weiter westlich. Sehr viel weiter westlich. Wo wollten die denn hin? Der U-Boot-Kommandant runzelte die Stirn.

Auf jeden Fall mußte er U 319 weiter nach Westen schippern, und dann würde er sich einfach auf die Lauer legen und abwarten.

DER Wachhabende im U-Boot-Raum der britischen Admiralität ging die Informationen durch, die in der Nacht eingelaufen waren. Noch waren die Nachrichten nicht entschlüsselt, doch jetzt schon konnte er die neuen Positionen der verschiedenen U-Boote mit denen vom Vortag vergleichen. Nur so konnte man feststellen, wo sich möglicherweise U-Boot-Rudel sammelten. Aber darauf fanden sich heute keine greifbaren Hinweise!

Das einzige außergewöhnliche Vorkommnis jener Nacht war der lange Funkspruch, der um ein Uhr fünfzehn mit einem Dringlichkeitsvermerk übermittelt worden war. Zehn Minuten später hatten die Funkbeobachter eine Nachricht auf der U-Boot-Frequenz aufgefangen – möglicherweise eine Bestätigung. Sie war zu kurz gewesen, als daß die Ortungsspezialisten die genaue Position hätten bestimmen können, aber nach grober Schätzung war der Funkspruch aus dem Küstengebiet vor der westlichen Bretagne gekommen.

Eine Stunde später wurden dem Wachhabenden die entschlüsselten Meldungen hereingereicht. Sofort nahm er sich den langen Funkspruch vor und las den Klartext mit wachsender Verblüffung. Mein Gott, was bedeutete das alles? Ein Fischerboot, das aufgebracht und dessen Besatzung gefangengenommen werden sollte? Merkwürdig.

Der Wachhabende ging an den Kartentisch. Offensichtlich war die Operation wichtig; der Funkspruch stammte schließlich von Dönitz selbst. Aber warum schickte er ein U-Boot los? Die Sache mußte einen Haken haben. Vielleicht war das Fischerboot in einem Seegebiet unterwegs, in dem Torpedo- oder Schnellboote nicht operieren konnten. Wegen feindlicher Luftüberlegenheit? Ja, das war bestimmt der Grund.

Der Ärmelkanal. Das war's!

Aber wo? Im östlichen Teil? Nein. So wichtig die Operation auch sein mochte – ins sichere Verderben würde Dönitz keines seiner Boote schicken. Der Ostteil des Kanals war so flach, daß ein U-Boot keine Chance hatte.

Also der Westabschnitt.

Der Wachhabende blickte auf die Wanduhr. Er mußte rasch eine Entscheidung treffen. Umgehend nahm er das Plättchen, das U 319 darstellte und bisher vor Brest plaziert war, und setzte es südlich von Plymouth in den Ärmelkanal.

Während er zum Telefonhörer griff, zupfte er sich nachdenklich am Ohrläppchen. Er ließ sich mit dem Oberkommando Ärmelkanal verbinden. Natürlich bestand die Möglichkeit, daß er mit seiner Vermutung völlig danebenlag und die Jungs von der Jagdbomberstaffel auf eine sinnlose Hatz schickte. Aber er hatte so ein bestimmtes Gefühl, und das hatte ihn noch selten getrogen.

Der Nachsatz in Dönitz' Mitteilung hatte ihn auf die richtige Spur gebracht: *Wenn einer es schaffen kann, sind Sie es!* Dönitz sagte das aus gutem Grund: Weil er wußte, daß er seinen Mann in die Höhle des Löwen schickte.

JULIE rüttelte David heftig. „Aufwachen! Bitte wachen Sie auf!"

David, von der Gischt völlig durchnäßt, regte sich schwach. Mühsam schlug er die Augen auf.

„Sie müssen hier weg!" rief Julie. „Sonst werden Sie patschnaß!"

David sah sie verständnislos an, dann nickte er mit schmerzverzerrtem Gesicht. Julie packte ihn kurz entschlossen unter den Achseln und schleifte ihn keuchend zu dem kleinen Verdeck im Bug. Hier war es wenigstens trocken. David legte sich unter das Schutzdach und schloß die Augen. Julie deckte ihn mit Säcken zu und schob ihm ein zusammengerolltes Stück Persenning unter den Kopf.

Sie sah ihn mitleidig an. „Tut mir leid, daß ich Sie wach rütteln mußte, David." Aber er hörte sie nicht. Er war schon wieder bewußtlos. Sein Gesicht war totenblaß, und seine Stirn fühlte sich eiskalt an.

Die Tabletten! David hatte einmal Tabletten erwähnt. Sie sah in seiner Aktentasche nach und fand ein Fläschchen ohne Etikett, das noch zur Hälfte mit weißen Tabletten gefüllt war. Das mußten sie sein! Zwei davon können nicht schaden, dachte Julie und schüttelte sie aus dem Fläschchen.

Wasser. Sie brauchte Wasser.

Unter dem Verdeck fand sie eine große Korbflasche, die eine klare Flüssigkeit enthielt. Sie öffnete sie, roch daran, steckte einen Finger in die Flüssigkeit und leckte ihn ab: Wasser.

Sie legte David die Tabletten auf die Zunge, hob seinen Kopf ein wenig an und setzte ihm die Flasche an die Lippen. Viel Wasser lief daneben, aber einiges gelangte auch in seinen Mund. Er stöhnte laut, hustete und schluckte.

Julie klopfte ihm auf den Rücken und schaute ihm dann in den Mund: Die Tabletten schienen verschwunden zu sein. Das war doch wenigstens etwas.

Schließlich wankte sie zur Ruderpinne zurück. Peter lag jetzt an der Steuerbordseite des Bootes. Auch er hatte eine Stelle gefunden, wo es trocken war, und schlief.

Julie sah auf den Kompaß. Der Kurs hatte sich ein wenig geändert – war noch etwas westlicher als zuvor. Sie zog die Leinen an der Ruderpinne nach, und der Kompaß pendelte sich wieder ein. Dann suchte sie aufmerksam den Himmel ab. Von dem Flugzeug war nichts mehr zu sehen. Merkwürdig. Sie war überzeugt, daß der Pilot sie entdeckt haben mußte; schließlich war er direkt über sie hinweggeflogen.

Es war fast Mittag. Julie fühlte sich elend. Ihre Augen brannten, und sie hatte das Gefühl, als wäre ihr Kopf in einen Schraubstock eingespannt. Sie brauchte unbedingt Schlaf. Doch im Augenblick war daran nicht zu denken.

Die Kompaßbeleuchtung fiel ihr ein. Sie mußte dringend instand gesetzt werden. Vielleicht war auch nur das Petroleum zu Ende gegangen. Julie öffnete die Kiste, in der sie die Taschenlampe gefunden hatte. Bestimmt war auch Petroleum darin.

Fehlanzeige.

Sie wartete eine hohe Welle ab und ging dann rasch nach vorn. Freymann schien friedlich zu schlafen. Julie legte ihm die Hand auf die Stirn. Zum Glück fühlte sie sich nicht mehr so kalt an, aber Freymann sah immer noch schrecklich blaß aus. Sie wünschte, sie könnte etwas für ihn tun.

Gebückt ging sie zum Verdeck vor. Dort lag noch eine Korbflasche. Aufgeregt öffnete sie ihn, doch auch er enthielt Wasser. Sorgfältig suchte sie unter den Hummerkörben und Tauen, die im Bug lagen. Nichts.

Wo könnte sonst noch Ausrüstung verstaut sein? In der Mitte des Bootes gab es eine Luke in den Decksplanken, unter der sich wahrscheinlich der Laderaum für Fische befand.

War das Petroleum vielleicht dort? Julie wollte auf jeden Fall einmal nachsehen. Mit Mühe gelang es ihr, den Lukendeckel anzuheben. Sie blickte in die Öffnung und traute ihren Augen kaum. Der Laderaum stand voll Wasser! Es schwappte mit den Bewegungen des Bootes vor und zurück. Julie fragte sich, wie lange es schon im Boot war – und wie schnell es wohl hereinströmte.

Sie blickte sich suchend um. Es mußte eine Möglichkeit geben, das Wasser loszuwerden. „An die Pumpen!" hatte es immer in den

Geschichten geheißen, die sie als Kind gelesen hatte. Aber gab es auf
diesem kleinen Boot überhaupt eine Pumpe? Und wenn, wie sah sie
aus?

„Bitte . . . bitte!" hörte sie plötzlich David leise rufen.

„Bitte . . ., ich muß mit Ihnen reden . . ., es ist sehr wichtig . . .,
bitte!"

„Ja, ich komme gleich. Sofort!" erwiderte Julie aufgeregt.

DAVID beobachtete Julie vom Bug aus. Sie blickte besorgt drein.
Vielleicht lief nicht alles so, wie sie gehofft hatte.

Mit aller Kraft zwang er sich, wach zu bleiben. Nur jetzt nicht
schlappmachen. Er mußte es ihr doch sagen, mußte ihr das Päckchen
geben . . ., ehe es zu spät war.

Er fühlte sich so schwach. Der Schmerz brannte höllisch in seinem
Leib. Es war unmöglich, dagegen anzukämpfen. Lediglich der Schlaf
brachte Erleichterung.

Doch ehe David wieder einschlief, mußte er noch mit der jungen
Frau sprechen.

AN DECK fand Julie nichts, das auch nur im entferntesten wie eine
Pumpe aussah. Also war nichts zu machen . . .

Julie blickte noch einmal kurz in den Laderaum hinein, dann nahm
sie die Taschenlampe, ließ sich durch die Luke hinabgleiten und stand
bis zu den Waden im wirbelnden Wasser. Sie beugte sich vor und
leuchtete unter die Decksplanken. Der Hohlraum unter Deck war
leer. Nur die hölzernen Spanten, die Planken und der Mast, der in der
Mitte durch das Deck kam, waren zu erkennen.

Doch dann erblickte Julie ein Rohr, das am Mast entlanglief und sich
unten im trüben Wasser verlor.

Sie richtete den Lichtkegel nach oben. Das Rohr führte bis zum
Deck, knickte ab und lief im rechten Winkel bis zu einem großen
metallenen Gegenstand, der zwischen zwei Decksbalken angebracht
war.

Rasch kletterte Julie wieder an Deck und ging zum Mast. An seiner
Seite ragte ein kurzer, dicker Metallpfosten auf. Julie hockte sich hin
und betrachtete ihn etwas genauer. Er hatte eine Muffe, in die offenbar
ein Griff paßte. Ein Pumpenschwengel? Julie war es langsam leid,
nach Gegenständen zu suchen.

Lustlos blickte sie sich um. Tatsächlich entdeckte sie ein Stück
Eisenrohr, das in einer Halterung am Mast steckte. Es war ein
Pumpenschwengel, und er paßte in die Muffe.

Rasch schloß Julie die Ladeluke und begann zu pumpen. Anfangs ließ sich der Schwengel ziemlich leicht bewegen, doch als die Pumpe Wasser zu ziehen begann, mußte Julie erheblich mehr Kraft aufwenden. Sie pumpte langsam und stetig und fragte sich, wie lange es wohl dauern mochte, bis der Laderaum leergepumpt wäre.

Nach ungefähr einer halben Stunde hob sie den Lukendeckel an und leuchtete mit der Taschenlampe hinunter. Es stand kaum noch Wasser im Laderaum. Sie pumpte erneut, bis ein schmatzendes, gurgelndes Geräusch anzeigte, daß kein Wasser mehr kam. Julie drückte den Pumpenschwengel wieder in die Halterung am Mast und kehrte erschöpft zu ihrem Platz an der Ruderpinne zurück. Der Kompaß zeigte Nordwest; ihr Kurs lag also immer noch viel zu weit westlich. Das ging bestimmt schon eine kleine Ewigkeit so. Vom Bug her erscholl ein schwacher Ruf, und Julie blickte auf. David hatte die Hand ein wenig gehoben, und es sah aus, als winke er ihr.

Müde schleppte sich Julie erneut über das nasse Deck.

ENDLICH kam sie! David sah Julie sehnsüchtig entgegen. Sobald sie neben ihm niedergekniet war, ergriff er ihre Hand. Julie machte einen erschöpften Eindruck.

Er tätschelte ihr die Hand. „Meine Liebe", begann er, „Sie müssen sich irgendwann ... mal ausruhen."

Sie lächelte. „Ach, ich schaff das schon. Um Sie mache ich mir viel mehr Sorgen. Möchten Sie einen Schluck Wasser?"

Sie griff nach der großen Flasche, entfernte den Verschluß und hielt sie ihm an die Lippen. Er trank gierig. Als sie die Flasche wegstellte, öffnete er den Beutel, den er um die Hüfte geschlungen hatte, und nahm ein winziges Päckchen heraus. Dann erklärte er mit zitternder Stimme: „Hier ... dieses Päckchen. Es enthält alles ... über meine Erfindung. Die Zeichnungen, die technischen Beschreibungen. Bitte, Sie müssen es an sich nehmen, falls mir etwas zustößt."

„So etwas dürfen Sie gar nicht denken ..."

David schüttelte ungeduldig den Kopf. „Sie müssen mir versprechen", fuhr er langsam fort, „daß Sie sich darum kümmern ... und es den richtigen Leuten übergeben. Es müssen die richtigen Leute sein ... Verstehen Sie?"

Julie nickte und steckte das Päckchen in eine zuknöpfbare Innentasche ihrer Jacke. Rasch wandte sie sich ab; sie mußte unbedingt zu ihrem Ruder zurück.

David schloß erleichtert die Augen. Er hatte getan, was getan werden mußte. Jetzt konnte er endlich in Frieden schlafen.

Vierzehntes Kapitel

Eine Nadel im Heuhaufen. Und doch . . .

Zum hundertsten Mal fuhr Kapitänleutnant Fischer mit dem Finger auf der Karte den Kurs des kleinen Kutters nach, von Morlaix bis zu der Position, die die Aufklärungsmaschine gemeldet hatte, und von dort in einer geraden Linie weiter. So kam er an einen Punkt genau zwischen den Scilly-Inseln und „Land's End", der Spitze der Halbinsel Cornwall. Wohin wollte das Boot? Und warum, zum Teufel, hatten sie es noch nicht gesichtet, wenn es seinen Kurs hielt?

Fischer seufzte tief und warf den Bleistift auf die Karte. Er fragte sich, wann er eigentlich das letzte Mal geschlafen hatte. Erschöpft ging er nach hinten zum Maschinenraum. Als der Obermaschinist den Kommandanten sah, wischte er sich die Hände an einem ölverschmierten Putzlappen ab und grinste Fischer zwischen den gewaltigen Motorenblöcken hindurch zu.

Plötzlich war aus der Zentrale ein unterdrückter Ausruf zu vernehmen. Fischer erstarrte, dann drehte er sich rasch um und ging zurück. Der Erste Wachoffizier stand am Sehrohr.

Fischer tippte ihm auf die Schulter, und der Offizier trat beiseite. „Ein kleines Boot, Herr Kaleu", sagte er. Fischer schaute durchs Periskop.

Zuerst konnte er nichts erkennen. Nur Wellen, die jetzt höher gingen als zuvor. Er wartete. Da! Fischer spürte, wie ihn das Jagdfieber packte. „Angriffssehrohr ausfahren!" brüllte er.

Die Hydraulik zischte, als das viel größere Angriffsperiskop aus dem Bauch des U-Bootes in die Höhe glitt. Das Beobachtungssehrohr hatte zwar ein breiteres Gesichtsfeld, aber dafür bot das Angriffssehrohr eine erheblich stärkere Vergrößerung. Fischer drehte es in die gewünschte Richtung.

Da war es! Ein kleines Boot unter Segeln.

Die Silhouette war unverkennbar: Das Großsegel hob sich klar vom strahlendhellen Hintergrund des Himmels ab. Fischer schätzte die Entfernung auf etwas mehr als vier Meilen. Er gratulierte sich im stillen. Wenn es nicht mit dem Teufel zuging, *mußte* dies das gesuchte Objekt sein!

Wie würde er die Leute an Bord nehmen? Er würde unter Wasser heranfahren und erst in letzter Minute auftauchen. Der Gedanke, das am hellichten Tag zu tun und noch dazu so dicht vor der Nase der Engländer, behagte ihm zwar überhaupt nicht, aber es mußte sein.

Automatisch suchte er mit dem Periskop den ganzen Horizont ab. Keine weiteren Schiffe in Sicht. Vom Himmel konnte er nicht viel sehen, jedenfalls nicht mit diesem Periskop. Er trat zurück und ließ den Ersten Wachoffizier durchs Sehrohr schauen.

Es war Zeit, die Sache zu einem Abschluß zu bringen. „Neuer Kurs –"

Der Mann am Luftzielsehrohr ließ einen gellenden Schrei los. *„Feindliches Flugzeug!"*

„Sehrohre einfahren!" brüllte Fischer, ohne nachzudenken. Die Sehrohre fuhren zischend nach unten. „Fluten! Neuer Kurs: Hart steuerbord!"

Fischer wollte kein Risiko eingehen. Ein Flugzeug konnte die Spur, die die Sehrohre eines U-Bootes durchs Meer zogen, auch aus recht großer Entfernung ausmachen. Er ging zur Karte und sah sich die Wassertiefe an. „Auf dreißig Meter gehen!" bellte er.

Alle Männer erstarrten und versuchten, sich irgendwo festzuhalten; Wasserbomben, die in der Nähe eines U-Bootes explodierten, waren etwas Fürchterliches.

Die Stimme des Rudergängers drang gelassen durch die Stille: „Tiefe fünfzehn Meter ... zwanzig Meter ..." Endlich war es soweit. „Dreißig Meter."

Fischer atmete hörbar auf. Die Männer entspannten sich und sahen einander vielsagend an. Keine Wasserbomben. Schwein gehabt.

„Zentralgast!" sagte Fischer zu dem Matrosen, der am Luftzielsehrohr gesessen hatte. „Position und Entfernung des feindlichen Flugzeugs?"

Der Mann schluckte trocken. „Von achtern, Herr Kaleu", erwiderte er nervös. „Nein – mehr an Steuerbord. Peilung etwa ... Ich bin mir nicht sicher."

„War es ein Engländer?" fragte Fischer mit schneidender Stimme.

„O ja ..., eine Catalina. Kam direkt auf uns zu."

Fischer nickte und ging niedergeschlagen zum Kartentisch. Wenn sie entdeckt worden waren, würde der Feind bestimmt Kampfflugzeuge oder Patrouillenboote losschicken, die dann Jagd auf sie machten.

Verdammt! Sie waren dem Fischkutter so nah und doch so weit von ihm entfernt. Der Kapitänleutnant wagte nicht, gleich wieder aufzutauchen. Er war nicht einmal sicher, ob er auf Sehrohrtiefe gehen sollte, und so beschloß er, sich erst in einer halben Stunde noch einmal an der Wasseroberfläche umzusehen. Bis dahin hatte das Flugzeug vielleicht aufgegeben. Und wenn nicht – nun, er mußte es riskieren, oder die Beute würde ihm entkommen.

„Mami! Da ist ein Flugzeug!" Peter zeigte mit ausgestrecktem Arm nach rechts.

Julie blickte auf und sah einen kleinen schwarzen Fleck dicht über dem Horizont. Einen Augenblick dachte sie, die Besatzung müsse ihr Boot entdeckt haben, doch dann erkannte sie, daß sich die Maschine entfernte.

Das Boot schlingerte, und Peter hielt Julie an der Jacke fest. „Mami, ich bin hungrig . . ."

Der Junge sieht blaß und müde aus, dachte Julie, aber er hält sich so tapfer. Sie bemühte sich um einen munteren Tonfall. „Natürlich, mein Schatz", sagte sie. „Komm, wir machen eine Dose auf und essen eine Kleinigkeit. Danach kannst du dich ja wieder hinlegen."

Das Boot schaukelte immer heftiger. Julie gab Peter rasch etwas zu essen und sah dann beruhigt zu, wie er sich folgsam in ihrer Nähe im Schutz der aufragenden Bordwand schlafen legte. Sie massierte sich die Schläfen und wünschte, die Kopfschmerzen würden vergehen.

Erneut hielt sie nach dem Flugzeug Ausschau. Es war verschwunden. Vielleicht war es ja ohnehin eine deutsche Maschine gewesen.

Erschöpft nickte sie an der Ruderpinne ein. Erst als ihr ein Schwall Wasser ins Gesicht flog, fuhr sie erschreckt hoch. Das Boot lag jetzt bedrohlich schräg, der Bug tauchte immer tiefer in die Wogen und warf eimerweise Wasser an Bord. Die Segel waren stark gebläht, als drohten sie zu zerreißen. Plötzlich stampfte das Boot heftig. Julie schrie auf. Wir können jeden Moment kentern, dachte sie entsetzt. Vielleicht mußte sie die Segel reffen, oder wie das heißt; vielleicht würde das die wilde Fahrt bremsen.

Unglücklich blickte sie an dem riesigen, geblähten Segel empor und wußte, daß es aussichtslos war: Sie hatte keine Ahnung, wo sie beginnen sollte.

Als die Dunkelheit hereinbrach und der Bug kaum mehr zu erkennen war, wurde Julie zunehmend von Furcht ergriffen. Schließlich saß sie wie gelähmt auf ihrer Bank an der Ruderpinne, unfähig, noch einen klaren Gedanken zu fassen.

Der englische Seeaufklärer vom Typ Liberator schwebte weit draußen über dem Atlantik. Seit Stunden flog der Pilot im Zickzackkurs, hielten die Beobachter Ausschau nach deutschen U-Booten, die auf dem Weg nach Norden zu ihren Jagdgründen waren.

Dann kam plötzlich ein Funkspruch von der Einsatzleitung, und die Maschine drehte ab und flog in östlicher Richtung davon.

Die Position des deutschen U-Bootes war laut Funkspruch dreißig Meilen Südsüdost von Land's End. Das U-Boot beschattete ein kleines Fischerboot, von dem offenbar kein Mensch wußte, wohin es wollte. Nach Falmouth? Nach Irland? Es war alles möglich.

Die Liberator näherte sich der englischen Küste. Als erstes wollte der Pilot die Meerenge zwischen den Scilly-Inseln und Land's End abfliegen, danach die Küste zwischen Lizard Point und Falmouth.

Eines war sicher: Irgendwann in der Nacht würde das feindliche U-Boot auftauchen müssen, um Frischluft in die Druckkammer zu pumpen und die Batterien für die E-Motoren aufzuladen.

Wenn sie es dabei erwischten, würden sie zuschlagen . . .

„Kurs auf die Scilly-Inseln", sagte der Pilot zu seinem Navigator. „Wir fangen dort an und arbeiten uns nach Osten vor."

VERDAMMT und zugenäht! Das Fischerboot war ihnen entwischt.

Kapitänleutnant Fischer konnte es immer noch nicht begreifen. Hatte er die Entfernung falsch geschätzt? Oder hatte das kleine Boot abrupt den Kurs geändert?

Wie auch immer – als sie wieder auf Sehrohrtiefe gegangen waren, war weit und breit kein Boot in Sicht gewesen. Fischer hatte volle Fahrt in Richtung Nordwesten befohlen, weil er meinte, das Opfer sei vielleicht schneller vorangekommen als vermutet.

Nichts. Gar nichts. Und dann war die Dunkelheit hereingebrochen.

Es war zum Verrücktwerden. Fischer war wieder an die Karte gegangen und hatte den vermutlichen Kurs des Fischkutters neu festgelegt. Dieses Mal setzte er eine westlichere Abtrift in Rechnung und kalkulierte die Auswirkung der Gezeiten ein. Jetzt wies die Kurslinie direkt auf die Scilly-Inseln.

Er seufzte. An diese Möglichkeit hätte er eher denken sollen. Aber es änderte nicht viel. Er würde den Kutter trotzdem jagen; wenn nötig bis direkt an die Felsenriffe.

Vorerst galt seine Sorge jedoch einem anderen Problem: Er mußte die Batterien aufladen und Frischluft in die Druckkammer pumpen. Dazu mußte er auftauchen, ihm blieb keine andere Wahl.

Der Kommandant rief den Leitenden Ingenieur und errechnete mit ihm, wie lange sie zum Aufladen mindestens brauchten. Sechs Stunden – für eine Überwasserfahrt in dieser gefährlichen Gegend eine verdammt lange Zeit. Dann ließ er den Navigator holen und bat um neues Kartenmaterial.

Der Navigator brachte die beste Karte, die er von den Scilly-Inseln und der Südwestspitze Englands hatte. „Suchen Sie nach etwas Bestimmtem, Herr Kaleu?" fragte er.

Fischer trat einen Schritt vom Kartentisch zurück. „Ja – wir brauchen in der Nähe der Inseln eine Gegend, in der steile Felsen aus dem Wasser ragen, zwischen denen wir uns verstecken können. Wenn wir es schaffen, selbst wie ein Felsen auszusehen, so ist das die perfekte Tarnung."

DER Wind peitschte das Spritzwasser über das Deck, Gischt schäumte über die Bordwand und durchnäßte alles. Julie machte sich nicht mehr die Mühe, den Kopf einzuziehen, wenn der Bug des Bootes auf eine Welle traf. Das Wasser, das an Deck strömte, war ihr gleichgültig geworden.

Sie steuerte jetzt wieder selbst, und die Ruderpinne ruckte und zerrte in ihrer Hand. Seit der Wind noch einmal aufgefrischt hatte, hielt das Boot nicht mehr allein Kurs. Freilich wußte Julie ohnehin nicht mehr genau, wohin die Reise ging. Wann immer es ihr gelang, einen Blick auf den Kompaß zu werfen, spielte er verrückt.

Doch das schien alles nicht mehr sonderlich wichtig zu sein. Sie fragte sich, ob Peter durchhalten würde. Und David. Sie hatte von beiden seit Stunden keinen Laut mehr gehört. Eigentlich müßte ich aufstehen und nach ihnen sehen, dachte sie. Aber es war um so vieles einfacher, sitzen zu bleiben . . . an nichts zu denken . . .

Plötzlich war Julie hellwach. Ein Geräusch – obwohl der Wind heulte, hatte sie es laut und deutlich gehört. Irgend etwas war gerissen. Das Segel? Oder war gar der Mast angebrochen?

„Mami! Mami!" brüllte Peter aufgeregt.

„Schon gut. Rühr dich nicht vom Fleck!" rief Julie, während sie die Ruderpinne wieder festband. Als sie damit fertig war, nahm sie die Taschenlampe und richtete den Lichtstrahl auf das Segel: Es war in der Mitte durchgerissen! Die zerfetzten Reste der oberen Segelhälfte knatterten wie wild im Wind.

Sie mußte versuchen, das Segel einzuholen. Nacheinander probierte sie mehrere Leinen aus, bis sie endlich diejenige fand, die zu der schrägstehenden Stange führte, die das Segel in seinem oberen Teil festgehalten hatte. Sie löste die Leine von ihrer Klampe, gab sie nach und nach aus, bis sich die Spitze der Stange weit herabgesenkt hatte. Jetzt galt es nur noch, die ganze Stange mit dem Segel am Mast entlang herabzusenken. Bald hatte sie die dazu notwendigen Leinen gefunden, und nach einer Weile ließ sie triumphierend das Segel herunter.

Na, wer sagt's denn? dachte Julie, als sie fertig war. Sie lehnte sich schwer atmend an den Mast und lächelte. Dann ging sie zu dem kleineren, vorderen Segel und zurrte ein paar Leinen fest, die sich gelockert hatten. Was stand als nächstes an? Das große Segel zu reffen war nicht halb so schwierig gewesen, wie es ausgesehen hatte. Alles andere würde jetzt einfach sein!

Zuerst zu David. Sie kniete sich im Bug nieder und leuchtete mit der Taschenlampe in den überdachten Teil. David war wach und starrte sie mit aufgerissenen Augen an. Er versuchte zu lächeln, schien aber starke Schmerzen zu haben. „Ich fürchte ..., bin keine große Hilfe ...", flüsterte er.

„Ruhen Sie sich nur aus!" meinte Julie. Sie setzte ihm die Trinkwasserflasche an die Lippen. Als sie sie wieder wegstellte, bemerkte sie einen säuerlichen Geruch. Erbrochenes. Und dann sah sie mit Entsetzen einen dunklen Fleck auf seinem Ärmel: Blut. „Ist alles in Ordnung?" fragte sie.

„Mir ... geht's gut."

Doch Julie spürte, daß das nicht stimmte. Einen Augenblick lang überlegte sie, dann deckte sie David fürsorglich zu und ging zum Heck zurück.

Peter lag zusammengekrümmt in einer Ecke und schluchzte leise vor sich hin.

Julie nahm ihn in die Arme, bis er sich ein wenig beruhigt hatte, dann setzte sie sich an die Ruderpinne und richtete den Strahl der Taschenlampe auf den Kompaß.

Nordwest – jedenfalls annähernd. Nicht schlecht! Und das Boot lag jetzt auch besser im Wasser. Es krängte nicht mehr so stark und nahm weniger Wasser über. Julie war froh, daß sie das Großsegel gerefft hatte.

Doch es gab noch einiges zu tun. Zuerst mußte sie wieder Wasser aus dem Laderaum pumpen. Der Schweiß lief in Strömen an ihr herunter, während sie die Pumpe bediente, und sie fühlte sich in ihren nassen Kleidern unwohl. Ihr Rücken schmerzte heftig, aber sie achtete nicht darauf, arbeitete nur um so heftiger.

Einmal legte sie bei der schier endlos erscheinenden Pumperei eine Pause ein und dachte: Ich habe entdeckt, wozu all dies gut ist – vielleicht ist es überhaupt das Geheimnis aller Geheimnisse: Man darf nie aufgeben! Richard hätte bestimmt nicht aufgegeben. Er hätte die Herausforderung mit Freuden angenommen. Ja, das war's ..., man durfte nie aufgeben!

Nach über einer Stunde schwerer Arbeit stolperte sie zum Heck zurück und ließ sich erschöpft auf die Bank fallen. Doch dann stand sie wieder auf und nahm ein Stück Leine aus der Kiste. Sie ging damit zu Peter hinüber und band ihm das eine Ende um den Bauch. Das andere Ende schlang sie wie einen Gürtel um ihre Taille und verknotete es fest.

„So bleiben wir wenigstens immer beieinander", murmelte sie.

„Was sehen Sie denn auf dem Radarschirm?" fragte der Pilot der Liberator über sein Bordmikrofon den Radarbeobachter.

„Die Scilly-Inseln. Sie glitzern wie ein Haufen kleiner Sterne", ertönte die Antwort gleich darauf im Kopfhörer.

„Und wie ist das Bild?"

„Gut. Wir haben ziemlichen Wind, ungefähr fünfundzwanzig Knoten, aber ich kriege kaum Störungszeichen. Die Wogen können nicht sehr hoch gehen; wahrscheinlich, weil der Wind jetzt von der Küste her kommt."

„Schön. Lassen Sie mich sofort wissen, wenn Sie ein Wasserfahrzeug entdecken, ganz gleich, wie klein es ist." Der Pilot blickte in die Dunkelheit hinunter, dachte an das feindliche U-Boot und fragte sich, was dessen Kommandant im Augenblick wohl vorhatte. Versuchte er, in sicheres Gewässer zu entkommen? Oder versteckte er sich irgendwo im Schutz der Küste?

Es knackte im Kopfhörer. „Radarstation an Flugzeugführer. Kontakt zehn Meilen steuerbord, Anstellwinkel zwanzig Grad."

Der Pilot leckte sich die trockenen Lippen. „Wo ist das im Verhältnis zu den Scilly-Inseln?" fragte er.

„Fünf Meilen südlich von der Hauptinsel Saint Mary's. Aber es ist ein sehr kleines Wasserfahrzeug – sieht nicht wie ein U-Boot aus."

„Behalten Sie es im Auge. Funker?"

„Ja, Sir?"

„Haben wir Meldung, daß sich unsere Freunde von der Marine in diesem Seegebiet aufhalten?"

„Nein, Sir. Keine Geleitzüge. Keine Schnellboote, keine Torpedoboote ..., aber man hat uns mitgeteilt, daß das deutsche U-Boot ein Fischerboot verfolgt, Sir. Vielleicht handelt es sich bei dem georteten Objekt um den Fischkutter."

Genau daran hatte der Pilot auch schon gedacht. Aber wo war dann das U-Boot? Er warf dem Kopiloten einen vielsagenden Blick zu und sprach ins Mikrofon: „Sehen wir uns das Schiffchen mal an." Während er die Maschine auf gut zweihundert Meter hinunterdrückte, überkam ihn – wie immer – das Jagdfieber.

„Radar an Flugzeugführer. Vielleicht bin ich schon übergeschnappt, Sir, aber ich habe hier auf dem Schirm einen Felsen, der sich bewegt. Direkt südlich von der Insel Saint Agnes."

Bei den alten Radargeräten hätte der Pilot seine Zweifel gehabt. Aber sie arbeiteten jetzt mit dem neuen H2S-Gerät, auf das sie sich hundertprozentig verlassen konnten. Der Pilot starrte in die Nacht hinaus. In seinem Kopf jagten sich die Gedanken.

„Größe des Objekts?" fragte er.

Der Radarbeobachter antwortete nicht sofort. Schließlich sagte er: „Größer als das erste, aber immer noch verhältnismäßig klein. Auf keinen Fall ein Dickschiff. Könnte ein U-Boot sein."

Na also! Der Schurke hatte versucht, sich zu verstecken. Aber für ein deutsches U-Boot gab es keine Verstecke mehr. Diese Zeiten waren vorbei.

Die See spülte über das lange, schmale Vorschiff. Kapitänleutnant Fischer fröstelte im kalten Nordostwind. Er zog sich den Schal fest um den Hals, ging zum Turmluk und rief: „Position?"

„Eine halbe Meile südlich von der Insel Saint Agnes", tönte es von unten zurück.

Fischer starrte in die Dunkelheit. Er hoffte, daß der Navigator recht hatte. Sie hatten schon so lange keine brauchbare Peilung mehr gehabt, daß es unmöglich war, die genaue Position zu bestimmen. Die Scilly-Inseln waren die reinste Hölle. Überall verstreut lagen Felsen und Inselchen, und weil sie alle steil vom Meeresboden aufragten, gab das Echolot oft erst in letzter Sekunde einen Warnton von sich.

U 319 machte vier Knoten und beschrieb enge Kreise in einem Planquadrat südlich von Saint Agnes. Sie waren jetzt seit einer Stunde auf Überwasserfahrt. Blieben noch fünf Stunden. Eine verdammt lange Zeit ...

Fischer beschloß, nach unten in die Zentrale zu gehen und noch einen Blick auf die Karte zu werfen. Hier oben war ohnehin nichts zu sehen.

Er kletterte die Leiter hinunter und stellte sich, noch im Ölzeug, an den Kartentisch. Kurz vor Tagesanbruch würde er sich mit U 319 an der Meerenge zwischen Saint Agnes und Saint Mary's auf die Lauer legen. Das Fischerboot mußte sie passieren, denn sie war die einzige sichere Zufahrt zu den Inseln. Dort würde er es aufbringen und die Besatzung gefangennehmen – und zwar fix.

Plötzlich schrillte das Alarmsignal: „Tauchen! Tauchen! Tauchen!"

Fischer stockte das Blut in den Adern. Ein furchtbares Getöse brach los. Matrosen rannten und stolperten zum Bugraum, um das Boot kopflastig zu machen und schneller auf Tiefe zu bringen; die Männer der Brückenwache sprangen durch das Luk in die Zentrale herunter. Es zischte, als die Tauchtanks geflutet wurden. Der letzte Mann kam durch den Turmschacht, und der Wachoffizier schloß das Luk.

Fischer starrte das Tiefenmanometer an, als könne er den Tauchvorgang mit schierer Willenskraft beschleunigen. Aber er wußte: Es würde Ewigkeiten dauern. Verzweifelt sah er dem Rudergänger über die Schulter. Die Tiefenruder gaben dem Boot maximale Vorlastigkeit, und das Boot sank ein wenig schneller. Vier Meter Tiefe . . ., acht Meter . . ., vielleicht schafften sie es doch noch!

Plötzlich wurde U 319 an der Backbordseite herumgerissen, und der Bug schoß nach oben. Fischer war einen Augenblick lang völlig überrascht, als er wie in einem Fahrstuhl hochsauste. Dann drehte sich die Zentrale um ihre Längsachse, und Fischer stürzte gegen den Kartentisch.

Gleichzeitig war die Detonation zu hören; ein dumpfes Krachen, das im Gehirn schmerzhaft mitzudröhnen schien.

Keuchend zog Fischer sich hoch. Er wollte rufen, brachte aber keinen Laut heraus. Er versuchte es noch einmal. „Meldung!" krächzte er.

Langsam liefen die Meldungen ein.

„Wassereinbruch im Bugraum. Schott geschlossen."

„Leck im Offizierraum."

Da sackte der Bug ab.

„Vordere Tauchtanks anblasen!" brüllte Fischer. Sie mußten dem Boot rasch Auftrieb geben, oder es würde wie ein Stein sinken.

„Vordere Tauchtanks sind angeblasen!"

„Hintere Tauchtanks anblasen!" Es war ein riskantes Manöver, aber selbst wenn sie mit dem Heck zuerst hochkamen, war es immer noch besser, als mit dieser Geschwindigkeit unterzugehen.

Männer kamen aus dem Bugraum gerannt. Als der letzte das Schott passiert hatte, wurde es geschlossen.

Fischer sah wie gebannt das Tiefenmanometer an. Es fiel immer noch.

„Hintere Tauchtanks sind angeblasen!"

Dreißig Meter . . ., und immer noch sanken sie. Dabei waren alle Tauchtanks mit Preßluft gefüllt!

Fischer stürzte zur Karte. In welcher Tiefe lag hier der Meeresgrund? Achtundsechzig Meter. Das U-Boot sank unaufhaltsam. Tiefe: fünfzig Meter und zunehmende Sinkgeschwindigkeit.

„Festhalten!"

Die Männer drückten sich gegen die Schotts, zwängten sich in die Kojen und stützten sich so gut wie möglich ab. Dann war es still.

Fünfundfünfzig Meter . . . sechzig . . .

Bei einundsechzig Metern stießen sie auf Grund. Die Wucht des Aufpralls raubte Fischer den Atem. Er stieß heftig mit dem Kopf an die Bordwand. Dann war es wieder still. Nur aus den beschädigten Druckrohren zischte es leise.

Fischer wischte sich das Blut ab, das ihm in die Augen lief, und sah sich in der Zentrale um. Vor ihm lag das Schott, das die Zentrale vom völlig zerstörten Bugraum trennte. Die wasserdichte Tür war noch verschlossen, aber durch einen breiten Riß im Schott, der von der Decke bis fast zu den Bodenplatten reichte, sprühte unter hohem Druck Wasser herein.

Er blickte lange hin, bis jemand vom Heck nach vorn kam und meldete: „Ein Leck im Maschinenraum, Herr Kaleu. Wir versuchen, den Schaden zu beheben."

Fischer wußte, daß es keinen Sinn hatte. Sie würden das Boot nicht mehr flottmachen können. Er schüttelte den Kopf und lächelte seinen Männern fast liebevoll zu, als wollte er sagen: Ich war nie ein Gott. Warum habt ihr das nur geglaubt?

Aber sie wußten schon, daß sie verloren waren.

JULIE wünschte, es wäre heller. Das Segeln machte ihr jetzt weniger Sorgen, denn die See tobte nicht mehr ganz so heftig. Aber die Sicht war und blieb schlecht.

Plötzlich hörte sie in der Ferne ein Geräusch. Es war so unbestimmt, daß sie zuerst meinte, sich getäuscht zu haben.

Da war es wieder. Ein leises . . . ja, was? Ein Flüstern? Nein, es war mehr wie ein sanftes Rauschen, und es schien näher zu kommen.

Aber dann wurde es wieder schwächer, verlor sich schließlich ganz. Vielleicht hatte sie nur geträumt?

Nein! Da war es erneut deutlich zu vernehmen, ein leises Dröhnen, das anschwoll und wieder verstummte. Dann entdeckte Julie, wodurch es hervorgerufen wurde: In einiger Entfernung kochte und brodelte die See in einem breiten Band, das sich weiß leuchtend durchs Wasser zog.

Unwillkürlich hielt Julie den Atem an. Es war die Brandung! Und sie fuhren direkt darauf zu! Donnernd schlugen jetzt die Wellen gegen schwarze Felsen, die in einer langen Reihe aus dem Meer ragten.

Entsetzt riß Julie die Ruderpinne zu sich her, um den Klippen auszuweichen.

„Nach links!" rief sie ihrem Boot zu. „Komm schon! Bitte . . ."

Sie zerrte an der Ruderpinne, bis ihre Hände schmerzten. Das Boot hob sich über einen Wellenkamm und schlingerte. Julie wurde gegen die Bordwand geschleudert. Sie schrie auf, als sich neben dem Boot eine silbern glänzende Wasserwand erhob, die sich nach rückwärts zu überschlagen schien. Dahinter ragten rabenschwarze Felsen in den Nachthimmel, und sie kamen immer näher.

In namenlosem Entsetzen drehte sich Julie um und streckte die Hand nach Peter aus. Eine Sekunde später stürzte eine brüllende Woge über das Boot herein, wälzte sich darüber hinweg und nahm ihr den

Atem. *Peter!* Sie bekam die Bordwand zu fassen, schloß die Augen und hielt sich fest. Salzwasser drang ihr in die Augen und die Ohren, und die Leine, die sie um ihre Taille geschlungen hatte, drohte sie über Bord zu ziehen.

Da wich das Wasser zurück, schmatzend und keuchend, als müsse es für den neuen Anlauf Atem holen. Die Leine um Julies Taille zog sich zusammen, zerrte sie auf die Seite. Sie wollte sich schon losmachen, da erinnerte sie sich.

An der Leine hing Peter! „Peter!" schrie sie wie von Sinnen und rutschte das Deck hinunter auf die Stelle zu, an der ihr Sohn lag. Sie packte entschlossen zu, und im selben Augenblick donnerte die nächste Woge über das Schiff hinweg und begrub sie unter sich. Verzweifelt zog Julie den Jungen an sich.

Und dann trug das Wasser sie fort. Eine große Welle hob sie höher und immer höher, raste voran, um sich den Granitfelsen entgegenzustürzen. Julie spürte, daß sie keine Decksplanken mehr unter den Füßen hatte. Ringsum war nur noch Wasser, und es schleuderte sie mit großer Geschwindigkeit empor.

Und dann stürzten sie hinab, stürzten in einem gewaltigen Wasserfall in die Tiefe. Julie erwartete den Aufprall, und beinahe im selben Augenblick bekam sie einen furchtbaren Schlag in den Rücken. Dann griff die Welle erneut nach ihr und zerrte sie unerbittlich über scharfkantige Steine. Julie spürte einen stechenden Schmerz in der Seite, und schließlich wurde ihr schwarz vor Augen. Ein letztes Mal murmelte sie den Namen ihres Sohnes.

Dann verlor sie das Bewußtsein, glitt in eine weiche, sanfte Welle, die sie einhüllte, ihre Schmerzen linderte und Erlösung verhieß.

WIE seltsam, daß ich auf diese Weise sterbe, dachte David.

Das Boot wurde über die Felsen gedrückt. Holz schrammte über Granit. Die Wellen schlugen noch einmal über dem Bug zusammen, faßten David an den Beinen, wollten ihn mit sich reißen.

Eine dieser Wellen ist für mich bestimmt, dachte David. Wenn sie kommt, bin ich bereit. Er hatte bereits das letzte Gebet gesprochen und seinen Frieden mit Gott gemacht. Eine Welle umspülte seine Brust und warf ihm Gischt ins Gesicht, doch immer noch konnte er sich festhalten.

War das die Welle, die Gott ihm bestimmt hatte? Nein.

Aber David sah sie bereits herannahen: Sie war größer als die anderen. Mit Donnergetöse stürmte sie heran und rauschte über den Bug hinweg. Als sie sich zurückzog, riß sie David fort und trug ihn davon . . .

Er entspannte sich und wartete. Wasser drang ihm in Mund und Nase, er hustete röchelnd und rang nach Atem. Für einen Augenblick kam er an die Oberfläche, dann schlug die Welle erneut über ihm zusammen, und er wußte, daß er sich nicht mehr wehren konnte. Er fühlte, wie Panik in ihm aufstieg, doch er zwang sich zur Ruhe. Eigentlich bist du doch ein Glückspilz, dachte er. Alle Sorgen haben nun ein Ende.

WIE üblich war Joe Treleaven schon früh auf den Beinen. Er stand vor seinem Fischerhaus auf Saint Agnes, beobachtete den Himmel und hielt die Nase in die Luft. Für März war es eigentlich zu kalt. Treleavens Blick schweifte über die „Western Rocks", eine Reihe von Felsen, die am Horizont aus dem Wasser ragten und bei klarem Wetter, so wie heute, deutlich erkennbar waren. Von dem Wind, der die ganze Nacht über geblasen hatte, war nichts mehr zu spüren; kein Lüftchen regte sich. Solches Wetter versprach einen ertragreichen Fang. So bald wie möglich würde er mit dem Boot hinausfahren und Schellfische angeln.

Gerade erhob sich die Sonne über dem Horizont und tauchte die Tamariskenbüsche in schillerndes Grün. Welch ein Anblick! Die dunkel erscheinenden Wiesen und Felder erstreckten sich fast bis zu dem steinigen Strand hinunter, das Meer reflektierte die blaßgelbe Färbung des Himmels, und die Western Rocks glitzerten in einem rotgoldenen Ton.

Joe Treleaven wollte sich gerade abwenden, schaute dann aber noch einmal irritiert zu den Felsen. Rasch ging er ins Haus zurück und nahm das Fernrohr vom Kaminsims im Wohnzimmer. Das schöne Teleskop aus Messing befand sich schon lange im Familienbesitz. Wahrscheinlich stammte es aus einem gestrandeten Schiff, was aber niemand zugeben wollte. Solange Treleaven denken konnte, diente es zur Zierde des Kamins.

Er nahm das Fernrohr mit nach oben ins Schlafzimmer, zog es auf volle Länge aus und schaute durchs geöffnete Fenster, bis er sich Gewißheit verschafft hatte. Dann schloß er das Fenster wieder, stellte das Fernrohr auf seinen Platz im Wohnzimmer zurück und griff sich sein Ölzeug. Er schlug die Haustür hinter sich zu und machte sich auf den Weg zur Nachbarkate.

Als er das Haus am Strand erreichte, klopfte er kräftig gegen die Tür. Mit einem genuschelten „Morg'n, Jeremias!" begrüßte Treleaven den Mann, der ihm öffnete.

„Morg'n, Joe!" antwortete Jeremias und warf einen Blick auf das Ölzeug, das Treleaven überm Arm trug.

„Da hängt was draußen auf'm Fels."

Jeremias nickte und verschwand in seinem Haus. Kurze Zeit später erschien er wieder und hatte ebenfalls Ölzeug bei sich. Während sie zum Strand hinuntergingen, zogen sie das Ölzeug über. Sie kamen zu einem großen Ruderboot, das auf dem Trockenen lag. Darin befanden sich, längs über die Bänke gelegt, zwei Paar Riemen.

Wortlos schoben die beiden Männer das Boot ins Wasser. Sobald es vom Strand freikam, sprangen sie hinein, steckten die Riemen in die Dollen und pullten zu den Western Rocks.

Fünfzehntes Kapitel

Der Wagen hielt mitten auf der Straße. Der Grund war offenkundig: Die Fahrbahn war durch herumliegende Trümmer versperrt. Die Häuser auf beiden Seiten der Straße, in die die Bomben eingeschlagen hatten, waren nur noch Ruinen. Schwarzer Rauch stieg in den Morgenhimmel; ein seltsamer Kontrast zu den rosafarbenen Blüten an dem Kirschbaum, der wie durch ein Wunder das Inferno überstanden hatte.

„Ich gehe den Rest des Weges zu Fuß", sagte Dönitz unvermittelt. Er stieg aus und eilte schnellen Schrittes davon, suchte sich einen Weg durch die Trümmer. Sein Adjutant folgte ihm. Gleich um die Ecke lag das Hotel am Steinplatz, eines der wenigen Hotels, die im Mai 1943 im Westen Berlins noch standen.

Dönitz betrat das Hotel und ging gleich in sein Büro im Kellergeschoß, anstatt wie üblich die Befehlszentrale aufzusuchen. Er brauchte Zeit zum Nachdenken.

Man hatte ihm die Verlustmeldungen auf den Schreibtisch gelegt. Er setzte sich und las mit Bestürzung: Die Marine hatte in nur drei Wochen einunddreißig U-Boote verloren! Eine Katastrophe!

Überall waren Boote spurlos verschwunden: auf Feindfahrt im Atlantik, vor Island und, wie stets, auf der Fahrt durch die Biskaya. Wie sollte man sich das erklären? Niemand konnte ihm sagen, welche Geheimwaffe die Alliierten erfunden hatten. Und daher wußte auch niemand, welche Gegenmaßnahmen zu ergreifen waren. Hatten die Briten Agenten in die Marine eingeschleust? Hatten sie den deutschen Code geknackt? Oder lag der Schlüssel zu diesen Geheimnissen bei dem sogenannten Rotterdamgerät, das Schmidt und seine Wissenschaftler immer noch zu rekonstruieren versuchten?

Dönitz nahm eher letzteres an, aber er hatte keine Beweise. Und unterdessen starben seine Männer.

Was konnte er tun, um weiteres Unglück zu verhindern? Darüber
hatte er den ganzen Tag nachgegrübelt. Die Antwort konnte nur
lauten: Er mußte seine U-Boot-Rudel aus dem Nordatlantik zurück-
ziehen.

Freilich würde diese Maßnahme ernste Konsequenzen haben. Sie
würde es den Alliierten ermöglichen, die Invasion des europäischen
Festlands durchzuführen. Sobald ihre Geleitzüge von den USA aus
ungehindert durchkämen, würden sie riesige Waffenarsenale nach
Europa schaffen. Und dann wären sie nicht mehr aufzuhalten.

Ja, ihm blieb keine andere Wahl. Dönitz stand auf, strich sich den
Uniformrock glatt und verließ das Zimmer.

„Wir haben hier in Paris einen Auftrag für Sie“, erklärte Kloffer.

„Ich dachte, Paris sei für mich ein zu heißes Pflaster?“ entgegnete
Vasson.

Kloffer zuckte die Achseln. „Das ist überholt. Inzwischen ist ja viel
Zeit vergangen. Die Menschen haben ein schlechtes Gedächtnis.“

Im Gegenteil, dachte Vasson, sie vergessen nie. Er saß neben
Kloffer im Fond des schwarzen Citroën, der in einer Seitenstraße beim
Étoile parkte.

„Ja“, fuhr Kloffer fort, „es sind mal wieder die Studenten:
kommunistische Agitatoren, das Übliche . . .“

„Hören Sie“, unterbrach ihn Vasson energisch. „Ehe wir weiter-
reden, sollten wir uns über die Bezahlung unterhalten. Ich habe für
meine Arbeit in der Bretagne die zweite Rate noch nicht gesehen.“

Kloffer blickte ihn von der Seite an. „Sie geben wohl nie auf, wie?“
fragte er und seufzte theatralisch. „Die Sache ist in die Hose gegangen,
erinnern Sie sich noch? Und Sie haben sie verpfuscht. Ich gebe Ihnen
einen guten Rat: Reden Sie nicht mehr von Geld. Sonst verliere selbst
ich eines Tages die Geduld!“

Vasson war so wütend, daß es ihm für einen Moment die Sprache
verschlug. Schließlich erwiderte er mühsam beherrscht: „Ich habe
Ihnen doch gesagt, daß mich keine Schuld trifft. Es war Baum, dieser
Idiot. Seinetwegen ist die Sache schiefgegangen!“

Kloffer zuckte ungerührt die Achseln. „Das behaupten Sie, Vasson.
Aber in Berlin gelten Sie als der Mann, der alles vermasselt hat. Daran
läßt sich nichts mehr ändern.“

Vasson biß die Zähne zusammen. Er konnte es nicht ausstehen,
wenn Kloffer seinen richtigen Namen benutzte. „Soll das heißen, daß
ich nicht bezahlt werde?“

„Sie haben's erfaßt.“

„Verstehe“, erwiderte Vasson gepreßt. Er sah stur geradeaus und verzog keine Miene. „Werde ich wenigstens für diesen neuen Auftrag bezahlt?" fragte er.

Erst nach einer Pause antwortete Kloffer: „Aber selbstverständlich."

Er führt etwas im Schilde, dachte Vasson. „Und was sind die Bedingungen?" fragte er.

„Die allerbesten . . . unter den gegebenen Umständen."

Vassons Puls beschleunigte sich. Das Schwein wollte ihn aufs Kreuz legen! „Ich höre", sagte er.

„Kein Gold. Es steht keines mehr zur Verfügung. Statt dessen fünftausend auf die Hand. Nach erfolgreichem Abschluß."

Ein lächerliches Trinkgeld! Vasson schluckte seinen Ärger hinunter. Es war still im Wagen. Kloffer sah ihn an und fragte mit unschuldiger Miene: „Wollen wir anfangen?" Er wartete einen Moment, dann begann er mit seinen Instruktionen.

Vasson tat so, als höre er aufmerksam zu, doch in Gedanken plante er seinen nächsten Schachzug. Als Kloffer fertig war, wollte Vasson beiläufig wissen: „Was ist eigentlich mit Fougères? Ist er tot?"

„Wer ist denn Fougères?" fragte Kloffer ein wenig gereizt.

„Erinnern Sie sich an Meteor? Ich habe seine Identität in der Bretagne benutzt."

„Ach so . . ." Der Gestapomann dachte einen Augenblick nach und zuckte die Achseln. „Er ist tot. Ja, da bin ich fast sicher."

„Und der andere Mann? Der geschworen hat, daß ich wirklich Fougères bin?"

„Ja, ja! Der ist auch tot! Warum machen Sie sich um so etwas überhaupt Gedanken?"

Vasson brachte die Andeutung eines Lächelns zustande. „Ich bin nun mal ein Mensch, der gern alles hübsch ordentlich und aufgeräumt hinterläßt, das ist alles."

Kloffer sah ihn mißtrauisch an. „Sie denken doch nicht etwa daran, sich aus dem Staub zu machen? Das wäre wirklich sehr töricht."

Vasson lachte amüsiert. „Nein, Kloffer. Sie sagen doch selbst immer, daß ich nirgendwo auf der Welt untertauchen kann."

Kloffer nickte. „Stimmt. Vergessen Sie das nicht, Vasson."

Vasson lächelte ihn an und dachte: Mach's gut, du Schwein. Ich hoffe, du wirst eines Tages in der Hölle schmoren.

SOBALD er in der Wohnung in der Nähe der Porte d'Auteuil angekommen war, entwickelte er eine fieberhafte Geschäftigkeit. Er nahm die drei Koffer vom Schrank und stellte zwei geöffnet aufs Bett und den dritten, den schäbigen, auf den Fußboden.

Aus dem Schrank und aus einer Kommode nahm er seine besten Kleidungsstücke und packte sie hastig in einen der besseren Koffer. Seine Arbeitskleidung, die er in Paris getragen hatte, packte er in den anderen. Seine ältesten Klamotten und die, die er in der Bretagne getragen hatte, warf er achtlos in den schäbigen Koffer.

Dann zog er eine Schublade aus der Kommode, drehte sie um und riß einen dicken Umschlag ab, den er an die Unterseite geklebt hatte. Er enthielt Papiere auf zwei verschiedene Namen. Vasson nahm den einen Satz, den er noch nie benutzt hatte, und steckte ihn in die Brieftasche. Der zweite Satz war unvollständig, trug keine Fotos und keine Daumenabdrücke, nur einen Namen. Die Papiere waren für einen jungen Mann bestimmt gewesen, der auf einer französischen Karibikinsel geboren und aufgewachsen war. Er hatte in Frankreich Arbeit gefunden, war aber kurz vor Kriegsausbruch gestorben, ohne daß sein Tod den Behörden gemeldet worden war. Die Dokumente waren einmalig, und es hatte Vasson viel Mühe gekostet, sie aufzutreiben.

In dem Umschlag steckte auch all sein Bargeld: sechzigtausend Franc. Er legte das Geldbündel und die Papiere in den besten Koffer. Wenn nötig, konnte er von dem Geld ein Jahr lang leben.

Schließlich verbrannte er die Papiere, die er seit seiner Rückkehr nach Paris benutzt hatte. Dann verschloß er alle Koffer und trug sie ins Erdgeschoß hinunter. Dort klopfte er an die Wohnungstür der Concierge. Als sie öffnete, sagte er: „Ich muß weg. Dringende Geschäfte. Ich komme nicht zurück. Habe ich alles bezahlt? Schulde ich Ihnen noch etwas?"

Die alte Frau zuckte die Achseln. „Ich glaube nicht."

Er drückte ihr den schäbigen Koffer in die Hand. „Hier. Nehmen Sie das. Der Koffer ist voller Kleidung, die ich nicht mehr brauche. Geben Sie's dem Lumpensammler."

Vasson nahm die beiden anderen Koffer und ging um die Ecke und zwei Straßen weiter, bis er zu seinem Wagen kam. Er legte die Koffer in den Kofferraum, setzte sich hinters Steuer und saß einen Augenblick lang unbeweglich da, bis er sich ein wenig beruhigt hatte. Es war besser, wenn er jetzt nicht zur Garage nach Clichy fuhr. Der andere Wagen und die Schwarzmarktartikel waren dort gut aufgehoben, bis ... alles vorbei war. Er steuerte den Wagen zur Seine hinunter und parkte an der Uferstraße. Einen Augenblick blieb er sitzen und überlegte. Wie lange würde Kloffer brauchen, bis er merkte, was los war? Einen Tag? Zwei? Er stieg aus, schloß die Tür ab, nahm die Koffer aus dem Kofferraum und warf die Wagenschlüssel in den Fluß.

Dann ging er mit den Koffern wieder hinauf zum Boulevard. Dort wartete er. Als ein Taxi kam, winkte er es heran und ließ sich quer durch die Stadt zum Gare d'Orléans fahren. Er bezahlte den Fahrer, nahm seine Koffer und deponierte sie in der Gepäckaufbewahrung des Bahnhofs.

Vasson blickte auf die Bahnhofsuhr. Fünf Uhr nachmittags. Er fand eine Telefonzelle und zog ein Stück Papier aus seiner Brieftasche. Dann hob er den Hörer ab und wählte eine bestimmte Nummer.

Das Herz schlug ihm bis zum Hals. Er sprach zögernd, traf eine Verabredung. Dann legte er, schweißgebadet, den Hörer wieder auf.

Noch drei Stunden bis zum Treffen.

Vasson ging in ein Restaurant und bestellte sich etwas zu essen. Er aß wenig, trank aber viel: eine ganze Flasche Wein und mehrere Cognacs. Um acht Uhr wollte er sehr betrunken sein.

Um halb acht zahlte er und winkte dann vor dem Restaurant ein Taxi heran. Der Fahrer setzte ihn in der Nähe der Porte de Pantin ab; von dort ging er zu Fuß weiter. Die frische Mailuft ernüchterte ihn ein wenig. Vasson fluchte leise, denn er war noch längst nicht betrunken genug. Er schlug den ihm beschriebenen Weg ein. Am Viehmarkt vorbei zum Kanal und dort links ab. Das Lagerhaus lag nur ein paar Schritte weiter auf der linken Seite.

Der Mann, mit dem er sich treffen wollte, war noch nicht da. Vasson schritt nervös auf und ab, vom Alkohol war ihm schwindlig.

Eine Zeitlang versuchte er, ernsthaft darüber nachzudenken, was er bei seinem Plan vielleicht nicht bedacht haben mochte. Gab es etwas, das Kloffer auf seine Spur bringen konnte? Er schüttelte den Kopf. Nein, nein, er hatte an alles gedacht. Kloffer würde ihn nie finden; nicht nach all dem, was heute abend geschehen würde. Bei dem Gedanken an das, was ihm bevorstand, drehte sich Vasson der Magen um, und er schloß die Augen.

Im selben Augenblick hörte er ein Geräusch. Ein Mann trat aus dem Schatten des Lagerhauses heraus. Er war groß, und sein Kopf saß beinahe ansatzlos auf den massigen Schultern. Im Dämmerlicht konnte Vasson die Züge des Mannes erkennen: Mit seinem aufgedunsenen Gesicht und der eingedrückten Nase sah er aus wie ein ehemaliger Boxer. Und das war er auch.

„Tag", grüßte er knapp.

Vasson starrte den Mann wie hypnotisiert an. „Tag."

„Willst du es immer noch?"

Vasson lachte ein wenig gezwungen. „Natürlich!"

„Und das Geld?"

„Hier." Vasson warf ein paar Scheine auf das Pflaster. „Ich will nicht, daß es sehr weh tut. Mach's kurz ..., bitte."

„Na gut." Der Mann ging einen Schritt auf ihn zu. Lähmende Furcht stieg in Vasson hoch, und er schloß die Augen und dachte: Lieber Gott, laß es rasch gehen!

Sein Stoßgebet wurde erhört. Bruchteile einer Sekunde später traf der Boxer mit der geballten Rechten sein Gesicht, und nach dem ersten Schock spürte Vasson nichts mehr.

Der bullige Mann ließ sich Zeit. Er lehnte den ohnmächtigen Vasson an eine Hauswand und brach ihm mit einem Hieb das Nasenbein. Dann zertrümmerte er ihm zuerst den linken und dann den rechten Backenknochen. Kurz hielt er inne, um sein Werk zu betrachten. Er dachte sich, ein verändertes Kinn wäre vielleicht auch nicht schlecht, und so brach er Vasson auch noch den Unterkiefer.

Endlich war er überzeugt, daß mehr nicht zu tun war. Er legte Vasson aufs Pflaster, rollte ihn auf die Seite, damit er nicht an seinem eigenen Blut erstickte, und ging seiner Wege.

Als er in dem Nachtclub angekommen war, in dem er arbeitete, rief er einen Priester an und sagte mit verstellter Stimme, unten am Kanal liege ein schwerverletzter Mann, der aus politischen Gründen nicht in ein Krankenhaus gehen könne.

Das hatte er mit Vasson so verabredet. Außerdem wollte er nicht, daß sein Kunde verblutete. Er hatte noch nie jemanden umgebracht.

Bald hatte er den Zwischenfall vergessen. Das sollte sich als Fehler erweisen.

Drei Wochen später wurde der Boxer tot in einer dunklen Seitengasse gefunden, mit einem sauberen Einschuß im Rücken, der von einem Neunmillimeterprojektil stammte.

Sechzehntes Kapitel

Das Postamt von Saint Mary's war voller Menschen, doch endlich kam Julie an die Reihe. Sie trat an den Schalter.

„Guten Tag. Haben Sie etwas für mich? Juliette Lescaux?"

Sie erwartete einen Brief von Major Smithe-Webb. Der Offizier vom englischen Geheimdienst hatte sie nach ihrer Rettung sogleich auf den Scilly-Inseln aufgesucht, und einen Monat später, im April, hatte er ihr einen Brief geschrieben.

Die Beamtin hinter dem Schalter sah im Fächerregal nach, aber noch ehe sie sich wieder herumgedreht hatte, wußte Julie schon, daß kein Brief dasein würde.

„Tut mir leid, Mrs. Lescaux."

Julie rang sich ein freundliches Lächeln ab. „Danke." Sie drängte

sich an den wartenden Menschen vorbei auf die Hauptstraße hinaus.
Dort blieb sie stehen und atmete tief die frische Mailuft ein. Schließlich
überquerte sie die Straße und machte sich auf den Weg zu dem Hügel,
der sich beim Ortsausgang erhob. Sie sah stur vor sich hin. Seit zwei
Monaten lebte sie jetzt auf Saint Mary's. Aber es war jeden Tag
dasselbe: mehr Zweifel, weniger Hoffnung.

Rasch ging sie die steile Anhöhe hinauf, bis sie hoch über dem
Hauptort Hugh Town angekommen war. Dort stand eine Bank. Julie
setzte sich. Dieser Aussichtspunkt war häufig das Ziel ihrer Spazier-
gänge, meistens am frühen Nachmittag, wenn Peter noch nicht aus
der Schule gekommen war. Julie genoß den wundervollen Ausblick:
Von hier oben konnte man über die halbe Insel schauen, und weit
draußen im Südwesten sah man die dunklen Klippen, hinter denen
sich der weite Ozean erstreckte.

Julie nahm Smithe-Webbs Brief aus der Handtasche und las ihn zum
hundertsten Mal. Inzwischen war ihr schon der Anblick verhaßt. So
geschäftsmäßig klang das Schreiben, so gefühllos, so britisch.

> Verehrte Madame Lescaux,
> noch einmal vielen Dank, daß Sie mir Ihre Zeit geopfert haben ...
> überaus hilfreich ... wird dazu beitragen, Leben zu retten ... Allerdings
> bedauere ich, Ihnen mitteilen zu müssen, daß ich jetzt aus Frankreich
> eine Nachricht erhalten habe ... Ihr Onkel, Jean Cornou, ist in der
> ersten Aprilwoche im Gefängnis von Rennes zusammen mit einem
> Agenten namens Maurice und einigen anderen gestorben. Über das
> Schicksal Ihrer Tante ist uns im Moment leider nichts bekannt. Sobald
> ich aber etwas erfahre, benachrichtige ich Sie natürlich sofort ... mein
> tiefstes Bedauern ... Sie haben sich auch nach Kapitänleutnant Ashley
> erkundigt. Er ist als vermißt gemeldet. Es gibt kein Anzeichen dafür,
> daß er in ein Kriegsgefangenenlager eingeliefert worden ist. Ob die
> deutschen Sicherheitskräfte ihn festhalten, ist nicht bekannt ... werde
> Sie jedenfalls auf dem laufenden halten. Immerhin gibt es auch eine
> positive Nachricht: Das Päckchen, das Sie mir übergeben haben, ist an
> die zuständige Dienststelle weitergeleitet worden und wird mit gebüh-
> render Sorgfalt geprüft.

Das Schreiben war mit „A. E. Smithe-Webb, Major" unterzeichnet.
Sie faltete den Brief zusammen und steckte ihn wieder in den
Umschlag. Smithe-Webb hatte geschrieben, er würde sie „auf dem
laufenden halten". Das war vor vier Wochen gewesen. Seitdem hatte
sie nichts mehr von ihm gehört. Es war zum Verrücktwerden. Julie
konnte einfach nicht glauben, daß es absolut nichts Neues gab. Irgend
etwas *mußte* doch nach England durchgesickert sein. Wenn sich
Smithe-Webb schon nicht um Tante Maries oder Richards Schicksal

kümmerte, so sollte er doch wenigstens versuchen, etwas über den Verräter herauszufinden. Und Julie wußte, wer der Verräter war!

Aber der Major hatte ihren Verdacht nicht geteilt. Er hatte darauf hingewiesen, daß man „Roger" – der eigentlich Paul Fougères hieß – genau überprüft habe. Maurice habe sogar für eine persönliche Identifizierung gesorgt. Ob es nicht vielleicht doch jemand anders gewesen sein könnte, hatte der Major gefragt.

Sie wandte ihr Gesicht der Sonne zu. Die Inseln waren sehr schön um diese Jahreszeit. Ein Teppich aus rosafarbenen, gelben und weißen Blumen überzog die Wiesen. Aber so herrlich die Natur auch war, Julie konnte sich ihrer nicht richtig erfreuen.

Erneut blickte sie zu den Felsen hinaus, die im Südwesten aus dem Meer ragten. Es war so windstill heute. Kaum zu glauben, daß es dieselben Felsen waren . . .

David Freymann war tot. Sie hatten ihn auf dem stillen, schattigen Friedhof von Porth Hellick im Südosten von Saint Mary's begraben. Alle zwei, drei Tage ging Julie hin und legte David einen Strauß Wiesenblumen aufs Grab.

Ein Gedanke tröstete sie über seinen Tod hinweg: Sein Päckchen war in die richtigen Hände gelangt. Das war wenigstens etwas.

Viertel vor vier – höchste Zeit, Peter abzuholen! Julie kehrte auf dem schmalen Pfad in den Ort zurück und eilte zur Schule, wo sie mit anderen Müttern am Tor wartete.

Punkt vier ging die Eingangstür auf, und die Kinder verließen hüpfend und rennend und schubsend das Gebäude. Julie erblickte Peter, der sich ein wenig abseits hielt und langsam aufs Tor zukam.

Als er seine Mutter sah, lief er ihr entgegen. Julie gab ihm zur Begrüßung einen Kuß. „Na, wie war's heute?"

„Ganz gut." Sie gingen nebeneinander die Straße entlang. „Was habt ihr heute gemacht?" fragte Julie.

„Oh, Rechtschreibung. Und Rechnen . . . "

Julie sah ihn an und sagte unvermittelt: „Peter, ich müßte unbedingt nach London fahren – meinst du, du könntest ein paar Tage ohne mich zurechtkommen? Mrs. Eldon würde sich bestimmt um dich kümmern." Mrs. Eldon war eine Nachbarin, die Peter ins Herz geschlossen hatte.

Er blieb abrupt stehen. „Geh nicht fort, Mami. Bitte nicht!"

Sie nahm den Jungen bei der Hand. „Es wäre ja nur für ein paar Tage, das versprech ich dir. Ich . . . ich muß herausfinden, was aus Tante Marie geworden ist . . . Und vielleicht auch etwas über Richard", fügte sie hinzu.

Er nickte nachdenklich.

„Ich bleibe wirklich nicht lange. Es ist nur . . ., ich muß einfach Gewißheit haben. Das verstehst du doch, oder?"

Peter nickte erneut.

ALS Julie Lescaux am späten Vormittag angemeldet wurde, begaben sich Major Smithe-Webb und sein Assistent Forbes sofort zum Haupteingang. Dort begrüßten sie die junge Frau, und Smithe-Webb nahm sogleich die Antwort auf Julies zu erwartende Frage vorweg: „Es gibt nichts Neues." Rasch fügte er hinzu: „Hören Sie, uns steht hier um die Ecke eine Wohnung zur Verfügung. Sollen wir uns dort unterhalten?"

Der Major nahm Julie beim Arm und führte sie aus dem Haupteingang. Forbes eilte voraus.

Die Wohnung lag im vierten Stock eines Mietshauses. Forbes schloß die Tür auf, und sie traten ein. Im Wohnzimmer meinte Smithe-Webb: „Bitte setzen Sie sich doch, Mrs. Lescaux. Darf ich Ihnen einen Kaffee anbieten?"

Sie nickte. „Ja, bitte."

Julie sah so blaß aus, daß der Major spontan fragte: „Und wie wär's mit einer Kleinigkeit zu essen?"

„O ja, wenn Sie etwas dahaben . . ."

Ganz wie Smithe-Webb es sich gedacht hatte – Julie hatte nicht gefrühstückt. Wahrscheinlich mußte sie sparen. Ihre Mutter war zwar vor einiger Zeit gestorben, aber zu erben hatte es da bestimmt nicht viel gegeben. Der Major bat Forbes, ein paar Sandwiches aufzutreiben, und der Assistent machte sich sogleich auf den Weg.

„Haben Sie wirklich gar keine Neuigkeiten für mich?" fragte Julie, als Forbes gegangen war.

„Tut mir leid. Wir forschen nach Ihrer Tante, aber . . . wir haben keine Verbindungsleute mehr in Trégasnou, und – nun ja – zur Zeit dauert eben alles ein bißchen länger."

„Ja, das verstehe ich. Und Richard Ashley?"

Smithe-Webb runzelte die Stirn. „Ich muß gestehen, daß ich mir langsam Sorgen um ihn mache. Er ist immer noch nicht als Kriegsgefangener gemeldet."

„Dann ist er der Gestapo in die Hände gefallen."

„Das ist keineswegs sicher. Alles mögliche kann passiert sein."

Der Major erzählte Julie einiges über das Schicksal englischer Offiziere, die in deutsche Gefangenschaft geraten waren. Währenddessen kehrte Forbes zurück und stellte einen Teller mit belegten Broten und einen Becher Kaffee auf einen Beistelltisch. Mechanisch nahm Julie sich ein Sandwich und aß.

Sie beschloß, den Major nach dem Verräter zu fragen. „Was ist mit dem Mann, den wir Roger nannten – mit Paul Fougères?" wollte sie wissen. „Haben Sie etwas von ihm gehört?"

Der Major schüttelte den Kopf. „Sie glauben immer noch, daß er es war?"

„O ja, ich weiß es genau! Können Sie nicht mehr über ihn herausfinden?"

Smithe-Webb zog die Augenbrauen hoch und schwieg.

Es klingelte. Als Forbes zur Tür ging, um zu öffnen, sah Smithe-Webb ihm erleichtert nach. „Das ist ein Spezialist von der wissenschaftlichen Abteilung des Nachrichtendienstes, der sich gerne mit Ihnen unterhalten möchte", erklärte er Julie. „Ich hoffe, Sie haben nichts dagegen?"

„Geht es um das Päckchen, das ich Ihnen gegeben habe?"

„Das nehme ich an."

Sie nickte. „In Ordnung."

Der Mann von der Wissenschaftsabteilung war beleibt, hatte eine beginnende Glatze und trug eine randlose Brille. Er schüttelte Julie herzlich die Hand und setzte sich ihr gegenüber auf einen Stuhl. „Ich möchte Ihnen nur ein paar Fragen stellen, Madame", begann er. Julie nickte, und er fuhr fort: „Freymann hat doch mit Ihnen über seine Arbeit gesprochen. Was hat er Ihnen erzählt? Hat er zum Beispiel gesagt, wie er an die Pläne gekommen ist?"

Julie dachte einen Augenblick nach. „Nun, es waren Davids eigene Pläne. Wenn ich ihn richtig verstanden habe, handelt es sich um seine Erfindung."

„Hat er Ihnen anvertraut, ob noch jemand von diesen Plänen weiß?"

Sie schüttelte den Kopf. „Nein. Der Major und all die anderen Leute, mit denen ich bisher gesprochen habe – sie haben mich auch schon danach gefragt. Ist es wirklich so wichtig?"

„Ja, sehr. Freymann hatte eine gute Idee, und wir wollen wissen, ob die Deutschen in ihren Genuß gekommen sind."

Sie lächelte. „Dann sind seine Pläne wirklich nützlich – für England? Für die Kriegführung?"

Der Mann von der Wissenschaftsabteilung leckte sich nervös die Lippen.

„Ja – also . . . In gewisser Weise schon", brachte er schließlich hervor und sah verlegen zu Boden.

Was für ein Idiot, dachte Smithe-Webb ärgerlich. Hätte er doch den Mund gehalten.

Julie war sichtlich verwirrt. „Was soll das heißen – *in gewisser Weise?*" fragte sie und sah abwechselnd Smithe-Webb und den

Spezialisten an. „Wollen Sie damit etwa sagen, daß Sie die Pläne eigentlich doch nicht brauchen können?"

Smithe-Webb atmete tief durch und meinte: „Was wir Ihnen gegenüber bisher noch nicht erwähnt haben, Mrs. Lescaux, ist die Tatsache, daß wir Radargeräte von der Art, wie Freymann sie erfunden hat, bereits besitzen." Und ehe Julie etwas erwidern konnte, fügte er eilig hinzu: „Das heißt nun beileibe nicht, daß das, was Sie geleistet haben, für uns bedeutungslos wäre. Ganz im Gegenteil. Sie haben dafür gesorgt, daß Freymann mit seinen geheimen Plänen den Deutschen entwischt ist, und das war von allergrößter Bedeutung!"

Julie starrte Smithe-Webb an. „Es war also alles umsonst", sagte sie leise.

„Nein, Mrs. Lescaux. Wirklich, wir . . ." Er wandte sich an den Wissenschaftler. „Sagen Sie's ihr."

„Nun . . .", stotterte der Spezialist, und er zwinkerte nervös hinter seinen dicken Brillengläsern. „Die Deutschen besitzen diese Art von Radar nicht, und damit sind wir ihnen gegenüber gewaltig im Vorteil. Es bedeutet, daß wir mit unseren Flugzeugen ganz gezielt Einsätze fliegen können, ohne daß die Deutschen hinter das Geheimnis kommen, wie wir das machen. Verstehen Sie, was ich meine?"

Julie brach in Tränen aus. „Aber – um das zu erreichen", schluchzte sie, „hätte Freymann nur seine Pläne vernichten müssen!" Sie schlug die Hände vors Gesicht, und Smithe-Webb versuchte sie zu trösten.

Der Spezialist war aufgestanden; er schaute besorgt drein. „Es ist wohl besser, wenn Sie jetzt gehen", meinte Smithe-Webb.

Der Mann nickte und ging. Smithe-Webb tätschelte Julie väterlich den Arm. „Hören Sie, was Freymann getan hat, war wirklich wichtig", sagte er. „Das müssen Sie mir glauben, Mrs. Lescaux."

Julie blickte ihn an. „Ja, ich glaube Ihnen. Es ist nur . . ., ich hatte so sehr gehofft, daß Freymanns Erfindung wirklich von Nutzen sein könnte." Sie seufzte. „Ich hätte ihm den Ruhm gegönnt."

„Das verstehe ich. Aber trösten Sie sich mit dem Gedanken, daß Freymann sehr tapfer war."

„Ja." Sie schwieg und starrte die Wand an. Plötzlich sagte sie: „Schicken Sie mich wieder nach Frankreich, Herr Major. Ich will wieder hin."

Smithe-Webb seufzte. „Das wäre äußerst unklug, Mrs. Lescaux. Die Gestapo hat sicher ein Foto und eine Personenbeschreibung von Ihnen. Außerdem – was könnten Sie in Frankreich schon ausrichten?"

„Ich würde versuchen, die Organisation wieder aufzubauen, und ich würde –"

„Den Verräter finden?"

„Ich . . . " Sie zögerte und sagte dann mit fester Stimme: „Wenn es irgend möglich ist, ja."

Smithe-Webb schüttelte den Kopf. „Verzeihen Sie, aber ich glaube wirklich nicht, daß es klug wäre, ihn auf eigene Faust zu suchen. Und was den Neuaufbau der Organisation anbelangt, muß ich Sie ebenfalls enttäuschen. Wer einmal enttarnt ist, darf nicht wieder zurück. Das ist ein eiserner Grundsatz. Es wäre zu gefährlich für die anderen . . . "

„Ich verstehe." Julie stand auf, ging ans Fenster und schaute lange stumm nach draußen. Schließlich drehte sie sich um und sah Smithe-Webb in die Augen. „Wollen Sie mir wenigstens eines versprechen?" fragte sie. „Versprechen Sie mir, daß Sie mich bei der erstbesten Gelegenheit wieder nach Frankreich bringen? Sobald die Deutschen abgezogen sind?"

Der Major stand auf und erwiderte: „Na schön, ich werde mich bemühen. Aber Sie werden unter Umständen noch lange warten müssen."

Julie nickte. „Ja, das weiß ich . . . , ich warte so lange wie nötig."

4. Teil: 1944–1945

Erstes Kapitel

Es war September 1944, ein ganzes Jahr und vier Monate später.

Die alliierten Armeen waren im Juni in der Normandie gelandet und hatten nach und nach die deutschen Truppen fast aus ganz Frankreich vertrieben. Wie Paris war auch die Bretagne – von kleinen deutschen Stützpunkten abgesehen – im August befreit worden.

Zurückgeblieben war eine fast unversehrt erscheinende bretonische Landschaft. Hier und da lag ein ausgebrannter Jeep am Straßenrand, und die Fahrbahn war von Granateinschlägen aufgerissen. Aber auf den Feldern stand goldgelb das Spätgetreide, und durch die Maisfelder führte nicht einmal eine Fahrzeugspur.

Erstaunlicherweise war auch der alte Bus noch in Betrieb. Zwar verkehrte er wegen der Treibstoffrationierung nur zweimal am Tag, doch morgens und abends holperte er wie eh und je über die schmale Landstraße von Morlaix nach Trégasnou. Julie saß ganz vorn beim Fahrer. Gespannt sah sie zu, wie der Bus in den Ort hineinfuhr und schließlich anhielt. Sie nahm ihren Koffer und stieg aus. Die Hauptstraße war menschenleer. Langsam schlenderte sie zum Café hinüber. Der Cafébesitzer stand hinter der Theke. Als er Julie eintreten sah, glitt ein Schein des Erkennens über seine Züge, und er rief:

„Madame ... willkommen! Was darf's denn sein? Ein Gläschen Pernod vielleicht? Leider haben wir keinen Cognac."

„Danke, ich möchte nichts", antwortete Julie. „Trotzdem vielen Dank."

Der Cafébesitzer nickte und wartete gespannt.

„Monsieur", begann Julie, „Madame Cornou, meine Tante ..., wissen Sie, wo sie ist?"

Der Mann schlug die Augen nieder. „Ja, Madame", erwiderte er zögernd. „Sie ist bei Madame Boulet ..." Seine Stimme versagte. Er mußte sich räuspern. „Es geht Ihrer Tante nicht gut, Madame. Sie ... äh ... sie ist ..." Er flüsterte jetzt beinahe. „Sie ist nicht mehr richtig bei sich ..., wenn Sie verstehen, was ich meine. Aber Madame Biolet sorgt gut für sie, das kann ich Ihnen versichern."

Das hatte Julie schon vor einem Jahr einem zweiten Brief von Major Smithe-Webb entnommen. „Was glauben Sie? Wird meine Tante mich wiedererkennen?"

Der Cafébesitzer schürzte nachdenklich die Lippen. „Ich ... glaube nicht."

Julie fragte weiter: „Und was ist mit – der alten Gruppe? Gibt es im Ort noch jemanden, der etwas über das Schicksal ehemaliger Mitglieder weiß?"

Der Cafébesitzer schüttelte den Kopf und sagte traurig: „Nein, Madame. Sie sind alle fort. Das war ein schlimmer Tag damals, ein ganz schlimmer Tag ..."

„Haben Sie je gehört, was aus der Besatzung des englischen Schnellboots geworden ist?"

„Nein, wir haben nie etwas erfahren. Wahrscheinlich sind die Engländer mit den anderen nach Rennes gebracht worden. Keiner hat sie je wiedergesehen."

Sie nickte. Wiederum Rennes. Alles schien sich in Rennes abgespielt zu haben. Im Gefängnis von Rennes hatte die Gestapo Onkel Jean, Maurice und die anderen umgebracht. Am besten fing sie dort mit ihren Nachforschungen an.

„Danke", murmelte sie. „Ich denke, ich gehe jetzt erst mal zu meiner Tante."

Der Cafébesitzer kam hinter der Theke hervor. „Das habe ich ja ganz vergessen", sagte er. „Es gibt auch eine gute Nachricht!"

„Ja?" Julie runzelte die Stirn.

„Der Verräter! Sie haben den Verräter gefaßt!"

Wie vom Donner gerührt starrte Julie den Mann an. „Er wurde gefaßt ...?"

„Ja, vor einer Woche hat man ihn verhaftet. Er war in Paris, wollte sich gerade absetzen! Aber sie haben ihn nach Rennes ins Gefängnis gebracht, und jetzt wird er bezahlen!" Er fuhr sich mit dem gestreckten Zeigefinger über den Hals.

„Wer ist es?" brachte Julie mit Mühe hervor.

Plötzlich schlug sich der Cafébesitzer die Hand vor den Mund. „Madame, ich habe ja ganz vergessen ... O mein Gott, es tut mir schrecklich leid. O Madame, machen Sie sich auf eine böse Überraschung gefaßt!"

Julie trat dicht an ihn heran und stieß zwischen zusammengebissenen Zähnen hervor: *„Wer?"*

„Es ist ... der Kommunist, Michel le Goff. Ihr Cousin."

DER Graf war zweiundsiebzig Jahre alt. Er zog keuchend das Garagentor auf, dann mußte er erst einmal verschnaufen. Früher wären Diener oder Stallburschen herbeigerannt und hätten ihm sämtliche Türen aufgehalten. Aber Bedienstete kosteten Geld, und davon hatte er nicht mehr genug.

Er blickte in die Garage. Die einstmals grüne Plane, die jetzt grau war von Staub, bedeckte das langgestreckte Fahrzeug in der Mitte des Raumes.

Der Graf sah die Plane nachdenklich an. Am besten nahm er sie gleich ab und begann sofort mit dem Polieren. Vor dem Krieg wäre er sich für solche Arbeiten zu schade gewesen, aber seit ihn die letzten Dienstboten verlassen hatten, hatte er sich an alles mögliche gewöhnen müssen. Sogar ans Geschirrspülen und ans Putzen ...

Er nahm die Plane ab und trat einen Schritt zurück. Gar nicht schlecht. Das Fahrzeug sah besser aus, als er zu hoffen gewagt hatte, ja, es glänzte sogar noch ein wenig in einem matten Rubinrot. Die schnittige Karosserie reichte von der Rückwand der Garage bis fast ans Tor.

Es war ein D8/120 Delage Cabriolet. Der Graf seufzte; der Wagen war seine letzte große Leidenschaft gewesen; aber er hatte auch viel Geld gekostet ...

Er fand einen Stofflappen und begann, den Staub von Kühlerhaube und Kotflügeln zu wischen. Als er fertig war, sah er den Wagen kritisch an. Wenn die Chromteile noch ein wenig aufpoliert werden, sieht er wieder sehr gut aus, dachte er. Der Mann am Telefon schien wirklich interessiert zu sein; vielleicht würde er sogar fünfzigtausend Franc bieten.

Ein Auto fuhr vor; die Reifen knirschten über die kiesbestreute Auffahrt vor dem Schloß. Der Graf wischte sich hastig die Hände ab und ging hinaus, um den Interessenten zu begrüßen, der mit dem Taxi aus dem Ort heraufgekommen war. Ein gutgekleideter junger Mann war ausgestiegen und sprach mit dem Fahrer. Als er die Schritte des Grafen hörte, drehte er sich um.

Eine Sekunde lang blickte der Graf verlegen zu Boden. Was für ein seltsames Gesicht! Der Mann sah aus, als habe er einmal schwere Gesichtsverletzungen erlitten. Die Nase war offensichtlich gebrochen, und Kinn und Backenknochen schienen verschoben. Der Graf streckte ihm zur Begrüßung die Hand entgegen. „Guten Tag. Sie sind Monsieur Lelouche?"

„Ja." Der junge Mann schüttelte ihm die Hand und kam dann gleich zur Sache. „Wo ist der Wagen?"

„Dort drüben", meinte der Graf, und er führte den Besucher zur Garage. Das rote Cabriolet blitzte ihnen im Licht der einfallenden Morgensonne entgegen.

„Welches Baujahr?" fragte Monsieur Lelouche kühl, während er den Taxifahrer herbeiwinkte.

„1937. Da habe ich ihn jedenfalls neu gekauft. Ich habe ihn nur wenig gefahren."

Lelouche betrat den Schuppen und ging nachdenklich um den Wagen herum. „Ist er fahrbereit?" fragte er.

„Müßte er eigentlich sein ..."

Der junge Mann öffnete die Tür an der Fahrerseite und beugte sich ins Innere des Wagens. „Die Batterie ist leer, nehme ich an."

„Nun ..., also, das weiß ich nicht."

Lelouche stieg ein, fand die Anlaßkurbel, die im Wagen lag, und reichte sie dem Taxifahrer hinaus, der nach vorn ging und den Motor anzuwerfen versuchte. Nichts. Nicht einmal ein Rumpeln. „Können Sie einen Mechaniker aus dem Ort herholen?" fragte der junge Mann den Taxifahrer.

Der Mann nickte und ging wortlos hinaus.

Lelouche schlenderte zum Grafen hinüber. „Wollen wir uns über den Preis unterhalten?" sagte er. „Immer vorausgesetzt, daß die Kiste irgendwann mal wieder läuft." Es klang, als zweifle er daran.

„Ja, ja! Eine gute Idee!" Der Graf beschloß, sich angesichts des Motors, der nicht anspringen wollte, mit fünfundvierzigtausend Franc zufriedenzugeben.

„Ich biete Ihnen zehn", sagte Lelouche plötzlich. „Zehntausend."

Der Graf glaubte, sich verhört zu haben. Er nahm all seinen Mut zusammen und erwiderte: „Ich werde nicht einen Sou weniger als fünfunddreißigtausend akzeptieren!"

„Schade." Aus dem Blick des jungen Mannes sprach Verachtung. Der Graf fühlte sich unbehaglich. „Ich glaube kaum, daß Sie im

Augenblick viele Käufer finden werden", erklärte Lelouche. „Nicht einmal zu einem erheblich günstigeren Preis."

Der Mann hatte natürlich recht, der Graf wußte es nur allzu gut. Schließlich hatte er seit zwei Monaten in der Zeitschrift *Auto* inseriert, und dies war der erste Interessent.

Lelouche betrachtete gelangweilt die abbröckelnde Fassade des Schlosses. „Wenn Sie verkaufen wollen, müssen Sie schon ein wenig realistischer sein", sagte er.

Der Graf seufzte. „Nun gut. Aber zehntausend ist irrsinnig, Monsieur! Das kommt gar nicht in Frage. Was ist Ihr höchstes Gebot?"

Lelouche schüttelte den Kopf. „Dreizehn. Aber das ist das absolut letzte Wort."

Der Graf schluckte trocken. Der Preis war eine Beleidigung! Aber ohne das Geld ... Es hatte keinen Sinn, darüber nachzudenken. Er konnte hier nicht länger in Schmutz und Armut leben. „Fünfzehn", sagte er mit einem Rest von Würde.

Der junge Mann seufzte schwer ob solcher Uneinsichtigkeit. „Ich habe gesagt: dreizehn!"

„Also gut! Also gut!" meinte der Graf und wandte sich, stumm vor Abscheu, ab.

Lelouche ging wieder um den Wagen herum. Er blieb stehen, machte sich am Verdeck zu schaffen und faltete es schließlich nach hinten. Dann stieg er ein und blieb hinter dem Steuer sitzen.

Gleich darauf fuhr das Taxi wieder vor. Der Mechaniker brauchte eine Stunde, bis er die Zündkerzen und die Kontakte gesäubert, das Öl gewechselt und den Zündzeitpunkt neu eingestellt hatte.

Endlich schloß er die Motorhaube, wischte sich die Hände ab und drehte fast ein wenig feierlich die Kurbel. Der Delage startete gleich beim ersten Mal, und schon nach kurzer Zeit schnurrte der Motor wie eine satte Raubkatze.

Lelouche ging zum Grafen hinüber und zählte ihm wortlos dreizehntausend Franc aus einem dicken Bündel Scheine in die Hand. Der Graf nahm das Geld und sagte: „Wir brauchen einen Kaufvertrag..."

„Ich habe einen vorbereitet." Lelouche ging zum Wagen zurück, und der Graf folgte ihm. Der junge Mann zog ein Dokument aus der Brusttasche, legte es auf die Kühlerhaube und füllte es aus. „Hier unterschreiben", sagte er.

Der Graf sah sich das Dokument an. Es war ein vorgedruckter Kaufvertrag. Der junge Mann hielt ihm den Füllhalter hin, der Graf nahm ihn und unterschrieb. Dann riß der junge Mann einen Zettel aus einem Notizbuch und schrieb eine Quittung, die er dem Grafen übergab. Seufzend händigte der Graf Lelouche die Wagenpapiere aus. Der junge Mann ging zum Wagen, stieg ein und fuhr davon. Erst als das tiefe Motorgeräusch verklungen war, fiel dem Grafen ein, daß weder der Taxifahrer noch der Mechaniker bezahlt worden waren.

SOBALD Vasson das Schloß hinter sich gelassen hatte, brach er in schallendes Gelächter aus. Der Delage war wundervoll! Er bog vorsichtig in die Hauptstraße ein und schaltete gefühlvoll hoch. Das Cabriolet flog nur so dahin. Vasson trat das Gaspedal durch, und der Wagen schien sich förmlich zu strecken. Die Pappeln am Straßenrand huschten immer schneller vorbei.

Die ersten Vororte von Paris tauchten für Vasson viel zu rasch auf. Endlich bremste er ab und lenkte den Delage vorsichtig durch einen engen Torbogen. Über holpriges Kopfsteinpflaster gelangte er durch einen Hof bis vor ein Garagentor. Er stieg aus, öffnete die Garage, stieg wieder ein und fuhr langsam hinein. Drinnen stellte er den Motor ab und saß einen Augenblick regungslos in der Stille; noch mochte er den luxuriösen Ledersitz nicht verlassen. Nur zögernd stieg er schließlich aus, trat auf den Hof hinaus und schloß das Garagentor. Er wäre am liebsten geblieben. Doch er ging ja nur für kurze Zeit. Schon morgen würde er mit einem Mechaniker wieder herkommen.

Automatisch blickte er sich um; beobachtete ihn auch niemand? Aber hinter den schmutzigen Fenstern zum Hof regte sich nichts. Vasson ging den kurzen Weg zu seiner Wohnung zu Fuß. Die Unterkunft war schmuddelig und billig, aber bald würde er sich etwas Besseres zulegen.

Er zog sich um und verließ die Wohnung wieder. Die Fahrt mit der Metro dauerte lange, doch sobald er wieder durch die altbekannten Straßen am Montmartre schlenderte, fühlte sich Vasson zu Hause.

Ein kurzes Stück weit ging er eine Seitenstraße entlang, bis er an ein fast baufälliges Gebäude kam. Er lief die Treppe ins Kellergeschoß hinunter. Die Handwerker waren da und rissen bereits die Trennwände zwischen einer Reihe ehemaliger Lagerräume heraus.

Im Augenblick gab es in Paris viele Gebäude, bei denen die Besitzverhältnisse ungeklärt waren. Die Eigentümer waren verschwunden oder bankrott. Also war die Gelegenheit günstig, und Vasson hatte dieses Haus für eine lächerlich niedrige Summe auf vierzig Jahre gepachtet. Aber er hatte auch in Gold gezahlt, und das war für einen Immobilienmakler in diesen Tagen ungleich mehr wert als jede noch so hohe Summe Papiergeld.

„Der Goldene Käfig", so wollte er seinen Nachtclub nennen. Ein ausgezeichneter Name, wirklich sehr einfallsreich! Er lächelte. Endlich hatte er es geschafft.

Zweites Kapitel

Auf dem Polizeipräsidium in Rennes herrschte viel Betrieb. Im Wartezimmer drängten sich die Menschen. Niemand beachtete Julie. Sie saß regungslos auf einem Stuhl, starrte die Wand an und wartete wie all die anderen Leute auch.

Schließlich führte man sie in ein Büro, an dessen Tür HAUPT-KOMMISSARIAT geschrieben stand. Hinter dem Schreibtisch saß ein Beamter in Hemdsärmeln und mit einer Zigarette im Mund; sein Bierbauch drängte sich gegen die Tischkante. Der Mann sah Julie geraume Zeit schweigend mit müdem Blick an.

„Ich bin wegen Michel le Goff hergekommen", begann Julie.

Der Hauptkommissar zog die Augenbrauen hoch. „Was ist mit ihm?" fragte er.

„Er ist unschuldig, ich kann es beschwören!"

„Ach, tatsächlich?" Die Stimme des Hauptkommissars triefte vor Ironie. „Und was für Beweise haben Sie?"

Julie holte tief Luft. „Ich war in Trégasnou Mitglied einer Fluchthilfeorganisation, die von einem Agenten namens Maurice geleitet wurde. Ich habe die Pakete – die alliierten Flieger – interviewt..."

„Wir wissen Ihren patriotischen Einsatz sehr zu schätzen, Madame", unterbrach der Hauptkommissar sie. „Sie waren sehr mutig."

Julie war erstaunt über das unerwartete Kompliment. „Mag sein", sagte sie. „Jedenfalls hat Michel unserer Gruppe geholfen. Er hat einen wichtigen Wissenschaftler aus einer Fabrik in Brest herausgeholt und uns übergeben. Und als die Sache schiefging und die Deutschen uns im Nacken saßen, hat er uns zur Flucht verholfen..."

„Wem hat er geholfen?"

„Mir, meinem Sohn und diesem Wissenschaftler..."

„Sonst niemandem?"

„Ja, also – nein. Die anderen waren bereits verhaftet."

„Bitte fahren Sie fort."

Julie starrte ihn an. „Das war's. Ich wollte nur sagen, daß Michel auf unserer Seite stand. Er hat uns sein Boot gegeben, hat sein Leben riskiert. Ich kann nicht glauben, daß er uns verraten hat!"

„Darf ich fragen, Madame, in welcher Beziehung Sie zu Michel le Goff standen?" fragte der Hauptkommissar freundlich.

„Er war – er ist mein Cousin. Ein entfernter Cousin."

„Und sonst nichts, Madame?"

Julie errötete. „Natürlich nicht!"

Der Beamte sah sie kühl an. „Sie müssen's ja wissen", sagte er. Auf seinem Gesicht lag ein verständnisvoller Ausdruck.

Julie nahm sich zusammen und fragte bemüht ruhig: „Meine Aussage wird doch dem Gericht übermittelt, nicht wahr?"

„Ja. Aber gegen le Goff liegen schwerwiegende Beweise vor. Glauben Sie mir, Madame, er hat immer viel Ärger gemacht."

„Und was ist mit den anderen in meiner Gruppe?" fragte Julie rasch. „Es hat viele gegeben, die uns verraten haben könnten. Haben Sie sich diese Leute angesehen? Was ist zum Beispiel mit Paul Fougères?"

„Fougères ist spurlos verschwunden, Madame. In Fresnes wurde er vor über einem Jahr zuletzt gesehen." Der Hauptkommissar blätterte in den Papieren auf seinem Schreibtisch. Offenbar hielt er das Gespräch für beendet. „Es tut mir leid, Madame. Wenn Sie mich jetzt entschuldigen wollen . . . Ich habe viel zu tun."

Julie stand auf. „Einen Moment noch! Bitte – das ist noch nicht alles. Wissen Sie vielleicht über das Schicksal der britischen Marineangehörigen Bescheid, die bei den Operationen unserer Gruppe gefangengenommen wurden?"

„Britische Marineangehörige?" Er atmete hörbar ein und schüttelte den Kopf. „Nein. Informationen über militärische Operationen haben nur die Amerikaner. Zu denen müssen Sie gehen."

„Bei denen war ich schon. Auch von ihnen habe ich nichts erfahren."

Es war, als seien Richard und seine Leute vom Erdboden verschwunden.

„Sehen Sie!" Der Polizeibeamte trommelte mit den Fingerspitzen auf die Tischplatte. „Nun, ich muß jetzt wirklich wieder an die Arbeit. Wenn ich bitten darf, Madame . . ."

„Lassen Sie mich wenigstens mit meinem Cousin sprechen!"

Der Hauptkommissar stand lachend auf. „Ganz unmöglich! Leute, die des Hochverrats beschuldigt werden, dürfen keinen Besuch empfangen! Auf Wiedersehen, Madame!"

Sie zögerte noch. „Was haben Sie denn dabei schon zu verlieren?" fragte sie.

Der Polizeibeamte seufzte. „Es geht wirklich nicht, Madame!"

Aber sie spürte, daß sie ihn fast soweit hatte. „*Bitte, Herr Hauptkommissar!*"

Er blickte Julie scharf an. „Sie haben gewonnen", sagte er. „Aber vergessen Sie nicht: Ich tue es nur, weil Sie im Widerstand tätig waren. Aus keinem anderen Grund! Und erzählen Sie auf gar keinen Fall weiter, daß ich Ihnen die Besuchserlaubnis verschafft habe!"

DAS Gefängnis mit seinen kleinen, vergitterten Fenstern war groß, düster und bedrohlich. Schon der Anblick genügte, und Julie fühlte sich todunglücklich.

Drinnen war es noch schlimmer. Dunkel und schrecklich, erfüllt vom widerlichen Geruch der Angst und unsäglicher Leiden.

Ein Wärter ging ihr voraus, führte sie durch eine Reihe langer, düsterer Gänge, deren Wände spürbar Kälte ausstrahlten. Julie erschauerte unwillkürlich. Sie kamen an eine schwere Tür. Der Wärter schloß auf.

Die Zelle war groß und fast leer, nur durch ein vergittertes Fenster fiel ein schwacher Lichtschein. Der Wärter blieb an der Tür stehen. Am anderen Ende des Raumes saß Michel an einem Tisch.

Er sah sie bestürzt an. Man hat ihm gar nicht gesagt, daß ich komme, dachte Julie. Sie lächelte. „Hallo, Michel."

„Du hättest nicht herkommen sollen", erwiderte er.

Julie setzte sich rasch an den Tisch. Der Wärter hatte ihr nur fünf Minuten zugestanden. „Wie geht es dir?"

Er zuckte die Achseln und wich aus: „Wie geht es Tante Marie?"

Julie schüttelte den Kopf. „Nicht gut. Als ich bei ihr war, hat sie mich kaum erkannt."

„Und was macht Peter?"

„Oh, ihm geht's gut. Er ist noch auf den Scilly-Inseln."

„Dann bist du also gut nach England gekommen?"

„Na ja", sagte Julie. „Das Boot ist bei unserer Landung zerschellt." Michel nickte, als habe er das erwartet.

Die Zeit lief ihr davon. „Bitte sag, wie ich dir helfen kann, Michel", drängte sie.

„Helfen? Ich glaube nicht, daß mir jemand helfen kann. Sie wollen mich erledigen, und das werden sie auch tun. So oder so." Er lächelte ein wenig gequält.

„Aber es muß doch Beweise geben! Weißt du nicht, wer der Verräter war?"

Michel lachte. „Das fragst du *mich?*" Er schüttelte den Kopf. „Woher soll ich das wissen? Ich kann nur sagen, daß es keiner von meinen Leuten war."

Sie beugte sich vor. „Ich glaube, es war ein Mann namens Fougères; ich habe ihm nie getraut."

„Und weiß man, was aus ihm geworden ist?"

Julie schwieg. Schließlich meinte sie: „Nun, die Polizei ist der Ansicht, er sei verschwunden. Aber . . ."

Michel nickte und zuckte resignierend die Achseln.

Julie lehnte sich zurück. „Du hast die Hoffnung aufgegeben!"

„Ich bin lediglich realistisch. Mach dir keine Sorgen, Julie. Meine Freunde tun, was sie können. Sie hören sich um."

„Haben sie schon etwas herausgefunden?"

„Ich bin nicht sicher."

„Wo kann ich deine Freunde finden?"

„In Paris. In einer Bar namens ,Chez Alphonse' in der Nähe der Oper. Frag dort nach Pierre."

Julie nickte. „Ich werde alles tun, was ich kann. Alles!"

Sie schwiegen beide. Dann fragte er: „Hast du Geld?"

„Nicht viel."

„Wenn du in meine Wohnung gehst, findest du etwas Geld unter der Bodenplatte vor dem Herd. Du mußt sie nur hochheben, klar?"

„Die Zeit ist um!" rief der Wärter und öffnete die Tür.

Hastig berührte Julie Michels Hand. „Ich habe mich noch nicht bei dir bedankt. Für das Boot, das du uns überlassen hast . . ."

Michel stand auf, und über sein sorgenvolles Gesicht huschte ein Lächeln.

„Mach's gut. Paß auf dich auf!" sagte er und wandte sich rasch ab. Beim Hinausgehen schaute Julie noch einmal zurück, aber Michel starrte regungslos aus dem Fenster.

PARIS leuchtete in der späten Septembersonne. Auf den breiten Boulevards mit ihren eleganten Gebäuden waren die Spuren des Krieges kaum noch zu sehen. Lediglich die weißen Kreuze, die auf manche Häuserwände gemalt waren, zeigten an, daß dort Widerstandskämpfer ihr Leben gelassen hatten.

Julie fand ein Zimmer in einem kleinen Hotel. Am Abend machte sie sich gleich auf die Suche nach der Bar, die Michel ihr genannt hatte. Sie war zwar nicht im Telefonbuch verzeichnet, aber der Besitzer eines Ladens in der Nähe der Oper beschrieb Julie den Weg.

Es war eine gut besuchte kleine, schummrige Bar. Als Julie nach Pierre fragte, nickte der Barmann, drehte sich um und sprach mit einem etwa vierzigjährigen, jugendlich aussehenden Mann, der am Kopfende der Theke saß. Der Mann stand auf und kam zu Julie herüber. Mit einem Lächeln stellte er sich vor: „Ich bin Pierre."

Als sie ihm erzählt hatte, daß sie von Michel kam, nahm er sie beim Arm und rief, um das Stimmengewirr zu übertönen: „Kommen Sie, hier können wir uns nicht unterhalten! Machen wir einen kleinen Spaziergang!" Während sie die Straße entlangschlenderten, erfuhr Julie, daß auch schon Pierre Nachforschungen nach möglichen Verrätern angestellt hatte. „Und?" fragte sie gespannt. „Haben Sie etwas herausgefunden, das Michel entlasten könnte?"

Pierre schüttelte den Kopf. „Ich hab mich umgehorcht – bei meinen Freunden von der Polizei und so weiter. Nichts. Keine Gerüchte, nichts. Wohlgemerkt, die Behörden stehen im Moment vor dem Problem, Schwarzhändler von Kollaborateuren und Kollaborateure von Verrätern zu trennen."

Sie kamen an einen breiten, hell beleuchteten Boulevard mit vollbesetzten Cafés. „Der Mann, den ich verdächtige, kam aus Paris", berichtete Julie. „Da bin ich mir ziemlich sicher. Ein gewisser Paul Fougères. Irgend jemand *muß* ihn doch gekannt haben!"

„Ein Name bedeutet nichts. Der Verräter hat wahrscheinlich hundert verschiedene Namen benutzt. Haben Sie kein Foto von ihm?"

Julie schüttelte den Kopf.

„Na ja, macht nichts. Vielleicht sind wir schon in ein paar Minuten klüger."

„Wieso? Wohin gehen wir denn?"

Pierre beschleunigte seine Schritte. „Ich will Ihnen nichts versprechen; aber Sie werden gleich jemanden kennenlernen, der vielleicht etwas weiß."

Julie mußte fast rennen, um mithalten zu können. „Wer? Wer ist es?" rief sie.

Pierre lachte. „Also, das ist so: Wir helfen gelegentlich der Justiz ein wenig nach, auf unsere eigene, bescheidene Weise. Und jetzt haben wir einen ehemaligen Spitzel geschnappt, der sonst vielleicht der verdienten Strafe entgangen wäre."

Julie hielt Pierre erregt am Arm fest. „Und er kennt vielleicht . . ."

Pierre winkte ab. „Nicht unbedingt. Aber er hat zwei Jahre lang für die Gestapo gearbeitet. Vielleicht bringt er uns auf eine Spur. Wollen sehen."

SIE betraten einen kalten, feuchten Kellerraum. Eine Lampe hing an einem Kabel von der Decke und warf einen grellen Lichtschein in die Mitte des Raumes; die Wände blieben im Schatten.

Direkt unter der Lampe stand ein Stuhl, auf dem ein Mann saß, der mit Stricken an die Lehne gefesselt war. Sein Hemd war blutbeschmiert, sein Gesicht übel zugerichtet. Seine Nase blutete, beide Augen waren blau geschlagen.

Zwei Männer standen bei ihm. Einer von ihnen nahm Pierre

sogleich beiseite und sagte leise: „Ich glaube, wir haben ihn soweit. Sollen wir . . .?"

Dann flüsterten sie miteinander, und Julie konnte nichts mehr verstehen. Schließlich war das Gespräch beendet, und Julie fragte Pierre: „Was hat der Mann eigentlich verbrochen?"

„Das Schwein war ein bezahlter Spitzel. Er hat vier von unseren Genossen verpfiffen; seinetwegen mußten sie sterben. Jetzt wollen wir aber doch einmal sehen, was diese Ratte noch alles weiß."

Pierre ging zum Stuhl hinüber und zog den Kopf des Mannes an den Haaren nach hinten. Der Mann kreischte vor Angst auf und begann zu schluchzen und zu winseln. „Nein, nein . . . bitte nicht . . . bitte . . ."

„Deine Auftraggeber haben jemanden in die Bretagne geschickt. Weißt du, wer das war? *Weißt du, wer das war?*"

Der Mann schüttelte heftig den Kopf, die Augen weit aufgerissen. „Nein . . . nein . . . In die Bretagne? Nein!"

Pierre verlor die Geduld. Er winkte einen seiner beiden Genossen herbei. „Sei doch so gut und ermuntere ihn ein wenig, Charles", meinte er.

„Nein, bitte nicht!" rief Julie.

Pierre zuckte die Achseln. „Na schön. Wie Sie wünschen." Dann wandte er sich wieder an den Gefesselten: „Die Dame möchte nicht, daß wir dir weh tun. Sag uns einfach, was wir von dir wissen möchten. Wen haben sie in die Bretagne geschickt? Nun red schon!"

Der ängstliche Blick des Mannes huschte von einem zum anderen und blieb an Julie hängen. „Ich weiß nichts. G-gar nichts", stotterte er. „Die Gestapo hat mich zu allem gezwungen. Ich habe kaum etwas erfahren. Die Deutschen waren sehr vorsichtig. Sie haben mich gezwungen, ihnen Namen zu verraten, und dann haben sie mich weggeschickt. *Wirklich!*"

„Wer war für die Spitzel zuständig?" fragte Pierre barsch.

„Kloffer."

Pierre hakte rasch nach. „Und hat Kloffer je über seine – Agenten gesprochen?"

„Nein! Mit mir hat er nie gesprochen! Ich war nicht wichtig genug."

„Er lügt", sagte Pierre zu Julie und ging mit drohender Gebärde auf den Stuhl zu.

Der Mann warf in panischer Angst den Kopf ins Genick und preßte rasch zwischen geschwollenen Lippen hervor: „Ein, zwei Sachen habe ich mitbekommen. Einmal sprach Kloffer über eine Gruppe, die sie zerschlagen hatten . . . Offenbar hatte er dafür einen Spezialisten . . ., einen Topagenten . . ."

Julie hielt den Atem an. „*Und weiter?*" drängte sie.

„Der Mann hatte als Schwarzhändler angefangen, genau wie ich. Das Übliche: Benzin, Strümpfe, Parfüm. Dann wurde er ein Spitzel. Seinen Namen habe ich nie erfahren, aber sie haben ihn den ‚Mann aus Marseille‘ genannt." Er sah die Umstehenden verzweifelt an. „Dieser Mann war wichtig, das weiß ich – aber mehr auch nicht. Sie haben mir nie etwas anvertraut. *Glauben Sie mir doch!*"

Der Mann aus Marseille! Julie fragte: „Haben Sie je gehört, was dieser Mann genau getan hat? Welche Art von Auftrag er ausgeführt hat?"

Der Kopf des Gefesselten sank zur Seite, und Julie befürchtete schon, er sei ohnmächtig geworden. Doch er murmelte: „Infiltration . . ., er hat sich in eine Fluchthilfeorganisation eingeschlichen, die sich um . . . alliierte Flieger gekümmert hat . . ."

Erregt packte ihn Julie an der Schulter und schüttelte ihn. „Welche Organisation?" rief sie. „War es Meteor? Ja? Oder war's unsere in der Bretagne?"

Der Mann schniefte. „Ich weiß es nicht."

Julie sah ihn eine Weile stumm an. Pierre nahm sie beiseite. „Viel war's ja nicht gerade", sagte er.

„Ja, leider", antwortete sie. „Was ist mit diesem Kloffer? Hat man ihn wenigstens erwischt?"

Pierre schüttelte den Kopf. „Die Gestapoleute sind als erste verschwunden. Wahrscheinlich sitzt Kloffer bereits irgendwo in Deutschland und legt sich ein paar gute Ausreden zurecht."

Der Mann auf dem Stuhl rief plötzlich: „Bitte, Madame . . ., bitte haben Sie Mitleid . . . Lassen Sie nicht zu, daß sie mich umbringen!"

Julie schaute zu dem Gefesselten hinüber. „Was wird mit ihm?" fragte sie Pierre.

„Das werden wir uns noch überlegen", murmelte er.

„Sind Sie sicher, daß er Ihre Freunde verraten hat?"

„Ganz sicher." Er ging zur Tür. „Kommen Sie, ich bringe Sie in Ihr Hotel."

Als Julie an diesem Abend im Bett lag, dachte sie lange über Paul Fougères nach und fragte sich, ob er der Mann aus Marseille gewesen sein könnte. Am Morgen entschloß sie sich, es herauszufinden.

Drittes Kapitel

JULIE nahm ihren Koffer und trat vor dem Bahnhof von Marseille auf die Straße hinaus. Obwohl es noch nicht einmal neun Uhr morgens war, brannte die Sonne bereits vom wolkenlosen Himmel herab. Julie hatte nicht gedacht, daß es im Oktober so warm sein konnte. In ihrem Wollkostüm fühlte sie sich ein wenig unbehaglich.

Auf dem belebten Boulevard fiel ihr sofort der Lärm auf; das Hupen der Autos, das Geschrei und laute Lachen der Passanten. Und dann die Farben: Die Menschen schienen bunter, irgendwie exotischer zu sein.

In einem Straßencafé trank Julie einen Kaffee, nahm dann einen Zettel aus der Handtasche und ging telefonieren. Der Mann, den sie anrief, hatte einer befreundeten Widerstandsgruppe in Paris angehört; jetzt lebte er hier in Marseille. Er hieß Alain, und er konnte vielleicht helfen. Eine Frauenstimme meldete sich.

„Kann ich bitte Alain sprechen?" fragte Julie.

„Sie meinen Doktor Hubert? Er ist zur Zeit noch im Krankenhaus. Versuchen Sie es später noch einmal."

Julie legte den Hörer auf. Sie hatte gar nicht gewußt, daß Alain Arzt war. Aber sie beschloß, es am Nachmittag noch einmal zu versuchen.

Sie winkte den Kellner herbei, bezahlte und ging. Dann suchte sie in der Hafengegend nach einem preiswerten Hotel. Sie hatte zwar Geld – aus dem Versteck in Michels Wohnung –, aber sie wollte es nicht verschwenden; zum einen, weil es vielleicht lange reichen mußte, und zum anderen, weil es Michel gehörte.

Im dritten Anlauf fand Julie eine Pension, die ihr einladend genug erschien. Das Zimmer, das die Concierge ihr gab, war sauber und ordentlich. Julie legte sich bis zwei Uhr nachmittags aufs Bett und ruhte sich von den Strapazen der Bahnfahrt aus. Dann ging sie nach unten zum Telefon.

Der Doktor war immer noch nicht zu Hause. Ob sie vielleicht eine Nachricht hinterlassen wolle?

Julie zögerte, hielt sich instinktiv zurück. Dann fiel ihr ein, daß der Krieg zumindest in Frankreich vorbei war und es auf Geheimhaltung nicht mehr ankam.

„Richten Sie ihm bitte aus, eine Freundin vom Widerstand habe angerufen." Sie hinterließ ihren Namen und die Telefonnummer des Hotels, und eine Stunde später teilte ihr die Concierge mit, Doktor Hubert werde um sechs Uhr ins Hotel kommen.

Doktor Hubert war ein älterer, schrecklich magerer Mann, der gebeugt ging und sich schwer auf einen Stock stützte.

„Es ist immer ein Vergnügen, einen – Freund oder eine Freundin zu treffen", sagte er leise. „Sind Sie auf Besuch hier, oder . . .?"

„Ich brauche Hilfe."

„Ah, dann sollten wir vielleicht miteinander zu Abend essen, was meinen Sie?"

Ein paar Straßen weiter fanden sie ein kleines Restaurant und bestellten etwas zu essen: Bouillabaisse, gebratenes Kalbfleisch und Wein. Julie kam das Mahl geradezu verschwenderisch vor. Wann hatte sie eigentlich das letzte Mal Kalbfleisch gegessen?

Sie unterhielten sich, und nach einiger Zeit dachte Julie, was für ein bemerkenswerter Mann dieser Alain Hubert doch war. Freundlich, zurückhaltend, ganz anders, als sie sich einen Helden der „Résistance" vorgestellt hatte.

„Und Sie vermuten, daß der Verräter aus Marseille stammt?" fragte er.

„Ja, vielleicht. Kein besonders guter Anhaltspunkt, nicht wahr?"

„Wer weiß? Vielleicht kann jemand den Mann nach der Personenbeschreibung identifizieren. Sie sollten mit Ihren Nachforschungen am besten in der Unterwelt beginnen."

„In der Unterwelt?" Julie sah ihn überrascht an.

„Das Verbrechen in Marseille ist weitgehend organisiert. Es gibt Drahtzieher, die alles kontrollieren: den schwarzen Markt, die Prostitution und den Drogenhandel. Diese Leute müßten eigentlich wissen, um wen es sich bei Ihrem Mann handelt."

„Und wie komme ich an diese Leute heran?" fragte Julie zögernd.

„Ah, das kann ich Ihnen auch nicht sagen." Er sah sie über den Rand seiner Brille an. Seine Augen funkelten vergnügt. „Ich bewege mich nicht gerade sehr häufig in diesen Kreisen."

Julie mußte lachen. „Nein, natürlich nicht."

Sie tranken noch einen Kaffee, und der Doktor bestand darauf, die Rechnung zu begleichen. „Es ist mir ein Vergnügen. Bitte entschuldigen Sie mich, ich muß jetzt gehen." Er griff nach seinem Stock und sagte dann beiläufig: „Ich habe da einen Freund; einen Mann, der bei dunklen Geschäften mitgemischt hat und in Schwierigkeiten gekommen ist. Er weiß vielleicht, wie man an die Leute herankommt . . ."

„Ich dachte, Sie hätten mit dieser Art von Leuten nichts zu tun?" meinte Julie lächelnd.

„Nun, im Gefängnis kann man sich seine Freunde nicht aussuchen."

Doktor Hubert stand mühsam auf, und Julie half ihm. „Mein kaputtes Bein verdanke ich der Gestapo . . ., es heilt nur sehr langsam. Trotzdem: Wir haben Glück gehabt, mein Freund und ich . . ."

Er streckte Julie die Hand entgegen. „Es hat mich sehr gefreut, Madame. Leben Sie wohl. Ich werde meinen Freund fragen. Wenn ich etwas von ihm erfahre, rufe ich Sie an. Auf Wiedersehen." Langsam hinkte er davon.

Am nächsten Morgen erhielt Julie eine Nachricht. Sie lautete: „Versuchen Sie es in der Bar ‚Chez Henri' in einer Seitenstraße der Rue Caisserie. Viel Glück."

Sie fand die Bar ohne Mühe; der Hotelbesitzer hatte ihr den Weg genau beschrieben. Julie zögerte, ehe sie eintrat; schließlich war sie eine Frau und ohne Begleitung. Aber dann nahm sie all ihren Mut zusammen und ging hinein.

Hinter der Theke war ein junger Mann eifrig damit beschäftigt, den Gästen einzuschenken. Neben ihm stand ein beleibter älterer Mann, der in einem Regal sorgfältig die Flaschenbatterien ordnete. Er beobachtete Julie verstohlen in einem Spiegel; offenbar war er der Besitzer.

Julie setzte sich an einen Tisch und bestellte beim Kellner eine Tasse Kaffee. Als der Kellner sie brachte, kam auch der Besitzer zu Julies Tisch.

„Ach, bitte entschuldigen Sie", sagte Julie rasch. „Ich suche jemanden, der vielleicht einmal hier in der Altstadt gewohnt hat . . ."

„Sein Name?"

„Das ist ja das Problem . . ., ich weiß nicht, wie er heißt." Sie seufzte. „Ich weiß nur, daß man ihn den ,Mann aus Marseille' genannt hat."

Der Barbesitzer nickte betont verständnisvoll, als gelte es, eine gefährliche Irre bei Laune zu halten. „Der Mann aus Marseille? Madame, haben Sie eine Ahnung, wie viele Männer auf der Welt so genannt werden?"

Julie nickte. „Ja, ich weiß, daß es blödsinnig klingt. Aber verstehen Sie doch: Dieser Mann ist für den Tod vieler Résistance-Leute verantwortlich!"

Jetzt hatte sie ihn am Haken. Er trat dicht an ihren Tisch und sah sie neugierig an.

„Dieser sogenannte Mann aus Marseille hat für die Gestapo gearbeitet", fuhr Julie fort. „Ich muß ihn finden, um einen Unschuldigen zu retten. Und – aus anderen Gründen."

Der Besitzer blickte nachdenklich drein. „Ja, wenn das so ist . . ." Er nickte bedächtig. „Das ist etwas anderes. Aber einfacher wird die Aufgabe für uns nicht." Er schwieg und fragte dann skeptisch: „Was wissen Sie über den Mann?"

„Ich kann versuchen, sein Aussehen zu beschreiben. Und Sie können sich dann vielleicht ein wenig umhorchen, nicht wahr? Vielleicht kennen Sie jemanden . . ."

Nachdem sie dem Barbesitzer die Einzelheiten geschildert hatte, nickte er und sagte: „Ich tue, was ich kann, aber . . ." Er zuckte die Achseln. „Versprechen kann ich nichts."

„Wie lange, meinen Sie, wird es ungefähr dauern?"

„Wer weiß?" Er zuckte die Achseln. „Zwei Stunden? Zwei Tage? Kommen Sie einfach hin und wieder mal vorbei."

NACH drei Tagen war Julie völlig niedergeschlagen. Ich vergeude hier nur meine Zeit, dachte sie. Henri, der Barbesitzer, war kein Stück vorangekommen. Aber vielleicht konnte er auch gar nichts dafür. Schließlich entbehrte die Vermutung, daß Fougères und der Mann aus Marseille ein und dieselbe Person waren, jeglicher Grundlage.

Nach einem ziellosen Spaziergang am Hafen ging Julie am Mittag völlig entmutigt wieder in die Bar. Doch schon als sie eintrat, spürte sie, daß etwas in der Luft lag. Henri lächelte verschmitzt, und seine Augen funkelten. *Neuigkeiten!*

Der Barbesitzer hob die Thekenklappe hoch, kam hinter der Theke hervor und nahm Julie beiseite. „Jemand will Sie sprechen. Er war verreist, deshalb hat die Sache sich verzögert. Aber heute nachmittag wird er Sie empfangen."

„Aber wer ist es denn?"

„Nennen wir ihn einmal *Le Patron*", flüsterte Henri mit Verschwörermiene. „Er ist sozusagen der Boß aller Bosse, wenn Sie wissen, was ich meine. Der Patron ist an Ihrer Geschichte interessiert. Und wenn jemand helfen kann – nun, dann ist er es!"

„Und wo finde ich ihn?"

„Kein Problem. Seien Sie nur pünktlich um drei Uhr hier. Es ist alles arrangiert!"

Julie war aufs äußerste gespannt. Schon um halb drei traf sie in der Bar ein. Um Viertel nach drei fuhr eine große schwarze Limousine vor. Henri brachte Julie zur Tür. „Viel Glück!"

Der Fahrer stand neben dem Wagen. Er hatte breite Schultern und eine Boxernase, und er sah mürrisch aus. Mit einer knappen Handbewegung bedeutete er Julie, sie solle sich auf den Rücksitz setzen. Dann schloß er die Tür, klemmte sich hinters Steuer und fuhr los.

Nach etwa fünf Minuten Fahrt bog der Wagen in eine Straße voller kleiner Läden ein, und der Chauffeur hielt an. Nachdem er Julie die Wagentür geöffnet hatte, murmelte er: „Dort hinein!" und zeigte auf ein Restaurant. Julie stieg aus und betrat das Restaurant. Drinnen war es sehr dunkel.

Eine Männergestalt kam ihr entgegen. „Hier entlang!"

Julie folgte dem Mann zum anderen Ende des Raumes. Dort saß an einem Tisch ein Mann mittleren Alters, der sich bei ihrem Anblick sofort erhob und ihr zur Begrüßung die Hand entgegenstreckte. Julie schüttelte sie und setzte sich auf den angebotenen Stuhl.

Als sich ihre Augen an das Dämmerlicht gewöhnt hatten, musterte sie den Unbekannten. Er trug einen teuren Anzug, und an seinen Fingern blitzten mehrere Ringe.

Jetzt lächelte der Patron. Er hatte ein freundliches Gesicht, und seine Augen funkelten vergnügt. „Mein Freund Henri hat mir berichtet, daß Sie nach jemandem suchen", sagte er.

„Ja. Nach einem Mann aus Marseille, der die Stadt jedoch möglicherweise schon vor langer Zeit verlassen hat."

„Erzählen Sie mir alles, was Sie über ihn wissen."

Julie sprach über die Aktionen in der Bretagne, den Verrat an der Organisation und über den angeblichen „Roger", den Mann mit dem schmalen Gesicht, dem glatten Haar, den dunklen, fast schwarzen Augen und der ungesund blassen Gesichtsfarbe.

Der Patron dachte stirnrunzelnd nach. „Und sein Auftreten? Seine Art, sich zu geben?" fragte er.

„Er wirkte eiskalt, war immer – auf der Hut."

„Und – wie hat er gesprochen?"

„Ohne Akzent."

„Irgendwelche Narben im Gesicht oder sonstige auffällige Kennzeichen?"

„Nichts."

Sie hörte, wie die Restauranttür geöffnet und wieder geschlossen wurde. Der Patron blickte auf. „Ah, da bist du ja", sagte er.

Ein Mann trat an den Tisch und drückte dem Patron einen Umschlag in die Hand. Dieser öffnete ihn, legte den Inhalt auf die Tischplatte und wandte sich wieder an Julie. „Ein paar Fotos, die Sie sich ansehen sollten", meinte er, „vielleicht kommt Ihnen jemand bekannt vor." Er schob die Bilder zusammen und knipste eine Lampe an.

Julie betrachtete das erste Foto. Es war ein Schnappschuß und zeigte eine Familie: ein Ehepaar mittleren Alters und drei junge Männer, vermutlich die Söhne. Julie erkannte sofort, daß Fougères nicht dabei war. Sie legte das Foto auf den Tisch zurück.

Das zweite Foto bestand eigentlich aus zwei Aufnahmen und zeigte einen verängstigt dreinblickenden Mann von vorn und im Profil. Das Gesicht kam ihr nicht bekannt vor, und so betrachtete sie das dritte Foto. Es war ein Gruppenbild. Ein gutes Dutzend junger Männer stand kerzengerade in einem Garten, flankiert von je zwei Männern im schwarzen Priestergewand. Das Bild war nicht sonderlich scharf, aber einer der Abgebildeten kam Julie bekannt vor.

Er war es! Sie sah noch einmal genau hin: Der Bursche war sehr jung, nicht viel älter als vierzehn, aber das Haar, das schmale Gesicht . . ., kein Zweifel, er war es. Sie mußte sich mit aller Gewalt beherrschen. Schließlich flüsterte sie: „Dieser hier – das ist er!"

Der Patron nahm ihr das Foto aus der Hand und starrte es an. „Ich wußte, daß der Schurke eines Tages wieder auftauchen würde!" sagte er heiser. „Abschaum kommt immer wieder an die Oberfläche."

„Wie heißt er?" fragte Julie drängend. „Wer ist er?"

Der Patron starrte immer noch das Foto an. „Wie er heißt? Vasson. Paul Vasson."

„Was wissen Sie über ihn?"

„Er war der Sohn einer Prostituierten. Als er acht Jahre alt war, hat ihn ein Sozialhelfer halb verhungert in einer völlig verkommenen Absteige gefunden. Das Jugendamt hat ihn dann den Jesuiten übergeben. Die haben ihn wieder aufgepäppelt und haben ihm eine gute Schulbildung angedeihen lassen – Vasson war immer schon ein helles Bürschchen." Er schwieg einen Augenblick und fuhr dann fort: „Später ist er ein kleiner Zuhälter mit großem Ehrgeiz und einer Schwäche für teure Dinge geworden . . .

Er ist 1935 verschwunden. Seitdem ist er hier nicht mehr gesehen worden. Dabei haben wir uns wahrhaftig alle Mühe gegeben, ihn zu finden." Er lachte bitter und hielt das Foto hoch. „Das hier habe ich im vergangenen Jahr aufgetrieben. Einer meiner Leute hat es herumgezeigt. Und eines Tages habe ich geglaubt, ich hätte das Schwein. Wir hatten ihn tatsächlich aufgespürt. In Paris, wo er in einem Nachtclub arbeitete. Schon damals wußten wir, daß er mit den Deutschen dick im Geschäft war. Jedenfalls habe ich geglaubt, ich könnte ihn erwischen. Ich habe meine Netze ausgeworfen, und dann . . ."

„Was ist passiert?"

„Er ist wieder verschwunden. Untergetaucht, ohne eine Spur zu hinterlassen."

Julie seufzte tief. „Nun . . . ich weiß jetzt wenigstens, daß Fougères in Wirklichkeit ein Krimineller namens Vasson ist, von dem man weiß, daß er mit den Deutschen zusammengearbeitet hat. Immerhin ist Fougères noch im letzten Jahr gesehen worden, und das müßte genügen, meinen Cousin freizubekommen!"

„Hoffentlich schaffen Sie es!"

Nachdenklich blickte Julie auf ihre Hände. „Ich werde dafür sorgen, daß dieser Vasson hinter Gitter kommt."

„Wie wollen Sie das anstellen?"

„Zuerst reise ich nach Rennes und hole meinen Cousin aus dem Gefängnis. Und dann fahre ich nach Paris."

Er sah sie einen Augenblick schweigend an. „Wollen Sie dort nach Vasson suchen?"

Julie wußte nicht, was sie erwidern sollte. Endlich sagte sie leise: „Wenn es sein muß."

„Der Mann ist gefährlich!" meinte der Patron und schüttelte den

Kopf. „Bitte, seien Sie sehr vorsichtig! Außerdem – Sie schaffen das nie alleine! Sie werden Hilfe brauchen. Wie steht es mit Geld?"

„Im Moment habe ich noch genug."

„Gut. Wenn Sie noch mehr Geld brauchen oder sonst irgendwelche Hilfe, rufen Sie einfach diese Nummer in Paris an." Er schrieb sie auf eine Karte. „Ich werde meinen Freunden dort Bescheid sagen."

Julie nickte unsicher. „Danke für Ihre Unterstützung", erwiderte sie. „Kann ich das Foto mitnehmen?"

„Ja, aber ich hätte es gern zurück, sobald Sie es nicht mehr benötigen."

Julie nickte und steckte es zusammen mit der Telefonnummer in ihre Handtasche. Als sie miteinander zur Tür gingen, fragte sie: „Was hat Vasson eigentlich getan? Ich meine, als er noch in Marseille war?"

„Ich habe ihm drei Jahre hinter Gittern zu verdanken", sagte der Patron ruhig, während er nachdenklich auf die Straße hinausblickte. „Und außerdem . . . hat er meine Freundin ermordet."

Julie starrte ihn entsetzt an. Sie stammelte: „Das . . . das tut mir leid . . ."

Er zuckte die Achseln und sagte energisch: „Schon gut. Aber denken Sie daran: Halten Sie sich von dem Schweinehund fern, wenn Sie ihn finden. Wenden Sie sich an meine Freunde in Paris, und berufen Sie sich auf mich!"

Sie streckte ihm zum Abschied die Hand hin. „Aber ich weiß ja gar nicht, wie Sie heißen", meinte sie.

„Jojo. Sagen Sie einfach, Jojo habe Sie geschickt."

JULIE packte ihren Koffer und bezahlte das Pensionszimmer. Um Mitternacht fuhr ein Zug nach Paris. Und weil sie noch reichlich Zeit hatte, ging sie zu Henris Bar, um sich von Henri zu verabschieden.

Er begrüßte sie überschwenglich und schenkte sogleich zwei Gläser Cognac ein. Sie prosteten einander zu.

Plötzlich läutete das Telefon. Henri meldete sich, legte den Hörer auf die Theke und sagte zu Julie: „Für Sie!"

Julie nahm den Hörer auf. „Ja, bitte?"

„Madame? Ich bin's." Sie erkannte Jojos Stimme. „Mir ist noch etwas eingefallen."

Aufgeregt umklammerte Julie den Hörer. „Ja?"

„Es ist nicht viel, aber Sie erinnern sich doch, daß ich Vassons Vorliebe für teure Dinge erwähnt habe? Nun, er hat immer von einem eleganten Wagen geträumt. Er hatte sogar Bilder von seinem Lieblingsauto in seinem Zimmer hängen. Es war ein Delage. Vasson wollte immer einen Delage haben. Etwas anderes kam nicht in Frage. Wissen Sie, welchen Wagen ich meine?"

Julie versuchte, sich ihre Enttäuschung nicht anmerken zu lassen.
„O ja, ich weiß."

„Na ja, viel ist es nicht. Aber Vasson war wirklich ganz verrückt
nach diesem Wagen."

„Vielen Dank für die Auskunft."

„Und Ihnen viel Glück."

Julie legte den Hörer auf.

Ein Wagen – ein Delage . . ., sie schüttelte den Kopf. Das war lange
her. Vasson hatte wahrscheinlich längst vergessen, daß er sich je einen
Delage gewünscht hatte. Träume waren nicht von Dauer. Nein, der
Wagen würde sie nicht zu Vasson führen.

Aber das Foto. Das Foto war der Schlüssel.

„LIEGT gegen Michel le Goff sonst noch etwas vor?" Der Haftrichter
sah den Hauptkommissar mit zusammengekniffenen Augen an.

„Im Moment nicht."

„Dann ordne ich hiermit an, daß Michel le Goff unverzüglich auf
freien Fuß gesetzt wird." Der Richter erhob sich und verließ den
Sitzungssaal. Julie stand auf und starrte den hochlehnigen Stuhl an, auf
dem der Richter gesessen hatte. Eigentlich, so dachte sie, müßtest du
jetzt stolz oder wenigstens erleichtert sein. Statt dessen war sie
unzufrieden, fühlte sich sogar betrogen.

Der Hauptkommissar stand im Mittelgang und wartete auf sie.
Zusammen gingen sie zur Tür. „Wann werden Sie Michel entlassen?"
fragte Julie.

„Innerhalb der nächsten Stunde. Einer meiner Leute kann Sie zum
Gefängnis fahren, wenn Sie wollen."

„Nein danke, nicht nötig."

Der Polizeibeamte sah sie verblüfft an. „Sie wollen Michel nicht
sehen?"

Julie schüttelte nur kurz den Kopf.

„Ich habe gedacht . . ."

„Sie haben falsch gedacht, Herr Hauptkommissar. Das habe ich
Ihnen schon einmal gesagt."

„Ich gebe zu, daß ich mich geirrt habe."

Sie traten auf die Straße hinaus und blieben einen Augenblick
stehen. „Wo kann ich Sie erreichen, Madame – falls es in Sachen
Vasson etwas Neues gibt?" fragte der Hauptkommissar.

„In England. Ich habe Ihrem Inspektor meine Adresse gegeben.
Heute fahre ich nach Paris und von dort weiter nach England." Es war
beinahe die Wahrheit. „Aber – glauben Sie überhaupt daran, daß Sie
Vasson aufspüren können?"

„Eines Tages bestimmt. Vassons Steckbrief hängt mittlerweile an jeder Straßenecke. Keine Sorge, wir finden ihn. "

Nachdenklich blickte Julie zum Himmel auf und sagte dann abrupt: „Na denn – auf Wiedersehen, Herr Hauptkommissar. "

JULIE saß im Zug und las noch einmal den Brief. Peter hatte ihr geschrieben, in seiner besten Handschrift. Seine Zeilen klangen recht fröhlich. Aber Julie war jetzt schon fast einen Monat fort, und sie wußte, daß Peter trotz Mrs. Eldons Fürsorge sich sehr nach ihr sehnen würde.

Julie dachte nach. Sie hatte während der letzten Wochen viel erreicht. Mit Michels Befreiung war aber zugleich auch ein Kapitel in ihrem Leben zu Ende gegangen: Michel, Trégasnou, die Bretagne – das alles lag jetzt hinter ihr. Michel schuldete sie nichts mehr. Seine Dankbarkeit wollte sie nicht; sie hätte sie nur verlegen gemacht. Den Rest des Geldes hatte sie mit einem Brief in einen Umschlag gesteckt und für ihn beim Gericht hinterlegt. In dem Brief hatte sie ihrem Cousin viel Glück gewünscht und erklärt, wofür sie das Geld ausgegeben hatte.

Während der zwei Wochen, die die Polizei gebraucht hatte, um ihre Angaben zu Vasson zu überprüfen, hatte sie in Trégasnou den Verkauf des Bauernhofs in die Wege geleitet, um Geld für Tante Maries Pflege aufzubringen. Julie besaß immer noch ein wenig von ihrem eigenen Geld; genug, um in Paris auf eigene Faust Nachforschungen anzustellen. Sie räumte sich dafür zwei Wochen ein.

BALD war sie gut zu Fuß. Eine Woche lang war sie Tag für Tag unterwegs gewesen – und manchmal auch noch nachts. Sie hatte in unzähligen Läden, Cafés und Restaurants nach Paul Vasson gefragt, und das in den verschiedensten Bezirken.

Aber niemand hatte ihn je gesehen.

Schließlich nahm sie all ihren Mut zusammen und versuchte es in Nachtclubs. Es fiel ihr nicht leicht, denn sie haßte diese Lokale: die schummrige Beleuchtung, den Gestank nach Zigarettenrauch, die lüsternen Blicke der Männer. Aber plötzlich waren zwei Wochen um, und sie hatte immer noch keine Spur von Vasson gefunden. Niemand erinnerte sich an ihn. Es schien, als sei er nie in Paris gewesen.

Müde kehrte Julie in ihr billiges, trostloses Hotel zurück und ließ sich erschöpft aufs Bett fallen. Nachtlokale, Cafés ... Vasson hatte mit Sicherheit dort verkehrt, doch wo war er jetzt?

Fortgezogen? In eine andere Großstadt? Ein neuer Name, eine neue Arbeitsstelle?

Aber hatte er es überhaupt nötig zu arbeiten? Die Deutschen hatten ihn sicher gut bezahlt, er war ein wichtiger Spitzel gewesen. Ja, er mußte Geld haben. Zum ersten Mal in seinem Leben genug Geld!

Julie war plötzlich hellwach. Natürlich! Endlich hatte er es geschafft, konnte sich all die Dinge leisten, von denen er immer geträumt hatte. Sie versuchte, sich vorzustellen, wie Vasson sich als wohlhabender Mann aufführte ..., gute Kleidung, angemessene Unterkunft. Er konnte seinen teuren Neigungen frönen ...

Sie erinnerte sich an das, was der Patron gesagt hatte. Vielleicht war es doch wichtig. Es schien ihr jedenfalls einen Versuch wert.

MÜDE schleppte sich Julie die Champs-Élysées entlang und suchte nach der richtigen Hausnummer. An der nächsten Ecke mußte das Gebäude sein.

Sie beschleunigte ihre Schritte. Die Schaufensterfront war schon zu sehen. Enttäuscht blieb sie davor stehen. Das Geschäft war leer, die Schaufenster waren mit Brettern vernagelt. Sie trat einen Schritt zurück und blickte an der Fassade hoch. Die Lettern der Leuchtreklame waren fast alle heruntergefallen, aber ein Schatten war auf dem Putz noch zu erkennen. Der Name des Händlers. Und in kleinen Buchstaben darunter: DELAGE-VERTRETUNG.

Julie lehnte sich an die Hauswand. Sie hatte diese Adresse in einer Reparaturwerkstatt bekommen. Die Information war offensichtlich überholt. Am besten versuchte sie es bei einem anderen Delage-Händler – wenn es einen gab.

Julie ging weiter, bis sie ein Postamt fand. Sie sah im Telefonbuch nach: Kein Delage-Händler war eingetragen. Aber sie fand einen Delage-Club, der eine Zeitschrift herausgab. Er hatte seine Geschäftsräume am anderen Ende der Stadt.

Julie seufzte und wählte die Nummer. Ein Redakteur hörte sich an, was sie zu sagen hatte, und versprach, ihr nach besten Kräften behilflich zu sein. Aber auch er machte Julie wenig Hoffnung.

„Wir mußten die Publikation unserer Zeitschrift am Anfang des Krieges einstellen", erklärte er. „Und selbst damals war nur etwa die Hälfte aller Delage-Besitzer bei uns Mitglied. Es wird also nicht einfach herauszufinden sein, was seitdem mit den Wagen passiert ist – wer die neuen Besitzer sind und so weiter."

Julie dachte nach. „Wenn ich jetzt zum Beispiel einen gebrauchten Delage kaufen möchte", sagte sie. „Wie würde ich einen finden?"

Der Mann schwieg einen Augenblick. „Hm. Über eine Anzeige in der Zeitung. Oder Sie versuchen es bei der Zeitschrift *Auto*. Warten Sie, ich gebe Ihnen mal die Adresse."

Die Zeitschriftenredaktion befand sich ganz in der Nähe; Julie erreichte sie zu Fuß in etwa zwanzig Minuten. In dem Büro wurde sie von einem jungen Redakteur begrüßt, der auf einem großen Schreibtisch saß und die Beine baumeln ließ. Er stellte sich als der alleinige Herausgeber, einzige Redakteur, Sekretär und Reporter der Zeitschrift vor. „Wir haben uns ein wenig einschränken müssen", berichtete er. „Keine Papierzuteilung, verstehen Sie?" Der junge Mann seufzte tief. „Aber wer weiß, vielleicht bringen wir in diesem Jahr ein paar Hefte mehr zustande." Schließlich bot er Julie einen Stuhl an und fragte: „Was kann ich für Sie tun?"

Sie erklärte, sie suche einen gebrauchten Delage, und bat um die letzten Ausgaben der Zeitschrift.

Der Redakteur brachte sie ihr, und Julie stellte erleichtert fest, daß nur wenige Delage angeboten worden waren. Sie machte sich eine Liste. Als sie schließlich nachzählte, kam sie auf vierundzwanzig Wagen. Nachdem sie mehrfach erschienene Anzeigen gestrichen hatte, blieben noch sechzehn. Erst als sie wieder in ihrem Hotelzimmer war, sah sie sich die Liste richtig an.

Wieder sank ihr der Mut. Die Wagenbesitzer waren über das ganze Land verstreut. Es war unmöglich, mit allen Verbindung aufzunehmen. Es würde zu lange dauern Briefe zu schreiben, und telefonieren war zu teuer. Natürlich konnte sie Telegramme schicken. Aber gleich sechzehn? Das konnte sie sich nicht leisten.

Julie setzte sich aufs Bett und zog die Schuhe aus.

Das ganze Unternehmen war aussichtslos. Sie hatte kaum noch genug Geld für die Rückreise nach England, und sie war völlig erschöpft. Wahrscheinlich sollte sie aufgeben.

Doch dann erinnerte sie sich an Vassons kalte, schwarze Augen, und sie stand wieder auf. Einen Tag noch! Nur noch einen Tag länger!

Jojo hatte ihr Hilfe angeboten. Nun, jetzt konnte sie sich Bescheidenheit nicht mehr leisten. Sie brauchte Geld. Oder „Zaster", wie Jojos Freunde wahrscheinlich dazu sagen würden.

Der Graf hörte, wie der Kies in der Einfahrt knirschte; rasch versteckte er sich. Darin war er mittlerweile Meister. Fast täglich erschienen Gläubiger und zornige Lieferanten.

Er hörte Schritte. Die Türglocke schellte. Der Graf spähte durch einen Riß im Fensterladen und sah das Fahrrad des Briefträgers. Was wollte der denn am Nachmittag? Es konnte sich nur um einen Zahlungsbefehl handeln.

Der Graf schaute dem davonradelnden Briefträger nach. Sobald die Luft rein war, schlich er leise die Treppe hinunter in die Eingangshalle.

Ein Kuvert lag auf dem Steinfußboden, darin war ein Telegramm:

INTERESSIERT AN KAUF DELAGE, WENN BEREITS VERKAUFT, TROTZ-
DEM INTERESSE. BRAUCHE DRINGEND INFORMATION. BITTE BENUT-
ZEN SIE BEZAHLTES ANTWORTFORMULAR.

Gezeichnet war es mit „Lescaux" und der Nummer eines Post-
schließfachs in Paris. Worum es sich hier auch handeln mochte – der
Graf roch Geld. Er schickte ein Antworttelegramm, in dem er kurz
vom Verkauf des Wagens berichtete, und am nächsten Tag fuhr eine
junge Frau mit dem einzigen Taxi des Ortes vor.

Er führte sie in den großen Salon, den einzigen Raum, in dem noch
Möbel standen. Als sie beide Platz genommen hatten, lächelte er sie
liebenswürdig an. „Und welchem glücklichen Umstand habe ich
dieses außerordentliche Vergnügen zu verdanken?" wollte er wissen.

„Ihrer Annonce in der Zeitschrift *Auto*. Ich habe alle Leute
aufgesucht, die in letzter Zeit einen Delage zum Kauf angeboten
haben, denn ich möchte mit jemandem Verbindung aufnehmen, der
vielleicht einen solchen Wagen gekauft hat."

Die Neugier des Grafen war geweckt. „Handelt es sich um eine
bestimmte Person, die Sie ausfindig machen wollen?" fragte er.

„Genau." Julie wühlte in ihrer Handtasche. „Wenn ich Ihnen ein
Foto zeigen darf . . . Vielleicht erkennen Sie den Mann, den ich suche."
Sie gab ihm das recht unscharfe Foto und deutete auf eine Person.

Der Graf tat so, als denke er nach. Dies war nicht der Käufer seines
Delage. Aber wenn er es nicht war, würde bei der Sache auch kein
Geld herausspringen. Wie ärgerlich! „Hm. Es ist schwer zu sagen.
Dies hier ist ein junger Mann. Der Käufer meines Wagens war älter."

Julie beugte sich vor. „Die Augen? Kommen die Ihnen vielleicht
bekannt vor?" fragte sie.

„Tja – schon möglich." Der Graf sah noch einmal genauer hin. Jetzt,
da die junge Frau darauf hingewiesen hatte, kam ihm etwas bekannt
vor. Er sagte: „Ja, das könnte er sein. Aber der Mann, dem ich den
Wagen verkauft habe, hatte . . . Narben im Gesicht. Er war furchtbar
zugerichtet, man mochte gar nicht hinschauen. Offenbar hat er sich
irgendwann schwere Verletzungen zugezogen. Und wie er vorher
aussah . . ., nun, es könnte dieser Mann gewesen sein."

Julies Augen funkelten vor Erregung. „Narben, sagen Sie? Und
sonst – wie ist er aufgetreten?"

„Unfreundlich, eiskalt. Kein besonders netter Zeitgenosse."

Julie sah ihn triumphierend an. „Das muß er sein!"

„Sie haben offenbar ein lebhaftes Interesse daran, mit diesem Mann
Verbindung aufzunehmen."

„O ja! Sie haben doch eine Adresse, nicht wahr? Und seinen Namen?"

Der Graf lächelte. „Ist diese Information . . ., könnte sie vielleicht wertvoll sein?" fragte er.

Julie zauderte zum ersten Mal. „Wertvoll?" Sie war jetzt verwirrt. „Wenn Sie meinen, ob sie einen finanziellen Wert hat, kann ich Ihre Frage nur verneinen."

„Ich denke, wenn jemand soviel Wert darauf legt, diese Person kennenzulernen, wäre er gegebenenfalls doch sicher bereit, mich für meine Mühe finanziell zu entschädigen."

Julies Züge verhärteten sich. „Hier geht es um Ehre, nicht um Geld", versetzte sie brüsk.

Der Graf ließ sich nicht beeindrucken. Er hatte seine Lektion von dem jungen Mann mit den Narben im Gesicht gelernt: Wer am längeren Hebel saß, bestimmte den Preis. „Ich verstehe", sagte er begütigend. „Wenn das so ist, gebe ich mich mit einem geringen Entgelt natürlich zufrieden. Sagen wir – viertausend?"

„Viertausend?" Julie blieb fast die Luft weg. „Das kommt gar nicht in Frage!"

Der Graf schnalzte bedauernd mit der Zunge. „Schade. Das wär's dann also." Er machte Anstalten, sich zu erheben.

Julie war blaß geworden. Erschrecken war auf ihrem Gesicht zu lesen. Dreitausend Franc hatte sie sich von Jojos Freunden geliehen, und die wollte sie auch zurückzahlen. „Tausend!" flüsterte sie.

„Dreieinhalb."

Sie einigten sich auf dreitausend. Der Graf verließ den Salon, um die Unterlagen zu holen. Kurz darauf kam er zurück und händigte sie der jungen Frau aus. „Würden Sie mir Ihre Adresse hinterlassen", meinte er, während er die dreitausend Franc einsteckte. „Falls mir noch etwas einfällt?"

Julie holte ein Blatt Papier aus der Handtasche und schrieb die Adresse ihres Hotels darauf.

Der Graf legte das Blatt sorgfältig in seine Brieftasche. „Haben Sie das Taxi warten lassen?" fragte er.

„O nein. Es kommt in ein paar Minuten, um mich abzuholen."

„Großartig. Ich sehe mal nach, ob es schon da ist", sagte der Graf fürsorglich. „Manchmal ist der Taxifahrer recht unzuverlässig."

Rasch zog er sich einen Mantel an, ließ Julie im Salon zurück und lief die Auffahrt hinunter. Er war bereits auf der Straße, als das Taxi ihm entgegenkam. Eilig hielt er es an, sagte dem Fahrer, die junge Dame sei schon gegangen, und ließ sich zum Bahnhof bringen.

Kurz darauf fuhr ein Zug nach Paris. Als der Graf einstieg, rechnete er sich aus, daß es lange dauern würde, bis die junge Frau gemerkt hatte, was geschehen war. Und zwei Stunden sollten eigentlich völlig ausreichen, um seinen Plan gelingen zu lassen.

Viertes Kapitel

Vasson sah sich um. Die ehemaligen Kellergewölbe waren endlich umgebaut. Ein einziger großer Raum war entstanden; die geschickte Beleuchtung tauchte ihn in ein intim wirkendes Licht. An den Längsseiten befanden sich mit Vorhängen abgetrennte Nischen, in der Mitte stand ein Dutzend kleiner Tische. An der einen Schmalseite war eine Art Bühne installiert, ihr gegenüber befand sich die Bar.

Die Farben Schwarz, Beige und Gold dominierten – sehr eindrucksvoll! –, und überall standen exotische Pflanzen. Vasson hatte weit mehr ausgegeben als geplant, aber es hatte sich gelohnt.

Er wandte sich ab und ging durch den Club in sein Büro. Vor der Eröffnung am nächsten Tag gab es noch viel zu tun. Eine halbe Stunde später klopfte es, und der neue Barmann streckte seinen Kopf zur Tür herein.

„Da ist jemand, der Sie sprechen möchte, Chef."

„Wer ist es denn?"

„Er wollte mir seinen Namen nicht sagen. Behauptet, es sei wichtig."

Vasson seufzte. „Na schön."

Augenblicke später hielt der Barmann dem Besucher die Tür auf. Vasson blickte von seiner Arbeit auf und erstarrte. Es war dieser dämliche alte Knacker, der Graf, dessen Delage er gekauft hatte. Vasson verfluchte sich im stillen. Er hätte nie seine Adresse auf den Kaufvertrag schreiben sollen! „Was immer Sie wollen", sagte er drohend. „Vergessen Sie's!"

Der Graf lächelte. „Aber ich bringe gute Nachrichten." Er setzte sich unaufgefordert in einen der nagelneuen Sessel. „Jemand sucht nach Ihnen!"

Vasson lief es kalt über den Rücken. „Na und?"

„Jemand, der Sie von früher kennt."

Vasson empfand einen Anflug von Panik, aber er verzog keine Miene. „Steht das in einem Zusammenhang mit dem Wagenkauf?" fragte er betont ruhig.

„Ja. Ihr Bekannter von früher hat herausgekriegt, daß Sie den Delage gekauft haben."

„Und wer ist diese . . . Person?"

„Ah! Das ist die Frage, nicht wahr?"

Der alte Schweinehund wollte also Geld. Vasson dachte blitzschnell über Alternativen nach. Natürlich konnte er die Antwort auch aus ihm herausprügeln, aber ... Gedankenverloren säuberte er sich die Fingernägel. „Nehmen wir an, ich wäre interessiert. Was könnten Sie mir sagen?"

„Name. Anschrift."

„Ist es nur eine Person?"

Der Graf überlegte. „Ich glaube, ich kann sagen, daß es sich nur um eine Person handelt."

Vasson musterte ihn angewidert. „Ich biete Ihnen fünfhundert Franc", brummte er.

Der Graf schüttelte lächelnd den Kopf. „Also wirklich! Meinen Sie nicht, daß fünftausend ein wenig realistischer wären?"

„Sie sind wahnsinnig!"

Doch das war er keineswegs, und Vasson wußte es. Sie einigten sich schließlich auf viertausend. Vasson gab dem Grafen das Geld und erhielt die Information.

„Eine junge Dame namens Lescaux, Mitte bis Ende Zwanzig", berichtete der Graf. „Im Hotel Hortense ist sie abgestiegen. Sie war heute bei mir. Hatte ein altes Foto von Ihnen. Zuerst habe ich Sie nicht erkannt – Ihr Gesicht war ... unversehrt. Aber dann habe ich mir die Augen näher betrachtet und geahnt, daß Sie es wohl doch waren." Er hielt inne und wartete auf Vassons Reaktion.

Nach einer Weile erhob Vasson sich schwerfällig und zischte: „Verschwinden Sie. Und lassen Sie sich hier nie wieder blicken."

Der Graf ließ sich das nicht zweimal sagen und machte sich eilig davon. Vasson dachte fünf Minuten lang angestrengt nach, dann nahm er sein Jackett vom Garderobenständer und schlüpfte durch die Hintertür in die Dunkelheit hinaus.

Das Gebäude stand irgendwo in der Nähe vom Pigalle; Julie wußte es gleich, nachdem sie die Adresse gelesen hatte.

Sie fand die Straße auf Anhieb, und sie erinnerte sich, daß sie vor etwa einer Woche schon einmal hier gewesen war. Sie ging langsam, blieb dann und wann stehen und sah nach den Hausnummern über den Türen.

Jetzt war sie da und blickte an der Tür hoch. Dort hing ein Schild: *Der Goldene Käfig*. Also ein Nachtclub? Merkwürdig! Julie hätte schwören mögen, daß der vor kurzem noch nicht existiert hatte.

Sie holte tief Luft und trat vor den Eingang. An der Tür hing ein Zettel. Eröffnung war am 14. November. Also morgen!

Julie ging weiter, widerstand der Versuchung, sich umzublicken. Sie sah einen dunklen Hauseingang und drückte sich rasch hinein. Dort wartete sie, bis ihr Herz ein wenig langsamer schlug, dann spähte sie vorsichtig um die Ecke.

Nichts. Niemand hatte sie gesehen. Sie entspannte sich ein wenig.

Und was jetzt? Vasson hielt sich vielleicht in dem Nachtlokal auf, und deshalb wäre es Wahnsinn gewesen hineinzugehen. Es war erst acht Uhr, also mußte sie warten – warten und beobachten.

Ob dies auch die richtige Adresse war? Der Graf hatte sich so merkwürdig benommen, daß Julie immer noch nicht recht wußte, was sie von ihm halten sollte. Anfangs hatte sie noch zu seinen Gunsten angenommen, es müsse sich um ein Mißverständnis handeln. Aber als sie endlich zu Fuß todmüde am Bahnhof angelangt war, hatte sie mit dem Taxifahrer gesprochen, und die Wahrheit war herausgekommen. Der Graf hatte sie bewußt getäuscht. Aber warum? War er etwa Vassons Freund und Partner? Oder hatte er sie absichtlich aus einem anderen Grund in die Irre geschickt, und dieser Club hatte nicht das geringste mit Vasson zu tun?

Sie stellte sich so in den Hauseingang, daß sie im Dunkeln bleiben und trotzdem den Club im Auge behalten konnte. Sie mußte Vasson aus sicherer Entfernung identifizieren. Wenn ihr das gelang, würde sie Jojos Freunde anrufen. Die würden sich um ihn kümmern.

Eine Gestalt verließ den Club. Julie blickte angestrengt hinüber. Es war ein Mann in ausgebeulter Kleidung, mit einer Baskenmütze auf dem Kopf. Er blieb in der Tür stehen und sagte etwas über die Schulter. Ein zweiter Mann erschien mit einer Werkzeugkiste, und gemeinsam entfernten sie sich in die andere Richtung.

Julie entspannte sich. Handwerker! Freilich, der Club war ja noch nicht geöffnet. Danach ereignete sich nichts mehr, und um halb elf fröstelte Julie bereits vor Kälte und Müdigkeit. Sie sollte ins Hotel zurückgehen und schlafen. Es lohnte nicht, länger hier zu warten.

Mit schnellen Schritten ging Julie zum Place Pigalle; von dort fuhr sie mit der Metro zu ihrem Hotel am anderen Ende der Stadt.

Endlich stand Julie vor der trostlosen Fassade des Gebäudes. Das Hotel Hortense war äußerst anspruchslos; es gab nicht einmal einen Portier. Die Eingangstür wurde um elf Uhr abends abgeschlossen; danach durften die Gäste sich mit einem Schlüssel, für den sie eine beträchtliche Summe hinterlegen mußten, selbst einlassen.

Julie schloß auf, trat ein und zog aufatmend die Tür hinter sich zu. Im Foyer brannte nur eine einzige Lampe, die ein kaltes Licht auf den Fußboden warf und den Rest des Raumes im Schatten ließ. Julie ging zur Treppe hinüber. Sie hatte sich ein Zimmer im vierten, dem obersten Stockwerk genommen, weil es dort billiger war. In der Mitte des Treppenhauses befand sich ein uralter Aufzug in einem offenen Gitterschacht, doch er war meistens außer Betrieb.

Es war still im Haus. Nur die Treppenstufen knarrten unter Julies Schritten. Sie erreichte den ersten Treppenabsatz und hielt inne. Vom Foyer war ein Geräusch heraufgedrungen: Jemand versuchte, die Eingangstür zu öffnen. Sie ging weiter, jetzt ein wenig schneller.

Unten ertönte ein leises, metallisches Klirren. Kurz darauf setzte sich jaulend der Aufzug in Bewegung. Offenbar funktionierte er doch!

Julie erreichte die dritte Etage, doch schon näherte sich der Aufzug. Sie stieg eine weitere Treppe hoch und gelangte außer Atem an ihre Zimmertür. In ihrer Handtasche kramte sie nach dem Schlüssel.

Er war nirgends zu finden!

Jetzt kam der Aufzug zum Stehen. Rasselnd öffnete sich die Tür.

Endlich entdeckte Julie den Zimmerschlüssel. Sie wollte ihn ins Schlüsselloch stecken, aber ihre Hände zitterten zu sehr. Hinter sich hörte sie leise Schritte, und sie fuhr entsetzt herum.

Der größte, schwärzeste Mann, den sie je gesehen hatte, stand vor ihr. Julie legte die Hand aufs Herz und lachte gezwungen. „Oh, guten Abend! Sie haben mich aber erschreckt!"

Der Mann trug die Uniform der französischen Armee. Er verbeugte sich tief und richtete sich leicht schwankend wieder auf. Julie erkannte, daß er betrunken war.

„Mademoiselle, ich bitte untertänigst um Verzeihung", sagte er mit tiefer, volltönender Stimme.

Julie nickte höflich und schloß ihre Zimmertür auf. Als sie sie von innen zumachte, sah sie, daß der Mann immer noch draußen stand, ein seliges Grinsen auf dem Gesicht. Betrunken, aber harmlos, dachte sie. Sie knipste das Licht an, schloß die Tür ab und schob zusätzlich den Riegel vor.

Das Zimmer war äußerst einfach möbliert: ein Bett, ein Läufer auf dem Fußboden, eine Kommode und ein schmaler Kleiderschrank. Julie öffnete das Erkerfenster, unter dem eine Brüstung entlanglief. Die Brüstung nahm Julie zwar die Aussicht auf die Straße, aber dafür sah sie ein großes Stück des Nachthimmels. Es war klar draußen, und Julie konnte über dem schwachen Lichterschein der Stadt Tausende von Sternen erkennen.

Sinnend blickte sie hinaus. Sie erinnerte sich, wie es vor langer Zeit in der Bretagne gewesen war. Und sie dachte an Richard. Doch die Novembernacht war kalt, und Julie zog rasch die Fensterläden zu und verriegelte das Fenster.

VASSON hatte Glück gehabt. An der Rezeption lag zwar kein Meldebuch, aber rechts neben der Tür hing eine Anschlagtafel, an der neben einer vergilbten Vorschrift für den Brandfall auch ein Blatt Papier hing mit den Zimmernummern und den Namen der Gäste. Vasson fand sofort den Namen, den er suchte: *Lescaux, Zimmer 45.*

Leise schlich er in den vierten Stock hinauf. Neben Zimmer 45 befand sich das Etagenbad und daneben das WC. Vasson wartete im Badezimmer. Dann tastete er nach seiner Pistole; dabei erinnerte er sich an die Bretagne, an die junge Frau namens Julie. Verdammtes Weibsbild, dachte er voll Bitterkeit; sie hat immer nur Ärger gemacht.

Wie hatte sie nur das mit dem Wagen herausgefunden? Er konnte es sich nicht erklären. Der Teufel sollte sie holen! War sie allein? Hatte sie sich jemandem anvertraut? Wie auch immer – er mußte es riskieren.

Er lehnte den Kopf gegen die Wand und blickte auf die Milchglasscheiben des Fensters. Er hatte Glück gehabt, daß Julie draußen auf dem Gang mit dem Betrunkenen gesprochen hatte. Sonst hätte er sie vielleicht gar nicht kommen hören. Jetzt mußte er nur warten, bis alles wieder ruhig war.

JULIE schloß die Tür auf und ging rasch über den Gang zur Toilette. Als sie wieder herauskam, wollte sie sich im Bad die Hände waschen. Sie drückte auf die Klinke, aber die Tür ließ sich nicht öffnen. Drinnen brannte kein Licht; also stemmte sich Julie mit der Schulter gegen die Tür und versuchte es noch einmal, aber sie war fest verschlossen. Einen Augenblick blieb Julie unentschlossen stehen, dann gab sie auf und ging wieder in ihr Zimmer.

Sie legte sich ins Bett, schloß die Augen und versuchte, sich zu entspannen. Endlich nickte sie ein.

Rums!

Sie war sofort hellwach.

Da! Wieder ein Geräusch, diesmal ein leises Kratzen. Ganz nahe.

Julie saß aufrecht im Bett, das Herz schlug ihr bis zum Hals. Langsam schwang sie die Beine über die Bettkante und stand auf. Sie bemühte sich, keinerlei Lärm zu machen. Wieder horchte sie.

Erneut kratzte es, und diesmal war das Geräusch lauter. Es kam vom Fenster her. Julie schlich hinüber, beugte sich vor und horchte. Wahrscheinlich eine Maus . . .

Danach blieb es lange ruhig.

Klick! Die Fensterläden flogen auf, und hinter dem Fenster erschien die Gestalt eines Mannes.

Julie schrie auf und taumelte rückwärts gegen das Bett. *Er war es! Vasson!*

Sie konnte sich nicht rühren, konnte den Blick nicht vom Fenster wenden. Verzweifelt tastete sie nach dem Bettpfosten.

Vasson hielt etwas in der Hand. Schon machte er sich am Fensterriegel zu schaffen.

Langsam ging Julie um das Bett herum zur Tür. Leise drehte sie den Schlüssel herum, zog den Riegel zurück und öffnete sie einen Spaltbreit. Vom Treppenabsatz her fiel ein Lichtstreifen ins Zimmer. Julie wandte sich um. Der Schrei blieb ihr im Hals stecken.

Er stand im Zimmer, leicht gebückt, sprungbereit wie eine Katze. Von Grauen gepackt, starrte Julie ihn an. Sein Gesicht war fahl und häßlich, rote Narben hoben sich von seiner blassen Haut ab, und seine Augen funkelten.

Einen Moment sahen sie einander schweigend an, dann kam er auf sie zu. Instinktiv wich Julie zurück und drückte dabei die Zimmertür zu. Wieder schrie sie auf und sah sich gehetzt um. Wo war der schwarze Soldat?

Vasson stürzte sich auf sie. Sie wich aus, aber er bekam sie an den Haaren zu fassen und riß ihr den Kopf in den Nacken. Julie schrie vor Schmerzen. Er hielt ihr den Mund zu; seine Finger gruben sich in ihre Wange. Sie trat nach ihm und stieß ihn mit den Armen weg, doch da packte er sie mit der anderen Hand am Hals. In panischer Angst versuchte Julie ihm das Gesicht zu zerkratzen, aber er hielt sie auf Armeslänge entfernt und zerrte sie in die Mitte des Zimmers.

Mein Gott, wo blieb nur der schwarze Soldat? Er mußte den Lärm doch gehört haben!

Vasson schleuderte sie aufs Bett, und Julie schlug hart mit dem Kopf auf. Halb ohnmächtig öffnete sie den Mund, wollte schreien. Doch sie war wie gelähmt. Schon bekam sie keine Luft mehr. Seine Hände . . ., sie lagen um ihren Hals, und er drückte immer fester zu!

Julie wurde von panischem Entsetzen gepackt. In ihren Ohren brauste und dröhnte es . . . Sie hatte das Gefühl, ihr Kopf müsse gleich zerspringen . . . *Ich sterbe* . . .

Dichter Nebel hüllte sie ein, legte sich eng um sie wie eine Decke, die ihr den Atem nahm. Schließlich wurde ihr schwarz vor Augen.

Dann eine undeutliche Wahrnehmung. Eine Stimme, etwas bewegte sich, eine Last fiel von ihr ab. Sie holte rasselnd Luft und schlug die Augen auf. Ein Lichtschein von der Tür her. Eine Stimme, eine tiefe Stimme . . .

Eine Sekunde lang verschwamm wieder alles, und Julie mußte sich zwingen, die Augen offenzuhalten. Eine große Gestalt füllte fast den Türrahmen aus: der schwarze Soldat. „He . . . he", brummte er. „Was ist denn los, junge Frau?"

Julie konnte wieder klarer denken. Sie setzte sich auf, sah, daß Vasson aufgesprungen war, und ihr wurde plötzlich klar, daß dies ihre letzte Chance war.

Sie hatte rasende Kopfschmerzen. Benommen stand sie auf und torkelte zur Tür. Vasson hielt sie am Arm fest.

„Helfen Sie mir doch!" schrie Julie dem Soldaten zu.

Vasson ließ Julies Arm los. „Na, na", meinte der Soldat. „Nun beruhigt euch mal, Leute!" Er war immer noch betrunken und schwankte drohend auf Vasson zu.

Julie griff sich ihren Mantel und zog ihn an, während sie an dem Soldaten vorbeischlüpfte und auf die Treppe zurannte. Sie versuchte, zwei Stufen auf einmal zu nehmen, stolperte aber und fiel gegen das Geländer. Rasch rappelte sie sich auf und rannte heftig keuchend weiter. Über sich hörte sie streitende Stimmen, dann war es still.

Als sie den letzten Treppenabsatz erreicht hatte, nahm sie aus den Augenwinkeln eine Bewegung wahr, und sie blickte gehetzt nach oben. Hinter dem Aufzugskäfig erkannte sie Vasson, der ihr nachrannte. Zwar war er noch weit oben, aber er kam schnell näher.

Julie stieß einen unterdrückten Schrei aus und lief weiter. Sie erreichte das Foyer und blieb plötzlich wie angewurzelt stehen.

Nein! Auf der Straße würde er sie garantiert einholen.

Hastig blickte sie sich um und rannte in die andere Richtung, vorbei an der Rezeption und durch einen dunklen Flur. Sie wußte, daß auf der einen Seite der Speisesaal lag. *Nicht da hinein!* Dort drinnen konnte sie sich nirgends verstecken!

Auf der anderen Seite lag die Küche. Küchen hatten Hintertüren. *Und in Küchen gab es Messer!* Julie drückte die Schwingtür auf und stürzte in die Küche. Sogleich fuhr sie herum und hielt die Türflügel fest, damit sie nicht verräterisch nach außen schwangen. Schließlich blickte sie durch die runden Sichtfenster in den Flur. Nichts.

VASSON stand an der Eingangstür, die Hand auf der Klinke, und horchte angestrengt. Außer dem Keuchen seines Atems war nichts zu hören. Er beschloß, auf der Straße nachzusehen. Wenn sie hinausgelaufen war, würde er sie noch erwischen.

Er öffnete die Tür, die der Soldat nicht abgeschlossen hatte, und rannte hinaus. Nichts. Keine fliehende Gestalt, keine huschenden Schatten. Sie mußte also noch im Hotel sein.

Er schlich auf leisen Sohlen ins Foyer zurück und zog die Tür vorsichtig hinter sich zu. Vom Foyer gingen mehrere Türen aus. Er fing auf der linken Seite an und drückte systematisch eine Klinke nach der anderen nieder.

Es war dunkel in der Küche, aber durch ein großes Fenster fiel so viel Licht, daß Julie die Umrisse der Einrichtung ausmachen konnte. Sie ging auf Zehenspitzen zu einem großen Tisch hinüber und tastete den Rand ab. Da mußte doch eine Schublade sein! Aber es gab keine.

Julie horchte gespannt nach draußen. Er kam näher, das spürte sie . . . Ein Blitzen erregte ihre Aufmerksamkeit. An der Wand über dem Herd hingen Messer! Jede Menge langer, spitzer Küchenmesser.

Sie nahm eines aus der Halterung, berührte die Schneide. Es war außerordentlich scharf.

Julie sah sich um, tastete sich weiter und fand eine Nische. Dahinter war ein Durchgang. Sie stolperte barfuß über kalte Steinfliesen. Kam an eine Tür. Seufzte erleichtert.

Sie drückte auf die Klinke. Die Tür war verschlossen. Ein Schlüssel steckte im Schloß. Rasch drehte sie ihn herum und versuchte es noch einmal. Immer noch verschlossen. Verzweifelt tastete sie den Beschlag ab. Irgendwo mußte ein Riegel sein! Tatsächlich! An der unteren Kante.

Julie atmete erleichtert auf und zog den Riegel zurück. Jetzt ließ sich die Tür mühelos öffnen.

Julie überlegte einen Augenblick und schloß wieder von innen ab – es war ja möglich, daß Vasson von draußen kam. Dann wartete sie, die Hand an der Türklinke.

Lastende Stille senkte sich herab. Julie konnte ihren eigenen Herzschlag hören. Sie fühlte sich schrecklich schwach und lehnte die Stirn an die Tür.

Plötzlich erstarrte sie. Hatte sich da etwas bewegt? Sie blickte über die Schulter in die Küche und horchte angespannt . . .

Da – ein leises Geräusch! Das Herz schlug ihr bis zum Hals. Hastig drehte Julie den Schlüssel um und öffnete die Tür.

Aus den Augenwinkeln sah sie einen dunklen Schatten: Vasson stürzte ihr durch die Küche entgegen.

In panischer Furcht lief sie hinaus. Ihr langes Nachthemd sah unter dem Mantel hervor; es behinderte sie beim Rennen. Sie stürmte eine dunkle Gasse entlang. Hinter sich hörte sie bereits Vassons Schritte. Er kam immer näher.

Julie lief, so schnell sie konnte. Gott sei Dank – die Gasse schien ein Ende zu nehmen. Julie sah den Schein einer Straßenlaterne, doch schon konnte sie Vassons keuchenden Atem hören! Sie stieß einen Schrei aus und fuhr herum. Nun nahm sie allen Mut zusammen: *Fort! Fort mit dir! Komm nicht näher!*

Er stürzte auf sie zu. Im letzten Moment versuchte er abzubremsen, doch es war schon zu spät, und er prallte mit ihr zusammen.

„*Nein!*" schrie Julie. Sekundenbruchteile vor dem Aufprall zog sie das Messer und hielt es sich schützend vor die Brust.

Vasson rannte sie mit voller Wucht über den Haufen. Julie wurde zu Boden gerissen, und ihr Verfolger kam auf sie zu liegen. Vassons Hände schlossen sich um ihren Hals, und einen kurzen Moment schwebte Julie in Todesangst.

Dann lockerte sich der Würgegriff, und im Licht der Straßenlaterne sah Julie, wie Vassons Gesicht sich zu einer gräßlichen, schmerzverzerrten Grimasse verzog. Brüllend rollte er von ihr weg und blieb auf dem Rücken liegen. Er faßte sich an die Brust, richtete sich auf und starrte ungläubig auf das Blut, das ihm zwischen den gespreizten Fingern hervorquoll.

Einen Augenblick verharrte er in dieser Stellung, dann ließ er sich wieder auf den Rücken sinken, und ein Ausdruck namenloser Trauer legte sich über seine Züge. Er riß die Augen weit auf, Blut lief ihm in einem dünnen Rinnsal aus dem Mundwinkel. Plötzlich atmete er rasselnd, verdrehte die Augen und rührte sich nicht mehr.

Julie hatte sich mühsam aufgerappelt und beobachtete ihn gebannt. Sie schluchzte leise, und wieder lähmte sie der Gedanke, daß Vasson sich noch einmal erheben könnte. Nach einer Weile schluckte sie, beugte sich zu dem leblosen Körper hinunter und packte den Griff des Messers, das in Vassons Brust steckte. Sie schloß die Augen und zog es rasch heraus.

Julie besann sich kurz. Dann blickte sie sich verstohlen um und rannte, so schnell sie konnte, zum Hotel zurück. Sie verriegelte die Hintertür.

In der Küche wusch und trocknete sie das Messer sorgfältig ab und steckte es wieder in die Halterung. Dann eilte sie in ihr Zimmer im vierten Stock.

Nachdem sie die Tür abgeschlossen und das Fenster zugemacht hatte, blieb sie einen Moment bewegungslos im Zimmer stehen. Ich muß es hinter mich bringen, dachte sie. Nachthemd und Mantel waren blutbeschmiert, also zog sie sich aus und rollte die Kleidungsstücke zu einem handlichen Bündel zusammen. Später würde sie sie mit einem Stein beschweren und in den Fluß werfen. Dann legte sie ihren Morgenmantel an, ging über den Flur ins Badezimmer und wusch sich von Kopf bis Fuß. Schließlich kehrte sie in ihr Zimmer zurück.

Sie war außer Gefahr.

Erschöpft legte sich Julie aufs Bett und schloß die Augen. Sie zitterte; erst unmerklich und dann so heftig, daß ihre Zähne klapperten.

Rasch zog sie die Bettdecke über sich, rollte sich zusammen und schloß fest die Augen. Verzweifelt sehnte sie das Vergessen herbei, das der Schlaf bringen konnte, doch sie wußte, daß sie keinen Schlaf finden würde.

Fünftes Kapitel

SOMMER 1945. Am Tag der deutschen Kapitulation hatten die Leute in den Straßen getanzt, gejubelt und Fähnchen geschwenkt. Aber diese überschäumende Freude war nichts gegen das tiefe Glücksgefühl, das die Menschen bei der Heimkehr von Angehörigen oder Freunden empfanden.

In ganz Großbritannien wurde Wiedersehen gefeiert. Zuerst zu Hause im Kreis der Familie und dann auf den Straßen und Gassen. Es wurde gelacht und geweint, wildfremde Menschen fielen einander auf offener Straße um den Hals, und alle spürten, daß man nie wieder so bewußt leben würde wie in diesen Tagen.

Quer über die Hauptstraße von Hugh Town auf der Scilly-Insel Saint Mary's war ein riesiges Spruchband mit der Aufschrift WILLKOMMEN ZU HAUSE gespannt. Es galt den fünf Männern, die am Vortag heimgekehrt waren: drei Soldaten, einem Offizier und einem Seemann von der Handelsmarine. Es war für alle Einwohner ein Freudentag gewesen.

Julie schaute in den Spiegel. Sie zupfte an ihrer Frisur herum, legte ein wenig Lippenstift auf und betrachtete sich kritisch. Natürlich war sie älter geworden. Feine Fältchen hatten sich um die Augen und den Mund herum gebildet. Auch ihr stets ein wenig trauriger Blick trug dazu bei, daß sie nicht mehr so jung aussah. Sie runzelte die Stirn und wandte sich ab.

Als sie im vergangenen November aus Frankreich gekommen war, hatte sie einen Brief vorgefunden. Er stammte von Major Smithe-Webb, und sein Inhalt war kurz und sachlich. Man habe über das Rote Kreuz erfahren, daß Kapitänleutnant Ashley sich in einem deutschen Kriegsgefangenenlager bei Stuttgart befinde.

Zuerst konnte Julie es gar nicht glauben. Richard lebte! Sie hatte sich innerlich schon seit so langer Zeit auf schlechte Nachrichten vorbereitet, daß sie vor Freude ganz benommen war.

Ja, ihre ersten Reaktionen waren Freude und grenzenlose Erleichterung gewesen. Richard hatte immer soviel Optimismus, Lebensfreude und Energie ausgestrahlt! So erschien es ihr nur gerecht, daß er die schlimme Zeit der Gefangenschaft nun endlich überstanden hatte.

Und dann waren doch leise Zweifel in ihr aufgekommen. Damals, in der Bretagne, war alles so einfach gewesen. Sie hatte ihn von ganzem Herzen geliebt. Zwar liebte sie ihn immer noch, und doch . . .

Nichts in ihrem Leben würde je wieder ganz einfach sein. Das schreckliche Erlebnis in Paris lag ihr schwer auf der Seele. Sie hatte entsetzliche Alpträume, schrie oft im Schlaf, wachte schweißgebadet auf. In solchen Augenblicken fühlte sie sich unsäglich einsam.

Ein Leben mit einem Mann wie Richard versprach Geborgenheit und Liebe. Vielleicht sogar Seelenfrieden, wenn . . . wenn alles noch so sein konnte wie früher. Wenn er sie noch liebte. Wenn sie sich nicht beide zu sehr verändert hatten. Über zwei Jahre waren seit ihrer letzten Begegnung vergangen. Richard hatte diese Zeit in dem Lager verbracht. Vor wenigen Tagen war er nach England zurückgekehrt, zu seinen Eltern nach Hause, in seine alte Umgebung.

„Mami, ich bin fertig!" rief Peter. „Komm, laß uns gehen!"

Sie verließen das Haus und gingen die Straße zum Hafen hinunter. Julie sah ernst und blaß aus. Peter hüpfte vergnügt neben ihr her.

„Ist es nicht schrecklich aufregend, Mami? Gehen wir nachher zum Tee ins Hotel, wie am Geburtstag?"

„Ich weiß es nicht. Ich weiß noch nicht, was wir tun werden."

Sie näherten sich der Mole. Dort drüben würde in wenigen Minuten der Dampfer *Cornwall* festmachen. Plötzlich blieb Julie stehen. „Laß uns hier warten", sagte sie zu ihrem Sohn.

„Aber das Schiff legt dort hinten an!"

„Ich weiß, aber . . . ich würde lieber hier warten."

Julie lehnte sich an eine Mauer und sah dem Jungen zu, der am Kai stand und Kieselsteine ins Wasser warf. Sie wandte ihr Gesicht der Sonne zu und versuchte, nicht mehr an ihren Magen zu denken, der vor Aufregung schmerzte.

„Mami! Da ist es!"

Jenseits der Mole war eine Rauchfahne zu erkennen. Kurz darauf erschien der Bug der *Cornwall* bei dem Leuchtturm am Ende der Mole, und schließlich legte der Dampfer an.

Einzeln oder zu zweit kamen die Passagiere über die heruntergelassene Gangway an Land. Auch Soldaten waren darunter; ausgelassen winkten sie den wartenden Angehörigen zu.

Dann rief Peter aufgeregt: „Da, Mami! Da ist er. Sieh doch!"

Sie erkannte ihn gleich. Richard trug Uniform und hielt eine Segeltuchtasche in der Hand. Er sah größer aus, als sie ihn in Erinnerung hatte. Als er die Gangway herunterkam, hielt er einen Augenblick inne; Julie winkte, und er sah sie sofort.

Während er die Mole entlangschritt, lief ihm Peter entgegen.

„Hallo, junger Mann! Wie geht's?" rief Richard, blieb stehen und zauste dem Jungen das Haar. Dann blickte er zu Julie hinüber und eilte zu ihr.

Er umarmte sie, küßte sie auf die Wange und blickte ihr dann lächelnd in die Augen.

„Wie schön, daß du lebst", meinte sie rasch.

„Und du –" Es schien, als wolle er noch mehr sagen, doch er schwieg. Julie spürte, daß auch er nervös war, und schlug rasch vor, auf eine Tasse Tee ins Hotel zu gehen.

„Hast du ein paar Tage Zeit?" fragte sie, als sie das Hotel am Hafen betraten.

„Ja, Julie. Aber dann muß ich wieder für eine ganze Weile nach Hause, zu meinen Eltern. Hast du meine Briefe erhalten?"

„Ja. Danke, daß du geschrieben hast. Es war schön, endlich von dir zu hören."

Sie setzten sich an einen Tisch, und Richard sah Julie lange an. „Du hast dich überhaupt nicht verändert", sagte er.

„Wirklich?" Es stimmte nicht, aber Julie lächelte trotzdem. „Danke für das Kompliment."

Später trennten sie sich. Richard nahm sich im Hotel ein Zimmer, und Julie ging nach Hause. Gegen Abend zog sie ihr bestes Kleid an, und sie tupfte sich sogar einen Hauch Parfüm hinter die Ohren.

„Kann ich nicht mitkommen?" fragte Peter hoffnungsvoll.

„Nein. Morgen nachmittag, das verspreche ich dir. Aber nicht heute abend." Sie hatte Mrs. Eldon von nebenan gebeten, den Jungen über Nacht aufzunehmen.

Er stampfte ein paarmal enttäuscht mit dem Fuß auf, fand sich dann aber rasch mit seiner Niederlage ab und ging zur Nachbarin hinüber, um herauszufinden, was es zum Abendessen gab.

Julie war zu früh fertig, also setzte sie sich ans Fenster und wartete. Ihr Magen hatte sich immer noch nicht beruhigt. Richard war ihr tatsächlich sehr fremd vorgekommen. Und sie ihm wahrscheinlich auch . . .

Das Abendessen im Hotel schmeckte fade, aber daran war mittlerweile jeder gewöhnt. Der Hotelbesitzer erschien mit einer Flasche Wein, die er „für eine besondere Gelegenheit" aufgehoben hatte. Und dies sei doch eine besondere Gelegenheit, nicht wahr? Julie stimmte zu, und Richard lächelte. Im Laufe des Abends stellte sich allerdings heraus, daß der Wein nicht viel besser war als das Essen.

„Nicht zu vergleichen mit dem Wein deines Onkels", meinte Richard.

„Stimmt, leider", erwiderte Julie.

Er lächelte und sah sie über den Rand des erhobenen Glases hinweg an, und Julie wußte, daß er an die Nächte in der Dachkammer dachte.

Sie schwiegen. Dann sagte Richard: „Smithe-Webb hat mir erzählt, was mit deinen Freunden in Trégasnou geschehen ist. Ich habe keinen einzigen mehr von ihnen gesehen, nachdem man uns vom Strand weggeführt hat. Nur meine Leute, und von denen bin ich später auch noch getrennt worden. Es tut mir wirklich furchtbar leid. Und auch das mit deiner Tante . . .“

Julie nickte und ergriff seine Hand. „Laß uns von etwas anderem reden“, meinte sie. „Von . . . den schönen Dingen des Lebens!“

Er lachte. „Großartige Idee.“ Julie spürte, daß er seine Zurückhaltung allmählich ein wenig ablegte.

Sie unterhielten sich über weniger ernste Dinge, und auch Julie war nicht mehr so befangen. Einmal lachte sie sogar laut auf, was sie seit langer Zeit nicht mehr getan hatte. Sie hatte vergessen, wie komisch Richard sein konnte, welche Herzlichkeit und Vitalität er ausstrahlte.

Später ertappten sie sich dabei, wie sie in Erinnerungen schwelgten, wie sie über ihre zwar kurze, aber glückliche Zeit im Haus des Onkels sprachen.

Vielleicht hat Richard sich doch nicht so sehr verändert, dachte Julie erfreut.

Schließlich redeten sie sogar noch über die Zukunft, wenn auch nicht sehr eingehend. Richard hatte viele Pläne, und Julie erkannte, daß er optimistisch nach vorn schaute. Das gefiel ihr.

Als der Tisch abgeräumt war, sah sie Richard an und dachte: Ja, vielleicht kommt doch noch alles ins Lot! Vielleicht stellt sich die Liebe wieder ein, finden wir gemeinsam zu einem neuen Leben! Vielleicht verblassen die Alpträume . . . Es wird sich zeigen. Und während ich versuche, es herauszufinden, werde ich sogar ein wenig glücklich sein.

Sie lächelte ihn an und sagte: „Ein bißchen frische Luft könnte uns nicht schaden. Wollen wir am Strand einen Spaziergang machen, ehe wir nach Hause gehen?“

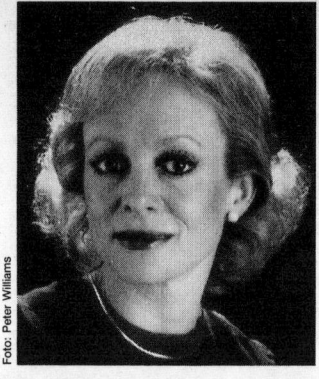

Foto: Peter Williams

Clare Francis

Eine Frau in einem Segelboot, ganz auf sich allein gestellt – kaum jemand kennt diese Situation besser als die Engländerin Clare Francis. Von Kindesbeinen an begeisterte Seglerin, sah sie sich im Jahre 1973 gezwungen, einen einzigartigen Beweis anzutreten: Einer ihrer Freunde hatte behauptet, sie würde es niemals schaffen, allein über den Atlantik zu segeln. Die Wette galt ..., und Clare Francis gewann sie!

Die gelungene Atlantiküberquerung machte der Autorin Mut zu noch gewagteren Unternehmungen. Drei Jahre später nahm sie an der „Observer-Transatlantik-Regatta" teil, einem schwierigen Wettbewerb für Einhandsegler. Auf Anhieb unterbot sie die damalige Bestzeit für Frauen, und dabei hatte sie sich noch die Mühe gemacht, ihren waghalsigen Törn im Film festzuhalten. Hunderttausende ihrer Landsleute saßen ein paar Monate später gebannt vor dem Fernsehgerät, um sprachlos vor Erstaunen mitzuerleben, wie eine couragierte, zierliche junge Seglerin bei tosendem Sturm ihr Zwölfmeterboot sicher zwischen haushohen Wellen hindurchmanövrierte.

Bald nach ihrer zweiten Atlantiküberquerung lernte Clare Francis ihren Ehemann Jacques Redon kennen. Mit ihm nahm sie an der „Whitbread-Regatta" teil, einem Segelwettbewerb für Großjachten, deren Kurs um die ganze Welt führt. Die Autorin und ihr Team gingen als fünfte durchs Ziel. „Es war eine herrliche Zeit voller Abenteuer", erzählt Clare Francis. „Aber wir wußten, daß unser Leben nicht ewig so weitergehen konnte." 1980, nach der Geburt ihres Sohnes Thomas, zog sie sich vom aktiven Sport zurück. Nicht ganz zufällig, denn zur gleichen Zeit übernahm sie im Auftrag des englischen Fernsehens die Moderation einer Sendereihe über das Segeln. So wurde die Autorin innerhalb kurzer Zeit auch noch zum beliebten Fernsehstar!

Doch damit nicht genug: Zum zweitenmal in ihrem Leben entdeckte Clare Francis ihre Liebe zur Schriftstellerei. Ein Buch – den Bericht über ihre zweite Atlantiküberquerung – hatte sie bereits 1977 veröffentlicht, doch nun beschloß sie, einen Roman zu schreiben. Die Idee zu *Im Schutze der Nacht* kam ihr auf den Scilly-Inseln, wo sie sich zu Dreharbeiten aufhielt. Bei den Recherchen zu einem Beitrag über gestrandete Schiffe stieß die Autorin auf das Kriegstagebuch einer Inselbewohnerin. Darin fand sie die eindrucksvolle Schilderung eines jener nächtlichen Landungsmanöver, bei denen britische Schnellboote, gelegentlich als Fischkutter getarnt, über dem Festland abgeschossene Piloten der Alliierten nach England brachten.

Sobald die Arbeit im Fernsehstudio oder an der Schreibmaschine Clare Francis Zeit läßt, also meist an Wochenenden, nimmt sie die Gelegenheit zu kleineren Ausflügen mit dem Segelboot wahr. Heute schon freut sie sich auf die Zeit, wenn eines Tages ihr inzwischen fünfjähriger Sohn alt genug sein wird, so daß sie ihn auf einen längeren Törn mitnehmen kann.

REGENBOGEN
leuchten
immer wieder

**Eine Kurzfassung des Buches von
LILLIAN BECKWITH**

**Ins Deutsche übertragen von
Gisela Geisler**

Illustrationen von Liz Moyes

Thomas war daran gewöhnt, im Waisenhaus von bestimmten Geräuschen aus dem Schlaf gerissen zu werden: von Klingeln, krachenden Türen und lauten Schritten im Treppenhaus.

Wie anders ist doch die himmlische Ruhe im Bauernhaus seiner künftigen Adoptiveltern auf der kleinen Insel Arran vor Schottland. Über der kargen Landschaft wölben sich manchmal leuchtendbunte Regenbogen – „und wer noch keinen Regenbogen über Arran gesehen hat, weiß gar nicht, was ein Regenbogen ist", hatte Mairi, seine liebevolle neue „Mami", ihm erzählt.

Für Thomas werden die Regenbogen ein Zeichen der Hoffnung – Hoffnung auf Geborgenheit in einer Familie. Aber so unbeständig wie Regenbogen sind, so wandelbar droht das Glück auf Arran zu sein.

SANDY MCDONALD stieß den Spaten tief in den feuchten, schwarzen Boden seines Kartoffelackers, ließ die Hand einen Augenblick lang auf dem Griff ruhen, kniff die Augen zusammen und richtete seinen Blick auf die Landstraße. In dem bergigen Land, das sich bis zum Horizont erstreckte, war der Verlauf des grauen Asphaltbandes kaum zu erkennen, und selbst Einheimische mußten sich, um sich zu orientieren, an die Telegrafenmasten halten, die in unregelmäßigen Abständen entlang der Straße standen. Schon nach wenigen Augenblicken nahm Sandy McDonald die Arbeit wieder auf.

Jedesmal, wenn der hochgewachsene, breitschultrige Mann während der vergangenen Stunde solche Pausen eingelegt hatte, drückte seine Haltung gespannte Erwartung oder sogar Ungeduld aus. Sein Gesichtsausdruck spiegelte jedoch nicht wider, was ihm durch den Kopf gehen mochte. Dabei hätte es bei der geschützten Lage des Ackers und weil außer dem Schäferhund Ben weit und breit nichts und niemand zu sehen war, keineswegs dieser sphinxhaften Miene bedurft.

Der Schäferhund spürte schon seit einer Weile, daß etwas in der Luft lag. Ben kauerte sprungbereit am Rande des Ackers, wo sein Herr seine Jacke auf den Boden gelegt hatte. Sein Blick hing am Gesicht seines Meisters und wurde allenfalls abgelenkt, wenn eine Möwe allzu niedrig über seinen Kopf dahinstrich und die nachmittägliche Stille mit ihrem Gekreisch unterbrach, ehe sie zum steinigen Strand unterhalb des Ackers abdrehte.

Sandy McDonald hatte das Umgraben seines Kartoffelackers absichtlich in diese Nachmittagsstunde verlegt, denn von hier aus konnte er den Postbus sehen, sobald dieser aus einer schmalen Senke zwischen den Bergen am Horizont auftauchte und seine kurvenreiche Fahrt ins Tal begann. Sandy McDonald hatte sich folgenden Plan zurechtgelegt: Wenn der kleine Bus in Sicht kam, wollte er mit dem Umgraben aufhören und ins Haus zurückgehen. In der Küche würde er dann das glimmende Torffeuer zu einer tüchtigen Glut anfachen und den Wasserkessel darüberhängen. So wäre alles vorbereitet, wenn Mairi nach zweiwöchigem Festlandbesuch bei ihrer Freundin Elizabeth heimkehrte.

Es war notwendig, des öfteren nach dem Bus Ausschau zu halten, denn er richtete sich nicht allzu streng nach dem Fahrplan. Seine Hauptaufgabe war nämlich nicht der Transport von Fahrgästen, sondern das Ausliefern der Post, und dies war allerlei Verzögerungen ausgesetzt; ihr Eintreffen im Dorf ließ sich nie genau vorhersagen. Wer oder was immer vom Festland auf die schottische Insel Arran kam, hatte eine lange Reise hinter sich; zuerst mit der Eisenbahn, dann mit der Fähre und schließlich mit dem Postbus.

Sandy McDonald wendete zügig Scholle um Scholle, denn falls das Wetter hielt, wollte er schon in den nächsten Tagen gemeinsam mit Mairi die Kartoffeln setzen. Er handhabte den Spaten mühelos wie ein Mann, der sein Leben lang Feldarbeit verrichtet hat, aber sein wettergegerbtes Gesicht glänzte vor Schweiß, und seine Kehle war so ausgedörrt, daß er immer wieder heftig schlucken mußte. Jedesmal, wenn er diese Trockenheit im Hals durch Räuspern loszuwerden versuchte, ließ er den Fuß auf der Spatenkante ruhen und blickte wieder forschend zur Landstraße hinüber. Er hatte noch zwei weitere Reihen umgegraben, ehe der Postbus endlich auftauchte und wie ein winziger Käfer auf der windungsreichen Straße nähergekrochen kam.

McDonald stellte die Arbeit ein, zog seine Jacke an und stapfte auf sein kleines Haus zu. Ben, der seinem Herrn gefolgt war, fuhr unaufgefordert in die Hühnerschar vor der Haustür, und das Federvieh stob gackernd auseinander. Es war längst Zeit für die Abendfütterung, doch Sandy McDonald war noch rechtzeitig eingefallen, worum ihn Mairi vor der Abreise inständig gebeten hatte: „Wenn der Bus nicht allzuviel Verspätung hat, warte doch mit dem Füttern, ja? Dem Jungen macht es vielleicht Spaß, mir dabei zu helfen. Und, Sandy", hatte sie mit schmeichelnder Stimme hinzugefügt und ihn dabei angelächelt, „sieh auch zu, daß in den Nestern noch ein paar Eier liegen, damit er sie gleich einsammeln kann ... Eiersuchen ist für Stadtkinder etwas ganz Besonderes." In der Hoffnung auf ein Wort der Zustimmung hatte sie seinen Blick gesucht, aber als er auf sie hinunterschaute, verzog sich seine verschlossene Miene nur zu einem zärtlich-nachsichtigen Lächeln.

Sobald die Torfsoden unter dem Wasserkessel hell aufloderten, ging McDonald ein wenig mißmutig in den Hühnerstall und sah nach, ob auch wirklich noch Eier in den Nestern lagen. Er entdeckte sechs Stück und fand, das sei wirklich genug. Dann trat er wieder ins Haus, goß Regenwasser in eine Schüssel und wusch sich Gesicht und Hände. Schließlich kratzte er auch noch die Erdklumpen von seinen Stiefeln und fegte die Küche. Von Haushaltsdingen verstand er nichts, und seiner Frau war das ganz recht, doch ihm lag daran, wenigstens die gröbste Unordnung zu beseitigen; nichts sollte die Freude über Mairis Heimkehr trüben.

Er schaute sich noch einmal prüfend in der Küche um. Dann ging er, beinahe widerstrebend, durch den kleinen Hausflur zum Hinterzimmer.

Er stieß die Tür auf und ließ den Blick über den schmalen Raum schweifen – vom Bett mit der gestrickten Patchworkdecke, für die seine eigenen Schafe die Wolle geliefert hatten, zum Fenster mit der Gardine aus handgesponnenem Tweed; vom spiegelblanken neuen Linoleumfußboden zu dem niedrigen Regal neben dem Bett, das er auf Bitten Mairis selbst gezimmert hatte. Zum ersten Mal sah Sandy das Zimmer fertig, empfangsbereit für seinen neuen Bewohner, und plötzlich mußte er sehr tief durchatmen, um sein inneres Gleichgewicht wiederzufinden. Als er die Tür wieder geschlossen hatte und seine Kehle von neuem trocken wurde, gestand er sich endlich die Befürchtungen ein, die schon seit Monaten wie ein dumpfer Druck auf ihm lasteten.

Er kehrte in die Küche zurück und schwenkte den Wasserkessel beiseite, aus dem es bereits dampfte. Dann zögerte er einen Augenblick, als schämte er sich insgeheim seines Vorhabens, aber schließlich nahm er doch das blau-gelb gemusterte Tischtuch aus der Schublade der Küchenanrichte und breitete es über das glänzende Wachstuch auf dem Tisch.

Zu Beginn seiner Ehe hatte Sandy McDonald halb belustigt, halb ärgerlich auf die Hartnäckigkeit reagiert, mit der Mairi vor jeder Mahlzeit eine Tischdecke auflegte. In seinem Elternhaus hatte selbst eine Wachstuchdecke als Luxus gegolten. Zugegeben, auch seine Mutter hatte ein Tischtuch besessen, aber nur ein verwaschenes, bräunliches. Und selbst das wurde ausschließlich am Sonntag benutzt.

Die Generation seiner Eltern hätte Mairis fröhlich-bunte Tischdecken als sündhaften Tand betrachtet. McDonald erinnerte sich, wie selbst ihn leichtes Unbehagen befiel, als Mairi zum ersten Mal so ein Tuch aus der Schublade zog. Doch er sah ein, daß sie nach langen Dienstjahren in vornehmen Häusern das Auflegen einer Tischdecke als selbstverständliche Vorbereitung einer Mahlzeit betrachtete. Im übrigen glaubte er, daß sie diese Angewohnheit schon aufgeben werde. Schließlich waren sie lediglich Besitzer einer winzigen Landwirtschaft, in der es weder fließendes Wasser noch Strom gab und in der man erst ein altmodisches Bolzeneisen aufheizen mußte, wenn man bügeln wollte. Doch Sandy McDonald war eines Besseren belehrt worden: Während ihrer zehnjährigen Ehe hatte ihm Mairi noch keine einzige Mahlzeit serviert, ohne vorher ein hübsch gemustertes Tuch aufzulegen. Und von jeder Festlandreise brachte sie, wie ein Trophäe, eine neue Tischdecke mit; vermutlich besaß sie schon mehr als ein Dutzend davon. Trotzdem war Sandy McDonald während ihrer Abwesenheit gar nicht auf den Gedanken gekommen, eine davon zu benutzen, doch als er jetzt die bunte Decke über den Tisch breitete und sorgfältig glattstrich, gestand er sich ein, daß die Küche gleich viel freundlicher wirkte.

Würde er heute von einer Reise nach Hause zurückkchren, hätte Mairi sicher schon einen Hühnereintopf auf den Tisch gestellt, frische Hafer- und Weizenbrötchen im Herd warm gehalten und Butter und Haferbrei aufgetragen – alles selbst gekocht und gebacken. Obgleich sie aus der Stadt stammte, hatte sie sich rasch an das Leben als Frau eines kleinen Inselbauern gewöhnt und war stolz auf ihre Handfertigkeit. Doch nun stand kein Essen auf dem Herd, denn auf den Inseln hielt man die traditionelle Rollenverteilung strikt ein: Der Mann beschaffte die Nahrung, und es war Sache der Frau, sie zuzubereiten. Und niemand hätte sich mehr als Mairi geschämt, wäre Hausarbeit auch von ihrem Mann verrichtet worden. Trotzdem gab sich Sandy McDonald an diesem Nachmittag ungewöhnlich Mühe. Der Fisch, den er am Morgen gefangen hatte, lag schon ausgenommen und entgrätet in der Speisekammer; die Kartoffeln waren gewaschen und brauchten nur noch gekocht zu werden, und Eier, Butter und ein paar Krüge mit frischer Milch waren auch vorhanden. Das würde schon eine gute Mahlzeit ergeben, sogar ohne die feinen Sachen, die Mairi sicher noch vom Festland mitbrachte.

Sandy McDonald schloß die Haustür und ging eilig, die Hände in den Hosentaschen vergraben, den schmalen, gewundenen Pfad hinunter, den die Schafe im Gras zwischen den großen Steinbrocken ausgetreten hatten. Der Pfad endete in ein paar Stufen, die durch eine Bruchsteinmauer führten, ungefähr dort, wo der Bus Mairi absetzen würde. Ein paar Schritte weiter ragte ein übermannshoher Felsblock bis nahe an die Straße heran. Wenn der Regen bei starkem Wind heftig von der Seite her peitschte, bot der Felsblock eine Art Schutzwand beim Warten auf den Bus.

Das Motorgeräusch war nun immer deutlicher zu hören, und plötzlich verspürte McDonald den Wunsch, sich zu verstecken. Mit einem scharfen Pfiff kommandierte er Ben „bei Fuß" und trat hinter den vorspringenden Stein. Er spähte von der Seite hervor und beobachtete, wie der Bus langsam zum Stehen kam. Schon wieder war seine Kehle so scheußlich trocken, doch als die Tür aufging und Mairi herauskletterte, durchrann ihn ein Glücksgefühl, das er jedesmal bei ihrem Anblick verspürte.

Ben stürzte sich auf seine Herrin, und in sein Freudengeheul mischten sich die Abschiedsrufe der anderen Businsassen, die noch weiterfahren mußten.

McDonald, der den Unterstand schon verlassen wollte, blieb plötzlich wie angewurzelt stehen. Herr im Himmel! Das kann doch nicht wahr sein! Der Schreck lähmte ihm die Glieder, und in stummer Empörung rang er nach Luft. Benommen starrte er den bebrillten, schmächtigen kleinen Jungen an, der nach dem Ausladen der beiden Koffer und der Pakete die Bustreppe eher heruntergestolpert als -gestiegen kam und mit hängendem Kopf und trauriger Miene neben Mairi stehenblieb. Einen Augenblick lang wollte Sandy nicht wahrhaben, was doch ganz offensichtlich war. Aber die Bustür schlug zu; der Fahrer ließ den Motor an. Sandy übermannte maßlose Enttäuschung. Er fühlte sich furchtbar betrogen.

Am liebsten hätte er sich weiterhin versteckt, doch Mairi hielt schon nach ihm Ausschau. Sie wunderte sich wohl, daß er nicht gleich hinter Ben aufgetaucht war. Also trat er gefaßt auf sie zu, vermied aber geflissentlich, das mickrige Kerlchen an ihrer Seite anzusehen.

„Sandy!" In Mairis Stimme schwang Freude, als sie seinen Namen rief, doch als sich ihre Blicke trafen, wußte er, daß sie mit seiner Enttäuschung gerechnet hatte und nun stumm um Verständnis bettelte. „Das ist also Thomas", sagte sie und schob den Jungen behutsam auf ihn zu. „Und das, Thomas, ist mein Mann. Ich glaube, ich habe dir schon viel mehr über ihn erzählt, als er von dir weiß."

„Guten Tag, Thomas." Sandy McDonald streckte dem Jungen die Hand entgegen und gab sich große Mühe, Wärme in seine Stimme zu legen. „Willkommen auf Arran."

Mairi lächelte ihren Mann dankbar an, doch der Junge schien einen Augenblick lang nicht recht zu wissen, ob er die freundliche Geste erwidern sollte. Als er mit seiner kleinen blassen Hand die große Männerfaust berührte, zog er sie sofort wieder so hastig zurück, als hätte er an eine Distel gefaßt. Einen Augenblick lang schaute er verstohlen zu dem fremden Mann auf, senkte aber gleich wieder den Kopf und brachte vor Schüchternheit kein Wort heraus.

Mairi, die ihrem Mann am Gesicht ablas, was er empfand, versuchte rasch abzulenken: „Wenn du wüßtest, wie anstrengend unsere Reise war! Eine Tasse Tee wird uns jetzt guttun, nicht wahr, Thomas?"

Sandy McDonald kam es so vor, als hätte der Junge ganz leicht genickt. „Gehn wir also", sagte er und griff nach den beiden Koffern. „Laß die Pakete hier liegen. Ich hole sie nachher."

„Aber nein", protestierte Mairi. „Die tragen wir selber. Dazu sind wir doch stark genug. Habe ich recht, Thomas?" Sie lächelte dem

Jungen aufmunternd zu und fuhr fort: „Aber ehe wir losgehen, mußt du unserm Ben noch richtig guten Tag sagen."

Der Hund hatte sich schon an die Fersen seines Herrn geheftet, folgte aber augenblicklich Mairis Ruf und ließ sich beklopfen und streicheln.

„Ihr beide werdet sicher bald gute Freunde sein", sagte Mairi zu Thomas.

Sandy McDonald hatte sich umgedreht und beobachtete, wie verschüchtert Thomas auf Bens stürmische Begrüßung reagierte. Unvermittelt preßte McDonald verächtlich die Lippen zusammen. Dieser Junge fürchtete sich doch bestimmt schon vor einer Spinne. Um wieviel mehr mußte er dann erst vor so einem Schäferhund Angst haben. Er nahm seinen Weg wieder auf und betrat als erster das Haus. Den größeren der beiden Koffer trug er gleich ins Schlafzimmer, und den kleineren legte er auf das Bett im Hinterzimmer.

„So, da wären wir!" Mairi lächelte ihrem Mann herzlich zu, und zu Thomas gewendet sagte sie: „Sieh mal: Das Feuer brennt bereits, und das Teewasser ist auch schon heiß. So einen Willkommensgruß hat man gern, nicht wahr?" Soweit Sandy McDonald es beurteilen konnte, gelang es ihr immer noch nicht, dem Jungen irgendeine sichtbare Reaktion zu entlocken, aber unbeirrt redete sie weiter. „Ich will nur rasch den Hut absetzen und die Gummistiefel anziehen. Du gehst jetzt auch in dein Zimmer, Thomas, und ziehst dich um. Die Jacke von Andy wäre das richtige. Wir müssen uns beeilen, wenn wir noch die Hühner füttern wollen. Sonst sind sie schon auf die Sitzstangen geklettert und eingeschlafen. Und du kannst auch gleich nachsehen, ob sie uns ein paar Frühstückseier gelegt haben. Das hatte ich dir doch versprochen." Im Hinausgehen blinzelte sie ihrem Mann noch verschwörerisch zu und zeigte Thomas dann sein Zimmer.

Als sie allein in die Küche zurückkam, brachte sie den kleinen Koffer mit. „Mein Koffer ist doch der kleine. Der große gehört Thomas!" rief sie Sandy hinterher, der gerade auf den Hof gehen wollte.

Also trug Sandy den großen Koffer vom Schlafzimmer ins Hinterzimmer. Bei seinem Eintreten stand der Junge am Fenster und schaute hinaus. „Ich glaube, dieser hier gehört dir", sagte Sandy McDonald, und Thomas nickte scheu.

„Wenn er so einen großen Koffer braucht, muß er ja recht viel besitzen", bemerkte Sandy, als er wieder in die Küche trat.

„Es ist nur so viel, weil er eine Menge Sachen geschenkt bekommen hat", erwiderte Mairi. Und da Sandy verständnislos die Augenbrauen hochzog, fuhr sie fort: „Eine Nachbarin war gerade bei Elizabeth, als wir davon sprachen, daß ich für Thomas ein paar wetterfeste

Kleidungsstücke kaufen wollte. Seine Sachen waren doch viel zu dünn und nur für die Stadt geeignet. Die Nachbarin ging nach Hause und kam bald darauf mit einem großen Kleiderbündel zurück – alles Jacken und Hosen, aus denen ihr eigener Sohn herausgewachsen war. Es sind wirklich ordentliche Sachen, Sandy, und sie freute sich so, daß sie jemanden damit beschenken konnte. Ich brachte es einfach nicht übers Herz abzulehnen . . .‟

Sandy sah sie verärgert an. „Aber Mairi‟, meinte er vorwurfsvoll, „du weißt genau, daß ich nichts dagegen gehabt hätte, dem Jungen neue Sachen zu kaufen.‟

Sie trat auf ihn zu und lehnte sich an ihn, und als sie die Hand hob, um seine Wange zu streicheln, schloß er sie in die Arme.

„Ach, Liebling, das ist alles nicht so einfach‟, erklärte sie. „Wer im Waisenhaus aufwächst, ist nun mal daran gewöhnt, Kleidungsstücke von größeren Kindern zu erben. Natürlich möchte man auch schrecklich gern mal etwas Neues haben, aber ich erinnere mich genau, wie komisch mir zumute war, als ich das erste Mal völlig neu eingekleidet wurde. Ich war stolz wie ein Pfau, und trotzdem war mir unbehaglich zumute, weil kein einziges Stück vorher von einem älteren Mädchen getragen worden war. Irgend etwas stimmte einfach nicht.‟ Bei dem Gedanken mußte sie vor sich hin lächeln. „Das Gefühl hielt nicht lange an, aber meine eigene Erinnerung an diese Zeit hat mir klargemacht, was es für Thomas bedeutet, das Waisenhaus zu verlassen und zu uns zu ziehen. Die Umstellung ist ungeheuer groß, und ich habe mir gedacht, daß dieses Gefühl der Fremdheit nur noch schlimmer würde, wenn ich ihn von Kopf bis Fuß in neue Sachen steckte. Ich weiß nicht, wie ich es dir erklären soll: Ich habe das Gefühl, wir sollten den Jungen nicht mit zu vielen neuen Dingen auf einmal bedrängen. Wir müssen versuchen, ihn behutsam in sein neues Leben einzuführen.‟ Sie hielt inne und blickte zu Sandy auf, als hoffte sie auf Zustimmung. Dann fuhr sie fort: „Thomas hatte Andy, den Sohn von Elizabeths Nachbarin, außerdem schon kennengelernt, und er schien ihn ein bißchen zu bewundern. Ich glaube sogar, daß er mächtig stolz darauf ist, Andys Sachen zu tragen. Vielleicht denkt er, sie könnten ihm helfen, so zu werden wie der große Junge.‟

Sandy nickte nachdenklich. Mairis Argumente leuchteten ihm ein, und wie so oft bewunderte er ihre Auffassungsgabe und ihr Einfühlungsvermögen. Er hob sie mit einem raschen Griff in die Höhe, so daß sich ihre Gesichter berührten.

„Du freust dich wohl, daß ich wieder bei dir bin?‟ flüsterte sie.

„Und wenn ich nun nein sage?‟ erwiderte er neckend und fuhr mit den Lippen über Mairis helles Haar. Dann setzte er seine Frau mit einem Ruck wieder auf die Füße. „Geh endlich deine Hühner füttern, Mädchen", sagte er in strengem Ton, lockerte aber immer noch nicht den festen Griff um ihre Taille. Während sie ihn herausfordernd anlächelte, hing sein Blick an ihrem sanft geschwungenen Mund. Er hielt sich selbst für einen harten Mann, hart auch gegenüber den eigenen Gefühlen, aber diese kleine strahlende Frau in seinen Armen ließ ihn im Handumdrehen wie Schnee in der Sonne schmelzen. „Und geh auf der Stelle", krächzte er aus trockener Kehle, „sonst muß ich dich gleich dabehalten."

„Wie du meinst", entgegnete Mairi und befreite sich aus seinem Griff. „Und du solltest dich endlich um deine Schafe kümmern. Sonst kannst du sie nachher mit der Laterne suchen."

Sandy trug Mairis Koffer ins Schlafzimmer, und er blieb noch einen Augenblick dort, um der Erregung Herr zu werden, in die ihn ihre Nähe versetzt hatte. Er hörte, wie sie nach Thomas rief, und als er in die Küche zurückkam, gingen die beiden schon am Fenster vorbei zum Hühnerstall.

Zweites Kapitel

EINE Stunde später stand Sandy McDonald, auf den Hirtenstab gestützt, am Rande des Moors und beobachtete seine Schafe. Die Herde, in der viele Muttertiere sich kurz vor dem Lammen befanden, wanderte grasend auf den Pferch zu, in dem die Tiere die Nächte verbrachten. Ben wartete neben seinem Herrn, vor Spannung zitternd, auf das Kommando zum Zusammentreiben der Tiere, aber der Befehl blieb aus. Die Schafe bewegten sich von allein gemächlich vorwärts, so daß Sandy keinen Grund sah, sie zu stören. Ein knapper Zuruf noch für Ben, die Herde in Ruhe zu lassen, und dann machten sich Herr und Hund zusammen mit den Schafen auf den Heimweg.

Zusätzlich zur Abenddämmerung sorgte jetzt auch noch ein plötzlich einsetzender Sprühregen dafür, daß es rasch finster wurde, und als Sandy den gepflasterten Pfad vor der Haustür erreichte, ging der feine Regen in einen schweren Guß über. Ben, der vor Sandy hergetrottet war, spitzte zur Überraschung seines Herrn plötzlich die Ohren und machte Anstalten, zur Rückseite des Hauses zu laufen. Ob er einen Fuchs oder einen Marder witterte, der es auf Mairis Hühner abgesehen hatte? Sandy wollte Ben schon folgen, als der Hund an der Hausecke haltmachte und jemanden winselnd begrüßte.

Eine kleine, dunkle Gestalt, die dicht vor der Hauswand stand, beugte sich nur kurz zu Ben hinunter, um ihn flüchtig zu streicheln.

Dann verschwand sie wieder im Schatten, und Sandy konnte nur noch erkennen, daß sich ein blasses Gesicht dem Regen entgegenwandte. Thomas! Vor Verblüffung hätte er den Namen beinahe laut gerufen. Was trieb der Junge hier draußen im Dunkeln? Bei diesem Wetter mußte er doch bald bis auf die Haut durchgeweicht sein! Einem Bauernbuben würde das bißchen Wasser natürlich nicht schaden; Inselkinder waren von Geburt an wasserfest. Aber so ein empfindlicher Stadtjunge? Warum Mairi ihm wohl erlaubt hatte, dort draußen herumzustehen? Ob sie überhaupt davon wußte? Außerdem fragte er sich, warum der Junge so seltsam reglos dastand.

Konnte es sein, daß Thomas das Gesicht in den Regen hielt, um verräterische Tränenspuren abzuwaschen? Von dieser Entdeckung überrascht und in Verlegenheit gebracht, beschränkte sich Sandy darauf, zu dem Jungen ein paar belanglose Bemerkungen über das Wetter zu machen. Er hörte aber keine Erwiderung, und so trat er mit dem Gefühl ins Haus, eine Abfuhr bekommen zu haben.

Mairi arbeitete in der Küche und summte dabei fröhlich vor sich hin. Sie hatte einen Kuchen gebacken, den sie gerade vom Blech nahm.

„Es regnet wieder", bemerkte Sandy mit gezielter Berechnung: Wenn Mairi wußte, daß Thomas draußen war, würde sie ihn nun sofort hereinrufen.

„Und wie", erwiderte Mairi. „Wir haben Glück gehabt, daß es erst losging, als wir schon zu Hause waren." Sandy musterte sie aus den Augenwinkeln, aber ihre ganze Aufmerksamkeit galt dem Backwerk.

Sandy griff nach einem Stück Sackleinen, das hinter der Tür lag, und rieb damit Bens struppiges Fell trocken. Dann erst setzte er sich und zog die Stiefel aus. „Kaum angekommen, stehst du schon wieder am Herd und machst dir soviel Mühe", meinte er. „Ich dachte, für heute abend hättest du irgendeine Leckerei aus der Stadt mitgebracht."

„Und ob ich das habe!" Mairi setzte eine geheimnisvolle Miene auf. „Aber wer ißt schon gern Gebäck aus der Stadt, wenn man frischen, selbstgemachten Kuchen haben kann? Sandy McDonald bestimmt nicht."

„Ich wäre damit aber zufrieden gewesen", entgegnete Sandy augenzwinkernd auf Mairis Neckerei, „und du hättest dir eine Menge Arbeit erspart."

„Ach was! Ich kann es einfach nicht lassen, dich zu verwöhnen", fuhr Mairi in munterem Ton fort. „Und weil mir das gerade am meisten gefehlt hat, als ich verreist war, möchte ich jetzt sofort wieder damit anfangen." Sie hatte ihm den Rücken zugekehrt, weil sie das

Backblech abwusch, und so entging ihr der zärtliche Blick, mit dem Sandy sie streifte. Aber sie spürte ihn. Sie wußte auch, daß Sandy sie verstohlen beobachten würde, wenn sie jetzt gleich das Backblech fortstellte und das blau-gelbe gegen ein neues buntes Tischtuch austauschte. Sie trug auch schon die Schürze, die sie ebenfalls aus der Stadt mitgebracht hatte.

„Wie gefällt dir denn meine Neuerwerbung?" fragte sie, schelmisch lächelnd.

„Mir ist gerade aufgefallen, wie hübsch du heute abend aussiehst", antwortete Sandy und bückte sich nach den Hausschuhen, die Mairi unter seinem Sessel bereitgestellt hatte.

Der Regen trommelte gegen die Fensterscheiben, und die Haustür begann zu klappern.

„Der Wind frischt auf", sagte Mairi.

„Ja." Sandy angelte nach der Zeitung, die sie vom Festland mitgebracht hatte. „Daß der Junge draußen ist, weißt du sicher", bemerkte er betont beiläufig.

„Ja, das weiß ich." Mairis Stimme klang ein klein wenig beleidigt. „Meinst du, ich wüßte nicht, wo er steckt, nachdem er erst vor einer Stunde hier angekommen ist?"

„Ich habe mich bloß gewundert, daß er dort draußen herumsteht", erwiderte Sandy. „Er ist nicht abgehärtet genug, um sich so durchweichen zu lassen. Jedenfalls könnte ich mir vorstellen, daß er nicht daran gewöhnt ist."

Mairi setzte sich auf Sandys Knie. „So ist es", erklärte sie. „Er ist bestimmt nicht daran gewöhnt. Ich nehme aber an, daß er dort im Regen steht, weil er sich das immer schon mal gewünscht hat."

Sandy zog die Augenbrauen hoch, aber Mairi fuhr fort: „Ja, bestimmt hat er sich das gewünscht: Einmal im Regen stehen und bis auf die Haut naß werden dürfen. Versteh doch, Kinder haben nun mal geheime Wünsche, die den Erwachsenen oft sehr dumm vorkommen." Sie senkte nachdenklich den Kopf und seufzte. „Wenn bei uns abends im Waisenhaus das Licht ausgemacht wurde, haben wir manchmal einander erzählt, was wir uns am allermeisten wünschten. Wir hatten beobachtet, wie sich andere Kinder mit ganz unbedeutenden Dingen amüsierten, oder wir hatten darüber in Kinderbüchern gelesen, nur wir selbst durften so etwas nie tun. Wir waren ja Heimkinder. Ein kleines Mädchen wollte zum Beispiel unbedingt einmal mit dem einen Fuß im Rinnstein und mit dem anderen auf dem Bürgersteig gehen und dabei so humpeln, als hätte es ein Holzbein. Wir fanden das alle wahnsinnig komisch. Ein anderes Kind malte sich aus, wie es wäre, auf einem Küchentisch zu sitzen, mit den Beinen zu baumeln und sich mit Plätzchen vollzustopfen, die frisch aus dem Backofen kämen. Das war so ungefähr seine Vorstellung von einem richtigen Elternhaus."

Sandy drückte Mairi fest an sich. „Und was war dein größter Wunsch?" fragte er.

„Oh, ich hatte viele Wünsche, aber an einen erinnere ich mich besonders deutlich: Ich wollte eine Apfelsinenschale in eine Pfütze werfen und so lange darauf herumtrampeln, bis das Öl aus den Poren käme und sich im Wasser kleine gelbe Schlieren bildeten. Ich hatte einmal ein Mädchen dabei beobachtet, aber ich selbst durfte natürlich nie meine Schuhe naß machen." Sie lachte und fügte hinzu: „Bei der erstbesten Gelegenheit habe ich es natürlich doch noch ausprobiert, aber ich war schrecklich enttäuscht. Wahrscheinlich war ich inzwischen schon zu alt für solche Späße."

Sie hörte, daß die Haustür geöffnet wurde, und sprang auf. Thomas trat in die Küche. Sein klatschnasses Haar klebte am Kopf, aber er machte seltsamerweise einen glücklichen Eindruck.

„Du lieber Himmel! Wie naß du bist, Thomas!" rief Mairi. „Laß die Jacke zum Trocknen hier, und zieh dich sofort um!" Sandy hatte den Verdacht, daß ihr leicht vorwurfsvoller Ton nur gespielt war und eher Anerkennung als Tadel ausdrückte. Verstohlen beobachtete er, wie Thomas seine Brille aus der Jackentasche nahm und auf den Tisch legte.

„Meine Güte! Die ist ja ganz beschlagen", ereiferte sich Mairi. Während der Junge sie aus kurzsichtigen Augen anblinzelte, rieb sie die Gläser an ihrer Schürze trocken. „Und jetzt ab in dein Zimmer! Aber beeil dich! Das Essen ist fertig." Thomas trippelte gehorsam davon.

Sandy schob einen Stuhl an den Tisch und setzte sich. „Der Junge sieht so aus, als müßten wir ihn erst einmal richtig aufpäppeln", sagte er, während Mairi seinen Teller mit Fisch und Kartoffeln füllte. „Ich könnte mir vorstellen, daß die Kinder in diesen Heimen ziemlich kurzgehalten werden."

„O nein", widersprach Mairi. „Heutzutage ist das anders. Selbst in meinem Waisenhaus gab es schon immer reichlich zu essen. Aber es war nun mal Gemeinschaftsverpflegung, und nie kam etwas auf den Tisch, worauf man sich besonders freuen konnte." Sie hielt einen Augenblick inne und fuhr dann nachdenklich fort: „Ich wüßte auch nicht, wie man es so vielen Kindern gleichzeitig recht machen sollte. Und es versteht sich von selbst, daß die Betreuer nicht auf die Marotten einzelner Kinder eingehen können. Sie würden sie nur verwöhnen."

„Aber du wirst Thomas natürlich verwöhnen?"

Mairi schöpfte erst noch für sich und den Jungen das Essen auf die Teller, ehe sie sich zu einer Antwort entschloß. „Kann schon sein . . ., wenigstens für den Anfang."

„Es wäre doch besser, gleich so anzufangen, wie du dann weitermachen willst", schlug Sandy vorsichtig vor. „Auf lange Sicht würde es dir die Sache erleichtern."

Mairi lachte. „Unsere Speisekarte erlaubt ihm wohl kaum, besonders wählerisch zu sein", gab sie schlagfertig zurück.

Da betrat Thomas die Küche. Sein Haar sah zerzaust aus, aber er hatte es trockengerieben und sich umgezogen.

„Na, fein", sagte Mairi und lächelte ihm zu. „Setz dich!"

Alle drei genossen mit Appetit die kräftige Mahlzeit.

Später, als der übermüdete Thomas zu Bett gegangen war, herrschte zwischen Mairi und Sandy ungewöhnlich langes Schweigen.

„Und . . .?" fragte Mairi schließlich. Es klang ein wenig wie eine Kampfansage. „Was hast du mir zu sagen, Sandy McDonald?" Sie hatte ihr Strickzeug zur Hand genommen, und Sandy saß mit der Zeitung in seinem Sessel neben dem Kaminfeuer. Die einzige Pfeifenfüllung, die er sich abends genehmigte, hatte er schon in Brand gesetzt.

„Ich wollte dich gerade fragen, ob es dir bei Elizabeth und Nigel gefallen hat", antwortete er.

„Ja, es hat mir gefallen. Und beide haben mir wieder damit zugesetzt, daß ich dich endlich überrede, diesen armseligen Hof aufzugeben und in ihre Nähe zu ziehen. Wir könnten ein hübsches Haus mit elektrischem Strom und Badezimmer haben, und die Geschäfte wären gleich um die Ecke. Nigels Arztpraxis geht sehr gut. Er sitzt in vielen Ausschüssen und hat großen Einfluß. Er sagt, es wäre ihm durchaus möglich, dir eine gute Arbeit zu besorgen."

„So? Hat er das gesagt?" Sandy reagierte ziemlich uninteressiert, da er längst daran gewöhnt war, von Mairi mit diesem Thema aufgezogen zu werden. Er vertiefte sich wieder in die Zeitung, und Mairi, die sein Profil betrachtete, schürzte lächelnd die Lippen. Natürlich hatte sie nur Spaß gemacht! Es war, als gäbe sie auf diese Weise die Neckereien weiter, mit denen sie von ihren Freunden wegen ihres zurückgezogenen Landlebens geplagt wurde. Doch obwohl sie in der Stadt aufgewachsen war, liebte sie ihr Leben als Frau eines Inselbauern. Gewiß, sie fuhr gelegentlich gern einmal in die Stadt, und ein wenig beneidete sie dort die Hausfrauen um ihr vergleichsweise bequemes Leben, aber seit sie den Fuß auf die Insel gesetzt hatte, war sie deren Schönheit mit Leib und Seele verfallen. Den kargen Hügeln und dem weiten Himmel, den Ausblicken auf das Meer und den Sonnenuntergängen, den alten Bauernhöfen, dem sauberen Regen und den weißen Nebelschwaden, aus denen so häufig ein prachtvoller Regenbogen hervorbrach, der sich mit seinen schimmernden Farben wunderbar von dem Mosaik dunkler Moore abhob. Nein, sie konnte sich nicht erinnern, auch nur einen Augenblick lang Heimweh nach der Stadt empfunden zu haben.

Die Wanduhr tickte vernehmlich in der Stille, und der immer noch auffrischende Wind ließ die Regentropfen wie Hagelkörner gegen die Fensterscheiben prasseln. Sandy spürte die ängstlichen und gespannten Blicke, die Mairi zu ihm hinüberschickte. Er wartete darauf, daß sie endlich das Gespräch eröffnete, und als sie schließlich zu reden begann, kam als erstes die Frage, die er so sehr gefürchtet hatte.

„Du bist nicht glücklich darüber, daß ich Thomas mitgebracht habe, nicht wahr, Sandy?"

„Wieso? Ich war doch einverstanden." Seine Stimme klang nicht besonders überzeugend.

„Ja, aber da hattest du den Jungen noch nicht gesehen. Nun bist du enttäuscht. Habe ich recht?" Beim Stricken komplizierter Muster benutzte Mairi eine Brille, die sie auf die Nasenspitze klemmte. Sie schaute beunruhigt über die Brillengläser hinweg zu ihrem Mann, der gerade zu reden begann.

„Ehrlich gesagt war ich überzeugt, daß du einen Jungen aussuchst, der das Zeug zu einem richtigen Kerl in sich hat. Einen, der kräftig und gesund ist. Ich muß mich ja schämen, wenn . . ." Er verstummte, denn er merkte, wie sehr er Mairi verletzte.

Doch sie ließ nicht locker. „Kurzum, du hast einen Jungen erwartet, der ein bißchen mehr hermacht."

„Wer täte das nicht?" Ihr tief gekränkter Gesichtsausdruck schmerzte ihn, aber diesmal konnte er seine wahren Gefühle nicht verbergen. Seine Stimme klang jetzt vorwurfsvoll. „Ich begreife nicht, warum du solch einen kümmerlichen Wicht ausgesucht hast. Er sieht doch aus, als könnte ihm der erste Windstoß das Lebenslicht ausblasen. Er paßt einfach nicht zu uns, nicht zu dir und nicht zu mir. Du wirst bald merken, daß das Leben hier draußen viel zu hart für ihn ist. Und was dann? Wahrscheinlich möchte er in sein Waisenhaus zurückgehen, und du hast nur wieder neuen Kummer." Er unterbrach sich und fügte leiser hinzu: „Ich denke dabei doch vor allem an dich, Mairi."

Ihre Hände lagen auf dem Strickzeug in ihrem Schoß. „Er wird nicht zurückgehen wollen", erwiderte sie voller Überzeugung.

„Nicht, wenn wir ihm ein liebevolles Zuhause bieten." Ihre Stimme klang jetzt flehentlich, bittend. „Ich gebe ja zu, daß er schmächtig aussieht, aber gerade bei uns hat er doch die Möglichkeit, groß und stark zu werden. Bitte, Sandy, gib ihm das Gefühl, daß du ihn magst. Versuch es . . . um meinetwillen."

Sandy befiel Unbehagen, als er in ihren Augen Tränen schimmern sah. „Du weißt doch, daß ich mir Mühe geben werde, weil . . . weil dir soviel daran liegt", versicherte er. „Aber er macht es mir nicht gerade leicht. Seit dieses Häufchen Elend hier im Hause ist, habe ich von ihm noch kein Wort zu hören bekommen."

„Ich weiß es, Sandy", sagte Mairi. „Das Sprechen fällt Thomas ziemlich schwer. Er . . . er stottert doch, vor allem, wenn er aufgeregt ist, und aufgeregt war er natürlich, als er dich kennenlernen sollte. Aber du darfst nicht glauben, daß er geistig behindert wäre", fügte sie hastig hinzu. „Es ist nur so, daß die Worte einfach nicht kommen, wenn er etwas sagen will. Er schämt sich deswegen ganz furchtbar und läßt den Kopf hängen, damit er niemanden ansehen muß."

O nein! Sandy spürte, wie eine neue Woge der Empörung in ihm aufwallte. Ein nervöses, kränklich aussehendes Bürschchen mit schwachen Augen war doch gerade schon genug. Und nun stotterte er obendrein! Was mochte wohl noch alles herauskommen? Er starrte verdrossen in die Flammen des Kamins, damit Mairi ihm seine grenzenlose Enttäuschung nicht ansehen konnte.

„Es wird sich alles bessern; davon bin ich überzeugt", beharrte Mairi. „Du bist allerdings auch so besonders groß und stark und siehst immer so grimmig aus. Alle, die dich nicht kennen, fürchten sich vor dir, vor allem die Kinder. Sobald sich Thomas an dich gewöhnt hat, wirst du sicher gut mit ihm auskommen. Hab doch Geduld, Liebling. Mir liegt so viel daran, daß wir drei miteinander glücklich werden."

Sandy nickte ergeben.

Ein paar Minuten lang schwiegen sie wieder. Dann gähnte Mairi. Sie legte das Strickzeug beiseite und stand auf. „Vor dem Zubettgehen habe ich noch eine Menge aufzuräumen", sagte sie und ging ins Schlafzimmer. Sandy hörte, wie sie Schubladen öffnete und schloß.

Gegen seine Gewohnheit zündete er sich die Pfeife noch einmal an und lehnte sich im Sessel zurück. Er hielt immer noch die aufgeschlagene Zeitung in den Händen, aber in Gedanken war er weit fort, in der Zeit, als er Mairi kennengelernt und geheiratet hatte.

WÄHREND der ersten fünf Ehejahre war Mairi dreimal schwanger geworden, hatte das Kind aber nie austragen können. Dabei wünschte sie sich nichts sehnlicher, als eine Familie zu haben, und so traf es sie

um so härter, als ihr eine Operation nach der dritten, lebensbedrohen-
den Fehlgeburt endgültig die Möglichkeit nahm, Kinder zu bekommen.

Mairi hatte hart darum gekämpft, Sandy nicht mit ihrem Kummer
zu belasten. Trotzdem wußte er, wie sehr sie sich nach einem Kind
sehnte, man hatte ihr die Traurigkeit nur allzuleicht anmerken
können. Er selbst kam sich manchmal wie ein Verräter vor, denn sein
eigener Kummer um die Kinderlosigkeit wog weniger schwer als
seine Erleichterung, daß ihm Mairi erhalten geblieben war. Im Laufe
der Zeit hatte sie ihre Fassung einigermaßen zurückgewonnen.
Schließlich war vor drei Jahren ein Brief eingetroffen, der ihr
gemeinsames Leben von Grund auf verändern sollte.

Der Brief kam von einer Freundin aus Mairis Waisenhaustagen.
„Ihr Name ist Elizabeth –", hatte Mairi erzählt. „Wir entdeckten
bald, daß wir über die gleichen Dinge lachten und von den gleichen
Sachen träumten, und deshalb fehlte sie mir schrecklich, als sie ein
halbes Jahr vor mir das Waisenhaus verließ und Schwesternschülerin
wurde. Im Laufe der Jahre hat sie mir noch ein paarmal geschrieben;
zum letzten Mal, als ich im Herrenhaus hier auf der Insel eine Stellung
bekam."

Sandy erinnerte sich sogar an Mairis spitzbübisches Lachen, als sie
hinzufügte: „Ich habe ihr natürlich auch von dem großen, stattlichen
Kerl berichtet, der immer die Hummer in die Küche des Herrenhauses
lieferte. Ich schrieb ihr, daß ihn alle Hausmädchen anhimmelten, aber
daß sie sich auch ein bißchen vor ihm fürchteten und ihn ‚die Sphinx‘
nannten, weil ihn noch niemand lachen gesehen hatte. Und was für ein
Witz des Schicksals war es, daß ich ihr in meinem nächsten Brief über
meine Heirat mit der Sphinx berichten konnte!"

Dann hatten sie eine Zeitlang nichts voneinander gehört, und nun
teilte Elizabeth mit, daß sie mit einem Arzt aus der Stadt verheiratet sei
und zwei Kinder habe. Falls der Brief Mairi erreichte, wollte sie gern
wieder Kontakt mit der Freundin aufnehmen und sie wiedersehen,
vorausgesetzt, Mairi hätte Lust zu einem Besuch in der Stadt.

Und ob sie Lust hatte! Sandy, dem viel daran lag, Mairi auf-
zuheitern, redete ihr sogar zu. Und so fand der Besuch tatsächlich
statt. Mairi kam gut erholt zurück und brachte gleich die Einladung
für das kommende Jahr mit. Nach diesem zweiten Besuch machte sie
Sandy plötzlich den Vorschlag, sich mit dem Gedanken an die
Adoption eines Kindes zu befreunden. „Kein kleines Kind", hatte sie
eilig versichert, „eher eines, das schon zur Schule geht."

Ihr Vorschlag kam für Sandy so unerwartet, daß ihn seine übliche
Gemütsruhe verließ. „Ich sehne mich eben immer noch danach", hatte

Mairi als einzige Erklärung vorgebracht und ihn mit ihren klaren blauen Augen fest angeschaut.

Sandy waren sofort eine ganze Anzahl von Einwänden durch den Kopf gegangen, aber er brachte es nicht fertig, sie in Worte zu fassen, und so konnte er lediglich sagen: „Es kommt alles so plötzlich . . .“

„Überhaupt nicht“, hatte Mairi entgegnet. „Der Gedanke beschäftigt mich schon eine ganze Weile; auf die Idee, ein Kind zu adoptieren, bin ich durch Elizabeth gekommen, die mich schon bei meinem ersten Besuch ins Waisenhaus mitgenommen hatte. Als Arztfrau und Krankenschwester, die noch dazu selbst im Waisenhaus aufgewachsen ist, hält sie es für ihre Pflicht, regelmäßig bei den Kindern Besuche zu machen und nach dem Rechten zu schauen. In diesem Heim geht es sehr fröhlich zu, und trotzdem haben wir beide uns sofort wieder an alle die Kleinigkeiten erinnert, von denen Außenstehende nichts ahnen. Zum Beispiel dieses Gefühl der Leere, wenn wieder ein Kind Adoptiveltern gefunden hat und man selbst nicht verstehen kann, warum sie einen nicht ausgewählt haben.“ Auf ihrem Gesicht spiegelte sich die Traurigkeit, die sie als kleines Mädchen bei solchen Gelegenheiten empfunden hatte, und es dauerte einige Augenblicke, ehe sie weitersprach. „Elizabeth und ihr Mann haben übrigens schon zwei Waisen adoptiert, die im Alter zu ihren eigenen Kindern passen. Die beiden fühlen sich in der Familie so zu Hause, als hätten sie schon immer dazugehört.“ In ihre Augen war ein feuchter Schimmer getreten, als sie hinzufügte: „Und so etwas möchte ich auch für ein Kind tun.“

Zu Sandys Erleichterung hatte Mairi das Thema zunächst auf sich beruhen lassen, doch nach einer Weile griff sie es wieder auf. Sie drängte keineswegs auf rasche Entscheidung, aber sie ließ auch keinen Zweifel daran, daß sie ihren Plan nur schwerlich wieder aufgeben würde. Sandy brachte immer wieder Einwände vor. Fürchtete sie denn nicht, daß ein fremdes Kind im Hause nur wieder die schmerzliche Erinnerung an die eigene Kinderlosigkeit wecken würde? Es könnte doch auch sein, daß ein Kind zwischen sie beide träte und sie eher unglücklich als glücklich machte. Mairi nahm seine Argumente ernst, entkräftete sie aber jedesmal mit Gegenargumenten. Und schließlich sah er ein, daß er ihren inständigen Bitten nachgeben mußte. Die Vorstellung, ein Kind zu adoptieren, verursachte ihm immer noch Unbehagen, aber Mairi hatte ihm in den vergangenen Jahren so unendlich viel gegeben und selbst so wenig dafür verlangt. Wenn nun das Aufziehen eines fremden Kindes den Schmerz um ihre eigene Kinderlosigkeit linderte, mußte er sich einfach mit seiner neuen Rolle anzufreunden versuchen.

Als Mairi seiner Zustimmung endlich sicher war, flüsterte sie überglücklich: „In unserem kleinen Zuhause geht es so liebevoll zu. Da ist auch noch Liebe für ein Kind übrig, das sein Leben lang nicht genug davon bekommen hat." Sie stand hinter Sandy, der in seinem Sessel saß, und legte ihm die Arme um den Hals. Als er den Kopf senkte und das Kinn an der glatten Haut ihrer Hände rieb, fuhr sie rasch fort: „Elizabeth möchte, daß ich sie vor dem Ende des nächsten Monats noch einmal besuche. Sie gehen bald für ein Jahr in die Vereinigten Staaten. Ich glaube, ihr Mann hat einen Forschungsauftrag bekommen."

„So?" Sandys Stimme verriet, wie überrascht er war.

„Ja. Und wenn du einverstanden bist, bringe ich gleich den Jungen aus dem Waisenhaus mit. Es ist natürlich nur ein Versuch. Wir müssen doch erst feststellen, ob er sich bei uns wohl fühlt. Und ehe wir ihn richtig adoptieren können, sind sowieso noch unzählige Papiere zu unterschreiben."

Mairi merkte, wie Sandy erstarrte. „Den Jungen?" fragte er. „Du sprichst also von einem bestimmten Kind?"

„Ja", bekannte sie. „Der Junge heißt Thomas und ist acht Jahre alt."

Sandy murmelte lediglich: „Nächsten Monat also schon. Es kommt mir so schnell vor . . ."

„Doch erst Ende nächsten Monats", beschwichtigte ihn Mairi. „Elizabeths Mann nimmt die Sache selbst in die Hand. Er wird es so einrichten, daß er in der Adoptionskommission sitzt." Einen Augenblick lang schwieg sie, und dann fügte sie schnell hinzu: „Ich möchte Thomas aber gleich mitbringen."

„Warum auch nicht." Sandys Stimme verriet nicht im geringsten, wie unruhig ihn der Gedanke machte, so bald schon sein Haus mit einem fremden Kind teilen zu müssen, und Mairi trat vor ihn hin und drückte ihm einen Kuß auf die Stirn.

Eines Tages hatte er sie dabei überrascht, wie sie vergnügt das Hinterzimmer mit einem frischen Anstrich für den Neuankömmling versah.

„Das sieht wirklich hübsch aus", sagte er. „Du tust so viel für ihn. Da muß er sich ja wohl fühlen."

„Das will ich auch hoffen." Mairi schaute von der Arbeit nicht auf, fügte aber vorwurfsvoll hinzu: „Warum stellst du mir überhaupt keine Fragen über Thomas? Möchtest du nicht wissen, wie er aussieht? Wenn du an meiner Stelle das Kind ausgesucht hättest, wäre ich vor Neugier geplatzt."

„Weil du eben eine Frau bist", hatte er erwidert. „Aber abgesehen davon habe ich deinem Urteil immer vertraut."

Zu diesem Zeitpunkt wußte er lediglich, daß der Junge seine Mutter schon als Kleinkind verloren und bei der Großmutter gelebt hatte, bis sie ebenfalls starb. Den Fünfjährigen hatte man daraufhin ins Waisenhaus gebracht. Sandy hielt diese Auskünfte für vollkommen ausreichend; er hatte sich über den Jungen, der nun vielleicht für immer bei ihm leben würde, weiter keine Gedanken gemacht. Mairi würde sicher schon die richtige Wahl getroffen haben; daran zweifelte er keinen Augenblick. Und ebensowenig zweifelte er daran, daß sich alle drei mit der Zeit aneinander gewöhnen würden. Aus welchem Grund sollte er also noch Fragen stellen?

Mairis Hoffnungen hatten sich tatsächlich erfüllt: Während Sandy Möbel im Hinterzimmer aufstellte, einen neuen Linoleumboden verlegte und ein kleines Regal baute, wich sein Unbehagen einer gewissen Neugier. Gelegentlich kam es ihm sogar schon so vor, als freute er sich, daß bald ein Kind im Hause sein sollte; ein Junge, dem er Rudern und Fischen beibringen konnte und der später auch mit ihm auf dem Feld arbeiten würde.

Aber nun hatte seine erste Begegnung mit Thomas allen diesen Hoffnungen augenblicklich ein Ende gemacht. Um Mairis willen wollte er mit dem Jungen nachsichtig sein, aber eines wußte er genau: Auch wenn Thomas selbst den Wunsch haben sollte, bei ihnen zu bleiben, so würde er doch niemals den Vorstellungen entsprechen, die sich Sandy von einem richtigen Jungen machte.

Als Mairi in die Küche zurückkam, starrte Sandy noch immer düster in die Flammen. Sie breitete ihr Nachthemd zum Anwärmen über einen Hocker am Herd. Sandy zog verwundert die Augenbrauen hoch. Es war ungewöhnlich; sie wärmte ihr Nachthemd doch allenfalls in kalten Winternächten an. „Hast du dich etwa erkältet?" fragte er besorgt.

„O nein", entgegnete sie. „Es war nur so zugig auf der Fähre, und das spüre ich immer noch." Sie lächelte, lief noch einmal ins Schlafzimmer und kam mit einer kleinen, flachen Schachtel zurück, die sie Sandy in die Hand drückte. „Du willst doch sicher wissen, was du mir zum Geburtstag schenkst", sagte sie.

Die Inselbewohner nahmen von Geburtstagen kaum Notiz, doch Mairi hatte von Anfang an darauf bestanden, daß sie einander Geburtstagsgeschenke machten. Wieder so eine Angewohnheit, mit der sich Sandy abfinden mußte! Da er aber die Insel allenfalls verließ, um einen Viehmarkt zu besuchen, gab er Mairi immer vor ihren Festlandausflügen Geld, und sie kaufte sich selbst, was sie sich von ihm wünschte. Er öffnete die Schachtel. Sie enthielt mehrere gestickte Taschentücher. „Hübsch", fand er und gab Mairi die Schachtel zurück.

„Sie sind sogar ganz besonders hübsch", erklärte sie mit Nachdruck. „Weiß der Himmel, ob ich es jemals fertigbringe, mir damit die Nase zu putzen."

Sandy lächelte. Ihr Spaß an solchen schönen Nichtigkeiten bereitete auch ihm viel Freude.

THOMAS wachte früh auf. Er blinzelte in den gleißend hellen Sonnenstrahl, der sich seinen Weg durch den nebelverhangenen Morgenhimmel bahnte. Um sich gegen das grelle Licht zu schützen, zog er die Bettdecke über den Kopf. Dann begann er zu überlegen, was an diesem ersten Tag seines neuen Lebens auf ihn zukommen könnte, und ihm wurde ein bißchen ängstlich zumute. Gestern abend, als Mrs. Mairi ihn in sein Zimmer brachte, hatte er auch Angst gehabt, aber dann war ihm gleich wieder leicht ums Herz geworden: Das Zimmer war ja so klein und so anheimelnd mit dem warmen Licht der Kerze und dem angenehmen Geruch von schmelzendem Wachs. Es hatte gar nicht lange gedauert, bis er fest eingeschlafen war.

Das Sonnenlicht wurde nun blasser, und Thomas setzte sich im Bett auf. Langsam begriff er, daß er ganz allein im Zimmer war, und er kostete dieses Gefühl aus. Daß ihn ein Sonnenstrahl aufweckte, war ihm, soweit er sich erinnern konnte, noch niemals passiert. Im Waisenhaus wurde man immer von bestimmten Geräuschen aus dem Schlaf gerissen: von Klingeln, zuschlagenden Türen und klappernden Schritten im Korridor. Er zog die Knie ans Kinn, schob die Decke weg und ließ den Blick in dem kleinen Raum umherwandern. Dies war also sein Zimmer! Sein eigenes Zimmer, das nur ihm und sonst niemandem gehörte! So hatte es ihm Mrs. Mairi versprochen, und er konnte nur hoffen, daß auf ihre Versprechungen Verlaß war. Er streckte sich und begann vorsichtig, im Bett auf und nieder zu wippen. Es ächzte ein bißchen, aber, so kam es ihm jedenfalls vor, eher aus Vergnügen als aus Protest.

Er wickelte sich wieder fest in die Bettdecke ein, denn ihm war eingefallen, was Mrs. Mairi gestern abend gesagt hatte: Er sollte erst aufstehen, wenn er Lust dazu hätte, denn im Augenblick brauchte er noch nicht in die Schule zu gehen. Die Schule! Der Gedanke daran senkte sich bleischwer in sein Herz und machte seiner fröhlichen Stimmung den Garaus. Aber nur einen Augenblick lang; dann hatte Thomas ihn schon in den hintersten Winkel seiner Seele verbannt. Doch im Bett hielt es ihn nun auch nicht mehr. Er stand auf und schlüpfte in die Hausschuhe, die vor dem Bett standen. „Keine nackten Füße im Schlafsaal!" Die Stimme der Betreuerin klang ihm immer noch in den Ohren, während er auf seine Füße starrte. Diese

Pantoffeln waren Waisenhauspantoffeln, und sie rochen nach Befehlen. Thomas schleuderte sie verächtlich von den Füßen und tappte barfuß auf dem Linoleumboden zum Fenster.

Das kleine Bauernhaus war ein eingeschossiger, gedrungener Bau. Ursprünglich hatte es nur aus Küche und Schlafzimmer bestanden, die durch einen schmalen Korridor getrennt waren. Bald nach der Hochzeit hatten Sandy und Mairi aber noch ein kleines Hinterzimmer und eine Vorratskammer angebaut, denn sie hatten von Anfang an mit Zuwachs gerechnet. Von den Fenstern der beiden vorderen Räume aus reichte der Blick über Sandys Ackerland bis hin zur See. Vor dem Fenster des Hinterzimmers, das nun Thomas gehörte, gab es dagegen nur einen schmalen Streifen dunkler Erde, die mit dürftigen Grasbüscheln bewachsen und von Rinderhufen zertreten war. Sonnenflecken tanzten jetzt über den Boden, der nach dem Regen der vergangenen Nacht noch immer feucht glänzte. Hier hinten befand sich auch der Kuhstall, ein fensterloser Schuppen aus unverputzten Feldsteinen, der mit schwarzer Dachpappe gedeckt war und nur ein Tor hatte. Hinter dem Stall bildete eine niedrige Mauer zur Straße hin die Grenze des Anwesens. Unmittelbar jenseits der Mauer begann der Boden schon steil anzusteigen. Das struppige Grasland ging weiter oben allmählich in eine Heidekrautregion über, und darüber gab es nur noch scharfkantige nackte Felsblöcke. Sie sahen so aus, als hätten sie sich aus dem Gebirgszug, der hinter den Nebelschwaden nur schwach zu erkennen war, vor unendlich langer Zeit herausgelöst und wären bis hierher in die Ebene gerollt.

Diese Landschaft mochte manchem Betrachter ein wenig trostlos vorkommen, doch Thomas war keineswegs enttäuscht. „Mach dich darauf gefaßt, daß unsere Insel ziemlich karg aussieht und daß es dauernd regnet", hatte Mairi immer wieder warnend gesagt. Der Junge sollte sich nicht erst falsche Vorstellungen von seinem neuen Zuhause machen. Sie hatte ihm auch erzählt, daß er lernen müsse, mit dem Wind zu kämpfen, und daß es Sturmböen gebe, so wild, daß sie einen erwachsenen Mann glatt umwerfen konnten. Aber als sie ihm danach auch die schönen, windstillen Tage auf Arran beschrieb, hatte ihre Stimme einen schwärmerischen Unterton bekommen. „Bei ruhigem Wetter ist der Himmel unendlich weit", hatte sie gesagt, „viel weiter, als du es dir vorstellen kannst. Und erst die Regenbogen! Glaub mir, Thomas, solange du noch keinen Regenbogen auf Arran gesehen hast, weißt du gar nicht, was ein Regenbogen ist."

Thomas stand noch immer am Fenster, und plötzlich hielt er ungläubig den Atem an: Tatsächlich begann doch gerade in diesem Augenblick ein Regenbogen aus dem Dunst hervorzubrechen! Die

Leuchtkraft seiner Farben schien so ungeheuer stark zu sein, daß sich über der dunklen Bergkette ein zweiter, etwas matterer Bogen abzeichnete.

Thomas war hellauf begeistert. Noch nie hatte er einen so herrlichen Regenbogen erblickt. Diejenigen, die er früher – selten genug – zu sehen bekommen hatte, waren bläßliche und zerbrechliche Erscheinungen gewesen im Vergleich zu diesem, der so standhaft zu sein schien, daß Thomas meinte, hinaufklettern zu können. Er wollte schon hinausstürzen und ihn einfangen, als ihm gerade noch rechtzeitig einfiel, daß er nicht angekleidet war und noch nicht einmal die bisher streng vorgeschriebenen Hausschuhe angezogen hatte. Hastig fuhr er in die Pantoffeln, aber für mehr war einfach keine Zeit. Mrs. Mairi würde seine Eile schon verstehen.

Als Thomas die Türklinke ergriff, wurde er unsicher und zögerte doch. Es konnte ja sein, daß Mr. Sandy anstelle von Mrs. Mairi draußen in der Küche war! Für den Zauber eines Regenbogens hatte der bestimmt kein Verständnis. Mrs. Mairi hatte zwar versichert, daß ihr Mann nur so abweisend und streng aussähe, aber in Wirklichkeit lieb und nett sei, und Thomas wollte ihr auch gern glauben, doch fürs erste wäre es wohl klüger, nicht die Probe aufs Exempel zu machen.

Er ließ die Klinke wieder los und rannte zum Fenster zurück. Der Regenbogen war noch da, aber seine Farbenpracht verblaßte schon. Nebelschwaden begannen ihn in Einzelstücke zu zerteilen, und dann dauerte es nur noch Sekunden, bis er ganz und gar verschwunden war.

Thomas' Aufregung hielt auch noch an, während er sich wusch und anzog. Sobald er fertig war, lief er in die Küche, doch außer Ben war niemand dort, und das Häufchen Torfasche auf dem Herdrost ließ darauf schließen, daß Mr. Sandy und Mrs. Mairi noch nicht aufgestanden waren. Er überlegte, ob er lieber wieder in sein Zimmer zurückgehen sollte, als Mairi in die Küche trat.

„Du lieber Himmel, Thomas!" rief sie lachend. „Das nenne ich einen Frühaufsteher! Ich dachte, du würdest heute besonders lange im Bett bleiben, weil dich hier niemand aus den Federn scheucht."

Thomas begann aufgeregt stotternd von seinem Regenbogenerlebnis zu erzählen, doch im selben Augenblick hörte er, wie die Schlafzimmertür geöffnet wurde und Mr. Sandys Schritte näher kamen. Der Versuch, ehe er in der Küche auftauchte, rasch noch seine Begeisterung herauszusprudeln, mißlang gründlich; Thomas konnte nur noch unverständliche Wortbrocken hervorbringen. Verzweifelt beschrieb er mit den Händen die Ausmaße des Regenbogens, und aus seinen Gesten und den wenigen Worten, die ihm doch noch gelangen, reimte sich Mairi blitzschnell zusammen, worum es ging.

„Sieh mal einer an: Nun hast du sogar schon einen Insel-Regenbogen gesehen!" rief sie. „Weißt du, was ich glaube, Thomas? Es war ein ganz besonderer; einer, der extra für dich herausgekommen ist, um dich auf unserer Insel zu begrüßen. Das meinst du doch auch, nicht wahr, Sandy?" Sie warf ihrem Mann, der gerade in die Küche trat, einen bittenden Blick zu.

„Ja, natürlich", bestätigte Sandy entgegenkommend. Er bedachte Thomas von der Seite her mit einem verlegenen Lächeln, aber der Junge sah es nicht, weil er schon wieder auf den Boden starrte.

„Nun weißt du wenigstens, daß alles stimmt, was ich dir über Arran erzählt habe", fuhr Mairi, zu Thomas gewendet, fort. „Es ist wirklich eine Regenbogeninsel, und an einem Tag wie heute, wenn Regen, Nebel und Sonne miteinander kämpfen und jeder den anderen besiegen will, dann haben wir richtiges Regenbogenwetter."

Thomas schaute zu, wie Mairi mit ein paar trockenen Zweigen in der Asche herumstocherte und die Torfreste zum Qualmen brachte. Mit dem Blasebalg entfachte sie rasch ein helles Feuer, in das sie neue, trockene Torfsoden schob.

„Das hätten wir", sagte sie und hängte den Wasserkessel über die Feuerstelle. „Und jetzt gehen wir beide in den Stall und lassen die Hühner heraus. Je früher sie morgens ins Freie kommen, desto fleißiger legen sie Eier. Geh und zieh die Gummistiefel an, Thomas! Nach dem vielen Regen ist der Boden ganz aufgeweicht."

Als sie die Haustür aufmachten, merkten sie, daß immer noch ein feiner Nieselregen niederging. Mairi griff nach zwei Säcken, die hinter der Tür über ein Gestell gebreitet waren, und legte sich einen davon über die Schultern. Den anderen gab sie Thomas. „Das genügt schon, um trocken zu bleiben", erklärte sie. Die Fürsorglichkeit, die aus diesem ganz beiläufig klingenden Satz sprach, gab Thomas mehr als alles andere das Gefühl der Zugehörigkeit zur Familie – jedenfalls, soweit es Mairi zum Ausdruck brachte.

EHE der Junge das Waisenhaus verließ, hatte man ihm klar zu verstehen gegeben, daß er zunächst nur auf Probe nach Arran gehen werde. Erst wenn es ihm bei Mairi und Sandy gefiele und die beiden auch mit ihm zufrieden wären, könnte aus dem Versuch etwas Endgültiges werden. Es dauerte nicht einmal einen Monat, bis er sich entschieden hatte: Er wollte für immer bei Mairi auf Arran bleiben, obwohl Mr. Sandy sich noch genauso reserviert wie zu Anfang verhielt. Es war nicht allein die Zuneigung zu Mairi, die Thomas in seiner Entscheidung bestärkte. Dazu kam noch so vieles andere: das eigene Zimmer, die fast uneingeschränkte Bewegungsfreiheit im Hof

und im Freien und die Entdeckung, daß er jeden Tag neue
Erfahrungen sammeln konnte, ohne gleich Angst vor Schelte haben
zu müssen.

Der streng nach Plan ablaufende Waisenhaustag hatte ihn so sehr an
frühes Aufstehen gewöhnt, daß er noch immer nicht lange schlafen
konnte. Aber seit er auf Arran war, mischte sich in jedes Erwachen
freudige Erwartung. Noch vor dem Ankleiden lief er immer erst zum
Fenster: Vielleicht ließ sich ja schon irgendein interessantes Tier
draußen in der Morgendämmerung blicken. Ein paarmal war diese
Hoffnung sogar in Erfüllung gegangen. Einmal hatte ein Igel
schnüffelnd die Heuhaufen vor dem Kuhstall umkreist; ein anderes
Mal war ein Wiesel, seine Spur sichernd, an der Hofmauer entlang-
geglitten, und eines Morgens hatte er eine Katze beobachtet, die vom
Hof in die Richtung des Moors davonlief – sicher eine Wildkatze, denn
für eine Hauskatze war sie seiner Meinung nach viel zu groß.

Ja, Thomas wollte auf Arran bleiben; für ihn selbst gab es daran
keinen Zweifel mehr. Nun kam es nur darauf an, daß ihn Mairi und
Mr. Sandy auch behalten wollten. Mairi machte gar kein Geheimnis
daraus, wie sehr sie sich über das Zusammenleben mit dem Jungen
freute. Mr. Sandy dagegen blieb wortkarg. Thomas spürte zwar seine
Herzensgüte und hätte sie nur zu gern erwidert, aber Mr. Sandy
sprach ihn nur so selten an, daß er die wenigen Male vor Überraschung kein Wort herausbrachte und den Kopf nicht zu heben
wagte. Die Angst, ihm zu mißfallen, verließ Thomas keinen Augenblick und machte ihn unglücklich. Doch so sehr er sich auch mit
diesem Problem quälte: Er sah keinen Ausweg, es sei denn, er machte
sich in Haus und Hof so nützlich, daß ihn Mr. Sandy allein aus
diesem Grunde behalten wollte.

Drittes Kapitel

Nach den Ferien wurde Thomas in die Schule aufgenommen, die er
zusammen mit etwa einem Dutzend anderer Inselkinder besuchen
sollte. Mairi begleitete ihn am ersten Tag zum Schulhaus. Da er noch
keines der anderen Kinder kannte, sah er der ersten Schulstunde mit
Bangen entgegen. Vor Aufregung war er so verkrampft, daß er
heftiger denn je stotterte, doch zu seiner Verblüffung und Erleichterung merkte er bald, daß die Kinder ebenfalls mit Schüchternheit auf
den Neuling reagierten. Sobald aber die erste Scheu überwunden war,
machten sie keinen Hehl daraus, daß er in ihren Augen etwas
Besonderes war – nicht wegen seiner Sprachschwierigkeiten, sondern

wegen seiner Herkunft aus der Stadt. Sie verspotteten ihn auch nicht wegen seines Stotterns; im Gegenteil. Sie gaben sich Mühe, ihn zu verstehen, und stellten ihre Fragen so geschickt, daß er mit einem Kopfnicken oder einer Handbewegung antworten konnte. Wenn er wieder einmal mit den Worten kämpfte, warteten sie, bis er herausgebracht hatte, was er ihnen mitteilen wollte, und je entspannter er sich in der Gesellschaft der Kinder fühlte, desto besser gelang ihm auch das Reden.

Letztlich aber waren es Mairi und die Seehunde, die ihm am meisten im Kampf mit seiner Behinderung halfen. Mairi ging, wenn es nicht allzu stürmisch war, jeden Tag zum Strand hinunter, und wenn Thomas Zeit hatte, begleitete er sie gern. Je nach der Jahreszeit sammelten sie Schnecken oder Tang, aus dem man Suppe kochen konnte. Manchmal holten sie auch Treibholz, oder sie gingen nur zu ihrem Lieblingsplatz, einem großen Felsbrocken, den Mairi „Karnikkelstein" getauft hatte, weil er die Gestalt eines hockenden Kaninchens hatte. Dort saßen sie dann, horchten auf das Rauschen der See und hielten nach Meeresbewohnern Ausschau: nach kleinen Tümmlern, die gelegentlich im Schwarm auftauchten, nach vereinzelten Haien, die sich in der Sonne wärmten, und vor allem nach Seehunden, die hier häufig im seichten Wasser ihre Kapriolen vollführten.

Eines Tages saßen Mairi und Thomas wieder auf dem Karnickelstein, als zwei Seehundsköpfe aus dem Wasser auftauchten. Die jungen Tiere stritten sich offenbar um einen großen Lachs, der einem der beiden aus dem Maul heraushing. Sobald der Streit ausgetragen war, tauchten sie wieder unter. Kurz darauf sagte Mairi plötzlich: „Wollen wir versuchen, sie zurückzurufen?"

Thomas lachte. Er hielt den Vorschlag für einen Scherz.

„Aber ja, ich kann wirklich Seehunde anlocken", versicherte Mairi. „Paß auf!" Sie wölbte die Hände vor dem Mund und brachte einen so durchdringenden auf- und abschwellenden Ton zustande, daß Thomas erschrocken zusammenfuhr. Er beobachtete gespannt die Wasseroberfläche, während Mairi den Ruf noch mehrere Male wiederholte. Tatsächlich zeigte sich nach einer Weile ein dunkler, feucht schimmernder Seehundskopf. Thomas wendete sich zu Mairi um und riß vor Verblüffung und Begeisterung Mund und Augen auf. Sie stieß noch immer Lockrufe aus, und nun dauerte es nicht mehr lange, bis ein zweiter Seehund neben dem ersten auftauchte.

„Jetzt haben sie uns gesehen!" rief Mairi, und die beiden Tiere schienen tatsächlich die Menschen am Strand zu beobachten. „Mach das mal nach, und versuche, sie noch näher heranzulocken!"

Thomas legte die Hände unschlüssig an den Mund. „Nur zu!"

drängte Mairi. „Du mußt tief Luft holen und den Atem mit aller Kraft wieder ausstoßen." Der Junge gehorchte, aber der Laut, den er zustande brachte, war ziemlich kläglich. „Lauter!" ermunterte ihn Mairi. Thomas atmete tief ein, und diesmal klang sein Ruf schon viel ungehemmter und durchdringender. Die Seehunde schauten immer noch zum Strand herüber, behielten aber ihren Abstand bei.

„Versuch es gleich noch einmal", sagte Mairi. Sie zeigte durch ihren Tonfall, daß sie mit Thomas sehr zufrieden war. Bei seinem dritten, nun schon recht kräftigen Lockruf tauchten die Seehunde plötzlich unter, doch noch ehe die Enttäuschung in ihm die Oberhand gewann, streckten sie die Köpfe wieder aus dem Wasser, diesmal in deutlich geringerem Abstand vom Strand.

„Nein, jetzt nicht mehr", mahnte Mairi, als Thomas mit wachsendem Selbstvertrauen gleich wieder die Hände vor dem Mund wölbte. „Es ist Ebbe. Da haben sie Angst zu stranden und kommen sowieso nicht näher heran."

Die Seehunde zogen immer noch ihre Bahnen parallel zum Strand, als Mairi meinte, es sei höchste Zeit, nach Hause zu gehen. Auf dem Rückweg drehte sich Thomas immer wieder nach den spielenden Tieren um, und beim dritten Mal sagte Mairi: „Es heißt, die Seehunde könnten uns verstehen, wenn wir ihnen von unseren Freuden oder Sorgen erzählen. Wußtest du das?" Thomas schüttelte den Kopf, und sie fuhr fort: „Die Leute sagen auch, daß sich die Seehunde freuen, wenn du ihnen etwas Schönes mitteilst, und daß sie ihrem König Botschaften von den Menschen überbringen. Wenn du ihnen etwas Trauriges erzählst, bitten sie ihren König, dir zu helfen. Und wenn du dann wieder einen Seehund siehst, fühlst du dich plötzlich getröstet. Deshalb muß man es auch den Seehunden erzählen, wenn jemand gestorben ist, den man sehr lieb gehabt hat. Es heißt, sie könnten mit der Seele des Verstorbenen reden und ihr Nachrichten überbringen."

Thomas schaute tiefernst zu Mairi auf. „G-g-glaubst du denn so was?" fragte er.

„Aber sicher", entgegnete Mairi, drückte aber vorsichtshalber die Daumen. „Ich glaube auch, daß dir die Seehunde helfen würden, dein Stottern loszuwerden. Du mußt sie nur darum bitten."

Seit Mairi auf Arran lebte, hatte man ihr immer wieder von Leuten erzählt, die angeblich nicht nur die Seehunde anlocken, sondern auch mit ihnen reden konnten. Solche Geschichten gehörten auf der Insel zum Volksglauben, genau wie woanders die Erzählungen von Kobolden oder Zwergen. Doch als sie an diesem Nachmittag behauptete, sie selbst könne Seehunde herbeirufen, war sie einer bloßen Eingebung gefolgt; sie entsprang ihrem Wunsch, irgendeinen

Weg zu finden, der Thomas bei seinem Kampf gegen das Stottern nützte. Die Laute der Seehunde waren ihr natürlich wohlvertraut; sie hörte sie ja oft genug, wenn die Tiere draußen auf den kleinen Felseninseln der Bucht lagen. Nun kam es nur darauf an, sie möglichst gut nachzuahmen. Sie wußte, daß ihr Erfolg nur ein Zufall sein konnte, doch als dann wahrhaftig ein Seehund auftauchte, dem auch noch ein zweiter folgte, war sie sogar mehr als Thomas überrascht. Und als es dem Jungen gelungen war, ebenfalls den Lockruf zustande zu bringen, hatte sie sich vor Freude spontan die Geschichte vom Seehundkönig und seinen Boten ausgedacht. Vielleicht sah Thomas darin einen Anreiz, den Ruf immer wieder zu üben und auf diese Weise seine Atmung besser unter Kontrolle zu bringen.

Zu ihrer großen Genugtuung war diese List offenbar erfolgreich. Immer häufiger verschwand Thomas gleich nach der Schule für eine halbe Stunde, und beim Heimkommen brachte er den Geruch der See in seinen Kleidern mit. Eines Abends vertraute er Mairi stammelnd ein Geheimnis an. „Die Seehunde sind ge-k-k-kommen, und ich habe ihnen gesagt, sie sollen meiner O-o-oma erzählen, wie gut es mir hier ge-f-f-fällt." Sie tauschten miteinander verschwörerische Blicke aus, und Mairi, die wegen ihrer List immer noch Gewissensbisse gehabt hatte, sprach sich von aller Schuld frei.

AUSSER „Granma", der Großmutter, hatte es für Thomas keine Mutter gegeben; soviel wußte Mairi vom Waisenhauspersonal. Doch als seine Sprachschwierigkeiten nachließen, begann sie, wenn sie allein waren, von ihren eigenen Waisenhauserfahrungen zu erzählen, und allmählich brachte sie Thomas dazu, auch über seine frühen Kindheitserinnerungen zu sprechen.

Allem Anschein nach hatte er eine ganz glückliche, aber strengen Regeln unterworfene Kindheit gehabt. Die Großmutter hatte das Kind geliebt, wenn es ihr auch nicht gelungen war, ihre Gefühle zu zeigen. Als Thomas merkte, daß andere Kinder eine „Mami" hatten, war er mit der Frage zur Großmutter gegangen, warum er sie denn Granma und nicht Mami nennen müßte. Liebevoll hatte sie ihm von seiner Mutter erzählt, aber ganz anders war die Antwort ausgefallen, als er wissen wollte, warum er keinen „Paps" hätte. „Dein Vater war ein schlechter Mensch", hatte die Großmutter barsch gesagt. „Er wollte deine Mutter nicht haben ... und dich auch nicht, als du geboren warst." Thomas hatte diese Enthüllung tief verletzt, und nie wieder war in ihm das Bedürfnis wach geworden, sich nach dem Vater zu erkundigen.

Kurz nach seinem fünften Geburtstag, nur zwei Tage vor Weihnachten, hatten ihn Hilferufe seiner Granma aus dem Schlaf gerissen. Er war ins Schlafzimmer gerannt und hatte die Großmutter nach Atem ringend im Bett vorgefunden. Sie konnte ihm noch auftragen, eine Nachbarin zu holen, und kurz nachdem er auch noch eine zweite Nachbarsfrau zu Hilfe geholt hatte, war schon die Gemeindeschwester zur Stelle. Thomas erinnerte sich, daß er verängstigt, aber gehorsam unten in der weihnachtlich geschmückten Küche geblieben war und versucht hatte, sich mit seinen Spielsachen zu beschäftigen. Als er sah, daß der Doktor eintraf, aber nach ein paar Minuten schon wieder fortging, fühlte er sich erleichtert. Wenn jemand richtig krank ist, muß der Doktor doch viel länger bei ihm bleiben, hatte er sich eingeredet. Also ging es seiner Granma sicher schon viel besser. Außer unterdrücktem Gemurmel und leisen Schritten im oberen Stockwerk war im Haus wieder die gewohnte Ruhe eingekehrt, und Thomas fühlte sich in seinen Überlegungen bestätigt. Man würde ihn sicher gleich rufen und ihm erlauben, zu seiner Granma hineinzugehen. Statt dessen kamen aber die beiden Frauen in die Küche herunter und sagten, Granma wäre jetzt eingeschlafen und dürfte nicht gestört werden. Kurz danach war auch die Gemeindeschwester heruntergekommen, und die zweite Nachbarin hatte Thomas in ihr Haus und zu ihren Kindern mitgenommen.

Zum Abendessen war er immer noch dort, und inzwischen machte er sich große Sorgen um seine Granma. Als er sagte, er müsse nun endlich nach Hause gehen, wehrte die Nachbarin ab: Nein, noch nicht. Granma hätte noch nicht ausgeschlafen. Erst als ihre eigenen Kinder schon zu Bett gegangen waren, hatte sie ihn in die Arme geschlossen und ihm gesagt, daß er ein paar Tage bei ihr bleiben müsse, weil seine Großmutter gestorben und auf dem Weg in den Himmel sei.

Thomas wollte es nicht glauben. Die Vorstellungen, die sich der Fünfjährige vom Tod machte, waren nebelhaft und wirr. Der Tod holte sich doch nur Leute, die einen Unfall gehabt hatten oder im Krankenhaus lagen, weil es ihnen sehr schlecht ging. Seine Granma war aber nicht verunglückt, und erst gestern abend hatte sie ihm ein Lied beigebracht, während sie Fleischpastetchen buk. Nein, das Ganze war bestimmt ein Irrtum. Granma würde jetzt bald aufwachen und mächtig schimpfen, weil die Leute so einen Wirbel um sie gemacht hatten. Vorsichtshalber wollte er aber doch schnell einmal nach Hause laufen, um seiner Sache ganz sicher zu sein. Doch die Nachbarin hatte ihn zurückgehalten. Granmas Haus sei doch jetzt abgeschlossen; er käme ja gar nicht hinein.

Wie betäubt erlebte er das Weihnachtsfest bei den Nachbarn. Noch immer glaubte er daran, daß Granma plötzlich in der Tür stehen und ihn ohne viel Federlesens mit nach Hause nehmen werde. Einen Tag nach dem Fest verriet ihm einer seiner Spielkameraden, daß, während er bei der Nachbarin war, ein Auto gekommen sei und seine Granma in einer großen schwarzen Kiste fortgeschafft hätte. In diesem Augenblick begann Thomas zu weinen – einerseits, weil er sich diese Szene so schrecklich ausmalte, und andererseits, weil er jetzt begriff, daß man ihm die Wahrheit gesagt hatte: Er würde seine Granma niemals wiedersehen!

Die nächste Person, an die er sich erinnerte, war der Pfarrer, ein nervöser kleiner Mann in Schwarz, der ein bißchen wie eine Amsel aussah. Er hatte Thomas auf den Schoß genommen und ihm gesagt, er solle nicht mehr traurig sein; seine Granma sei ja nun im Himmel.

Kurz darauf hatte man dem Jungen erzählt, daß er bald in ein großes Haus mit vielen anderen Kindern käme und daß man dort schön spielen könnte. Aber eines der Nachbarskinder hatte ihm zugeflüstert: „Das ist kein richtiges Haus, wo sie dich hinschicken. Du kommst in ein Waisenhaus. Da sind lauter Kinder, die keine Mutter und keinen Vater haben und die keiner will."

Bis zu diesem Augenblick hatte Thomas nur den Wunsch gehabt, so bald wie möglich die Nachbarsfamilie verlassen zu können, doch nun kam ihm jede Art von Familie besser vor als das Waisenhaus. Er erinnerte sich noch, wie er allen Mut zusammengerafft und gefragt hatte, ob er nicht bleiben dürfe. Doch diese Leute hatten so viele Gegengründe vorgebracht, daß es ganz deutlich wurde: Sie wollten ihn nicht haben! Die Nachbarin weinte zwar ein bißchen, aber ihre Tränen konnten Thomas nicht täuschen. Er wußte, daß man ihn wegschickte, weil er einfach nicht dazugehörte. Dann fiel ihm auch noch ein, was Oma von seinem Vater erzählt hatte, und er kam zu dem Schluß, daß ihn nun überhaupt niemand mehr haben wollte.

Über sein Leben im Waisenhaus sprach Thomas wenig. Bald nach seiner Ankunft war er krank geworden, und es mußte wohl eine ernste Sache gewesen sein, denn hinterher durfte er sich in einem Heim am Meer erholen. Soviel er wußte, hatte er schon immer ein bißchen gestottert, denn die Großmutter hatte ihn öfter deswegen ermahnt, aber erst nach der Krankheit war es richtig schlimm damit geworden. Jedenfalls erinnerte er sich nicht, daß ihn die Kinder schon vorher deswegen verspottet hätten, aber gleich nach der Rückkehr vom Meer war er eingeschult worden, und die Quälereien hatten angefangen. Die Kinder hänselten ihn so sehr, daß er überhaupt nicht mehr zu sprechen wagte. Dann war ihm obendrein noch eine Brille verordnet worden, mit der er sich sehr häßlich fand, weil sie ihm dauernd auf die

Nasenspitze herunterrutschte. Seine Erinnerungen an das Waisenhausleben waren also keineswegs erfreulich. Die einzige Ausnahme bildete die Freundschaft mit einem gleichaltrigen Mädchen, das ebenfalls stotterte, doch die Kleine fand bald Adoptiveltern und verschwand aus seinem Gesichtskreis.

Mairi empfand tiefes Mitleid mit Thomas; sie hatte ja selbst erlebt, mit welchen Schwierigkeiten manche Kinder zu kämpfen haben, wenn sie sich in eine große Gemeinschaft einfügen müssen. Manchmal unterbrach Thomas das Erzählen, weil die Erinnerungen allzu schmerzhaft waren. Mairi hätte dann gern noch ein bißchen mehr erfahren, aber sie ließ ihn in Ruhe. Dennoch spürte sie, daß er alles, was er erzählte, einfach loswerden mußte. Seine junge Seele litt noch immer unter dem Bewußtsein, im Grunde überflüssig zu sein, und es kam Mairi so vor, als versuche er, diesen Schmerz zu lindern, indem er darüber redete. Sie ahnte auch, daß er auf diese Weise zukünftigen Verletzungen solcher Art vorbeugen wollte, und sie hätte ihm nur allzugern beruhigende Versprechungen gemacht. Sie wußte aber auch, daß ein seelisch tief verletztes Kind solchen Versprechungen nicht ohne weiteres Glauben schenkt. Das beste wäre es, Geduld zu haben, bis der Junge Arran ganz selbstverständlich als sein Zuhause betrachtete und von allein Vertrauen faßte.

Eines Tages wollte Thomas wissen, ob denn Mairi im Waisenhaus glücklich gewesen sei. Sie erwiderte, daß sie sich jedenfalls nicht unglücklich gefühlt hätte, da sie weder Eltern noch Verwandte gehabt hatte und sich an nichts anderes als an das Leben im Heim erinnerte. „Was du nie besessen hast, entbehrst du auch nicht", sagte sie leichthin, aber Thomas war anzusehen, daß ihn diese Auskunft nicht befriedigte. So räumte sie ein, daß sie gelegentlich schon das Gefühl gehabt habe, irgend etwas fehle ihr, besonders dann, wenn andere Kinder, die sich noch an das Leben „vor dem Waisenhaus" erinnerten, mit Wehmut davon erzählten. Bei solchen Gelegenheiten hatte sie zumindest geahnt, was ein Elternhaus bedeutete.

Als eines Tages Mairi den Teig für einen Kuchen bereitete und dabei einmal von der Schüssel hochschaute, merkte sie, daß Thomas sie traurig musterte. „Schade, d-d-daß du nicht wirklich meine Mami bist", sagte er plötzlich. Er hatte die Worte ganz leise gesprochen.

Mairis Herz machte einen Freudensprung, und einen Augenblick lang war sie es, die vor Verlegenheit keine Worte fand. „Und wenn wir uns einfach vorstellen, daß ich es wäre?" sagte sie. Ihre Stimme zitterte ein wenig, aber sie lächelte ganz ruhig dabei.

„Wenn ich dich M-m-mami nenne, kann ich auch leichter g-g-glauben, daß du meine Mami bist", sagte Thomas schüchtern.

„Dann sag es doch einfach. Ich fände es schön", entgegnete Mairi.

„Ehrlich . . .?" Seine Augen strahlten, und sein Mund verzog sich zu einem breiten Lächeln.

„Ehrlich!" versicherte Mairi.

„M-mami!" Er sprach es zögernd, probeweise vor sich hin – und dann noch einmal: „Mami!", als wolle er sich mit dem neuen Wort vertraut machen.

„Hört sich doch gut an, nicht wahr?" sagte Mairi, und sie schauten einander an, als hätten sie gemeinsam etwas sehr Kostbares entdeckt. Thomas sah, daß Mairi eine Hand auf das Herz preßte.

„Tut es weh?" fragte er besorgt.

„Manchmal . . ., aber immer nur, wenn ich mich sehr freue", erwiderte Mairi.

Thomas lief zur Haustür, stieß sie auf und schaute nach dem Wetter. Dann hörte Mairi, wie er die Stiefel anzog und die Jacke vom Kleiderhaken nahm. Er sagte nicht, wohin er gehen wollte, und sie stellte auch keine Fragen. Er wird es wohl den Seehunden erzählen wollen, dachte sie.

Viertes Kapitel

Thomas setzte alles daran, sich für Sandy unentbehrlich zu machen und seine Anerkennung zu gewinnen. Er half auf dem Hof, wenn es nur irgend möglich war. Seite an Seite mit Mairi setzte er die Saatkartoffeln in gleichmäßigen Abständen in die Ackerfurchen, die Sandy gezogen hatte. Doch manchmal bedrückte ihn der Gedanke, daß er vielleicht schon gar nicht mehr auf Arran sein könnte, wenn die „Früchte seiner Arbeit" auf den Tisch kämen. Er war allein für das Füttern der Hühner verantwortlich und mistete ihren Stall aus. Da er meinte, daß ihn Sandy wegen seiner körperlichen Schwäche verachtete, übernahm er freiwillig das Wasserschleppen. Dabei entlockte er Mairi so manches verstohlene, aber stolze Lächeln, denn da er seine Kraft zeigen wollte, füllte er die Eimer am Brunnen immer übervoll und geriet mit seiner Last ins Stolpern.

Er lernte sogar das Kühemelken. Jetzt war es bald soweit, daß das erste Kalb seit Thomas' Ankunft geboren werden sollte. Er hatte die Erlaubnis erhalten zuzuschauen, und mit seinen weit aufgerissenen Augen sah er dabei fast besorgter aus als die kalbende Kuh.

Während der Schafschur trieb er sich wie die anderen Kinder beim Pferch herum, meist, um beim Scheren zuzusehen, manchmal aber auch, um gemeinsam mit den Spielkameraden ausbrechende Tiere zurückzuscheuchen. Es faszinierte ihn, daß das frisch geschorene Vlies noch die Form eines Schafes beibehielt, so, als sei es selbst ein Lebewesen. Es tat Thomas geradezu in der Seele weh, als die Vliese später gebündelt wurden, um in die Spinnerei auf dem Festland geschickt und zu Wolle verarbeitet zu werden. Ein paar Wochen darauf brachte der Postbote zwei Säcke mit der gesponnenen Wolle, und nachdem Mairi fleißig gestrickt und Thomas mit einem Pullover und Socken beschenkt hatte, zählte er sich schon richtig zu den Bewohnern von Arran.

Mairi forderte den Jungen immer wieder auf, sich nach dem Unterricht und an schulfreien Tagen den anderen Inselkindern anzuschließen. Er durfte auch bald mitgehen, wenn sie Möweneier suchten und diese hinterher in einer Kanne Wasser auf Frische prüften. Er begleitete sie zum Angeln und wurde in die knifflige Kunst eingeweiht, einen Köder am Haken anzubringen. Danach dauerte es nicht mehr lange, bis er genauso geschickt wie die anderen Kinder angelte – kleine Forellen, die es in den Bächen der Insel in großer Menge gab, oder Lippfische, die sich im tiefen Wasser vor den Felsen am Strand tummelten.

Je länger Thomas unter den Kindern von Arran lebte, desto ähnlicher wurde er ihnen. Sein trauriger Gesichtsausdruck wich allmählich fröhlicher Munterkeit; sein magerer Körper begann sich zu kräftigen, und sein Haar, das nicht mehr von einem übereifrigen Anstaltsfriseur, sondern von Mairis Schere geschnitten wurde, versprach dick und zottig zu werden. Und fast ohne daß er es merkte, verbesserte sich auch seine Sehkraft.

Der Vorsteher des Waisenhauses hatte Thomas angehalten, die Brille ständig zu tragen – nicht nur beim Lesen. In seiner Hilflosigkeit hatte der Junge gehorcht, und nach einiger Zeit wußte er nicht einmal mehr, daß er früher wie andere Kinder das Ende der Straße oder die Vögel in den Parkbäumen hatte erkennen können. In der Schule von Arran fiel ihm dann auf, daß keines der anderen Kinder eine Brille trug, und er schämte sich. Außer Mairi, die zum Handarbeiten bei Lampenlicht Augengläser brauchte, schien er überhaupt der einzige Mensch auf der Insel zu sein, der eine Brille benutzte. Die anderen Kinder fragten ihn nach dem Grund, und als er sagte, daß er sonst nichts sehen könnte, waren sie verblüfft. Sie probierten die Brille selbst aus und konnten sich gar nicht beruhigen, daß plötzlich alles so verschwommen aussah, oder sie versteckten sie und ließen Thomas ein paar Gegenstände benennen, die er nach ihrer Meinung einfach erkennen mußte. Gelang es ihm, erklärten sie einmütig, daß er doch genauso gut sehen könne wie sie selbst.

Es gab aber noch einen zwingenderen Grund, weshalb Thomas versuchen wollte, ohne Brille auszukommen. Er mußte sie in dem nebelreichen Klima auf Arran so oft trockenreiben, daß das Putzen zur Plage wurde. Unten am Strand, wenn er die Seehunde rief, kam zu der feuchten Luft noch die Gischt und beschlug die Gläser. So steckte er die Brille beim Aufenthalt im Freien immer häufiger in die Tasche und zwang sich, mit bloßen Augen soviel wie möglich zu erkennen, eine Methode, die zu einem überraschend guten Ergebnis führte. Sein schwaches Sehvermögen besserte sich erheblich; er erkannte nun schon ziemlich weit entfernte Gegenstände. Doch es dauerte eine Weile, ehe er sich dieser Veränderung bewußt wurde; er mußte die Brille immer wieder erst in der Hosentasche entdecken, um zu merken, daß er sie gar nicht aufgesetzt hatte.

Im Gegensatz zu Thomas selbst hatte Sandy den auffallenden Wandel des Jungen durchaus bemerkt. „Es ist kaum zu glauben", sagte er eines Abends zu Mairi, als Thomas schon schlief. Sie wußte genau, wovon er redete, aber sie blickte ihn fragend an; er sollte aussprechen, was ihn bewegte. „Der Junge . . .", begann Sandy, „also, ich glaube, niemand würde in ihm das Kind wiedererkennen, das du damals mitgebracht hast."

„Habe ich es nicht vorausgesagt?" entgegnete Mairi. „Du siehst, was das Leben auf Arran bei ihm bewirkt hat. Vielleicht verstehst du nun besser, warum ich ihn unbedingt hierherbringen wollte."

„Und du meinst, du selbst hättest gar nichts dazu beigetragen?" Sein Ton klang beinahe ironisch.

„Ein bißchen . . . vielleicht." Sie schwieg einen Augenblick und fügte hinzu: „Hast du bemerkt, daß er mich jetzt ‚Mami' nennt?"

„Ich habe es bemerkt."

„Aber du hast nichts dagegen . . .?"

„Warum sollte ich . . .?"

Mairi musterte ihn nervös. „O Sandy, ich wünschte, du würdest ein bißchen öfter mit Thomas reden. Ja, natürlich, ich weiß" – sie mußte ihm den Wind aus den Segeln nehmen –, „du ärgerst dich, daß er dir nie auf Fragen antwortet, aber er ist doch schon viel selbstsicherer als zu Anfang. Warum erzählst du ihm nicht ein wenig von deinem Tageslauf – was du gefischt hast, was du gesehen oder gehört hast, irgend etwas, das ihn interessieren könnte."

„Das Reden liegt mir nun mal nicht, und das weißt du auch." Eine gewisse Schärfe in Sandys Tonfall drückte aus, daß das Thema für ihn abgeschlossen sei, doch Mairi überhörte sie absichtlich.

„Ich weiß es", sagte sie, „und trotzdem bitte ich dich, einen Versuch zu machen. Thomas möchte für sein Leben gern eine Unterhaltung mit dir in Gang bringen, aber er kann es nicht. Du könntest es, wenn du nur wolltest." Sie machte eine Handbewegung, eine Geste der Hilflosigkeit. „Es wäre so gut für ihn, wenn ihr besser aufeinander eingehen könntet. Er ist doch kein dummes Kind, Liebling. Miß McLeod hält ihn für einen ihrer besten Schüler."

„Meinst du, ich wüßte nicht über ihn Bescheid? Er lebt doch schon lange genug mit uns unter einem Dach."

„Unter einem Dach!" Mairis Stimme wurde lauter. „Das genügt nicht, und du wirst nie richtig mit ihm auskommen, wenn du ihn nicht auch an deinem Leben teilhaben läßt."

Während Mairi mit ernster Miene auf Sandy einredete, hatte sie sich immer weiter vorgebeugt, und das Strickzeug war ihr vom Schoß geglitten. Sie bückte sich danach, und so entging ihr, wie abweisend es um seine Lippen zuckte. Er stand auf, griff nach dem halbleeren Torfeimer und der Sturmlaterne und ging hinaus zum Schuppen. Als die Tür hinter ihm zufiel, nahm Mairi seufzend ihre Strickarbeit wieder auf.

Sandy füllte den Eimer, trug ihn aber nicht gleich ins Haus zurück. An den Torfstapel gelehnt, dachte er verdrossen über Mairis Vorwürfe nach. War er ihr nicht entgegengekommen, als sie den Jungen ins Haus nehmen wollte? Hatte er nicht, soweit es ihm möglich war, Thomas gezeigt, daß er willkommen sei? Seine Schweigsamkeit würde er nicht ablegen, nicht einmal gegenüber Mairi. Seine frommen, strengen Eltern hatten dem, was sie „eine flinke Zunge" nannten, zutiefst mißtraut und folglich bei ihren Kindern jede Neigung zur Gesprächigkeit unterdrückt. Der Lieblingsausspruch des Vaters hieß: „Reden ist Silber, Schweigen ist Gold." Und da Sandy in diesem Sinne erzogen war, wußte er, daß sich an seiner Wortkargheit nichts mehr ändern würde; sie war allzu tief in ihm verwurzelt.

Er blieb noch eine Weile im Schuppen und überließ sich den Geräuschen der Nacht, um seine gereizten Gefühle zu besänftigen.

„Ich dachte schon, du wärst im Schuppen eingeschlafen", meinte Mairi vorwurfsvoll, als er endlich wieder in der Küche erschien. Sie schenkte ihm eine Tasse Tee ein.

Sandy setzte den Torfeimer ab und blies das Sturmlicht aus. „Ich glaube, wir bekommen schönes Wetter", sagte er, als hätte er Mairis Bemerkung gar nicht gehört.

Mairi nippte nachdenklich an ihrem Tee. „Stimmt", antwortete sie. „Und deswegen habe ich schon daran gedacht, morgen hinüber zum Festland zu fahren. In letzter Zeit ist der Bus ja immer ziemlich früh zurückgekommen."

„Aber überanstrenge dich nicht", ermahnte sie Sandy besorgt. Von ihrem letzten Festlandbesuch war sie doch sehr blaß und erschöpft heimgekehrt.

„Ich passe schon auf mich auf. Aber Thomas hat bald Geburtstag, und ich möchte ihm eine Schleppangel kaufen. Wenn er seine eigene Angel hat, kann er auch allein fischen." Sandy meinte, eine Spur von Herausforderung in ihrem Tonfall zu entdecken.

„Um neues Angelzeug zu kaufen, ist es ziemlich spät im Jahr", erklärte Sandy. „Es wird bald Winter."

„Aber noch nicht zu spät. Unser Nachbarsjunge, der kleine Shamus McAlister, hat Thomas neulich einen prächtigen Fisch gezeigt, den er selbst gefangen hatte, als er mit seinem älteren Bruder draußen war. Thomas hofft wohl, daß ihn der große McAlister auch mal mitnimmt, wenn er erst eine eigene Angel hat."

„Schon möglich", sagte Sandy tonlos. Er spürte hinter ihren Worten den Vorwurf, daß er den Jungen noch nie aufgefordert hatte, zum Fischen mit aufs Meer hinauszufahren.

Am nächsten Morgen, als Thomas schon in der Schule war, begleitete er Mairi zum Bus. Dann machte er sich auf den Weg zum Strand, denn er wollte hinausfahren und seine Hummerfangkörbe kontrollieren. Er nahm sich auch vor, gleich eine schöne Holzplanke abzuholen, die er ein Stück weiter südlich auf dem Strand einer kleinen Bucht entdeckt hatte. Als er das Boot in die Bucht steuerte, sah er ein Seehundjunges auf dem steinigen Strand liegen. Er watete an Land.

Der kleine Seehund hob den Kopf und beobachtete mit seinen runden Augen, wie Sandy die Planke über den Sand schleppte und in sein Boot lud. Im allgemeinen ließ man solche Jungtiere in Ruhe; die Mutter war ja meist in der Nähe und versorgte das Kleine, wenn sie es für nötig hielt. Doch mit diesem Jungen stimmte etwas nicht. Sandy watete zum Strand zurück, umkreiste es vorsichtig und versuchte, sich von seinem Zustand ein Bild zu machen. Dann trat er näher heran, zwängte seine Hände unter den kleinen Körper und schob ihn näher an das Wasser heran. Der Seehund wehrte sich ein bißchen, ließ den Kopf aber gleich wieder auf den Strandschotter sinken. Sandy führte diese Schwäche auf Hunger zurück, und so stieg er wieder ins Boot, um rasch ein paar Fische zu fangen und das Junge damit zu füttern. Er hatte den Motor schon angeworfen, als ihm Thomas einfiel. Von Mairi kannte er die Geschichte mit den Seehunden, und ihre Vorwürfe vom vergangenen Abend hatte er auch noch nicht vergessen. Nach dem Sonnenstand zu urteilen, mußte die Schule schon zu Ende sein. Er steuerte das Boot aus der Bucht und fuhr nach Hause. Als er auf die Haustür zuging, sah er, wie der Junge gerade ein Stück der Mauer, das eingefallen war, wieder aufschichtete.

„Thomas!" Der Junge ließ den Stein, den er gerade aufgenommen hatte, aus der Hand fallen und blickte ängstlich zu Sandy hinüber. „Komm mit! Ich will dir etwas zeigen." Ungläubig sah Thomas, wie Sandy ihm ein Zeichen mit der Hand gab, sich aber gleich wieder umdrehte und zum Strand zurückstapfte. Thomas begriff nicht, was das zu bedeuten hatte, aber er folgte der Aufforderung.

Nachdem sie ein Stück hinausgefahren waren, fing Sandy ein paar Fische, und dann steuerte er das Boot wieder in die kleine Bucht. Das Seehundjunge lag so hilflos wie zuvor auf dem Strand und weigerte sich, den Fisch zu fressen, den ihm Sandy vor das Maul hielt. Thomas beobachtete mit aufgerissenen Augen, wie Sandy zum Boot zurückwatete und ein Paar dicke Handschuhe holte.

„Es ist noch nicht gewöhnt, selbständig zu fressen", erklärte Sandy. „Wir müssen es ihm beibringen, sonst verhungert es. Nimm einen von den kleinen Fischen. Wenn ich ihm das Maul aufsperre, stopfst du den Fisch schnell hinein."

Thomas war mit Feuereifer bei der Sache. Der Fisch verschwand im Schlund des kleinen Seehundes, und Thomas schob noch einen zweiten und einen dritten hinterher. Das Tier schlug um sich, als wären seine Kräfte augenblicklich wiederhergestellt.

„Er hat jetzt genug. Wir fahren nach Hause", sagte Sandy.

Es fiel Thomas schwer, wieder ins Boot zu steigen. Er hätte so gern gewußt, ob das Seehundjunge Aussicht hatte zu überleben, doch wieder einmal konnte er die Worte einfach nicht herausbringen, und so blieb ihm nichts anderes übrig, als sich hinzusetzen und traurig zu dem kleinen Kerl zurückzuschauen.

Als Mairi an diesem Abend heimkam, erzählte ihr Thomas augenblicklich, was sie erlebt hatten. „Ob er durchkommen wird? Was meinst du?" fragte Mairi, zu Sandy gewendet, der gerade die Küche betrat.

„Vielleicht", entgegnete er unverbindlich, aber dann fügte er hinzu: „Thomas kann morgen nach der Schule mitkommen. Wir werden versuchen, ihm wieder ein paar Fische zu geben. Ich glaube, er gewöhnt sich bald daran, von uns gefüttert zu werden."

Thomas strahlte. Schon am Nachmittag, als er sich gemeinsam mit Sandy über den kleinen Seehund gebeugt hatte, war für ihn plötzlich die Gutherzigkeit sichtbar geworden, die Mairis Mann hinter seiner ewig grimmigen Miene verbarg. Trotzdem wollte er seinen Ohren noch nicht so recht trauen, und so blickte er fragend zuerst zu Mairi und dann zu Sandy hinüber. Doch die beiden schauten gerade einander an, und in ihren Gesichtern spiegelte sich eine Art von Einverständnis, die der kleine Junge noch nicht begreifen konnte.

Von nun an fütterten Sandy und Thomas den jungen Seehund jeden Nachmittag. Das kleine Tier hatte rasch gelernt, die beiden Menschen wiederzuerkennen. Sobald sie aus dem Boot kletterten, drehte es den Kopf neugierig in ihre Richtung, und wenn sie näher kamen, rutschte es unruhig auf dem Strand herum und stieß leise Laute aus, die sich wie ein abgebrochenes Gähnen anhörten. Es dauerte nicht lange, bis es von allein nach den Fischen in ihrer Hand schnappte, und wenn sie zum Boot zurückgingen, kam es zumindest Thomas so vor, als blicke es ihnen traurig hinterher. Aber eines Nachmittags kamen sie in die Bucht, und es gab keinen kleinen Seehund mehr, der sie erwartete.

Sandys Kommentar war denkbar knapp. „Wahrscheinlich kann er jetzt für sich selbst sorgen." Dann wendete er das Boot und steuerte es ins offene Wasser hinaus.

Thomas war nicht einmal über Gebühr enttäuscht. Mairi hatte ihn schon darauf vorbereitet, daß sich das Jungtier wahrscheinlich wieder der Herde anschließen werde, sobald es sich stark genug fühlte. Viel trauriger machte ihn der Gedanke, daß es für die gemeinsamen Bootsfahrten nun keinen Grund mehr gab. Gewiß, sie hatten nur ganz selten miteinander geredet, aber sie waren gezwungen gewesen, sich bei der gemeinsamen Arbeit rasch in die Gedanken des anderen zu versetzen, und darin lag doch auch schon der Beginn des gegenseitigen Verstehens. Thomas grübelte lange darüber nach und war noch mehr als bisher geneigt, an „Seehundzauber" zu glauben.

Fünftes Kapitel

Thomas hatte Geburtstag. Bevor er am Morgen zur Schule losmarschierte, übergab ihm Mairi sein Geschenk, die Angelrute. Und als er nachmittags nach Hause kam, hatte sie ihr neuestes Tischtuch aufgelegt und mitten darauf einen runden Biskuitkuchen mit rosa Zuckerguß gestellt.

Der Junge japste vor Freude. „Ist der für mich, Mami?"

Mairi nickte. „Noch mehr Dekoration kann ich dir nicht bieten", antwortete sie lachend. „Geburtstagskerzen gibt es bei uns auf der Insel nicht." Auf der Suche nach einem Ersatz für die Kerzen hatte sie an einer geschützten Stelle des Ackers ein paar Wollgrasstengel entdeckt, die noch nicht durch die Herbststürme abgeknickt waren. Neun dieser steifen Stengel hatte sie am Vormittag gepflückt und in den Kuchen gesteckt.

Thomas starrte den Tisch immer noch verzückt an, als sei er ein Traumbild. „D-d-das ist viel schöner als K-k-kerzen", versicherte er.

„D-d-das sieht aus wie eine B-b-burg mit Fähnchen." In Erwiderung auf dieses Kompliment lächelte Mairi nicht nur, sondern sie trat auf Thomas zu und nahm ihn in die Arme. „Du machst mich ganz verlegen, denn ich komme mir so gescheit vor, weil ich anscheinend genau weiß, was dir gefällt."

„D-d-du bist doch gescheit; v-v-viel gescheiter als alle anderen Frauen hier", erklärte er, machte kehrt und rannte in den Hof, um die Hühner zu füttern.

Als er wieder ins Haus trat, schlug ihm der Duft von Backwerk und gebratenem Fleisch entgegen. Mairi beugte sich gerade über den Herd, probierte den Hasenbraten und schob ihn ins Backrohr zurück. Der Geruch der guten Soße erfüllte schon die ganze Küche. Thomas stöhnte fast vor Hunger. Eine kurze Weile zappelte er noch unschlüssig herum; dann setzte er sich mit einem Buch hin. Man mußte ja auf den Herrn des Hauses warten.

Sandy brachte einen Eimer voll großer Krebsscheren mit. Thomas bekam glänzende Augen. Was für ein Festessen! Hasenbraten, Kartoffeln, Geburtstagskuchen und nun auch noch geröstete Krebsscheren! Er war mit seinem Stuhl schon an den Tisch gerutscht, ehe Sandy die Stiefel ausgezogen hatte.

Der Kuchen war halb aufgegessen, als endlich die Krebsscheren an die Reihe kamen. Thomas hockte auf dem Kaminvorleger und knackte sie, wenn sie fertig geröstet aus dem Feuer kamen, und Sandy schaute ihm dabei verstohlen zu. Ihm fiel ein, wie bleich und schlaff die Hände des Jungen ausgesehen hatten, als er zu ihnen kam – nicht zu vergleichen mit den kräftigen, sonnengebräunten Fäusten, die jetzt mit so erstaunlicher Sicherheit den eisernen Schürhaken handhabten. Sein Blick glitt zu Mairi hinüber. Wieviel sie inzwischen schon für diesen Jungen getan hatte, und wie behutsam sie ihm immer mehr Selbstvertrauen einflößte! Manchmal, wenn sich Sandy eingestand, wie wenig er selbst zu diesem Wandel beigetragen hatte, bekam er Gewissensbisse. Er hatte sich damit abgefunden, daß Thomas für immer bei ihnen bleiben werde. Er versorgte ihn auch bereitwillig mit allem Nötigen, doch wenn er das tat, geschah es, weil er Mairi glücklich machen wollte, und nicht so sehr aus Liebe zu dem Jungen. Und daß Mairi glücklich war, stand außer Zweifel. Seit Thomas bei ihnen lebte, schienen die letzten Spuren des Kummers um die eigene Kinderlosigkeit ausgelöscht zu sein. Allerdings fiel Sandy auf, daß sich hinter ihrer heiteren Miene oft Müdigkeit verbarg, und in solchen Augenblicken fragte er sich besorgt, ob sie die Last der Verantwortung für das Kind nicht doch unterschätzt hatte.

Die Wochen verstrichen, und Thomas wartete ungeduldig auf eine

Gelegenheit, seine Angel auszuprobieren, doch er wurde immer wieder enttäuscht. Die Wintertage waren so kurz, daß am Spätnachmittag nach der Schule das Tageslicht nicht mehr zum Fischen ausreichte, und ausgerechnet an den schulfreien Tagen kehrte das Wetter immer seine stürmischste Seite hervor. Zum Trost lief Thomas dann an den Strand und stellte sich vor, wie es wäre, jetzt in die Bucht hinauszurudern, seine Leine auszuwerfen und mit einem guten Fang nach Hause zu kommen.

Sandy besaß drei Boote. Die *Mairi,* ein Motorboot, wurde nur für den Hummerfang benutzt und lag sonst in einer winzigen Lagune vor Anker, die durch einen schmalen Einschnitt in der Küste gebildet wurde. Die beiden anderen Boote, die *Seeschwalbe* und die *Neptun,* waren nur Ruderboote, die Sandy nach dem Fischen einfach auf den Strand unterhalb des Kartoffelackers zog. Die *Seeschwalbe,* die er erst kürzlich erworben hatte, war so klein und leicht, daß Mairi allein damit fertig wurde. Für die große, schwerfällige *Neptun* bedurfte es dagegen eines kräftigen Mannes, um sie ins Wasser oder auf den Strand zu schieben und ihre schweren Ruder zu handhaben.

Seit Beginn des Frühjahrs gab es wieder öfter Tage mit ruhigem Wetter, und abends war es auch schon länger hell. Doch jetzt hatte die Feldarbeit Vorrang, und Thomas mußte sich darein schicken, daß Mairi erst nach der Frühjahrsbestellung ihr Versprechen einlösen und mit ihm angeln gehen würde.

Endlich aber waren auch die Feldarbeiten beendet, und es kam ein schöner Abend, an dem Sandy fortgegangen war, um nach den Schafen zu sehen, die im Heidehochmoor überwintert hatten.

„Hättest du Lust, heute deine Angel auszuprobieren?" fragte Mairi, und Thomas schoß wie der Blitz in sein Zimmer, holte die Angel und rannte hinter Mairi her, die schon auf dem Weg zum Strand war. Gemeinsam ließen sie die *Seeschwalbe* zu Wasser, und dann ruderte Mairi ein Stück hinaus in die Bucht. Weiter wagte sie sich nicht, denn vor der Bucht gab es zu bestimmten Zeiten der Flut starke Strömungen, die das kleine Boot leicht ins Meer hinaustragen konnten – es sei denn, der Ruderer wäre kräftig genug, dagegen anzusteuern.

Sobald sie eine Stelle erreicht hatten, die nach Mairis Meinung einen guten Fang versprach, ließ sie die Ruder sinken und forderte Thomas auf, die Leine auszuwerfen. Sie hatte sich nicht verschätzt. Fast augenblicklich spürte Thomas, wie die Rute in seiner Hand zu vibrieren begann; ein Fisch strich um die buntgefiederten Köder an den Haken der Leine. Als die Leine schwerer wurde, schrie er vor Aufregung, und Mairi riet ihm, sie erst einmal einzuholen. Mit geübter Hand half sie ihm dabei, und sie löste auch gleich den Fang von den Haken. Die zappelnden Fische sollten nicht erst die Schnur so hoffnungslos verheddern, daß man den ganzen Abend brauchen würde, um sie wieder zu entwirren. Dann warf Thomas zum zweiten Mal die Leine aus, und wieder biß fast augenblicklich ein Fisch an.

Dies ging eine Weile so weiter, und endlich sagte Mairi: „Wenn wir unsern ganzen Fang noch ausnehmen und die Fische fürs Abendessen entgräten wollen, müssen wir jetzt aufhören." Sie wendete das Boot und ruderte langsam zur Küste zurück.

Noch am Strand nahmen sie die Fische aus und warfen die Eingeweide den Möwen zu, die über ihren Köpfen kreisten. Alles, was sie selbst essen wollten, legten sie beiseite, und der Rest kam in die große Tonne, in der Sandy Köder für den Hummerfang sammelte.

„Freust du dich, daß deine Angel endlich eingeweiht ist?" fragte Mairi, als sie auf das Haus zugingen.

Thomas strahlte sie an. Er sah, daß sie im Gehen die Hand auf die Stelle preßte, an der das Herz war, und das konnte nur bedeuten, daß sie sich ebensosehr wie er freute. So hatte sie es ihm jedenfalls erklärt.

Auch in den darauffolgenden Wochen ruderten sie an jedem Abend, wenn die See ruhig genug war, zum Fischen hinaus. Es dauerte nicht lange, bis Thomas unter Mairis Anleitung mit den Rudern umzugehen lernte, aber manchmal, wenn einfach kein Fisch anbeißen wollte, ließen sie die *Seeschwalbe* treiben und korrigierten nur ab und zu den Kurs, damit sie nicht ins offene Meer gerieten. Und während sie so dahinschaukelten, begannen sie zu singen, denn sie hofften, auf diese Weise die Seehunde anzulocken. An anderen Abenden begnügten sie sich damit, den Seevögeln zuzuschauen, die mit ihrem eigenen Fischfang beschäftigt waren.

Doch die Erntezeit rückte unaufhaltsam näher, und wieder wurden alle Hände von morgens bis abends in der Landwirtschaft gebraucht. Das Getreide und das süßlich duftende Heu mußten eingebracht werden, und Thomas half auch gern dabei, aber seit ihn die Angelleidenschaft gepackt hatte, ärgerte er sich ein bißchen, daß Mairi abends zu erschöpft war, um ihn noch rasch ein wenig hinauszurudern. Er konnte verstehen, daß sie so müde war; er selbst fiel ja vor Erschöpfung fast um, wenn er nur wenige Stunden auf dem Acker geholfen hatte, aber die Aussicht, angeln zu gehen, hätte ihn sicher gleich wieder hellwach gemacht.

An einem Morgen gegen Ende der Erntezeit erinnerte Mairi den Jungen an ein wichtiges Datum: In zwei Wochen wollten die Beamten der Adoptionsbehörde nach Arran kommen und die nötigen Papiere mitbringen. Nach der Unterzeichnung wäre die Adoption dann amtlich besiegelt.

Es war überflüssig, Thomas daran zu erinnern. Vor drei Monaten hatte ihm Mairi zum ersten Mal von dem bevorstehenden Besuch der Beamten erzählt, und seither hatte jeden Morgen beim Aufwachen sein erster Gedanke dem großen Ereignis gegolten. Als er mit der Schultasche aus der Küche trat, warf er Mairi über die Schulter noch ein Lächeln zu, und dann stürmte er los. Noch vierzehn Tage, und dann würde er richtig zu diesem kleinen Haus hier auf Arran gehören! Und in vierzehn Tagen würde Mr. Sandy auch vor dem Gesetz sein Paps werden, aber Thomas zweifelte, daß von Mr. Sandy jemals die Aufforderung käme, das Wort zu gebrauchen.

An diesem grauen Tag wollte der Nieselregen überhaupt nicht aufhören, und als die Schule zu Ende war, liefen die Kinder eiliger als sonst nach Hause. Doch einer der Jungen blieb plötzlich stehen und sagte: „Ich glaube, heute abend beißen die Fische gut an. Bei diesem Regen kann mein Vater sowieso kein Getreide einbringen. Vielleicht geht er mit mir fischen." Er schoß zielstrebig davon, und auch Thomas beschleunigte seinen Gang. Mairi wurde doch ebenfalls durch das schlechte Wetter von der Heuernte abgehalten. Vielleicht ließe sie sich dazu überreden, mit ihm heute abend hinauszufahren. Er stürzte atemlos in die Küche.

„Mami ...", fing er an, aber die Frau, die da über den Herd gebeugt stand, war nicht Mairi, sondern die Gemeindeschwester. Er kannte sie, denn jeden Monat, wenn sie in der Schule ihren amtlichen Besuch gemacht hatte, kam sie auf eine Tasse Tee bei Mairi vorbei. Doch diesmal standen weder Tee noch Gebäck auf dem Tisch. Gerade nahm die Schwester einen dampfenden Wasserkessel vom Herd. Dann drehte sie sich um und nickte bestätigend, als hätte ihr Thomas eine Frage gestellt.

„Ja, ja, deine Mutter hat sich zu Bett gelegt", sagte sie. „Sie fühlt sich nicht wohl."

Die scharfe Stimme erinnerte Thomas an schon fast vergessene Waisenhaustage. „Ist Mami denn krank?" fragte er schüchtern. In seiner Vorstellung bestand noch ein großer Unterschied zwischen Sich-zu-Bett-Legen und Kranksein.

„Jedenfalls so krank, daß du sie nicht stören darfst", erklärte die Schwester. „Ich habe dir Tee gemacht. Hier ... trink jetzt. Und dann sieh zu, daß du dich nützlich machst."

Thomas trank gehorsam die Tasse aus. Sein Magen hatte sich so verkrampft, daß er nicht den geringsten Hunger verspürte. Er ging hinaus, und als er sah, daß der Torfeimer leer war, lief er damit in den Schuppen.

Die Schwester war noch in der Küche, als er mit dem gefüllten

Eimer zurückkam. „Ist Mr. Sandy denn nicht zu Hause?" fragte er. „Nein, aber er wird bald wieder hiersein. Der Doktor läßt ihn bestimmt in seinem Auto mitfahren."

Der Doktor? Thomas durchfuhr ein eisiger Schrecken. Der Doktor kam doch nur, wenn jemand ernstlich krank war! Am liebsten hätte er noch mehr Fragen gestellt, aber die kurz angebundene Art der Schwester nahm ihm den Mut. Und dann waren auch schon Schritte vor dem Haus zu hören. „Das ist sicher der Doktor mit Mr. McDonald", sagte die Schwester. Im nächsten Augenblick war sie schon hinter dem Arzt in Mairis Schlafzimmer verschwunden.

Thomas hob den Kopf. Noch nie hatte Mr. Sandy so versteinert ausgesehen wie jetzt, als er die Küche betrat. Sein Anblick genügte, um in dem Jungen alle schon fast vergessenen Ängste wieder wachzurufen; Thomas begann zu zittern. Doch Sandy übersah ihn einfach, kehrte ihm den Rücken zu und starrte aus dem Fenster, bis die Schwester wieder in die Küche kam.

„Verschwinde in dein Zimmer. Ich habe mit Mr. McDonald zu reden", kommandierte sie, und Thomas gehorchte schweren Herzens. Er blieb in seinem Zimmer, bis es Zeit war, die Hühner zu füttern, und als er auf dem Weg in den Hof an der Küche vorbeikam, sah er den Mantel der Gemeindeschwester immer noch über einem Stuhl liegen. Wie lange sie wohl im Hause blieb? Und wie lange würde sie ihm verbieten, zu seiner Mami hineinzugehen?

Sobald die Hühner versorgt waren, überlegte er, was er noch tun könnte. Er schürte das Feuer in der Küche und füllte den Kessel wieder mit Wasser; er wusch die Kartoffeln für das Abendessen und setzte den Topf aufs Feuer; er zündete die Lampe an und machte Bens Futter fertig, und zu guter Letzt stellte er auch noch Sandys Pantoffeln vor den Sessel. Als Sandy in die Küche trat, saß Thomas auf seinem Stuhl neben dem Kamin und wartete voll ängstlicher Spannung.

„Du kannst jetzt hineingehen, Junge", sagte Sandy, und Thomas sprang auf, aber die Schwester erschien in der Küchentür und hielt ihn noch zurück.

„Daß du auch ganz leise bist", ermahnte sie ihn. „Mr. McDonald bringt mich jetzt zu meinem Auto, und du kümmerst dich inzwischen hier um alles – aber nur, bis er wieder da ist. Vergiß nicht, was ich dir gesagt habe!" Mit der Taschenlampe in der Hand folgte sie Sandy in den Hof.

Thomas stieß vorsichtig die Schlafzimmertür auf. Das Licht war gedämpft, aber er konnte Mairi erkennen, die, auf die Kopfkissen gestützt, im Bett lag.

„Mami!" rief er leise.

„Thomas!"

Beim Klang ihrer Stimme wäre er vor Erleichterung beinahe auf Mairi zugestürzt, aber er riß sich zusammen. Als er neben das Bett trat, lächelte sie ihm zu und streckte einen Arm nach ihm aus. Er beugte sich über sie, und ihre Hände umschlossen zärtlich sein Gesicht. Sie merkte, wie elend ihm zumute war, und sagte: „Du warst sicher sehr erschrocken, als du vorhin gehört hast, daß ich im Bett liege."

„G-g-geht es dir jetzt wieder besser, Mami?"

„Viel besser. Ich bin bald wieder ganz gesund, aber der Doktor möchte, daß ich ein paar Tage ins Krankenhaus gehe, damit ich mich auch wirklich ausruhe."

„Ins Krankenhaus?" wiederholte Thomas entsetzt.

„Bloß für ein paar Tage." Sie hob sein Kinn mit dem Zeigefinger an. „Nun mach doch nicht solch eine Trauermiene."

„Es war gar nicht schön, als ich heute nach Hause kam, und du konntest nicht mit mir sprechen und lachen." Er biß auf seiner Unterlippe herum, und beim Licht der Lampe sah Mairi, daß ihm die Tränen in den Augen standen. „Mami, ich vermisse dich so!"

„Das ist lieb von dir, Thomas!" Sie blickte ihn zärtlich an.

Als Sandy zurückkam, plauderten sie immer noch, aber er sagte, auf Anordnung der Schwester müßte sich Mairi jetzt gleich für die Nachtruhe fertigmachen. Thomas verzichtete freiwillig auf den Versuch, das Gutenachtsagen hinauszuzögern. Schon während er sich mit Mairi unterhielt, war ihm aufgefallen, daß ihre Augenlider flatterten, als sei sie todmüde.

Als Thomas am nächsten Morgen aufwachte, war die Gemeindeschwester schon wieder da. „Es wäre gut, wenn du gleich frühstücken und dich dann nützlich machen würdest", sagte sie und lief geschäftig ins Schlafzimmer.

Thomas war über die Unterstellung, er wolle vielleicht müßig herumsitzen, sehr empört. Verdrossen ging er seinen Pflichten nach, aber als er die Schwester wieder zu Gesicht bekam, fragte er: „Darf ich meine Mami noch sehen, ehe ich in die Schule gehe?"

Einen Augenblick lang verlor die Stimme der Schwester ihre gewohnte Schärfe. „Geh nur hinein, Jungchen, deine Mami wartet schon auf dich."

Mairi hatte sich im Bett aufgerichtet, als die Schwester den Jungen ins Zimmer schob. Jetzt, beim hellen Tageslicht, kam sie Thomas ungewöhnlich blaß und erschöpft vor, aber ihr gewohntes Lächeln war noch da.

„Thomas", sagte sie und zeigte auf die Kommode, „im obersten

Schubfach liegt eine flache Pappschachtel. Bring sie mir doch bitte her."

Er trug die Schachtel zum Bett. Als Mairi den Deckel abnahm, sah er, daß ordentlich gefaltete Taschentücher darin lagen.

„Die hat mir Sandy zum Geburtstag geschenkt", erklärte sie. „Wenn ich ins Krankenhaus komme, will ich sie mitnehmen. Dann habe ich wenigstens etwas Hübsches zum Naseputzen. Aber dieses hier schenke ich dir." Sie nahm eines der gestickten Taschentücher aus dem Karton und faltete es auseinander. „Jetzt paß auf: Ich wickle ein Lächeln für dich in dieses Taschentuch. Dann hast du es immer bei dir, solange ich fort bin."

Sie hielt sich das Taschentuch vors Gesicht, und ihre Augen, die ein wenig über den oberen Rand schauten, funkelten vor Vergnügen. „Jetzt ist es drin!" sagte sie, legte das Tuch rasch wieder zusammen und drückte es Thomas in die Hand. „Hüte es wie einen Schatz", sagte sie, und dann grienten sie einander an wie zwei Verschwörer.

Die Schwester erschien in der Tür. „Schluß machen", befahl sie, und, zu Thomas gewendet, fügte sie hinzu: „Du solltest längst auf dem Schulweg sein, Bürschchen."

Eigentlich hatte er seine Mami noch fragen wollen, ob er nicht lieber zu Hause bleiben sollte, doch er spürte, daß es besser wäre, Mairi in Ruhe zu lassen; für solche Entscheidungen wäre Mr. Sandy wohl jetzt zuständig. Aber die Schwester sagte, Mr. McDonald sei draußen auf dem Acker, um nach dem Krankenwagen Ausschau zu halten. So blieb Thomas nichts anderes übrig, als sich niedergeschlagen auf den Schulweg zu machen.

DIE Vorstellung, daß seine Mami nun ins Krankenhaus gekommen war, bedrückte ihn den ganzen Tag über. Und als ihn beim Heimkommen von der Schule vor der Haustür ein untröstlicher Ben empfing, wurde ihm nur um so schmerzlicher bewußt, daß Mairi nicht da war, wenn er jetzt in die Küche trat.

Statt dessen empfing ihn die Mutter seines Schulfreundes Shamus McAlister. „Solange Mairi im Krankenhaus ist, kommst du zu uns", sagte sie. „Sandy wird ja auch meist fort sein. Aber du mußt dich natürlich um Ben kümmern."

Thomas starrte Mrs. McAlister mit offenem Mund an. Dann stammelte er: „I-i-ich möchte aber gern hierbleiben. M-m-meine Mami hat mir das Kochen beigebracht, und wenn Ben hier ist, bin ich doch nicht alleine." Mrs. McAlister musterte ihn scharf. „Ach, bitte", fuhr Thomas fort, „darf ich nicht zu Hause bleiben? Ich kann schon fast alles allein machen."

Mrs. McAlister war erleichtert, zeigte es aber nicht. Doch sie bestand darauf, daß er wenigstens das Abendessen nach dem langen Schultag bei ihnen einnähme. „Ich glaube, du kannst dich wirklich schon selbst versorgen", meinte sie. „Wenn ich Sandy treffe, sage ich ihm Bescheid."

Ben, der sich ohne seinen Herrn offenbar sehr verloren vorkam, folgte Thomas am nächsten Morgen zur Schule. Am darauffolgenden Tag spielte sich dasselbe ab. Nachts schlief er auch im Zimmer des Jungen, und nach einer Woche waren die beiden unzertrennlich geworden. Thomas arbeitete wie bisher nach Kräften im Haus und im Stall, und er verließ den Hof nur, um in die Schule zu gehen und hinterher bei den McAlisters zu essen.

Mr. McAlister, der ein wenig nach dem Rechten sah, während Sandy bei seiner Frau auf dem Festland war, rief jeden Tag vom Postamt aus im Krankenhaus an und erkundigte sich nach Mairi. Die Auskünfte, die Thomas von ihm erhielt, klangen nicht allzu beruhigend. „Sie ist immer noch sehr müde", hieß es, oder: „Sie braucht noch Ruhe." Mehr war aus Shamus' Vater nicht herauszubringen.

„Sagen Sie Mami, daß sie schnell gesund werden soll und daß ich gut zurechtkomme", bat Thomas. Doch nach einer Woche war noch immer keine Rede davon, daß Mairi nach Hause kommen dürfte, und so fragte er Mrs. McAlister, ob er wohl einen Besuch im Krankenhaus machen könnte.

„Ganz bestimmt", sagte sie. „Warte noch ein, zwei Tage."

Am darauffolgenden Tag begannen die Herbstferien. Thomas war im Haus beschäftigt, als er plötzlich eine schrille Frauenstimme hörte und Ben zu bellen begann. Vor dem Küchenfenster tauchte eine ungeheuer dicke Hausiererin auf, die ein beinahe ebenso dickes Bündel über der Schulter trug.

„Wo ist denn die Hausfrau?" rief sie.

„Die ist nicht da", antwortete Thomas mißtrauisch.

„Ach, du meine Güte!" jammerte die Frau. „Für wen habe ich denn dann all die feinen Sachen mitgebracht? Oder möchtest du sie mal ansehen?" Sie hatte ihr Bündel schon im Hauseingang abgesetzt und begann es aufzuknoten.

Einen Augenblick lang war Thomas besorgt, daß er die Frau nicht mehr loswerden könnte, doch dann kam ihm ein Gedanke: Am nächsten Freitag hatte seine Mami ja Geburtstag, und schon wochenlang sparte er sein Taschengeld für ein Geschenk auf, das er beim nächsten Festlandbesuch kaufen wollte. Er wußte, daß sich die Gelegenheit dazu nicht mehr bieten würde, solange Mairi fort war, und so fragte er die Hausiererin zögernd, ob sie wohl eine Schürze

hätte. „Aber sie muß schön b-b-bunt sein", sagte er mit Nachdruck.
„Aber gewiß doch", versicherte die Frau. Sie öffnete das Bündel
und legte ihm mehrere Schürzen vor. Thomas fand sie alle gleicher-
maßen häßlich, doch dann erspähte er in dem Haufen Zeug einen
bunten Zipfel. „Und w-w-was ist das?" fragte er.

Mit geübtem Griff schwenkte die Frau vor seiner Nase ein
leuchtendgelbes Tischtuch mit blauer Borte und einem roten Blumen-
motiv in der Mitte. Thomas wußte sofort, daß er das Richtige gefunden hatte. Sie wurden handelseinig, und er trug das Tischtuch in
sein Zimmer und versteckte es in einer Schublade seiner Kommode.
Zum ersten Mal, seit Mairi im Krankenhaus lag, war ihm nicht mehr
ganz so elend zumute.

Zwei Tage darauf sagte man ihm, daß er am folgenden Morgen ins
Krankenhaus fahren sollte. Also ging es seiner Mami besser! Endlich!
Thomas fiel ein Stein vom Herzen. Morgen war schon Donnerstag,
und er überlegte, ob er das Tischtuch gleich mitnehmen sollte, damit
sie es an ihrem Geburtstag wenigstens anschauen konnte. Aber er gab
den Plan auf; lieber damit warten, bis sie nach Hause kam. Dann
wollte er zu ihrer Begrüßung den Tisch damit decken.

Eine fremde Frau nahm ihn am nächsten Tag an der Bushaltestelle in
Empfang. Zusammen fuhren sie zur Fähre, die sie aufs Festland
übersetzte. Als sie das Krankenhaus betraten, sagte sie streng: „Und
daß du jetzt artig bist! Mach ja keinen Lärm!"

Diese Mahnung war vollkommen überflüssig. Der Krankenhaus-
geruch und die peinliche Sauberkeit genügten schon, um Thomas
einzuschüchtern. Durch einen der langen Korridore gingen sie auf ein
Zimmer zu, aus dem gerade eine Krankenschwester trat. Die fremde
Frau schubste Thomas vorwärts, und die Krankenschwester ließ ihn
in das Zimmer schlüpfen. Das erste, was er wahrnahm, war Mr.
Sandy, der auf einem Stuhl zwischen Fenster und Bett saß. Thomas
tappte auf Zehenspitzen durch das Zimmer und blieb erschrocken vor
Mairis Bett stehen. Sein Blick heftete sich auf das Gesicht in den
Kissen, das so bleich und schmal war, als gehörte es einer Fremden.
Dann beugte Mr. Sandy sich über das Bett und sagte: „Mairi! Der
Junge ist zu Besuch gekommen. Thomas!"

„Hallo, Mami!" Thomas' Worte waren kaum vernehmbar, so
sehr war ihm die Kehle zugeschnürt. Ein flüchtiger Blick aus ihren
blauen Augen streifte ihn, doch dann begannen ihre Lider schon
wieder zu zucken und fielen zu. Die Finger an ihren ungewohnt
mageren Händen krümmten sich hilflos. Thomas hätte sie gern
berührt, aber plötzlich kam ihm seine eigene Hand schrecklich grob
vor, und er hatte Angst, Mairis papierdünne Haut zu verletzen.

„Mami!" wiederholte er flüsternd. Er wartete mit angehaltenem Atem, ob von ihr noch einmal ein Zeichen käme, daß sie ihn gehört hatte. Wieder zuckten Mairis Augenlider, und ihm kam es auch so vor, als hätte er einen ganz schwachen Seufzer gehört.

Nach seinem Gefühl war er noch keine Minute im Zimmer, als die Schwester schon wieder erschien und leicht auf seine Schulter tippte. „Verabschiede dich jetzt", sagte sie. „Wir dürfen sie nicht überanstrengen."

Thomas blickte hilfesuchend zu Mr. Sandy hinüber, aber der hatte nur Augen für die Kranke, und so blieb dem Jungen nichts anderes übrig, als sich auf einen Stuhl zu knien, damit er Mairi einen Abschiedskuß geben konnte. Als er seine Lippen auf ihre blasse Wange drückte, durchfuhr ihn eine grausame Gewißheit: Seine Mami war schon zu weit fort, um diese Berührung noch wahrzunehmen; zu weit, um noch zurückzukehren. Als ihn die Schwester aus dem Zimmer führte, drehte er sich noch einmal um, aber Mr. Sandy hatte sich inzwischen wieder über das Bett gebeugt und sah nicht den Schmerz und die flehentlichen Bitten in den Augen des Jungen.

Thomas folgte der Krankenschwester durch den spiegelblanken Korridor. Die Gewißheit, daß er seine Mami verlieren würde – genauso, wie er damals seine Granma verloren hatte –, wuchs mit jedem Schritt; sie bohrte sich gnadenlos in sein Herz, und er mußte die Zähne fest zusammenbeißen, damit sie nicht aufeinanderschlugen. Und plötzlich packte ihn Wut; eine maßlose Wut, die ihm irgendwie half, seinen Kummer in Schach zu halten. Er haderte mit dem Doktor, der Mairi ins Krankenhaus geschickt hatte; er haderte mit dem Krankenhaus, das seine Mami nicht wieder gesund machte; er haderte sogar mit dem lieben Gott. Aber was in ihm vorging, zeigte er niemandem: nicht der Krankenschwester, die sich bemühte, nett zu ihm zu sein; nicht der fremden Frau, die ihn wieder auf die Insel brachte, und nicht einmal Mr. McAlister, der ihn an der Bushaltestelle abholte und auf den Hof begleitete.

An diesem Abend blieb Shamus' Vater ungewöhnlich lange im Haus; wie lange, wußte Thomas nicht, denn er war früh zu Bett gegangen und hatte sich immer mehr in seinen Kummer hineingesteigert, bis er ihn in Tränen erstickte.

Am nächsten Tag erklärten ihm die McAlisters mit gespielter Fröhlichkeit, daß die Nachrichten aus dem Krankenhaus ein wenig besser seien, doch Thomas durchschaute ihr Vorhaben, ihn aufzumuntern. Wie tags zuvor machte sich McAlister abends wieder auf Sandys Hof zu schaffen und blieb dann noch lange in der Küche. Thomas empfand seine Anwesenheit als tröstlich und ging wiederum bald zu Bett. Solange er noch wach lag, kämpfte in ihm eine ganz schwache Hoffnung mit der abgrundtiefen Verzweiflung.

Er meinte, erst ein paar Minuten geschlafen zu haben, als ihn Schritte auf dem gepflasterten Pfad vor dem Haus und Bens Gewinsel aufweckten. Es waren langsame, schwerfällige Schritte, die so gar nicht nach Mr. Sandy klangen, aber Bens aufgeregtes Verhalten ließ keinen Zweifel zu: Mr. Sandy und niemand sonst kam auf das Haus zu. Gleich darauf waren aus der Küche gedämpfte Stimmen zu hören, und schließlich verließ Mr. McAlister ohne Gutenachtgruß das Haus.

Und da gestand Thomas sich die schreckliche Wahrheit ein: Seine Mami lebte nicht mehr. Ob Mr. Sandy wohl hereinkommen und ihm die traurige Nachricht überbringen würde? Thomas fürchtete sein Kommen und sehnte sich zugleich danach, aber so angestrengt er auch lauschte: Es gab kein Geräusch mehr in der Küche, keine Schritte im Korridor.

Seit der Heimkehr seines Herrn hatte Ben unablässig gewinselt und an der Tür des Hinterzimmers gekratzt. Schließlich stieg Thomas aus dem Bett, öffnete seine Tür und warf einen Blick in den Korridor. Die Küchentür war geschlossen, aber Ben schoß darauf zu und winselte nur noch heftiger. Thomas zögerte. Unter der Tür war Licht zu sehen. Also mußte Mr. Sandy, wenn er in der Küche war, Ben doch hören und ihn einlassen. Aber obwohl der Hund immer ungebärdiger wurde, kam aus der Küche kein Laut. Thomas nahm allen Mut zusammen und machte die Tür auf.

Sandy hatte noch nicht einmal den Mantel abgelegt. Er saß in seinem Sessel neben dem kalten Herd und starrte ins Leere. Erst als Ben an ihm hochsprang, hob er den Kopf, aber sein Blick glitt über den Jungen hinweg, der an der Tür stehengeblieben war und vor Angst und Kälte schlotterte. „Es ist aus", sagte er mit tonloser Stimme, die von weit her zu kommen schien. Thomas rührte sich nicht. Daß er seine Mami verloren hatte, wußte er ja schon, aber die Botschaft aus Sandys Mund machte den Schmerz noch unerträglicher. „Verstehst du mich nicht? Sie ist tot . . .!" Sandys Stimme war jetzt rauh und laut. Die Brust des Jungen hob und senkte sich; er begann zu schluchzen, blieb aber wie gebannt an der Tür stehen. Sandy fuhr sich mit der Hand über die Stirn. „Geh jetzt, Junge. Versuch, ein bißchen zu schlafen." Er gab sich Mühe, seine Stimme freundlicher klingen zu lassen, aber der Wunsch, allein zu sein, war übermächtig, und als Thomas sich noch immer nicht rührte, wiederholte er barsch: „Du sollst jetzt gehen . . ."

Thomas fuhr zusammen, als hätte man ihm einen Schlag versetzt. Er warf die Tür zu und rannte blindlings durch den Korridor in sein

Zimmer. Seine Zähne schlugen noch aufeinander, als er schon wieder unter die Bettdecke gekrochen war und in die Dunkelheit starrte. Was wohl ohne Mairi aus ihm werden sollte? Er stöhnte in sein Kopfkissen, während die wilde Empörung, die ihn seit dem Besuch im Krankenhaus nicht mehr losgelassen hatte, langsam verebbte. Der grelle Schmerz wurde stumpf, und als die Kälte endlich aus seinen Gliedern gewichen war, fühlte er sich nur noch grenzenlos einsam.

SECHSTES KAPITEL

DER helle Lichtschein, der von der dünnen Schneedecke auf den Hügeln zurückgeworfen wurde, weckte Thomas auf. Noch halb benommen und ehe ihm der Schmerz um Mairi wieder bewußt wurde, ging er in Gedanken den Tagesablauf durch, den er während der vergangenen Wochen eingehalten hatte: zuerst das Feuer in Gang bringen und den Haferbrei kochen; dann die Kühe melken und auf die Wiese hinausschicken; die Hühner füttern ... Aber Mr. Sandy war ja wieder da und würde sicher einiges davon erledigen. Trotzdem wollte Thomas an diesem ersten Morgen lieber alles selbst besorgen. Doch als er in die Küche kam, brannte das Feuer schon, der Topf mit dem Haferbrei war zum Warmhalten neben die Feuerstelle gerückt und der Melkeimer in der Speisekammer mit frischer Milch gefüllt. Demnach mußte Mr. Sandy schon sehr früh aufgestanden sein und alle Arbeiten verrichtet haben. Von ihm und von Ben war jedoch keine Spur zu sehen. Thomas hatte das Gefühl, von der unheimlichen Stille erdrückt zu werden. Ob die beiden zu den Schafen hinaufgegangen oder zu den Hummerkörben hinausgefahren waren und ihn ganz allein gelassen hatten? Solange Mairi im Krankenhaus gelegen hatte, war zwar außer ihm selbst und Ben auch niemand im Hause gewesen, aber gefürchtet hatte er sich nicht. Doch jetzt schien der Tod in jedem Winkel zu hocken.

Thomas versuchte, die aufsteigende Angst zu verdrängen. Er lief zur Haustür und starrte in den Regen, in den sich Schneeflocken mischten. Dann wandte er den Blick zum Hühnerstall, und zu seiner Erleichterung stellte er fest, daß die Hühner noch gefüttert und ins Freie gelassen werden mußten.

Während er Getreidekörner in den Futtereimer schüttete, wurde ihm bewußt, daß seine Ängste nicht allein der Atmosphäre von Tod und Trauer zuzuschreiben waren, die das ganze Haus erfüllte. Zum Teil wenigstens hatte seine Furcht auf dem schrecklichen Verdacht beruht, daß ihn Mr. Sandy nun umgehend ins Waisenhaus zurückschicken werde und deshalb schon alle Arbeiten im Haus und in den Ställen übernommen hatte – einschließlich des Hühnerfütterns, das Thomas inzwischen als sein angestammtes Recht betrachtete.

Er verspürte nicht den geringsten Appetit, aber Mairi hätte ihm gewiß zugeredet, seinen Haferbrei aufzuessen, und so stellte er sich mit der Schüssel in die Nähe der geöffneten Küchentür und würgte ein paar Löffel davon hinunter. Währenddessen wünschte er inbrünstig, daß Mr. Sandy heimkäme. Er würde zwar nur wieder in seinen Schmerz versunken stumm dasitzen, aber in seiner Gegenwart wären wenigstens die Gespenster aus dem Haus gebannt.

Thomas überlegte, wie er den Tag ausfüllen könnte. Sollte er in die Schule gehen, oder, genauer gesagt: Durfte er es sich zutrauen, in die Schule zu gehen? Im Augenblick waren seine Augen zwar trocken, aber vielleicht mußte er vor den anderen Kindern plötzlich doch wieder weinen. Wenn das Wetter nur besser wäre! Dann könnte er zum Strand laufen und versuchen, die Seehunde herbeizurufen. Ihnen würde er von seinem Kummer erzählen, von ihnen würde er sich trösten lassen. Doch aus dem Wind war rasch eine steife Brise geworden, und das Meer war so aufgewühlt, daß man vom Strand aus ohnehin keinen Seehund erkennen konnte.

Zu guter Letzt entschloß er sich, doch lieber in die Schule zu gehen, denn so allein im Haus fürchtete er sich fast zu Tode. Aber das stumme Mitleid der anderen Kinder drohte die dünne Fassade einzureißen, hinter der er seinen Kummer versteckte, und so wartete er sehnsüchtig auf das Ende der Schulstunden. Shamus McAlister flüsterte ihm zu, daß er vorläufig weiter bei ihnen essen könnte und auch bei ihnen schlafen sollte, bis die Beerdigung vorbei sei. Thomas machte diesmal keine Einwände. Im Augenblick war er dankbar, daß man ihm eine freundliche Zuflucht bot, zumal er dauernd an den öden Friedhof von Arran denken mußte. Die Vorstellung, daß man Mairi dort bald in ein nasses, dunkles Loch legen und ganz allein zurücklassen werde, verursachte ihm schreckliche Qualen.

Daß das Haus ohne Mairi nur noch die leere Hülle seines bisherigen Heims sein würde, wußte Thomas, aber trotzdem mied er es nicht. Solange er bei den McAlisters wohnte, unternahm er zweimal täglich den Marsch über das Moor, das zwischen den beiden Höfen lag. Er versorgte die Hühner mit Futter und Wasser und zwang sich jedesmal, auch in der Küche nachzusehen, ob die Wassereimer gefüllt waren und trockene Torfsoden bereitlagen. Falls Mr. Sandy abends nach Hause käme, sollte er wenigstens gleich Feuer machen können. Doch er hielt sich niemals lange im Haus auf. Er hatte zwar keine richtige Vorstellung von Geistern oder Gespenstern, aber neuerdings war ihm, als hätten sie vom ganzen Haus Besitz ergriffen. Der Gedanke, dort allein zu sein, ängstigte ihn. Wenn Mr. Sandy doch nur heimkommen wollte; dann wäre alles schon viel weniger unheimlich. Dann gäbe es Erinnerungen, aber keine Gespenster. Und wenn sie beide es auch noch fertigbrächten, über ihre Erinnerungen zu reden, so käme vielleicht durch ihre gemeinsame Liebe zu Mairi irgendeine Art von Gemeinsamkeit zustande. Etwas Ähnliches wie damals, als sie zusammen den jungen Seehund gerettet hatten.

Am Tag nach der Beerdigung erwartete Thomas eigentlich, von den McAlisters wieder nach Hause geschickt zu werden. Als er Mrs. McAlister deswegen fragte, wurde sie verlegen. „Hab noch ein, zwei Tage Geduld, Jungchen", sagte sie, und Thomas erschrak. Der Verdacht, daß Mr. Sandy ihn loswerden und ins Waisenhaus zurückschicken wollte, begann ihn von neuem zu quälen. Er versuchte, Mrs. McAlister auszuhorchen, ob von solchen Plänen schon die Rede war.

„Nein, bestimmt nicht", versicherte sie. „Sandy ist im Grunde ein herzensguter Mann, und was immer er mit dir vorhat, es ist zu deinem Besten. Das darfst du mir glauben." Sie nickte bekümmert.

Thomas beruhigte diese Auskunft keineswegs. „Mami hätte aber gewollt, daß er mich behält", sagte er hartnäckig.

„Ganz sicher", bestätigte Mrs. McAlister.

Drei Tage vergingen; für Thomas drei elende Tage, in denen sein anfänglicher Verdacht zur festen Überzeugung wurde. Doch am vierten Abend, als er mit Shamus Karten spielte, sagte Mrs. McAlister zu ihrem Mann, daß sie am nächsten Morgen zu Sandy hinübergehen und Ordnung schaffen wollte. Danach könnte der Junge dann nach Hause gehen.

Thomas spürte, wie sein Herz vor Erleichterung einen Sprung machte. Sekundenlang war sein Blick so verschleiert, daß er die Karten nicht erkennen konnte. Er durfte also nach Hause zurückkehren! Ein wenig beunruhigt war er natürlich, daß Mrs. McAlister erst „Ordnung schaffen" mußte, aber noch viel mehr beschäftigte ihn der Gedanke, wie er sich durch fleißiges Arbeiten in Haus und Hof für Mr. Sandy unentbehrlich machen könnte.

Tags darauf, während der Vorbereitungen für das Abendessen, sagte Mrs. McAlister ganz beiläufig, daß Thomas gleich nach dem Essen aufbrechen sollte. Er hielt einen Augenblick lang den Atem an, aber dann merkte er, daß ihn die Nachricht weder sonderlich freute noch bedrückte. Es war ja nicht mehr wie früher, als ihn Mairi stets mit einem herzlichen Lächeln empfangen und gesagt hatte: „Fein, daß du endlich wieder da bist." Und dann hatte sie ihn auch immer gleich nach seinen Erlebnissen während des Schultages gefragt und ihm erzählt, was zu Hause vorgefallen war. Während sie im Krankenhaus gelegen hatte, waren so viele Dinge passiert, die er ihr unbedingt hatte erzählen wollen. Doch wer interessierte sich jetzt noch dafür! Gewiß nicht Mr. Sandy, selbst wenn er sich entschließen sollte, ihn im Hause zu behalten.

Mr. McAlister trat in den Hausflur und stampfte mit den Füßen auf, um nicht zuviel Schmutz hineinzutragen. „Meine Güte", sagte er, „sieht aus, als bekämen wir wieder Regen! Da wird es ja noch viel früher dunkel."

Thomas warf einen Blick aus dem Fenster. Tatsächlich brach die Nacht herein, und bis er aufgegessen hätte, war es bestimmt schon stockfinster. Er musterte besorgt den Himmel und flehte das Tageslicht an, doch noch auszuharren, bis er zu Hause war. Dann glitt sein Blick zum Herd, an dem Mrs. McAlister mit den Töpfen hantierte. Wenn sie sich doch nur ein bißchen beeilen wollte!

Doch endlich war auch das Abendessen vorüber, und Mrs. McAlister sagte zu Thomas: „Wenn du heute noch nach Hause gehen willst, solltest du jetzt deine Sachen zusammenpacken."

Thomas holte seinen Beutel und fragte schüchtern: „K-k-kann ich für den Weg eine Taschenlampe haben?"

Mr. McAlister stand auf und sah aus dem Fenster. Thomas hatte insgeheim gehofft, daß ihn Shamus' Vater nach Hause begleiten werde, aber diese Hoffnung wurde sofort zerstört. „Jetzt ist gerade der Mond herausgekommen", sagte Mr. McAlister. „Der ist heller als jede Laterne."

Thomas trödelte nun absichtlich. Immer wieder nahm er Sachen aus dem Beutel und packte sie von neuem ein. Währenddessen focht er einen harten Kampf mit sich aus. Einerseits hatte er schreckliche Angst, allein nach Hause zu gehen; andererseits wußte er, daß er sich furchtbar schämen würde, wenn er um Begleitung bäte. Er biß die Zähne so fest aufeinander, daß sie knirschten. Nein, er wollte den Mut aufbringen und allein losgehen.

Im gleichen Augenblick, als er nach dem Beutel griff, waren vor dem Haus Schritte zu hören. Die Tür ging auf, und Mr. Sandy trat in die Küche. Hinter ihm trottete Ben herein.

„Da bist du ja", sagte Mrs. McAlister, als hätte sie mit Sandys Erscheinen gerechnet. „Thomas wartet schon eine halbe Stunde auf dich."

Vor Erleichterung atmete Thomas tief aus. Dann blickte er zu Mr. Sandy auf.

„Na, Thomas, dann können wir ja gleich losgehen", sagte er. Noch nie zuvor hatte er in so freundlichem Tonfall zu dem Jungen gesprochen. Er machte kehrt, stieß die Haustür auf, und Thomas folgte ihm hinaus. Alle Furcht vor der Dunkelheit war verschwunden. Beide marschierten mit festem Schritt über den leise knirschenden Heideboden, und nicht einmal die Schatten, die das Mondlicht auf die Erde warf, konnten Thomas ängstigen. Allmählich durchrieselte ihn eine angenehme Wärme. Sie verdrängte nicht nur die nächtliche Kühle, sondern auch die Furcht vor der Heimkehr, die sich in ihm seit Stunden, wenn nicht schon seit Tagen angestaut hatte.

Das hellerleuchtete Küchenfenster kam ihm so selbstverständlich, so vertraut vor, daß er ein kurzes Stück darauf zu rannte. Doch im nächsten Augenblick besann er sich. Seine Mami würde nicht dasein. Mr. Sandy war es, der die Lampe angezündet hatte, ehe er zu den McAlisters aufbrach.

Diese Erkenntnis und die Einsicht, daß Mairi für immer fort war, drohten Thomas plötzlich zu überwältigen. Er machte unwillkürlich einen Schritt rückwärts, doch Sandy stand schon dicht hinter ihm und sagte: „Nach der Kälte draußen wird dir eine Tasse Tee guttun." In der Küche hängte er gleich den Wasserkessel über die Feuerstelle, aber später, als der Tee fertig war, schenkte er nur für Thomas einen Becher voll ein. Dann nahm er die Whiskyflasche aus dem Küchenschrank, stellte sein Glas auf den Tisch und füllte es bis zum Rand.

„G-g-gute Nacht", sagte Thomas, sobald er seinen Tee ausgetrunken hatte, aber als Antwort bekam er nur ein Kopfnicken. Ehe er sich ins Bett legte, holte er Mairis Taschentuch aus der Kommode und schob es unter sein Kopfkissen.

REGEN und Hagel trommelten gegen die Fensterscheiben, als Thomas am nächsten Morgen aufwachte. Er zog sich rasch an und lief in die Küche. Dort war es noch dunkel, aber tröstlicherweise begann Ben sich schon zu regen. Thomas zündete die Lampe an und schürte hastig das Feuer. Das Frühstück sollte doch fertig sein, wenn Mr. Sandy in der Küche erschien.

Während der Haferbrei kochte, öffnete Thomas die Schublade der Anrichte, um ein Tischtuch herauszunehmen. Erschrocken zog er die Hand zurück: Die Schublade war vollkommen leer. Vielleicht hatte Mrs. McAlister die Tischdecken beim Aufräumen irgendwo anders hingelegt. Thomas öffnete Schublade um Schublade: Es gab keine Tischtücher mehr. Beunruhigt setzte er die Suche fort. Er schaute in den Küchenschrank, stöberte zwischen dem Geschirr und den Vorräten herum – vergebens. Plötzlich fiel ihm ein, daß Mairi ja auch immer die frisch gewaschenen Schürzen in der Anrichte aufbewahrt hatte, und diese Schürzen waren ebenfalls fort. Seine Unruhe wuchs, und er begann, sich in der Küche nach Anzeichen weiterer Veränderungen umzuschauen.

Eine andere Veränderung war ihm schon am vergangenen Abend ins Auge gesprungen: Jemand hatte Mairis Sessel, der immer neben dem Kamin gegenüber von Sandys Sessel stand, an die Wand geschoben. Und da ihm der leere Fleck einen so heftigen Stich versetzt hatte, daß er die Augen krampfhaft von der Stelle abwendete, war ihm auch entgangen, was er jetzt am Morgen nur allzu deutlich sah: Der Beutel mit Mairis Strickzeug und ihrer Brille, der immer an der Armlehne hing, war ebenfalls verschwunden. Thomas warf sich über den Sessel und strich mit zitternden Händen über die Armlehnen, so, als seien sie ein Teil von Mairi. Als er sich wieder aufrichtete, hatte er zum ersten Mal begriffen, was der Tod bedeutete.

Er stellte zwei Schüsseln auf den kahlen Küchentisch, und als der Haferbrei fertig war, füllte er seinen eigenen Napf und zwang sich, ein paar Löffel zu essen. Da sich in Sandys Schlafzimmer noch immer nichts rührte, zog er Regenjacke und Gummistiefel an und ging hinaus, um die Hühner zu füttern und die Kühe zu melken. Als er danach ins Haus zurückkam, war Mr. Sandy gerade dabei, das Ölzeug anzuziehen und aufzubrechen.

„Das hättest du nicht zu tun brauchen", sagte Sandy mit einem Blick auf den vollen Milcheimer. „Das Melken besorge ich von jetzt an selbst." Seine ausdruckslose, aber feste Stimme ließ keinen Widerspruch zu, und doch hörte sich Thomas zu seiner eigenen Überraschung plötzlich sagen: „Ich k-k-kann es aber doch tun. Ich . . . ich möchte es so gern tun."

„Sieh zu, daß du jetzt in die Schule kommst", ermahnte ihn Sandy. „Ich muß auch weggehen, aber ehe es dunkel wird, bin ich wieder hier."

Sein Tonfall klang immer noch forsch, aber Thomas war von der Angst befreit, die Nacht vielleicht allein im Haus zubringen zu müssen. Er trug die Milch in die Speisekammer, und während er sie zum Gerinnen in die Satten goß, hörte er, wie Sandy nach Ben pfiff und die Haustür hinter sich zuwarf.

Als Thomas in die Küche zurückkam, sah er zu seiner Enttäuschung, daß die zweite Haferbreischüssel unbenutzt war. Er wusch seine eigene Schüssel ab und ließ die andere auf dem Tisch stehen – falls Mr. Sandy doch noch zum Frühstücken zurückkäme. Dann setzte er sich einen Augenblick lang in Mr. Sandys Sessel, und während ihm die Tränen unter den Augenlidern hervorquollen, stellte er sich vor, wie es wäre, ein großer, starker Mann zu sein, den der Tod offenbar so wenig berührte.

Seine Gedanken kehrten zu Mairis Schürzen und Tischtüchern zurück. Er mußte endlich herausfinden, was mit ihnen passiert war. Also faßte er sich ein Herz und betrat das Schlafzimmer, doch der Anblick von Sandys zerwühltem, ungemachtem Bett ließ ihm den Atem stocken. Die hübsche bunte Tagesdecke war fort. Die Wäschekommode, die Mairi als Frisiertisch benutzt hatte, war ebenso abgeräumt wie ihr Nachttisch, auf dem ein gerahmtes Hochzeitsfoto gestanden hatte.

Thomas starrte all die schmucklosen Stellen an, und sie schienen zurückzustarren, als wollten sie zum Ausdruck bringen, daß von Mairi hier nun keine Spur zurückbleiben sollte. Die Kahlheit des Zimmers nahm ihm den Mut, in den Schubladen noch weiter nach den Tischdecken und Schürzen zu suchen. Er zog die Tür ins Schloß, holte seine Schulsachen und machte sich auf den Weg.

Am Abend erwartete ihn Ben schon vor dem Haus. Also mußte Mr. Sandy irgendwo in der Nähe sein. Thomas holte Kartoffeln aus dem Schuppen und begann mit dem Schälen, als Sandy mit dem vollen Milcheimer in die Küche trat.

„Die kannst du den Hühnern hinschütten", sagte er, mit der Hand auf den Eimer weisend, aber Thomas trug sie, wie schon am Morgen, in die Speisekammer und verteilte sie auf die Satten. Er wollte ja seine Nützlichkeit beweisen und die Milch, wie Mairi es ihm gezeigt hatte, entrahmen, um später Butter daraus zu machen. Dann sah er sich in der Speisekammer nach Fisch oder Fleisch um. Sein Blick fiel auf zwei frisch gehäutete Kaninchen, die neben dem Fenster an einem Haken hingen. Auf dem Bord neben den Kaninchen stand ein Teller mit bereits gesäuberten Fischen. Ihm selbst wäre Fisch lieber gewesen, aber da Mr. Sandy sich jetzt in der Küche zu schaffen machte, nahm er eines der Kaninchen und den Fischteller und hielt sie ihm mit fragendem Blick entgegen.

„Nimm dir, was du willst", sagte Sandy kurz angebunden und wendete sich ab, als sei ihm der Anblick von Eßbarem zuwider.

Thomas ließ sich nicht beirren und bereitete die Mahlzeit für zwei Personen, doch zu seiner Verzweiflung verschwand Mr. Sandy ins Schlafzimmer, sobald das Essen fertig war. Er ließ sich auch nicht mehr blicken, so daß Thomas schließlich zu Bett ging.

Am nächsten Morgen spielte sich dasselbe ab und am übernächsten Tag auch, aber Thomas weigerte sich, klein beizugeben. Tag für Tag stand er rechtzeitig auf, um den Haferbrei zu kochen, und nach der Schule bereitete er das Abendessen. In der Speisekammer fand er auch immer ein Stück Fleisch oder ein paar Fische, doch kein einziges Mal zeigte Mr. Sandy sich bereit, eine Mahlzeit zusammen mit dem Jungen einzunehmen. Thomas zweifelte allmählich daran, daß er überhaupt etwas aß, denn er hatte ihn noch kein einziges Mal frühstücken sehen, und abends, wenn alles fertiggekocht war, murmelte er auch immer nur, daß er lieber später essen wollte. Am nächsten Morgen waren der Topf und die Teller abgewaschen, doch meist lag Sandys Anteil an der Mahlzeit im Eimer mit dem Hühnerfutter.

Thomas hatte nur noch einen Wunsch: endlich einmal mit Mr. Sandy über seinen Kummer reden zu können. Doch dessen Verschlossenheit machte jedes Gespräch unmöglich. Gewiß, es war für den Jungen schon tröstlich, daß er abends nicht allein im Hause sein mußte, doch obgleich sie sich immer wieder in der Küche begegneten, gab es keine Gemeinsamkeiten zwischen ihnen. Abend für Abend verschwand Sandy entweder frühzeitig im Schlafzimmer, oder er saß am Feuer mit einem Buch in der Hand. Thomas hockte dann auf seinem Stuhl und versuchte zu lesen oder sich auf seine Schularbeiten zu konzentrieren. In der unnatürlichen Stille, die wie eine Mauer zwischen ihm und Sandy stand, war seine Sehnsucht nach Mairi manchmal so heftig, daß er aus Protest fast zu schreien angefangen hätte. An solchen Abenden wurde er dann bald sehr unruhig, und da er Angst hatte, sich deswegen einen Verweis einzuhandeln, sagte er früh gute Nacht und ging in sein Zimmer.

Thomas wußte längst, daß Mr. Sandy auf den Gutenachtgruß nur zu begierig wartete, und den Grund dafür kannte er auch: Nur am ersten Abend nach Mairis Tod hatte Mr. Sandy mit Rücksicht auf den Jungen nicht getrunken. Aber seither hing jeden Morgen Whiskygeruch in der Küche. Mit Sandys Zurückhaltung war es vorbei, sobald Thomas schlafen gegangen war. Und dieses Wissen machte die Angst des Jungen nur noch größer. Es konnte doch sein, daß Mr. Sandy im Rausch vergaß, wie nützlich Thomas für Haus und Hof geworden war, und ihn unwiderruflich ins Waisenhaus zurückschickte.

Tagsüber blieb Thomas wenig Zeit zum Grübeln, doch nachts, wenn er im Bett lag, packte ihn oft die schiere Verzweiflung. Dann glaubte er fest, schon Anzeichen für seine Abschiebung entdeckt zu haben, und morgens nach dem Aufwachen lasteten diese Wachträume noch schwer auf ihm. An solchen Tagen konnte er das Ende des Schulunterrichts kaum erwarten; er wollte ja zum Strand hinunterlaufen und den Seehunden von seinen Ängsten erzählen. Auf dem Rückweg zum Hof malte er sich aus, wie schrecklich es wäre, fortgeschickt zu werden, und er überlegte, wie die Hühner und die Kühe ohne ihn auskommen sollten. Wenn Mr. Sandy dann noch nicht da war, lief Thomas gleich in den Stall. An die warmen Tierleiber gelehnt, die Füße tief in die Streu versunken, begann er, zu den Kühen zu sprechen, während ihr warmer Atem über sein Gesicht strich. Sie gehörten ihm doch! Jawohl, es waren seine Kühe! Er hatte das Heu herangeschleppt, das sie jetzt fraßen; er ganz allein hatte ihre Streu herbeigeschafft. Und niemand durfte so grausam sein, ihn von allem zu trennen, was er durch Mairi lieben gelernt hatte: vom Haus und den Tieren, vom Acker und den Früchten, die er trug. Von den Bergen, den Seen und Bächen der Insel, vom Regen, vom Wind und dem Meer.

Eines Tages war der Kummer wieder einmal übermächtig, und Thomas lief ziellos auf dem verwilderten unteren Ende des Ackers umher. Er hielt ohne sonderliche Aufmerksamkeit nach Kaninchenspuren Ausschau, und dabei streifte sein Blick einen dunklen Fleck in der Mulde zwischen zwei Felsbrocken. Von weitem sah es so aus, als hätte dort jemand Feuer gemacht, und das war verwunderlich; Unrat wurde doch nur in den Felsspalten am Strand verbrannt. Er untersuchte die Feuerstelle und erkannte, daß lediglich etwas Asche und ein paar angesengte Stoffetzen herumlagen. Wahrscheinlich hatten umherziehende Hausierer hier gelagert und ihre Abfälle angezündet. Er gab dem Aschehäufchen einen verächtlichen Tritt. Völlig überrascht starrte er auf das, was da zum Vorschein kam: Das Metallgestell war verbogen und hatte auch keine Gläser mehr, aber er erkannte augenblicklich, daß es Mairis Brille war. Seine Finger gruben sich in die Asche und tasteten nach dem, was von der Brille noch übrig war. Mit seinem Fund rannte er sofort nach Hause. Er war so verwirrt, daß er nicht einmal wußte, warum er es tat. Als er auf den gepflasterten Pfad vor dem Haus einbog, stand Mr. Sandy in der geöffneten Tür – das Gesicht so ausdruckslos wie immer, die Lippen zu einem schmalen, harten Strich zusammengepreßt.

Thomas blieb atemlos vor ihm stehen und streckte ihm stumm die Brille entgegen. Als er aufschaute, sah er, wie das finstere Gesicht des Mannes über ihm zu einer fahlgrauen Maske erstarrte – so, als falle der Schatten einer Wolke auf einen bereiften Hügel.

„Schaff das dorthin zurück, wo du es gefunden hast! Und kümmere dich nie wieder um Sachen, die dich nichts angehen!" Sandy sprach in so schneidendem Tonfall, daß seine Worte den Jungen wie Messerstiche trafen. Mit einem erstickten Schluchzer machte Thomas kehrt, rannte zurück zur Feuerstelle am Ende des Ackers und begrub die Brillenreste wieder unter der Asche. Erst später fiel ihm ein, daß die Stoffetzen vielleicht Überreste der Tischdecken und Schürzen waren, die er im Haus vergeblich gesucht hatte.

Sein Wunsch, sich jemandem anzuvertrauen, wurde übermächtig. Er beschloß, Mrs. McAlister alles zu erzählen: Nicht nur, wie er die Brille entdeckt und wie Mr. Sandy darauf reagiert hatte, sondern auch, daß er so schrecklich trank und offenbar überhaupt nichts mehr aß.

Mrs. McAlister hatte für seine Sorgen ein offenes Ohr, zeigte sich aber nicht sonderlich beunruhigt. „Nun ja", sagte sie und versuchte, den Fall auf ihre Weise zu erklären, „eine tiefe Wunde muß eben gründlich gereinigt werden, ehe sie zu heilen beginnt. Wart es ab, Jungchen. Wenn du erst selbst ein Mann bist, wirst du alles besser verstehen."

Thomas gab sich in der Folgezeit große Mühe, das zu verstehen. Nach wie vor arbeitete er hart, um sich für Mr. Sandy unentbehrlich zu machen, doch die einzige Belohnung, die ihm gelegentlich zuteil wurde, war ein geistesabwesendes Kopfnicken. Woche um Woche verstrich, ohne daß sich ihre Beziehung besserte, und Thomas wurde immer verzweifelter. Inzwischen herrschte tiefer Winter, und das Wetter hätte nicht unwirtlicher sein können. Trotz des mächtigen Feuers im Herd herrschte in der Küche eine frostige Atmosphäre, gegen die der Junge nichts ausrichten konnte. Es lag wohl an der Stille, die an die Stelle von Lachen und fröhlichen Gesprächen getreten war. Immer häufiger wünschte sich Thomas, schon ein bißchen älter zu sein, um für Mr. Sandy einen passenderen Gefährten abzugeben. Dieser Wunsch erinnerte ihn daran, daß sein zehnter Geburtstag bevorstand. Ihm fiel die Geburtstagsfeier vom vergangenen Jahr ein: der Kuchen, den Mairi für ihn gebacken und geschmückt hatte, der gemütliche Abend, an dem sogar Mr. Sandy seine übliche Schweigsamkeit aufgegeben und sich zu Mairis Geschenk, der Angel, geäußert hatte. All diese Erinnerungen bewirkten, daß im Kopf des Jungen ein kühner Plan Gestalt annahm.

An seinem zehnten Geburtstag hatte es Thomas nach dem Unterricht sehr eilig, nach Hause zu kommen; er wollte unbedingt vor Mr. Sandy dasein. Sowie er das Essen fertiggekocht hatte, holte er aus seiner Kommode das Tischtuch, das er von der Hausiererin für Mairi gekauft hatte. Seit Mairis Tod war nie wieder ein Tischtuch benutzt worden, und Thomas war ein wenig unsicher, als er jetzt die bunte Decke über den Tisch breitete. In die Mitte stellte er einen Kuchen mit rosa Zuckerguß, den ihm Mrs. McAlister auf seine Bitte hin vom Festland mitgebracht hatte. Der Kuchen duftete nicht so wunderbar wie der, den Mairi gebacken hatte, und Thomas war es auch nicht gelungen, Wollgrasstengel für die Dekoration zu finden, aber er war mit sich zufrieden. Um sein Werk zu bewundern, trat er einen Schritt zurück. Allein das Tischtuch schien die Küche schon mit Mairis

Gegenwart zu erfüllen, und Thomas hatte das beglückende Gefühl, daß sie bei ihm war und sein Vorhaben billigte. Doch sobald er Mr. Sandys Schritte draußen hörte, sank sein Mut und machte Zweifeln Platz; er verspürte einen dumpfen Druck auf der Brust. Ob Mr. Sandy wohl heute das Schweigen brechen und ihm zum Geburtstag gratulieren würde? Ob er den Kuchen und das hübsche Tischtuch überhaupt bemerkte und sich daran erinnerte, wie fröhlich sie alle drei vor einem Jahr gewesen waren?

Sandy machte die Tür auf, blieb stocksteif auf der Schwelle stehen und starrte den Tisch an, als traue er seinen Augen nicht. Dann machte er rasch ein paar Riesenschritte darauf zu und streckte die Hand nach der Tischdecke aus, als wollte er sie herunterreißen. Thomas, der um seinen Kuchen fürchtete, war nicht weniger schnell und umklammerte den Teller mit beiden Händen. Dabei behielt er Sandy stets im Auge, und in seinem Blick lagen Schmerz und flehentliches Bitten.

Sandy ließ das Tischtuch los. „Iß das da selbst", sagte er mit verkniffenem Mund, griff nach dem Milcheimer und verschwand in den Stall. Es dauerte ziemlich lange, bis er zurückkam, und inzwischen hatte Thomas das Tischtuch wieder in seiner Kommode versteckt. Es war ihm sogar gelungen, ein paar Bissen vom Abendessen hinunterzuwürgen, doch den Kuchen hatte er nicht angerührt.

Das Mißlingen seines Vorhabens machte ihn so niedergeschlagen, daß er sehr zeitig ins Bett ging. Er lag noch lange wach und zermarterte sich den Kopf, warum wohl alles, was er unternahm, bei Mr. Sandy Mißfallen zu erregen schien.

Er schlief in dieser Nacht unruhig, und als er irgendwann mit trockener Kehle wieder aufwachte, stand er auf, um in der Küche einen Schluck Wasser zu trinken. Die Küchenlampe brannte noch. Er öffnete die Tür so geräuschlos wie möglich. Mr. Sandy saß noch am Tisch, den Kopf in den Armen vergraben, neben sich die Whiskyflasche. Thomas meinte, leise Schnarchlaute zu hören, und so wagte er es, zum Wassereimer zu schleichen. Er hatte ein paar Schlucke getrunken und wollte den Rückzug antreten, als Ben mit der Rute auf den Boden schlug. Sandy hob augenblicklich den Kopf und starrte den Jungen an.

„Ich habe Durst gehabt", murmelte Thomas und verschwand eilig in sein Zimmer, doch er konnte nicht wieder einschlafen. Zu deutlich stand ihm vor Augen, was er in der Küche gesehen hatte: Sandys schlaff herabhängende Schultern, sein in den Armen vergrabener Kopf, der Ausdruck unverhüllter Hoffnungslosigkeit, als er aufgeblickt hatte. Das Bild paßte so gar nicht zu dem strengen, unbeugsamen Mann, den Thomas so sehr fürchtete, und je länger er nachdachte, desto besser begriff er, daß Mr. Sandy der Tod Mairis doch sehr nahe gegangen sein mußte. Immerhin hatte er ja mit Mairi viele Jahre lang zusammengelebt, während Thomas selbst dafür nur so kurze Zeit geblieben war – was keineswegs heißen sollte, daß Mr. Sandys Liebe stärker gewesen wäre als seine eigene.

Thomas begriff nicht recht, was in ihm vorging, doch auf einmal spürte er ein ganz ungewohntes Gefühl der Zuneigung zu Sandy. Kurz entschlossen kletterte er noch einmal aus dem Bett, holte Mairis Taschentuch unter dem Kopfkissen hervor und lief damit zurück in die Küche. Mr. Sandy hatte den Kopf schon wieder auf die Arme gebettet, doch Thomas zögerte nur eine Sekunde lang, bis er neben ihn trat und ihn am Ärmel zupfte.

„D–d–du kannst das hier haben", sagte er, als Sandy den Kopf hob. „Sie h–h–hat ihr Lächeln drin eingewickelt und es mir geschenkt . . ."

Sandy stierte mit stumpfem Blick auf das Taschentuch, während Thomas hinzufügte: „Nachts lege ich es unter mein K–k–kopfkissen. Dann k–k–kommt sie und lacht und redet mit mir, bis ich eingeschlafen bin." Noch immer starrte ihn Sandy verständnislos an, aber Thomas ließ sich nicht entmutigen. Er verspürte auf einmal tiefes Mitgefühl für den erwachsenen Mann. „S–s–sie kommt bestimmt auch zu dir und redet mit dir", versicherte er eifrig, aber es schien eine Ewigkeit zu dauern, bis Sandy endlich bereit war, ihm das Taschentuch abzunehmen. Als er Mr. Sandy das ordentlich zusammengefaltete Tuch übergab, schien es, als wollte Sandy es fest mit seinen Fingern umschließen.

„D–d–du darfst es aber nicht zerknittern!" Thomas war so erschrocken, daß seine Stimme ziemlich scharf klang. Sofort öffnete Sandy wieder seine Hand, und Thomas legte das Taschentuch vorsichtig darauf zurecht. Dann lief er in sein Zimmer zurück.

Sandy war am Tisch sitzen geblieben und starrte auf das kleine Tuch in seiner Hand. Selbst in seinem schweren Whiskyrausch hatte er es wiedererkannt und dabei einen schmerzhaften Stich gespürt. Er ließ es auf die Tischplatte fallen, zog die Flasche näher heran und füllte von neuem sein Glas. Danach wendete er sich wieder dem Taschentuch zu und betrachtete es mit fast dumpfem Widerwillen. Er wußte genau, daß er schon wieder zuviel getrunken hatte – so, wie an jedem Abend seit Mairis Tod. Um leichter vergessen zu können, hätte er am liebsten auch tagsüber weitergetrunken, doch er mußte ja Mairis Bitte erfüllen und sich um den Jungen kümmern. Nur aus Angst, dieses Versprechen nicht einhalten zu können, gab er sich so große Mühe und wartete mit dem Trinken, bis Thomas im Bett lag.

In dieser Nacht füllte er sein Glas noch viele Male, und erst als das Paraffin in der Lampe aufgebraucht war, entschloß er sich, schlafen zu gehen. Er griff nach der fast leeren Flasche und dem Glas und schlurfte ins Schlafzimmer. Dort warf er sich rücklings aufs Bett, nachdem er sein Glas noch einmal gefüllt und auf dem Nachttisch abgestellt hatte. Als er später nach dem Whisky tastete, fiel das Glas um, und sein Inhalt ergoß sich über den Nachttisch. Sandy wälzte sich auf den Bauch herum, vergrub das Gesicht im Kopfkissen und wollte sich der Müdigkeit und seinem Rauschzustand überlassen. Doch er konnte nicht einschlafen. Immer wieder stand ihm der mitleidige Blick vor Augen, mit dem ihm Thomas das Taschentuch angeboten hatte.

Dabei hatte er doch wahrhaftig scharf genug auf das Tischtuch und den Geburtstagskuchen reagiert! Wie konnte ihm der Junge eine so grobe Zurückweisung mit Mitleid entgelten? Schamgefühle und Gewissensbisse machten es Sandy unmöglich, den Vorfall einfach zu vergessen, und aus seinem umnebelten Hirn tauchten immer neue Fragen auf. Welche Überwindung hatte es Thomas wohl gekostet, sein offensichtlich liebstes Erinnerungsstück an Mairi herzugeben? Er mußte doch fürchten, sich nach dem Mißerfolg mit der Tischdecke und dem Kuchen eine noch härtere Zurechtweisung einzuhandeln, und trotzdem war er das Wagnis eingegangen. Weshalb nur? Könnte es denn sein, daß er ihn, Sandy McDonald, eines solchen Opfers wert hielt? Ihn, der in seinem maßlosen Schmerz sein Herz so verhärtet hatte, daß er unbarmherzig alles vernichtete, was an Mairi und ihren Tod erinnern konnte?

Wachsende Schuldgefühle erinnerten Sandy daran, daß das Taschentuch in der Küche liegengeblieben war. Thomas durfte es nicht am Morgen dort finden; das ginge nun doch zu weit. Sandy erhob sich schwerfällig vom Bett, taumelte in die Küche und holte das kleine Tuch ins Schlafzimmer. Als er es auf dem Nachttisch ablegen wollte, fiel ihm der verschüttete Whisky ein. Es wäre unrecht, das kostbare Erinnerungsstück auf die nasse Platte zu legen, aber woher sollte er einen Wischlappen nehmen? Sandys glasiger Blick schweifte durch das Zimmer – vergebens; es gab keinen geeigneten Platz für das Taschentuch. Und so legte er es zu guter Letzt neben seinen Kopf auf das Kissen. Dann endlich konnte er einschlafen, und er schlief so tief wie noch kein einziges Mal seit Mairis Tod.

SIEBTES KAPITEL

DIE letzten zwei Wochen waren so stürmisch und regnerisch gewesen, daß Sandy weder die Hummerfangkörbe kontrollieren, noch auf Fischfang hatte gehen können. Doch am Morgen nach dem Geburtstag herrschte endlich ruhiges, kaltes Winterwetter, und das Meer lag spiegelglatt da. Thomas hatte großen Appetit auf frischen Fisch, denn seit vierzehn Tagen war nichts anderes als Salzhering auf den Tisch gekommen. Doch nach der Zecherei am vergangenen Abend würde Mr. Sandy sicher länger als üblich schlafen. Also faßte er einen kühnen Entschluß. Gleich nach dem Hühnerfüttern wollte er seine Angel holen, mit der *Seeschwalbe* in die Bucht hinausrudern und ein paar Fische zu fangen versuchen.

Als er aufbrach, schaute ihm Ben zwar hinterher, machte aber keine Anstalten, ihm zu folgen; solange Sandy daheim war, entfernte sich der Hund immer nur wenige Schritte vom Hause. Thomas hoffte auch, mit ein wenig Glück schon vom Angeln zurück zu sein, ehe Mr. Sandy aufgestanden war. Vielleicht könnte er ihn mit einem guten Fang endlich einmal zufriedenstellen.

Sandy schlief auch an diesem Morgen kaum länger als sonst, aber ihm gingen so viele Gedanken auf einmal durch den Kopf, daß er einfach liegenblieb und wartete, bis sie sich von allein in eine annehmbare Ordnung gebracht hatten. Als er dann endlich aufstand, kam es ihm so vor, als sei die Extraportion Whisky vom vergangenen Abend heilsam gewesen. Er sah die Dinge plötzlich viel klarer als bisher, und das konnte unmöglich nur am Wetter liegen, das zusehends schöner wurde.

Er trat in die Küche. Das Feuer brannte noch nicht. Der Topf für den Haferbrei war noch an seinem Platz im Wandbord, und der Geburtstagskuchen stand unberührt auf der Anrichte – ein Anblick, der ihm ein wenig Gewissensbisse verursachte. Da er annahm, daß Thomas an diesem schulfreien Samstag ausschlafen wollte, machte er selbst Feuer und kochte auch noch den Haferbrei, ehe er zum Melken hinausging. Auf dem Weg zum Kuhstall sah er zu seiner Überraschung, daß die Hühner schon draußen herumliefen und auch mit Futter versorgt waren. Also war der Junge doch schon aufgestanden.

Als Sandy vom Melken in die Küche zurückkam, erwartete er, Thomas dort vorzufinden, aber der blieb spurlos verschwunden. Doch selbst dafür gab es noch eine Erklärung: Der schöne Morgen hatte ihn wohl so früh hinausgelockt. Sandy hatte Thomas, sozusagen als Gegengabe für Mairis Taschentuch, mit hinausnehmen wollen zu den Hummerkörben, aber wenn der Junge jetzt nicht bald auftauchte, wurde eben nichts daraus. Zu seiner eigenen Verwunderung verspürte er ein leises Bedauern.

Während Sandy seiner Arbeit nachging, merkte er, daß er wider Willen von Zeit zu Zeit nach Thomas Ausschau hielt. Nicht etwa, daß er sich Sorgen um den Jungen gemacht hätte! Aber er konnte es einfach nicht verhindern, daß seine Gedanken dauernd um ihn kreisten und zu selbstkritischen Betrachtungen führten. So, wie Sandy selbst die Dinge sah, lehnte er Thomas keineswegs ab, und ihm war auch noch nie der Gedanke gekommen, den Jungen ins Waisenhaus zurückzuschicken. Andererseits hatte er durchaus schon daran gedacht, ihn in eine Internatsschule zu stecken, denn letzten Endes störte er doch die düstere Einsamkeit, die sich Sandy nach Mairis Tod selbst auferlegt hatte. So eine Internatsschule wäre ohnehin das beste für Thomas, redete er sich ein, und wenn sie dann in den Ferien wieder zusammenkämen, würden sie beide mit ihrem Kummer schon besser fertig werden. Doch die Szene am letzten Abend hatte Sandy gezeigt, daß er umdenken mußte. Langsam begriff er, daß nicht unbedingt die Trennung das heilsamste Mittel für sie beide wäre.

Ben unterbrach Sandys Überlegungen mit einem aufgeregten Gejaule. Irgend etwas schien ihn in Unruhe zu versetzen. Sandys Blick schweifte prüfend über die Hügel, doch nirgends waren zusammengedrängte Schafe oder sonst etwas Ungewöhnliches zu sehen.

„Was gibt's, Ben?"

Ben richtete die Augen auf den Strand und spitzte die Ohren, als horchte er auf etwas Bestimmtes. Bei Sandys Frage begann er, auf den Hinterpfoten stehend, zu tänzeln.

„Lauf schon!"

Der Hund schoß über den Acker hinunter, und Sandy folgte ihm mit weit ausgreifenden Schritten. Er wußte jetzt, daß etwas nicht stimmte. Kaum hatte Sandy den Strand erreicht, als er den kleinen dunklen Gegenstand entdeckte, der draußen in der Gezeitenströmung auf und nieder tanzte. Sofort begann er, die *Neptun* ins Wasser zu zerren, und trieb sie mit raschen, kräftigen Ruderschlägen in die Bucht hinaus. In Sichtweite der *Seeschwalbe* angelangt, erkannte er, daß Thomas eines der Ruder verloren hatte und mit dem anderen verzweifelt das Boot zu wenden versuchte. Sandy brachte die *Neptun* längsseits, und sobald die beiden Boote aneinanderstießen, lehnte er sich hinüber und beförderte Thomas mit einem kräftigen Ruck in sein eigenes Boot. Dann packte er die Leine der *Seeschwalbe* und vertäute sie am Heck der *Neptun*.

Thomas zitterte wie Espenlaub. Er hockte im Bug und beobachtete, wie geschickt Sandy die beiden Boote aus der gefährlichen Strömung hinaussteuerte. Sobald sie wieder in ruhigeren Gewässern waren, würde er mit strenger Stimme sicher zum verdienten Strafgericht ansetzen. Doch erst als die *Neptun* knirschend auf den steinigen Strand auflief, tat Mr. Sandy den Mund auf. Er sagte aber nur: „Lauf sofort ins Haus, und zieh dir trockene, warme Sachen an."

Thomas riskierte es, eine Sekunde lang zu Sandy aufzuschauen. Dessen Miene war noch versteinerter als sonst, und er preßte die Lippen aufeinander wie eine zugeschnappte Falle.

„I-i-ich wollte bloß ein paar F-f-fische für unser Essen fangen." Thomas hatte große Mühe, die Worte zwischen seinen heftig aufeinanderschlagenden Zähnen hervorzustoßen.

„Lauf los . . ., aber ein bißchen schnell!" wiederholte Sandy mit eisiger Stimme. Er blieb einen Augenblick stehen und sah dem Jungen nach, der querfeldein auf das Haus zurannte. Ein Zucken lief über sein finsteres Gesicht, als müsse er wider Willen lächeln.

Thomas saß schon, in eine Decke gewickelt, neben dem hell lodernden Feuer, als Sandy in die Küche trat und zwei Fische auf den Tisch legte. Der Junge riß die Augen auf.

„Ich ha-habe doch drei gefangen!" sagte er entrüstet.

„Die Möwen haben wohl einen erwischt, als ich mich umdrehte", erwiderte Sandy und fügte hinzu: „Wer kocht denn heute?"

Thomas verschlug es die Sprache. Er hatte damit gerechnet, daß Mr. Sandys Zorn jetzt erst richtig über ihn hereinbrechen werde. Obendrein fragte Mr. Sandy nun auch noch, ob er abgetrocknet sei und unter der Decke da warme Sachen anhabe. Thomas konnte vor Fassungslosigkeit nur wortlos nicken.

„Gut", beschloß Sandy. „Dann werde ich jetzt kochen, und du deckst den Tisch. Weißt du, was ein Festessen ist?"

„Hm . . ." Thomas schaute ratlos drein.

„Ich nehme an, daß du inzwischen genauso hungrig bist wie ich. Wie wäre es, wenn wir uns einen richtigen Festschmaus zubereiteten, mit Haferbrei, frischem Fisch und Geburtstagskuchen?" Sandy stand am Herd und schaute Thomas fragend an.

Der Junge wollte seinen Ohren nicht trauen. Er warf die Wolldecke von den Schultern und begann, die Teller auf den Küchentisch zu stellen und die Bestecke daneben zu legen.

„Halt! Hast du nicht etwas vergessen?"

Thomas schaute überrascht auf und sah, wie Sandy beinahe verlegen, aber mit unmißverständlicher Geste die Hände über den Tisch breitete.

Ohne zu zögern, drehte sich Thomas um und verschwand in sein Zimmer, wo er das Tischtuch aus dem Versteck in seiner Kommode holte. Er strahlte über das ganze Gesicht und glaubte sogar, Mr. Sandy werde ihm auch noch zum Geburtstag gratulieren, doch der hüllte sich schon wieder in das übliche Schweigen, und auch während sie den Fisch und hinterher den Kuchen aßen, fiel kein einziges Wort mehr. Aber nach dem Essen sagte Sandy plötzlich in seiner gewohnt barschen Art: „Glaub nur nicht, daß ich kein Geburtstagsgeschenk für dich hätte."

„Ein G-g-geburtstagsgeschenk?"

„Ja. Es ist von mir und von Ben. Ruag, die Hündin von Alistair, hat ein paar Welpen. Ben ist der Vater. Ich habe mit Alistair geredet; er hebt dir einen auf."

Sandy fiel das Lügen schwer, und er konnte Thomas dabei nicht in die Augen sehen. Alistairs Hündin hatte Welpen; das jedenfalls stimmte. Und Ben war auch der Vater. Nur hatte Sandy überhaupt noch nicht mit Alistair gesprochen. Aber er wollte es gleich nach dem Essen tun, und es würde auch keine Schwierigkeiten geben, wenn er um einen Hund für den Jungen bat.

Thomas hatte die Angewohnheit, immer erst den Atem anzuhalten, wenn ihm etwas Erfreuliches widerfuhr, und so brachte er aus Luftmangel keinen Jubelschrei zustande. Er konnte nur flüsternd wiederholen: „Einen W-w-welpen? Einen k-k-kleinen Hund für mich allein?"

Sandy nickte. „In ein, zwei Wochen kannst du ihn abholen. Aber vorher darfst du ihn schon besuchen, sooft du willst." Er stand auf und ging in sein Schlafzimmer, doch er kam gleich in die Küche zurück.

„Heb das lieber selber auf", sagte er und legte Mairis Taschentuch behutsam auf die Küchenanrichte.

Thomas hob den Kopf und wollte eine Frage stellen, doch Sandys Miene war schon wieder so undurchdringlich, daß ihm das Wort im Hals steckenblieb. Aber er wußte, daß es jetzt zwischen Sandy und ihm selbst etwas Verbindendes gab: das Taschentuch mit Mairis Lächeln, das von nun an ihnen beiden gehörte.

„V-v-vielen Dank", flüsterte er und fügte dann noch hastig hinzu: „Vielen Dank auch, d-d-daß du mich vorhin gerettet hast."

„Ehe du allein hinausfahren kannst, brauchst du noch viel Übung", sagte Sandy, und zur Erleichterung des Jungen klang seine Stimme nun leicht tadelnd. „Ich kümmere mich jetzt um die Schafe, aber in einer Stunde bin ich wieder hier. Vielleicht hast du dann Lust mitzukommen. Ich muß die Hummerkörbe leeren. Bei der Gelegenheit könnten wir auch gleich noch ein bißchen angeln."

Thomas kämpfte seine Begeisterung nieder. „I-i-ich darf . . ."

„Ja. Aber du mußt dann auch fertig sein."

Thomas wurde kühner. „Meinen k-k-kleinen Hund . . .", setzte er an, „meinen k-k-kleinen Hund kann ich doch aber nicht mitnehmen, wenn ich wieder ins Waisenhaus komme . . ."

„Soll ich dich denn zurückschicken?" Sandy schaute den Jungen durchdringend an.

„N-n-nein."

„Dann bleibst du eben hier."

Diese fünf mit Nachdruck ausgesprochenen Wörter waren für Thomas ein zweites Geburtstagsgeschenk. Immerhin hatte Mr. Sandy ja den Ruf, seine Versprechungen zu halten! Und demnach brauchte Thomas nun nie wieder Angst zu haben, von Arran weggeschickt zu werden.

„Eines muß ich dir aber doch noch sagen", fuhr Sandy fort. „Ich habe mir überlegt, ob ich dich nicht in eine ordentliche Schule schicken sollte." Er sah, wie das Gesicht des Jungen immer länger wurde. „Deine Lehrerin sagt, du hättest Verstand, und es wäre schade, nichts damit anzufangen."

„I-i-ich will aber in keine andere Schule gehen. Es gefällt mir doch in der Dorfschule."

„Eine gute Ausbildung ist wichtig, Junge. Du mußt an später denken. Vielleicht möchtest du mal Doktor werden... oder Pfarrer."

„Ich will B-b-bauer werden..., so einer wie du", erklärte Thomas mit fester Stimme.

„Wie du willst. Aber falls du deine Meinung noch änderst, kannst du es mir sagen. Ein Partner im Boot und bei der Arbeit mit den Schafen wäre mir schon recht."

Sandys Worte hatten beiläufig geklungen, aber Thomas saß ganz still da. Er genoß es, wie sich das herrliche Gefühl ihrer Zusammengehörigkeit langsam in seinem Herzen einnistete.

Was wohl diesen Wandel bewirkt haben mochte? Der Vorfall mit der *Seeschwalbe*, den er selbst inzwischen nur noch als kleines Abenteuer betrachtete? Thomas wußte es nicht. Er wußte nur, daß sich zwischen ihnen etwas geändert hatte, daß aber Mr. Sandy seine Wesensart trotzdem beibehalten würde; damit mußte man sich abfinden. Er war sein Leben lang ein harter, verschlossener Mensch gewesen und würde es bleiben. Und da es mühsam war, ein Gespräch mit ihm in Gang zu bringen, würden sie schweigend miteinander leben, doch ihre Beziehung brauchte deswegen nicht oberflächlich zu sein. Vor allem aber brauchte sich Thomas nicht mehr vor Sandy zu fürchten; er wußte ja nun, was sich hinter dieser zur Schau getragenen Härte verbarg.

Nebel wälzten sich schon wieder vom Meer her über die Insel, und es begann zu nieseln. Sandy stand im Hauseingang und zog das Ölzeug an, als ihm Thomas noch einmal in den Weg trat.

„W-w-wenn wir Partner werden, muß ich d-d-dich wohl Mr. McDonald nennen", sagte er schüchtern.

Sandy stutzte. „Das klingt aber ziemlich komisch, wie? Hast du keinen besseren Vorschlag?" Die Tür stand offen, er hatte Thomas den Rücken zugewendet und schaute zum Meer.

„Wenn ich dich P-p-paps nennen könnte ...?" Thomas erschrak über seine eigene Kühnheit.

Sandy drehte sich um. „Ich glaube nicht, daß du es kannst", sagte er, und Thomas wollte schon wieder verzagen. „Du würdest mich ja doch nur P-p-paps nennen, und das hört sich ziemlich dumm an."

Thomas war der neckende Unterton in Sandys Stimme nicht entgangen, ein Unterton, der das wortlose Einverständnis zwischen ihnen nur noch vertiefte. Und so spielte er auch nur den Beleidigten. „Ich k-k-kann es aber richtig sagen", behauptete er mit Nachdruck.

„Dann probier es doch!"

„P-p-paps!" Mußte er denn immer wieder stottern! Thomas wurde wütend auf sich selbst. Er versuchte es noch einmal: „P-paps!"

„Ich wußte ja, daß du es nicht kannst!"

Der gutmütige Spott in Sandys Stimme war jetzt zwar weniger deutlich herauszuhören, aber er war noch da.

„Paps!" Thomas schrie das Wort heraus und wiederholte es gleich noch einmal: „Paps!"

Sandy war verlegen stehengeblieben. Er hatte damit gerechnet, daß Thomas eines Tages mit diesem Wunsch herausrücken würde, und aus Treue zu Mairi war er auch bereit, ihn zu erfüllen, doch seine herbe Natur sträubte sich selbst in diesem Augenblick, Gefühle zu zeigen.

„So war es richtig ..., Sohn", sagte er gedehnt. Ansehen konnte er den Jungen aber noch immer nicht. Statt dessen pfiff er nach Ben und marschierte mit großen Schritten in die Hügel hinauf.

Thomas blickte ihm hinterher. „Paps!" flüsterte er, und noch einmal: „Paps!" Und während er Sandy nachblickte, sah er, wie ein herrlich schimmernder Regenbogen aus der Nebelwand hervortrat und sich über Land und Meer spannte. Langsam verflog die Traurigkeit, die seit Wochen sein Gesicht überschattet hatte; seine Augen glänzten vor Stolz. Er wünschte fast, es wäre ein Schultag und er könnte den anderen Kindern sagen: Mein Paps schenkt mir einen kleinen Hund zum Geburtstag. Heute nachmittag nimmt mich mein Paps zum Angeln mit. Mein Paps ...

Thomas drehte sich um und schaute auf die Uhr. Er begann zu rechnen. Sein Paps hatte doch gesagt, er sei in einer knappen Stunde wieder zu Hause. Also reichte die Zeit.

Er schnitt sich noch eine Scheibe vom Geburtstagskuchen ab, zog hinter sich die Tür ins Schloß und rannte los, hinunter zum Strand. Und noch im Laufen rief er nach den Seehunden. Sie sollten doch erfahren, daß endlich wieder Freude in sein Leben eingezogen war.

Lillian Beckwith

In den frühen vierziger Jahren wollte Lillian Beckwith für ein paar Wochen ihre Ferien auf einer der schottischen Hebrideninseln verbringen. „Ich war auf der Suche nach einem ruhigen Ort, der fernab vom Getriebe der Großstadt lag. Es zog mich ‚zurück zur Natur‘, und ich wollte am eigenen Leibe erfahren, wie das ist."

Aus ein paar Wochen wurden zwanzig Jahre, in denen Lillian Beckwith das Leben der Kleinbauern auf den Inseln geteilt hat: Die ständige Sorge um das Notwendigste – Essen, ein Dach über dem Kopf und ein Feuer im Herd – drängt alles andere in den Hintergrund. „Dabei möchte ich diese Erfahrung um nichts in der Welt missen", erklärt die Schriftstellerin. „Denn nun weiß ich, daß ich imstande wäre, mich selbst zu ernähren, wenn es darauf ankäme."

Wer die zierliche grauhaarige Mrs. Beckwith heute kennenlernt, kann sie sich nicht mehr so leicht beim Torfstechen oder Kartoffelernten vorstellen. Aber auch in ihrem jetzigen Wohnort beackert sie einen großen Garten, wo sie Obst und Gemüse zieht. Gemeinsam mit ihrem Ehemann Edward Comber lebt sie auf der Insel Man, die zwischen England und Irland liegt. Dort ist das Klima viel milder als an der rauhen schottischen Westküste.

Daß sie wieder auf einer Insel lebt, ist keineswegs ein Zufall. „Ich muß einfach immer irgendwo in der Nähe des Meeres sein. Ich stehe gerne früh auf, und dann spaziere ich mit meinem Hund am Strand entlang und sammle nützliches Treibgut auf. Ich glaube", erzählt die Autorin weiter, „daß die Abgeschiedenheit des Insellebens dafür verantwortlich ist, daß ich zu schreiben angefangen habe. Aus den Tagen auf den Hebriden erinnere ich mich, daß ich mich manchmal tagelang mit niemandem unterhalten konnte und deshalb niedergeschrieben habe, was mir auf dem Herzen lag. Sonst wäre mein Wortschatz wohl schnell auf ‚Muh‘ zu den Kühen, ein ‚Bäh‘ zu den Schafen und ein gelegentliches Quäken in Möwensprache zusammengeschrumpft."

Lillian Beckwith hat gar keine Schwierigkeiten, sich Geschichten auszudenken. „Mir schwirren immer viel zu viele im Kopf herum! Ich finde einfach nicht genug Zeit zum Schreiben." – Kein Wunder: Die Familien ihres Sohnes und ihrer Tochter, eines Fischers und einer Töpferin, wohnen ganz in der Nähe, und sechs Enkelkinder halten ihre Großmutter ganz schön auf Trab.